ICMS NO TRIBUNAL DE IMPOSTOS E TAXAS DE SÃO PAULO

ALEXANDRE EVARISTO PINTO
FÁBIO GOULART TOMKOWSKI
IVAN ALLEGRETTI
LUCAS BEVILACQUA
Coordenadores

Prefácio
Ives Gandra da Silva Martins

Apresentação
Valter de Souza Lobato

ICMS NO TRIBUNAL DE IMPOSTOS E TAXAS DE SÃO PAULO

Belo Horizonte

FÓRUM
CONHECIMENTO JURÍDICO

2022

© 2022 Editora Fórum Ltda.

É proibida a reprodução total ou parcial desta obra, por qualquer meio eletrônico, inclusive por processos xerográficos, sem autorização expressa do Editor.

Conselho Editorial

Adilson Abreu Dallari	Floriano de Azevedo Marques Neto
Alécia Paolucci Nogueira Bicalho	Gustavo Justino de Oliveira
Alexandre Coutinho Pagliarini	Inês Virgínia Prado Soares
André Ramos Tavares	Jorge Ulisses Jacoby Fernandes
Carlos Ayres Britto	Juarez Freitas
Carlos Mário da Silva Velloso	Luciano Ferraz
Cármen Lúcia Antunes Rocha	Lúcio Delfino
Cesar Augusto Guimarães Pereira	Marcia Carla Pereira Ribeiro
Clovis Beznos	Márcio Cammarosano
Cristiana Fortini	Marcos Ehrhardt Jr.
Dinorá Adelaide Musetti Grotti	Maria Sylvia Zanella Di Pietro
Diogo de Figueiredo Moreira Neto (*in memoriam*)	Ney José de Freitas
Egon Bockmann Moreira	Oswaldo Othon de Pontes Saraiva Filho
Emerson Gabardo	Paulo Modesto
Fabrício Motta	Romeu Felipe Bacellar Filho
Fernando Rossi	Sérgio Guerra
Flávio Henrique Unes Pereira	Walber de Moura Agra

Luís Cláudio Rodrigues Ferreira
Presidente e Editor

Coordenação editorial: Leonardo Eustáquio Siqueira Araújo
Aline Sobreira de Oliveira

Rua Paulo Ribeiro Bastos, 211 – Jardim Atlântico – CEP 31710-430
Belo Horizonte – Minas Gerais – Tel.: (31) 2121.4900 / 2121.4949
www.editoraforum.com.br – editoraforum@editoraforum.com.br

Técnica. Empenho. Zelo. Esses foram alguns dos cuidados aplicados na edição desta obra. No entanto, podem ocorrer erros de impressão, digitação ou mesmo restar alguma dúvida conceitual. Caso se constate algo assim, solicitamos a gentileza de nos comunicar através do *e-mail* editorial@editoraforum.com.br para que possamos esclarecer, no que couber. A sua contribuição é muito importante para mantermos a excelência editorial. A Editora Fórum agradece a sua contribuição.

Dados Internacionais de Catalogação na Publicação (CIP) de acordo com ISBD

I17   ICMS no Tribunal de Impostos e Taxas de São Paulo / coordenado por
           Alexandre Evaristo Pinto ... [et al.]. - Belo Horizonte : Fórum, 2022.

           525p.; 14,5cm x 21,5cm.
           ISBN: 978-65-5518-319-1

           1. Direito. 2. Direito Tributário. 3. Direito Processual Civil. I. Pinto, Alexandre
           Evaristo. II. Tomkowski, Fábio Goulart. III. Allegretti, Ivan. IV. Bevilacqua, Lucas.
2022-75   V. Título.
                                                                        CDD 341.39
                                                                        CDU 34:336.2

Elaborado por Vagner Rodolfo da Silva - CRB-8/9410

Informação bibliográfica deste livro, conforme a NBR 6023:2018 da Associação Brasileira de Normas Técnicas (ABNT):

PINTO, Alexandre Evaristo; TOMKOWSKI, Fábio Goulart; ALLEGRETTI, Ivan; BEVILACQUA, Lucas (coord.). ICMS no Tribunal de Impostos e Taxas de São Paulo. Belo Horizonte: Fórum, 2022. 525p. ISBN 978-65-5518-319-1.

SUMÁRIO

PREFÁCIO
Ives Gandra da Silva Martins 15

APRESENTAÇÃO
Valter de Souza Lobato 17

IMPORTAÇÕES POR ENCOMENDA
Adriana Stamato, Marcelle Silbiger 23

    Introdução 23
1   Importações por encomenda 24
2   Panorama sobre guerra fiscal do ICMS e os argumentos e pró-Fisco ...25
3   Jurisprudência do TIT e os argumentos pró-contribuinte 28
3.1 Período entre o Protocolo nº 23/09 e a decisão do STF no *leading case*...28
3.2 Julgamento do ARE nº 665.134 pelo STF 35
3.3 Decisões do TIT após o julgamento do *leading case* pelo STF........38
    Conclusão 40

A EVOLUÇÃO DA TRIBUTAÇÃO DO *SOFTWARE* NA VISÃO DA JURISPRUDÊNCIA DO TRIBUNAL DE IMPOSTOS E TAXAS DO ESTADO SÃO PAULO
Alexandre Evaristo Pinto, Fernando Luis Bernardes de Oliveira................41

    Introdução 41
1   Definição de *software* e sua relação com a *cloud computing* e o SaaS......43
2   O *software*, a *cloud computing* e o SaaS no processo administrativo do TIT..45
3   A *cloud computing* e o SaaS na visão do STF 50
    Conclusão 53

A RESOLUÇÃO DO SENADO FEDERAL Nº 13/2012 E A LISTA CAMEX NA JURISPRUDÊNCIA DO TRIBUNAL DE IMPOSTOS E TAXAS DO ESTADO DE SÃO PAULO
Alexandre Luiz Moraes do Rêgo Monteiro, Rachel Mira Lagos................55

    Introdução 55
1   Breve contextualização histórico-normativa do tema 56
2   Considerações jurídicas a respeito das Resoluções nºs 13/2012 e 79/2014...59

2.1　Aspectos constitucionais e legais relativos à Resolução nº 13/2012......60
2.2　Dos limites aos deveres instrumentais instituídos por atos normativos secundários......62
2.3　Interpretação dos dispositivos constantes da Resolução CAMEX nº 79/2012......63
3　Análise da jurisprudência do TIT/SP a respeito da Resolução nº 13/2012 e da Resolução CAMEX nº 79/2012. Mapeamento e aferição dos argumentos pró-Fisco e pró-contribuinte nos precedentes......64
3.1　Ausência de comprovação de similar nacional......70
3.2　Ausência de comprovação de origem estrangeira e conteúdo de importação......71
3.3　Análise da alíquota de importação para mercadorias no art. 1º, I, da Lista CAMEX......71
3.4　Alíquota em remessa para não contribuintes......72
　　　Conclusão......73

CONSIDERAÇÕES SOBRE A APLICAÇÃO DO ART. 527-A DO RICMS/SP ATRAVÉS DE UMA ANÁLISE JURISPRUDENCIAL
Angela Sartori, Jandir J. Dalle Lucca......75
　　　Introdução......75
1　Os critérios previstos no art. 527-A do RICMS/SP e a jurisprudência administrativa do Tribunal de Impostos e Taxas......78
1.1　Multa isolada......79
1.2　Dolo, fraude ou simulação......80
1.3　Porte econômico......82
1.4　Antecedentes fiscais......84
2　Outros aspectos jurisprudenciais polêmicos......86
2.1　Necessidade de peticionamento......86
2.2　Faculdade ou dever......87
2.3　Cumulatividade dos requisitos......90
　　　Conclusão......91

ARMAZÉM GERAL E O SETOR DE TRANSPORTES: CONTROVÉRSIAS JURÍDICAS À LUZ DA JURISPRUDÊNCIA DO TRIBUNAL DE IMPOSTOS E TAXAS DE SÃO PAULO
Caio Augusto Takano, Rinaldo Braga......93
　　　Introdução......93
1　Argumentos fazendários......97
2　Argumentos dos contribuintes......98
3　Jurisprudência do TIT/SP......99
　　　Conclusão......111

A GUERRA FISCAL DO ICMS
Carlos Otávio Ferreira de Almeida 113
1   Um imposto sobre valor agregado (IVA) frente à guerra fiscal 113
1.1   Caracteres gerais da guerra fiscal 113
1.2   O que esperar de um IVA 115
1.3   Características ínsitas ao ICMS 116
1.4   Federação e ICMS 118
1.5   Questões atuais da guerra fiscal no STF 119
2   A posição do Tribunal de Impostos e Taxas do Estado de São Paulo ... 120
2.1   Argumentos favoráveis ao Estado 122
2.2   Argumentos favoráveis ao contribuinte 122
       Considerações finais 131

O PRINCÍPIO DA AUTONOMIA DOS ESTABELECIMENTOS NA PERSPECTIVA DO TIT/SP
Daniel Meir Grajzer 133
       Introdução 133
1   Argumentos pró-Fisco 137
1.1   Conceito de estabelecimento para a Fazenda Estadual 137
1.2   Princípio da autonomia dos estabelecimentos – Interpretação da Fazenda Estadual – Transferência entre matriz e filiais 138
2   Postura da Fazenda Estadual na Operação Cartão Vermelho 139
2.1   Operação Cartão Vermelho – Breve contexto 139
2.1.1   Autuação do estabelecimento matriz sem a fiscalização/apuração das obrigações das filiais 140
3   Argumentos pró-contribuinte 140
4   Jurisprudência do TIT/SP 142
       Conclusão 145

O ICMS E A PRESTAÇÃO DE SERVIÇOS DE TRANSPORTES DE MERCADORIA DESTINADA À EXPORTAÇÃO
Fabio Pallaretti Calcini, Gabriel Magalhães Borges Prata 149
       Introdução 149
1   A outorga de competência impositiva aos Estados: o ICMS 150
2   O conceito de serviço de transporte e o ICMS-Transporte 150
3   Imunidade específica dos serviços de transporte 153
4   O entendimento do Fisco paulista antes da edição do Decreto nº 56.335/2010 155
5   O entendimento do Fisco após a edição do Decreto nº 56.335/2010 ...158
6   O entendimento dos contribuintes 158
       Conclusões 162

NULIDADES NO LANÇAMENTO TRIBUTÁRIO E ATUAL JURISPRUDÊNCIA DO TRIBUNAL DE IMPOSTOS E TAXAS DO ESTADO DE SÃO PAULO (TIT/SP)
Fábio Goulart Tomkowski, Rodrigo Alexandre Lazaro Pinto......165

Introdução 165
1 Lançamento tributário na expressão do Código Tributário Nacional (CTN)...... 166
2 Falta de liquidez e certeza do crédito tributário no contexto do lançamento tributário......172
2.1 Nulidade por cerceamento do direito de defesa......174
2.1.1 Nulidade por falta de correlação entre a descrição da infração e o artigo tido por infringido......176
2.1.2 Ausência de comprovação da ocorrência do fato gerador......177
2.2 Demonstração do prejuízo do recorrente para reconhecimento da nulidade......180
2.3 Declaração de inidoneidade e glosa de créditos de ICMS......181
2.4 Lançamento por presunção......181
2.5 Nulidade no contexto da prova da responsabilidade tributária......182
2.6 Concomitância de medida judicial e vinculação às decisões dos tribunais superiores......183
3 Vício formal e material no contexto do processo administrativo tributário paulista......183
4 Vícios relacionados à comprovação da ocorrência do fato gerador....184
5 Aplicação do princípio da consunção à sanção pelo descumprimento de obrigação acessória......184
Conclusão......185

A RESPONSABILIZAÇÃO TRIBUTÁRIA DO TOMADOR DE SERVIÇOS
Fulvia Helena de Gioia......187

Introdução......187
1 A determinação legal da responsabilidade tributária: contornos e limites impostos pelo Código Tributário Nacional......188
2 Os limites legais para imposição da responsabilidade solidária a terceira pessoa e a posição do Superior Tribunal de Justiça......189
3 A posição do Tribunal de Impostos e Taxas do Estado de São Paulo quanto à responsabilidade solidária do tomador de serviços......193
Conclusão......194

INCIDÊNCIA DO ICMS NA PUBLICIDADE POR MEIO DA INTERNET
Júlio M. de Oliveira, Gabriel Caldiron Rezende......197

Introdução......197

1	Contextualização do conflito de competência	198
2	Análise da jurisprudência do TIT	201
2.1	Argumentos favoráveis aos contribuintes	202
2.1.1	Não caracterização do serviço de comunicação	202
2.1.2	Veiculação de publicidade e competência municipal	205
2.1.3	Imunidade tributária do art. 150, III, "d", da Constituição Federal	207
2.2	Argumentos favoráveis à Fazenda Estadual	210
2.2.1	Caracterização do serviço de comunicação	210
2.2.2	Não caracterização de serviço de valor adicionado	212
2.2.3	Veto da Lei Complementar nº 116/3003	214
2.2.4	Inaplicabilidade da imunidade tributária do art. 150, III, "d", da Constituição Federal	215
2.3	A jurisprudência do TIT	216
	Conclusões	219

A GUERRA FISCAL E A LEI COMPLEMENTAR Nº 160/2017
Hugo Funaro 221

	Introdução	221
1	Argumentos pró-Fisco	226
2	Argumentos pró-contribuinte	227
3	Jurisprudência do TIT/SP	230
	Conclusão	231

O DIREITO AO CRÉDITO DE ICMS NA SUA ORIGEM E NA JURISPRUDÊNCIA DO TRIBUNAL DE IMPOSTOS E TAXAS DO ESTADO DE SÃO PAULO
Isabela Bonfá de Jesus, Leandro Gião Tognolli 233

	Introdução	233
1	A não cumulatividade do ICMS – Histórico e fundamentos	234
1.1	O histórico da não cumulatividade no Direito Tributário brasileiro	234
1.2	A origem do ICM/ICMS – Texto e contexto	237
1.3	O ICM(S) na Constituição Federal de 1988	246
2	O direito ao crédito de ICMS gestado sob as discussões entre Fisco e contribuinte acerca da preponderância do *cobrado* e do *pago*	251
2.1	O papel do Tribunal de Impostos e Taxas de São Paulo (TIT-SP) nos conflitos sobre a não cumulatividade do ICMS	251
2.2	A guerra fiscal do ICMS	253
2.2.1	O problema	253
2.2.2	Os argumentos da fiscalização	256
2.2.3	Os argumentos dos contribuintes	257
	Conclusão	259

O BENEFÍCIO FISCAL DA REDUÇÃO DA BASE DE CÁLCULO DO ICMS EM RELAÇÃO À CESTA BÁSICA
Ivan Allegretti 261
    Introdução 261
1   A redução da base de cálculo na jurisprudência do STF 262
2   Anulação proporcional ou vedação total do aproveitamento dos créditos da operação de entrada? 266
3   O conceito e a delimitação concreta dos itens alcançados pela cesta básica 270
4   O caso do açúcar 276
    Considerações finais 279

ANOTAÇÕES SOBRE A CONSUNÇÃO NA JURISPRUDÊNCIA DO TIT
José Luis Ribeiro Brazuna, Sérgio Pin Junior 281
    Introdução 281
1   O marco sancionador da legislação paulista do ICMS 282
2   Conflitos resolvidos pelo TIT com base na consunção 283
3   Concurso de crimes e conflitos de normas 285
4   A consunção e o marco sancionador da legislação paulista do ICMS ...292
    Conclusões 300

EXPORTAÇÕES E REMESSAS INTERNACIONAIS DE MERCADORIAS COM FIM DE EXPORTAÇÃO NA JURISPRUDÊNCIA DO TIT/SP
Lucas Bevilacqua, Vanessa Cecconello 301
    Introdução 301
1   Imunidade do ICMS nas exportações 302
2   ICMS nas exportações indiretas 306
3   Desoneração das exportações e os julgados do STF e STJ 310
4   Jurisprudência TIT/SP 311
    Considerações finais 315

ALTERAÇÃO DE CRITÉRIO JURÍDICO E CLASSIFICAÇÃO FISCAL
Lucas Galvão de Britto, Marina Vieira de Figueiredo 317
    Introdução 317
1   Argumentos pró-Fisco 318
2   Argumentos pró-contribuinte 324
3   Jurisprudência do TIT/SP 326
    Conclusão 330

O POSICIONAMENTO DO TIT/SP FRENTE ÀS INOVAÇÕES
TECNOLÓGICAS NO SETOR DE COMUNICAÇÃO
Luiz Roberto Peroba, Matteus Borelli 333
    Introdução 333
1   Argumentos pró-Fisco 334
2   Argumentos pró-contribuinte 336
3   Jurisprudência do TIT/SP 338
    Conclusão 341

A RESPONSABILIDADE DO ADQUIRENTE EM OPERAÇÕES
INIDÔNEAS
Mara Eugênia Buonanno Caramico 343
    Introdução 343
1   Evolução do tema no tempo 344
2. Fisco *vs.* contribuinte 350
3   A jurisprudência do Tribunal de Impostos e Taxas do Estado de
    São Paulo...352
    Conclusão 360

A INSEGURANÇA JURÍDICA NA RESPONSABILIDADE
TRIBUTÁRIA SUPLETIVA EM FACE DA EXIGÊNCIA DO ICMS
SUBSTITUIÇÃO TRIBUTÁRIA
Marcelo José Luz de Macedo, Thiago Dayan 363
    Introdução 363
1   ICMS 364
2   Substituição tributária 365
3   Substituição regressiva ou para trás 367
4   Substituição progressiva ou para frente 368
5   Sujeito passivo da substituição tributária 369
6   A legislação de São Paulo 371
7   Da impossibilidade de responsabilização solidária "supletiva"
    do substituído tributário 374
    Conclusão 377

PRECLUSÃO X DIREITO DE APRESENTAR PROVA
EXTEMPORÂNEA
Maria do Rosário Esteves 381
    Introdução 381
1   A verdade 381
1.1 A verdade no direito positivo 381
1.2 Verdade material *versus* verdade formal 383
1.3 A verdade no processo administrativo tributário 385

2 O direito de apresentar provas extemporâneas, no âmbito do contencioso administrativo tributário paulista – Argumentos pró-Fisco e pró-contribuinte 387
3 Análise de jurisprudência do TIT/SP, após o advento da Lei nº 16.498/17 que alterou a redação do artigo 19 da Lei nº 13.457/09 ...391
Conclusão 396

A CONCOMITÂNCIA ENTRE DEMANDAS ADMINISTRATIVAS E JUDICIAIS: ANÁLISE CRÍTICA DA MANUTENÇÃO DAS PENALIDADES
Martha Leão..399

Introdução 399
1 Argumentos pró-Fisco 401
2 Argumentos pró-contribuinte 403
3 Jurisprudência do TIT/SP 404
Conclusão 409

ERRO NA ELEIÇÃO DO SUJEITO PASSIVO DA INFRAÇÃO
Michell Przepiorka, Arthur Leite da Cruz Pitman..411

Introdução 411
1 Extinção da pessoa jurídica autuada 414
2 Relação filial e matriz 418
3 Outros casos 419
Conclusão 421

ICMS NA IMPORTAÇÃO DE BEM POR ENTIDADE DE ASSISTÊNCIA SOCIAL
Rafael Campos Soares da Fonseca..423

Introdução 423
1 Argumentos pró-Fisco 425
2 Argumentos pró-contribuinte 427
3 Jurisprudência do TIT/SP 428
Considerações finais 434

A NÃO INCIDÊNCIA DO ICMS SOBRE OS BENS DO ATIVO: UMA ANÁLISE DA JURISPRUDÊNCIA DO TIT E DO STF
Tiago Conde Teixeira, Rayanne Ribeiro Gomes..437

Introdução 437
1 O imposto sobre operações relativas à circulação de mercadorias, sobre prestações de serviços de transporte interestadual e intermunicipal e de comunicação 438
2 Com a Constituição de 1988, o ICM se agiganta 441

3   O fato gerador do ICMS: circulação jurídica de mercadorias................442
4   Da ilegalidade de exigência do ICMS quando da venda de bens
    do ativo: o Convênio nº 64/06 443
5   Inconstitucionalidade e ilegalidade formais do Convênio ICMS
    nº 64/06 e dos decretos estaduais que o incorporarem 445
6   O julgamento do RE nº 1.025.986/PE e a incidência do ICMS sobre
    os bens do ativo 448
7   Do correto posicionamento do Tribunal de Impostos e Taxas acerca
    do tema 453
    Considerações finais..457

DECADÊNCIA E O PAGAMENTO PARCIAL NO LANÇAMENTO POR HOMOLOGAÇÃO DO ICMS: A TÃO AGUARDADA ESTABILIZAÇÃO DA JURISPRUDÊNCIA
Ricardo A. Castagna..459

Introdução 459
1   Argumentos pró-Fisco 462
1.1   Eliminação do âmbito de aplicabilidade do artigo 150, §4º, do CTN.462
1.2   Situações excepcionais à regra geral...464
1.2.1 Infrações relativas ao crédito do imposto 465
1.2.2 Pagamento antecipado a outro Estado em operações de importação
      por conta e ordem de terceiros 466
2   Argumentos pró-contribuinte 468
2.1   Homologação da atividade do contribuinte e ausência de débito a
      pagar..468
2.2   Infrações relativas ao crédito do imposto 469
2.3   Pagamento antecipado a outro sujeito ativo 471
3   Jurisprudência do TIT/SP 472
3.1   Metodologia de pesquisa e resultados preliminares......................472
3.2   Pagamento, ainda que parcial, como objeto de homologação.....473
3.3   Infrações relativas ao crédito do imposto 477
3.4   Pagamento antecipado a outro sujeito ativo 478
      Conclusão 479

VENDA DE MERCADORIA COM INSTALAÇÃO (ICMS), PRESTAÇÃO DE SERVIÇO DE ENGENHARIA (ISS) E FORNECIMENTO DE MERCADORIA COM PRESTAÇÃO DE SERVIÇO DE ENGENHARIA (ICMS E ISS): DOS CRITÉRIOS NA JURISPRUDÊNCIA ADMINISTRATIVA PAULISTA PARA DELIMITAR NO CASO CONCRETO A SOLUÇÃO APROPRIADA
Roberto Biava Júnior, Rodrigo Frota da Silveira 483

Introdução 483

1	Argumentos pró-Fisco estadual: requisitos exigidos pelo Fisco estadual em relação ao subitem 7.02 da Lista de Serviços anexa à Lei Complementar nº 116/2.003, para que haja a incidência exclusiva do ISS. A venda de mercadoria com instalação – sem estar atrelada a serviço de engenharia (com incidência exclusiva do ICMS)	486
2	Argumentos pró-contribuinte: a incidência exclusiva do ISS sobre os materiais utilizados nos serviços de engenharia	491
3	Análise de casos de jurisprudência no âmbito do Tribunal de Impostos e Taxas (TIT-SP)	494
	Conclusões e comentários finais	497

RECAPITULAÇÃO DA PENALIDADE
Robson Maia Lins 499

	Introdução	499
1	Argumentos pró-contribuinte	503
1.1	Lançamento tributário e os vícios formais e materiais	503
1.2	Dos vícios que acarretam a nulidade do lançamento tributário	506
2	Argumentos pró-Fisco	509
3	Jurisprudência do TIT/SP	511
	Conclusão	517

SOBRE OS AUTORES...519

PREFÁCIO

A iniciativa dos professores Alexandre Evaristo Pinto, Fábio Goulart Tomkowski, Ivan Allegretti e Lucas Bevilacqua ao organizarem o livro *ICMS no Tribunal de Impostos e Taxas de São Paulo* objetivando o aperfeiçoamento do processo administrativo fiscal (PAF), sob os auspícios do Instituto de Direito Público (IDP), é de particular atualidade.

O livro é voltado especificamente à discussão do ICMS no Tribunal de Impostos e Taxas e, como realçado no convite aos autores, voltado a expor as fragilidades das discussões do ICMS no âmbito administrativo em São Paulo.

Alegrou-me e honrou-me o convite. Embora há já muitos anos não sustente mais oralmente naquele Tribunal, comecei minha carreira de advogado em lides tributárias, no colegiado, à época que juristas do porte de Alcides Jorge Costa e Rui Barbosa compunham o órgão julgador, no distante ano de 1959.

A convite do então presidente do TIT, Jamil Zantut, coordenei o seminário comemorativo dos 45 anos, creio eu, do tribunal, quando entre os conferencistas, além dos dois juristas consagrados, Geraldo Ataliba também proferiu palestra.

Durante décadas frequentei aquela Casa, que, na minha vida profissional, sempre representou um tribunal modelo, na área do contencioso administrativo.

Nem por isso o tema central do livro deixa de ter pertinência ao mostrar as fragilidades das discussões do ICMS, seja por concentração cada vez maior de poderes no Executivo, pressionado por uma carga burocrática excessiva, seja por um sistema tributário de mais em mais caótico, que terminou frustrando a tentativa de uma lei complementar substitutiva da 87, ou seja a 160, ainda com inúmeros problemas a serem equacionados.

Participei, a convite do presidente do Senado, José Sarney, do denominado, para nosso desconforto, "grupo de notáveis" objetivando repensar o pacto federativo e resolver o impasse da guerra fiscal do ICMS. Era composto por Nelson Jobim, Adib Jatene, Bernard Appy, Bolivar Lamounier, Everardo Maciel, Fernando Rezende, Ives Gandra da Silva Martins, João Paulo dos Reis Velloso, Luís Roberto Barroso,

Manoel Felipe Rêgo Brandão, Marco Aurélio Marrafon, Michal Gartenkraut, Paulo de Barros Carvalho e Sérgio Prado.

Nossos 12 anteprojetos de emendas constitucionais, leis complementares e ordinárias e resoluções do Senado devem restar adormecidos em alguma gaveta de algum Senador na Casa Legislativa da Federação.

O certo é que questões relevantes continuam pendentes e de difícil solução no âmbito administrativo e de insuficiente aprofundamento por parte do Judiciário, que não fica insensível às pressões fiscais dos Erários, cujos argumentos de carência econômica de recursos, muitas vezes, têm mais força que a solidez dos argumentos jurídicos dos contribuintes.

O livro, portanto, toca em pontos relevantes dessa insegurança jurídica quanto ao ICMS no litígio fiscal, lembrando que, para mim, não se pode falar em contencioso administrativo – como, por exemplo, ocorre na França –, pois, no Brasil, por força do Código Tributário Nacional (artigos 142 a 150), temos apenas uma revisão do lançamento, que, em face do artigo 174 do mesmo diploma, apenas se completa quando impugnado o ato tributário do agente lançador, este é revisto ou confirmado, sem outro direito ao Fisco ou contribuinte de infirmá-lo.

Conhecendo os autores, seus trabalhos, escritos ou oral, na advocacia e cátedra, assim como nos próprios estudos neste livro veiculados de inequívoca densidade acadêmica e reflexos profissionais inquestionáveis, considero das melhores obras coletivas sobre o tema.

Desejo, pois, o sucesso editorial que a obra merece.

Ives Gandra da Silva Martins
Professor Emérito das Universidades Mackenzie, UNIP, UNIFIEO, UNIFMU, do CIEE/O ESTADO DE SÃO PAULO, das Escolas de Comando e Estado-Maior do Exército (ECEME), Superior de Guerra (ESG) e da Magistratura do Tribunal Regional Federal – 1ª Região. Professor Honorário das Universidades Austral (Argentina), San Martin de Porres (Peru) e Vasili Goldis (Romênia). Doutor *Honoris Causa* das Universidades de Craiova (Romênia), PUCPR e PUCRS. Catedrático da Universidade do Minho (Portugal). Presidente do Conselho Superior de Direito da FECOMÉRCIO – SP. Ex-Presidente da Academia Paulista de Letras (APL) e do Instituto dos Advogados de São Paulo (IASP).

APRESENTAÇÃO

O livro que o leitor tem em mãos toca em pontos fundamentais no Direito Tributário brasileiro: o contencioso administrativo e o ICMS. Quanto ao primeiro ponto, são inúmeras as dissertações e teses recentemente bem elaboradas nos melhores programas de pós-graduação espalhados ao longo do país. A relevância do segundo ponto beira à obviedade: trata-se do mais importante e complexo tributo brasileiro, com seus méritos e vicissitudes. Parafraseando Ortega y Gasset, o ICMS é ele e suas circunstâncias.

Some-se a isso a delimitação do objeto do livro: a jurisprudência do Tribunal de Impostos e Taxas do Estado de São Paulo. Com efeito, o tribunal administrativo paulista é respeitado em todo o país, uma vez que, ao longo de sua história, foi composto por grandes juristas e julgadores, assistiu a sustentações de grandes advogados e procuradores e sediou inúmeras palestras, congressos, simpósios, enfim, sempre manteve profunda e estreita ligação com o ambiente acadêmico. E, por óbvio, tratando-se do Estado de maior envergadura econômica da Federação, os *casos difíceis* sempre aportam por lá.

Tudo o que se disse é prenúncio de uma conclusão absolutamente previsível e que a ninguém surpreende: a elevadíssima qualidade da obra. Nesse sentido, as primeiras palavras desta apresentação não poderiam deixar de ser senão em congratulação aos organizadores deste livro, os talentosos professores Alexandre Evaristo Pinto, Fábio Goulart Tomkowski, Ivan Allegretti e Lucas Bevilacqua.

Cada parte cumpre fielmente o papel de abrilhantar o todo.

Assim, Ivan Allegretti, ao abordar "O benefício fiscal da redução da base de cálculo do ICMS em relação à cesta básica", enfrenta a temática analisando a jurisprudência do TIT em face da legislação paulista, das deliberações do CONFAZ e da jurisprudência da Suprema Corte a esse respeito.

Carlos Otávio Ferreira de Almeida enfrenta tema espinhoso: "A guerra fiscal do ICMS". Com firme esteio nas doutrinas nacional e estrangeira, o autor analisa não apenas a vasta jurisprudência do STF sobre a matéria, mas também julgados do TIT, concluindo, ao fim, que a sistemática do creditamento entre nós não parece ter cumprido o desiderato imaginado quando da elaboração da Constituição de 1988.

Lucas Bevilacqua e Vanessa Cecconello abordam as "Exportações e remessas internacionais de mercadorias com fim de exportação na jurisprudência do TIT/SP". Nesse sentido, temas centrais no figurino constitucional-tributário, como a desoneração da cadeia produtiva exportadora, são tratados com ímpar excelência.

"Venda de mercadoria com instalação (ICMS); prestação de serviço de engenharia (ISS); e fornecimento de mercadoria com prestação de serviço de engenharia (ICMS e ISS): dos critérios na jurisprudência administrativa paulista para delimitar no caso concreto a solução apropriada" é a brilhante contribuição dada por Roberto Biava Júnior e Rodrigo Frota da Silveira, sobretudo para iluminar aqueles que se dedicam à prática diuturna do Direito Tributário.

Isabela Bonfá de Jesus e Leandro Gião Tognolli discutem "O direito ao crédito de ICMS na sua origem e na jurisprudência do Tribunal de Impostos e Taxas do Estado de São Paulo". Trata-se de outra contribuição de supina relevância quanto ao princípio da não cumulatividade (sobretudo a questão do creditamento) e da guerra fiscal do ICMS que acomete nosso país.

O Direito Tributário Sancionador envolvendo o ICMS paulista é abordado com maestria por José Luiz Ribeiro Brazuna e Sérgio Pin Junior, em suas "Anotações sobre a consunção na jurisprudência do TIT", nas quais se analisam inúmeros julgados do TIT envolvendo duas ou mais penalizações do contribuinte em virtude de uma mesma conduta. Assim, a relação entre conceitos do Direito Penal e do Direito Tributário, tão cara à doutrina nacional, é revisitada de modo profícuo nesse artigo.

"Alteração de critério jurídico e classificação fiscal" foi o tema versado por Lucas Galvão de Brito e Marina Vieira de Figueiredo. Nesse artigo, os autores enfrentam com acuidade a polêmica questão relativa à revisão do lançamento tributário, mormente no que concerne à distinção – dificultosa à luz doutrinária e muitas vezes nebulosa nos casos concretos – entre os erros de fato e de direito. Ademais, a questão é bem debatida com foco à luz da classificação de mercadorias, em face da jurisprudência do TIT/SP.

Fábio Pallaretti Calcini e Gabriel Magalhães Borges Prata elaboraram o artigo "O ICMS e a prestação de serviços de transporte de mercadoria destinada à exportação". Nesse trabalho, os autores enfrentam detalhadamente os argumentos levantados pelo Fisco e pelos contribuintes a respeito da interpretação do art. 155, §2º, X, "a" do texto constitucional, que veicula a imunidade sobre o referido serviço, bem como o entendimento do TIT/SP a respeito da matéria.

"A responsabilidade do adquirente em operações inidôneas" foi o tema sobre o qual se debruçou Mara Eugênia Buonanno Caramico. A ilustre Professora analisa não apenas polêmicas relativas ao art. 136 do CTN e da Súmula nº 509 do STJ, como também traz considerações importantes a respeito de categorias fundamentais ao Direito Público, como o princípio da boa-fé do adquirente. Conclui essa autora que resta a ser pacificado o tema no TIT/SP.

Tema de supina relevância é abordado por Ricardo Castagna em seu "Decadência e o pagamento parcial no lançamento por homologação do ICMS: a tão aguardada estabilização da jurisprudência". A discussão entre os argumentos levantados pelo Fisco e pelos contribuintes, bem exposta pelo jurista, além da exposição sistemática da jurisprudência do TIT/SP, traz importante contribuição à prática tributária.

Tiago Conde Teixeira e Rayanne Ribeiro Gomes dissertam sobre "A não incidência do ICMS sobre os bens do ativo: uma análise da jurisprudência do TIT e do STF". São traçadas importantes considerações a respeito do polêmico Convênio nº 64/06, bem como a criticável decisão proferida pelo STF nos autos do RE nº 1.025.986/PE, a qual, segundo os autores, caminhou em sentido contrário à jurisprudência do TIT, esta, sim, acertada e de acordo com o melhor entendimento doutrinário.

Os tortuosos temas da responsabilidade e da substituição tributária no âmbito do ICMS foram objeto de detida análise por Marcelo José Luz de Macedo e Thiago Dayan, em artigo intitulado "A insegurança jurídica na responsabilidade tributária supletiva em face da exigência do ICMS na substituição tributária". Trata-se de trabalho marcado pela excelente análise da doutrina, no qual os autores salientam a necessidade da compreensão do termo "interesse comum" como interesse jurídico e não interesse econômico, para fins de configuração da solidariedade passiva tributária.

Em matéria de processo administrativo tributário, é relevante a contribuição dada por Maria do Rosário Esteves, em seu "Preclusão x Direito de apresentar prova extemporânea". Com efeito, a autora bem apresenta os argumentos levantados pelo Fisco e pelos contribuintes, no que diz respeito ao momento de produção probatória.

"ICMS na importação de bem por entidade de assistência social" foi o tema enfrentado por Rafael Campos Soares da Fonseca, em artigo que bem analisa essa imunidade à luz da jurisprudência do TIT.

A temática da guerra fiscal no âmbito do ICMS é abordada também no artigo "A guerra fiscal e a Lei Complementar nº 160/2017", de autoria de Hugo Funaro. Esse diploma normativo é responsável pela remissão e reinstituição dos benefícios de ICMS concedidos até 08.08.2017, no que foi seguido pelo Convênio ICMS nº 190/2017. As questões debatidas entre Fisco e contribuinte paulistas relativas aos efeitos dessas normas são muito bem delineadas no trabalho.

Novamente a responsabilidade tributária é trabalhada na obra, no interessante artigo de Fulvia Helena de Gioia, intitulado "A responsabilização tributária do tomador de serviços", no qual, segundo a autora, a jurisprudência do TIT/SP tem se inclinado em sentido oposto à do STJ sobre a matéria.

Daniel Meir Grajzer disserta sobre "O princípio da autonomia dos estabelecimentos na perspectiva do TIT/SP". Em dosagem perfeita de doutrina e jurisprudência, o autor enfrenta tema de supina relevância prática no cotidiano do Direito Tributário.

Martha Leão nos brinda com excelente trabalho sobre "A concomitância entre demandas administrativas e judiciais: análise crítica da manutenção das penalidades". A Professora critica a jurisprudência do TIT/SP quanto à matéria, para sustentar a impossibilidade de cobrança de juros e multa nos autos de infração lavrados para prevenir a decadência, na hipótese de haver decisão antecipada determinando a suspensão da exigibilidade do crédito tributário.

"Recapitulação da penalidade" é o tema versado por Robson Maia Lins. Dada a sensibilidade de que se reveste a matéria, não apenas em virtude da capitulação da multa em si, mas também da revisão do lançamento, o que implica a análise das categorias do erro de fato e do erro de direito. Tudo isso é enfrentado com firme esteio na Teoria Geral do Direito Tributário, da qual o autor possui total domínio.

Como prova de que na presente obra o público geral tem acesso tanto a temas clássicos como também ao que há de mais moderno nas discussões tributárias, Júlio de Oliveira e Gabriel Caldiron Rezende se debruçam sobre a "Incidência do ICMS na publicidade por meio da internet". O conflito de competência entre o ICMS e o ISS é bem explanado pelos autores, com ampla análise da jurisprudência do TIT/SP.

Luiz Roberto Peroba e Matteus Borelli escrevem sobre "O posicionamento do TIT/SP frente às inovações tecnológicas no setor de comunicação". Tem-se uma excelente discussão a respeito do conceito de serviço de comunicação naquele tribunal administrativo.

"Erro na eleição do sujeito passivo da infração" foi o tema analisado por Michell Przepiorka e Arthur Pitman, mormente no que diz respeito à extinção de pessoas jurídicas. O artigo com certeza se presta a iluminar aqueles que, em suas atividades profissionais, se depararem com situações desse jaez.

Alexandre Luiz Moraes do Rêgo Monteiro e Rachel Mira Lagos abordam "A Resolução do Senado Federal nº 13/2012 e a lista CAMEX na jurisprudência do Tribunal de Impostos e Taxas do Estado de São Paulo". Cuida-se de importante discussão a respeito do entendimento do TIT/SP sobre o ICMS incidente em operações interestaduais com bens e mercadorias importados do exterior. No bojo da discussão, sobreleva-se a celeuma envolvendo a necessidade de comprovação de similar nacional.

Novamente o Direito Tributário Sancionador encontra-se debatido na presente obra, por meio das "Considerações sobre a aplicação do artigo 527 do RICMS/SP através de uma análise jurisprudencial", de Angela Sartori e Jandir Dalle Lucca. Os autores bem discutem conceitos importantes para a redução de multas isoladas de ICMS na legislação paulista, como os de dolo, fraude, simulação, porte econômico da empresa e antecedentes fiscais do contribuinte, além de outros aspectos polêmicos envolvendo a questão.

Adriana Stamato e Marcelle Silbiger nos brindam com interessante artigo a respeito das "Importações por encomenda", à luz da jurisprudência do TIT/SP e tendo por contexto a guerra fiscal do ICMS. Tudo isso somado a uma exposição clara e objetiva dos argumentos usualmente suscitados pelo Fisco e pelos contribuintes em suas disputas.

"Armazém Geral e o setor de transportes: controvérsias jurídicas à luz da jurisprudência do Tribunal de Impostos e Taxas de São Paulo". Com esse artigo, Caio Augusto Takano e Rinaldo Braga enfrentam uma série de questões pertinentes ao tema do Armazém Geral, sobretudo no que diz respeito aos deveres instrumentais com ele relacionados na legislação tributária paulista.

Ainda podemos encontrar o excelente artigo escrito por Alexandre Evaristo Pinto e Fernando Luis Bernardes de Oliveira "A evolução da tributação do *software* na visão da jurisprudência do Tribunal de Impostos e Taxas do Estado São Paulo", no qual se analisa a recente decisão do Supremo Tribunal Federal e a necessária e consequente revisão da jurisprudência administrativa sobre o tema. O artigo ainda transcende o precedente vinculativo para deixar razões a serem utilizadas em outros conflitos de competência ICMS e ISSQn.

Fábio Tomkowski e Rodrigo Alexandre Lazaro Pinto trazem o artigo "Nulidades no lançamento tributário e atual jurisprudência do Tribunal de Impostos e Taxas do Estado de São Paulo (TIT/SP)", tema intrincado, ainda pouco trabalhado nos julgamentos administrativos, mas necessário, pois – repita-se sempre – a correta obediência ao devido processo legal administrativo é que traz a presunção relativa de liquidez e certeza do título executivo extrajudicial fiscal (CDA).

Esta breve apresentação da obra não se presta apenas para aguçar no leitor a vontade de ler o livro de uma só vez, dada a vastidão dos temas versados e o interesse que suscitam no tributarista, mas também a prestigiar os autores, pelo excelente trabalho que fizeram.

Com efeito, o presente livro cumpre a sua missão de celebrar o casamento perfeito entre a teoria e a prática: os pesquisadores estarão de posse de um manancial infindável de pesquisa. Já os operadores de direito terão um guia seguro para a sua atuação perante o TIT/SP.

Cumprimentando novamente os organizadores e os autores dos artigos que compõem esta obra, desejamos uma boa leitura a todos.

Belo Horizonte, junho de 2021.

Valter de Souza Lobato
Mestre e Doutor em Direito Tributário pela UFMG. Advogado. Presidente da Associação Brasileira de Direito Tributário (ABRADT). Coordenador da *Revista de Direito Tributário FORUM/ABRADT*.

IMPORTAÇÕES POR ENCOMENDA

ADRIANA STAMATO

MARCELLE SILBIGER

Introdução

As importações indiretas – assim entendidas aquelas realizadas por intermédio de uma terceira empresa, usualmente uma *trading company* localizada em outro Estado – estiveram por muito tempo no centro de acirradas disputas entre o Estado de São Paulo e seus contribuintes. O pano de fundo dessas disputas é a famosa e conhecida guerra fiscal entre os Estados, que reverbera e afeta os contribuintes. Ao longo dos anos, o cenário foi se modificando e assumindo novos contornos, principalmente em razão de mudanças legislativas feitas para melhor disciplinar o tratamento tributário das operações, aprimorar os mecanismos de controle e, assim, trazer mais segurança jurídica ao mercado.

Algumas dessas mudanças foram feitas em nível federal, como leis e instruções normativas disciplinando as importações indiretas. No âmbito estadual, houve o Protocolo nº 23, celebrado em 2009 entre os Estados de São Paulo e Espírito Santo para dispor sobre os procedimentos nas importações promovidas por estabelecimentos situados em um Estado, por intermédio de empresa situada no outro Estado. Além disso, podemos também citar a Resolução nº 13/2012, que reduziu a alíquota do ICMS nas operações interestaduais, visando, de certa forma, a desestimular a prática de importações por outros Estados.

Iniciaremos este estudo apresentando a disciplina da importação por encomenda, para, em seguida, examinar os pontos usualmente questionados pelo Estado de São Paulo em operações dessa natureza, os argumentos dos contribuintes e, por fim, a evolução da jurisprudência administrativa do Tribunal de Impostos e Taxas (TIT).

1 Importações por encomenda

As empresas interessadas em adquirir bens do exterior podem se valer basicamente de duas modalidades de importações: as diretas, ou seja, em que a própria empresa figura como importadora e é responsável por todas as etapas da importação e desembaraço aduaneiro, e as indiretas, realizadas por intermédio de terceiros. Quando realizadas por terceiros, as principais estruturas são o modelo de *"importação por encomenda"* e a *"importação por conta e ordem"*.

A *importação por conta e ordem* é uma modalidade de importação criada pela Medida Provisória nº 2.158-35 de 24 de agosto de 2001[1] e regulamentada por várias Instruções Normativas subsequentes, que estabelecem um tratamento fiscal especial para impostos federais. De acordo com essa modalidade de importação, o importador não adquire a titularidade das mercadorias. Após a liberação das mercadorias importadas em nome do comprador, o importador entrega essas mercadorias ao seu cliente (o comprador) no mercado nacional. O importador também *não vende* as mercadorias estrangeiras para o comprador, mas, ao invés disso, presta um *serviço de importação*, agindo por conta e ordem de seu cliente.

A *importação por encomenda,* por sua vez, foi promulgada pela Lei nº 11.281, de 20 de fevereiro de 2006, como uma alternativa para a importação por conta e ordem. Basicamente, a principal diferença entre as duas é o fato que, no modo de importação por encomenda, a importadora adquire mercadorias no exterior para *revenda* a uma sociedade solicitante pré-determinada, ao invés de prestar um serviço. O importador (normalmente uma *trading company*) foi contratado pelo encomendante para adquirir as mercadorias, usando seus próprios

---

[1] A Medida Provisória nº 2.158-35 de 24 de agosto de 2001 permanece em vigor em virtude da Emenda Constitucional nº 32 de 11 de setembro de 2001, que estabelece que medidas provisórias emitidas antes da promulgação dessa Emenda Constitucional (ou seja, 12 de setembro de 2001) deverão permanecer em vigor até uma medida provisória subsequente poder expressamente revogá-las ou até a determinação final ser adotada pelo Congresso Nacional.

recursos financeiros para importá-las e manter sua titularidade até o momento da venda ao comprador local.

Ou seja, diferentemente de uma "importação por conta e ordem", não se trata de prestação de serviços, mas sim uma operação de venda no mercado local de produtos nacionalizados, que foram importados com a finalidade específica de serem revendidos a uma determinada pessoa jurídica encomendante da importação.

Embora não possam ser confundidas, em ambas as modalidades a *trading company* não tem um interesse próprio nas mercadorias importadas, ou seja, ela sempre age como um intermediário, seja prestando um serviço ou adquirindo bens para revender a terceiros.

Do ponto de vista da disciplina em âmbito federal/aduaneiro, há algumas exigências a serem cumpridas tanto pelo importador quanto pelo contratante local. De forma geral, ambas as partes devem possuir habilitação no RADAR para operar no SISCOMEX (o sistema da Receita Federal para a realização de importações e exportações de mercadorias); firmar um contrato formal a ser apresentado à Secretaria da Receita Federal; as informações do encomendante devem constar em cada declaração de importação, entre outras. O objetivo é trazer transparência e visibilidade à operação, permitindo melhor controle das partes que participam de operações de importação.

Como se verifica, os efeitos tributários e aduaneiros da importação por encomenda foram detidamente regulamentados no âmbito federal; contudo, não há nenhuma legislação federal específica prevendo as normas aplicáveis a respeito do ICMS devido sobre as importações realizadas nessa modalidade, o que dá margem a interpretações diversas, calcadas justamente no conceito de "destinatário" da importação para efeitos de definir o sujeito passivo/ativo da obrigação tributária.

2 Panorama sobre guerra fiscal do ICMS e os argumentos e pró-Fisco

O questionamento das operações de importação indireta decorre, principalmente, da guerra fiscal do ICMS. Isso porque os Estados onde as *trading companies* estão localizadas normalmente concedem incentivos de ICMS para atrair negócios e investimentos em seus territórios. Os incentivos do ICMS deveriam, de acordo com o artigo 155 da Constituição Federal, ser acordados entre todos os Estados segundo um Convênio Interestadual formal (Convênio ICMS), mediante consentimento unânime de todos os Estados.

Contudo, sempre foi muito comum existirem incentivos fiscais concedidos unilateralmente pelos Estados, sem a aprovação prévia e necessária do Confaz. Tal situação ensejou diversos questionamentos promovidos por outros Estados perante o Supremo Tribunal Federal (STF), além da adoção de medidas com a finalidade de desestimular aquisições de fornecedores localizados naqueles Estados que concedem incentivos fiscais irregulares.[2]

No caso das importações indiretas – incluindo as por encomenda, o Estado de São Paulo costumava[3] adotar duas abordagens principais nos autos de infração:

(i) *limitação de créditos:* considerando que muitos dos benefícios concedidos pelos Estados das *tradings* consistiam em redução do ICMS devido na operação interestadual, uma das maneiras possíveis de contestar o uso dos incentivos fiscais seria contestar a operação sob o argumento de que não seria permitido ao cliente de São Paulo, ao receber produtos da *trading company* localizada no outro Estado, lançar como crédito fiscal o valor integral do ICMS destacado na respectiva nota fiscal, mas somente o valor do imposto efetivamente pago pelo remetente ao Estado de origem.

(ii) *desconsideração da trading company* – outra forma de questionamento era contestando a operação como um todo, questionando qual parte deve ser considerada a importadora, para fins de ICMS e para qual Estado o imposto deveria ter sido pago.

Para finalidades de nossa análise, vamos nos concentrar no item "b", que é a abordagem mais gravosa e com mais repercussões.

O cerne da questão envolve a definição do artigo 155, parágrafo 2º, IX, "a", da Constituição Federal, que estabelece que o ICMS será pago "sobre a entrada de bem ou mercadoria importados do exterior por pessoa física ou jurídica, ainda que não seja contribuinte habitual do imposto, qualquer que seja a sua finalidade, assim como sobre o serviço prestado no exterior, cabendo o imposto ao Estado onde estiver situado o domicílio ou o estabelecimento do destinatário da mercadoria, bem ou serviço".

---

[2] A Lei Complementar nº 160 e o Convênio nº 190 foram editados para regularizar os incentivos fiscais concedidos de forma unilateral.

[3] Como veremos adiante, espera-se que as autuações venham a decrescer em razão do entendimento recém-firmado pelo Supremo Tribunal Federal em sede de repercussão geral.

Essa definição não cria nenhum problema em caso de operações de importação direta. Entretanto, no caso de operações de importação por encomenda, as autoridades fiscais do Estado de São Paulo tendem a adotar a interpretação de que a importadora deve ser vista como a parte que é a beneficiária final do produto importado, independentemente de os procedimentos de importação serem conduzidos por um terceiro.

Por essa razão, foram efetuadas incontáveis autuações fiscais baseadas na desconsideração da *trading company* e geralmente tendo por resultado a cobrança do ICMS sobre a importação do encomendante, a glosa de créditos lançados sobre a operação com a *trading company*, bem como multa por falta de emissão da nota fiscal de entrada.

Para o Fisco paulista, embora a *trading company* tenha importado fisicamente os produtos e arcado com os custos decorrentes dessa importação, ela não deveria ser vista como a "destinatária" das mercadorias, pois atua em favor de um terceiro; assim o terceiro deveria ser considerado como o importador efetivo, porque, em essência, ele seria o destinatário e interessado na aquisição das mercadorias.

Como resultado dessa posição adotada pelas autoridades fiscais paulistas, muitas empresas sediadas em São Paulo foram autuadas, criando um ambiente bastante complexo e controverso, que resultou na celebração do Protocolo nº 23 entre os Estados de São Paulo e do Espírito Santo em 2009, visando a regulamentar a situação (Protocolo nº 23/09). Como sabido, muitas *trading companies* estão localizadas no Estado do Espírito Santo, o que sem dúvida motivou a celebração desse acordo, que pretendia deixar mais claras as regras de recolhimento do ICMS nas operações indiretas e evitar novos conflitos.

Em linhas gerais, o Protocolo nº 23/09 estabeleceu que: (i) nos casos de importação por conta e ordem, o ICMS deveria ser recolhido pela *trading company* em nome do adquirente para o Estado do adquirente e (ii) no caso de importação por encomenda, o ICMS deveria ser recolhido pela *trading company* para seu próprio Estado, desde que as mercadorias entrassem física e efetivamente no estabelecimento do importador. A fim de caracterizar uma ou outra hipótese de importação, o Protocolo nº 23/09 previu que deveriam ser observadas as condições previstas na legislação federal, incluindo a ausência de quaisquer adiantamentos ou recursos ao importador.

Com a entrada em vigor do Protocolo nº 23/09, esperava-se que a operação de importação por encomenda fosse ser aceita pelas autoridades fiscais paulistas, tendo em vista a definição dos critérios quanto à tributação do ICMS sobre tais operações. Contudo, fato é que novas autuações surgiram – seja envolvendo *tradings* em outros Estados, seja envolvendo *tradings* no Espírito Santo – por suposto descumprimento das condições do Protocolo.

3 Jurisprudência do TIT e os argumentos pró-contribuinte

Conforme detalharemos a seguir, a jurisprudência recente do TIT divide-se em dois principais períodos: aquele após o Protocolo nº 23/09, e o outro, mais recente, após a decisão do STF no julgamento do Recurso Extraordinário com Agravo nº 665.134 (*leading case*), ocorrido em 2020.

3.1 Período entre o Protocolo nº 23/09 e a decisão do STF no *leading case*

De modo geral, a análise da jurisprudência do TIT do Estado de São Paulo indica que, mesmo após o Protocolo nº 23/09, as autoridades fiscais se valeram dos mais diversos elementos para desqualificar a importação por encomenda e exigir o recolhimento do ICMS para os cofres paulistas.

Em casos envolvendo *tradings* capixabas, a análise das autoridades concentrou-se exclusivamente nas exigências estabelecidas no protocolo como, por exemplo, se o cliente antecipou fundos ou se houve a entrada física no estabelecimento da *trading company*.

Entretanto, também há casos em que elementos adicionais foram adotados pelas autoridades fiscais para desconsiderar a operação como importação "por encomenda" e qualificá-la como "importação por conta e ordem" (que, por sua vez, implicaria a cobrança de ICMS em favor do Estado de São Paulo, e não do Espírito Santo).

Entre outros elementos, destacam-se (i) a entrada física das mercadorias importadas em um armazém usado pela *trading company* (*i.e.*, outro estabelecimento que não o da própria *trading company*); (ii) a forma de cobrança dos serviços prestados *trading company* em favor do estabelecimento encomendante; (iv) a fixação do preço do produto como uma somatória de todos os custos e despesas incorridos pela *trading company*; (v) a existência de exclusividade de mercado sobre mercadorias importadas e (vi) a transferência dos riscos ao estabelecimento encomendante. Com base nesses elementos, o Fisco paulista argumentava que, mesmo não tendo havido antecipação dos recursos, a operação deveria ser considerada uma importação por conta e ordem, visto que a *trading* não teria corrido qualquer risco na operação.

Esses argumentos – não previstos em nenhuma legislação, tampouco no Protocolo nº 23/09 firmado com o Espírito Santo – também foram usados para contestar operações de importação via outros Estados (como, por exemplo, o Estado de Santa Catarina).

Em relação ao elemento do ingresso físico no estabelecimento da *trading*, podemos citar o seguinte julgado:

> No caso, não houve entrada física das mercadorias na empresa First S/A, tendo sido remetidas diretamente para a Autuada. Tais fatos são suficientes para a descaracterização das importações como realizadas na modalidade "por encomenda" e reenquadramento na modalidade "por conta e ordem". Pode- se então asseverar que as mercadorias nunca ingressaram no estabelecimento da importadora, visto que elas foram importadas e retiradas pela recorrente diretamente do recinto da alfândega após a sua liberação. Nesse sentido, o artigo 11, I, "d", da Lei Complementar nº 87/1996 (Lei Kandir) estabelece que na importação o local da operação, para fins de incidência do ICMS, é o do estabelecimento onde ocorrer a entrada física da mercadoria ou bem importados.[4]

A exigência de ingresso físico no estabelecimento do importador normalmente é fundamentada da Lei Complementar nº 87/96, que determina que o ICMS devido na importação será recolhido ao local onde "ocorrer a entrada física", bem como no Protocolo nº 23/09.

O que ocorre é que, do ponto de vista prático, é absolutamente esperado que mercadorias importadas por um Estado possam ser encaminhadas diretamente ao estabelecimento do encomendante, seja por redução de custos logísticos, seja pela necessidade de rápida utilização do produto. E tal fato, por si só, não deveria descaracterizar a ocorrência de importação por encomenda. Nesse sentido, merece destaque precedente isolado do TIT que reconheceu a possibilidade de remessa direta das mercadorias importadas do armazém alfandegado localizado em Rondônia para o estabelecimento encomendante paulista, sem que isso impactasse o local do recolhimento do ICMS:

> 6. No mundo atual e com o dinamismo que ocorrem os fatos no mundo dos negócios não há porque não se admitir o destinatário jurídico como o contribuinte do ICMS importação, ademais no caso o importador utilizou-se de armazém alfandegário para a guarda das mercadorias.

---

[4] TIT, Processo nº 4019976-9 julgado em 02.07.2014. No mesmo sentido: Processo nº 4007032-3, julgado em 23.10.2014; Processo nº 4005532-2, julgado em 04.12.2015.

7. Segundo o Convenio ICMS 143 02, em sua Cláusula primeira, "A entrega de mercadoria ou bem importados do exterior pelo depositário estabelecido em recinto alfandegado, somente poderá ser efetuada mediante prévia apresentação do comprovante de recolhimento do ICMS, ou do comprovante de exoneração do imposto, se for o caso, e dos outros documentos exigidos pela legislação estadual de localização do importador".

8. Ou seja, o Importador dá a entrada da mercadoria no armazém alfandegário como sua, e o armazém fica como sendo uma extensão do estabelecimento do depositante, tanto que não incide ICMS nesta operação, conforme dispõe o art. 7º do RICMS/00.

10. Portanto, não é porque a mercadoria veio direto do armazém alfandegário para o estabelecimento da Recorrente que se considera que o ICMS é devido ao Estado de São Paulo.[5]

Contudo, precedentes recentes do TIT indicam que a entrada física das mercadorias no estabelecimento do importador ainda é muitas vezes elemento definidor das decisões, que tendem a exigir o recolhimento do ICMS para o Estado de São Paulo quando os produtos importados por outro Estado são diretamente remetidos ao seu estabelecimento.[6]

Outro elemento verificado pelas autoridades fiscais ao questionar as importações por encomenda realizadas por estabelecimentos localizados em São Paulo diz respeito ao encargo dos serviços prestados pela empresa importadora em favor do estabelecimento encomendante.

Com base em nossa análise da jurisprudência, as autoridades fiscais verificam o contrato firmado entre as partes, bem como o procedimento de faturamento adotado pela empresa importadora. No tocante à análise do contrato, as autoridades fiscais normalmente verificam qual parte é responsável pelo encargo financeiro da operação de importação e quais valores são incluídos na remuneração da empresa importadora.

Caso o estabelecimento encomendante assuma o pagamento dos impostos e de outras despesas devidas sobre a operação de importação (armazenagem, frete, seguro, contratação da operação de câmbio), o TIT tende a desconsiderar a importação por encomenda, pois essa modalidade exige que o encargo financeiro seja totalmente assumido pela empresa importadora. Nesse sentido, localizamos precedente do TIT desfavorável ao contribuinte que realizou importação por encomenda

---

[5] TIT, Processo nº 4041850-9, julgado em 19.04.2016.
[6] Nesse sentido, Processo nº 4015259-5, julgado em 11.10.2019; Processo nº 4108524-3, julgado em 28.08.2019 e Processo nº 4049205-9, julgado em 28.06.2018.

com empresa importadora localizada em Santa Catarina.[7] A disposição do contrato prevendo que o adquirente local seria responsável por todos os custos da operação de importação foi o principal elemento utilizado pelas autoridades para qualificar a operação como importação por conta e ordem.

Na análise do procedimento de faturamento, as autoridades fiscais tendem a verificar se as despesas aplicáveis à operação de importação estão incluídas no preço cobrado pela empresa importadora e se a data de vencimento da fatura precede ou corresponde à data de cobrança de tais impostos, caso em que a operação de importação tende a ser considerada pelas autoridades fiscais como "por conta e ordem".

Por exemplo, localizamos decisão[8] proferida pelo TIT que considerou que a operação de importação por encomenda efetuada por empresa importadora localizada no Espírito Santo posteriormente ao Protocolo nº 23/09 deveria ser qualificada como importação por conta e ordem. Isso porque a remuneração paga pelo adquirente local à empresa importadora, embora realizada depois do despacho aduaneiro, precedeu o prazo final de pagamento a ser observado pela empresa importadora perante o exportador.

Ainda no tocante ao procedimento de faturamento, outro elemento verificado pelas autoridades fiscais diz respeito ao Código Fiscal de Operações e Prestações (CFOP) constante nas notas fiscais emitidas pelos estabelecimentos. Como a importação por encomenda exige que a empresa importadora revenda o produto importado ao estabelecimento encomendante, o CFOP dirá respeito à operação de venda, e não à mera transferência do produto.[9]

Ora, à exceção do CFOP informado nas notas fiscais, os demais aspectos considerados pelo Fisco paulista para questionar a qualificação da importação por encomenda não encontram amparo na legislação federal que regulamenta as importações indiretas. Do ponto de vista aduaneiro, a importação por encomenda requer apenas que o importador utilize seus próprios recursos para adquirir as mercadorias estrangeiras, não havendo qualquer limitação quanto à formação do preço (o que sequer seria cabível, tendo em vista a liberdade negocial que deve reger as obrigações privadas).

---

[7] TIT, Processo nº 4015456-7, julgado em 28.09.2017.
[8] TIT, Processo nº 4074435-8, julgado em 22.06.2017.
[9] TIT, Processo nº 4019675-6, julgado em 04.04.2014.

Quanto ao pagamento pelo encomendante ao importador em data anterior ao vencimento da obrigação perante o exportador, o artigo 3º, parágrafo 3º, da Instrução Normativa nº 1.861/2018 prevê expressamente que "consideram-se recursos próprios do importador por encomenda os valores recebidos do encomendante predeterminado a título de pagamento, total ou parcial, da obrigação, ainda que ocorrido antes da realização da operação de importação ou da efetivação da transação comercial de compra e venda". Portanto, nota-se que o entendimento de parte das autoridades paulistas vai de encontro à regra estabelecida pelo próprio Estado no Protocolo nº 23/09, como também cria requisitos contraditórios à legislação federal que regulamenta as importações indiretas.

Outro argumento adotado pelas autoridades fiscais com o fim de desconsiderar a ocorrência de importação por encomenda e de exigir o respectivo ICMS aos cofres paulistas diz respeito à existência de exclusividade de mercado em relação aos produtos importados. Em suma, a justificativa aparentemente adotada pelo Fisco é de que a importação por encomenda pressupõe que a empresa importadora adquira a titularidade dos produtos importados, os quais são posteriormente revendidos no mercado local a terceiros. Nesse sentido, a exclusividade de mercado constituiria elemento que fortaleceria a desconsideração da importação por encomenda e a caracterização da importação por conta e ordem, pois os produtos importados não poderiam ser revendidos a qualquer outra empresa, exceto a parte encomendante.

Em recente auto de infração julgado de forma favorável ao Fisco pelo TIT, a justificativa do Fisco para questionar a importação por encomenda quando há vinculação entre exportador e encomendante seria uma espécie de "falta de propósito negocial" para a contratação do importador:

> as operações de importação estão vinculadas ao exportador italiano CAST FUTURA SPA que possui 99,85% de participação no social da empresa Autuada, sendo assim, indaga qual seria a razão para que a filial, ao necessitar de mercadorias da sua matriz, se utiliza de uma terceira empresa para realizar a importação, com previsível aumento de preço?[10]

Embora tal elemento não encontre amparo na legislação e seja até mesmo contraditório com o conceito das importações indiretas (que

---

[10] TIT, Processo Administrativo nº 4015259-5, julgado em 27.09.2019.

obviamente pressupõe a existência prévia de um terceiro interessado na operação), localizamos diversos precedentes (inclusive no âmbito judicial) em que a exclusividade de mercado foi considerada elemento pertinente para qualificar a operação como importação por conta e ordem (em vez de importação por encomenda).

Alguns precedentes consideraram que a interdependência entre a empresa encomendante e o exportador não seria compatível com a importação por encomenda, pois a empresa importadora atuaria como mera intermediária e prestadora de serviços na operação de importação. Por exemplo:

> Quanto ao mérito, embora os documentos indiquem tratar-se de importação por encomenda, as características das importações mais se afeiçoam à natureza "por conta e ordem". Isto porque o contrato de fls. 5656 foi lavrado entre a matriz paulista e a empresa Columbia Trading S.A e mostra que a empresa Gucci é quem se responsabiliza por todos os custos da importação, inclusive impostos federais e estaduais, ficando a empresa Columbia com uma percentagem, como indica a cláusula 4.1.a e b, o qual prevê, inclusive, que o pagamento ao vendedor estrangeiro possa ser feito antes ou após emitida a nota fiscal de venda da Columbia para a Gucci. A empresa Columbia não pode vender para qualquer empresa, pois as mercadorias "pertencem" à Gucci.
>
> Assim, a Gucci apenas utilizou a Columbia para a intermediação, mas o interesse jurídico pela mercadoria era seu, mesmo porque o vendedor estrangeiro era estabelecimento do seu grupo: "Gucci Logistic Division – Luxury Goods International S.A.", como se confirma às fls. 5426.[11]

Não obstante o exposto acima, segundo entendemos, há bons argumentos para respaldar que a exclusividade de mercado dos produtos importados não deve implicar desconsideração da importação por encomenda, pois essa modalidade de importação na verdade pressupõe a existência de adquirente predeterminado dos produtos. A legislação federal não traz disposição no sentido de que a empresa importadora poderá revendê-los livremente no mercado local, do contrário qualquer empresa que importe e revenda produtos seria considerada importadora por conta e ordem. Em nossa opinião, isso não é compatível com as disposições legais aplicáveis a esse tipo de importação, pois, na verdade, as disposições requerem a existência de adquirente predeterminado, ou seja, que o importador importe os produtos sabendo desde o início haver cliente comprometido em adquirir os produtos.

---

[11] TIT, Processo Administrativo nº 4038286-2, julgado em 11.11.2015.

Felizmente, há precedentes (embora isolados) em que o TIT fez prevalecer o conceito legal de importação por encomenda frente aos elementos trazidos pela fiscalização a fim de desconsiderar a operação e requalificá-la como por conta e ordem.

Nesse sentido, localizamos precedente da 10ª Câmara Julgadora que cancelou o auto de infração que exigia o recolhimento do ICMS sobre a importação para os cofres paulistas, pois o encomendante teria emitido cheques em data anterior ao desembaraço e porque o importador repassou no preço os tributos devidos na importação.[12] Além disso, questionava-se a falta de ingresso físico das mercadorias importadas no estabelecimento do importador.

Segundo o acórdão, a importação por encomenda não deveria ser desconsiderada, tendo em vista que houve comprovação de que os cheques apenas teriam sido compensados em data posterior ao desembaraço e de que a importadora teria fechado os contratos de câmbio. Em relação aos demais elementos trazidos pela fiscalização, transcrevemos trecho do acórdão:

> No caso de importação por encomenda é praxe no mercado que mesmo nesse tipo de operação que todos os tributos inerentes à importação sejam posteriormente reembolsados pelo encomendante, pois tais tributos compõem o preço de importação que foi pago pela *trading*.
> Assim, não há razão para a descaracterização da operação.
> A alegação de entrada física da mercadoria no estabelecimento da FAMEX não é relevante, já que a mercadoria poderia ser desembaraçada em qualquer Porto do Brasil e ser enviada diretamente à Recorrente por determinação da *trading* sem que tal fato descaracterizasse a operação de encomenda.

A nosso ver, o entendimento adotado pelo TIT nessa oportunidade é digno de destaque, tendo em vista que, sem prejuízo de se ater estritamente aos requisitos legais, a decisão levou em consideração aspectos práticos relacionados à operação de industrialização por encomenda para reafirmar a sua legitimidade, e não para desconsiderar estrutura expressamente prevista na legislação aduaneira.

Como será detalhado no próximo item, a celeuma em torno da definição do sujeito ativo do ICMS devido nas importações indiretas foi finalmente solucionada pelo STF no ano de 2020. O julgamento, realizado sob o rito de repercussão geral, já produz efeitos na jurisprudência

---

[12] TIT, Processo Administrativo nº 4060528-0, julgado em 26.04.2019.

do TIT, o que representa um grande alívio a todos os contribuintes paulistas.

3.2 Julgamento do ARE nº 665.134 pelo STF

Em abril de 2020, o STF julgou o Recurso Extraordinário com Agravo (ARE) nº 665.134, sob o rito de repercussão geral, em que se discutiu a definição do Estado competente para exigir o ICMS nas importações indiretas. O pano de fundo do *leading case* envolvia a importação de matérias-primas por estabelecimento localizado em São Paulo, que remetia os produtos à filial da mesma empresa localizada em Minas Gerais para processo de industrialização por encomenda da filial paulista, sendo que o produto final era devolvido ao estabelecimento importador para posterior comercialização.

O relator do *leading case*, Ministro Edson Fachin, iniciou seu voto esclarecendo que a jurisprudência do STF entende que o aspecto pessoal do ICMS devido na importação de mercadorias não se confunde com o aspecto espacial do fato gerador. Isto é: o local do desembaraço aduaneiro da mercadoria ocorrer em determinado Estado não significa, por si só, que o ICMS deva ser recolhido para esse mesmo Estado. Isso porque o Estado competente para exigir o ICMS devido na importação corresponde àquele onde se localiza o destinatário "final" da mercadoria importada.

De fato, o STF já tinha precedentes a esse respeito. A dificuldade, contudo, residia em definir o conceito de destinatário "final", que, a depender das circunstâncias, levava em conta o aspecto jurídico, econômico, e até mesmo físico da operação de circulação de mercadorias. Inclusive, a divergência sobre o conceito de destinatário "final" foi mencionada pelo então Ministro Joaquim Barbosa, quando do reconhecimento da repercussão geral do tema.

Segundo o Ministro Edson Fachin, o conceito de destinatário final deve estar alinhado à hipótese de incidência tributária do ICMS, qual seja, a circulação de mercadoria, caracterizada pela transferência de domínio. Assim, não haveria que se falar em prevalência do aspecto econômico ou físico em detrimento do aspecto jurídico da importação. Nesse sentido, fixada a tese jurídica de que "o sujeito ativo da obrigação tributária de ICMS incidente sobre mercadoria importada é o Estado-membro no qual está domiciliado ou estabelecido o destinatário legal da operação que deu causa à circulação da mercadoria, com a transferência de domínio".

Nessa linha, o Relator declarou a inconstitucionalidade parcial do artigo 11, inciso I, alínea "d", da Lei Complementar nº 87/96 (sem redução de texto), uma vez que o legislador não poderia definir como local da operação na importação, para efeitos de cobrança do ICMS, o estabelecimento onde ocorrer a entrada física, tendo em vista que a própria legislação reconhece operações simbólicas de movimentação de mercadorias.

Diante das premissas de que o ICMS devido na importação deve ser recolhido para o Estado onde localizado o destinatário que deu causa à circulação de mercadoria, sendo irrelevante o aspecto econômico e físico da operação, foram fixados os seguintes critérios para definição do destinatário jurídico nas diferentes modalidades de importação:

> Nesses termos, entende-se como destinatário legal da operação, em cada hipótese de importação, as seguintes pessoas jurídicas:
>
> a) Na importação por conta própria, a destinatária econômica coincide com a jurídica, uma vez que a importadora utiliza a mercadoria em sua cadeia produtiva;
>
> b) Na importação por conta e ordem de terceiro, a destinatária jurídica é quem dá causa efetiva à operação de importação, ou seja, a parte contratante de prestação de serviço consistente na realização de despacho aduaneiro de mercadoria, em nome próprio, por parte da importadora contratada;
>
> c) Na importação por conta própria, sob encomenda, a destinatária jurídica é a sociedade empresária importadora (*trading company*), pois é quem incorre no fato gerador do ICMS com o fito de posterior revenda, ainda que mediante acerto prévio, após o processo de internalização.

Como se observa, os critérios adotados pelo STF correspondem, em parte, aos critérios adotados pelos Estados de São Paulo e do Espírito Santo quando da celebração do Protocolo nº 23/09 (em parte, pois o protocolo exigia o ingresso físico das mercadorias no estabelecimento do importador, o que felizmente deixou de ser considerado requisito no julgamento do STF).

Isto é, a definição do sujeito ativo do ICMS deve levar em conta a natureza subjacente da operação de importação e a respectiva definição legal estabelecida em âmbito federal. Assim, na modalidade de importação por encomenda, o que deve ser levado em conta para fins da definição do ICMS devido sobre a importação da mercadoria é a *aquisição da titularidade jurídica* da mercadoria pelo importador. A posterior revenda a um encomendante predeterminado corresponde a um segundo fato gerador que em nada deve alterar a definição do sujeito passivo do ICMS devido sobre a importação.

A despeito da consistência dos critérios adotados pelo STF *vis-à-vis* o conceito das modalidades de importação, cabe fazer uma pequena ressalva a respeito do julgamento do *leading case*. Muito embora o caso concreto envolvesse a importação direta de mercadorias por estabelecimento localizado em São Paulo, o relator definiu que o ICMS deveria ser recolhido ao Estado de Minas Gerais. Segundo ele, a destinação da mercadoria para industrialização em Minas Gerais seria o "vetor" da operação, de modo que o ICMS deveria ser recolhido para esse Estado.

Ora, como definido pelo próprio STF, as operações subsequentes à importação não devem impactar a definição do destinatário final da mercadoria importada, que deve ser definido levando em conta o aspecto jurídico. Assim, o envio das matérias-primas para industrialização em outro Estado em nada deveria impactar a definição do sujeito ativo do ICMS, uma vez que a importação ocorreu na modalidade direta.

Diante dessa contradição entre a tese jurídica estabelecida e a solução do caso concreto, o contribuinte e o Estado de Minas Gerais apresentaram embargos de declaração, que foram julgados pelo STF em novembro de 2020.

O contribuinte apresentou embargos para questionar que não deveria haver juízo de mérito sobre o caso concreto, pois o débito havia sido pago integralmente em programa de parcelamento. A parte alegou ainda que, se mantida a solução do caso concreto, deveria ser sanada a contradição quanto ao local de recolhimento do ICMS, pois, segundo os critérios definidos pelo próprio STF, o ICMS deveria ser recolhido para São Paulo, justamente por se tratar de importação direta.

Quando do julgamento dos embargos, o STF determinou que o acórdão fosse ajustado para que fosse excluída a referência ao caso concreto do contribuinte em vista do pagamento do débito. Assim, o STF acolheu os embargos, para que fosse mantida apenas a fixação da tese jurídica a respeito do local de recolhimento do ICMS nas operações de importação. E, ao reforçar os critérios estabelecidos a depender da modalidade de importação, o STF indicou que o fato de a operação de importação e a posterior remessa local envolverem estabelecimentos da mesma empresa não deveria impactar a definição do local de recolhimento do ICMS.

Em outras palavras, independentemente de quem constar formalmente como estabelecimento importador (matriz ou filial), o que deve definir o destinatário final para fins de tributação é o tipo de importação

(importação por conta própria; importação por conta e ordem de terceiro; e importação por conta própria, sob encomenda) e o papel jurídico e materialmente desempenhado por cada estabelecimento envolvido na operação, inclusive a partir da finalidade pretendida com a aquisição do bem importado e afastando eventuais vícios ou defeitos do negócio jurídico.

Assim, a despeito da controvérsia inicial no entendimento do STF sobre o local do recolhimento do ICMS nas importações, o julgamento final foi no sentido de que o ICMS devido sobre a importação das mercadorias deve ser recolhido para o Estado do importador, no caso da importação direta ou por encomenda, e para o Estado do adquirente, nas importações por conta e ordem.

3.3 Decisões do TIT após o julgamento do *leading case* pelo STF

A decisão do STF nos embargos de declaração foi muito bem recebida no mercado, não só para esclarecer a controversa decisão do caso concreto, como também por finalmente por uma pá de cal na discussão sobre o Estado competente para exigir o ICMS devido na importação.

Os reflexos desse importante precedente já são notados na jurisprudência mais recente do TIT, que, diferentemente dos casos abordados anteriormente, não fez prevalecer a adoção de critérios não jurídicos para a configuração (ou desqualificação) da importação por encomenda.

Por exemplo, em julgamento ocorrido em agosto de 2020, a 2ª Câmara Julgadora do TIT decidiu que o ICMS devido sobre a importação realizada por *trading* localizada no Espírito Santo por encomenda de estabelecimento paulista não seria devido para São Paulo, ainda que tenha ocorrido a transferência física das mercadorias importadas ao estabelecimento paulista logo após o desembaraço aduaneiro.[13] A decisão pautou-se na documentação apresentada pelo contribuinte, que evidenciou a natureza de importação por encomenda realizada (*e.g.*, contrato firmado com a *trading*, emissão da nota fiscal de venda de mercadorias, declarações de importação indicando a natureza da importação e os dados do encomendante, contratação do câmbio em nome da *trading*, etc.), bem como na decisão proferida pelo STF no julgamento do *leading case*.

---

[13] TIT, Auto de Infração nº 4042175-2, julgado em 25.08.2020.

Vale mencionar, contudo, que a decisão não foi unânime. Um dos julgadores apresentou voto de preferência, em que manifestou que a importação por encomenda deveria ser descaracterizada, pois não teria havido ingresso físico das mercadorias no estabelecimento do importador, requisito esse que seria exigido pelo Protocolo nº 23/09. Com a devida vênia, parece-nos claro que o ingresso físico não pode mais ser levado em consideração para fins de definição do sujeito ativo do ICMS nas importações. Não só a legislação federal não vincula a importação por encomenda ao ingresso físico das mercadorias no estabelecimento do importador, como também o STF declarou a inconstitucionalidade parcial do art. 11, inciso I, alínea "d", da Lei Complementar nº 87/96. Felizmente, tal posicionamento não prevaleceu, de modo que a decisão confirmou que o ICMS deveria ser recolhido para o Estado onde localizado o estabelecimento do importador.

Em outro precedente julgado após o *leading case* do STF, a 4ª Câmara do TIT proferiu decisão favorável ao contribuinte que realizou importações por encomenda com *tradings* localizadas nos Estados de Alagoas e Rondônia.[14] Contudo, novamente a decisão não foi unânime. O relator do julgamento havia proferido decisão desfavorável ao contribuinte, tendo em vista que "as mercadorias não saíram do território paulista, não transitaram pelos estabelecimentos alagoano e rondoniano e, a rigor do disposto na Lei 87/96 o imposto deve ser pago para São Paulo". Tal posicionamento restou vencido, tendo em vista que a maioria dos julgadores acompanhou o entendimento de que, na importação por encomenda, o ICMS deve ser recolhido ao Estado onde localizado o importador, isto é, as *trading companies*.

Embora o julgamento do *leading case* seja recente, nota-se que as duas decisões proferidas pelo TIT após a manifestação do STF já indicam uma mudança no entendimento dos julgadores. Contudo, essas mesmas decisões indicam que ainda levará um tempo para que a discussão do sujeito ativo do ICMS na importação por encomenda de fato se torne pacífica, tendo em vista não só o posicionamento das autoridades fiscais, como também de julgadores que ainda se atêm a conceitos antigos que não mais devem prevalecer.

---

[14] TIT, Auto de Infração nº 4068495-7, julgado em 03.09.2020.

Conclusão

Por muito tempo a jurisprudência do TIT a respeito de operações de importações indiretas foi desfavorável ao contribuinte. A alegação do Fisco de que o real destinatário da mercadoria era o contribuinte paulista prevaleceu, mesmo em casos em que as partes cumpriam fielmente o disposto, não só na legislação federal – em alguns casos –, como também no Protocolo nº 23/2009.

As importações indiretas são uma forma legítima de as empresas organizarem suas operações de importação. Por diversos motivos, utilizar-se de um terceiro para adquirir mercadorias por sua encomenda pode ser mais vantajoso – aspectos logísticos, operacionais, financeiros, etc. Com a recente decisão do STF (além da convalidação dos incentivos fiscais, que está indiretamente ligada ao assunto), é esperado que haja maior segurança jurídica sobre o tema. No *leading case* julgado em 2020, restou consignado que as operações subsequentes à importação não devem impactar a definição do destinatário final da mercadoria importada, que deve ser definido levando em conta o aspecto jurídico. Espera-se que novas autuações venham a reduzir substancialmente depois dessa decisão, bem como que ela seja aplicada a casos em discussão no TIT. Por enquanto, com base nas poucas decisões proferidas pós-*leading case*, o cenário tem se mostrado favorável aos contribuintes, ainda que as decisões não tenham sido unânimes.

Informação bibliográfica deste texto, conforme a NBR 6023:2018 da Associação Brasileira de Normas Técnicas (ABNT):

STAMATO, Adriana; SILBIGER, Marcelle. Importações por encomenda. *In*: PINTO, Alexandre Evaristo; TOMKOWSKI, Fábio Goulart; ALLEGRETTI, Ivan; BEVILACQUA, Lucas (coord.). *ICMS no Tribunal de Impostos e Taxas de São Paulo*. Belo Horizonte: Fórum, 2022. p. 23-40. ISBN 978-65-5518-319-1.

A EVOLUÇÃO DA TRIBUTAÇÃO DO *SOFTWARE* NA VISÃO DA JURISPRUDÊNCIA DO TRIBUNAL DE IMPOSTOS E TAXAS DO ESTADO SÃO PAULO

ALEXANDRE EVARISTO PINTO

FERNANDO LUIS BERNARDES DE OLIVEIRA

Introdução

A Constituição Federal de 1988 se caracteriza por detalhar de forma minuciosa o sistema tributário brasileiro.[1] Corrobora com essa afirmativa o fato de ela apresentar verdadeiras competências tributárias que devem ser seguidas.[2] É por essa razão que cabe, por exemplo, à União instituir o IPI;[3] aos Estados o ICMS;[4] e aos Municípios o ISS.[5]

---

[1] MARTINS, Ives Gandra da Silva. *O sistema tributário brasileiro*. In: MARTINS, Ives Gandra da Silva (coord.). *Curso de direito tributário*. 13. ed. São Paulo: Saraiva, 2011. p. 21.
[2] NOGUEIRA, Ruy Barbosa. *Curso de direito tributário*. 15. ed. São Paulo: Saraiva, 1999. p. 117.
[3] "Art. 153. Compete à União instituir impostos sobre: [...] IV – produtos industrializados."
[4] "Art. 155. Compete aos Estados e ao Distrito Federal instituir impostos sobre: [...] II – operações relativas à circulação de mercadorias e sobre prestações de serviços de transporte interestadual e intermunicipal e de comunicação, ainda que as operações e as prestações se iniciem no exterior."
[5] "Art. 156. Compete aos Municípios instituir impostos sobre: [...] III – serviços de qualquer natureza, não compreendidos no art. 155, II, definidos em lei complementar."

Essa separação de competências fortalece o Pacto Federativo e também tenta evitar a ocorrência de conflitos de competência,[6] em especial no que tange aos tributos indiretos. Muito embora se procure defender que "os limites de toda competência estão perfeitamente traçados, e bem articulados, de tal sorte que não pode haver" conflitos de competência,[7] o fato é que, na prática, esses confrontos existem.[8]

Isso acontece, pois no Brasil se optou por dividir aquilo que mundo afora é uno, melhor explicando, em outros países a tributação indireta costuma ser feita por meio de um único imposto sobre o valor agregado (IVA). Já em nosso país trilhou-se um caminho diferente, em que se deu a cada um dos entes federativos uma parcela da competência tributária.[9]

Por essa razão, não raro se discute, seja doutrinariamente, seja judicialmente, qual tributo deve incidir sobre determinada atividade.

Soma-se a essa problemática o fato de que os signos trazidos na Constituição são dotados de certa imprecisão, o que acaba por gerar "entendimentos diversos" sobre o significado e alcance de cada um desses conceitos.[10]

Ainda que pareça fácil determinar qual o alcance de expressões como mercadoria, serviço e industrialização, a realidade é que esses signos são imprecisos, razão pela qual eles precisam ser definidos para que se "elimine a ambiguidade ou imprecisão do termo de um certo conceito".[11]

Tal dificuldade torna-se latente quando se depreende que tanto para o ISS como para o ICMS e o IPI a noção de serviço se faz presente,

---

[6] DERZI, Misabel Abreu Machado. Tipos e conceitos. A incompatibilidade do modo de pensar por tipos e as regras de competência tributária constitucionais (federalismo, separação dos poderes, segurança jurídica e direitos e garantias fundamentais). *In: Estudos em homenagem a Humberto Ávila* (no prelo).

[7] CARRAZZA, Roque Antonio. *Curso de Direito Constitucional Tributário*. 31. ed. São Paulo: Malheiros, 2018. p. 594.

[8] BUISSA, Leonardo; RIEMANN, Simon; MARTINS, Rafael Lara (org.). *Direito e finanças públicas nos 30 anos da Constituição*: experiências e desafios nos campos do direito tributário e financeiro. Florianópolis: Tirant Blanch, 2018. p. 372-273.

[9] BUISSA, Leonardo; RIEMANN, Simon; MARTINS, Rafael Lara (org.). *Direito e finanças públicas nos 30 anos da Constituição*: experiências e desafios nos campos do direito tributário e financeiro. Florianópolis: Tirant Blanch, 2018. p. 372.

[10] MACEDO, José Alberto Oliveira. *Conflitos de competência na tributação do consumo*. 2013. Tese (Doutorado em Direito Econômico e Financeiro) – Faculdade de Direito, Universidade de São Paulo, São Paulo, 2013. p. 32. doi:10.11606/T.2.2013.tde-09012014-115232. Acesso em: 12 fev. 2021.

[11] GRAU, Eros Roberto. *Por que tenho medo dos juízes*: (a interpretação/aplicação do direito e os princípios). 7 ed. São Paulo: Malheiros, 2016. p. 157.

dado que a comercialização de mercadorias pressupõe a realização de um serviço, bem como a industrialização exige um fazer (serviço) acompanhado de uma obrigação de dar.[12]

Isso posto, pode-se enumerar uma miríade de situações nas quais se discute qual tributo deve incidir, se ISS ou ICMS, tais como: atividades de coleta e exames laboratoriais, locação de equipamentos, programas de computador e *streaming* de vídeo.

Em que pese a vasta gama de situações em que esses conflitos podem ocorrer, no presente artigo analisaremos a evolução da tributação do *software* na visão da jurisprudência do Tribunal de Impostos e Taxas do Estado São Paulo (TIT).

Desse modo, examinaremos eventuais decisões que tratem da diferenciação do *software* de prateleira e o *software* sobre encomenda, bem como se buscará se já existem julgados sobre o *download* de *software*, a *cloud computing* e o SaaS. Também apontaremos os eventuais efeitos que o julgamento da ADI nº 1.945-MT pode produzir sob futuros julgamentos do TIT em relação a essa matéria.

1 Definição de *software* e sua relação com a *cloud computing* e o SaaS

O mundo moderno é marcado pelo uso de equipamentos de informática, em especial o de computadores. Tais aparelhos, além da parte física (*hardwares*), possuem vários tipos de programas (*softwares*), que são o conjunto de códigos e combinações que os comandam.[13]

De acordo com o art. 1º da Lei nº 9.609/98, o programa de computador (*software*) pode ser definido como "a expressão de um conjunto organizado de instruções em linguagem natural ou codificada" necessário para fazer o dispositivo ou computador funcionar.[14]

Com o avanço da tecnologia, o modo como o *software* é disponibilizado ao usuário sofreu profundas mudanças. Nos primórdios da computação, o programa de computador era disponibilizado por

---

[12] DANIELEVICZ, Igor. Os limites entre o ISS e o ICMS: a LC n. 116/2003 em face do Decreto-lei n. 406/68 e as leis complementares relativas ao ICMS. In: TÔRRES, Heleno Taveira (coord.). *Imposto sobre Serviços*: ISS na Lei Complementar n. 116/2003 e na Constituição. Barueri: Manole, 2004.
[13] MANNARA, Barbara. O que é *software* e *hardware*? Entenda a diferença entre os termos. Techtudo, 2016. Disponível em: http://www.techtudo.com.br/noticias/noticia/2015/02/hardware-ou-software-entenda-diferenca-entre-os-termos-e-suas-funcoes.html. Acesso em: 13 fev. 2021.
[14] Cf. art. 1 da Lei nº 9.609/98.

meio de um disquete ou CD-ROM. Depois de algum tempo, bastava o usuário fazer o *download* para adquirir o *software*. E mais recentemente este se encontra hospedado na internet e pode ser acessado pela *web*, requerendo normalmente apenas um nome de usuário e uma senha.[15]

Costuma-se denominar o grande volume de dados (e *softwares*) que ficam hospedados na internet como *cloud computing*. De acordo com o National Institute of Standards and Technology (NIST), a *cloud computing*, ou computação nas nuvens, seria um tipo de rede de compartilhamento de recursos que "podem ser rapidamente provisionados e liberados com o mínimo esforço de gerenciamento ou interação do provedor de serviços".[16]

Ela pode ser classificada levando-se em consideração as atividades oferecidas. Suas principais modalidades seriam: a) *Software as a Service* (SaaS); b) *Platform as a Service* (PaaS); e c) *Infrastructure as a Service* (IaaS).[17]

No que concerne ao *Software as a Service* (SaaS), esse costuma ser descrito como um *software* que é disponibilizado por meio da *cloud computing*. Por essa razão, o programa poderá ser acessado por meio de qualquer dispositivo conectado à internet.[18] Nesse tipo de nuvem, o usuário contrata, por meio de uma licença de uso, um plano que lhe permite a utilização do programa durante um determinado período de tempo.[19]

Dada a inovação que a *cloud computing* e o SaaS simbolizam e sabendo que essas atividades representam enorme signo presuntivo de riqueza, tanto os Estados como os Municípios passaram a pleitear a incidência, respetivamente, do ICMS e ISS.

---

[15] QUAL a diferença entre IaaS, SaaS e PaaS? *Computerworld*. Reino Unido, 17 jul. 2019. Disponível em: https://computerworld.com.br/2019/07/17/qual-a-diferenca-entre-iaas-saas-e-paas/. Acesso em: 13 fev. 2021.

[16] MELL, Peter; GRANCE, Timothy. The NIST definition of cloud computing. *NIST Special Publication* 800-145. U.S. Department of Commerce. Sept. 2011. Disponível em: http://faculty.winthrop.edu/domanm/csci411/Handouts/NIST.pdf. Acesso em: 13 fev. 2021.

[17] MELL, Peter; GRANCE, Timothy. The NIST definition of cloud computing. *NIST Special Publication* 800-145. U.S. Department of Commerce. Sept. 2011. Disponível em: http://faculty.winthrop.edu/domanm/csci411/Handouts/NIST.pdf. Acesso em: 13 fev. 2021.

[18] MELL, Peter; GRANCE, Timothy. The NIST definition of cloud computing. *NIST Special Publication* 800-145. U.S. Department of Commerce. Sept. 2011. Disponível em: http://faculty.winthrop.edu/domanm/csci411/Handouts/NIST.pdf. Acesso em: 13 fev. 2021.

[19] CLOUD *computing*: qual a diferença entre SaaS e PaaS? *Olhar Digital*, São Paulo, 4 set. 2015. Disponível em: https://olhardigital.com.br/noticia/cloud-computing-qual-a-diferenca-entre-saas-e-paas/51016. Acesso em: 13 fev. 2021. .

Tal cobrança se deve tendo em vista que a natureza inovadora desses negócios põe em dúvida se a decisão proferida pelo STF no RE nº 176.626/SP ainda seria aplicável, ou seja, a divisão entre *softwares* de prateleira e de encomenda ainda seria aplicável à *cloud computing* e ao SaaS?

Essa indagação ocorre porque, segundo o STF, inexistiriam mercadorias incorpóreas, motivo pelo qual o *software* não seria uma mercadoria, no entanto, a partir do momento que o *software* é materializado em um *corpus mechanicum* (disquete, CD, DVD) surgiria a possibilidade de ele ser tributado.

Desde então se estabeleceu que incidiria o ICMS sobre os *softwares* materializados em *corpus mechanicum* adquiridos nas prateleiras das lojas. Por outro giro, poderia ser tributado pelo ISS o *software* desenvolvido "sob encomenda 'para atender às necessidades específicas de um cliente'".[20]

Sobrevém que, no caso da *cloud computing* e do SaaS, inexiste *corpus mechanicum*, razão pela qual passou-se a questionar se a lógica estabelecida no RE nº 176.626/SP seria aplicável a essas novas realidades econômicas.

Explicado o dilema da tributação indireta sobre essas novas tecnologias, cabe agora analisar a jurisprudência do TIT sobre a tributação do *software*, examinando ainda se existem julgados que versam sobre a *cloud computing* ou SaaS.

2 O *software*, a *cloud computing* e o SaaS no processo administrativo do TIT

Para analisar o tema realizou-se pesquisa no sítio eletrônico do Tribunal de Impostos e Taxas do Estado de São Paulo. Inicialmente buscou-se pelo termo "*software*", o que resultou na listagem de 54 acórdãos no dia 14 de fevereiro de 2021.[21]

No Processo nº 1.588, a ementa inicialmente mostrada faz referência ao termo "software personalizado", todavia, após a leitura do voto se percebe que o julgado na verdade tem como mote o direito de

---

[20] BRASIL. Supremo Tribunal Federal. *Recurso Extraordinário n. 176.626-SP*. Recorrente: Estado de São Paulo. Recorrido: MUNPS Processamento de Dados LTDA. Relator: Ministro Sepúlveda Pertence. Brasília, 10 nov. 1998. Disponível em: http://redir.stf.jus.br/paginadorpub/paginador.jsp?docTP=AC&docID=222535. Acesso em: 14 fev. 2021.

[21] O material foi disponibilizado em: https://drive.google.com/drive/folders/1W1-MpMM60vghZWQwhlLpG6-GRwEsgHGL?usp=sharing.

correção monetária de créditos de ICMS por UFESP,[22] não trazendo nenhuma referência ao *software*.

Outros julgados têm como temática a utilização de *software* para fraudar o Equipamento Emissor de Cupom Fiscal EFC ou ainda o uso de *software* em desacordo com a legislação vigente ou revogado,[23] o que coloca esses julgados fora do escopo de nossa análise.

Dois acórdãos abordam de forma aprofunda o eventual conflito de competência envolvendo o ICMS e o ISS.[24] Todavia, eles são datados do início dos anos 90, momento em que o RE nº 176.626/SP ainda não havia estipulado a diferenciação entre *software* de prateleira e de encomenda.

O estudo desses dois acórdãos supramencionados revela que, no passado, o TIT se posicionava no sentido que sobre os *softwares* não deveria incidir o ICMS.

O primeiro motivo para isso consistia no fato de o art. 3º da Lei Paulista nº 8.198, de 15 de dezembro de 1992, conceder até a data de sua publicação (16.12.92) a dispensa do pagamento de ICMS sobre o *software* personalizado ou não.[25]

Argumentava-se ainda em favor da incidência do ISS tendo em vista a "Legislação Federal e Complementar que rege claramente essa matéria", além da existência, naquela época, de jurisprudência favorável do TJSP (Embargos Infringentes nº 199.169-2/8 – SP da 13ª Câmara Cível).[26]

Avançando na pesquisa, depreendemos que a maioria dos acórdãos se refere à necessidade inclusão do valor do *software* na base de cálculo do ICMS quando esse é vendido ou locado em conjunto com *hardware* ou equipamento,[27] pois a ausência do *software*, em tese, impediria o funcionamento dos equipamentos.[28]

No processo nº 4068138 se discute a incidência do ICMS-Comunicação sobre as atividades de TV por assinatura, *streaming* e *download* temporário de mídia. Nele, debatem-se duas questões principais.

---

[22] Processos nº 1588.
[23] Processos nºs 4061705, 611747, 486933, 366989, 4084191, 4014522, 4041804, 321670, 60502, 548421.
[24] Processos nº 15659, 004349.
[25] Cf. Voto Processo nº 15659.
[26] Cf. Voto Processo nº 004349.
[27] Processos nºs 196722, 9026578, 592159, 862751, 415863, 415406, 555866, 434966, 208626, 434966, 208626, 545810, 11310, 975685, 4030054, 4078565, 239238, 685896, 504400, 245087, 627810, 627810, 4068138, 4011112, 9052639, 242172, 4082072, 110151, 7303, 4018942.
[28] Processo nº 7303.

A primeira alude à inclusão dos serviços de adesão/assinatura dos planos de comunicação e de locação de equipamento de TV por assinatura na base de cálculo do ICMS. De acordo com a maioria dos julgadores, esses valores deveriam integrar a base de cálculo do ICMS-Comunicação, uma vez que essas atividades seriam serviços acessórios ao serviço de comunicação prestado, o que autorizaria a incidência do ICMS, conforme o Convênio ICMS nº 69/98 e a Decisão Normativa CAT nº 5/2004.[29] [30]

O mesmo raciocínio se estende à inclusão da licença sobre o uso do *software* na base de cálculo do ICMS-Comunicação, já que "é inconcebível a utilização de qualquer hardware sem o respectivo software", ou seja, não haveria como dissociar o licenciamento da prestação atividade-fim, pois o *hardware* não funcionaria e nem seria vendido sem o *software*.

A segunda questão diz respeito à incidência do ICMS sobre o *streaming*. Quanto a esse tema, formou-se maioria para reconhecer a incidência do ICMS-Comunicação sobre essas atividades.

---

[29] Cf. Voto Processo 4069138.
[30] Em sentido contrário se posiciona o Juiz Argos Campos Ribeiro Simões em voto de divergência para quem: "10. Nossa premissa é que no cálculo da base do ICMS todas as importâncias pagas, recebidas ou debitadas, como prescreve o art. 13, §1º da LC 87/96 (abaixo transcrito), devem ser a ela incluídas; porém, dentro dos limites da materialidade tributária exaustivamente prevista pela Constituição Federal; a base de cálculo é o "olhar" quantitativo sobre a qualitativa materialidade constitucional. [...] 11. A competência e os limites da lei complementar na definição da base de cálculo de impostos estão na própria Norma Maior em seu art. 146, III a. 12. Ora, se a prestadora de serviços é o canal comunicacional, temos que todos os custos relacionados diretamente a esta condição devem compor a base de cálculo do ICMS correspondente, pois tais montantes não extrapolariam a materialidade constitucional da prestação; 13. Excluídos, portanto, valores meramente protocolares, como autorizações, por exemplo. 14. Neste sentido, o valor cobrado a título de "adesão" (item 1 do AIIM), apesar de ser valor efetivamente cobrado do usuário, não tem correspondência com a materialidade tributária da prestação de serviços de comunicação ofertada, qualificando-se, assim, como valor meramente protocolar. Portanto, para esta parte, NEGO PROVIMENTO ao RESP fazendário no mérito. 15. Quanto ao valor cobrado a título de assistência técnica para manutenção da continuidade da prestação da TV por assinatura, CONHEÇO, mas NEGO PROVIMENTO ao apelo fazendário. Fundamento. 16. Consertar aparelhos de comunicação, providenciar protocolos saneadores de acesso ao serviço de comunicação prestado; enfim, realizar "assistência técnica" é permitir a continuidade da prestação de serviços de comunicação com a qual não se confunde; não é prestar o próprio serviço. É viabilizá-lo. 17. Neste sentido, o montante cobrado a título de "assistência técnica" extrapola a base de cálculo relativa à materialidade tributária da prestação de serviço de comunicação; portanto, sua indevida cobrança. Assim, CONHEÇO do RESP fazendário relativo ao item 2 do AIIM, mas a ele NEGO PROVIMENTO".

De acordo o item 1.09, da LC nº 116/03, incide ISS sobre a:

> 1.09 – Disponibilização, sem cessão definitiva, de conteúdos de áudio, vídeo, imagem e texto por meio da internet, respeitada a imunidade de livros, jornais e periódicos (exceto a distribuição de conteúdos pelas prestadoras de Serviço de Acesso Condicionado, de que trata a Lei no 12.485, de 12 de setembro de 2011, sujeita ao ICMS).

Sucede que no caso *sub judice*, a maioria dos juízes entenderam que o contribuinte era o prestador de serviço de acesso condicionado, encontrando-se na exceção da regra prevista no item 1.09, da LC nº 116/03 e sujeito ao ICMS.

Já o Processo nº 4115253 se caracteriza por ser uma exceção à tendência supramencionada de se admitir a incidência do ICMS quando o *software* é fornecido em conjunto com o equipamento.

Nesse caso, para justificar a não incidência do ICMS, busca-se conceituar o *software* como uma "sequência de instruções escritas para serem interpretadas por um computador com o objetivo de executar tarefas específicas".

Apesar de essa definição reconhecer a necessidade de o *software* e o *hardware* trabalharem em conjunto, este acordão destaca que:

> O fato de um componente ser parte integrante e essencial de outro não desvirtua o fato de que os softwares, descritos no presente caso, são regidos por um tipo diferente de contratação – licenciamento – e, consequentemente há a aplicação de regramentos diversos daqueles aplicados na operação de compra e venda.
> Há uma clara e evidente distinção das funções de ambos os equipamentos, apesar de serem vendidos em conjunto. Conforme restou demonstrado pelo contribuinte, o TX e o Acesso – softwares licenciados – atribuem algumas funções ao Mini Link e à Radio Base Station, exatamente para funcionalidade destes hardwares e também de outros.
> Conforme se verifica do Demonstrativo H (fls. 375 e seguintes), há situações onde é possível notar haver mais de um licenciamento de software para cada site dos clientes da Recorrente. Aliás, os licenciamentos dos softwares em questão são realizados mediante a demanda ao longo da execução dos contratos entre a Recorrente e seus clientes.
> Aqui, neste ponto, é possível concluir pela impossibilidade de integração entre os softwares licenciados e os hardwares comercializados. Não há a chamada "relação de pertencimento".
> Assim, diferentemente do quanto exposto pela r. decisão de piso, não vislumbro, no presente caso, a relação de pertencimento entre os hardwares e os softwares, pois, conforme demonstrado pelo contribuinte por meio dos documentos juntados aos autos (fls. 375 e seguintes) e da tabela acostada à fl. 13.290, sequer é possível identificar o equipamento destinatário do software.

Logo, no caso em tela, ao se descaracterizar a relação de pertencimento, seria incabível a inclusão do valor do *software* na base de cálculo do ICMS, razão pela qual incidiria o ISS sobre o valor do licenciamento do *software*, em concordância com o disposto no item 1.05, da Lei Complementar nº 116/03.

Findado o estudo dos julgamentos relacionados à expressão "software" buscou-se ampliar a pesquisa procurando por outras palavras e siglas tais como: *"cloud"*, *"computing"*, *"software* como serviço" e "SaaS". Entretanto, o resultado da sondagem se mostrou negativo.

Em um primeiro momento a inexistência de julgados no TIT a respeito da *cloud computing* e do *Software as a Service* pode causar estranheza, pois outros temas relevantes ligados a novas tecnologias já foram objeto de julgamento no referido tribunal como, por exemplo, a incidência do ICMS sobre publicidade *on-line*.[31]

Para se entender a carência de julgados envolvendo essa temática no TIT, deve-se atentar que até 2017 o Estado de São Paulo era signatário do convenio CONFAZ nº 181/2015. Esse convênio "autorizava" a incidência mínima de 5% do ICMS sobre as "operações com *softwares*, programas, jogos eletrônicos, aplicativos, arquivos eletrônicos e congêneres, padronizados, ainda que sejam ou possam ser adaptados, disponibilizados por qualquer meio, inclusive nas operações efetuadas por meio da transferência eletrônica de dados".[32]

O exame dessa norma indicava que o ICMS poderia incidir sobre os *softwares* personalizados transferidos por meio eletrônico, visto que seriam tributados por meio do ICMS os *softwares* "padronizados, ainda que sejam ou possam ser adaptados".[33]

Mesmo tendo ratificado o Convênio ICMS nº 181/2015, o Estado de São Paulo não cobrava o ICMS sobre as "operações com *softwares*", porque havia indefinição do "local de ocorrência do fato gerador", conforme explicitado na resposta à Consulta Tributária nº 10.382/2016 e ratificado pela Decisão Normativa CAT nº 4/2017.

---

[31] Nesse sentido o Processo nº 4086771-7, relatoria do Juiz Caio Augusto Takano, julgado em outubro de 2018.
[32] BRASIL. CONFAZ. *Convênio ICMS 181*, de 28 dez. 2015. Disponível em: https://www.confaz.fazenda.gov.br/legislacao/convenios/2015/CV181_15. Acesso em: 10 abr. 2021.
[33] DUARTE FILHO, Paulo César Teixeira; BARRETO, Arthur Pereira Muniz. Desafios da tributação doméstica de operações com *softwares* na era da economia digital. *In*: FARIA, Renato Vilela; SILVEIRA, Ricardo Maitto da; MONTEIRO, Alexandre Luis Moraes do Rêgo (org.). *Tributação da economia digital*: desafios no Brasil, experiência internacional e novas perspectivas. São Paulo: Saraiva Educação, 2018, p. 173-192, p. 183.

Esse cenário se alterou após a edição do Convênio ICMS nº 106/2017. Muito embora ele tenha praticamente repetido a autorização contida no Convênio ICMS nº 181/2015 que "permitia" a tributação de *softwares* e outros bens digitais por meio do ICMS, o Convênio nº 106/2017 inovou ao aventar a possibilidade de cobrança do ICMS nos casos em que a disponibilização se dá por intermédio de pagamentos periódicos, isto é, tal convênio buscava expressamente tributar a *cloud computing*, em especial o SaaS.[34]

Destarte, se antes o Governo Paulista havia optado por não cobrar ICMS sobre os *softwares* e bens digitais, tudo mudou depois da edição do Convênio ICMS nº 106/2017, pois a partir dessa data se tornou possível determinar o "local de ocorrência do fato gerador".

A existência de comandos normativos que impediam a incidência do ICMS sobre a *cloud computing* e o SaaS ajuda a explicar por qual motivo inexistem julgados sobre essa matéria no TIT.

Mesmo que após a edição do Convênio ICMS nº 106/2017 tal cobrança fosse admitida, deve-se lembrar que sua edição data do final do ano 2017, ou seja, eventuais cobranças da exação só passaram a ocorrer a partir do ano 2018, o que se revela um prazo muito exíguo para que já existam precedentes no TIT sobre o tema.

Tendo como exemplo o Acordão nº 4086771, que versava sobre a incidência do ICMS sobre publicidade *on-line*,[35] verifica-se que esse julgado se refere a fatos ocorridos no ano de 2012, todavia o auto de infração foi lavrado no ano 2016 e somente no final de 2018 o tema foi julgado TIT.

Portanto, somando-se a tendência dos entes tributantes de apenas lavrarem os autos de infração perto do decurso do prazo de 5 anos – evitando com isso a ocorrência da decadência –, com percurso natural do processo administrativo, depreende-se que menos de três anos é um prazo muito curto para que exista precedente sobre uma nova matéria no TIT.

3 A *cloud computing* e o SaaS na visão do STF

Para finalizar o presente estudo, demonstra-se necessário analisar o recente julgamento da ADI nº 1945. Tal exame se faz imperativo, uma

---

[34] BRASIL. CONFAZ. *Convênio ICMS 106*, de 5 out. 2017. Disponível em: https://www.confaz.fazenda.gov.br/legislacao/convenios/2017/CV106_17. Acesso em: 10 abr. 2021.
[35] Nesse sentido o Processo nº 4086771-7, relatoria do Juiz Caio Augusto Takano, julgado em outubro de 2018.

vez que a decisão proferida pela suprema corte provocou profundas alterações no que concerne a incidência de ISS ou ICMS sobre o *software*. O paradigma estabelecido nesse julgado se deve principalmente em razão da transformação sofrida pelo *software* desde o julgamento do RE nº 176.626/SP, pois na atualidade esses são disponibilizados para o usuário, seja por meio de *download* ou na nuvem.

Na visão do Ministro Fachin, o fato de o *software* hodiernamente poder ser disponibilizado de forma totalmente digital não seria motivo suficiente para romper com a lógica estabelecida no RE nº 176.626/SP.[36]

Para esse Ministro o conceito de mercadoria passou a compreender também bens intangíveis, motivo pelo qual deveria incidir ICMS sobre "softwares de prateleira, ainda que a circulação da mercadoria ocorra apenas de forma digital e virtual".[37][38]

Contudo, a maioria dos ministros da Suprema Corte decidiu trilhar um caminho diferente, pois para eles a separação entre *software* de prateleira e customizado não se mostrava uma classificação suficiente para determinar quem detém competência tributária para tributar as novas modalidades de *softwares* existentes.

É por essa razão que o Ministro Dias Toffoli aduz ser necessário interpretar evolutivamente o texto constitucional, de modo que as competências tributárias não fiquem alheias às novas realidades econômicas.[39]

Sendo assim, o Ministro Dias Toffoli refuta primeiramente a ideia de que as mercadorias abrangeriam apenas bens incorpóreos. Corrobora com esse pensamento o fato de a energia elétrica ser um bem incorpóreo sujeito ao ICMS.[40]

---

[36] BRASIL. Supremo Tribunal Federal. *Ação Direta de Inconstitucionalidade nº 1.945-MT*. Requerente: Partido do Movimento Democrático Brasileiro – PMDB. Requeridos: Governador do Estado de Mato Grosso. Relator: Ministra Cármen Lúcia. Brasília, DF, 24 fev. 2021.

[37] BRASIL. Supremo Tribunal Federal. *Ação Direta de Inconstitucionalidade nº 1.945-MT*. Requerente: Partido do Movimento Democrático Brasileiro – PMDB. Requeridos: Governador do Estado de Mato Grosso. Relator: Ministra Cármen Lúcia. Brasília, DF, 24 fev. 2021.

[38] Em sentido contrário o Ministro Marco Aurélio para quem: "Software é criação intelectual, produto do engenho humano, revelando imprescindível esforço com a finalidade de desenvolvê-lo. Ao ser disponibilizado, não pressupõe transferência de propriedade, mostrando-se impróprio tomá-lo como mercadoria". (BRASIL. Supremo Tribunal Federal. *Ação Direta de Inconstitucionalidade nº 1.945-MT*. Requerente: Partido do Movimento Democrático Brasileiro – PMDB. Requeridos: Governador do Estado de Mato Grosso. Relator: Ministra Cármen Lúcia. Brasília, DF, 24 fev. 2021.).

[39] BRASIL. Supremo Tribunal Federal. *Ação Direta de Inconstitucionalidade nº 1.945-MT*. Requerente: Partido do Movimento Democrático Brasileiro – PMDB. Requeridos: Governador do Estado de Mato Grosso. Relator: Ministra Cármen Lúcia. Brasília, DF, 24 fev. 2021.

[40] BRASIL. Supremo Tribunal Federal. *Ação Direta de Inconstitucionalidade nº 1.945-MT*. Requerente: Partido do Movimento Democrático Brasileiro – PMDB. Requeridos: Governador do Estado de Mato Grosso. Relator: Ministra Cármen Lúcia. Brasília, DF, 24 fev. 2021.

Por outro giro, não se encontraria respaldo na Constituição de que toda e qualquer "operação com bens incorpóreos (não tangíveis)" seria passível do ISS. Ademais, após o julgamento do RE nº 651.703 (planos de saúde) a Suprema Corte passou a defender uma ampliação do conceito de serviço, não mais calcado na diferenciação entre obrigação de dar e fazer. Essa alteração teria como finalidade tornar "a tributação sobre serviços mais consentânea com a realidade econômica atual".[41]

Defender ampliação do conceito de mercadoria, bem como a noção de serviços, acaba por tornar mais tênue o limite entre o ISS e o ICMS. E é por essa razão que o papel da lei complementar se mostra de vital importância, pois atuaria de forma a delimitar o âmbito de incidência do ISS e do ICMS, afastando, com isso, possíveis conflitos de competência.

E esse seria o papel dado à Lei Complementar nº 116/03 e a sua lista serviços anexa. Isto é, o legislador enumerou uma série de situações que seriam consideradas como serviço, o que acabaria por dirimir qualquer eventual conflito de competência.

Na visão da maioria dos ministros do STF, o objetivo do legislador ao inserir o item 1.05 da Lei Complementar nº 116/03 foi eliminar eventual dúvida que pairasse sobre a tributação do "licenciamento ou cessão de direito de uso de programas de computação".

Conforme essa linha de pensamento trilhada pela maioria dos ministros do STF, tanto a *cloud computing* como o SaaS seriam passíveis de ISS, uma vez que:

> Essa atividade de computação em nuvem, que geralmente conta com regras próprias de licenciamento e cessão de uso, são "possivelmente atividades passíveis de reconhecimento como prestação de serviços no item 1.05 da Lista anexa à Lei Complementar n.116/03". (BRASIL. Supremo Tribunal Federal. *Ação Direta de Inconstitucionalidade 1.945-MT*. Requerente: Partido Do Movimento Democrático Brasileiro – PMDB. Requeridos: Governador do Estado de Mato Grosso. Relator: Ministra Cármen Lúcia. Brasília, DF, 24 fev. 2021)

Estabelecida a incidência do ISS nos casos de *download* de *software*, *cloud computing* e SaaS, decidiu-se ainda, por maioria, modular os efeitos dessa decisão, evitando-se eventual colapso financeiro dos Estados, que teriam que devolver o ICMS cobrado de forma indevida.

---

[41] BRASIL. Supremo Tribunal Federal. *Ação Direta de Inconstitucionalidade nº 1.945-MT*. Requerente: Partido do Movimento Democrático Brasileiro – PMDB. Requeridos: Governador do Estado de Mato Grosso. Relator: Ministra Cármen Lúcia. Brasília, DF, 24 fev. 2021.

Por esse motivo, a referida decisão somente produzirá efeitos a partir da publicação da ata de julgamento do mérito, de forma a:

a) impossibilitar a repetição de indébito do ICMS incidente sobre operações com softwares em favor de quem recolheu esse imposto, até a véspera da data da publicação da ata de julgamento do mérito, vedando, nesse caso, que os municípios cobrem o ISS em relação aos mesmos fatos geradores;
b) impedir que os estados cobrem o ICMS em relação aos fatos geradores ocorridos até a véspera da data da publicação da ata de julgamento do mérito. Ficam ressalvadas (i) as ações judiciais em curso, inclusive de repetição de indébito e execuções fiscais em que se discutam a incidência do ICMS e (ii) as hipóteses de comprovada bitributação, caso em que o contribuinte terá direito à repetição do indébito do ICMS. Por sua vez, incide o ISS no caso de não recolhimento do ICMS ou do ISS em relação aos fatos geradores ocorridos até a véspera da data da publicação da ata de julgamento do mérito. (BRASIL. Supremo Tribunal Federal. *Ação Direta de Inconstitucionalidade 1.945-MT*. Requerente: Partido Do Movimento Democrático Brasileiro – PMDB. Requeridos: Governador do Estado de Mato Grosso. Relator: Ministra Cármen Lúcia. Brasília, DF, 24 fev. 2021)

Infere que o julgamento dessa ADI traz importantes implicações para futuros julgamentos envolvendo essa matéria no TIT, uma vez que a ADI é dotada de eficácia *erga omnes*, vinculando toda a Administração Pública.

Com isso, eventuais processos administrativos que tratem da tributação do *download* do *software* ou da *cloud computing* ou do SaaS devem reconhecer a legitimidade da incidência do ICMS, desde que: a) o auto de infração seja anterior à data da publicação da ata de julgamento do mérito da ADI nº 1.945; b) e não tenha o contribuinte recolhido ISS sobre essas atividades *sub judice*.

Processos administrativos que tratem de eventual pedido de repetição de indébito deverão analisar se houve recolhimento em conjunto do ISS e ICMS em relação aos fatos geradores ocorridos até a véspera da data da publicação da ata de julgamento do mérito. Existindo pagamento do ISS, o direito de repetição ao ICMS deverá ser garantido, caso contrário a repetição de indébito deverá ser negada.

Conclusão

Diante do que foi até aqui exposto, constata-se que a noção de *software* sofreu profundas mudanças com o advento de novas tecnologias. De maneira semelhante à jurisprudência do TIT, evoluiu ao longo do tempo.

No início dos anos 90, os primeiros julgados do TIT eram desfavoráveis à incidência do ICMS sobre o *software*, seja em razão de a legislação paulista não permitir essa tributação, seja por causa da jurisprudência do TJSP.

Com o passar dos anos, percebeu-se a que a maioria dos julgados passaram a admitir a inclusão do valor do *software* na base de cálculo do ICMS quando este é vendido ou locado em conjunto com *hardware* ou equipamento.

Da mesma forma, nota-se a incidência do ICMS-Comunicação sobre as atividades de *streaming*, nos casos em que o contribuinte realiza serviço de comunicação e ao mesmo tempo é prestador de serviço de acesso condicionado.

Por outro lado, inexistem julgados no TIT a respeito da temática da *cloud computing* ou do SaaS. Eventuais processos que venham a ser julgados futuramente deverão levar em consideração a decisão proferida na ADI nº 1.975-MT.

De acordo com essa decisão, deverá incidir o ICM sobre a *cloud computing* e o SaaS quando: a) o auto de infração seja anterior à data da publicação da ata de julgamento do mérito da ADI nº 1.945; b) e não tenha o contribuinte recolhido ISS sobre essas atividades *sub judice*.

Além disso, os motivos que justificam a decisão tomada na ADI nº 1.975-MT poderão ser utilizados para resolver outros conflitos de competências envolvendo o ISS e o ICMS, melhor explicando, se na visão do STF cabe à LC redimir conflitos de competência, toda vez que a atividade se encontrar listada na LC caberá a incidência do ISS.

Informação bibliográfica deste texto, conforme a NBR 6023:2018 da Associação Brasileira de Normas Técnicas (ABNT):

PINTO, Alexandre Evaristo; OLIVEIRA, Fernando Luis Bernardes de. A evolução da tributação do *software* na visão da jurisprudência do Tribunal de Impostos e Taxas do Estado São Paulo. In: PINTO, Alexandre Evaristo; TOMKOWSKI, Fábio Goulart; ALLEGRETTI, Ivan; BEVILACQUA, Lucas (coord.). *ICMS no Tribunal de Impostos e Taxas de São Paulo*. Belo Horizonte: Fórum, 2022. p. 41-54. ISBN 978-65-5518-319-1.

A RESOLUÇÃO DO SENADO FEDERAL Nº 13/2012 E A LISTA CAMEX NA JURISPRUDÊNCIA DO TRIBUNAL DE IMPOSTOS E TAXAS DO ESTADO DE SÃO PAULO

ALEXANDRE LUIZ MORAES DO RÊGO MONTEIRO

RACHEL MIRA LAGOS

Introdução

É com muita alegria e entusiasmo que aceitamos o convite dos amigos Alexandre Evaristo Pinto, Lucas Bevilacqua, Fábio Goulart Tomkowski e Ivan Allegretti para participar desta relevante obra coletiva, que busca endereçar temas controvertidos e atuais no âmbito do Tribunal de Impostos e Taxas de São Paulo (TIT/SP). Para além da relevância da coletânea, de *per se*, os estimados colegas, de maneiras distintas, vêm contribuindo – e muito – na discussão sobre o cenário de contencioso em matéria tributária, notadamente por meio do Observatório de Macrolitigância Fiscal.

Nessa oportunidade, coube-nos avaliar o relevante tema da aplicação da alíquota de 4% (quatro por cento) de ICMS em operações interestaduais com bens e mercadorias importados do exterior, assim como da correspondente existência ou não de similares nacionais, em linha com a utilização da lista elaborada pela Câmara de Comércio

Exterior (CAMEX), instituída pela Resolução CAMEX nº 79/2012 (também denominada neste trabalho como Lista CAMEX).

Busca-se, por meio deste trabalho, analisar as dificuldades na interpretação e aplicação da Resolução nº 13/2012 do Senado Federal (Resolução nº 13/2012), bem como da Resolução CAMEX nº 79/2012, editadas com o objetivo de mitigar os efeitos da chamada *guerra dos portos*, subcapítulo da guerra fiscal e da edição de benefícios fiscais sem autorização pelo Conselho Nacional de Política Fazendária (CONFAZ).

O escopo, portanto, do presente trabalho consiste em (i) posicionar o leitor e aplicador em relação às discussões quanto à aplicação dos textos legais em referência, seja em relação aos aspectos levantados pelos entes federativos, seja no tocante à argumentação expendida pelos contribuintes, assim como (ii) analisar os entendimentos extraídos da jurisprudência do TIT/SP relativos ao tema.

Para tanto, iniciaremos o nosso trabalho a partir de uma breve contextualização histórica, para, a seguir, trazer os aspectos controvertidos existentes. Em seguida, traremos uma avaliação das principais discussões administrativas sobre o tema, inclusive à guisa da argumentação de Fisco e contribuinte, para, ao final, elaborarmos uma síntese conclusiva.

Válido observar, por derradeiro, que, embora indiquemos aspectos jurídico-constitucionais controvertidos relacionados ao tema, as controvérsias específicas serão analisadas dentro da competência judicante atribuída ao TIT/SP, de modo que não envolverá eventual antinomia da legislação em face dos ditames constitucionais.

1 Breve contextualização histórico-normativa do tema

Como se teve a oportunidade de tangenciar anteriormente, o tema objeto de estudo surge a partir da necessidade de endereçar o tormentoso tema da *guerra dos portos*, no jargão convencionado pela doutrina e jurisprudência.

Com efeito, a *guerra dos portos*, conforme se convencionou denominar, é uma das reconhecidas manifestações da *guerra fiscal* entre as unidades da federação para atração de investimentos, constituindo uma espécie de benefício fiscal de ICMS instituído, especialmente, para as empresas importadoras, normalmente sem a aprovação do CONFAZ.[1] A finalidade do arranjo consistia em tornar insumos e produtos

---

[1] Em relação ao ICMS, o ordenamento constitucional estabelece como requisito necessário à concessão de benefício dessa natureza a anuência formal dos demais entes políticos

importados mais atrativos do que os produtos nacionais para aqueles que viessem a estabelecer suas operações nos referidos Estados.

Apesar de os referidos benefícios terem, nomeadamente, o escopo de permitir o desenvolvimento regional de determinadas unidades da federação, a realidade acabou por comprovar que os atos editados nesse sentido geraram apenas ganhos temporários, promovendo uma autêntica corrida *para o fundo do poço (race to the bottom)*. Referida constatação, inclusive, foi objeto de estudo elaborado pela Comissão de Assuntos Econômicos do Senado Federal, e se encontra indicada no trabalho denominado "Impactos dos Benefícios de ICMS Concedidos Unilateralmente pelos Estados".[2]

Como é possível extrair da justificação do Projeto de Resolução do Senado,[3] que viria a instituir as normas analisadas neste artigo, de autoria do então Senador Romero Jucá, os benefícios concedidos nesses moldes reduziam ou anulavam a carga tributária do ICMS incidente sobre as importações, repercutindo negativamente na economia do país, sob os seguintes aspectos:

a) aumento das aquisições de bens e mercadorias estrangeiros em detrimento dos produtos brasileiros;
b) não geração de postos de trabalho correspondentes às mercadorias que deixaram de ser produzidas no país;
c) estruturação de operações visando ao aproveitamento dos benefícios indevidos, prejudicando o equilíbrio da concorrência;
d) insegurança nas decisões de investimento na produção nacional; e
e) redução das receitas da União, Estados, Distrito Federal e Municípios, em prejuízo dos investimentos em saúde, educação e outras importantes áreas para a sociedade.

---

estaduais, que devem concordar com a concessão de tais benefícios proporcionados pelos regimes especiais. Tal procedimento concessivo é regulado por meio da Lei Complementar nº 24/1975, sendo o órgão responsável que congrega os representantes dos entres políticos estaduais é o CONFAZ. Contudo, a grande maioria dos entes políticos estatais desrespeitava o ordenamento quando da concessão dos referidos benefícios fiscais, concedendo-os sem a apreciação do CONFAZ.

[2] Relatório nº 3/2016. Disponível em: http://legis.senado.leg.br/sdleg-getter/documento?dm=3440322. Acesso em 01 fev. 2021.

[3] Disponível em: https://legis.senado.leg.br/sdleg-getter/documento?dm=4543536&ts=1594033664090&disposition=inline. Acesso em: 01 fev. 2021.

Justamente a partir de tais constatações é que se buscou a normatização das referidas importações, como mecanismo de impedir os efeitos deletérios dos benefícios concedidos unilateralmente, notadamente em relação à indústria nacional, que acabou por sofrer *discriminação reversa* em relação aos produtos importados.[4]

Nesse diapasão, a Resolução nº 13/2012 reduziu a alíquota do ICMS incidente nas operações interestaduais com bens e mercadorias importadas do exterior para 4%, independentemente do local de entrada do produto no território nacional. Porém, essa redução somente se aplicaria aos bens e mercadorias importados do exterior não submetidos a processo de industrialização ou, quando o forem, tenham conteúdo de importação superior a 40% (quarenta por cento).

Adicionalmente, as regras trazidas no referido contexto normativo não se aplicariam aos produtos importados sem similar nacional, às operações interestaduais com base em gás natural importado e aos produtos industrializados que obedecem aos processos produtivos básicos[5] aplicáveis à Zona Franca de Manaus ou aos setores de automação, equipamentos para TV digital, informática e semicondutores.

Tal ato normativo, portanto, alterou substancialmente a alíquota de ICMS aplicável às referidas operações, modificando a repartição das receitas tributárias do imposto nas operações interestaduais com bens e mercadorias importados, deslocando, parcialmente, a sua tributação para o Estado de destino, consequentemente reduzindo os créditos fiscais oriundos do Estado de origem. Com isso, ao Estado de origem (local da importação) caberia, tão somente, a tributação interestadual à alíquota de 4%.

Dessa maneira, esperava-se reduzir ou até mesmo eliminar o tratamento vantajoso proporcionado para as mercadorias importadas, reestabelecendo a isonomia para o produto nacional com o importado, mantendo os parâmetros adequados de competitividade, também em atenção à livre concorrência.

Em linha com a edição da referida resolução, a CAMEX emitiu a Resolução CAMEX nº 79/2012, buscando listar, especificamente, quais os bens e as condições para que as mercadorias fossem consideradas sem

---

[4] A respeito, vide: MACEDO, Fernando Cezar de; e ANGELIS, Ângelo de. Guerra fiscal dos Portos e desenvolvimento regional no Brasil. *Redes – Rev. Des. Regional,* Santa Cruz do Sul, v. 18, n. 1, p. 186.

[5] Previstos no Decreto-Lei nº 288/1967 e nas Leis nºs 8.248/1991, 8.387/1991, 10.176/2001 e 11.484/2007.

similar nacional, com a consequente ausência de fruição do benefício da redução da alíquota para 4% (*i.e.* Lista CAMEX).

De modo a conferir eficácia à Lista CAMEX, o CONFAZ, por meio do Convênio ICMS nº 38/2013, instituiu os procedimentos necessários para sua aplicação, exigindo o cumprimento de uma série de deveres instrumentais, que desde então sofrem forte contestação pelos contribuintes, principalmente em relação à exigência de preenchimento e envio das Fichas de Conteúdo de Importação (FCI).

Apesar de tais atos normativos terem sido publicados buscando eliminar ou mitigar os efeitos da *guerra dos portos*, fato é que tais medidas causaram inúmeras discussões, as quais começaram a ser sentidas em decorrência da intensificação das autuações e questionamentos por parte dessa Secretaria de Fazenda do Estado de São Paulo, atualmente objeto de escrutínio pelo TIT/SP.

Feitas as considerações propedêuticas anteriores, passa-se, a seguir, à aferição dos questionamentos e discussões atinentes ao tema.

2 Considerações jurídicas a respeito das Resoluções nºs 13/2012 e 79/2014

Antes de procedermos à aferição da casuística encontrada nos precedentes julgados pelo TIT/SP, cumpre elucidar (i) os aspectos constitucionais e legais que envolvem o tema sob análise, (ii) os principais questionamentos trazidos pela doutrina no que atine à regulamentação da Resolução e as obrigações acessórias instituídas, a começar pelo Ajuste SINIEF nº 13/2012, assim como (iii) a problemática inerente à interpretação e aplicação dos dispositivos.

Muito embora seja um relevante aspecto de política pública, não serão analisadas nesta oportunidade políticas fiscais voltadas à mitigação dos efeitos do acúmulo de créditos pelos importadores, como aquelas endereçadas pela Portaria CAT nº 108/2013, em São Paulo, ou mesmo a Resolução nº 726/2014, no Rio de Janeiro.[6]

---

[6] A respeito de alguns efeitos relativos ao tema, vide: ELIAS, Eduardo Arrieiro. A Resolução nº 13 do Senado Federal, o acúmulo de créditos de ICMS nas operações interestaduais com mercadorias importadas e a possibilidade de dedução dos créditos acumulados na apuração do IRPJ e da CSLL pela sistemática do Lucro Real. *Revista Dialética de Direito Tributário*, n. 210, p. 48 e ss.

2.1 Aspectos constitucionais e legais relativos à Resolução nº 13/2012

Em que pese ao fato de não constituir escopo primordial do tema, na medida em que o foco se encontra na aferição de julgados administrativos, entendemos oportuno pontuar a existência de discussões a respeito da constitucionalidade da Resolução nº 13/2012, assim como de sua eventual ilegalidade em face de lei complementar relativa à nacionalização e importação de bens estrangeiros.

Em relação aos aspectos constitucionais, Soares de Melo[7] entende que a resolução do Senado Federal não seria veículo hábil para promover desestímulos à importação de bens e mercadorias em favor da indústria nacional, na medida em que referida competência, para além de estar subordinada às regras de GATT/OMC, seria privativa da União.[8]

Por sua vez também se discute no âmbito doutrinário, como aponta Fiorentino,[9] se, em virtude da finalidade de disposição sobre regras gerais de ICMS, tal matéria não seria de competência de lei complementar, em atenção ao disposto nos artigos 146, III, "a",[10] e 152, ambos da Constituição.[11]

Outro aspecto, ainda, ventilado, refere-se à alegada impossibilidade de o Senado Federal exercer discriminação em relação à origem dos produtos, estabelecendo uma alíquota interestadual diferenciada para mercadorias importadas ou com conteúdo de importação superior a 40%, práticas que seriam vedadas constitucionalmente pelos artigos 151, inciso I,[12] e artigo 152,[13] ambos da Constituição.

---

[7] MELO, José Eduardo Soares de. ICMS na importação: Resolução nº 13/2012 do Senado Federal – solução ou ampliação de conflitos? In: ROCHA, Valdir de Oliveira (coord.). Grandes questões atuais do Direito Tributário. São Paulo: Dialética, 2013, v. 17, p. 170.

[8] "Art. 22. Compete privativamente à União legislar sobre: (...) VIII – comércio exterior e interestadual (...)."

[9] FIORENTINO, Marcelo Fróes del. Resolução do Senado Federal nº 13/2012 em relação às mercadorias e bens submetidos a processo de industrialização após o desembaraço aduaneiro. Revista Dialética de Direito Tributário, n. 224, p. 120.

[10] "Art. 146. Cabe à lei complementar: (...)
III – estabelecer normas gerais em matéria de legislação tributária, especialmente sobre: a) definição de tributos e de suas espécies, bem como, em relação aos impostos discriminados nesta Constituição, a dos respectivos fatos geradores, bases de cálculo e contribuintes; (...)"

[11] "Art. 152. É vedado aos Estados, ao Distrito Federal e aos Municípios estabelecer diferença tributária entre bens e serviços, de qualquer natureza, em razão de sua procedência ou destino."

[12] "Art. 151. É vedado à União: I – instituir tributo que não seja uniforme em todo o território nacional ou que implique distinção ou preferência em relação a Estado, ao Distrito Federal ou a Município, em detrimento de outro, admitida a concessão de incentivos fiscais destinados a promover o equilíbrio do desenvolvimento sócio-econômico entre as diferentes regiões do País;"

[13] "Art. 152. É vedado aos Estados, ao Distrito Federal e aos Municípios estabelecer diferença tributária entre bens e serviços, de qualquer natureza, em razão de sua procedência ou destino."

Apesar das críticas apontadas, parte da doutrina defende a constitucionalidade da edição da Resolução nº 13/2012, em especial ante o disposto no art. 155, §2º, inciso IV,[14] da Constituição, que conferiria ao Senado Federal a competência[15] de atuar em nome dos Estados e do Distrito Federal como garantidor do federalismo,[16] pedra fundamental da república no art. 1º da Carta Magna,[17] garantindo a neutralidade da carga tributária de um ambiente de livre-concorrência.

Para além dos aspectos constitucionais, há também quem defenda a ilegalidade da Resolução nº 13/2012, na medida em que buscaria alterar o conceito de produto nacional para determinadas hipóteses, mantendo o tratamento como produto estrangeiro mesmo após o desembaraço aduaneiro, marco de nacionalização da mercadoria.[18] Ao assim proceder, ainda que tenham as resoluções do Senado Federal *status* equiparado à lei ordinária,[19] referido veículo normativo acabaria por permitir uma modificação dos critérios trazidos pelo art. 44 do Decreto-Lei nº 37/66,[20] erigido à natureza de lei complementar pelo STF, em acórdão ainda da lavra do saudoso Min. Moreira Alves.[21]

Como se percebe, inúmeros são os questionamentos acerca da constitucionalidade ou legalidade (em face de lei complementar) da

---

[14] "Art. 155. Compete aos Estados e ao Distrito Federal instituir impostos sobre: (...) §2º O imposto previsto no inciso II atenderá ao seguinte: (...) IV – resolução do Senado Federal, de iniciativa do Presidente da República ou de um terço dos Senadores, aprovada pela maioria absoluta de seus membros, estabelecerá as alíquotas aplicáveis às operações e prestações, interestaduais e de exportação;"

[15] Nessa linha, vide, também, ADI nº 4.565/PI.

[16] A respeito, vide: MARTINS, Ives Gandra da Silva. Inteligência do art. 155, 2º, inc. IV da CF – Competência exclusiva do Senado Federal de fixação das alíquotas interestaduais do ICMS – Constitucionalidade do projeto de Resolução 113/96 do Senado Federal que as fixa para a navegação aérea no pressuposto de constitucionalidade da Lei Complementar 87/96 para regulamentação dessa incidência – Parecer. *Revista Tributária e de Finanças Públicas*, v. 18, p. 9. No mesmo sentido: FIORENTINO, Marcelo Fróes del, *op. cit.*, p. 121.

[17] "Art. 1º A República Federativa do Brasil, formada pela união indissolúvel dos Estados e Municípios e do Distrito Federal, constitui-se em Estado Democrático de Direito e tem como fundamentos:"

[18] Cf. GASPERIN, Carlos Eduardo Makoul. O ICMS e as inconstitucionalidades da Resolução nº 13/2012 do Senado Federal e de sua regulamentação. *Revista Dialética de Direito Tributário*, n. 210, p. 13.

[19] CARVALHO, Paulo de Barros. *Curso de Direito Tributário*. 18. ed. São Paulo: Saraiva, 2007, p. 74.

[20] "Art. 44. Toda mercadoria procedente do exterior por qualquer via, destinada a consumo ou a outro regime, sujeita ou não ao pagamento do imposto, deverá ser submetida a despacho aduaneiro, que será processado com base em declaração apresentada à repartição aduaneira no prazo e na forma prescritos em regulamento."

[21] STF, RE 90471, Relator(a): MOREIRA ALVES, Segunda Turma, julgado em 27.04.1979, DJ 01-06-1979 PP-04316 EMENT VOL-01134-03 PP-00966 RTJ VOL-00093-03 PP-01269.

Resolução nº 13/2012, os quais ainda necessitam de um maior enfrentamento para incremento da segurança jurídica quanto ao tema.

2.2 Dos limites aos deveres instrumentais instituídos por atos normativos secundários

Além do exposto no item anterior, outro aspecto jurídico vem sendo objeto de discussão doutrinária e merece destaque no presente trabalho. Trata-se dos deveres instrumentais instituídos pelo Ajuste SINIEF nº 19/2012, editado com fundamento na Resolução nº 13/2012, que passaram a exigir do contribuinte, em caráter peremptório, a obrigatoriedade de preenchimento de entrega da Ficha de Conteúdo de Importação (FCI), bem como o dever de informar, na Nota Fiscal Eletrônica (NF-e), o valor de importação da mercadoria, em caso de revenda, ou da parcela importada, na hipótese de industrialização subsequente.

A celeuma existente, minuciosamente enfrentada em belíssimo trabalho elaborado por Takano,[22] Juiz Titular em exercício no TIT/SP, refere-se à aferição, em juízo de proporcionalidade, dos chamados *compliance costs* oriundos das obrigações criadas. Para além dos custos inerentes à sua observância, que incrementam a regressividade do tributo, os contribuintes disputam tais exigências por entenderem que violam a confidencialidade das informações, além de transgredirem os princípios da livre iniciativa e livre concorrência insculpidos, entre outros, no art. 170, *caput* e inciso IV da Constituição.[23]

O entendimento se fundamenta no fato de que tais exigências, além de custosas, permitiriam a divulgação irrestrita de aspectos confidenciais e caros às atividades, podendo ocasionar o descumprimento de cláusulas de confidencialidade junto aos fornecedores (*i.e.*, exportadores) e conhecimento pelos compradores das margens de lucro das importadoras.

Apesar da relevância do tema, a análise da adequação, necessidade ou razoabilidade (*i.e.*, *proporcionalidade em sentido estrito*) dos deveres instrumentais não vem sendo explorada na jurisprudência do TIT/SP.

---

[22] TAKANO, Caio Augusto. Guerra dos portos; os deveres instrumentais introduzidos pelo Ajuste Sinief nº 19/2012 e os limites normativos da Resolução do Senado Federal nº 13/2012. *Revista Dialética de Direito Tributário*, n. 212, p. 24 e ss.

[23] "Art. 170. A ordem econômica, fundada na valorização do trabalho humano e na livre iniciativa, tem por fim assegurar a todos existência digna, conforme os ditames da justiça social, observados os seguintes princípios: (...) IV – livre concorrência (...)."

Ao contrário, há uma significativa gama de recursos julgados pelo referido tribunal judicante com base nas deficiências de preenchimento dos deveres instrumentais instituídos pelo Ajuste SINIEF nº 19/2012, o que indica a relevância do tema na apreciação das controvérsias administrativas.

2.3 Interpretação dos dispositivos constantes da Resolução CAMEX nº 79/2012

Além dos aspectos anteriormente apontados, igualmente se verifica a existência de discussões relativas à interpretação dos dispositivos contidos na Resolução CAMEX nº 79/2012.

Consoante será visto a seguir, um dos temas enfrentados se refere à interpretação do disposto no art. 1º, §1º, I, da Resolução CAMEX nº 79/2012. Mais especificamente, discute-se se, para se considerarem *bens sem similar nacional* bastaria o enquadramento nas NCMs apontadas no inciso, ou haveria a necessidade, também, de se demonstrar a tributação às alíquotas de 0 ou 2% pelo imposto de importação.

Apesar de, em algumas fiscalizações, haver se entendido pela lavratura do auto de infração a partir, pura e simplesmente, da indicação das NCMs, o que se observa, e será aprofundado a seguir, é que o entendimento mais adequado, inclusive sob o prisma dos acórdãos administrativos, é se entender que os requisitos previstos no inciso seriam cumulativos.

Igualmente, outro aspecto bastante discutido se refere à necessidade, para fins de enquadramento na Lista CAMEX, de apenas haver identidade de NCM, ou se seria necessária a correlação com a descrição do produto.

Por fim, também se discute a necessidade da saída posterior à importação se dar para contribuinte do imposto ou não, aspectos estes, em sua totalidade, aferidos pelo TIT/SP.

Feitas as considerações e discussões advindas com a publicação da Resolução nº 13/2012 do Senado Federal, passa-se a analisar os acórdãos proferidos pelo TIT/SP.

3 Análise da jurisprudência do TIT/SP a respeito da Resolução nº 13/2012 e da Resolução CAMEX nº 79/2012. Mapeamento e aferição dos argumentos pró-Fisco e pró-contribuinte nos precedentes

Uma vez analisados os aspectos jurídicos atinentes à interpretação e legalidade ou constitucionalidade das normas, cumpre tecer análises a respeito das discussões travadas no ambiente do TIT/SP.

Consoante antecipado anteriormente, muito embora, em alguns casos, os contribuintes tenham suscitado temas de índole constitucional, referidos aspectos, como seria de se esperar, acabaram não sendo conhecidos e, portanto, não foram analisados pelo órgão judicante.

Sendo assim, para além dos aspectos relativos às nulidades apontadas pelos contribuintes, em relação aos quais não se tecerá quaisquer considerações, pretende-se aferir os aspectos que restaram controvertidos no âmbito do TIT/SP.

Em termos metodológicos, o levantamento dos julgados foi realizado a partir da combinação de 3 (três) critérios de pesquisa na base constante do sítio eletrônico do TIT/SP.[24] Nesse sentido, as buscas foram efetuadas a partir das expressões "Resolução nº 13", "Similar Nacional" e "Lista CAMEX", sendo identificados 17 (dezessete) acórdãos proferidos pelas Câmaras Baixas entre 01.01.2014 e 31.12.2020 e 2 (dois) pela Câmara Superior.

Em breviíssima síntese, dos precedentes listados, considerando-se que ambos os acórdãos proferidos pela Câmara Superior foram de não conhecimento dos recursos especiais pela ausência de paradigmas, verifica-se o seguinte panorama em relação às respectivas partes dispositivas:

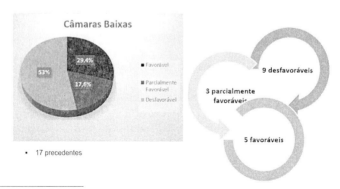

---

[24] Disponível em: Consulta de Acórdãos do Tribunal de Impostos e Taxas | SEFAZNET | Governo do Estado de São Paulo (fazenda.sp.gov.br). Acesso em: 01 fev. 2021.

Em sua vasta maioria, a análise realizada pelo TIT/SP atine a discussões probatórias, concentrando 9 (nove) dos 17 (dezessete) casos que envolveram a comprovação (ou não) da existência de similar nacional. Além desses casos, há 1 (um) precedente em que se discutiu a necessidade de comprovação da alíquota de importação para os itens indicados no art. 1º, I, da Resolução CAMEX nº 79/2012.[25] Foram identificados, ainda, 5 (cinco) precedentes versando a respeito da ausência de comprovação da origem estrangeira e/ou do conteúdo de importação, além de 2 (dois) acórdãos discutindo o destino das mercadorias para não contribuintes do ICMS.

Veja-se:

Os acórdãos analisados no presente artigo, objeto das considerações realizadas a seguir, encontram-se sintetizados na seguinte tabela, acostada para fins de referência.

---

[25] "Art. 1º Para fins exclusivamente do disposto no inciso I do §4º do art. 1º da Resolução do Senado nº 13, de 2012, a lista de bens e mercadorias importados do exterior sem similar nacional compõe-se de: (...) I – bens e mercadorias sujeitos a alíquota de zero ou dois por cento do Imposto de Importação, conforme previsto nos anexos I, II e III da RESOLUÇÃO CAMEX Nº 94, DE 08 DE DEZEMBRO DE 2011, e que estejam classificados nos capítulos 25, 28 a 35, excluídos os códigos 2818.20.10 e 2818.30.00, nos capítulos 37 a 40, 48, 54 a 56, 68 a 70, 72 e 73, 84 a 88 e 90 da NCM ou nos códigos 2603.00.10, 2613.10.10, 2613.10.90, 7404.00.00, 8101.10.00, 8101.94.00, 8102.10.00, 8102.94.00, 8106.00.10, 8108.20.00, 8109.20.00, 8110.10.10, 8112.21.10, 8112.21.20, 8112.51.00;"

(continua)

Data do julgamento	Número AIIM	Câmara	Ementa
08.11.2016	4069795-2	Nona Câmara Julgadora	ICMS – Falta de pagamento do ICMS por escrituração de notas fiscais eletrônicas com erro na aplicação da alíquota. A autuada aplicou a alíquota de 4%, nos termos da Resolução do Senado Federal nº 13/2012, em suas operações interestaduais. Não há nos autos nenhuma prova ou indício que possam comprovar a descaraterização dos destinatários das mercadorias como Contribuintes do ICMS. Recurso Ordinário conhecido e provido.
26.09.2017	4064119-3	Oitava Câmara Julgadora	ICMS. Item 1. Crédito indevido do imposto. Imposto destacado, em notas fiscais de transferência de mercadoria de filial localizada no DF, a maior que o devido. Descumprimento de normas contidas na Resolução do Senado Federal 13/12. Infração demonstrada pelo fisco e não ilidida pelo interessado. Recurso Ordinário conhecido e não provido.
27.11.2018	4104118-5	Primeira Câmara Julgadora	ICMS. (itens 1 e 3) Falta de pagamento do imposto por emissão de notas fiscais referentes a operações tributadas com erra na aplicação da alíquota. A alíquota prevista na Resolução nº 13/2012 do senado federal (4%) é aplicável a operações interestaduais com bens e mercadorias importados do exterior. Não comprovada a origem estrangeira das mercadorias. (...)
03.08.2016	4055401-6	Décima Segunda Câmara Julgadora	ICMS (...) (item vi.8) Deixou de pagar o ICMS por ter emitido NFe com erro na indicação da alíquota, uma vez que atribuiu à alíquota de 4% prevista no artigo 1º da Resolução nº 13/2012 do Senado Federal – sustentação oral – conheço do presente recurso e nego-lhe provimento
03.08.2018	4097255-0	Décima Sexta Câmara Julgadora	ICMS – Deixou de pagar o ICMS por emissão das notas fiscais eletrônicas referentes a operações interestaduais tributadas, com erro na aplicação da alíquota. O infrator aplicou a alíquota de 4%, embora as mercadorias tivessem sido indicadas com o 1º dígito do código da situação tributária (CST) igual a zero ou cinco, ou seja, como sendo de origem 100% nacional (1º dígito do CST = 0) ou nacional com até 40% de conteúdo de importação (1º dígito do CST = 5), situações em que não se aplica o disposto no parágrafo 2º, item1, do art. 52 do RICMS/00, sendo obrigatória a utilização da alíquota interestadual de 12% ou 7%, conforme a uf de destino. (...) – Recurso Ordinário conhecido e não provido.

(continua)

Data do julgamento	Número AIIM	Câmara	Ementa
19.09.2019	4116212-2	Segunda Câmara Julgadora	ICMS – Recurso Ordinário. Item 1 – Falta de pagamento do imposto. Mercadoria importada. Aplicação da alíquota de 4%. Produto sem similar nacional. Interpretação do parágrafo 4º da Resolução Sf nº 13/2012. Aplicação do art. 52, III RICMS/00. Item procedente. (...) Recurso Ordinário conhecido e não provido.
28.08.2020	4119452-4	Décima Câmara Julgadora	ICMS – Falta de pagamento de ICMS, por emissão e escrituração das notas fiscais modelo 55, referentes a operações tributadas, com erro na aplicação da alíquota, por ter o contribuinte aplicado a alíquota de 4%, prevista na Resolução do Senado Federal nº 13/2012, em operações de saídas interestaduais de mercadorias importadas do exterior, constantes de lista elaborada pela CAMEX (Resolução nº 79/2012) – mercadorias sem similar nacional – taxa Selic aplicada á partir de 01.11.2017 – Recurso Ordinário conhecido e parcialmente provido.
09.09.2020	4082263-1	Sétima Câmara Julgadora	ICMS. Deixar de pagar. Operações de saídas interestaduais, tributadas com alíquota de 4% prevista na Resolução nº 13 do Senado Federal sem comprovação de conteúdo de importação superior a 40%. Recurso ordinário conhecido e não provido. Recurso de ofício conhecido e não provido.
30.10.2019	4066488-0	Nona Câmara Julgadora	1.ICMS. Autuação por erro de aplicação da alíquota. 2. Operações interestaduais destinadas a não contribuintes. Recolhimento sobre 12% da venda. Aplicação de alíquota interna. Artigo 56 do RICMS. Produtos comercializados pelo contribuinte são tributados internamente com alíquota de 12%. artigo 54 do RICMS. Tributação feita de forma correta. Reformada decisão de primeiro grau e cancelada a autuação neste ponto. 3. Operações interestaduais de produtos importados. Resolução do Senado Federal nº 13/2012 determinando alíquota de 4%. Recorrente não comprova condições para usufruir: (i) mercadorias vindas do exterior; (ii) similar nacional taxado pela lista da CAMEX; (iii) Destinatários das mercadorias contribuintes do imposto. tributo recolhido a menor. 4. Impugnação da multa. caráter confiscatório. Não cabe ao TIT exercer juízo de constitucionalidade das leis estaduais. 28 da Lei nº 13.457/09. Juros moratórios. Questão pacificada pelas Súmulas 10 e 13 deste Tribunal. 5. Recurso Ordinário conhecido e parcialmente provido. AIIM cancelado em parte.

(continua)

Data do julgamento	Número AIIM	Câmara	Ementa
18.10.2019	4117835-0	Décima Sexta Câmara Julgadora	ICMS – Falta de pagamento de imposto – Operações tributadas com erro na aplicação da alíquota – NCM de mercadorias que consta da lista de bens sem similar nacional – Resolução CAMEX – Ação fiscal que não foi ilidida pela autuada – Recurso conhecido e não provido.
25.04.2019	4076484-9	Quinta Câmara Julgadora	EMENTA: ICMS. Item I.1. Falta de pagamento do ICMS – Utilização de alíquota de 4%, quando o correto seria 7% ou 12%, uma vez que o produto comercializado consta na lista de bens sem similar nacional emitida pela CAMEX. (...) Recurso de Ofício Conhecido e Não Provido. Recurso Ordinário Conhecido e Parcialmente Provido, cancelando os itens I.1, I.2, I.3, I.5, I.6, I.7, I.8 e II.9 do AIIM.
04.03.2020	4113894-6	Oitava Câmara Julgadora	ICMS – Não pagamento do Imposto. Erro na aplicação da alíquota. Impossibilidade de consideração de mercadorias sem similar nacional no cálculo do valor da parcela importada. (...) Autuação PARCIALMENTE PROCEDENTE em relação aos itens impugnados 1, 4 e 6.
15.12.2017	4066775-3	Décima Sexta Câmara Julgadora	ICMS – Falta de pagamento de ICMS, por emissão e escrituração das Notas Fiscais modelo 55, referentes a operações tributadas, com erro na aplicação da alíquota, por ter o contribuinte aplicado a alíquota de 4%, prevista na Resolução do Senado Federal nº 13/2012, em operações de saídas interestaduais de mercadorias importadas do exterior, constantes de lista elaborada pela CAMEX (Resolução nº 79/2012), que indica quais são as mercadorias sem similar nacional às quais não se aplica a referida alíquota (...) RECURSO ORDINÁRIO CONHECIDO E NÃO PROVIDO.
20.02.2020	4122741-4	Sexta Câmara Julgadora	ICMS. Falta de pagamento do imposto. Alíquota do imposto aplicável em operações interestaduais (4%, 7% ou 12%). Mercadorias constantes da Lista de Bens Sem Similar Nacional (LESSIN). Aplicação da alíquota de 4% nos casos em que a alíquota do Imposto de Importação for diferente de 0% ou 2% (art. 1º, inc. I da Res. CAMEX nº 79/2012). Exceção à regra geral do art. 52, §2º, item 2, "a" do RICMS/00. Possibilidade, em tese, da aplicação da alíquota de 4%, todavia, caberia à Recorrente demonstrar a ocorrência das exceções alegadas no caso concreto. Falta de comprovação das alegações. Recurso Ordinário conhecido e improvido.

(continua)

Data do julgamento	Número AIIM	Câmara	Ementa
21.05.2019	4083070-6	Quinta Câmara Julgadora	CMS. Itens i.3, ii.4 e ii.5 integralmente pagos. Extinção do crédito tributário. Artigo 156, I, CTN. Recurso de Ofício. Parecer da D. Representação Fiscal que opina pelo não provimento. Matéria incontroversa. Ausência de litígio. Decisão recorrida que cancelou parcialmente o item i.1 e integralmente o item ii.2 mantida. Recurso Ordinário que enfrenta a parte remanescente do item i.1. Erro de aplicação da alíquota de 4%. Ausência de provas do fisco apta a descaracterizar a classificação NCM adotada pela recorrente. NCM constante nos documentos fiscais, nas declarações de importações e amparada por laudo técnico. Alíquota devidamente aplicada pela contribuinte, vez que o NCM não está previsto na Lista CAMEX. Recurso de Ofício conhecido e não provido. Recurso Ordinário conhecido e provido.
15.09.2020	4118885-8	Segunda Câmara Julgadora	ICMS – Falta de pagamento do imposto – Operações interestaduais de mercadorias importadas do exterior – Alíquota de 4% que se submete às condicionantes de não constar da lista publicada pelo camex (Lista LESSIN) e se sujeitar às alíquotas do imposto de importação de "zero por cento" ou de 2%, caso contrário deverão ser aplicadas as alíquotas ordinárias de 7% e 12% – Inteligência do artigo 1o, parágrafo 4o, da Resolução do Senado Federal n. 13/2012, resolução CAMEX 79/2012, artigo 1o, e os anexos i, ii e iii, da resolução CAMEX n. 94, de 08 de dezembro de 2011 e do artigo 52, §2º, item 2, letra "a", do RICMS/00 – Precedente do TIT – Cancelamento parcial do lançamento fiscal pela exclusão da exigência fiscal em relação aos NCMs 84733049, 84811000, 85044090, 85340059, 90229090 que não constam da lista "LESSIN" – Nulidade do AIIM afastada – Observância do disposto no artigo 34 da lei 13.457/09 e artigo 142 do CTN – Legalidade da ratificação da multa por inaplicabilidade do artigo 85-a da Lei 6374/89 – Infração em que há exigência de imposto – Conversão em diligência desnecessária na espécie diante dos elementos dos autos – art. 26 da Lei 13.457/09 – Recurso Ordinário conhecido e provido parcialmente.

(conclusão)

Data do julgamento	Número AIIM	Câmara	Ementa
12.12.2019	4118720-9	Segunda Câmara Julgadora	ICMS – Erro na aplicação da alíquota – Saídas interestaduais de produtos importados sem similar nacional – Resolução CAMEX n. 79/2012 – Produtos que não se enquadram na lista do órgão responsável pelo enquadramento. Recurso ordinário conhecido e provido.

Analisaremos, a seguir, as discussões entabuladas no âmbito do TIT/SP para cada um dos assuntos sintetizados acima.

3.1 Ausência de comprovação de similar nacional

Como se verificou, este tema é, com alguma folga, aquele que maior contenda gerou no âmbito administrativo, correspondendo a, aproximadamente, 52,94% dos precedentes encontrados no âmbito do TIT/SP.

Nos acórdãos em que foi analisada a ausência de comprovação de similar nacional,[26] os autos de infração versam a respeito do não pagamento do imposto referentes a operações interestaduais tributadas com erro na aplicação da alíquota, tendo em vista que o contribuinte teria aplicado, indevidamente, a alíquota de 4% (quatro por cento) nas saídas de mercadorias, em vez da alíquota interestadual normal de 12% (doze por cento).

Dos 9 (nove) acórdãos identificados, apenas 2 (dois) tiveram resultado favorável ao contribuinte. Dentre eles, destaca-se o AIIM nº 4118720-9, julgado favoravelmente ao contribuinte pela Segunda Câmara Julgadora, em que se discutiu o enquadramento ou não das mercadorias comercializadas na lista da Resolução CAMEX nº 79/2012.

No referido acórdão, entendeu-se que não basta que a NCM esteja relacionada na referida lista, mas que também a descrição do produto seja aplicável, visto que uma NCM comporta mais de uma descrição de mercadoria.

Em todos os referidos casos, a discussão restou jungida à demonstração, pelos contribuintes, da regularidade do enquadramento à guisa da prova produzida nos autos.

---

[26] Cf. AIIMs nºs 4116212-2, 4119452-4, 4117835-0, 4076484-9, 4113894-6, 4066775-3, 4083070-6, 4118885-8 e 4118720-9, indicados na tabela acima.

3.2 Ausência de comprovação de origem estrangeira e conteúdo de importação

Por sua vez, no que tange aos acórdãos em que se analisou a comprovação da origem estrangeira e conteúdo de importação, observa-se que a discussão, na maior parte dos casos, partiu de erro de preenchimento das FCI, NF-e ou Declaração de Importação (DI), que indicaram mercadorias de origem nacional ou com conteúdo de importação inferior a 40%. Foram identificados 5 (cinco) acórdãos, sendo que apenas 1 (um) teve desfecho favorável ao contribuinte.

Destaca-se, dentre eles, o acórdão que analisou o AIIM nº 4064119-3, julgado pela Oitava Câmara Julgadora, no qual se discutiu a alíquota a ser aplicada em operações de transferência de mercadorias de estabelecimento filial localizado no Distrito Federal para estabelecimento matriz localizado em São Paulo.

Nesse caso, o contribuinte não conseguiu comprovar, pelas DIs, que as mercadorias que entraram por importação foram exatamente as mesmas que saíram, sem terem sido submetidas a qualquer processo de modificação que pudesse resultar em produto com similaridade nacional. De acordo com o alegado pela fiscalização, o estabelecimento filial não seria centro de distribuição, mas sim estabelecimento fabril.

A decisão proferida no caso em questão foi desfavorável ao contribuinte, por entender que as DIs apresentadas não permitiriam comprovar que as mercadorias que entraram por importação são as mesmas que saíram, decidindo pela manutenção da autuação fiscal.

Mais uma vez, a análise por parte do TIT/SP restou centrada na avaliação do arcabouço probatório produzido pelo contribuinte nas hipóteses em comento.

3.3 Análise da alíquota de importação para mercadorias no art. 1º, I, da Lista CAMEX

Em ao menos um dos casos[27] (AIIM nº 4122741-4), o tema central debatido se referiu à interpretação do disposto pelo art. 1º, I, da Resolução CAMEX nº 79/2012. Por um lado, a fiscalização entendeu que, para configuração de bem sem similar nacional, bastaria a constatação de que as mercadorias estariam enquadradas nas NCMS indicadas. De outra

---

[27] Em outros julgados, o tema também foi enfrentado, muito embora outras discussões também tivessem sido entabuladas.

sorte, entendia o contribuinte que o referido texto normativo indicava a necessidade cumulativa de (i) configuração de item enquadrado na NCM listada e (ii) sua correspondente tributação pelo imposto de importação às alíquotas de 0 ou 2%.

A temática, portanto, no referido caso foi eminentemente jurídica, restando afirmado o entendimento de que haveria a necessidade de demonstração, pela fiscalização, de ambos os pressupostos previstos na Resolução CAMEX nº 79/2012. De acordo com os julgados firmados também em outros casos, cuja matéria central não se referia a esse tema, o dispositivo estabeleceria claramente a indicação do conectivo "e", exigindo-se a plena demonstração do enquadramento pela Administração Pública.

3.4 Alíquota em remessa para não contribuintes

Por fim, com relação à última discussão analisada pelo TIT/SP mapeada no presente estudo, discutiu-se, também, a utilização da alíquota de 4% em operações interestaduais para não contribuintes. Em relação ao tema, o referido tribunal administrativo proferiu, até o momento e de acordo com os nossos critérios de busca, apenas 2 (dois) acórdãos, sendo 1 (um) favorável ao contribuinte e outro, apesar de parcialmente favorável como um todo, desfavorável no tema em questão.

De uma forma geral, a Fazenda Estadual, nos referidos julgados, argumenta que a alíquota em questão não é aplicável nas operações com não contribuintes do imposto, enquanto os contribuintes, por sua vez, alegam que a alíquota prevista pela Resolução nº 13/2012 não faz distinção para remessas com destino a contribuintes do imposto ou não.

No que tange ao AIIM nº 4069795-2, apesar de ter se entendido que, de fato, a alíquota de 4% não seria aplicável em saídas para não contribuintes, decidiu-se em favor do contribuinte por entenderem os julgadores, na hipótese, que não havia indícios fáticos que desqualificassem os destinatários das mercadorias como contribuintes do ICMS.

Por sua vez, também no AIIM nº 4066488-0 se entendeu, sob o prisma jurídico, ser necessária a ocorrência de saída de mercadorias para contribuintes de ICMS. Diferentemente do precedente anterior, contudo, decidiu-se desfavoravelmente ao contribuinte por se entender que caberia a este comprovar, para fruição da alíquota de 4%, que: **(i)** as mercadorias vieram do exterior; **(ii)** estas teriam similar nacional, na forma da Resolução CAMEX nº 79/2012; e **(iii)** os destinatários das mercadorias seriam contribuintes do imposto.

Conclusão

Como se demonstrou, o tema objeto do presente artigo tem por origem e justificação o combate à chamada *guerra dos portos*, fenômeno inerente à guerra fiscal entre os entes federativos. Com esse desiderato, editou-se a Resolução nº 13/2012 e a Resolução CAMEX nº 79/2012, que terminou por reduzir para 4% (quatro por cento) as saídas interestaduais de produtos importados que, entre outros aspectos, não fossem entendidos como *sem similar nacional*, de acordo com a Lista CAMEX.

Além das questões meramente pragmáticas e de política fiscal, tais como aquelas decorrentes do acúmulo de créditos de ICMS, diversos aspectos jurídicos foram levantados em relação à constitucionalidade ou legalidade das normas legais editadas nos citados veículos. Discussões como (i) a necessidade de edição de lei complementar para tal finalidade, (ii) a possibilidade de discriminação de alíquota em relação à origem dos produtos ou mesmo (iii) a antinomia com o disposto pelo art. 44 do Decreto-Lei nº 37/66, que indicaria o momento de nacionalização da mercadoria quando do desembaraço aduaneiro, foram e ainda são objeto de debates na doutrina e na jurisprudência.

Aliados a tais discussões, os *custos de conformidade* oriundos da edição de deveres instrumentais editados, ou a potencial mitigação da confidencialidade das informações pactuadas junto ao fornecedor acrescida da divulgação pública da margem do negócio em detrimento da livre iniciativa e da livre concorrência, notadamente no que tange à FCI ou ao dever de informar o valor da importação (ou da parcela importada) na nota fiscal eletrônica, seguem como tópicos de extrema relevância.

Por outro lado, igualmente restou demonstrada a existência de discussões quanto (i) à interpretação e aplicação da Resolução nº 13/2012 e da Resolução CAMEX nº 79/2012, assim como (ii) relativas a aspectos eminentemente fáticos, temas estes que vêm sendo objeto de aferição e julgamento pelo TIT/SP ao longo dos últimos anos.

Precisamente no que tange aos precedentes encontrados no TIT/SP, observa-se, em primeiro lugar, que as disputas vêm sendo travadas, até hoje, no âmbito das Câmaras Baixas, em especial por versarem a respeito de questões de fatos e provas. Nesse cenário, foram encontrados 17 (dezessete) precedentes a partir dos critérios metodológicos aferidos neste trabalho, dos quais apenas 5 (cinco) foram julgados integralmente favoráveis aos contribuintes e 9 (nove) totalmente contrários.

No que tange, propriamente, ao mérito debatido, observa-se que 52,94% das decisões envolveram, predominantemente, a comprovação (ou não) da existência de similar nacional para aplicação da alíquota de 4%. Os demais precedentes envolveram (i) a aferição da origem estrangeira e do conteúdo de importação (29,41%), (ii) a destinação a contribuintes ou não contribuintes (11,76%) e (iii) a constatação efetiva das alíquotas de importação (de 0% e 2%) para os casos indicados no art. 1º, I, da Resolução CAMEX nº 79/2014.

Na grande maioria dos casos indicados, a discussão se ateve a demonstrações fáticas, muito embora determinadas premissas jurídicas tenham sido fixadas. Entre elas, pode-se destacar (i) não bastar a qualificação pela fiscalização dos produtos em determinada NCM, na medida em que estas comportariam mais de uma descrição de mercadoria, bem como (ii) a necessidade, nas hipóteses do art. 1º, I, da Resolução CAMEX nº 79/2012, de se demonstrar o enquadramento da NCM em conjunto com a existência de alíquota de importação de 0 ou 2%. Igualmente, apesar de a matéria ser disputada pelos contribuintes, também se entendeu que a aplicação da alíquota de 4% não seria cabível para saída de mercadorias para não contribuintes, por não se tratar de hipótese de utilização de alíquotas interestaduais.

Outro aspecto bastante presente, e que pode ser extraído da análise realizada, refere-se à importância no preenchimento das DIs, além da FCI e das notas fiscais eletrônicas. Referida documentação, em diversos casos, foi a base probatória utilizada pela fiscalização para as autuações, em muitos destes sendo determinante para o resultado dos julgamentos.

Apesar de ainda ser cedo para se alcançar uma conclusão definitiva, o que se percebe é a solidificação, aos poucos, do entendimento do TIT/SP sobre o tema, reforçando a necessidade de guarda dos documentos necessários à demonstração da alíquota aplicada nas operações de saída.

Referida evolução jurisprudencial na esfera administrativa, contudo, é apenas uma etapa de análise dos aspectos em referência, ainda restando em aberto as discussões suscitadas à luz de dispositivos constitucionais e de lei complementar, componentes relevantes para um avanço seguro sobre a matéria.

Informação bibliográfica deste texto, conforme a NBR 6023:2018 da Associação Brasileira de Normas Técnicas (ABNT):

MONTEIRO, Alexandre Luiz Moraes do Rêgo; LAGOS, Rachel Mira. A Resolução do Senado Federal nº 13/2012 e a Lista CAMEX na jurisprudência do Tribunal de Impostos e Taxas do Estado de São Paulo. In: PINTO, Alexandre Evaristo; TOMKOWSKI, Fábio Goulart; ALLEGRETTI, Ivan; BEVILACQUA, Lucas (coord.). ICMS no Tribunal de Impostos e Taxas de São Paulo. Belo Horizonte: Fórum, 2022. p. 55-74. ISBN 978-65-5518-319-1.

CONSIDERAÇÕES SOBRE A APLICAÇÃO DO ART. 527-A DO RICMS/SP ATRAVÉS DE UMA ANÁLISE JURISPRUDENCIAL

ANGELA SARTORI
JANDIR J. DALLE LUCCA

Introdução

Nos termos do artigo 142 do Código Tributário Nacional, "Compete privativamente à autoridade administrativa constituir o crédito tributário pelo lançamento, assim entendido o procedimento administrativo tendente a verificar a ocorrência do fato gerador da obrigação correspondente, determinar a matéria tributável, calcular o montante do tributo devido, identificar o sujeito passivo e, sendo caso, propor a aplicação da penalidade cabível".

Vê-se, assim, que o lançamento tributário compreende não apenas o cálculo do tributo devido, mas abrange também a aplicação da penalidade, se for o caso.

As penalidades tributárias estão previstas nas legislações próprias de cada ente tributante (sujeitos ativos), incidentes não só como consequência do não pagamento dos tributos, mas também pela inobservância de deveres instrumentais, comumente chamados de obrigações acessórias.[1]

---

[1] CTN, art. 113: "A obrigação tributária é principal ou acessória. §1º A obrigação principal surge com a ocorrência do fato gerador, tem por objeto o pagamento de tributo ou

Em tais situações poderá ser instaurado o processo administrativo tributário, mediante a apresentação de impugnação administrativa pelo contribuinte. No âmbito da legislação paulista, o artigo 92 da Lei Estadual nº 6.374/89 prevê a possibilidade de os órgãos julgadores administrativos reduzirem ou relevarem a penalidade aplicada, desde que se encontrem presentes os requisitos elencados na norma, *in verbis*:

> **Artigo 92** – Salvo disposição em contrário, as multas aplicadas nos termos do artigo 85 podem ser reduzidas ou relevadas pelos órgãos julgadores administrativos, desde que as infrações tenham sido praticadas sem dolo, fraude ou simulação e não impliquem falta de pagamento do imposto.
>
> §1º – Na hipótese de redução, deve ser observado o limite mínimo previsto no §7º do artigo 85.
>
> §2º – Não poderão ser relevadas, na reincidência, as penalidades previstas na alínea "a" do inciso VII e na alínea "x" do inciso VIII do artigo 85. (NR)
>
> §3º – Para efeitos deste artigo, serão, também, examinados o porte econômico e os antecedentes fiscais do contribuinte.

Nesse mesmo sentido dispõe o art. 527-A do Decreto nº 45.490, de 30 de novembro de 2011 (RICMS/SP), *litteris*:

> **Artigo 527-A** – A multa aplicada nos termos do artigo 527 poderá ser reduzida ou relevada por órgão julgador administrativo, desde que a infração tenha sido praticada sem dolo, fraude ou simulação, e não implique falta de pagamento do imposto (Lei 6.374/89, art. 92 e §2º, na redação da Lei 10.619/00, art. 1º, XXXI, e Lei 10.941/01, art. 44). (Acrescentado o art. 527-A pelo inciso I do art. 2º do Decreto 46.676 de 09-04-2002; DOE 10-04-2002; efeitos a partir de 01-05-2002)
>
> §1º – Na hipótese de redução, observar-se-á o disposto no §7º do artigo 527.
>
> §2º – Não poderão ser relevadas, na reincidência, as penalidades previstas na alínea "a" do inciso VII e na alínea "x" do inciso VIII do artigo 527.
>
> §3º – Para aplicação deste artigo, serão levados em consideração, também, o porte econômico e os antecedentes fiscais do contribuinte.

---

penalidade pecuniária e extingue-se juntamente com o crédito dela decorrente. §2º A obrigação acessória decorre da legislação tributária e tem por objeto as prestações, positivas ou negativas, nela previstas no interesse da arrecadação ou da fiscalização dos tributos. §3º A obrigação acessória, pelo simples fato da sua inobservância, converte-se em obrigação principal relativamente à penalidade pecuniária".

Portanto, a redução ou a relevação da multa de que trata o art. 527-A do RICMS/SP dependerá sempre da apreciação das circunstâncias específicas de cada processo (elementos factuais e probatórios), restringindo-se à análise do caso concreto, com vistas a verificar se estão demonstrados, ou não, os requisitos legais para sua concessão.

Segundo a Lei Estadual nº 13.457, de 18 de março de 2009, os julgamentos em primeira instância administrativa serão proferidos pelas Delegacias Tributárias de Julgamento (art. 36).[2] Nos processos em que o débito fiscal exigido na data da lavratura do auto de infração corresponda a até 20.000 (vinte mil) Unidades Fiscais do Estado de São Paulo (UFESPs), a competência para o julgamento dos recursos cabíveis será do próprio Delegado Tributário de Julgamento (arts. 39 e 40). No entanto, se o débito fiscal for superior a 20.000 (vinte mil) UFESPs, a competência para julgamento de eventuais Recursos será do Tribunal de Impostos e Taxas.

Desse modo, a decisão sobre a redução ou relevação da penalidade será sempre monocrática na primeira instância administrativa, de todo e qualquer processo, e na segunda instância de processo relativo a débito fiscal de até 20.000 (vinte mil) UFESPs. Nos processos de valor superior, a decisão em segunda instância será colegiada, proferida pelas Câmaras de Julgamento que integram o Tribunal de Impostos e Taxas.

As Câmaras de Julgamento, compostas paritariamente por dois juízes representantes dos contribuintes e dois juízes servidores públicos, representantes da Fazenda Estadual, têm por regra a realização de julgamentos cujo resultado será determinado pela maioria dos votos de seus integrantes. No caso de empate, prevalecerá o voto de qualidade do Presidente da Câmara, sendo as Câmaras ímpares presididas por juízes fazendários e as Câmaras pares por juízes contribuintes.

Todavia, no que se refere à redução e relevação de multas, essa regra sofreu importante modificação implementada pela Lei nº 16.498, de 18 de julho de 2017, que incluiu o parágrafo segundo no artigo 61 da Lei nº 13.457/2009, *in verbis*:

Artigo 61 – As decisões das Câmaras serão tomadas por maioria de votos dos juízes presentes. Em caso de empate, prevalecerá o voto de qualidade do Presidente da Câmara. (Redação dada ao artigo pela Lei 16.498, de 18-07-2017; DOE 19-07-2017)

---

[2] As Delegacias Tributárias de Julgamento foram constituídas pela Lei nº 10.941, de 25 de outubro de 2001, tendo suas circunscrições divididas em três regiões administrativas do Estado de São Paulo: DTJ-1-São Paulo, DTJ-2-Campinas e DTJ-3 Bauru.

§1º – As sessões da Câmara Superior e das Câmaras Julgadoras serão realizadas com a presença mínima nas respectivas sessões de pelo menos 3/4 (três quartos) do número total de juízes que as integram.

§2º – Nos termos do artigo 27 desta lei, as Câmaras Julgadoras poderão relevar ou reduzir multas apenas se houver voto, neste sentido, de *pelo menos 3 (três) dos juízes presentes*.

Vale dizer, no que concerne ao julgamento da redução ou relevação de penalidades tratadas nesse artigo, será sempre necessária a concordância de ao menos três dos juízes integrantes da Câmara Julgadora, de modo que, mesmo numa Câmara presidida por juiz contribuinte, será preciso que pelo menos um dos juízes fazendários admita a concessão do benefício, não se aplicando nessa situação o voto de qualidade.

A apreciação da matéria, por envolver exame de componentes objetivos e subjetivos pelo órgão julgador e que dependem sempre da apreciação das circunstâncias específicas e dos elementos probatórios próprios de cada processo, geralmente se esgotará nas Câmaras de Julgamento e não viabilizará a interposição de recurso especial para a Câmara Superior, nos termos da Súmula TIT nº 06/2003,[3] ressalvados os casos em que a discussão se circunscreva a critérios gerais de aplicabilidade da norma.

1 Os critérios previstos no art. 527-A do RICMS/SP e a jurisprudência administrativa do Tribunal de Impostos e Taxas

Depreende-se do art. 527-A do RICMS/SP que a redução ou relevação de multas constituídas em autos de infração levará em consideração determinados elementos que deverão ser ponderados pelo julgador administrativo:

(i) a multa em questão deve ser de natureza isolada, i.e., não decorra de infração que tenha por efeito a falta de pagamento do imposto;
(ii) não se trate de situação envolvendo dolo, fraude ou simulação;
(iii) o porte econômico da empresa;
(iv) os antecedentes fiscais do contribuinte.

---

[3] Súmula TIT nº 06/2003: "A redução ou a relevação da multa, em decisão proferida por qualquer das Câmaras do Tribunal de Impostos e Taxas, por não caracterizar hipótese de divergência ou dissídio de interpretação da legislação, não viabiliza a interposição de recurso especial".

1.1 Multa isolada

O dispositivo legal expressamente atribui ao órgão julgador administrativo a possibilidade de redução ou relevação da multa, desde que a infração submetida a julgamento "não implique na falta de pagamento do imposto". Trata-se de requisito objetivo, vez que abarca critério previamente estabelecido para orientar a distinção jurídica de diferentes condutas, auferíveis por mera constatação: há ou não há falta de pagamento de imposto decorrente da infração.

Nesse sentido se pronunciou a 4ª Câmara Julgadora, desprovendo recurso ordinário aviado por contribuinte:[4]

Ementa:
ICMS. INFRAÇÕES AO PAGAMENTO DO IMPOSTO DO IMPOSTO. INFRAÇÕES RELATIVAS À APRESENTAÇÃO DE INFORMAÇÃO ECONÔMICO-FISCAL E À GUIA DE RECOLHIMENTO DO IMPOSTO. VALORES DECLARADOS EM GIA INFERIORES QUE OS CTES EMITIDOS. FALTA DE CONTESTAÇÃO. JUROS SOBRE A MULTA. JUROS SUPERIORES A TAXA SELIC. ABUSIVIDADE DA MULTA. SÚMULA Nº 13/2018. SÚMULA Nº 10/2017. ART. 28 DA LEI Nº 13.457/209. RECURSO ORDINÁRIO CONHECIDO E NÃO PROVIDO.

Relatório e Voto
(...)
Por fim, ainda consta pedido de redução da multa, com base no artigo 527-A do RICMS, ainda que sem qualquer demonstração de cumprimento dos benefícios para tanto. Com relação ao item I.1 não se verifica a existência dos requisitos para a sua aplicação, vez que a infração implicou em falta de pagamento do imposto. Com relação ao item II2, a redução de multa requerida esbarra na quantidade de AIIMs já lavrados em face desse contribuinte, alguns com a mesma acusação do presente lançamento.

A mencionada decisão revela o entendimento já pacificado no Tribunal de Impostos e Taxas quanto a falta de pagamento do imposto constituir circunstância impeditiva da concessão do benefício legal.

Há, contudo, situações peculiares que pela sua pequena incidência ainda não provocaram debates e conformação de tendência jurisprudencial, como no caso de a existência de saldo credor suficiente para absorver o imposto exigido pelo lançamento de ofício (auto de infração) não resultar diretamente em falta de pagamento.

---

[4] AIIM nº 4.120.704-0, j. 25-06-2020. No mesmo sentido, AIIMs nºs 4.059.240 e 4.120.328.

Tome-se, como exemplo, um contribuinte cujo crédito tenha sido considerado indevido e objeto de autuação. Quando o contribuinte, no mesmo período, detém saldos credores em valores superiores, a jurisprudência do Tribunal de Impostos e Taxas já se consolidou no sentido de que a eventual existência de saldo credor não afasta a ocorrência da infração relativa ao crédito indevido, considerando que a única forma coercitiva de que o fisco dispõe para exigir o estorno do crédito indevidamente apropriado pelo contribuinte é a lavratura do auto de infração, sendo que a alternativa de se validar o mero estorno na conta gráfica significaria convalidar qualquer ato ilícito relativo a tributos, simplesmente porque o contribuinte possui eventual saldo credor em sua escrituração.[5]

Porém, apesar de não ser possível a compensação do crédito glosado na chamada "conta gráfica", não se pode olvidar que ainda que ele não tivesse sido apropriado pelo contribuinte, não resultaria falta de pagamento do imposto, diante da existência de saldos credores.

Esse efeito, se suscitado oportunamente pelo contribuinte com alicerce em elementos probantes da existência de saldos credores, poderá vir a constituir tema mais frequente nas decisões do Tribunal de Impostos e Taxas.[6]

1.2 Dolo, fraude ou simulação

Também a existência de dolo, fraude ou simulação comporta análise objetiva para a finalidade de redução ou relevação da multa. Isso, porque, a essa altura, o seu reconhecimento já deve ter sido objeto de prévia avaliação para a aplicação da própria penalidade – aí, sim,

---

[5] As extintas Câmaras Reunidas pacificaram o tema na sessão do dia 21.05.2009, no julgamento dos processos 9010635/2001, 9089364/2001, 9093307/2001, 9096352/2001, 9096357/2001 e 215565/2003.

[6] Como exemplo, confira-se a ementa do acórdão de decisão proferida no AIIM nº 4.066.549-5, j. 02-.06.2017: "ICMS. Crédito indevido do imposto destacado em Notas Fiscais de Energia Elétrica CANCELADAS e SUBSTITUÍDAS pelo emitente. Ação fiscal procedente. Impossibilidade de redução da multa com base no artigo 527-A, em face da existência de exigência do imposto por meio do AIIM. RECURSO ORDINÁRIO CONHECIDO E DESPROVIDO". No caso, foi vencido o relator cujo voto apresentava o seguinte fundamento: "Ocorre, porém, que conforme se verifica nas fls. 827/831 (Registros Fiscais de Apuração do ICMS) e, principalmente, nas fls. 2096/2106 (conta fiscal por mês de referência), a Recorrente apurou expressivos saldos credores em todo o período objeto da autuação, de modo que mesmo que fossem considerados os valores das diferenças entre os créditos envolvidos decorrentes das substituições das notas fiscais de energia elétrica, não haveria qualquer recolhimento de imposto a ser feito, pois aquelas diferenças seriam absorvidas pelos créditos acumulados".

de forma ampla – mediante o emprego dos critérios legais e jurídicos próprios, objetivos e subjetivos. Ou seja, o caso concreto exigirá o exame preliminar da ocorrência da infração, quando se verificará se a mesma foi praticada com dolo, fraude ou simulação, segundo os elementos amplos que orientam a formação da convicção do julgador.

No momento seguinte, de apreciação das condições de relevação ou redução da penalidade, não se exercerá novo juízo de valor quanto à sua existência. Nesse caso, ou já houve o reconhecimento da prática dolosa, fraudulenta ou simulatória – que deverá ter integrado a acusação para possibilitar o exercício do direito ao contraditório e ampla defesa,[7] ou esse ingrediente será inexistente nos autos, autorizando sejam perquiridos os demais requisitos para a concessão do favor legal.

A 5ª Câmara Julgadora, sob o entendimento de que **não** se comprovou que *o contribuinte agiu com dolo, fraude ou simulação, não tendo ocorrido qualquer prejuízo ao Fisco*, aplicou a relevação da multa de que trata o art. 527-A, em decisão assim enunciada:[8]

Ementa:
ICMS – Acusações fiscais de falta de pagamento do imposto, creditamento indevido e não cumprimento de obrigações acessórias. PRELIMINARES. Nulidade por ausência de indicação do período a ser fiscalizado na ordem de serviço fiscal, ausência de juntada do referendo do controle de qualidade, ausência de intimação do contribuinte para efetuar a autorregularização e erro na capitulação dos artigos tidos por violados. MERITO. Não incidência do ICMS sobre remessas de mercadorias para depósito em armazém geral, ausência de culpabilidade, necessidade de recomposição gráfica para análise da existência de saldo credor, impossibilidade de exigência de juros de mora sobre as multas decorrentes do descumprimento de obrigação principal, violação ao princípio da não-cumulatividade, violação ao princípio da tipicidade fechada, caráter confiscatório das multas aplicadas, necessidade de relevação das multas por força do art. 527-A do RICMS-SP e ilegalidade da taxa de juros de mora prevista no art. 96 da Lei nº 6.374/89 *(com redação dada pela Lei nº 13.918/09)*. DISPOSITIVO. Recurso ordinário conhecido e parcialmente provido.
Relatório e Voto:
(...)
Entretanto, entendo que o caso é de relevação da multa, nos termos do art. 527-A do RICMS-SP, o qual dispõe que:

---

[7] CF, art. 5º, LV: "aos litigantes, em processo judicial ou administrativo, e aos acusados em geral são assegurados o contraditório e ampla defesa, com os meios e recursos a ela inerentes;"
[8] AIIM nº 4.114.294, j.

(...)

Ora, no caso em comento não há qualquer demonstração de que a Recorrente agiu com dolo, fraude ou simulação, não tendo ocorrido qualquer prejuízo ao Fisco, já que em ambas as situações não houve falta de recolhimento do imposto, tratando-se apenas da falta de escrituração de uma NF-e no mês de janeiro e outra no mês de dezembro de 2016. Além disso, embora a decisão recorrida alegue que a Recorrente possui diversos autos de infração lavrados contra si (4.122.505-3, 4.122.426-7, 4.091.315-6, 4.037.093-8, 4.029.765-2, 4.019.351-2, 4.001.789-8 e 3.100.214-6 – fls. 205), constam nos andamentos dos processos que os débitos foram liquidados, ressalvado o AIIM nº 4.091.315-6 que permanece pendente de julgamento por este tribunal, e não há qualquer débito inscrito em Dívida Ativa, conforme consulta realizada no site da SEFAZ-SP[4].

Por tais razões, a decisão recorrida merece reparo neste ponto.

1.3 Porte econômico

A avalição do porte econômico, diferentemente dos requisitos objetivos versados no *caput* do art. 527-A (prática de dolo, fraude ou simulação e falta de pagamento do imposto) é item que comporta aplicação **subjetiva** por parte do julgador. Não havendo na legislação uma definição sobre que fatores devem ser levados em consideração (capital social, receita, quantidade de funcionários, existência de filiais, etc.), portanto, pode-se afirmar que prevalece o sentido mais subjetivo da norma.

A 5ª Câmara Julgadora, ao apreciar Recurso Ordinário do Contribuinte, decidiu que o porte econômico da empresa se prestará a estabelecer as balizas para a aplicação de penalidade que não onere demasiadamente a interessada, mas se preste a desencorajar a reincidência infracional.[9] Dispõe referida decisão:

> uma empresa de grande porte econômico poderá, igualmente a empresas de pequeno e médio porte, ser beneficiada pela disposição regulamentar, devendo-se, porém, harmonizar tal redução em consonância com porte econômico da empresa. Em outras palavras, o porte econômico da empresa se prestará a estabelecer as balizas para a aplicação de uma penalidade que não onere demasiadamente a interessada, mas se preste a desencorajar a reincidência infracional (caráter pedagógico)...
> (voto vencido apenas no percentual de redução aplicado)

---

[9] AIIM nº 4.089.318-2, j. 17-08-2017.

É notório o porte econômico da recorrente, contudo tal natureza não afasta a possibilidade de redução da penalidade imposta. nesse contexto é importante registrar que a sanção aplicada possui como base de cálculo o valor da operação podendo chegar a patamar dessarazoado.

Os antecedentes em que pesem a relevância devem ser, em meu sentir, analisados em sentido amplo e strito, amplo para qualquer infração cometida, strita para casos em que o ato infracional seja dotado de similitude ao analisado.

Com razão entendo que o ilustre relator realizou cotejamento dos requisitos de aplicação e dosimetria, não obstante, diante da discricionariedade existente penso ser mais adequado a redução da penalidade imposta para 10% (do valor da operação).

(voto vencedor, com divergência apenas quanto ao percentual de redução)

É posição majoritária na jurisprudência do Tribunal de Impostos e Taxas que empresas de grande porte econômico não fazem jus à redução da penalidade. Veja-se, nesse sentido, a seguinte decisão proferida pela 12ª Câmara Julgadora:[10]

Ementa:
ICMS – Falta de pagamento do imposto em decorrência de omissão de receitas de vendas em operações de saídas tributadas, apurada por meio de levantamento fiscal realizado com fundamento no artigo 509 do RICMS/2000, com diferença decorrente da contabilização de valores em estoque inferior ao real (Ativo Oculto), conforme constatado pela declaração escrita apresentada pelo autuado (item 1) – Falta de escrituração de Notas fiscais eletrônicas (modelo 55), referentes a operações de entradas de mercadorias tributadas, sendo que já se encontravam escrituradas as operações do período (item 2) – Item 1: contribuinte comprovou por meio da apresentação do Balancete de Verificação que o valor informado em declaração apresentada ao Fisco estava incorreto – RECURSO DE OFÍCIO NÃO PROVIDO – Item 2: impossibilidade de acatar pedido do contribuinte de relevação/redução da multa, tendo em vista o disposto no §3º do artigo 527-A do RICMS/2000 (porte econômico) e, além disso, a multa foi aplicada no patamar mínimo de 70 Ufesp's previsto no §7º do artigo 85 da Lei nº 6.374/1989 – RECURSO ORDINÁRIO NÃO PROVIDO.

---

[10] AIIM nº 4.093.654-5, j. 26-06-2020.

1.4 Antecedentes fiscais

Ao lado do porte econômico, a avaliação dos antecedentes fiscais igualmente possui natureza *subjetiva*, uma vez que não há na legislação critérios objetivos para seu sopesamento. O próprio Direito Penal se ressente dessa omissão legislativa, tendo que se socorrer de conceitos doutrinários para sua compreensão.[11]

A 5ª Câmara Julgadora negou provimento ao recurso ordinário tendo em vista os maus antecedentes do contribuinte. Confira-se:[12]

Ementa:
ICMS – Acusação fiscal de creditamento indevido por aquisição de mercadorias de empresa declarada inidônea. PRELIMINARES. Nulidade por ausência de intimação prévia da ordem de serviço fiscal, ausência de juntada do referendo do controle de qualidade, ausência de intimação do contribuinte para efetuar a autorregularização e erro na capitulação dos artigos tidos por violados. MÉRITO. Decadência, irretroatividade da declaração de inidoneidade, violação ao princípio da não- cumulatividade, impossibilidade de exigência de juros de mora sobre a multa decorrente do descumprimento de obrigação principal, caráter confiscatório da multa aplicada, necessidade de relevação da multa por força do art. 527-A do RICMS-SP e ilegalidade da taxa de juros de mora prevista no art. 96 da Lei nº 6.374/89 (com redação dada pela Lei nº 13.918/09). DISPOSITIVO. Recurso ordinário conhecido e improvido.

Relatório e Voto:
(...)
Também afasto o pedido de relevação da multa aplicada, nos termos do art. 527-A do RICMS-SP, pois a infração praticada implicou em falta de pagamento do imposto e a Recorrente possui maus antecedentes fiscais, já que possui mais de 10 (dez) autos de infração inscritos em Dívida Ativa, que somados perfazem aproximadamente R$ 33 milhões,

---

[11] "Antecedentes do agente: são os fatos anteriores de sua vida, incluindo-se tanto os antecedentes bons como os maus. Serve este componente especialmente para verificar se o delito foi um episódio esporádico na vida do sujeito ou se ele, com frequência ou mesmo habitualmente, infringe a lei". (DELMANTO, Celso *et al. Código Penal Comentado*. 8. ed. São Paulo: Saraiva, 2010. p. 274.). "Os antecedentes dizem respeito ao histórico criminal do agente que não se preste para efeitos de reincidência. Entendemos que, em virtude do princípio constitucional da presunção de inocência, somente as condenações anteriores com trânsito em julgado, que não sirvam para forjar a reincidência, é que poderão ser consideradas em prejuízo do sentenciado, fazendo com que a sua pena-base comece a caminhar nos limites estabelecidos pela lei penal". (GRECO, Rogério. *Curso de Direito Penal*: Parte Geral. 12. ed. Rio de Janeiro: Impetus, 2010. v. I. p. 537.)

[12] AIIM nº 4.118.115-3, j. 02-07-2020.

além de estar enquadrada na categoria "D" do Programa de Estímulo à Conformidade Tributária ("Nos Conformes").

A mesma 5ª Câmara Julgadora, em outra oportunidade, deu provimento ao Recurso Ordinário do contribuinte tendo em vista que os débitos relativos aos antecedentes ficais foram liquidados, não remanescendo débito inscrito em dívida ativa.[13] Dispôs referida decisão:

Ementa:
ICMS – Acusações fiscais de falta de pagamento do imposto, creditamento indevido e não cumprimento de obrigações acessórias. PRELIMINARES. Nulidade por ausência de indicação do período a ser fiscalizado na ordem de serviço fiscal, ausência de juntada do referendo do controle de qualidade, ausência de intimação do contribuinte para efetuar a autorregularização e erro na capitulação dos artigos tidos por violados. MERITO. Não incidência do ICMS sobre remessas de mercadorias para depósito em armazém geral, ausência de culpabilidade, necessidade de recomposição gráfica para análise da existência de saldo credor, impossibilidade de exigência de juros de mora sobre as multas decorrentes do descumprimento de obrigação principal, violação ao princípio da não-cumulatividade, violação ao princípio da tipicidade fechada, caráter confiscatório das multas aplicadas, necessidade de relevação das multas por força do art. 527-A do RICMS-SP e ilegalidade da taxa de juros de mora prevista no art. 96 da Lei nº 6.374/89 (com redação dada pela Lei nº 13.918/09). DISPOSITIVO. Recurso ordinário conhecido e parcialmente provido.

Relatório e Voto:
(...)
Entretanto, entendo que o caso é de relevação da multa, nos termos do art. 527-A do RICMS-SP, o qual dispõe que:
(...)
Ora, no caso em comento não há qualquer demonstração de que a Recorrente agiu com dolo, fraude ou simulação, não tendo ocorrido qualquer prejuízo ao Fisco, já que em ambas as situações não houve falta de recolhimento do imposto, tratando-se apenas da falta de escrituração de uma NF-e no mês de janeiro e outra no mês de dezembro de 2016.

Além disso, embora a decisão recorrida alegue que a Recorrente possui diversos autos de infração lavrados contra si (4.122.505-3, 4.122.426-7, 4.091.315-6, 4.037.093-8, 4.029.765-2, 4.019.351-2, 4.001.789-8 e 3.100.214-6 – fls. 205), constam nos andamentos dos processos que os débitos foram liquidados, ressalvado o AIIM nº 4.091.315-6 que permanece pendente

---

[13] AIIM nº 4.114.294-9, j. 25-06-2020.

de julgamento por este tribunal, e não há qualquer débito inscrito em Dívida Ativa, conforme consulta realizada no site da SEFAZ-SP[4].
Por tais razões, a decisão recorrida merece reparo neste ponto.

2 Outros aspectos jurisprudenciais polêmicos

Além dos critérios objetivos e subjetivos abrigados pelo art. 527-A, verifica-se divergência jurisprudencial em relação a outros aspectos que orbitam a aplicação desse dispositivo, dentre os quais os seguintes:
(i) necessidade de peticionamento por parte do contribuinte;
(ii) faculdade ou dever do julgador;
(iii) cumulatividade dos requisitos.

2.1 Necessidade de peticionamento

Como se sabe, o processo administrativo tributário representa importante instrumento do exercício do poder de revisão da Administração de seus próprios atos, via do qual se manifesta o controle de legalidade do ato administrativo. Dentro de tal concepção, uma vez verificados os pressupostos elencados pelo art. 527-A do RICMS/SP, há aqueles que sustentam ser factível ao julgador administrativo promover, *ex officio*, a redução ou relevação da penalidade.

Esse entendimento foi majoritário no Tribunal de Impostos e Taxas até o julgamento do REsp nº 4.063.393, no início de 2017, quando a Câmara Superior decidiu dar provimento ao apelo fazendário para "afastar a redução da multa, por ausência de pedido expresso", pelas razões resumidas nos seguintes excertos do voto condutor:[14]

> Quanto ao mérito, dou provimento ao Recurso Especial da Fazenda Pública, no mesmo sentido da fundamentação contida nos arestos paradigmas colacionados no recurso, pois entendo que não se pode, no julgamento do Recurso Ordinário, aplicar a redução ou a relevação da multa, nos termos do art. 527-A do RICMS/00, sem que haja pedido expresso da parte, bem como a demonstração do atendimento aos requisitos para sua aplicação. Primeiro, porque ao assim proceder, caracteriza-se o julgamento extra petita que implica desequilíbrio da relação processual, bem como ofensa ao art. 47, §5º da Lei 13.457/2009, que assim dispõe:

---

[14] Relator Juiz Fábio Henrique Bordini Cruz, decisão unânime (no ponto em questão).

'§5º – O recurso ordinário devolverá ao Tribunal de Impostos e Taxas o conhecimento da matéria de fato e de direito impugnada.'

Segundo, porque impede que a parte contrária possa aduzir razões sobre o tema, implicando ofensa ao princípio do contraditório. Nos termos do acórdão recorrido: 'há que se considerar que o pedido maior consignado em sua defesa (cancelamento da multa imposta) pressupõe o pedido menor (redução da multa imposta)'.

Peço vênia aos nobres juízes, estimados colegas que assim se manifestaram, a quem rendo minhas homenagens pelo elevado saber jurídico. Não obstante, não compartilho de tal entendimento. Entendo que se tratam de situações muito distintas e que não estão contidas, uma na outra. No Recurso Ordinário, o contribuinte sustentou a tese de que não houve infração e por isso deveria ser cancelada a multa. Trata-se de fundamento jurídico muito distante daquele que, pressupondo o cometimento da infração, postula a relevação ou a redução da multa por não haver dolo, fraude ou simulação, nem falta de recolhimento do imposto. Trata-se de pedidos que partem de premissas distintas, não podendo considerar-se contidos um no outro.

A partir desse posicionamento da Câmara Superior, estabeleceu-se a tendência jurisprudencial no sentido de não se admitir a aplicação do art. 527-A sem que a parte interessada tenha deduzido pedido expresso e fundamentado nesse sentido, prestigiando-se o direito da Fazenda Estadual, por meio da Representação Fiscal, exercer o direito ao contraditório.

2.2 Faculdade ou dever

O reconhecimento de que o art. 527-A do RICMS/SP, ao se valer do verbo "poder", atribui uma faculdade ao julgador (poder), e não uma obrigação (dever), tem se mostrado majoritária no âmbito do Tribunal de Impostos e Taxas, tal como de há muito já decidiu o Juiz Fábio Neves Barreira:[15]

> Note-se que nos dois casos o legislador se utilizou, em síntese, do verbo 'poder'. O verbo poder, conforme definição de Aurélio Buarque de Holanda Ferreira, entre outras acepções, significa 'ter a faculdade'. O fato tem valor jurídico, tendo em vista que é próprio dos atos discricionários, conforme ensinamentos de Hely Lopes Meirelles, a liberdade da ação administrativa, dentro dos limites permitidos em lei.

---

[15] Processo DRT-14-52161/2002, 3ª Câmara Temporária, v.u.

Essa liberdade funda-se na consideração de que só o administrador, em contato com a realidade, está em condições de bem apreciar os motivos ocorrentes de oportunidade e conveniência da prática de certos atos, que seria impossível ao legislador, dispondo da regra jurídica – lei – de maneira geral e abstrata, prover com justiça o acerto.

Em tais atos (discricionários), desde que a lei confia à Administração a escolha e valoração dos motivos e do objeto, não cabe ao Judiciário rever os critérios adotados pelo administrador, porque não há padrões de legalidade para aferir essa atuação.

Entretanto, há posições dissonantes segundo as quais a redução ou relevação da multa não consiste em ato discricionário, a ser praticado de acordo com critérios subjetivos de conveniência e oportunidade. Pelo contrário, segundo essa corrente, trata-se de ato vinculado, que deverá sempre ser praticado se presentes as condições previstas na lei. Em defesa desse entendimento, não é acaciano invocar as lições do Juiz José Orivaldo Peres Júnior ao apresentar sua dissertação para obtenção do título de Mestre em Direito perante Pontifícia Universidade Católica de São Paulo:[16]

> Trata-se de norma cogente, pois, de um lado, há um poder/dever do órgão julgador administrativo exercer a atividade da dosimetria da multa fiscal, em observância aos princípios da legalidade e da vinculação dos atos administrativos. De outra banda, possibilita a individualização da pena, aplicando-se a sanção tributária mais adequada à vista das particularidades e circunstâncias do ilícito fiscal examinado, à luz dos princípios da razoabilidade, da proporcionalidade, da isonomia e da equidade.
>
> A expressão "poderá", contida no caput do artigo 527-A do Decreto nº 45.490/00 (RICMS/00), não significa uma faculdade ou prerrogativa, nem mesmo mera discricionariedade.
>
> Presentes os pressupostos legais objetivos, a gradação da sanção tributária é de rigor, mediante análise dos critérios estabelecidos, o que não significa que o órgão julgador deverá necessariamente reduzir ou relevar a penalidade. Em verdade, a atividade jurisdicional administrativa de moderação, desde que devidamente fundamentada, também implica na manutenção da penalidade tributária aplicada pela autoridade lançadora, em detrimento da redução ou da relevação."

---

[16] "A Redução e a Relevação da Sanção no Direito Tributário pelo Regulamento do ICMS do Estado de São Paulo (Decreto nº 45.490/00)". 2016. Disponível em: https://tede2.pucsp.br/handle/handle/19699.

James Marins adverte que não há discricionariedade nos atos administrativo-fiscais de fiscalização, lançamento e de julgamento, pois são plenamente vinculados para a aplicação da lei e do Direito: Nenhum ato administrativo-fiscal, seja de formalização seja de julgamento, pode ser discricionário, pois, as atividades administrativo-fiscais de fiscalização, apuração, lançamento e julgamento são atividades administrativas plenamente vinculadas (artigo 3º do CTN) que devem atender às normas jurídicas de procedimento e processo com a finalidade de aplicar a lei e o Direito (artigo 2º, inciso I da LGPAF) na exata medida da inteireza constitucional e infraconstitucional do sistema jurídico que rege a relação jurídica tributária, e desse modo preserva a distribuição da justiça, sob o ponto de vista do Direito (sobre o princípio da justiça e o processo tributário, vide Título I, Capítulo 2, Subitem 5.f e Capítulo 4). [MARINS, James. *Direito Processual Tributário Brasileiro* (Administrativo e Judicial). 6. ed. São Paulo: Dialética, 2012, p. 152]

Nessa ordem de ideias, já decidiu o Tribunal de Justiça de São Paulo no sentido de que a redução ou relevação da multa não é mera liberalidade do julgador, mas um poder-dever.[17] *Verbis*: "Tem a Administração tributária o poder-dever, e não mera faculdade, de reduzir ou relevar a penalidade por descumprimento de obrigação acessória, nos termos do art. 527-A, do RICMS".

A mesma Corte também já definiu que o julgador deverá levar em conta os princípios da proporcionalidade e razoabilidade, ou mesmo da ordem jurídica justa, dando um caráter mais subjetivo para sua aplicação.[18] *Verbis*:

Assim, ainda que a disposição do decreto regulamentar seja voltada para as autoridades responsáveis pelo julgamento da infração na esfera administrativa, é possível a redução ou cancelamento da multa em consonância com os princípios da razoabilidade e da proporcionalidade, ou, ainda, com o princípio da ordem jurídica justa, que repele qualquer solução não razoável ou flagrantemente injusta.

Dessa forma, uma vez que o art. 527-A do Regulamento do ICMS do Estado de São Paulo estabelece pressupostos objetivos específicos, parece intuitivo que uma vez que estejam presentes no caso concreto, surgirá para o sujeito passivo o direito de se valer do benefício e, por

---

[17] Processo nº 020014-65.2011.8.26.0019, des. rel. Paulo Barcellos Gatti, 4ª Câmara de Direito Público, j. 1.9.2016. No mesmo sentido, o Processo nº 1006115-70.2014.8.26.0053, des. rel. Moreira de Carvalho, 9ª Câmara de Direito Público, j. 28.3.2015.
[18] Processo nº 0000013-63.2010.8.26.0126, des. rel. José Luiz Germano, 12ª Câmara de Direito Público, j. 10.5.2016.

contrapartida, haverá o dever do julgador de concedê-lo, apenas graduando a sanção tributária de acordo com as peculiaridades do caso concreto no que tange aos pressupostos subjetivos, que são exatamente os antecedentes e o porte econômico.

2.3 Cumulatividade dos requisitos

A definição quanto à presença cumulativa dos elementos elencados no art. 527-A do RICMS/SP constituir ou não condição essencial à sua aplicação se revela como aspecto ainda conturbado na jurisprudência do TIT.

Nesse ponto, há basicamente duas linhas de entendimento: a primeira delas sustenta que os requisitos previstos no *caput* do dispositivo (que a infração tenha sido praticada sem dolo, fraude ou simulação e não implique falta de pagamento do imposto) são elementos objetivos que, uma vez demonstrados, atraem a possibilidade da redução ou relevação das penalidades.

Já os requisitos indicados no §3º (porte econômico e antecedentes fiscais do contribuinte) consubstanciariam critérios relacionados apenas à dosimetria da redução da penalidade. Como exemplo desse posicionamento, consulte-se o seguinte trecho do voto de lavra do Juiz Juliano Di Pietro:[19]

> Estes são os requisitos que devem ser vencidos para aplicação do citado dispositivo legal, os quais não se confundem com os requisitos para dosimetria da redução, a qual pode até alcançar a relevação da pena. Eis o teor do artigo 527-A do RICMS:
> (...)
> Com efeito, sendo hipótese de cabimento da aplicação do artigo 527-A do RICMS/SP, a partir daqui entram em cena os antecedentes fiscais e o porte econômico da Recorrente.

De outra parte, a segunda linha de entendimento considera que não há distinção entre os requisitos do *caput* do art. 527-A e de seu parágrafo 3º, devendo todos se manifestarem cumulativamente para que se viabilize a redução ou relevação da multa. Como representante dessa modalidade de interpretação, consulte-se o voto proferido pela Juíza Maria Alice Formigoni Smolarsky:[20]

---

[19] AIIM nº 4.083.387-2, 6ª Câmara Julgadora, j. 24.09.2020, v.m. (voto de qualidade)
[20] AIIM nº 4.122.872-8, 1ª Câmara Julgadora, j. 20.10.2020, v.m. (voto de qualidade)

Quanto ao pedido de redução ou relevação da multa aplicada, conforme o artigo 92 da Lei 6.374/89 e o artigo 527-A do RICMS/2000, o seu atendimento depende do preenchimento cumulativo das seguintes condições: (i) que a infração não tenha implicado falta de pagamento do imposto; (ii) que a infração tenha sido cometida sem dolo, fraude nem simulação; e (iii) que a autuada tenha antecedentes fiscais favoráveis, a serem considerados juntamente com seu porte econômico.

A Câmara Superior também já teve a oportunidade de se manifestar sobre o tema favoravelmente à tese que separa os requisitos relacionados à concessão do benefício daqueles inerentes à dosimetria da pena, conforme exposto no voto proferido pelo Juiz José Orivaldo Peres Júnior:[21]

> Como é cediço, os antecedentes fiscais, assim como, o porte econômico, são critérios de dosimetria da penalidade tributária e não requisitos objetivos para aplicação do artigo 527-A do RICMS/00.
> O artigo 527-A do RICMS/00, como norma de estrutura que é, prevê requisitos objetivos, bem como, estabelece critérios para a redução ou relevação da multa fiscal. O órgão julgador administrativo, que recebeu competência para a atividade jurisdicional da dosimetria da penalidade tributária, deverá verificar se estão cumulativamente presentes os requisitos objetivos. Estando presentes tais requisitos, deverão ser sopesados os critérios ou requisitos subjetivos previstos na norma.
> Assim é que, considerando-se o porte econômico e os eventuais antecedentes fiscais do sujeito passivo, e ainda, as circunstâncias do caso concreto, vale dizer, conforme os elementos dos autos e as provas produzidas, o órgão julgador, de forma fundamentada, irá graduar a multa fiscal, reduzindo-a ou relevando-a, ou mesmo decidindo pela manutenção de sua integralidade.
> A legislação em vigor não impede a redução ou a relevação da multa fiscal, caso o contribuinte possua antecedentes fiscais. Se a norma não veda, impossível interpretar-se de forma diversa, até porque, a própria legislação paulista não define qual é o conceito e o alcance do instituto dos 'antecedentes fiscais'.

Conclusão

De todo exposto, conclui-se que a aplicação do artigo 527-A do RICMS/SP exige a mensuração de vários elementos sob a égide de critérios objetivos e subjetivos, que deverão ser dimensionados e valorados, caso a caso.

---

[21] AIIM nº 4.065.792-9, Câmara Superior, j. 08.02.2018, v.u.

Em um primeiro momento o julgador se pautará pela subsunção das circunstâncias do caso concreto aos requisitos objetivos previstos na norma. Ultrapassada essa etapa, a dosimetria adequada da pena será medida pelos requisitos subjetivos.

Todo o processo hermenêutico não prescindirá da aplicação das várias técnicas de interpretação e dos princípios gerais de direito e, mais especificamente, de Direito Tributário.

Esse arcabouço sistêmico oferece campo fértil para divergências e polêmicas numa corte administrativa de concepção paritária, fato ao qual se alia a circunstância de se tratar de matéria fática cuja natureza não comporta uniformização completa pela Câmara Superior, o que indica a persistência e eternização da pluralidade de entendimentos dentro do modelo atual de configuração do contencioso administrativo tributário bandeirante.

Informação bibliográfica deste texto, conforme a NBR 6023:2018 da Associação Brasileira de Normas Técnicas (ABNT):

SARTORI, Angela; LUCCA, Jandir J. Dalle. Considerações sobre a aplicação do art. 527-A do RICMS/SP através de uma análise jurisprudencial. In: PINTO, Alexandre Evaristo; TOMKOWSKI, Fábio Goulart; ALLEGRETTI, Ivan; BEVILACQUA, Lucas (coord.). *ICMS no Tribunal de Impostos e Taxas de São Paulo*. Belo Horizonte: Fórum, 2022. p. 75-92. ISBN 978-65-5518-319-1.

ARMAZÉM GERAL E O SETOR DE TRANSPORTES: CONTROVÉRSIAS JURÍDICAS À LUZ DA JURISPRUDÊNCIA DO TRIBUNAL DE IMPOSTOS E TAXAS DE SÃO PAULO

CAIO AUGUSTO TAKANO
RINALDO BRAGA

Introdução

Sob uma perspectiva econômica, o armazém geral é atividade essencial ao comércio de mercadorias e necessária dentro da estrutura logística de diversas empresas, que ao não disporem de estabelecimento *próprio* para guarda e conservação de seus produtos (depósito fechado), ou mesmo que busca redução de custos, contratam serviço de terceiro para essa finalidade.[1] Trata-se, pois, do estabelecimento explorado por empresário individual ou sociedade empresária que tem como objeto de sua atividade o recebimento, para guarda e conservação, de mercadorias ou coisas alheias, por um determinado período estipulado pelos proprietários desses bens,[2] razão pela qual sua atividade submete-se à incidência de Imposto sobre Serviços (ISS).

---

[1] Cf. NEGRÃO, Ricardo. *Manual de direito comercial e de empresa*. v. 2: Títulos de crédito e contratos empresariais. 3. ed. São Paulo: Saraiva, 2012, p. 195; TOMAZETTE, Marlon. *Curso de direito empresarial*. v. 2: Títulos de crédito. 8. ed. São Paulo: Atlas, p. 453.

[2] Cf. COELHO, Fábio Ulhôa. *Curso de direito comercial*. v. 3: Direito de empresa. 13. ed. São Paulo: Saraiva, 2012, p. 229.

Nada obstante, em razão da inserção do armazém geral dentro da cadeia comercial – e, assim, sua proximidade com o fato jurídico tributário de circulação de mercadoria –, são impostas ao armazém geral uma série de obrigações perante as Fazendas Estaduais, de tal sorte que é obrigatória a inscrição no Cadastro de Contribuintes do ICMS, conforme o artigo 19, §1º, item 1, do RICMS/SP.[3]

No âmbito normativo, a figura do armazém geral é regulada pelo Decreto nº 1.102, de 21 de novembro de 1903, que, com poucas alterações promovidas pela Lei Delegada nº 03, de 26 de setembro de 1962, dispõe sobre regras de instituição, fiscalização e funcionamento dessa atividade. No âmbito estadual, o RICMS/SP trata do tema nos artigos 6º a 20º do Anexo VII.

A pessoa jurídica que exerce atividade de armazém geral, além da função precípua de guarda e conservação, pode também ajudar na mobilização das mercadorias através da emissão de títulos especiais negociáveis de forma simples e ágil:[4] *(i)* o conhecimento de depósito; e o *(ii) warrant* (art. 15 do Decreto nº 1.102/03). O primeiro representa a mercadoria e circula livremente por endosso, transferindo, assim, a propriedade da mesma. O segundo tem função de título constitutivo de direito de penhor sobre a mercadoria que, embora emitido conjuntamente com o conhecimento de depósito, deste pode ser separado pela vontade do depositante.[5] Ressalta-se, ainda, que a emissão dos títulos é feita a pedido do depositante,[6] em adição ao simples recibo de depósito, onde é declarada a natureza, quantidade, número e marca da mercadoria, bem como o seu peso e medida, se for o caso, não lhe sendo reconhecida qualquer outra função.[7]

Sob a perspectiva tributária, destaca-se que pelo fato de a atividade de armazém geral não implicar a circulação – jurídica – de mercadoria, a remessa do depositante para o armazém está no âmbito de *não incidência* do ICMS, desde que os dois se encontrem no mesmo

---

[3] "Art. 19 (...) §1º – Inscrever-se-ão, também, no Cadastro de Contribuintes do ICMS, antes do início de suas atividades: 1 – a empresa de armazém-geral, de armazém frigorífico, de silo ou de outro armazém de depósito de mercadorias."
[4] Cf. TOMAZETTE, Marlon. *Curso de direito empresarial*. v. 2: Títulos de crédito. 8. ed. São Paulo: Atlas, p. 453
[5] Cf. REQUIÃO, Rubens. *Curso de direito comercial*. v. 2. 29. ed. São Paulo: Saraiva, 2012, p. 559.
[6] Cf. NEGRÃO, Ricardo. *Manual de direito comercial e de empresa*. v. 2: Títulos de crédito e contratos empresariais. 3. ed. São Paulo: Saraiva, 2012, p. 199.
[7] Cf. REQUIÃO, Rubens. *Curso de direito comercial*. v. 2. 29. ed. São Paulo: Saraiva, 2012, p. 558.

Estado, conforme esclarece o artigo 7º, incisos I e III, do RICMS/SP,[8] ou artigo 4º, incisos I e III, da Lei nº 6.374/89.[9] De outro lado, o artigo 11, inciso I, do RICMS/SP,[10] dispõe sobre os casos em que a legislação elege o depositário (armazém) como responsável tributário, *(i)* na saída de mercadoria depositada por contribuinte de outro Estado; *(ii)* na transmissão de propriedade de mercadoria depositada por contribuinte de outro Estado; e *(iii)* solidariamente, no recebimento ou na saída de mercadoria sem documentação fiscal. Portanto, conclui-se, de forma geral, que haverá incidência do imposto nas operações em que o depositante estiver em outro Estado da federação, ainda que haja apenas a remessa e o retorno para o depositante, com apuração de débitos e créditos.

Ademais, a Lei Complementar nº 87/1996 determina que na saída da mercadoria do armazém geral, desde que o depositante se encontre no mesmo Estado, considerar-se-á ocorrida no estabelecimento do depositante, salvo em caso de retorno da mercadoria do armazém para ele (§5º, art. 11); mas, caso o depositante esteja em outro Estado, considerar-se-á ocorrido o fato gerador do imposto no momento da transmissão a terceiro de mercadoria depositada, no Estado do transmitente (art. 12, III).

Feitas essas considerações iniciais, é possível vislumbrar que o armazém geral possui regulamentação relacionada diretamente com a não tributação das operações de que ele participa em alguma medida ou a sujeição passiva indireta. Nesse aspecto, surgem diversas questões relevantes na jurisprudência, principalmente nas "operações triangulares" (remessa para armazém geral em outro Estado, com posterior saída para terceiro) realizadas pelo depositário, que vão desde o creditamento a maior em razão da saída da mercadoria por um valor menor que o de entrada, até a falta de comprovação do retorno do armazém geral.

---

[8] "Artigo 7º – O imposto não incide sobre: I – a saída de mercadoria com destino a armazém geral situado neste Estado, para depósito em nome do remetente; (...) III – a saída de mercadoria de estabelecimento referido no inciso I ou II, em retorno ao estabelecimento depositante;"

[9] "Artigo 4º – O imposto não incide sobre: I – a saída de mercadoria com destino a armazém geral situado neste Estado, para depósito em nome do remetente; (...) III – a saída de mercadoria dos estabelecimentos referidos nos incisos I e II em retorno ao estabelecimento depositante;"

[10] "Artigo 11 – São responsáveis pelo pagamento do imposto devido: I – o armazém geral ou o depositário a qualquer título: a) na saída de mercadoria depositada por contribuinte de outro Estado; b) na transmissão de propriedade de mercadoria depositada por contribuinte de outro Estado; c) solidariamente, no recebimento ou na saída de mercadoria sem documentação fiscal;"

Questões também ligadas ao controle de estoque do armazém geral, que culminam em autuações através de levantamento fiscal (art. 509, RICMS/SP), são comuns na jurisprudência administrativa paulista. No entanto, todos esses temas têm por elemento comum o fato de que são matérias eminentemente probatórias, onde o Fisco impugna a aplicação da legislação pelo contribuinte ou responsável diante da ausência de prova dos fatos.

Outro tema que representa controvérsia jurídica relevante na jurisprudência administrativa diz respeito à aplicação do regime de armazém geral às empresas que em sua constituição não observam os requisitos exigidos na legislação para desempenhar essa atividade, e que, portanto, não incidiriam as regras próprias de tal regime em suas operações. Notadamente, as empresas que mais são alvo de autos de infração lavrados pelo Fisco estadual são as empresas de *transporte de cargas e logística*.

As infrações geralmente imputadas são pelo não pagamento do tributo e pela emissão de nota fiscal sem o devido destaque do imposto. Embora se reconheça que nesses casos haja forte análise probatória, tal como nos demais, a questão jurídica de fundo revela-se interessante, pois há que se saber se as formalidades exigidas pela legislação podem – ou devem – ser relevadas ou flexibilizadas diante da realidade fática – comprovada – de que a pessoa jurídica exerce substancialmente atividade de armazém geral. Em outras palavras, é dizer se deve prevalecer o formalismo da legislação ante a verdade fática e jurídica no bojo do processo administrativo tributário.

Cônscios do fato de serem inúmeras as polêmicas e perspectivas possíveis existentes em torno desse tema, o presente artigo se propõe a analisar a evolução jurisprudencial sobre o tratamento tributário conferido, no âmbito do ICMS, às operações mercantis envolvendo a figura do Armazém Geral, à luz da jurisprudência administrativa do Tribunal de Impostos e Taxas de São Paulo (TIT/SP), sobre os casos paradigmáticos julgados pelo referido tribunal administrativo que tratem especificamente da situação que envolve a atividade de empresas transportadoras de cargas e logística – quer seja como autuada (depositária) ou contratada pelo contribuinte autuado (depositante) –, que não cumpriam, à época das operações, os requisitos formais exigidos na legislação, mas que, por outro lado, comprovaram a prestação de serviço de armazém geral.

1 Argumentos fazendários

Segundo o Decreto nº 1.102/09, a pessoa jurídica, para exercer a atividade de armazém geral, deve preencher alguns requisitos formais que atualmente estão disciplinados pela Instrução Normativa DREI nº 72, de 19 de dezembro de 2019, que assim determina:

> Art. 1º As empresas de armazém geral, bem como as empresas ou companhias de docas que receberem em seu armazém mercadorias de importação e exportação, concessionários de entrepostos e trapiches alfandegados, que adquirirem aquela qualidade, deverão solicitar, mediante requerimento dirigido ao Presidente da Junta Comercial da unidade federativa onde se localizar a sua sede, a matrícula de seus administradores ou trapicheiros.
>
> §1º Em relação à empresa, deverão ser apresentados os seguintes documentos:
> I – declaração, firmada sob as penas da lei, contendo:
> a) nome empresarial, domicílio e capital;
> b) título do estabelecimento, a localização, a capacidade, a comodidade, a segurança e a descrição minuciosa dos equipamentos dos armazéns de conformidade com o tipo de armazenamento;
> c) natureza e discriminação das mercadorias a serem recebidas em depósito; e
> d) operações e os serviços a que se propõe;
> II – regulamento interno do armazém geral e da sala de vendas públicas;
> III – laudo técnico de vistoria firmado por profissional competente ou empresa especializada, aprovando as instalações do armazém geral; e
> IV – tarifa remuneratória de depósito de mercadoria e dos demais serviços.
> §2º O administrador de armazém geral ou trapicheiro deverá apresentar declaração, sob as penas da lei, de não ter sido condenado pelos crimes de falência culposa ou fraudulenta, estelionato, abuso de confiança, falsidade, roubo ou furto.

Além disso, o já citado artigo 19 do RICMS[11] exige também a inscrição da pessoa jurídica no Cadastro de Contribuintes do ICMS (CADESP).

De modo geral, situação comum é a lavratura de autos de infração contra as empresas de transporte de cargas e logística que não possuem as formalidades exigidas pela legislação para exercerem

---

[11] "Art. 19 (...) §1º – Inscrever-se-ão, também, no Cadastro de Contribuintes do ICMS, antes do início de suas atividades: 1 – a empresa de armazém-geral, de armazém frigorífico, de silo ou de outro armazém de depósito de mercadorias."

atividade de armazém geral propriamente dita, ou contra as empresas depositantes, que enviam as mercadorias para estabelecimentos que não observam tais requisitos, ou seja, não são considerados armazéns gerais pela fiscalização.

A Fazenda Estadual alega que a legislação é muito clara ao prescrever os requisitos formais, sem o quais não há possibilidade de reconhecer a não incidência prevista no artigo 7º, incisos I e III, do RICMS/SP. Ou seja, se há a saída de mercadoria – seja pelo depositante, na remessa para depósito, ou pela depositária, no retorno do depósito – há, então, a obrigatoriedade de recolhimento do ICMS.

2 Argumentos dos contribuintes

De outro lado, os contribuintes argumentam que, não obstante o não preenchimento dos requisitos formais que regulam a atividade de armazém geral, a empresa transportadora exerce *efetivamente* a atividade de guarda e armazenamento dos produtos, não de modo contingente e casuísta, mas de forma contínua e habitual. Ou seja, embora não inscrita na Junta Comercial e CADESP, à época das operações, houve de fato a prestação do serviço.

Em decorrência disso, os argumentos mais suscitados com vistas ao cancelamento das autuações fiscais são: *(i)* o excessivo apego às formalidades previstas na legislação, em detrimento da Verdade Material; e *(ii)* de que não há incidência do ICMS, pois não há fato jurídico tributário de circulação jurídica de mercadorias.

Importa frisar que, nesse ponto, não se ignora que a situação envolve argumentos relacionados às provas que são efetivamente juntadas aos autos para comprovar a prestação do serviço de armazém geral (*e.g.*, contratos de transporte e armazenagem), a remessa e o retorno das mercadorias (*e.g.*, notas fiscais, conhecimentos de transporte, etc.), entre outros. Por isso, os argumentos aqui descritos não entram no mérito se houve ou não a prova efetiva, mas apenas os elenca como representativos do universo de casos pesquisados, e que têm relevância jurídica.

Com relação ao primeiro argumento, a defesa é de que há um apego excessivo às formalidades de inscrição da atividade junto aos órgãos competentes, quando o importante, segundo o Princípio da Verdade Material,[12] seria a demonstração efetiva de que houve prestação de serviço de armazém geral.

---

[12] Cf. TAKANO, Caio; PITMAN, Arthur. Princípios do processo administrativo fiscal. In: LUCCA, Jandir Dalle; BERTASI, Maria Odete (coord.). *Princípios gerais de direito aplicados ao contencioso fiscal paulista*. 1. ed. São Paulo: Lex, 2019, p. 31-60 (41-47).

Com relação ao segundo argumento, que decorre logicamente do primeiro, defendem os contribuintes autuados que, uma vez que há somente a prestação de serviço de armazém geral, complementar ao serviço de transporte de cargas, não há transferência de propriedade entre o depositante e depositário, mas mera movimentação física, e que, portanto, não há incidência de tributação pelo ICMS, conforme previsto no art. 7º, incisos I e III, do RICMS/SP.

Vejamos como tem se manifestado a jurisprudência do TIT/SP sobre o tema.

3 Jurisprudência do TIT/SP

No *AIIM nº 4.111.617-3*,[13] o contribuinte paulista contratou empresa de transporte e logística para o armazenamento das suas mercadorias. Porém, à época dos fatos, a empresa depositária não havia ainda preenchido os requisitos formais (registro na Junta Comercial com a documentação necessária e apontamento no CADESP) previstos na legislação. Por essa razão, foi lavrado auto de infração pela falta de pagamento do imposto em razão da emissão de notas fiscais de saída – do depositante para o depositário – sem o destaque do imposto. Alegou o contribuinte, entre outros pontos, que não haveria circulação de mercadorias e a regularidade da operação.

Porém, não obstante o reconhecimento de que houve a celebração de contrato de depósito entre as empresas, cujo objeto era especificamente a guarda das mercadorias, entendeu o julgador pela procedência do auto de infração, sob o argumento de que a empresa depositária não cumpria os requisitos à época dos fatos, elemento inafastável para o reconhecimento da não incidência do imposto. Nesse sentido, entendeu haver "dois tipos de estabelecimentos": um denominado depósito simples; e outro denominado depósito qualificado como armazém geral.

No primeiro caso, haveria tão somente natureza cível de contrato de depósito, regulado pelos artigos 627 a 646 do Código Civil, sem efeitos na seara tributária, pois, independentemente de qualquer formalidade. No segundo caso, os requisitos permitiriam a "utilização do *benefício* da não incidência", podendo "receber e remeter mercadorias ao depositante sem a incidência do imposto".

---

[13] Tribunal de Impostos e Taxas. AIIM nº 4.111.617-3, Julgador Relator Walter Carvalho Mulato de Britto, Décima Primeira Câmara Julgadora, data de publicação: 11.03.2019.

Igualmente no *AIIM nº 3.127.575-8*,[14] a empresa de transporte e logística foi autuada pelo não pagamento do imposto em razão da emissão de notas fiscais de saída na devolução das mercadorias sem o destaque do imposto, sustentando haver a não incidência do tributo. Similar a outros casos, o Fisco sustentou que o contribuinte não possuía matrícula para exercer a atividade de armazém geral, na forma da legislação de regência (art. 1º do Decreto nº 1.102/1903).

De outro lado, o contribuinte destacou, como argumento central, que, embora não tenha a referida matrícula, sua atividade é de transporte e logística, constando no Contrato Social como atividade complementar o armazenamento de mercadorias. No entanto, a decisão da Julgadora Relatora foi no sentido de manter o auto de infração sob o fundamento objetivo de que a empresa não cumpria os requisitos à época dos fatos.[15]

Por outro lado, em sede de voto-vista,[16] embora tenha prevalecido o voto da relatora, o julgador levantou a hipótese de que os dispositivos que regulamentam a constituição de armazém geral retratam uma época em que a atividade mercantil possuía outra dinâmica e realidade, de tal sorte que a função precípua dos armazéns gerais à época (1903) não era apenas a guarda das mercadorias, mas sobretudo a constituição e circularização dos títulos de crédito (conhecimento de depósito e *warrant*).

Nesse sentido, com o advento da logística, a dinâmica dos negócios foi sensivelmente alterada, e, hoje, as empresas que desempenham atividade de transporte também se responsabilizam pela guarda e armazenamento das mercadorias, pelas mais diferentes razões (*e.g.*, incapacidade física do tomador desse serviço em ter as mercadorias em seu estoque, inviabilidade econômica de retorno físico da mercadoria ao depositante, dado o contexto geográfico de suas operações, etc.).

Assim é que, "o depósito (ou armazenagem) das mercadorias junto às empresas de logística não tem o propósito disciplinado pelo antigo Decreto nº 1.102/1903 – emissão de títulos de crédito, vendas públicas ou qualquer outra forma que venha a dar ensejo a circulação de mercadorias", mas o "intuito dos contratos desta natureza é o de viabilizar a guarda e a gerenciar do transporte das mercadorias do

---

[14] Tribunal de Impostos e Taxas. AIIM nº 3.127.575-8, Julgadora Relatora Eliane Pinheiro Lucas Ristow, Décima Primeira Câmara Julgadora, data de publicação: 26.03.2011.
[15] Em sentido igual: Tribunal de Impostos e Taxas. AIIM nº 3075455-0, Relator José Orivaldo Peres Júnior. Publicado em 17.04.2010;
[16] Tribunal de Impostos e Taxas. AIIM nº 3.127.575-8, Voto-vista Julgador Adolpho Bergamini, Décima Primeira Câmara Julgadora, data de publicação: 26.03.2011

tomador dos serviços e, assim, otimizar o seu negócio empresarial".

O julgador conclui o voto, então, no sentido de que "à prestação dos serviços de logística por empresas transportadoras, *não é essencial* que haja o respectivo registro na Junta Comercial", salientando que nesses casos *(i)* não há qualquer prejuízo à fiscalização na verificação de cumprimento de deveres instrumentais ou obrigações principais; e *(ii)* a necessidade de que a realidade do negócio jurídico seja evidenciada nos autos, em especial o contrato de logística contendo a previsão de que entre as obrigações contratuais da transportadora esteja a guarda, gerenciamento e logística.

No julgamento do *AIIM nº 4.005.687-9*,[17] a empresa foi autuada pelo não pagamento do tributo em razão da emissão de nota fiscal de saída de mercadorias sem o destaque do imposto, para estabelecimentos que não figuravam, à época dos fatos, como armazém geral perante os órgãos de registro estaduais. Novamente, a posição do Fisco foi de que as empresas de transporte e logística, contratadas pela autuada, não preenchiam os requisitos previstos na legislação para prestarem o serviço de armazém geral, razão pela qual inaplicável o disposto no art. 7º, inc. I, do RICMS. No caso concreto, restou incontroverso que os destinatários das mercadorias prestaram serviço de armazenamento, comprovado pelos contratos firmados entre as partes, cujo objeto específico era o armazenamento das mercadorias, assim como nos contratos sociais das empresas de transporte e logística – depositárias – constavam a atividade de armazenamento.

Contudo, entendeu a Relatora que "não se enquadra na definição jurídica de armazém geral o contribuinte que simplesmente possui no seu contrato social a menção de prestação de serviços de armazenagem", prevalecendo o argumento de que "é necessário o cumprimento das formalidades previstas na legislação própria, sobretudo o disposto no Decreto Federal nº 1.102/1903", não bastando, dessa forma, "que a empresa descreva em seu ato constitutivo a prestação de serviço de armazenagem como um de seus objetos".

De outro lado, também em sede de voto-vista,[18] que não prevaleceu no julgamento, o julgador entendeu pela improcedência da acusação fiscal, sob os argumentos de que (i) deve prevalecer o Princípio da Verdade Material, isto é, deve-se observar a realidade fática; e

---

[17] Tribunal de Impostos e Taxas. AIIM nº 4.005.687-9, Julgadora Relatora Suely Margonato Ribeiro Galerani, Sétima Câmara Julgadora, data de publicação: 23.02.2015.
[18] Tribunal de Impostos e Taxas. AIIM nº 4.005.687-9, Voto-vista Julgador Nilton Luiz Bartoli, Sétima Câmara Julgadora, data de publicação: 23.02.2015.

(ii) de que não houve circulação jurídica de mercadorias. Com relação ao primeiro argumento, chamou atenção para o fato de que os contratos sociais das empresas depositárias previam o serviço de armazenagem de mercadorias, e que a autoridade fiscal teria desconsiderado totalmente as operações *de fato* realizadas pelo contribuinte, arrematando que "em nome do princípio da verdade material, que rege o processo administrativo, há de se considerar que a operação levada a cabo pela Autuada em momento algum causou qualquer prejuízo ao erário".

Consequentemente, em relação ao segundo argumento, não haveria que se falar em fato gerador do ICMS, pois a operação "se resume na transferência de mercadoria para armazenamento (não havendo a transferência jurídica da posse em favor da Recorrente)", propugnando que, para haver a cobrança do imposto, "teria de ter ocorrido a transferência jurídica das mercadorias em tela, o que não houver em momento algum". Conclui, ao final, que: *(i)* "a imputação de que as empresas contratadas pela Recorrente deveriam estar devidamente inscritas como Armazém Geral é *mera formalidade* que não pode se sobrepor a realizada fática, qual seja, a atividade de armazenagem por elas prestadas sua essência"; e que *(ii)* "as operações em questões não poderiam ser tributadas, visto se tratar de mera circulação física das mercadorias e não jurídica, pois para ocorrência do fato gerador do ICMS é imprescindível à transferência de titularidade desta – circulação jurídica – o que não ocorre no caso em tela".

No mesmo sentido acima, no julgamento do *AIIM nº 4091044-1*,[19] ficou consignado que:

> 19. *Na esfera tributária*, especificamente para efeitos da ocorrência do fato gerador, da incidência ou não do ICMS [arts. 1º, I, 2º, I e 4º, I, da Lei n.º 6.374/89, e arts. 1º, I, 2º, I, e 7º, I, do RICMS/SP], "armazém geral" é o estabelecimento depositário que se subsome à definição do art. 1º, do Decreto n.º 1.102/1903, porém, *também o é aquele destinado para o depósito, a guarda e a conservação de mercadorias, no exercício dessas atividades, **ainda que sem a emissão de títulos especiais e sem o registro na Junta Comercial**.*
>
> 20. Devéras, *a ausência de registro na Junta Comercial ou a impossibilidade de emitir títulos especiais, não altera a circunstância de inexistir a circulação de mercadorias, e, portanto, não ocorrer o fato gerador do ICMS* [2]. (*g.n.*)

---

[19] Tribunal de Impostos e Taxas. AIIM nº 4.091.044-1, Julgador Relator André Milchteim, Décima Quarta Câmara Julgadora, data de publicação: 25.04.2019

No caso, a manutenção do auto de infração se deu por conta do resultado da análise das notas fiscais emitidas, que demonstraram que as mercadorias não haviam sido encaminhadas com fito de depósito, guarda e conservação, ou seja, não houve a prestação do serviço de armazém geral.

Na Câmara Superior do TIT/SP, no julgamento do *AIIM nº 4.038.630-2*,[20] prevaleceu também entendimento, segundo o voto do relator, de que "a mera ausência de registro na JUCESP não tem o condão de transformar em tributável o que em essência não tem essa vocação". No caso concreto, a empresa de transporte e logística foi autuada por emitir notas fiscais de devolução da mercadoria sem o destaque do imposto, alegando que teria havido mera prestação de serviço de armazenagem. Ademais disso, resta incontroverso nos autos, tal como apontado pelo relator, o fato de que a "autuada recebeu em depósito para guarda em suas instalações mercadorias" de terceiros, e que as mesmas foram, posteriormente, "devolvidas para o seu titular, exatamente a mesma pessoa que efetuou o depósito".

Assim, à controvérsia, se a "mera ausência de registro da empresa autuada na Junta Comercial do Estado de São Paulo – JUCESP teria o condão de fazer nascer a obrigação tributária", a resposta é negativa, pelo fato de não haver a materialidade do imposto, a saber, a circulação jurídica de mercadoria, mas apenas sua circulação física. Ademais disso, consta, em voto de preferência,[21] em argumento adicional ao do relator, de que no CADESP da empresa constava a atividade de armazém geral, ainda que não realizado o arquivamento na JUCESP.

No *AIIM nº 4.049.037-3*,[22] a Câmara Superior do TIT também entendeu pela procedência do recurso especial do contribuinte, aduzindo, em linhas gerais, que a falta de registro na JUCESP como armazém geral não seria suficiente para caracterizar a incidência do ICMS, conforme bem evidenciado nas razões do voto do julgador relator, *verbis*:

3. Assim, resta a este tribunal, sob pena de modificar a motivação da autuação, julgar unicamente se a inexistência da matrícula no registro de comércio é suficiente para descaracterizar as remessas para Armazém Geral.

---

[20] Tribunal de Impostos e Taxas. AIIM nº 4.038.630-2, Julgador Relator Carlos Américo Domeneghetti Badia, Câmara Superior, data de publicação: 05.06.2017

[21] Tribunal de Impostos e Taxas. AIIM nº 4.038.630-2, Voto de Preferência, Julgador Edison Aurélio Corazza, Câmara Superior, data de publicação: 05.06.2017.

[22] Tribunal de Impostos e Taxas. AIIM nº 4.049.037-3, Julgador Relator Edison Aurélio Corazza, Câmara Superior, data de publicação: 23.02.2018.

4. A condição de armazém geral se define em função da natureza das operações que realiza (prestar serviços de armazenamento ou depósito de mercadorias para terceiros mediante cobrança de um preço pela execução desse mister) e do objeto social da sociedade, e estes fatos não são questionados pela autoridade fiscal, presumindo-se, portanto, como verdadeiros.

4.1. Matrículas ou inscrições tem caráter meramente declaratório da natureza jurídica da sociedade, não sendo determinante para sua constituição. Repito, o que caracteriza a atividade da empresa são as operações que realiza, o que não foi contestado pela fiscalização no caso dos autos.

4.2 A mera falta de registro específico para o exercício da atividade de armazém geral não é fato imponível para tributação de operações que em essência não têm essa vocação. Quando muito constitui descumprimento de obrigação acessória a requerer penalidade pecuniária, mas não a escorar anseio de ICMS em conjunturas nas quais o próprio RICMS/00 (artigo 70, inciso I) prevê a não incidência do tributo.

4.3 – Não se pode exigir ICMS em operações nas quais não se apresenta **transmissão de titularidade** de mercadorias. (g.n.)

De modo contrário, no julgamento do *AIIM n° 4.055.306-1*,[23] a Câmara Superior deu provimento ao recurso especial da Fazenda, acolhendo a tese de que a ausência do registro na Junta Comercial não permite que a empresa preste o serviço de armazém geral, sendo inaplicável, portanto, a regra que prevê a não incidência do imposto nessa operação. Importante notar nessa decisão que o instituto da não incidência foi caracterizado como "norma isentiva", para aplicar o disposto no artigo 176 do CTN,[24] ou mesmo como "benefício" que, para ser usufruído pelo contribuinte, "pende de que as operações tenham sido realizadas por armazém geral e, armazém geral é espécie de estabelecimento cuja atividade fica obrigada à registro na JUCESP".

Em sentido idêntico, decidiu a Câmara Superior, no julgamento do *AIIM n° 4.020.249-5*,[25] pela necessidade de registro especial na JUCESP e no CADESP para o regular exercício da atividade de armazém geral, pontuando que "todos os requisitos da referida norma legal devem ser atendidos", pois o "legislador foi muito rigoroso para a concessão de autorização para a exploração dos serviços de Armazém

---

[23] Tribunal de Impostos e Taxas. AIIM n° 4.055.306-1, Julgador Relator Augusto Toscano, Câmara Superior, data de publicação: 01.02.2017.
[24] Art. 176. A isenção, ainda quando prevista em contrato, é sempre decorrente de lei que especifique as condições e requisitos exigidos para a sua concessão, os tributos a que se aplica e, sendo caso, o prazo de sua duração.
[25] Tribunal de Impostos e Taxas. AIIM n° 4.020.249-5, Julgador Relator José Orivaldo Peres Júnior, Câmara Superior, data de publicação: 07.01.2019.

Geral, dada a grande responsabilidade do estabelecimento em relação a terceiros e em relação ao fisco". Arrematando, ao final, que tais exigências têm a finalidade de "dar segurança jurídica, não só ao fisco, dadas as peculiaridades das atividades", mas também "aos depositantes que usufruem dos serviços", e ainda "para a própria empresa que explora essas atividades".

Alguns comentários acerca da posição jurisprudencial são necessários. Verifica-se, a partir da análise da jurisprudência administrativa do TIT/SP, que há uma prevalência do argumento de que o registro especial na Junta Comercial e CADESP é absolutamente necessário para que o contribuinte seja reconhecido como prestador do serviço de armazém geral, pois não é possível de outro modo aplicar a regra do artigo 7º, inciso I, do RICMS/SP, que prevê a não incidência. Esse argumento poderia ser reformulado a partir de sua premissa inafastável de que a não incidência do imposto se trata de "benefício" concedido ao contribuinte, de tal maneira que uma vez não observados os requisitos formais, não há como fruir de tal benesse. A exposição dessa premissa fica evidente nas decisões sobre os *AIIMs nºs 4.111.617-3*[26] e *4.055.306-1*,[27] ainda que também esteja presente de forma indireta nas demais decisões.

Utilizando o primeiro como caso central, temos que o julgador sustentou haver duas espécies de contrato de depósito: o *simples*, que não teria qualquer efeito tributário e seria apenas natureza cível; e o *qualificado*, que seria quando o contribuinte preenchesse os requisitos formais do Decreto nº 1.102/1903, sendo assim considerado armazém geral. Em outras palavras, essa classificação tem por consequência dizer que no contrato de depósito simples haverá incidência do imposto; e no contrato de depósito qualificado não haverá, pois cumpre os requisitos formais que permitem o reconhecimento da não incidência.

Nada obstante, parece-nos mais acertado assumir a prescindibilidade do preenchimento dos requisitos formais para reconhecimento da não incidência do tributo, sobretudo no caso de empresas que prestam serviço de transporte e logística. Nesse sentido, convêm antes algumas notas singelas sobre a materialidade do ICMS e a (não) incidência tributária.

---

[26] Tribunal de Impostos e Taxas. AIIM nº 4.111.617-3, Julgador Relator Walter Carvalho Mulato de Britto, Décima Primeira Câmara Julgadora, data de publicação: 11.03.2019.
[27] Tribunal de Impostos e Taxas. AIIM nº 4.055.306-1, Julgador Relator Augusto Toscano, Câmara Superior, data de publicação: 01.02.2017.

Prescreve o art. 155, inciso II, da Constituição da Federal, que "compete aos Estados e ao Distrito Federal instituir o imposto sobre [...] *operações relativas à circulação de mercadorias*". A literatura sobre o significado e a amplitude dessa expressão (operações relativas à circulação de mercadorias) é bastante significativa no Brasil,[28] havendo convergência no sentido de que apenas abrangeriam negócios jurídicos realizados entre partes distintas e que impliquem a transferência de titularidade de mercadorias (e não quaisquer bens)[29]. Os contornos constitucionais de maior importância para o ICMS orbitam, pois, em torno desses três elementos essenciais: "operações", "circulação" e "mercadorias".[30]

Por isso, embora versando sobre o antigo ICM, mas absolutamente aplicável ao ICMS,[31] Geraldo Ataliba e Cléber Giardino ensinam que "operações" representam atos jurídicos, ou seja, atos regulados pelo direito que possuem natureza negocial e produzem efeitos jurídicos.[32] E ainda, tendo em conta que tais termos exprimem conceitos interligados, complementares e necessários, e que não podem ser interpretados separadamente,[33] tem-se que o termo "circulação" é que corrobora o

---

[28] Sobre o assunto, Cf. ATALIBA, Geraldo. ICMS na Constituição. *Revista de Direito Tributário*, São Paulo, Revista dos Tribunais, n. 57, p. 90-104, 1991; COSTA, Alcides Jorge. *ICM na Constituição e na lei complementar*. São Paulo: Resenha tributária, 1979, p. 79-101; CARRAZZA, Roque Antonio. *ICMS*. 13. ed. São Paulo: Malheiros, 2009, p. 42-57; MELO, José Eduardo Soares de. *ICMS: teoria e* prática. 11. ed. São Paulo: 2009, p. 11-23; DERZI, Misabel Abreu Machado. Aspectos essenciais do ICMS como imposto de mercado. *In*: SCHOUERI, Luís Eduardo; ZILVETI, Fernando Aurélio (coord.). *Direito Tributário*: estudos em homenagem a Brandão Machado. São Paulo: Dialética, 1998, p. 116-142; BRITO, Edvaldo. Natureza mercantil do ICMS. *In*: ROCHA, Valdir de Oliveira (coord.). *O ICMS e a LC 87/96*. São Paulo: Dialética, 1997, p. 33-50; CARVALHO, Paulo de Barros. *Direito tributário*: linguagem e método. 3. ed. São Paulo: Noeses, 2009, p. 726-755; entre outros.

[29] Por todos, Cf. ATALIBA, Geraldo. ICMS na Constituição. *Revista de Direito Tributário*, São Paulo, Revista dos Tribunais, n. 57, p. 98-99, 1991.

[30] Por todos, cf. CARVALHO, Paulo de Barro. *Direito tributário*: linguagem e método. 3. ed. São Paulo: Noeses, 2009, p. 729-730.

[31] A materialidade relativa às "operações de circulação de mercadoria" também compõe o atual ICMS, assim como já estava presente no ICM desde a EC nº 18/1965. Como pontua Luís Eduardo Schoueri, a Constituição de 1988 não criou essa expressão – materialidade –, mas apenas a aglutinou com outros impostos, de competência federal, como as "prestações de serviço de transporte interestadual e intermunicipal e de comunicação". Cf. SCHOUERI, L. E.; GALDINO, G. Internet das coisas à luz do ICMS e do ISS: entre mercadoria, prestação de serviço de comunicação e serviço de valor adicionado. *In*: *Tributação da economia digital:* desafios no Brasil, experiência internacional e novas perspectivas. São Paulo: Saraiva, 2018, p. 245-268 (250).

[32] Cf. ATALIBA, Geraldo; GIARDINO, Cléber. Núcleo da definição constitucional do ICM: operações, circulação e saída. *Revista de Direito Tributário*, São Paulo, RT, ano 7, v. 25/26, p. 104, 1983.

[33] Cf. DERZI, Misabel Abreu Machado. Nota de atualização. *In*: BALEEIRO, Aliomar. *Direito tributário brasileiro*. 11. ed. Rio de Janeiro: Forense, 2008, p. 377.

sentido de que deve haver *mudança de titularidade*,[34] e "mercadoria" como o bem móvel, corpóreo ou incorpóreo,[35] objeto de mercancia (*i.e.*, objeto da "operação de circulação").

Assim, em face do minudente tratamento conferido pela Constituição Federal de 1988 ao ICMS, gizou-se com mais acurácia o âmbito de competência tributária em que atua o legislador infraconstitucional para delimitar o campo de incidência tributária. Para além dessa delimitação, temos o chamado campo da *não incidência tributária*, ou seja, as situações que, a princípio, estavam dentro da competência tributária, mas que o legislador infraconstitucional optou por não contemplar na hipótese de incidência. E ainda, como esclarece Luís Eduardo Schoueri, os casos de *imunidade* e *não competência*, que delimitam a própria competência tributária, são hipóteses de não incidência em sentido mais amplo.[36]

Assim, esquematicamente temos:

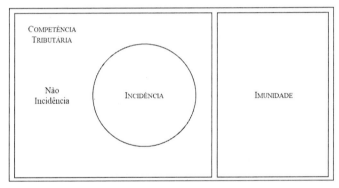

Em síntese, o âmbito de competência tributária para instituição do ICMS, balizado pela Constituição Federal de 1988, consiste em negócios jurídicos que impliquem a transferência de titularidade de

---

[34] Cf. ATALIBA, Geraldo; GIARDINO, Cléber. Núcleo da definição constitucional do ICM: operações, circulação e saída. *Revista de Direito Tributário*, São Paulo, RT, ano 7, v. 25/26, p. 111
[35] Cf. SCHOUERI, L. E.; GALDINO, G. Internet das Coisas à luz do ICMS e do ISS: entre mercadoria, prestação de serviço de comunicação e serviço de valor adicionado. *In*: *Tributação da economia digital*: desafios no Brasil, experiência internacional e novas perspectivas. São Paulo: Saraiva, 2018, p. 245-268 (251); BARRETO, Simone Rodrigues Costa. *Mutação do conceito constitucional de mercadoria*. São Paulo: Noeses, 2015, p. 166; PITMAN, Arthur. Tributação sobre o consumo e novas tecnologias: o curioso caso da "internet das coisas". *In*: BARRETO, Paulo Ayres (coord.). *Estudos tributários sobre a economia digital*. 1. ed. São Paulo: Noeses, 2021, p. 93-124 (110-111).
[36] Cf. SCHOUERI, Luís Eduardo. *Direito Tributário*. 7. ed. São Paulo: Saraiva, 2017, p. 251.

mercadorias, dentro de um ciclo econômico, entre partes distintas. Fora desse âmbito não há competência tributária, logo, não há poder de tributar.

De outro lado, é certo que pode o Fisco, com supedâneo no art. 113, §2º, do Código Tributário Nacional,[37] instituir deveres instrumentais no "interesse da arrecadação ou da fiscalização" para assegurar o cumprimento da obrigação tributária principal, e – eis o ponto – para atestar a inexistência do tributo nos casos de imunidade, isenção e não incidência.[38] Portanto, não há óbice, *a priori*, à imposição, pelo legislador, de deveres instrumentais ao contribuinte, que permitam verificar se houve ou não o fato jurídico tributário, desde que essa imposição de fazer ou não fazer tenha um caráter finalístico, isto é, que se sujeite a uma relação meio/fim para aferição de sua consistência jurídica ou justificação.[39]

No caso, questão que ainda merece análise diz respeito ao fundamento jurídico que justifica o dever instrumental previsto no art. 1º do Decreto nº 1.102/1903, bem como em que medida ele mantém relação com a materialidade do ICMS.

Conta-nos Rubens Requião[40] que a redação do Decreto nº 1.102/1903 deve-se ao eminente tratadista pernambucano José Xavier Carvalho de Mendonça, que, por sua vez, nos ensina que os armazéns gerais têm duplo objetivo: *(i)* "guardam e conservam as mercadorias e produtos depositados, qualquer que seja a proveniência ou o destino"; e *(ii)* "mobilizam essas mercadorias, emitindo títulos especiais que as representam, negociáveis e fàcilmente transferíveis por endosso". Com relação à segunda função, pontua ainda o autor, em comparação à primeira função, que "nada significa à vista do outro objetivo dos armazéns gerais, tendente ao desenvolvimento do crédito". E arremata: "É êle que sobretudo justifica a instituição dêsses armazéns".[41]

---

[37] "Art. 113. (...) §2º A obrigação acessória decorre da legislação tributária e tem por objeto as prestações, positivas ou negativas, nela previstas no interesse da arrecadação ou da fiscalização dos tributos."

[38] Cf. TAKANO, Caio Augusto. *Deveres instrumentais dos contribuintes: fundamentos e limites*. São Paulo: Quartier Latin, 2017, p. 181.

[39] Cf. FERRAZ JÚNIOR, Tércio Sampaio. Obrigação tributária acessória e limites de imposição: razoabilidade e neutralidade concorrencial do Estado. In: TÔRRES, Heleno Taveira (coord.). *Teoria geral da obrigação tributária:* estudos em homenagem ao professor José Souto Maior Borges. São Paulo: Malheiros, 2005, p. 268.

[40] Cf. REQUIÃO, Rubens. *Curso de direito comercial*. v. 2. 29. ed. São Paulo: Saraiva, 2012, p. 559.

[41] Cf. MENDONÇA, J. X. Carvalho de. *Tratado de direito comercial brasileiro*. v. 5. Livro III. Parte. II. Do dinheiro e dos títulos de crédito e especialmente dos negociáveis no comércio (letra de câmbio, nota promissória, cheque bilhete de mercadorias e conhecimento de depósito e warrant). 6. ed. Rio de Janeiro: Livraria Freitas e Bastos, 1960, p. 563-565.

Como antes mencionado, os armazéns gerais têm a faculdade de emitir dois títulos de crédito: o conhecimento de depósito e o *warrant*. Sobre essa possibilidade e a sua relação com o Decreto nº 1.102/1903, Carvalho de Mendonça explica:

> Ainda outra apreciabilíssima vantagem dos armazéns gerais é a emissão dos dois mencionados títulos sôbre mercadorias ou gêneros sujeitos ao regime aduaneiro e fiscal. *Bem se compreende que essa especial concessão não é dada a tôdas as emprêsas de caráter privado*. A Lei n. 1.102, de 1903, além de ter reservado ao Govêrno a faculdade de permitir a emissão às alfândegas, admite que as emprêsas ou companhias de docas e os concessionários de entrepostos e trapiches alfandegados entreguem aquêles títulos conservando as mercadorias nos seus depósitos sem lhes alterar a condição aduaneira e fiscal (arts. 2º e 4º).

Com efeito, o contexto histórico em que se insere o diploma normativo evidencia sua finalidade precípua de fomentar e regular a emissão de títulos de crédito, absolutamente necessários à dinâmica econômica da época. Com isso não afirmamos que o diploma não tenha relevância à área fiscal, já que, por exemplo, há possibilidade de os armazéns gerais praticarem efetivamente operações de mercancia. Todavia, busca-se demonstrar que a intensidade da relação entre a imposição de determinados requisitos formais para a atividade de armazém geral – deveres instrumentais, nesse caso – está mais fortemente relacionada ao caráter *regulatório das entidades emissoras de títulos de crédito*, do que com relação à materialidade do ICMS.

Mais ainda, nos casos em que há contrato para prestação de serviço de transporte de mercadorias, contrato típico regulado pelo Código Civil de 2002 nos artigos 743 a 756, há determinação para que se apliquem as regras do contrato de depósito (artigos 627 a 646, CC) quando as mercadorias estiverem sendo transportadas ou caso depositadas nos armazéns do transportador (art. 751, CC[42]). Não por outra razão afirma Sílvio de Salvo Venosa que há "muitos pontos de contato entre o depósito e o contrato de transporte", e ainda acentua que "a responsabilidade do transportador se aproxima muito da do depositário".[43]

---

[42] "*Art. 751*. A coisa, depositada ou guardada nos armazéns do transportador, em virtude de contrato de transporte, rege-se, no que couber, pelas disposições relativas a depósito."
[43] Cf. VENOSA, Sílvio de Salvo. *Direito civil*: contratos. v. 3. 17. ed. São Paulo: Atlas, 2017, p. 390. Em igual sentido, PEREIRA, Caio Mário da Silva. *Instituições de Direito Civil*: contratos. v. 03. rev. e atual. Caitlin Mulholland. 22. ed. Rio de Janeiro: Forense, 2018, p. 360.

É importante salientar que já há nos contratos de transporte estipulação geral e abstrata determinando a discriminação exata das mercadorias que são objeto do contrato (art. 743, CC[44]). Ademais, para fins específicos da fiscalização no âmbito dos governos estaduais há outros deveres instrumentais obrigatórios que dão conta de comprovar todos os aspectos que envolvem a prestação de serviço de transporte, por exemplo, o Conhecimento de Transporte Eletrônico (CT-e), instituído pelo Ajuste SINIEF nº 09/2007, que faz referência à documentação fiscal relacionada à mercadoria transportada, indicando também remetente e destinatário. Isso não exclui também sejam emitidos outros documentos que são de praxe, como, por exemplo, romaneios de transporte de carga. Ou seja, há documentos suficientes para que se verifique a ausência de circulação jurídica de mercadoria entre o remetente e a transportadora.

Nesse sentido, há que se interpretar cuidadosamente a legislação que prevê requisitos formais para os armazéns gerais, principalmente nos casos de transportadoras de carga, que além de já observarem uma série de deveres instrumentais absolutamente aptos a demonstrar a inocorrência da materialidade do ICMS, não têm, em geral, a finalidade de emitir os títulos de crédito típicos dos armazéns gerais. Apenas nesse último caso entendemos ser necessárias e inafastáveis as exigências do Decreto nº 1.102/1903.

Essa interpretação é sustentada tanto pelo argumento histórico, que remonta à época em que foi expedido o diploma normativo (1903), quando sequer eram imagináveis os recursos tecnológicos que hoje dispomos, nem a plêiade de deveres instrumentais impostos aos contribuintes, quanto pelo argumento normativo, isto é, a subsidiariedade do contrato de depósito em relação ao contrato de transporte.

Ressalta-se, por fim, que essa interpretação deverá ser confirmada na aplicação ao caso concreto a partir da análise probatória, na qual deverá o contribuinte demonstrar que à movimentação física da mercadoria subjaz apenas prestação de serviço de transporte e armazenamento. Assim é que, pontuamos, apenas exemplificativamente, alguns dos aspectos relevantes para análise de casos dessa natureza: (i) haver contrato de transporte firmado entre as partes, com previsão de depósito em armazém do transportador, se possível; (ii) ausência de emissão de títulos de crédito próprios dos armazéns gerais;

---

[44] "*Art. 743*. A coisa, entregue ao transportador, deve estar caracterizada pela sua *natureza, valor, peso e quantidade, e o mais que for necessário para que não se confunda com outras*, devendo o destinatário ser indicado ao menos pelo nome e endereço."

(iii) observação dos deveres instrumentais relacionados – por exemplo, emissão de CT-e; (iv) outros documentos auxiliares que especifiquem as características das mercadorias transportadas; (v) ter a transportadora CNAE secundário de depósito de mercadorias.[45]

Conclusão

Inúmeros são os casos na jurisprudência administrativa do Tribunal de Impostos e Taxas de São Paulo que versam sobre o adequado tratamento tributário para operações mercantis envolvendo a figura do Armazém Geral. Especial atenção ganha os casos que envolvem especificamente a atividade de empresas transportadoras de cargas e logística – quer seja como autuada (depositária) ou contratada pelo contribuinte autuado (depositante) –, que não cumpriam, à época das operações, os requisitos formais exigidos na legislação, mas que, por outro lado, comprovaram a prestação de serviço de armazém geral.

No âmbito da jurisprudência do TIT/SP, há uma prevalência do argumento de que o registro especial na Junta Comercial e CADESP é absolutamente necessário para que o contribuinte seja reconhecido como prestador do serviço de armazém geral, pois não é possível de outro modo aplicar a regra do artigo 7º, inciso I, do RICMS/SP, que prevê a não incidência. Esse argumento poderia ser reformulado a partir da sua premissa inafastável de que a não incidência do imposto se trata de "benefício" concedido ao contribuinte, de tal maneira que uma vez não observados os requisitos formais, não há como fruir de tal benesse.

Nada obstante, parece-nos mais acertado assumir a prescindibilidade do preenchimento dos requisitos formais para reconhecimento da não incidência do tributo, sobretudo no caso de empresas que prestam serviço de transporte e logística. A intensidade da relação entre a imposição de determinados requisitos formais para a atividade de armazém geral – deveres instrumentais, nesse caso – está mais fortemente relacionada ao caráter *regulatório das entidades emissoras de títulos de crédito* do que com relação à materialidade do ICMS. Nesse sentido, há que se interpretar cuidadosamente a legislação, que prevê requisitos formais para os armazéns gerais, principalmente nos casos de transportadoras de carga, que além de já observarem uma série de deveres instrumentais

---

[45] CNAE 5211-7/99 – Depósitos de mercadorias para terceiros, exceto armazéns gerais e guarda-móveis.

absolutamente aptos a demonstrar a inocorrência da materialidade do ICMS, não têm, em geral, a finalidade de emitir os títulos de crédito típicos dos armazéns gerais. Apenas nesse último caso entendemos ser necessárias e inafastáveis as exigências do Decreto nº 1.102/1903.

Informação bibliográfica deste texto, conforme a NBR 6023:2018 da Associação Brasileira de Normas Técnicas (ABNT):

TAKANO, Caio Augusto; BRAGA, Rinaldo. Armazém geral e o setor de transportes: controvérsias jurídicas à luz da jurisprudência do Tribunal de Impostos e Taxas de São Paulo. *In*: PINTO, Alexandre Evaristo; TOMKOWSKI, Fábio Goulart; ALLEGRETTI, Ivan; BEVILACQUA, Lucas (coord.). *ICMS no Tribunal de Impostos e Taxas de São Paulo*. Belo Horizonte: Fórum, 2022. p. 93-112. ISBN 978-65-5518-319-1.

A GUERRA FISCAL DO ICMS

CARLOS OTÁVIO FERREIRA DE ALMEIDA

1 Um imposto sobre valor agregado (IVA) frente à guerra fiscal

1.1 Caracteres gerais da guerra fiscal

Fenômeno tormentoso há cerca de três décadas, a guerra fiscal de ICMS se traduz por um conjunto de práticas utilizadas pelos estados da federação brasileira na busca por satisfazer interesses próprios, ainda que eventualmente legítimos, em detrimento do contexto nacional.

Essencialmente complexa, com causas e consequências transcendentes ao Direito Tributário, a guerra fiscal resulta da concessão de incentivos fiscais de modo unilateral, em afronta à Constituição Federal, que expressa a insuficiência da lei específica prevista em seu art. 150, §6º, quando tais incentivos disserem respeito ao ICMS, *verbis*:

> Art. 155. Compete aos Estados e ao Distrito Federal instituir impostos sobre:
> (...)
> II – operações relativas à circulação de mercadorias e sobre prestações de serviços de transporte interestadual e intermunicipal e de comunicação, ainda que as operações e as prestações se iniciem no exterior; (...)
>
> §2º O imposto previsto no inciso II atenderá ao seguinte:
> XII – cabe *à lei complementar*: (...)

g) *regular a forma como*, mediante *deliberação dos Estados e do Distrito Federal*, isenções, *incentivos e benefícios fiscais serão concedidos e revogados.* (g.n.)

Com efeito, incentivos em matéria de ICMS exigem prévia aprovação pelo Conselho Nacional de Política Fazendária (CONFAZ), mediante lei complementar. Na prática, a Lei Complementar nº 24/75, acautelando-se contra potenciais conflitos, previu a necessidade de tais aprovações decorrerem de convênios celebrados pelos próprios Estados, por unanimidade, nos seguintes termos:

Art. 2º. (...)
§2º – A concessão de benefícios dependerá sempre de decisão unânime dos Estados representados; a sua revogação total ou parcial dependerá de aprovação de quatro quintos, pelo menos, dos representantes presentes.

Todavia, não obstante o ordenamento vigente, Estados têm ofertado benefícios fiscais unilateralmente em busca de atrair novos investimentos. A renúncia fiscal praticada por um estado, no bojo de uma federação, não circunscreve seus efeitos à jurisdição, mas atinge o coirmão federado, destinatário das mercadorias ou serviços.

Quando um estado atrai determinada empresa para seu território, por causa de concessões ilegais de benefícios fiscais, gera ineficiências por desvirtuar o conceito de decisão locacional. *Prima facie*, quando uma empresa se decide por determinado local, considera vários fatores econômicos imprescindíveis para torná-la competitiva, que se podem dividir em fatores específicos *espaciais* (atributos de cada mercado) e fatores específicos da *propriedade* (tamanho da empresa, vantagem tecnológica, economia de escala, capacidade gerencial, acesso a insumos e mercado de capitais).

Ao priorizar o subfator da tributação em detrimento dos demais atributos do mercado, o investidor decide com base nas benesses fiscais que poderão reduzir seu custo individual, mas aumentar o custo geral da produção brasileira. Afinal, eventual trânsito de mercadorias e matérias-primas por um país de dimensões continentais, como o Brasil, tanto para a fabricação como para o escoamento da produção, poderá elevar o custo produtivo, distorcendo preços e onerando a produção nacional.

A menor carga tributária também não reduz o custo produtivo, mas apenas o custo individual da empresa, já que parte da renúncia é utilizada para financiar a localização ineficiente do investimento, enquanto outra parte é repassada ao preço, dando ares de deslealdade à concorrência que se espraia por toda a federação.

Fato é que após tantos anos de discussões acadêmicas, administrativas e judiciais não se estabeleceu um consenso entre Fisco e contribuinte. A razão para esse perene litígio talvez seja ínsita ao modelo de ICMS escolhido pelo legislador brasileiro, que se pretende um imposto sobre valor agregado.

1.2 O que esperar de um IVA

Na teoria geral do IVA, reconhecida internacionalmente, a despeito do próprio nome, esse imposto tem sido utilizado com o fim de gravar unicamente o consumo.

Logo, deve-se entender por IVA-Consumo o tributo incidente em cada etapa do processo produtivo, mas somente sobre o que se acresceu ao preço naquela determinada etapa.

Características marcantes do bom funcionamento do IVA-Consumo são: (i) eliminação da tributação sobre as entradas, fazendo com que, em cada etapa, incida apenas o imposto líquido resultante da diferença entre vendas e compras; (ii) não interrupção da cadeia do IVA; e (iii) adoção do princípio de destino, em que bens e serviços são tributados na jurisdição em que são consumidos.

Para cálculo do IVA, o vendedor repassa ao adquirente da mercadoria ou do serviço um documento fiscal contendo o *imposto pago na operação/prestação* que corresponderá ao crédito do imposto a ser utilizado para deduzir o imposto incidente sobre as futuras vendas do adquirente, o que deve ocorrer em toda a cadeia, de forma que cada negociante recolha apenas sobre o que agregou ao preço.

O destaque do imposto no documento fiscal é a característica marcante do *método do crédito na fatura*, adotado pelo Brasil e pela imensa maioria dos países que rodam o IVA. Uma das vantagens desse método para o cálculo do imposto é justamente desencorajar fraudes nas transações intermediárias, já que vincula o crédito do comprador ao IVA efetivamente pago pelo vendedor.

Ora, a grande preocupação mundial é com distorções econômicas que possam fazer incidir o IVA sobre algo além do consumo. Isso decorreria da vedação aos créditos dos adquirentes, como sói ocorrer na legislação de cada país. Tem-se assim, por exemplo, vedação ao crédito de aquisições de bens de capital, investimentos ou restrição a *inputs* utilizados, efetivamente, no processo produtivo.

O desejável, no entanto, para a efetividade de um imposto sobre consumo, é a ampla restituição em cada etapa para evitar que o tributo alcance fatia dos preços de venda e compra dos produtores.

1.3 Características ínsitas ao ICMS

No Brasil, o modelo do ICMS se afasta por diversas razões de um desejável IVA-Consumo, que tem se demonstrado um tributo moderno, atraente do ponto de vista jurídico e social, contudo de eficácia comprovada enquanto de competência federal, i.e., sob controle de órgão nacional, jamais subnacional.

Deveras, o Brasil é o único país do mundo a utilizar um IVA estadual, fragmentado por várias legislações infranacionais e não por outra razão alimenta discussões não apenas sobre indesejáveis restrições ao crédito dos adquirentes em operações interestaduais, mas sobre uma incidência menor do que o valor praticado no consumo após a conclusão da cadeia. Esse fato ocorre quando o destaque do crédito no documento fiscal é superior ao valor cobrado e arrecadado pelo Estado de origem e o adquirente, domiciliado em outro Estado, pretende crer legítimo o crédito então destacado, mas não efetivamente incidente sobre a operação interestadual.

Ora, aqui está o cerne do mau funcionamento de um pretenso IVA de competência subnacional numa estrutura federativa. Forçoso reconhecer que em determinada operação interestadual o imposto recebido pelo Estado A repercutirá no contribuinte adquirente, o qual se encontra no Estado B, portanto fora da jurisdição A. Ao Estado B cumpre *devolver, sob a forma de crédito, o imposto pago por seu contribuinte ao Estado A*.

Em outras palavras, *o Estado B, que é o destinatário da mercadoria, deverá custear o crédito a que faz jus o contribuinte adquirente*, enquanto o contribuinte remetente recolhe, aos cofres do Estado A, o valor do imposto pago na operação.

O que une esses dois contribuintes é a alíquota interestadual do ICMS.

Sob prisma econômico, assim como pela teoria geral do IVA alhures sintetizada, insista-se, espera-se do imposto que grave o consumo. Assim, eventuais ônus no meio da cadeia são distorcivos, bem como a redução da tributação por – razão bem brasileira – concessão de incentivos pelo Estado adquirente sem a concordância dos destinatários.

Logo, não há falar em excessiva imposição e nem tampouco em redução ou supressão do imposto devido ao Estado em que se localiza o vendedor com a respectiva manutenção do crédito integral ao adquirente domiciliado em outro estado, por pelo menos duas razões básicas: (i) o IVA é um imposto sobre consumo e deve refletir, ao final da cadeia, o *quantum* devido pelo valor do consumo ao longo de toda a cadeia para não distorcer a produção; e (ii) objetiva evitar ineficiência econômica ao rejeitar o *efeito cascata*, em que o imposto incide sobre o imposto, resultando em estímulo à integração vertical das empresas com o fito de evitar etapas intermediárias e a respectiva tributação.

Assim, temos as seguintes situações hipotéticas indesejáveis economicamente:

1ª situação: Distorção econômica por restrição a créditos – imposição a maior

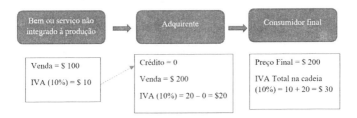

Nesse exemplo, não se consagrou o IVA-Consumo, uma vez que o legislador optou por vedar créditos de bens e serviços não utilizados pelo setor produtivo. Ao final, o IVA gravou a cadeia em R$30,00, quando a alíquota de 10% deveria ter onerado o consumo em R$20,00 (200 x 10% = 20,00). As restrições ao crédito impedem que o imposto cobrado nas transações intermediárias seja totalmente restituído e acabam por alcançar alguma fatia das etapas anteriores ao consumo final, ou seja, oneram de algum modo a produção pelo efeito cascata.

2ª situação: Distorção econômica por tributação na origem diversa do valor destacado no documento fiscal em operações interestaduais – Imposição a menor

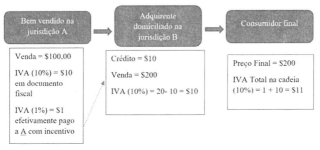

Aqui, vê-se o caso brasileiro da guerra fiscal entre os Estados da federação, em que a redução do imposto na origem, tornando-o de qualquer modo diferente do valor constante da documentação fiscal, reduz o IVA na cadeia, tornando-o inferior ao que se esperava na imposição sobre o consumo. Essa característica, além de desnaturar a gênese do imposto, concorre para violações à livre concorrência por negligenciar o bom contribuinte, cumpridor da obrigação tributária no valor e no tempo corretos. Ao final, o IVA gravou a cadeia em apenas R$11,00, quando à alíquota de 10% deveria ter onerado o consumo em R$20,00 (200 x 10% = 20,00).

1.4 Federação e ICMS

O Estado que pretende atrair empresas para seu território concede ao investidor benefícios fiscais das mais diversas maneiras, como na forma de devolução do imposto, redução de alíquotas do ICMS, concessão de crédito presumido, financiamento do ICMS e outras.[1]

Em matéria de atratividade, a maioria das grandes empresas visa abastecer partes ou todo o território nacional, e não apenas o local de sua sede, especialmente porque o Estado não industrializado pode não possuir consumidores suficientes para viabilização do empreendimento. Como decorrência, esse Estado concede benefícios unilateralmente para devolver ao investidor boa parte do imposto a ser suportado na forma de créditos pelo tesouro do Estado adquirente, afinal, a cadeia prossegue etapa a etapa.

Logo, o Estado que incentiva, geralmente, restitui ao investidor 60% ou 70%, mas ganha 40% ou 30%. E deve-se considerar que, incontestavelmente, ganha, posto que é uma receita acrescida que, de outro modo, não obteria. *O Estado de origem não perde o que devolve, mas ganha o que não devolve*, esbarrando nos percentuais acima porque 25%, pela repartição das receitas tributárias, garantida pelo Texto Constitucional, pertencem aos municípios. Destarte, os municípios ganham, o Estado ganha e o investidor também ganha, mas quem custeia essa repartição de receitas é o Estado destinatário da mercadoria ou do serviço.

Como vigoram o princípio da origem e a alíquota interestadual em nosso ordenamento, houve por bem o legislador prever que qualquer concessão de benefícios fiscais relativos ao ICMS somente pudesse se concretizar mediante a *unânime aprovação das unidades federativas*,

---

[1] A este respeito ver rol do §4º da cláusula primeira do Convênio ICMS nº 190/17.

o que foi recentemente corroborado pelo Supremo Tribunal Federal no julgamento da ADPF nº 198.[2] Na prática, todavia, vê-se o irrestrito descumprimento da Lei Complementar nº 24/75 através da oferta de incentivos fiscais unilaterais, à revelia do CONFAZ, a despeito de um Estado gerar consequências a outro.

Espera-se, num pacto federativo, que as partes e o todo melhorem. Esse é o sentido de uma aliança (*phoedus*), que, por sinal, encontra guarida em cláusula pétrea na CF, art. 60, §4º, I. Portanto, se a tensão cresce e a harmonização parece impossível em mais de trinta anos de crescentes litígios em cortes administrativas e judiciais, sinal de que a deficiência ínsita ao ICMS merece solução definitiva.

Muito difícil enxergar regularidade na conduta de um Estado que concede benefícios fiscais unilateralmente, ainda quando sua pretensão é adequada ao seu contexto regional e resulta da boa-fé. A legalidade deve ser observada, e foi escolha do legislador priorizar o contexto federativo, reconhecendo que determinado ente não pode ser visto como peça isolada. Em outro giro, não obstante a autonomia estadual, os efeitos de incentivos unilaterais recairão, forçosamente, sobre o orçamento de outra unidade federativa, causando prejuízos financeiros e dificultando a formulação de políticas públicas pela imprevisibilidade do montante de créditos a restituir na estrutura orçamentária.

1.5 Questões atuais da guerra fiscal no STF

A Corte Suprema tem sido o destino de inúmeras ações diretas de inconstitucionalidade (ADIs) promovidas por Estados que se sentem prejudicados ante a política concessiva de incentivos fiscais à revelia do CONFAZ. Mais recentemente, merece registro o Tema nº 490 com repercussão geral,[3] em que o pleno decidiu sobre a *glosa de créditos em relação à não cumulatividade*, nos seguintes termos:

---

[2] BRASIL, STF, ADPF 198/DF. Rel. Min. Carmen Lúcia, 18.08.2020. "Ementa: Arguição de Descumprimento de Preceito Fundamental. §2º do art. 2º e art. 4º da Lei Complementar n. 24/75. Normas anteriores à constituição de 1988. Cabimento da ADPF. ICMS. Exigência de unanimidade entre os entes federados representados no CONFAZ para a celebração de convênio concessivo de benefício fiscal. Ratificação posterior do acordo por decreto local. Efetividade do disposto na al. g do inc. XII do §2º do art. 155 da Constituição de 1988. Recepção das normas impugnadas pelo ordenamento constitucional vigente. Precedentes. Ausência de afronta ao princípio federativo e democrático. Arguição de Descumprimento de Preceito Fundamental julgada improcedente".

[3] BRASIL. STF. Tema nº 490, RE 628075, Rel. Min. Edson Fachin, j. 28.08.2020.

(...) por entender constitucional o art. 8º, I, da Lei Complementar 24/1975, uma vez considerado que o estorno proporcional de crédito de ICMS em razão de crédito fiscal presumido concedido por outro Estado não viola o princípio constitucional da não cumulatividade.

Noutra questão relevante recentemente apreciada, o STF se manifestou sobre a modulação de efeitos na ADI nº 3.674. Prevaleceu o entendimento de que a *modulação dos efeitos seria indutora da própria guerra fiscal*, uma vez que os Estados concederiam benefícios unilaterais à espera de que, no futuro, vingassem por algum tempo beneficiando contribuintes oportunistas à custa da morosidade do Judiciário.[4] Na prática, percebeu-se que os Estados legislariam em velocidade naturalmente insuscetível de ser acompanhada pelo Judiciário e que retirariam o normativo oportunamente para que se perdesse o objeto processual.

Portanto, essa posição do STF pode indicar uma mudança de rumo quanto à vedação de efeitos *ex nunc*,[5] já que, em 2015, a Corte Suprema havia reconhecido a inconstitucionalidade de norma estadual paranaense (Lei nº 14.985/06) a contar da data da decisão, com base em argumentos de segurança jurídica e boa-fé[6]

Ainda a decidir, questão de enorme importância para o deslinde da guerra fiscal é a do Tema nº 817, com repercussão geral reconhecida, que trata da possibilidade de os Estados e o Distrito Federal, mediante consenso alcançado no CONFAZ, perdoarem dívidas tributárias surgidas em decorrência do gozo de benefícios fiscais, implementados no âmbito da chamada guerra fiscal do ICMS, reconhecidos como inconstitucionais pelo Supremo Tribunal Federal.[7]

2 A posição do Tribunal de Impostos e Taxas do Estado de São Paulo

A apreciação da guerra fiscal pelo Tribunal de Impostos e Taxas tem promovido larga oportunidade de aprendizado sobre o tema e seus correlatos institutos. Atualmente, e de modo objetivo, o entendimento

---

[4] BRASIL. STF. ADI nº 3.674 – ED/ RJ, Rel. Min. Marco Aurélio, j. 05.08.2020.
[5] Para uma análise da modulação dos efeitos na jurisprudência do STF sobre casos afetos à guerra fiscal, contendo, inclusive, quadro detalhado sobre a posição de cada Ministro em várias ADIs, v. MOSQUERA, Roberto Quiroga; VALDO, Amanda De Oliveira. Modulação dos efeitos e guerra fiscal: uma análise da jurisprudência do supremo tribunal federal. *In*: ZILVETI, F. A. (ed.). *Revista Direito Tributário Atual 45*, São Paulo: IBDT, 2020, p. 635-678.
[6] BRASIL. STF. ADI nº 4.481. Rel. Min. Luís Roberto Barroso, j. 11.03.2015.
[7] BRASIL. STF. Tema 817, RE 851.421, Rel. Min. Luís Roberto Barroso.

da "Câmara Superior é no sentido da legalidade da cobrança da parcela do ICMS desonerada no Estado de origem, sem autorização prévia do CONFAZ".[8] Ora, à "parcela do ICMS desonerada no Estado de origem" equivale o valor impactante na distorção da desejável incidência do IVA sobre apenas o consumo, como acima exposto. A Câmara Superior, destarte, parece corroborar o entendimento da mecânica econômica do imposto, sem desprezar os meandros típicos do embate jurídico, que será analisado, a seguir, em maiores detalhes.

Oportuno atentar para o fato de que o legislador, recentemente, promoveu significativas modificações no trato da guerra fiscal por conta da edição da LC nº 160, com efeitos a partir de 08 de agosto de 2017. Em suma, a LC nº 160/2017 dispensou a unanimidade exigida para a celebração de convênios sobre incentivos de ICMS[9] e concedeu remissão aos créditos irregularmente concedidos até 8 de agosto de 2017, nos seguintes termos:

> Art. 1º. Mediante convênio celebrado nos termos da Lei Complementar no 24, de 7 de janeiro de 1975, os Estados e o Distrito Federal poderão deliberar sobre:
> I – a remissão dos créditos tributários, constituídos ou não,[10] decorrentes das isenções, dos incentivos e dos benefícios fiscais ou financeiro-fiscais instituídos em desacordo com o disposto na alínea "g" do inciso XII do §2º do Art. 155 da Constituição Federal, por legislação estadual publicada até a data de início de produção de efeitos desta Lei Complementar;
> II – a reinstituição das isenções, dos incentivos e dos benefícios fiscais ou financeiro-fiscais referidos no inciso I deste artigo que ainda se encontrem em vigor.

---

[8] A guerra fiscal no Tribunal de Impostos e Taxas foi muito bem sintetizada pelo trabalho publicado pelo Núcleo de Estudos da Fundação Getúlio Vargas, que mapeou 305 acórdãos publicados pelo TIT, no período entre 01.08.2009 e 31.05.201, Cf. DE SANTI, Eurico Marcos Diniz et al. *Observatório do TIT:* a guerra fiscal do ICMS. Disponível em: https://www.jota. info/opiniao-e-analise/artigos/observatorio-do-tit-guerra-fiscal-de-icms-12122017.

[9] A LC nº 160/17 passou a adotar o quórum qualificado para celebração de convênios entre os estados e o DF nos seguintes termos: "Art. 2º. O convênio a que se refere o art. 1º desta Lei Complementar poderá ser aprovado e ratificado com o voto favorável de, no mínimo: I – 2/3 (dois terços) das unidades federadas; e II – 1/3 (um terço) das unidades federadas integrantes de cada uma das 5 (cinco) regiões do País".

[10] Na linguagem do Código Tributário Nacional (CTN), Lei nº 5.172/66, art. 172, a remissão é forma de extinção do crédito tributário, razão pela qual os créditos ainda não constituídos não poderiam ser remitidos (perdoados).

Por conseguinte, no mesmo ano, veio a lume o Convênio ICMS nº 190/2017, com repercussão nacional, para estabelecer as condicionantes da conduta dos Estados e DF para remissão, anistia e reinstituição de incentivos fiscais.

Em 2019, a seu turno, foi a vez de a Resolução Conjunta SFP/PGE nº 01/2019, no âmbito do Estado de São Paulo, prescrever a conduta do contribuinte paulista para o reconhecimento de créditos de ICMS decorrentes de operações abrangidas por incentivos fiscais irregulares.

Essa tríade de normas – LC nº 160/17, Convênio ICMS nº 190/17 e Res. SFP/PGE nº 01/19 – pacificou os efeitos da guerra fiscal até 08 de agosto de 2017, inclusive com a possibilidade de reconhecimento de créditos e extinção de eventual processo administrativo fiscal, na jurisdição paulista.

2.1 Argumentos favoráveis ao Estado

Naturalmente que os argumentos favoráveis ao Estado de São Paulo devem ser lidos nesse tópico como antítese aos argumentos sustentados pelos contribuintes.[11] Sinteticamente, destacam-se os seguintes pontos de defesa à Fazenda Pública:[12] (i) Estado de origem incorreu em inconstitucionalidade; (ii) glosa dos créditos pelo Estado de destino não se confunde com declaração de inconstitucionalidade da legislação do Estado de origem; (iii) não há violação ao princípio da não cumulatividade; (iv) há violação à livre concorrência no Estado de destino; e (v) há violação ao pacto federativo.

2.2 Argumentos favoráveis ao contribuinte

Os argumentos mais recorrentemente encontrados na sustentação dos contribuintes poderiam assim ser resumidos:[13] (i) glosa dos créditos equivale a declarar a inconstitucionalidade da legislação do Estado de origem; (ii) glosa de créditos exige declaração de inconstitucionalidade pelo Poder Judiciário; (iii) violação ao princípio da não

---

[11] Os argumentos favoráveis ao contribuinte serão mais bem descritos em 2.2.
[12] DE SANTI, Eurico Marcos Diniz *et al*. Observatório do TIT: a guerra fiscal de ICMS. Disponível em: https://www.jota.info/opiniao-e-analise/artigos/observatorio-do-tit-guerra-fiscal-de-icms-12122017.
[13] DE SANTI, Eurico Marcos Diniz et al. Observatório do TIT: a guerra fiscal de ICMS. Disponível em: https://www.jota.info/opiniao-e-analise/artigos/observatorio-do-tit-guerra-fiscal-de-icms-12122017.

cumulatividade; (iv) boa-fé e observância da legislação em vigor; (v) Estado de destino está a exigir imposto cuja titularidade não lhe pertence.

Ao longo do tempo, em suas decisões administrativas, o Tribunal de Impostos e Taxas do Estado de São Paulo reiteradamente sustentou a inconstitucionalidade praticada pelo estado de origem ao agir por si só, desprezando a letra da Constituição Federal, a LC nº 24/75 e a atuação do CONFAZ. Dúvidas não há, especialmente, quanto a operações ou prestações interestaduais *entre estabelecimentos do mesmo titular*, como se vê na Súmula nº 11/2017 do TIT, *verbis*:

> Na hipótese de transferência interestadual de mercadorias entre estabelecimentos do mesmo titular, é legítima a glosa da parcela dos créditos de ICMS relativa a benefícios fiscais concedidos irregularmente pelo Estado de origem, sem prévia autorização do CONFAZ, consoante o disposto no artigo 155, §2º, inciso XII, alínea "g", da Constituição Federal, bem como no §3º, do artigo 36, da Lei nº 6.374/89.

Foi justamente em 2017 que, com o advento da LC nº 160/17, tornou-se possível o reconhecimento de créditos de ICMS decorrentes de operações sujeitas à concessão de incentivos à revelia do CONFAZ, o que trouxe impacto sobre o teor dos julgados. Para expressar o entendimento do TIT, de 2017 ao presente, serão analisados três acórdãos. Um favorável a cada parte e um terceiro encerrado em virtude do reconhecimento dos créditos *in litis*, conforme a nova sistemática.

Destarte, identifica-se a nova prática do TIT de sequer conhecer do recurso apresentado em face do *reconhecimento de créditos irregulares*. Assim é que no Processo DRT/08-4081558/2016,[14] enquanto se discutia o mérito do lançamento de ofício, o contribuinte se valeu da novel legislação para requerer o reconhecimento dos créditos de ICMS nos termos da Res. Conjunta SFP/PGE nº 01/2019. Na prática, compete ao DIGES – Departamento de Atendimento, Gestão e Conformidade da Secretaria da Fazenda e Planejamento – reconhecer os créditos escriturados pelo interessado decorrentes de benefícios fiscais que tenham sido objeto de Auto de Infração e Imposição de Multa (AIIM), o que foi feito *in casu*, após a verificação do cumprimento dos requisitos exigidos pela LC nº 160/17, pelo Convênio ICMS nº 190/17, tudo em observância ao §3º do art. 4º da Res. Conjunta SFP/PGE nº 01/19.

---

[14] ESTADO DE SÃO PAULO. TIT. Processo DRT/08-4081558/2016. Rel. Marco Antônio Veríssimo Teixeira. Câmara Superior. 12.11.2020.

Por fim, o Relator não conheceu do Recurso Especial interposto pela Fazenda Pública por perda de objeto, no que foi acompanhado pelos demais juízes da Câmara Superior, aos 12 de novembro de 2020.[15]

Com desfecho favorável ao Estado de São Paulo, o Processo DRT/16-4004476-2/2012 foi decidido aos 28 de novembro de 2019, por maioria de dez juízes, que acompanharam o relator, não obstante tenha o voto de vista sido acompanhado por outros quatro juízes.[16]

Em seu voto-vista favorável ao contribuinte, o juiz do TIT Alberto Podgaec sustentou a necessidade de o contribuinte paulista ter ciência dos incentivos fiscais unilaterais praticados pelo Estado de origem, de modo a fixar analogia com o entendimento jurisprudencial corrente em casos de inidoneidade de documentos fiscais.

Prossegue com interessante distinção entre operações de transferências e de compra e venda. Enquanto nas primeiras seria "inviável se ponderar sobre a boa-fé do contribuinte", no caso concreto, as notas fiscais carreadas aos autos silenciaram quanto a benefícios fiscais ao vendedor, parecendo "improvável que a autuada pudesse ter tido conhecimento do benefício concedido ao vendedor das mercadorias".

Em breves linhas, a analogia buscada deve ser inserida no contexto integrativo do art. 108 do CTN, para colmatar lacunas na legislação tributária. Não parece ser esse o caso em apreço, em que há farta previsão na legislação tributária a regrar o caso. Ademais, possível, sim, à tributação injusta contrapor-se a equidade em situações excepcionais. Todavia, uma de duas, ou ela se aplica por si só – e nesse caso, novamente, sob o comando integrativo do art. 108 do CTN –, ou resulta em remissão, cuja aplicação dependerá sempre do legislador, nos termos do CTN, art. 172, IV.[17]

Quanto ao necessário conhecimento do contribuinte destinatário acerca dos incentivos fiscais na origem, doravante seria de bom alvitre que o CONFAZ estabelecesse a necessidade de publicação da lista de incentivos concedidos pelos estados e DF em seus respectivos diários oficiais, acompanhada do depósito dos documentos concessivos de incentivos junto à Secretaria Executiva do CONFAZ. Além disso, seria vital a publicação no Portal Nacional da Transparência Tributária, como

---

[15] De modo idêntico foram encerrados, recentemente, os seguintes processos: DRT/05-4030261/2013 (03.12.2020); DRT/15- 4119725/2019 (02.12.2020); DRT/15-4104199/2018 (04.11.2020); e DRT/05- 4015173/2013 (09.09.2020).
[16] ESTADO DE SÃO PAULO. TIT. Processo DRT/16-4004476/2012. Rel. José Orivaldo Peres Júnior. Câmara Superior. 28.11.2019. Voto de vista. Alberto Podgaec.
[17] Exemplo disso foi a recente concessão de remissão pelo art. 1º, I da LC nº 160/17.

bem previsto pelo Convênio ICMS nº 01/2017 para legislação estadual publicada até a data de 08 de agosto de 2017.

O Relator, a seu turno, contrapôs o argumento da observância do Princípio da Legalidade, evocando o art. 150, I, da CF[18] e o art. 97 do CTN,[19] nos seguintes termos:

> A questão que se coloca é de incidir as normas prescritas vigentes no ordenamento jurídico que exige interpretação sistemática (...) Se a regra do artigo 8º da LC 24/75 exige o Convênio do CONFAZ, esta é uma das condições para que o crédito seja possível e legítimo. Desatendido tal requisito, o crédito se considera ilegítimo, por força do princípio da legalidade estrita.

Ao defender a ilegitimidade do crédito, o Relator sustentou a eficácia da LC nº 24/75, sob o argumento de o STF jamais ter se manifestado em sentido contrário. Por conseguinte, aplicou a norma produzida pelo legislador complementar disposta a seguir:

> LC 24/75. Art. 8º – A inobservância dos dispositivos desta Lei acarretará, cumulativamente:
> I – a nulidade do ato e a ineficácia do crédito fiscal atribuído ao estabelecimento recebedor da mercadoria;
> II – a exigibilidade do imposto não pago ou devolvido e a ineficácia da lei ou ato que conceda remissão do débito correspondente.

A alegação de inconstitucionalidade na conduta bandeirante foi rechaçada pelo relator ao evocar o art. 28 da Lei nº 13.457/09, que veda o afastamento de lei sob tal pleito.[20]

Interessante notar que esse processo foi decidido em 28 de novembro de 2019, e que, como visto alhures, o STF se manifestou sobre a regularidade da LC nº 24/75, especialmente quanto à eficácia de seu art. 8º, em 28 de agosto de 2020.[21]

---

[18] BRASIL. Constituição Federal. "Art. 150. Sem prejuízo de outras garantias asseguradas ao contribuinte, é vedado à União, aos Estados, ao Distrito Federal e aos Municípios: I – exigir ou aumentar tributo sem lei que o estabeleça".

[19] BRASIL. Código Tributário Nacional. "Art. 97. Somente a lei pode estabelecer: I – a instituição de tributos, ou a sua extinção (...)".

[20] ESTADO DE SÃO PAULO. Lei nº 13.457/09. "Artigo 28 – No julgamento é vedado afastar a aplicação de lei sob alegação de inconstitucionalidade, ressalvadas as hipóteses em que a inconstitucionalidade tenha sido proclamada: I – em ação direta de inconstitucionalidade; II – por decisão definitiva do Supremo Tribunal Federal, em via incidental, desde que o Senado Federal tenha suspendido a execução do ato normativo; III – em enunciado de Súmula Vinculante".

[21] V. acima nota de rodapé 12.

Por fim, o Processo DRT/14-4049111/2014, cujo desfecho foi favorável ao contribuinte, em decisão proferida pela 2ª Câmara Julgadora, que lhe proveu o recurso ordinário.[22] Em síntese, o relator elegeu dois pilares de sustentação: a *não cumulatividade* e a *invasão de competência* pelo Estado de São Paulo.

A não cumulatividade seria, segundo o Relator: "o mais importante pilar no qual se fundamenta o referido tributo, consistente no direito constitucional de dedução, em cada operação, do montante cobrado nas operações anteriores". Mas, afinal, o que vem a ser montante cobrado?

A Constituição Federal, sobre esse ponto, assim prescreve em seu art. 155, ao tratar do ICMS:

> Art. 155, §2º, I. será não-cumulativo, compensando-se o que for devido em cada operação relativa à circulação de mercadorias ou prestação de serviços com o montante cobrado nas anteriores pelo mesmo ou outro Estado ou pelo Distrito Federal;

Se a Carta Maior não proveu esclarecimentos acerca do termo *montante cobrado*, o mesmo não se diga da Lei nº 6.374/89 do Estado de São Paulo, que tratou do tema em seu artigo 36, §3º, *verbis*:

> Não se considera cobrado, ainda que destacado em documento fiscal, o montante do imposto que corresponder a vantagem econômica decorrente da concessão de qualquer subsídio, redução da base de cálculo, crédito presumido ou outro incentivo ou benefício fiscal em desacordo com o disposto no artigo 155, §2º, inciso XII, alínea "g", da Constituição Federal.

A lógica da não cumulatividade pode bem ser lida como regra constitucional, através da qual haja a esperada compensação das entradas e saídas em cada etapa da cadeia, para que, ao final, o imposto grave apenas o consumo. O objeto da não cumulatividade não está meramente em deduzir, a cada operação, o *montante cobrado* na anterior, mas sim evitar o acúmulo de tributação, o ônus excessivo, ao longo de toda a cadeia. É preciso reconhecer que sistemática compensação entre entradas e saídas deve gravar, ao final, apenas o consumo.

---

[22] ESTADO DE SÃO PAULO. TIT. Processo DRT/14-4049111/2014. Rel. César Eduardo Temer Zalaf. Câmara Superior. 21.03.2019.

Portanto, o sentido do princípio ou da regra jurídica decorre da lógica econômica que desenhou o IVA e não o inverso. Quer-se com isso dizer que deveria pretender o legislador impedir a tributação em cascata, em que há cobrança de imposto sobre imposto, onerando a produção e causando distorções pela ineficiência resultante.

A sistemática compensação dependerá da dedução, em cada operação, do *montante cobrado* na anterior, que, para o relator desse caso, significa que "o contribuinte pode até mesmo deixar de pagar o imposto, em inadimplência total".

Nesse ponto, faz-se mister distinguir *inadimplência* e *não incidência*. Se na operação de saída houve incidência regular do imposto, poderá ocorrer de o remetente simplesmente inadimplir e esse fato não deverá impactar a garantia do crédito a ser provido pelo Estado de destino. A tal conclusão se chega pela *incidência* do imposto sobre a operação (ou prestação) interestadual.

Muito diversa é a situação em que o imposto deveria incidir à alíquota legalmente prevista, mas o Estado de origem, unilateralmente, *elimina a incidência pela isenção* ou a reduz por qualquer outro meio que mutile a precificação da obrigação tributária do remetente. Nesse caso, não há como sustentar a "incidência documental", pois que não repercute sobre o evento econômico. Aqui o *montante cobrado* foi zerado (isenção) ou reduzido.

Montante cobrado, portanto, tem de ser cobrado. Tem de incidir, efetivamente, ainda que não recolhido por inadimplência na etapa anterior, mas não por descumprimento da norma vigente em flagrante irregularidade através de incentivos unilaterais.

Tanto assim é que o próprio relator, cujo voto foi em sentido oposto, carreou aos autos a abalizada doutrina de Roque Carrazza para confirmar o que acabamos de asseverar, *verbis*:

> Isto significa que o direito à compensação permanece íntegro ainda que um dos contribuintes deixe de recolher o tributo ou a Fazenda de lançá-lo (salvo, é claro, por motivo de isenção ou não-incidência). (...) decorre que cada operação ou prestação é assegurada ao contribuinte uma dedução correspondente aos montantes de ICMS relativos às operações ou prestações anteriores, independente de ter havido, ou não, o efetivo recolhimento do tributo, salvo se presentes as situações de isenção ou não incidência (cl. Art. 155, §2º, II, da CF). (CARRAZZA, Roque Antonio. *ICMS*. Malheiros, p. 322 e 324)

Em outro giro, "salvo, é claro, por motivo de isenção ou não incidência" significa que o direito ao crédito é atingido pela não incidência, embora esteja preservado da inadimplência. Logo, por *montante cobrado* deve-se entender o quanto, efetivamente, incidiu na operação, onerando o sujeito passivo da obrigação tributária. Tampouco há falar em cumulação de tributos onde não há sequer incidência ou nos casos em que a *incidência resulta menor, ao final da cadeia, do que a que seria de esperar com a aplicação das alíquotas sobre as bases de cálculo legalmente previstas*. Tampouco há falar em cumulação de tributos onde não há sequer incidência ou nos casos em que a *incidência resulta menor, ao final da cadeia, do que a que seria de esperar com a aplicação das alíquotas sobre as bases de cálculo legalmente previstas*.[23]

Questão igualmente tormentosa é a da *invasão de competência*. Aqui o relator sustenta que a competência tributária é exclusivamente atribuída a determinado ente, inadmitida a invasão por outro.[24] Como decorrência, o fato de um estado não exercer plenamente sua "competência tributária para instituir a incidência do ICMS sobre as operações realizadas por contribuintes situados em seu território (...) não justificaria a invasão de competência pelo Estado que se sentir lesado".

Essa questão nos remete às cláusulas de incentivo (*tax sparing*) que são inclusas em alguns tratados para evitar a dupla tributação, matéria de interesse do Direito Tributário Internacional sobre a qual tivemos ocasião de nos manifestar quanto à existência ou não de vinculação da jurisdição de residência em reconhecer os incentivos da fonte.[25] Trata-se, pois, de cenário diverso, abrangendo o imposto sobre a renda,

---

[23] A este respeito, v. tópico 1.3 acima quando se analisa a Distorção econômica por tributação na origem diversa do valor destacado no documento fiscal em operações interestaduais – imposição a menor.

[24] Baseado em transcrição de Luís Eduardo Schoueri, assim disposta: "(...) Ainda, ao impedir o crédito, o Estado de destino está tributando algo que não é de sua competência, mas de competência exclusiva do Estado de origem. De fato, ao dividir o ICMS entre os Estados de origem e destino nas operações interestaduais, a CF/88 realiza efetiva repartição de competência. O fato de um Estado não exercer a sua competência (ainda que irregularmente) não autoriza o outro Estado a exercê-la em seu lugar" (SCHOUERI, Luís Eduardo. Livre concorrência e tributação. *In*: ROCHA, Valdir de Oliveira (coord.). *Grandes questões atuais do direito tributário*. v. 11. São Paulo: Dialética, 2007, p. 269-270).

[25] "Para a fonte, o *tax sparing* não é mero favor concedido pela residência, pois os signatários do acordo, por manifestação de vontade, restringem sua própria jurisdição. Logo, a fonte tributaria até certo limite, a partir do qual a residência exerceria competência residual. Ocorre que a condição para a residência limitar sua jurisdição está no exercício daquela pela fonte. Em outro turno, a justificativa para que uma jurisdição não avance além de seu limite de imposição é a bitributação, e não a ausência do imposto (...) A questão não seria, portanto, de exercício de jurisdição, mas de autolimitação condicionada por parte da residência." ALMEIDA, Carlos Otávio Ferreira de. *Tributação internacional da renda: a competitividade brasileira à luz das ordens tributária e econômica*. São Paulo: Quartier Latin, 2014, p. 206.

submetido à competência de dois ou mais Estados independentes, cada qual com sua legislação.

Embora o ICMS não esteja submetido a essas mesmas regras internacionais, a repartição de competência poderá ocorrer se mais de um estado aplicar sua norma de incidência sobre um mesmo fato. É o que ocorre, por exemplo, nos casos de diferencial de alíquota (DIFAL),[26] em *operações interestaduais a consumidor final*, em que se aplica a alíquota interestadual (7% ou 12%, a depender do Estado de destino) para a arrecadação do Estado de origem e, ainda, o diferencial entre essa alíquota interestadual e a alíquota interna do Estado destinatário, a benefício do cofre deste último.[27] Em suma, ambos tributam um **único** fato, repartindo-se a competência de cada Estado para o alcance desse fato.

O objeto deste artigo, no entanto, que trata do direito ao crédito a ser reconhecido pelo Estado de destino *não parece ensejar repartição de competência*, mas, antes, a própria aplicação da *não cumulatividade*. Senão, vejamos.

Apesar de tomar por objeto as operações interestaduais como no DIFAL (num mesmo momento dois Estados se tornam competentes para tributar o mesmo fato), o reconhecimento de créditos ante incentivos irregulares exige duas relações diversas, surgidas em momentos também diferentes. Com a saída da mercadoria do estabelecimento remetente, surge a *obrigação tributária* que vincula esse remetente ao Estado de seu domicílio. Num segundo momento, quando da entrada da mercadoria no estabelecimento do adquirente, domiciliado em outro Estado, surge uma nova relação entre esse adquirente e seu Estado de domicílio, que é meramente uma *relação de direito de reconhecimento de crédito*.

A Constituição Federal estabeleceu a competência dos Estados para instituir o ICMS, em seu art. 155, §2º. Trata-se de competência privativa, mas que dimana da CF para os 26 Estados e o DF, concomitantemente. Assim, cada um desses entes federativos encontra-se apto

---

[26] BRASIL, CF. "Art. 155, §2º, VII – nas operações e prestações que destinem bens e serviços a consumidor final, contribuinte ou não do imposto, localizado em outro Estado, adotar-se-á a alíquota interestadual e caberá ao Estado de localização do destinatário o imposto correspondente à diferença entre a alíquota interna do Estado destinatário e a alíquota interestadual".

[27] A regra no ICMS é a cobrança no estado de origem, restando ao estão de destino apenas o diferencial de alíquota em vendas a consumidor final. Cf. NUNES, Carlos Eduardo Raphael. Benefícios fiscais de ICMS concedidos à revelia do CONFAZ: inconstitucionalidade, insegurança jurídica e outros aspectos da guerra fiscal. *In*: ALMEIDA, C. O. F. (org.). *Tributação e desenvolvimento*. Belo Horizonte: Arraes Editores, 2019, v. 1, p. 109.

a instituir o ICMS, o que será concretizado pela edição da lei estadual prevendo a incidência do imposto. Ocorre que o ICMS tem problemas insuperáveis em sua essência. Como visto, tributos que lhe sejam semelhantes jamais rodam em nível subnacional.[28] Por isso a própria Constituição estabelece exaustivo conjunto normativo sobre o ICMS, remetendo a lei complementar o trato da matéria, com destaque para a LC nº 87/96 e para a LC nº 24/75.

Nessa esteira, o constituinte previu a necessária não cumulatividade do ICMS, ínsita aos tributos de sua natureza, e, do mesmo modo, estabeleceu o mecanismo do crédito da etapa subsequente com o imposto incidente na etapa anterior, ainda que a subsequente se dê em jurisdição diversa da primeira.

Em síntese, cabe ao Estado de destino, portanto, honrar o crédito correspondente ao ICMS incidente efetivamente (não documentalmente) na operação ou prestação levada a cabo por um adquirente domiciliado em seus limites, mesmo quando adquira em outro Estado da federação. Tanto é assim que o Texto Maior fez questão de registrar ao impor a não cumulatividade do ICMS: "(...) com o montante cobrado nas anteriores *pelo mesmo ou outro Estado ou pelo Distrito Federal*".

Essa relação entre o destinatário e seu Estado que Paulo de Barros Carvalho enxerga como decorrente do que denomina *regra-matriz do direito ao crédito*.[29] A fonte dessa norma instituidora do direito ao crédito é a própria Constituição, mas isso não significa dispor sobre exercício de competência para tributar. Aqui o escopo é restituir *créditos regulares* ao adquirente domiciliado na jurisdição, até porque cabe ao Estado preservar suas finanças para o bom cumprimento de sua atividade financeira.

Observe-se que o Estado de destino em nenhum momento se imiscui na relação obrigacional do ICMS entre o Estado de origem e seu contribuinte remetente, mas o contrário não é verdadeiro. A glosa de *créditos irregulares* não é imposição de tributo, sempre vinculado à

---

[28] Vale aqui o registro feito, ainda em 1987, portanto remetendo às origens do ICMS, posto que à época vigia o ICM (EC 18/65), por um estudo do Banco Mundial: "(...) the Brazilian system appears to be one of the more, if not the most, complicated value-added-tax systems currently in operation around the world. On balance, the complexities of an origin-based VAT render it an unattractive option, particularly at a subnational level (...)". PODDAR, Satya. *Value added tax at the state level (English)*. Development Research Department discussion paper; no. DRD 247 Washington, D.C.: World Bank Group. http://documents.worldbank.org/curated/en/239891468740103701/Value-added-tax-at-the-state-level, p. 15.

[29] CARVALHO, Paulo de Barros. *Direito tributário, linguagem e método*. São Paulo: Noeses, 2008, p. 649.

legalidade, mas resultado da aplicação da própria não cumulatividade, nos limites jurisdicionais do Estado de destino.

Em suma, um fato (operação interestadual) dá origem a duas relações. A primeira, de *caráter obrigacional tributário*, vincula contribuinte remetente e Estado de origem, esgotando-se nos limites desse Estado. A segunda, de *direito de reconhecimento de crédito*, vincula contribuinte adquirente e Estado de destino, aperfeiçoando-se nessa jurisdição.

Não há falar em invasão de competência, portanto, do segundo sobre o primeiro, menos ainda quando o reconhecimento do crédito exige regularidade na tributação anterior.

Logo, o Estado que concede benefícios unilateralmente é quem viola o pacto federativo, lançando risco de que o adquirente sofra glosa de créditos por outro ente federado. Em uma visão egocêntrica, ainda que o fundamento do incentivo seja legítimo, nenhum Estado tem poder para agir a seu bel-prazer numa federação.[30]

Considerações finais

A guerra fiscal do ICMS registra mais de três décadas de intensas contendas entre os Estados da federação. No âmbito do Tribunal de Impostos e Taxas do Estado de São Paulo, centenas de acórdãos avaliaram institutos ditados pela Constituição Federal na tentativa de uniformizar um imposto essencialmente de base móvel e de alcance além-jurisdição.

Ao que parece, o ICMS dá sinais de cansaço. Desde sua concepção como ICM, foi festejado pelo caráter de modernidade que lhe caracteriza, dotado de poder para evitar o efeito cascata. Mas, na realidade, não foi o que se viu. Há imensa dificuldade de Estados em reconhecer ou sustentar créditos dos contribuintes, o que, por óbvio, distorce a essência do que se tornou um IVA à brasileira.

No momento em que o Congresso Nacional analisa diversas propostas de mudança para o Sistema Tributário Nacional, o ideal seria

---

[30] Nesse sentido, reconhece-se o ICMS como imposto estadual de característica nacional, em que o constituinte previu a necessidade de legislação uniformizadora, mormente em questões afetas a incentivos fiscais. Recomendável, inclusive, que em tributos capazes de impactar a economia nacional, para além das fronteiras do ente competente, como no caso do ICMS, haja limitações de capacidade legislativa deste ente, evitando-se a fragmentação federativa por vigência de uma série de políticas tributárias conflitantes e diversificadas a estimular, permanentemente, guerras fiscais. BRANDÃO JUNIOR, Salvador Cândido. *Federalismo e ICMS*: estados-membros em "guerra fiscal". São Paulo: Quartier Latin, 2014, p. 86-87.

uma reforma eficaz que impossibilitasse o giro de um IVA subnacional. Há mecanismos equalizadores na federação que podem ser utilizados para evitar prejuízos aos Estados. A preservação do sistema federativo exige equilíbrio e harmonia. A excessiva priorização da autonomia individual e a redução da legalidade, em interpretações que alteram a ordem de prioridade das fontes em matéria tributária, traduzem-se por um mau presságio a obnubilar um formoso céu risonho e límpido em que resplandece a imagem do Cruzeiro.

Informação bibliográfica deste texto, conforme a NBR 6023:2018 da Associação Brasileira de Normas Técnicas (ABNT):

ALMEIDA, Carlos Otávio Ferreira de. A guerra fiscal do ICMS. *In*: PINTO, Alexandre Evaristo; TOMKOWSKI, Fábio Goulart; ALLEGRETTI, Ivan; BEVILACQUA, Lucas (coord.). *ICMS no Tribunal de Impostos e Taxas de São Paulo*. Belo Horizonte: Fórum, 2022. p. 113-132. ISBN 978-65-5518-319-1.

O PRINCÍPIO DA AUTONOMIA DOS ESTABELECIMENTOS NA PERSPECTIVA DO TIT/SP

DANIEL MEIR GRAJZER

Introdução

Em outubro de 2019, o Instituto Brasileiro de Planejamento e Tributação (IBPT) lançou um estudo[1] muito interessante que elencava as normas vigentes em matéria tributária no Brasil. Referido estudo indicou que foram editadas mais de 403.322 normas em matéria tributária ao longo dos 31 anos de vigência da Constituição Federal de 1988 (CF/1988). Além da notória incredulidade que tal dado pode gerar, essa informação traz um importante retrato da legislação tributária nacional: a dificuldade extrema que qualquer intérprete enfrenta ao tratar de temas tributários no nosso país.

Não somente pelo volume legislativo produzido e acima exemplificado, mas também pelas inúmeras "criações" e ficções legais que emergem desse emaranhado de leis, que muitas vezes se mostram, de certo modo, conflitantes até mesmo com os conceitos já estabelecidos pelo direito privado e determinados pelo nosso Código Civil.[2] Sem escapar dessa linha que permeia quase sempre a ciência do Direito Tributário, observamos na legislação do ICMS um princípio que,

---

[1] DO AMARAL, Gilberto Luiz, OLENIKE, João Eloi, DO AMARAL, Letícia M. Fernandes, YAZBEK, Cristiano Lisboa, STEINBRUCH, Fernando. *Quantidade de Normas Editadas no Brasil: 31 anos da Constituição Federal de 1988*. Disponível em: https://migalhas.uol.com.br/arquivos/2019/10/art20191025-11.pdf. Acesso em: 31 jan. 2021.

[2] Lei nº 10.406 de 10 de janeiro de 2002.

fundamentalmente, trata de uma ficção legal conflitante com o nosso direito privado: o princípio da autonomia dos estabelecimentos.

O referido conflito se evidencia quando observamos que, do ponto de vista do direito privado, uma empresa caracteriza-se como um ente dotado de personalidade jurídica, que engloba sua matriz e filiais, respeitando a ótica da unicidade desses estabelecimentos, ou seja, considera e atribui personalidade jurídica tão somente a esse conjunto de estabelecimentos que formam um todo econômico que exerce as atividades determinadas em seu objeto social.

Em outras palavras, a empresa necessariamente, para o direito privado, terá personalidade jurídica quando considerarmos a "consolidação" dos seus inúmeros Cadastros Nacionais de Pessoas Jurídicas (CNPJs), sendo desprovido de sentido técnico considerar que uma única filial possa atribuir para si personalidade jurídica própria.[3] O referido conceito, inclusive, já foi objeto de análise pelo Superior Tribunal de Justiça (STJ) no Resp nº 939.262/2011, ocasião em que o Min. Teori Zavascki analisou a hipótese de concessão de certidão negativa de débitos fiscais para uma filial empresarial e se manifestou no seguinte sentido:

> É irrelevante saber se é cabível ou não o fornecimento de certidão negativa quanto à inexistência de débitos tributários relacionados a operações de somente uma filial, ignorando a pessoa jurídica em sua integralidade. O que certamente não é cabível é suprir, com o fornecimento de certidão negativa relacionada a operações de filial, a exigência de prova de regularidade fiscal na celebração de atos ou negócios jurídicos perante o Fisco ou terceiros celebrados pela própria pessoa jurídica. Em casos tais, é a pessoa jurídica – e não a filial, que sequer tem personalidade jurídica própria – quem assume os direitos e obrigações decorrentes do ato ou do negócio celebrado e, portanto, quem assume, como todo o seu patrimônio, a correspondente responsabilidade.[4]

Pois bem, ao enfrentar esse tema, o STJ reforçou o conceito de direito privado e considerou inviável que se fizesse a "separação" entre os estabelecimentos de uma mesma empresa, destacando a sua matriz e filiais como entes diversos para fins fiscais. No entanto, seguindo a sua predileção por ficções legais, o legislador adotou um conceito, sedimentado na Lei Complementar nº 87/1996 (Lei Kandir),

---

[3] PACHECO FILHO, Velocino. *O contribuinte do ICMS e a autonomia do estabelecimento*. Disponível em: https://emporiododireito.com.br/leitura/o-contribuinte-do-icms-e-a-autonomia-do-estabelecimento-por-velocino-pacheco-filho. Acesso em: 31 jan. 2021

[4] BRASIL. Superior Tribunal de Justiça. *Recurso Especial nº 939.262*, da Primeira Turma do Superior Tribunal de Justiça, Brasília, DF, 10 maio 2011.

diretamente oposto à referida unicidade da empresa ao reconhecer que os estabelecimentos, para fins de apuração das obrigações tributárias de ICMS, devem ser considerados autônomos entre si, conforme determina o §3º do artigo 11 da referida lei, que assim dispõe:

> §3º Para efeito dessa Lei Complementar, estabelecimento é o local, privado ou público, edificado ou não, próprio ou de terceiro, onde pessoas físicas ou jurídicas exerçam suas atividades em caráter temporário ou permanente, bem como onde se encontrem armazenadas mercadorias, observado, ainda, o seguinte:
> II – é autônomo cada estabelecimento do mesmo titular;[5]

Ato subsequente, a referida lei determina que tais estabelecimentos, ainda que autônomos entre si para as obrigações do ICMS, devem ser "unificados" quando da apuração e recolhimento do imposto, *in verbis*:

> IV – respondem pelo crédito tributário todos os estabelecimentos do mesmo titular.

Essa disposição normativa fica ainda mais evidente, quando observamos a diretriz da legislação estadual de São Paulo, que assim determina no artigo 15 da Lei nº 6.374/1989 (dispositivo com redação dada pela Lei nº 10.619/2000):

> 2 – são considerados em conjunto todos os estabelecimentos do mesmo titular, relativamente à responsabilidade por débito do imposto, correção monetária, multas e acréscimos de qualquer natureza.

Como se pode observar nos dispositivos legais acima, cada estabelecimento deve, de forma individualizada, cumprir suas obrigações fiscais, sendo esse o cerne do princípio da autonomia dos estabelecimentos, onde cada CNPJ de uma mesma empresa (matriz e filiais) é tratado como se fosse uma própria pessoa jurídica, algo que, de certo modo, afronta diretamente o critério da unicidade da pessoa jurídica (que possui um patrimônio único na ótica do direito privado). Na linha em que leciona José Souto Maior Borges,[6] os estabelecimentos

---

[5] No mesmo sentido, dispõe a legislação estadual de São Paulo no artigo 15, §1º, da Lei nº 6.374/89: "entende-se autônomo cada estabelecimento do mesmo titular".

[6] BORGES, José Souto Maior. O Fato gerador do ICMS e os estabelecimentos autônomos. *Revista de Direito Administrativo*, Rio de Janeiro, Fundação Getúlio Vargas, v. 103. 07 out. 1971.

autônomos da empresa passam a ser tratados como organismos em que a legislação atribui a qualidade de sujeitos passivos, muito embora esses não tenham personalidade jurídica nos ditames do Código Civil. Em outras palavras, cria-se a ficção, para fins de sujeição passiva do ICMS, de que cada estabelecimento de uma mesma empresa é, propriamente, uma empresa para fins de sujeição passiva do tributo, trazendo, de certa forma, uma capacidade jurídica para fins de Direito Tributário aos estabelecimentos, algo que inexiste em qualquer outro âmbito do ordenamento jurídico, particularmente do direito privado.

Exatamente por conta dessa distinção legislativa que podemos apontar como dúbia (os estabelecimentos são autônomos entre si, mas respondem conjuntamente e como sujeitos de direito pelos débitos que a empresa constitua de forma "global"), que surgiram interessantes discussões no âmbito nacional, e particularmente no ambiente do contencioso administrativo estadual, sendo o tema amplamente discutido em inúmeras autuações pelo Tribunal de Impostos e Taxas de São Paulo (TIT/SP).

Embora não esteja estritamente atrelada à questão da autonomia dos estabelecimentos, a longa discussão, ora resolvida pelo Supremo Tribunal Federal (STF), que diz respeito à remessa de mercadorias entre filiais de uma empresa (e se nessa há ou não incidência do ICMS), foi potencializada por essa ficção legal. Isso porque, quando o legislador trata uma filial como se fosse efetivamente um terceiro, abre margem para que os Fiscos interpretem que cabe também ali uma transferência capaz de atrair a incidência do tributo.

Como sabemos, o STJ em sua súmula 166,[7] bem como o STF, no Recurso Extraordinário com Agravo (ARE) nº 1255885, colocaram um ponto final à discussão e insistência dos Fiscos Estaduais em cobrar o ICMS quando da transferência entre filiais de uma mesma empresa, consagrando a doutrina, que pode ser exemplificada nas lições de Roque Antonio Carrazza,[8] que, com enorme clareza, nos ensina que referida equiparação (filial-terceiro) desnatura a regra-matriz do ICMS estabelecida na Constituição Federal, que dá aos contribuintes o direito de somente recolher tal imposto quando de fato se configura uma operação mercantil na referida transferência.[9]

---

[7] BRASIL. Superior Tribunal de Justiça. Súmula nº 166: "Não constitui fato gerador do ICMS o simples deslocamento de mercadoria de um para outro estabelecimento do mesmo contribuinte."
[8] CARRAZZA, Roque Antonio. *ICMS*. 11. ed. São Paulo: Malheiros, 2006.
[9] CARRAZZA, Roque Antonio. *ICMS*. 11. ed. São Paulo: Malheiros, 2006.

Apesar de muito interessante, podemos considerar que tal discussão já foi objeto de inúmeras teses, julgados e, inclusive, possui uma posição definitiva exarada pela Corte Superior, sendo que, provavelmente, num futuro próximo, espera-se que essa posição passe a ser também adotada pelos tribunais administrativos, incluindo o TIT/SP.

Sendo assim, o presente artigo pretende abordar outros pontos de conflito que ainda não estão consolidados no Poder Judiciário e que tratam do princípio da autonomia dos estabelecimentos, haja vista que dessa forma podem-se identificar argumentos e posicionamentos ainda em discussão na sede administrativa e que levantaram e ainda levantam discussões extremamente pertinentes presentes nos julgamentos recentes do TIT/SP.

Dessa forma, o intuito desse artigo é o de realizar uma consolidação de tais posicionamentos, para que se trace uma maior clareza das diretrizes jurisprudenciais do TIT/SP e de que forma o tribunal tem interpretado o princípio da autonomia dos estabelecimentos, bem como se tem, ou não, aplicado referido princípio em seus casos concretos.

1 Argumentos pró-Fisco

1.1 Conceito de estabelecimento para a Fazenda Estadual

O artigo 1.142 do Código Civil determina que um estabelecimento é "todo complexo de bens organizado, para exercício da empresa, por empresário, ou por sociedade empresária". Portanto, o estabelecimento não é apenas o local em que a empresa exerce suas atividades, mas, sim, um conjunto de bens organizados para exercício da atividade empresarial.

Essa linha técnica estabelecida pela legislação é importante para compreender o posicionamento adotado pela Secretaria da Fazenda do Estado de São Paulo, que em respostas a consultas dos contribuintes se posicionou sobre o quesito extensão do estabelecimento:[10]

I – Considera-se estabelecimento único o edifício ou conjunto de edificações num único terreno ou em terrenos contíguos, desde que haja comunicação entre as diversas edificações que não seja por logradouro público.[11]

---

[10] BERGAMINI, Adolpho. *ICMS*: análise de legislação, manifestações de administrações tributárias, jurisprudência administrativa e judicial e abordagem de temas de gestão tributária. 4. ed. rev. São Paulo: Thomsom Reuters Brasil, 2020
[11] Resposta à Consulta nº 2.461/13 – Secretaria da Fazenda do Estado de São Paulo.

Nessa linha, podemos observar que o Fisco paulista permite, inclusive, que um ou mais prédios sejam consolidados e considerados como um único estabelecimento, considerando-se apenas que não haja trânsito de mercadorias em vias públicas.

A referida extensão, no entanto, possui as suas devidas ressalvas, como podemos observar em caso recente, no posicionamento adotado na Resposta à Consulta nº 18.568/2018, na qual o Fisco Paulista indeferiu a solicitação do contribuinte para que se reconhecessem dois imóveis (ligados por ponte móvel) como um estabelecimento único do contribuinte, haja vista que esses possuíam inscrições estaduais diversas (mera formalidade com o Posto Fiscal), o que ensejaria a aplicação do princípio da autonomia dos estabelecimentos, inclusive com a exigência de recolhimento do ICMS quando da transferência de mercadorias por essa ponte móvel.

O retrato importante que podemos extrair dos precedentes exarados pela Fazenda Estadual: há um permissivo legal para que se observe a extensão do conceito de estabelecimento, no entanto o Fisco ainda restringe sobremaneira essa suposta flexibilização, muitas vezes aumentando a complexidade para exercício de atividade do contribuinte.

Além disso, conforme será explorado a seguir, nessas respostas à consulta, e em inúmeras outras, o Estado costuma citar expressamente, bem como ressaltar a necessidade de observação do princípio da autonomia dos estabelecimentos, ainda que, em diversos casos, essa medida seja prejudicial ao contribuinte, exigindo dele que tenha inúmeros CNPJs em seu Contrato Social, ou que recolha o ICMS em meras transferências entre matriz-filial ou entre filiais da mesma empresa.

1.2 Princípio da autonomia dos estabelecimentos – Interpretação da Fazenda Estadual – Transferência entre matriz e filiais

O Fisco paulista, numa quantidade significativa de precedentes, tem se pautado no princípio da autonomia dos estabelecimentos para, equivocadamente, exigir dos contribuintes o recolhimento do ICMS quando da transferência entre matriz e filial de uma mesma empresa, como podemos observar na Resposta à Consulta nº 14.945/2016, *in verbis*:

> 4. Prosseguindo, saliente-se que o princípio da autonomia dos estabelecimentos está consagrado no artigo 15, §2º, do RICMS/SP:
> "Artigo 15, §2º – Para efeito de cumprimento de obrigação tributária,

entende-se autônomo cada estabelecimento do mesmo titular, ainda que simples depósito".

5. Nesse sentido, em obediência ao princípio supracitado, cumpre esclarecer que, na saída, do estabelecimento da filial, de mercadoria recebida em transferência pela "matriz" fabricante, para estabelecimento de contribuinte situado em outro Estado, deve ser utilizado o CFOP 6.102 (venda de mercadoria adquirida ou recebida de terceiros), ainda que a mercadoria tenha sido fabricada pela sua "matriz".

Apesar do questionamento quanto à ausência de natureza mercantil, que afastaria a incidência do ICMS nesses casos, é importante, por outro lado, observar que referido princípio é devidamente respeitado e invocado pelas autoridades fiscais de São Paulo, que entendem de forma unânime que cada estabelecimento deve ser tratado, sempre, de forma autônoma, o que implica a devida apuração das suas obrigações principais e acessórias de forma individualizada (Reposta à Consulta nº 1.906/2013), atendendo aos ditames legais estabelecidos.

Essa premissa, apesar de prejudicar os contribuintes no caso concreto da transferência entre matriz-filial, é importante para sedimentar e configurar os limites da atuação do Estado no caso de fiscalizações e imposições de sanções aos contribuintes que possuem inúmeros estabelecimentos. Isso porque, conforme se tratará de forma pormenorizada a seguir, esse princípio, apesar de consolidado nas repostas a consulta e em precedentes administrativos (que serão mais bem explorados nesse artigo), foi "ignorado" integralmente pelos fiscais da Fazenda Estadual quando deflagraram a Operação Cartão Vermelho, que resultou na autuação indiscriminada da matriz de diversas empresas, desrespeitando-se o tão celebrado princípio da autonomia dos estabelecimentos defendido pelo Estado.

2 Postura da Fazenda Estadual na Operação Cartão Vermelho

2.1 Operação Cartão Vermelho – Breve contexto

Em setembro de 2007, o Fisco paulista deflagrou a chamada Operação Cartão Vermelho,[12] na qual as autoridades fiscais confrontaram os

---

[12] SÃO PAULO, Secretaria da Fazenda do Estado de São Paulo. Operação Cartão Vermelho realiza segunda fase de notificações. Disponível em: https://portal.fazenda.sp.gov.br/Noticias/Paginas/Opera%C3%A7%C3%A3o-Cart%C3%A3o-Vermelho-realiza-segunda-fase-de-notifica%C3%A7%C3%B5es-578.aspx. Acesso em: 31 jan. 2021.

dados obtidos através das administradoras de cartão de crédito e débito com os dados dos próprios contribuintes e constataram que havia uma gritante diferença de valores a recolher do imposto.

Na ocasião, mais de 93.000 empresas do Estado de São Paulo apresentaram valores inferiores em suas obrigações fiscais frente às informações prestadas pelas administradoras, o que deu início a um amplo e enorme trabalho por parte das autoridades fiscais para notificar e exigir o recolhimento das diferenças de ICMS identificadas.

De acordo com o próprio Fisco, o objetivo da operação era o de "reduzir os níveis de sonegação fiscal nas operações a varejo, influindo no comportamento tributário dos contribuintes paulistas, utilizando como suporte técnico os registros armazenados em sua base de dados [...]".

2.1.1 Autuação do estabelecimento matriz sem a fiscalização/apuração das obrigações das filiais

Em que pese o importante trabalho realizado pelo Estado de São Paulo para cobrar referidos valores manifestamente devidos pelos contribuintes, a conduta da fiscalização e aplicação dos autos de infração relacionados à operação, conforme se demonstrará nesse artigo, acabou afrontando diretamente o princípio da autonomia dos estabelecimentos, fato que, inclusive, tem sido reconhecido pelo TIT/SP, com precedentes também exarados pela sua Câmara Superior.

3 Argumentos pró-contribuinte

Os contribuintes de São Paulo, quando autuados no contexto da Operação Cartão Vermelho, foram surpreendidos com a postura adotada pelo Fisco paulista, que ao lavrar referidos autos de infração, em inúmeros casos, simplesmente concentrou e consolidou o trabalho fiscal na matriz daquelas empresas, sem, no entanto, considerar de forma individualizada cada estabelecimento para fins de apuração das obrigações fiscais, nos ditames legais que preceituam o princípio da autonomia dos estabelecimentos.

Nesse sentido, importante ressaltar que nos referidos documentos de autuação, tão somente as matrizes daqueles contribuintes foram indicadas, de forma exclusiva, como sujeitos passivos dos referidos atos administrativos. Ora, essa conduta de indicação exclusiva da matriz da empresa como único sujeito passivo do ICMS revela-se, por si só, como afronta à autonomia e individualização dos estabelecimentos conforme estabelece a legislação estadual.

Além disso, na linha argumentativa adotada pelos contribuintes, o comportamento adotado pelos fiscais, na Operação Cartão Vermelho, revela um vício insanável do lançamento de ofício, o que também se pode extrair a partir da Súmula nº 392 do STJ, que assim determina

A Fazenda Pública pode substituir a certidão de dívida ativa (CDA) até a prolação da sentença de embargos, quando se tratar de correção de erro material ou formal, vedada a modificação do sujeito passivo da execução.

O erro de eleição do sujeito passivo, constatado quando a autoridade fiscal direcionou unicamente à matriz daquelas empresas os referidos autos de infração, por si só, constituiria um erro de lançamento que, inclusive, não poderia ser sanado pelo Fisco paulista, nos ditames do quanto estabelecido pelo STJ.

Por fim, é possível adotar a linha argumentativa de que o erro de eleição do sujeito passivo, decorrente da desconsideração do princípio da autonomia dos estabelecimentos confunde e dificulta o contribuinte para apresentação de sua defesa administrativa, haja vista que a fiscalização acabou por ignorar as apurações fiscais das respectivas filiais dessas empresas, o que prejudica o exercício da ampla defesa e contraditório, sedimentado na Constituição Federal.

Importante frisar, como também foi posteriormente reconhecido pelo próprio TIT/SP, que o contribuinte não questionou a responsabilidade do débito tributário na legislação do ICMS, pois essa cabe à empresa de forma ampla, englobando todos os seus CNPJs ou inclusive consolidando-se a apuração e recolhimento somente na sua matriz. No entanto, apesar do dever de responsabilidade, também caberia ao Fisco respeitar a autonomia de cada estabelecimento, e elencar de forma separada e adequada cada CNPJ como sujeito passivo objeto da autuação fiscal, inclusive para trazer a devida visibilidade do contribuinte para eventuais esclarecimentos e justificativas.

Nesse sentido, os pontos fundamentais trazidos pelos contribuintes na Operação Cartão Vermelho são exemplos pertinentes para se apontar a necessidade do cumprimento, pelas autoridades fiscais, dos preceitos legais básicos atinentes à legislação do ICMS, e que elas devem seguir, para fins de legalidade e garantia da segurança jurídica, tais ditames quando da lavratura de autos de infração.

Conforme se analisará a seguir, esse também foi o posicionamento majoritário do TIT/SP, que buscou garantir a devida observância do princípio da autonomia dos estabelecimentos, cancelando autos de infração direcionados exclusivamente à matriz de um contribuinte.

4 Jurisprudência do TIT/SP

O tribunal administrativo de São Paulo, principalmente por conta dos casos concretos que envolveram a Operação Cartão Vermelho, teve de se debruçar sobre o tema do princípio da autonomia dos estabelecimentos e de que forma esse deve ser interpretado à luz dos trabalhos de fiscalização realizados pelo Estado (e o cumprimento e respeito à legalidade quando realizado um lançamento de ofício).

Como já exposto, o Fisco Paulista realizou um extenso e importante trabalho de confronto de dados entre as informações prestadas pelos contribuintes frente àquelas apresentadas pelas administradoras de cartão, e verificou expressivas diferenças nos valores recolhidos de ICMS pelos contribuintes paulistas.

A análise quanto às discussões de mérito, bem como a questões atreladas ao sigilo fiscal/bancário não são pertinentes ao presente artigo (embora importantes para contextualização da referida operação).

O ponto central, que ora passa a ser analisado por meio de acórdãos exarados pelas Câmaras do TIT/SP (inclusive pela Câmara Superior), e objeto do presente artigo, se dará no posicionamento, que vem se consolidando no tribunal administrativo, de prevalência e respeito ao princípio da autonomia dos estabelecimentos, conforme se observará a seguir.

Quando a Fazenda Estadual deflagrou a Operação Cartão Vermelho, notificou os contribuintes para que realizassem a sua devida regularização das diferenças apuradas de ICMS em suas obrigações, dado que essas não condiziam efetivamente com o volume de operações de cartão de crédito e débito obtidas através das exigências legais de apresentação das transações realizadas e apuradas pelas administradoras de cartão no Estado.

Pois bem, muitos contribuintes discordaram das referidas alegações da Fazenda, e não realizaram tais recolhimentos posteriores, o que culminou na lavratura de inúmeros autos de infração para exigência do recolhimento do ICMS.

Ocorre que, em diversos casos, os auditores fiscais simplesmente concentraram o trabalho fiscalizatório nas matrizes das referidas empresas, sem que fizessem o devido confronto das informações prestadas e apuradas pelas suas filiais, o que, manifestamente, revela afronta direta ao princípio da autonomia dos estabelecimentos.

Esse comportamento, inclusive, revela um descompasso com a própria postura do Fisco paulista, que, conforme exposto neste artigo, em inúmeros precedentes de respostas à consulta aos contribuintes sempre se posiciona pela necessidade de observância do princípio da autonomia dos estabelecimentos, preconizando a individualização de cada CNPJ da empresa, ressaltando nesses casos que a empresa deve sempre observar que cada estabelecimento deve ser tratado como autônomo em relação à sua matriz, sendo esse também um dos cernes argumentativos utilizados pelos auditores para justificar a necessidade de recolhimento do ICMS quando se observa uma operação de transferência de produtos entre matriz e filial de um mesmo contribuinte.

Obviamente, a discussão tem sido objeto de análise decisória do TIT/SP, que, na maioria dos casos, tem firmado o posicionamento de que cabe à fiscalização realizar uma análise pormenorizada de cada empresa, respeitando a autonomia e individualidade de apuração dos estabelecimentos quando se trata do recolhimento de ICMS. Em precedente recente, podemos observar essa postura do tribunal administrativo de forma cristalina, conforme se expõe em trechos relevantes de julgamento proferido pela 9ª Câmara Julgadora, quando da análise do AIIM nº 4.118.906-1 (decisão publicada em 02.12.2019):

> Inicialmente cumpre esclarecer que a fiscalização e responsabilização do sujeito passivo, conforme documentos anexados e devidamente apontados pelo contribuinte, ocorreram sem nenhuma distinção entre os estabelecimentos da empresa, filiais e matriz.
> De maneira que toda a carga fiscalizatória e punitiva recaiu apenas sobre o estabelecimento Matriz da empresa. Foi apenas naquele estabelecimento que ocorreram as fiscalizações que originaram a presente autuação. Contudo, por meio de levantamento fiscal realizado nos termos do artigo 509 do RICMS/SP, a autuação englobou também as operações dos estabelecimentos filiais da Recorrente. Ocorre que, esse tipo de ação fere cabalmente a autonomia dos estabelecimentos, exposta na normativa tributária.
> [...]
> Por corolário, importante frisar que os documentos fiscais acostados aos autos, conforme bem apontado pelo contribuinte, não são integralmente pertinentes ao estabelecimento matriz, incluindo documentos fiscais de suas filiais, de forma que esses não são capazes de provar ou embasar nenhum suposto ilícito tributário vinculado ao sujeito passivo fiscalizado dessa demanda.
> Entendo, portanto, necessária a exclusão das Notas Fiscais relativamente aos estabelecimentos das filiais.

No mesmo sentido, a Câmara Superior do TIT/SP também tem firmado sua jurisprudência, ressaltando que o trabalho da fiscalização não pode, tão somente, pautar-se na apuração das obrigações fiscais da matriz, e furtar-se do devido levantamento e análise de suas filiais. No AIIM nº 3130.392-4, em decisão publicada em 08.11.2013 (posicionamento reforçado pelo AIIM nº 3147.795-1, em decisão publicada em 05.06.2014), o voto-vista proferido pelo conselheiro Celso Alves Feitosa trouxe uma importante distinção no que diz respeito à interpretação do princípio da autonomia dos estabelecimentos.

O voto da relatora Cacilda Peixoto, que seguia a linha argumentativa da Fazenda Estadual, buscava fazer uma construção pautada na questão da responsabilidade pelo débito tributário, utilizando-se do artigo 11, §3º, da Lei Complementar nº 87/96 para sustentar que, por conta da possibilidade de centralização do recolhimento do tributo (no caso na matriz da empresa) seria, então, permitido ao Estado realizar a autuação direta da empresa e concentrar o processo de fiscalização tão somente em sua matriz (posicionamento que encontra respaldo em outros precedentes do TIT/SP).

No entanto, conforme esclarecimentos que podem ser observados no voto vista proferido, o ponto central do referido julgamento não dizia respeito à questão de quem seria o responsável pelo recolhimento do ICMS, "mas sim do procedimento de lançamento de ofício". Em outras palavras, a exigência do pagamento do ICMS, conforme determina a legislação, é da empresa "como um todo", entretanto, o procedimento administrativo de lançamento de ofício, pautado no princípio da autonomia dos estabelecimentos, deve respeitar a individualidade de cada CNPJ do contribuinte, fazendo-se necessária a fiscalização e autuação individualizada de cada estabelecimento a ele pertencente. Veja-se:

> Então a leitura é a de que responsabilidade no caso só pode ser cobrada em cada caso do estabelecimento que está sendo fiscalizado segundo a ordem de serviço fiscal (OSF) – estabelecimento matriz. Tal em decorrência da autonomia dos estabelecimentos, por diversas vezes cuidado na legislação do tributo estadual.
> A questão do posto no art. 11, §3º da Lei Complementar 87/96, tem a ver com responsabilidade pelo débito, mas não em relação a apuração para lançamento de ofício que deve ser individualizado.
> Assim não fosse estaria se pondo por terra divisão da ação fiscal territorial, de atribuições e dispensas de ordem de serviços específicos, inclusive comando administrativo.

Também importante citar o julgamento que "inspirou" o posicionamento acima analisado, em voto proferido no AIIM nº U-095.570, em decisão publicada em 31.05.2008. Na ocasião, as câmaras reunidas do TIT/SP mantiveram autuação do contribuinte, preconizando a individualidade do estabelecimento autuado (localizado em Barueri), também respeitando o princípio da autonomia dos estabelecimentos, ressaltando que uma decisão judicial favorável ao contribuinte para a sua matriz não poderia ser diretamente aplicada a sua filial, sob pena de se ferir referido princípio.

Em linhas gerais, podemos apontar um entendimento majoritário do TIT/SP em relação à observância do princípio da autonomia dos estabelecimentos, devendo-se respeitar tal ficção legal no procedimento de lançamento de ofício realizado pelas autoridades fiscais, que em nenhuma hipótese podem simplesmente "apontar seu olhar" para a matriz de uma empresa e autuá-la diretamente, ignorando as suas filiais e suas obrigações fiscais que são individualizadas e apartadas da matriz.

Ressaltando-se, tal posicionamento em nada fere a questão da eleição do sujeito passivo, bem como quem é o responsável pelo débito tributário, que de fato é a empresa "como um todo", que pode centralizar seus recolhimentos na matriz, nos ditames legais. O que não pode ocorrer, em nenhuma hipótese, é a utilização indevida da referida ficção legal, para que o Fisco realize "de forma incompleta" seu trabalho de lançamento de ofício e desconsidere a individualidade de cada estabelecimento (filiais) de uma empresa, autuando simples e diretamente a matriz daquela pessoa jurídica.

Conclusão

A legislação estadual, conforme analisado no presente artigo, preceitua o princípio da autonomia dos estabelecimentos como um dos cernes de sustentação e balizamento da sistemática de apuração e recolhimento do ICMS. Nesse sentido, os contribuintes são obrigados a considerar cada um dos estabelecimentos de forma individualizada para fins de cumprimento das obrigações principais e acessórias do referido tributo.

Demonstrou-se, pela análise de resoluções de consulta da Fazenda Estadual e precedentes do TIT/SP, que esse princípio em nada afeta a questão da responsabilidade de recolhimento do ICMS, bem como a eleição da empresa como responsável (sujeito passivo) pelo débito tributário decorrente de seus inúmeros estabelecimentos, permitindo-se, inclusive, a centralização na matriz para fins de recolhimento do tributo.

O princípio da autonomia dos estabelecimentos norteia características fundamentais do modelo legislativo aplicado para o ICMS, sendo um elemento importante para garantir o pleno respeito das competências de cada ente estatal, tanto para fins de apuração, quanto para fins de qualificação dos lançamentos de ofício realizados pelo Estado de São Paulo.

Pela análise dos precedentes do TIT/SP, é possível concluir que o tribunal administrativo também leva em consideração e estima referido princípio da autonomia dos estabelecimentos, e o faz não somente sob a ótica da apuração do ICMS, mas também no procedimento de lançamento de ofício que deve ser seguido pelas autoridades fiscais (precedentes devidamente citados no item 4 do presente artigo).

Os contribuintes têm vivido uma realidade complexa, observada nos tribunais administrativos, incluindo-se o TIT/SP, na qual muitas vezes se veem obrigados a discutir junto ao Poder Judiciário os temas tributários que lhes carecem, por entenderem que, em diversas oportunidades, os órgãos de julgamento administrativos acabam por desconsiderar aspectos elementares da legislação tributária, observando-se uma tendência em exarar decisões favoráveis às Fazendas Estaduais.

Em relação ao princípio da autonomia dos estabelecimentos e a sua observância pelo TIT/SP, felizmente podemos afirmar que não se trata de mais um caso de necessidade de enfrentamento da temática pela via judicial. Isso porque, quando observamos os inúmeros precedentes que tratam da Operação Cartão Vermelho (proferidos pelas instâncias inferiores e pela Câmara Superior do TIT/SP), podemos notar que o órgão julgador têm levado em consideração que as autoridades estatais, quando fiscalizam e autuam um determinado contribuinte, devem respeitar e observar que cada estabelecimento daquele contribuinte deve ser devidamente individualizado, sendo manifestamente ilegal e uma afronta ao princípio da autonomia dos estabelecimentos a mera fiscalização e autuação da matriz da empresa, com a consequente desconsideração das apurações fiscais de suas filiais.

Apesar da ocorrência dessas autuações, canceladas para as filiais dos contribuintes em que houve tal violação, deve-se destacar que as próprias autoridades fiscais estimam e consideram importante a observância do princípio da autonomia dos estabelecimentos.

O entendimento majoritário do TIT/SP e o seu respeito ao princípio da autonomia dos estabelecimentos é um excelente retrato do importantíssimo trabalho realizado por órgãos administrativos revisores dos lançamentos fiscais, e que demonstra a relevância desses entes para que se mantenha um bom controle das condutas das autoridades fiscais, que, infelizmente, acabam em alguns casos descumprindo premissas básicas e infringindo princípios fundamentais que balizam o Direito Tributário e as relações Estado-contribuinte.

Ressalta-se, mais uma vez, que a postura adotada pelo TIT/SP, nesses casos concretos, foi em total acordo à legislação atinente ao tema, pois se respeitou a responsabilidade dos contribuintes quanto ao recolhimento do ICMS, sendo a empresa responsável pelo pagamento do tributo apurado em seus CNPJs de forma ampla e irrestrita, bem como, por outro lado, preservou-se e garantiu-se que, nos ditames legais, tais CNPJs são autônomos entre si, elemento esse que deve pautar a atuação das autoridades fiscais quando lavram termos de fiscalização, bem como quando lavram autos de infração e imposição de multa.

Nesse sentido, pode-se concluir, de forma assertiva, que qualquer procedimento de lançamento de ofício ou de fiscalização deverá observar a individualização de cada estabelecimento do contribuinte, sendo manifestamente ilegal uma eventual cobrança que seja exclusivamente dirigida à matriz da empresa, e que ignore as apurações e obrigações fiscais atinentes às suas filiais quando se tratar do ICMS a ser pago no Estado de São Paulo.

Como dito, apesar de se tratar de mais uma ficção legal trazida pelo legislador, e mais um fator de complexidade do emaranhado legislativo brasileiro, a autonomia dos estabelecimentos não parece ser um princípio, como outros, desconsiderado pelos órgãos de julgamento administrativo. Ponto positivo para o TIT/SP, bem como um elemento que traz, ao menos nessa seara, uma maior segurança jurídica aos contribuintes paulistas.

Informação bibliográfica deste texto, conforme a NBR 6023:2018 da Associação Brasileira de Normas Técnicas (ABNT):

GRAJZER, Daniel Meir. O princípio da autonomia dos estabelecimentos na perspectiva do TIT/SP. In: PINTO, Alexandre Evaristo; TOMKOWSKI, Fábio Goulart; ALLEGRETTI, Ivan; BEVILACQUA, Lucas (coord.). *ICMS no Tribunal de Impostos e Taxas de São Paulo*. Belo Horizonte: Fórum, 2022. p. 133-147. ISBN 978-65-5518-319-1.

O ICMS E A PRESTAÇÃO DE SERVIÇOS DE TRANSPORTES DE MERCADORIA DESTINADA À EXPORTAÇÃO

FABIO PALLARETTI CALCINI

GABRIEL MAGALHÃES BORGES PRATA

Introdução

O presente estudo se destina à análise da controvérsia em torno da não incidência do ICMS sobre serviços de transporte de mercadorias destinadas ao exterior realizados exclusivamente em território nacional, geralmente até o ponto de embarque (porto ou aeroporto) de tais bens.

A divergência entre Fisco e contribuintes recai sobre as possíveis interpretações da norma de imunidade prevista no artigo 155, §2º, X, "a", com a redação que lhe foi dada pela Emenda Constitucional nº 45/2003, bem como do artigo 3º, II, da Lei Complementar nº 87/96, e se tais dispositivos permitiram o entendimento de que os serviços citados estariam excluídos ou não da incidência do imposto estadual.

Conforme se verá adiante, a jurisprudência pátria não chegou a uma solução definitiva, de modo que a questão remanesce aberta, mormente em Estados que, como São Paulo, demoraram a reconhecer em nível legislativo a não incidência do imposto sobre tais operações.

1 A outorga de competência impositiva aos Estados: o ICMS

O artigo 155, II da Constituição Federal, outorgou aos Estados e Distrito Federal competência para instituir imposto sobre as seguintes materialidades:

> II – operações relativas à circulação de mercadorias e sobre prestações de serviços de transporte interestadual e intermunicipal e de comunicação, ainda que as operações e as prestações se iniciem no exterior;

A tal tributo convencionou-se chamar ICMS, sigla essa que compreende ao menos três regras-matrizes distintas:
(i) imposto sobre operações relativa à circulação de mercadorias (aí compreendido o ICMS-Importação, para parte da doutrina);
(ii) imposto sobre a prestação de serviços de transporte interestadual e intermunicipal;
(iii) imposto sobre serviços de comunicação.

Para fins do presente artigo, interessa-nos a regra-matriz do imposto sobre a prestação de serviços de transporte interestadual e intermunicipal, também chamada simplificadamente de ICMS-Transporte.

Assim como o imposto sobre serviço de comunicação, e diferentemente da materialidade que alude a operações de circulação de mercadorias, o imposto em questão incide sobre prestação de serviços. No caso, sobre serviços de transporte intermunicipal (realizado entre municípios) e interestadual (realizado entre Estados), excluída a hipótese de serviços de transporte realizados dentro do território dos municípios, a qual encontra-se compreendida no âmbito de incidência do Imposto Sobre Serviços (artigo 156, III, da Constituição Federal).

Forte nessas premissas, duas questões hão de ser perquiridas para a correta delimitação do critério material da regra-matriz de incidência do ICMS-Transporte: a elucidação do conceito de "prestação de serviços" e, mais precisamente, a análise do contrato de serviço de transportes.

2 O conceito de serviço de transporte e o ICMS-Transporte

É premissa fundamental o fato de que o legislador constituinte, ao repartir as competências impositivas, optou por fazer alusão às materialidades possíveis dos tributos. E ao assim proceder traçou o arquétipo constitucional da regra-matriz de incidência de quase todos os impostos atribuídos às pessoas políticas, o que balizou os limites dentro dos quais lhes é permitido instituir seus respectivos impostos.

Precisamente quanto à competência dos municípios, o artigo 156, III, da Constituição Federal, previu, entre outros, o imposto incidente sobre "serviços de qualquer natureza, não compreendidos no art. 155, II, definidos em lei complementar". Como visto acima, os serviços, via de regra, estão compreendidos na competência impositiva dos municípios (e Distrito Federal), com exceção dos serviços de transporte interestadual e intermunicipal e de comunicação.

Dentro de um rigor investigativo, faz-se imperiosa a premissa segundo a qual os conceitos empregados nas normas de competência constitucional possuem um conteúdo semântico mínimo.[1]

Boa parte da doutrina especializada tem defendido que o conceito de serviço encampado pelo legislador constituinte é restrito. O contrato de prestação de serviços, nessa linha de entendimento, é tido como sinônimo de atividade consistente no emprego do esforço humano com o fito de propiciar uma vantagem material a outrem. Aires Barreto, ao aludir ao conceito constitucional de *serviço*, delimitava-o como "prestação de esforço humano a terceiros, com conteúdo econômico, em caráter negocial, sob regime de direito privado, tendente à obtenção de um bem material ou imaterial".[2]

Note-se que o elemento "esforço humano em benefício de outrem" aparece como nota característica que individualiza e diferencia o contrato de prestação de serviços em relação a outras modalidades contratuais.

---

[1] Não nos parece, contudo, que tal assertiva se aplique em todos os casos. Aliás, refutando essa ideia, é pertinente a observação de Andrei Pitten Veloso: "De fato, ao definir as competências tributárias, a Constituição, em diversas oportunidades, delineou arquétipos das normas tributárias, definindo certos elementos integrantes de seus aspectos, que caracterizam, em regra, condições materiais das competências. No entanto, a Carta Maior não estruturou a hipótese e conseqüentes possíveis de cada uma das várias subespécies tributárias. Não há como se reconhecer que a Constituição determina, em relação a todas as exações tributárias: a "hipótese de incidência possível", já que há normas de competência tributária que não fornecem elementos para uma delimitação mais precisa do aspecto material da hipótese de incidência [...], como ocorre, de ordinário, com as contribuições interventivas e corporativas (art. 149), com os empréstimos compulsórios (art. 148) e os impostos extraordinários (art. 154, II)". VELLOSO, Andrei Pitten. *Conceitos e competências tributárias*. São Paulo: Dialética, 2005, p. 167.

[2] BARRETO Aires. ISS – Não incidência sobre cessão de espaço em bem imóvel. *Repertório IOB de Jurisprudência*. 1ª quinzena out. 1999, n. 19, caderno 1, p. 580, *apud* MELO, José Eduardo Soares de. *Aspectos teóricos e práticos do ISS*. 4. ed. rev. São Paulo: Dialética, 2005, p. 32.

Entendido, pois, o conceito de prestação de serviço, cumpre delimitar o contrato de transporte. Embora sabido que os conceitos apreendidos pelo texto constitucional não se definem a partir da legislação infraconstitucional, é importante verificar se as definições ali utilizadas se encontram balizadas pelos limites semânticos da norma de competência correspondente. Em caso positivo, nada impede a adoção de tal conceito.

Nessa esteira, é possível verificar que contrato de transporte está atualmente regulamentado pelo atual Código Civil, precisamente nos artigos 730 a 756. O primeiro dispositivo em questão, de forma bastante sintética, dispõe:

> Art. 730. Pelo contrato de transporte alguém se obriga, mediante retribuição, a transportar, de um lugar para outro, pessoas ou coisas.

De tal enunciado prescritivo se depreende que estão presentes os requisitos típicos dos contratos de prestação de serviços: a bilateralidade, o caráter sinalagmático, a onerosidade e o objeto como um fazer (transportar), ainda que tal fazer recaia sobre uma coisa ou pessoa. Transportar, de seu turno, significa mover, carregar algo ou alguém de um lugar para outro.[3] O contrato de serviço de transporte consiste, portanto, em promover o deslocamento de bens, valores ou pessoas de um lugar para outro, mediante retribuição, qualquer que seja o meio empregado (rodoviário, hidroviário, ferroviário ou aéreo).

A Lei Complementar nº 87/86, ao cumprir a missão imposta pelos artigos 155, §2º, VII, e 146 da Constituição Federal, trouxe o regramento básico de tal imposto, a ser observado pelas legislações estaduais e distrital que instituem o ICMS-Transporte. Assim, o artigo 2º do referido diploma dispõe:

> Art. 2º O imposto incide sobre:
> (...)
> II – prestações de serviços de transporte interestadual e intermunicipal, por qualquer via, de pessoas, bens, mercadorias ou valores;

Não é demais advertir que a lei complementar, por si, não cria a regra-matriz de incidência tributária, senão lhe define com maior

---

[3] Dicionário Michaelis: 1 Carregar pessoas ou coisas de um lugar a outro: Transportou o policial numa motocicleta. Transportaram os boias-frias para a lavoura muito cedo. Disponível em: http://michaelis.uol.com.br/busca?id=jO1Y4. Acesso em: 29 dez. 2020.

precisão os contornos e critérios. Do dispositivo acima, evidencia-se, contudo, o critério material, qual seja, a "prestação de serviços de transporte interestadual e intermunicipal". Importante mencionar que o imposto não incide sobre o mero transporte, mas sobre a prestação de serviços de tal natureza, entendidos como

> quaisquer serviços de transporte prestados sob o regime de direito privado, submetidos a tratamento jurídico próprio, isto é, aqueles colocados no mundo dos negócios e subordinados a um ajuste autônomo de vontades, em clima de igualdade das partes contratantes.[4]

3 Imunidade específica dos serviços de transporte

A conformar o critério material possível da regra-matriz do ICMS-Transporte encontra-se a imunidade específica prevista no artigo 155, §2º, X, "a", da Constituição, nos termos da redação conferida pela Emenda Constitucional nº 42/2003, segundo o qual o imposto não incidirá "sobre operações que destinem mercadorias para o exterior, nem sobre serviços prestados a destinatários no exterior, assegurada a manutenção e o aproveitamento do montante do imposto cobrado nas operações e prestações anteriores".

De modo mais restrito, a redação original de tal dispositivo conferia imunidade somente sobre operações que destinassem produtos *industrializados*, sem nada mencionar a respeito da prestação de serviços de transporte de tais produtos. A emenda constitucional acima aludida, além de ampliar a imunidade limitando ainda mais o critério material da regra-matriz do ICMS-Mercadoria (na medida em que exclui da incidência toda e qualquer mercadoria, industrializada ou não), também atuou sobre o âmbito de incidência do ICMS-Transporte, porquanto tornou imunes os serviços prestados a destinatários no exterior.

Antes, contudo, a própria Lei Complementar nº 87/96 previa a desoneração dos serviços de transporte que destinassem mercadorias ao exterior, nos seguintes termos:

> Art. 3º O imposto não incide sobre:
> (...)
> II – operações e prestações que destinem ao exterior mercadorias, inclusive produtos primários e produtos industrializados semi-elaborados, ou serviços;

---

[4] CARVALHO, Paulo de Barros. *Direito tributário, linguagem e método*. 2. ed. São Paulo: Noeses, 2008, p. 669.

(...)
Parágrafo único. Equipara-se às operações de que trata o inciso II a saída de mercadoria realizada com o fim específico de exportação para o exterior, destinada a:
I – empresa comercial exportadora, inclusive tradings ou outro estabelecimento da mesma empresa;
II – armazém alfandegado ou entreposto aduaneiro.
Art. 32. A partir da data de publicação desta Lei Complementar:
I – o imposto não incidirá sobre operações que destinem ao exterior mercadorias, inclusive produtos primários e produtos industrializados semi-elaborados, bem como sobre prestações de serviços para o exterior;
II – darão direito de crédito, que não será objeto de estorno, as mercadorias entradas no estabelecimento para integração ou consumo em processo de produção de mercadorias industrializadas, inclusive semi-elaboradas, destinadas ao exterior;

A lei complementar não só ia além da norma de imunidade original, mas expressamente previa a manutenção do crédito do imposto em operações que tais, conforme interpretação *a contrario sensu* que se podia fazer dos artigos 20, §3º, II, e 21, §3º, do diploma em questão.[5]

Com o advento da Emenda Constitucional nº 42/2003, tal regra parece ter se elevado à condição de regra de imunidade.

Vale ressaltar, no entanto, que a redação empregada no novel dispositivo constitucional não é idêntica àquela empregada no âmbito da lei complementar. Enquanto o primeiro fala em "serviços prestados a destinatários no exterior", o segundo se refere a "prestações que destinem mercadorias ao exterior". A norma de imunidade, para alguns, impediria a incidência do imposto apenas sobre serviços prestados a destinatários no exterior, ou seja, serviços de transporte internacional, ao passo que a lei complementar se referiria, adicionalmente, aos serviços prestados em território nacional, mas com a finalidade de destinar mercadorias ao exterior.

---

[5] "Art. 20. (...) §3º É vedado o crédito relativo a mercadoria entrada no estabelecimento ou a prestação de serviços a ele feita: (...) II – para comercialização ou prestação de serviço, quando a saída ou a prestação subseqüente não forem tributadas ou estiverem isentas do imposto, exceto as destinadas ao exterior.
Art. 21. O sujeito passivo deverá efetuar o estorno do imposto de que se tiver creditado sempre que o serviço tomado ou a mercadoria entrada no estabelecimento: (...) §3º O não creditamento ou o estorno a que se referem o §3º do art. 20 e o caput deste artigo, não impedem a utilização dos mesmos créditos em operações posteriores, sujeitas ao imposto, com a mesma mercadoria."

De toda forma, mesmo após o advento da EC nº 42, alguns Estados, entre eles São Paulo, recusavam-se a reconhecer a não incidência do ICMS sobre o serviço de transporte de mercadorias destinada ao exterior, quando prestado dentro do território nacional (até o porto, aeroporto ou estabelecimento exportador, por exemplo). Tal questão foi praticamente superada quando da edição do Decreto nº 56.335, de 27 de outubro de 2010, que acrescentou o artigo 149 no Anexo I do RICMS/00:

> Artigo 149 (SERVIÇO DE TRANSPORTE – EXPORTAÇÃO) – Prestação de serviço de transporte interestadual ou intermunicipal de mercadoria destinada à exportação, quando esta for transportada desde o estabelecimento de origem, situado no território paulista, até:
>
> I – o local de embarque para o exterior;
>
> II – o local de destino no exterior;
>
> III – recinto ou armazém alfandegado para posterior remessa ao exterior.
>
> §1º – O disposto neste artigo aplica-se:
>
> 1 – somente quando a saída da mercadoria do estabelecimento de origem de que trata o "caput" estiver fora do campo de incidência do imposto, nos termos do inciso V e da alínea b do item 1 do §1º, ambos do artigo 7º deste regulamento;
>
> 2 – também quando a prestação que trata o "caput" se tratar de redespacho ou sub contratação, observado o disposto no item 1.
>
> §2º – Não se exigirá o estorno do crédito do imposto relativo às prestações beneficiadas com a isenção prevista neste artigo.

4 O entendimento do Fisco paulista antes da edição do Decreto nº 56.335/2010

Até a edição do Decreto nº 56.336/2010, o Fisco paulista e o Tribunal de Impostos e Taxas possuíam entendimento no sentido de que o serviço de transporte interno de mercadorias destinadas à exportação não estava abrangido pela regra de imunidade/isenção prevista tanto na Constituição Federal quanto na Lei Complementar nº 87/96.

Basicamente, argumentava-se que a literalidade dos dispositivos constitucional e legal imporia a interpretação de que apenas os serviços de transporte destinados ao exterior estariam abrangidos por tal regra. Assim, o artigo 3º, II, da lei complementar em questão deveria ser lido como: "estão excluídos da incidência do imposto tanto as operações que destinem mercadorias ao exterior quanto as prestações que destinem serviços ao exterior". O conectivo lógico "ou" empregado no texto legal seria excludente, de modo que o complemento serviços se referiria apena à locução "prestações", e o termo mercadorias, apenas a "operações".

Tal entendimento se apoiava, ainda, em antiga jurisprudência do Supremo Tribunal Federal, que se formou em torno da interpretação conferida à redação original do artigo 155, §2º, X, "a", da Constituição Federal, antes ainda da EC nº 42, e, naturalmente, sem levar em consideração a LC nº 87/96. Vejamos:

> É pacífico o entendimento de ambas as Turmas desta Corte no sentido de que a imunidade tributária prevista no artigo 155, §2º, X, "a" da Constituição Federal, excludente da incidência do ICMS às operações que destinem ao exterior produtos industrializados, não é aplicável às prestações de serviço de transporte interestadual de produtos industrializados destinados à exportação. Agravo regimental desprovido".
>
> (RE nº 340855 AgR, Relator(a): ELLEN GRACIE, Primeira Turma, julgado em 03/09/2002, DJ 04.10.2002 PP-00115 EMENT VOL-02085-05 PP-00943)

Ilustrativo do entendimento adotado pelo Estado de São Paulo e pelo TIT é a decisão proferida pela Câmara Superior de Julgamento por ocasião do julgamento do processo DRT-C-II524.969/09, em que prevaleceu o voto divergente do Juiz José Roberto Rosa no sentido de que nem a lei complementar, tampouco a Constituição Federal, permitiram excluir da incidência do ICMS os serviços de transporte de mercadorias destinadas ao exterior prestados em território nacional. É o que se depreende do trecho a seguir:

> Não concordo, em absoluto, que a lei complementar tenha intentado tal exoneração tributária, inclusive porque não há previsão constitucional dando tal atribuição à lei complementar. O que lhe foi delegado pela Carta Magna era a possibilidade de excluir os serviços da incidência do imposto nas exportações para o exterior (ar. 155, §2º, XVII, "e"). E isso foi feito com repercussão direta nas exportações de serviços de comunicação. Mas, repito, quanto aos fatos destes autos, não se trata de exportação de serviços, mas sim de transporte interestadual ou intermunicipal, entre a empresa exportadora, até o porto localizado dentro do território nacional.
>
> Quanto à alegação de que o Superior Tribunal de Justiça teria aceito a extensão do art. 3º, II, da LC 87/96 ao transporte realizado dentro do território nacional, só tenho a lamentar tal decisão, mas prefiro ficar com o Supremo Tribunal Federal.

Interessante notar que o voto acima não ignorou a jurisprudência formada no Superior Tribunal de Justiça em torno da intepretação conferida ao artigo 3º, II, da Lei Complementar nº 87/96, no sentido de o imposto não incidir também sobre a prestação de serviços de transporte interno de mercadorias destinadas ao exterior. Tal entendimento, aliás, há muito havia sido pacificado naquela Corte, como dá conta o aresto a seguir:

PROCESSUAL CIVIL E TRIBUTÁRIO. ICMS. TRANSPORTE DE MERCADORIA DESTINADA AO EXTERIOR. ISENÇÃO.
1. A orientação da Primeira Seção do STJ pacificou-se no sentido de que "o art. 3º, II da LC 87/96 dispôs que não incide ICMS sobre operações e prestações que destinem ao exterior mercadorias, de modo que está acobertado pela isenção tributária o transporte interestadual dessas mercadorias", sendo que, "sob o aspecto teleológico, a finalidade da exoneração tributária é tornar o produto brasileiro mais competitivo no mercado internacional".
Assim, "se o transporte pago pelo exportador integra o preço do bem exportado, tributar o transporte no território nacional equivale a tributar a própria operação de exportação, o que contraria o espírito da LC 87/96 e da própria Constituição Federal" (EREsp 710.260/RO, Primeira Seção, Rel. Min. Eliana Calmon, DJe de 14.4.2008).
2. Agravo Regimental não provido. (AgRg no REsp nº 1379148/ SC, Rel. Ministro HERMAN BENJAMIN, SEGUNDA TURMA, julgado em 15.08.2013, DJe 16.09.2013)

O fato, contudo, é que preferiu o Ilmo. Julgador aplicar o entendimento firmado pelo Supremo Tribunal Federal em detrimento da jurisprudência do Superior Tribunal de Justiça, sob a premissa de que estariam em conflito e, naturalmente, haveria de prevalecer o entendimento firmado pela Corte Máxima.

Com a edição do Decreto nº 56.335/2020, tanto o Fisco quanto parte da jurisprudência do TIT passaram a adotar o entendimento de que tal veículo teria inaugurado no âmbito estadual a regra de isenção sobre os serviços de transporte interno de mercadorias destinadas ao exterior, ou seja, tal norma não teria meramente disciplinado o quanto já exposto na Lei Complementar nº 87/96, mas seria o próprio veículo introdutor de regra de isenção sobre tal hipótese.

Em ocasiões em que as Câmaras Ordinárias do TIT entenderam que o decreto em questão seria mera norma interpretativa, em nada inovando o ordenamento jurídico, a Câmara Superior de Julgamentos reformou tais decisões, a fim de restabelecer a cobrança de ICMS sobre prestação de serviço de transporte de mercadorias destinadas ao exterior em período anterior à norma regulamentar em questão.[6]

5 O entendimento do Fisco após a edição do Decreto nº 56.335/2010

Após a edição da norma executiva em questão, o Fisco passou a aceitar a regra de não incidência sobre os serviços de transporte interno de mercadorias destinadas à exportação, reconhecendo-a como norma de isenção de nível estadual. Como consequência, entende o Estado que está apto a impor requisitos para obtenção do favor fiscal não previstos na Constituição Federal ou Lei Complementar nº 87/96, como, por exemplo, a restrição do *caput* do art. 149 do Anexo I do RICMS, segundo o qual só estão abrangidas pela norma isentiva os serviços que transportem mercadorias destinadas à exportação desde que originadas de estabelecimentos situados em território paulista.

Interessante notar que o Fisco entende como estabelecimento situado em território paulista tanto o estabelecimento do exportador, direto ou indireto (aí compreendidas suas filiais), como o estabelecimento depositário, alfandegado ou não, não se incluindo entre tais os estabelecimentos onde ocorre o mero transbordo ou redespacho da mercadoria, ou seja, aqueles em que não se realizam o depósito ou armazenamento da mercadoria.

Tal foi o entendimento firmado em Resposta à Consulta nº 21147, de 06.05.2020, pela qual se afastou a regra de isenção para empresa paulista subcontratada por operador de transporte multimodal (OTM), haja vista que a mercadoria se originava de estabelecimento situado em Rondonópolis-MT. Como, no caso concreto, o estabelecimento da OTM não se destinava ao depósito ou armazenamento da mercadoria, mas apenas ao transbordo, não poderia ser considerado como estabelecimento remetente da mercadoria destinada à exportação para fins da referida norma de isenção.

6 O entendimento dos contribuintes

Os contribuintes, de seu turno, defendem que tanto o texto constitucional quanto a LC nº 87/96 autorizam o entendimento de que os

---

[6] Nesse sentido as decisões proferidas pela CSJ nos processos nºs 4004126-8, Relator Juiz Fábio Henrique Bordini Cruz, e 3609577-6, Relator Juiz Fernando Moraes Sallaberry.

serviços de transporte de mercadorias destinadas ao exterior, ainda que realizados em território nacional, estão fora do campo de incidência do ICMS. Sobretudo após a EC nº 42/03, a regra de desoneração inaugurada pela lei complementar teria sido elevada ao patamar de imunidade constitucional, e ainda que tal interpretação não se depreendesse de sua literalidade, tal norma haveria de ser construída teleologicamente, haja vista que objetiva o incentivo à exportação. Nesse sentido, assevera Roque Antonio Carrazza:[7]

> É que, segundo estamos convencidos, disponibilizar os meios e modos necessários à exportação de mercadorias (*v.g.* transportando veículos até os pontos de embarque) *não* passa de uma etapa deste processo, que se confundem, para fins de imunidade, com a própria exportação destes bens. Dada sua imprescindibilidade – já que, se nos permite a ousadia das imagens, as mercadorias não "brotam espontâneas" nas dependências portuárias ou aeroportuárias, nem a elas se dirigem por conta própria –, esta *atividade-meio* não pode ser apartada no que atina ao benefícios fiscal em estudo, até por força da milenar regra *acessoriam sequitur suum principale*.
>
> (...)
>
> Em suma: o transporte realizado com vistas à exportação da mercadoria não passa de *atividade-meio* que, levando-a ao exterior, é alcançada pela imunidade do artigo 155, §2º, X, "a".

Esse também é o entendimento firmado pelo Superior Tribunal de Justiça, acima citado, para quem permitir a tributação do transporte interno de mercadorias com destino ao exterior contraria não só a LC nº 87/96, mas a própria Constituição Federal.

Ainda em ordem a suportar essa interpretação está a própria literalidade possível do artigo 3º, II, da Lei Kandir. Ao contrário do argumento fiscal, tal dispositivo não salvaguarda apenas as prestações que destinem serviços ao exterior, mas também os serviços de transporte com vistas a destinar mercadorias ao exterior. Com efeito, o conectivo "ou" empregado no dispositivo em questão pode ser lido como uma disjunção inclusiva, no sentido de que estão excluídas da incidência do ICMS tanto as prestações de serviços ao exterior quanto aquelas que destinem mercadorias ao estrangeiro.

Essa interpretação literal possível do dispositivo encontraria apoio, ainda, no artigo 155, §2º, XII, "e", segundo o qual compete à lei complementar excluir "da incidência do imposto, nas exportações

---

[7] *ICMS*. 18. ed, rev. e ampl. São Paulo: Malheiros, 2020, p. 524.

para o exterior, serviços e outros produtos além dos mencionados no inciso X, 'a'". É certo que o Fisco paulista refuta tal raciocínio, sob a alegação de que o dispositivo autoriza ao legislador complementar apenas a criação de novas hipóteses de isenção de serviços ou mercadorias exportados – ou seja, não permitiria isentar a prestação interna de serviços de transportes.

Tal, contudo, não nos parece a melhor solução, porquanto, a prevalecer tal argumento, o dispositivo em exame teria perdido totalmente a razão de ser com o advento da EC nº 42/03, que estabeleceu nova redação para a regra de imunidade, excluindo por total a incidência do imposto sobre exportações diretas de produtos (industrializados ou não) e serviços (de transporte ou comunicação). Se a exportação direta (de mercadorias ou serviços) já está fora do campo de incidência da regra-matriz do ICMS por força da norma de imunidade, a única forma de justificar a competência do legislador complementar para ampliar hipóteses de desoneração fiscal é aceitar que ele estaria apto a isentar situações relacionadas a exportação de bens e serviços.

E o texto constitucional permite tal interpretação, porquanto empregou a expressão genérica "nas exportações", no sentido de que operações e prestações de serviços relacionadas à exportação – ou à exportação indireta, como é o caso do transporte interno de mercadorias destinadas à exportação, poderiam ser excluídas do campo de incidência do ICMS por lei complementar, sem que se fizesse necessária a observância da sistemática própria para concessão de isenções, incentivos e benefícios de ICMS nos termos do artigo 155, §2º, XII, "g", e Lei Complementar nº 24/75.

É interessante notar que, não obstante a jurisprudência do Supremo Tribunal Federal remanesça firme quanto à interpretação restritiva outorgada à antiga redação do artigo 155, §2º, X, "a", não há expressa manifestação da Corte sobre a Lei Complementar nº 87/96, e nem poderia havê-la, haja vista que o tema é infraconstitucional e, portanto, fora de sua competência jurisdicional.

Coexistem, contudo, decisões conflitantes sobre o tema. Em 2015, a Primeira Turma reformou acórdão do E. Tribunal de Justiça do Estado de Minas Gerais que, na linha do Superior Tribunal de Justiça, havia afastado a incidência do ICMS sobre serviços de transporte interno de mercadorias destinadas à exportação.[8] De outro lado, a Primeira

---

[8] "Ementa: EMBARGOS DE DECLARAÇÃO RECEBIDOS COMO AGRAVO REGIMENTAL EM RECURSO EXTRAORDINÁRIO COM AGRAVO. TRIBUTÁRIO. SERVIÇO UTILIZADO NO TRANSPORTE INTERESTADUAL OU INTERMUNICIPAL DE PRODUTOS

Turma, em 2018, não conheceu de Recurso Extraordinário interposto pelo Estado do Rio Grande do Norte que visava à reforma de acórdão do Tribunal local que havia aplicado a isenção prevista no artigo 3º, II, da LC nº 87/96, ao argumento de que a questão havia sido decidida em nível de legislação infraconstitucional.[9]

A prevalecer, no entanto, o entendimento da Primeira Turma sobre ter a lei complementar veiculado regra de isenção, cuja constitucionalidade não se tem notícia tenha sido questionada, a jurisprudência do Superior Tribunal de Justiça no sentido de que tal regra abarcaria os serviços de transporte internos de mercadorias destinadas à exportação faz do Decreto nº 56.335/2010 mera norma interpretativa, que em nada inova o ordenamento jurídico.

Sobre esse ponto, aliás, vale observar que a admissão da premissa de que o decreto teria criado nova hipótese de isenção o tornaria, automaticamente, inconstitucional e ilegal. E isso porque se trataria de isenção inserida no âmbito estadual sem autorização do CONFAZ à época de sua edição, já que apenas em 2011, com a aprovação do Convênio ICMS nº 6, é que foi facultado ao Estado de São Paulo conceder tal benefício fiscal. Ademais, quer nos parecer que as isenções relativas às exportações somente poderiam ser veiculadas por lei complementar, norma de cunho nacional que visaria à implementação de políticas de estímulo à exportação.

Portanto, ou a hipótese aqui tratada está contemplada pelo artigo 3º, II, da Lei Complementar nº 87/96, e o Decreto nº 56.335/10 seria absolutamente despiciendo, ou tal norma executiva poderia ter sua validade questionada. Ainda nessa linha, poder-se-ia argumentar, ainda, a ilegalidade e inconstitucionalidade de referida norma executiva no ponto em que restringe a aplicação da regra isentiva para a prestação de serviços de transporte de mercadorias oriundas exclusivamente de estabelecimentos situados em território paulista.

INDUSTRIALIZADOS DESTINADOS AO EXTERIOR. PRETENDIDA NÃO INCIDÊNCIA DO ICMS. ART. 155, §2º, X, A, DA CONSTITUIÇÃO FEDERAL. 1. A imunidade tributária prevista no artigo 155, §2º, X, a, da Constituição Federal é benefício restrito às operações de exportação de produtos industrializados, não abrangendo o serviço utilizado no transporte interestadual ou intermunicipal dos referidos bens. 2. Embargos de declaração recebidos como agravo regimental a que se nega provimento. (RE nº 602399 ED, Relator(a): ROBERTO BARROSO, Primeira Turma, julgado em 15.12.2015, ACÓRDÃO ELETRÔNICO DJe-059 DIVULG 31-03-2016 PUBLIC 01.04.2016).

[9] "Agravo regimental em recurso extraordinário com agravo. 2. Direito Tributário. 3. Isenção tributária. 4. ICMS. 5. Lei complementar 87/1996. 6. Matéria infraconstitucional. 7. Ofensa reflexa. 8. Agravo regimental a que se nega provimento" (ARE nº 1094125 AgR, Relator(a): GILMAR MENDES, Segunda Turma, julgado em 23.11.2018, PROCESSO ELETRÔNICO DJe-256 DIVULG 29.11.2018 PUBLIC 30.11.2018).

Dado o aspecto teleológico que deve guiar a interpretação da norma de desoneração, seja reconhecendo-a como regra de imunidade ou regra isentiva estabelecida por lei complementar de caráter nacional, tal restrição não haveria de prosperar, até por estar em confronto com a jurisprudência pacífica do Superior Tribunal de Justiça, segundo a qual estão excluídos da incidência do imposto o transporte interestadual de mercadorias destinadas à exportação.

Conclusões

Ainda na vigência da redação originária do artigo 155, §2º, X, "a", da Constituição Federal, a Lei Complementar nº 87/96 (artigo 3º, II) assegurou a não incidência do ICMS sobre os serviços de transportes intermunicipal e interestadual de mercadorias com destino à exportação. Nesse passo, cumpriu referida lei o desígnio do artigo 155, §2º, XII, "e", haja vista a ausência expressa de imunidade para essa hipótese específica.

Com o advento da Emenda Constitucional nº 43/2003, é possível argumentar que tal norma de isenção foi alçada à condição de imunidade tributária, interpretação essa que encontra amparo no aspecto teleológico da norma e na busca de estímulo das exportações mediante desoneração das atividades-meio que permitem a exportação de produtos e mercadorias para o exterior.

O Estado de São Paulo, no entanto, entende que tal desoneração é mera regra de isenção, inaugurada pelo Decreto nº 56.335/2010, que acrescentou o artigo 149 ao Anexo I do RICMS/00. Como consequência, as prestações anteriores a tal período não se encontram desoneradas, entendimento esse que encontra amparo na jurisprudência do Tribunal de Impostos e Taxas.

Tal interpretação, no entanto, permitiria reputar inconstitucional e ilegal a isenção instituída por norma executiva, sem aprovação do CONFAZ e sem lei que a ampare, além de se tratar de invasão de competência de lei complementar, a quem compete desonerar bens e serviços destinados à exportação.

Entendida a regra de desoneração como isenção instituída pela Lei Complementar nº 87/96, no entanto, revela-se inaplicável a jurisprudência do Supremo Tribunal Federal que se formou no sentido de não serem consideradas imunes as prestações de serviços de transporte interno que destinem mercadorias ao exterior. E isso porque tal jurisprudência não se debruçou sobre a legislação complementar, e sequer poderia fazê-lo, por ausência de competência jurisdicional da Corte Maior.

No âmbito do Superior Tribunal de Justiça, é pacífico o entendimento de que os fatos aqui analisados estão excluídos da incidência do ICMS, por força da redação do artigo 3º, II, da lei complementar, inclusive transportes interestaduais, de modo que o Decreto nº 56.335/2010, ao restringir a aplicação de tal isenção apenas às prestações com mercadorias oriundas de estabelecimento situado em território paulista, padece de ilegalidade e inconstitucionalidade.

Informação bibliográfica deste texto, conforme a NBR 6023:2018 da Associação Brasileira de Normas Técnicas (ABNT):

CALCINI, Fabio Pallaretti; PRATA, Gabriel Magalhães Borges. O ICMS e a prestação de serviços de transportes de mercadoria destinada à exportação. *In*: PINTO, Alexandre Evaristo; TOMKOWSKI, Fábio Goulart; ALLEGRETTI, Ivan; BEVILACQUA, Lucas (coord.). *ICMS no Tribunal de Impostos e Taxas de São Paulo*. Belo Horizonte: Fórum, 2022. p. 149-163. ISBN 978-65-5518-319-1.

ature: 20px; font-fam
NULIDADES NO LANÇAMENTO TRIBUTÁRIO E ATUAL JURISPRUDÊNCIA DO TRIBUNAL DE IMPOSTOS E TAXAS DO ESTADO DE SÃO PAULO (TIT/SP)

FÁBIO GOULART TOMKOWSKI

RODRIGO ALEXANDRE LAZARO PINTO

Introdução

É fato que o lançamento reveste o crédito tributário da necessária liquidez e certeza para legitimar o exercício do direito de cobrança em favor da Fazenda Pública.

Nessa senda, caso pesem dúvidas da necessária liquidez e certeza da exigibilidade do crédito tributário pelo contribuinte, o exame da legalidade do lançamento fiscal poderá culminar, entre as hipóteses de cancelamento de autos de infração, na sua declaração de nulidade.

O Tribunal de Impostos e Taxas do Estado de São Paulo (TIT-SP) possui especial papel de controle de qualidade sobre os lançamentos tributários nos julgamentos de processos administrativos tributários decorrentes de lançamento de ofício, garantindo às partes do processo o exercício do contraditório e da ampla defesa e afastando potenciais vícios que inquinam a regularidade da cobrança. É nesse contexto que se impõe analisar as nulidades do procedimento administrativo no lançamento de ofício, notadamente sob a regência da legislação aplicável aos autos de infração e imposição de multa (AIIM) julgados pelo TIT-SP.

O presente artigo avaliará os arquétipos normativos do lançamento tributário na expressão do Código Tributário Nacional (CTN), assim como a ulterior revisão do AIIM no âmbito do julgamento administrativo de controle de legalidade do TIT-SP, em caso de falta de liquidez e certeza do crédito tributário e, em especial, na evidência de potenciais vícios que inquinam sua validade, considerando as particularidades da jurisprudência do citado tribunal administrativo em sua constatação em julgamentos do TIT-SP no âmbito do processo administrativo tributário paulista, inclusive nas hipóteses de identificação de vícios formais e materiais, vícios relacionados à comprovação da ocorrência do fato gerador e a aplicação do princípio da consunção à sanção pelo descumprimento de obrigação acessória.

1 Lançamento tributário na expressão do Código Tributário Nacional (CTN)

A expressão "lançamento", como observa Paulo Caliendo,[1] foi adotada pela tradição brasileira no sentido de lançar, efetuar lance, calcular. Na Itália, utiliza-se a denominação *"accertamento tributario"* e, com menor frequência, *"atto di imposizione"*. Já na Alemanha, as expressões utilizadas são *"Steuerverlangung"*, *"Steuerfestsetzung"*, *"Steuerverfügung"* e *"Steuerbescheid"*, não havendo um conceito legal único.

Eurico de Santi[2] observa que, no uso técnico comercial-contábil, o termo lançamento é utilizado com diversas concepções:

> temos o emprego da expressão lançamento como: (i) ação ou (ii) efeito de escriturar uma verba em livros de escrituração comercial; (iii) a própria verba que se escritura; e (iv) efetuar o cálculo, conferir liquidez a um crédito ou débito.
>
> Em seu desenvolvimento, a legislação e a técnica dogmática incorporaram aos textos legais e à doutrina o termo lançamento, acrescentando, com estas novas aplicações, novo matiz de significados à plurivocidade de sentidos de que já gozava o vocábulo, empregando-o assim: (v) como procedimento administrativo da autoridade competente (art. 142 do CTN), processo, com o fim de constituir o crédito tributário mediante a postura de (vi) um ato-norma administrativo, norma individual e concreta (art. 145 do CTN , caput), produto daquele processo; (vii) como procedimento administrativo que se integra com o ato-norma

---

[1] CALIENDO, Paulo. *Curso de Direito Tributário*. São Paulo: Saraiva, 2019, p. 956
[2] SANTI, Eurico de. *Lançamento tributário*. São Paulo: Saraiva, 2012, pp. 124-126.

administrativo de inscrição da dívida ativa; (viii) lançamento tributário como o ato-fato administrativo derradeiro da série em que se desenvolve um procedimento com o escopo de formalizar o crédito tributário; (ix) como atividade material do sujeito passivo de calcular o montante do tributo devido, juridicizada pela legislação tributária, da qual resulta uma (x) norma individual e concreta expedida pelo particular que constitui o crédito tributário no caso dos chamados lançamentos por homologação (Art. 150 do CTN e §§).

Paulo de Barros Carvalho,[3] referindo-se às conclusões acima expostas, esclarece que o CTN realizou uma escolha clara, em seu artigo 142, optando pela alternativa "(v)". Veja-se:

Como são muitas as possibilidades de sentido, impõe-se, novamente, o processo de elucidação, que o Código Tributário Nacional, no art. 142, em decisiva intervenção prescritiva, empregou, optando pela alternativa (v), para conceber a figura como procedimento administrativo e acrescentando, no parágrafo único, que a atividade administrativa de lançamento é vinculada e obrigatória sob pena de responsabilidade funcional.

Com relação à natureza do lançamento, Luís Eduardo Schoueri[4] observa que já na época da edição do Código Tributário Nacional havia duas correntes: de um lado, os que defendiam que com o fato jurídico tributário já surgia a relação obrigacional entre sujeito ativo e passivo, e de outro aqueles que defendiam que somente com o lançamento é que se poderia falar em obrigação tributária.

Paulo de Barros Carvalho, realizando explanação acerca das concepções de "lançamento" na visão de diferentes autores,[5] observa que Rubens Gomes de Souza, quando se manifestou (dezesseis anos antes da publicação do CTN) a respeito do conceito jurídico do "lançamento", entendia, inicialmente, que este consistia em um ato.[6] Posteriormente, contudo, admitiu que poderia consistir em uma série deles (procedimento).[7]

---

[3] CARVALHO, Paulo de Barros. *Curso de Direito Tributário*. São Paulo: Saraiva, 2018, p. 331.
[4] SCHOUERI, Luiz Eduardo. *Direito Tributário*. São Paulo: Saraiva, 2018, p. 595.
[5] CARVALHO, Paulo de Barros. *Curso de Direito Tributário*. São Paulo: Saraiva, 2018, p. 331.
[6] SOUSA, Rubens Gomes de. *Estudos de Direito Tributário*. São Paulo: Saraiva, 1950, p. 228.
[7] SOUSA, Rubens Gomes de. *Compêndio de legislação tributária*. Rio de Janeiro: Ed. Financeiras, 1954, pp. 63-164.

De modo similar ao primeiro entendimento de Rubens Gomes de Souza, Gilberto de Ulhôa Canto[8] entendia que o lançamento era o ato através do qual se procede à verificação da ocorrência do fato gerador do imposto, à respectiva avaliação e consequente criação do débito fiscal individualizado.

Aliomar Baleeiro,[9] por sua vez, defendia, aceitando o caráter procedimental do lançamento, que este consistiria em um ato administrativo de competência vinculada. Já Amilcar de Araújo Falcão[10] entendia que o lançamento seria ato declaratório e, portanto, não criaria obrigação tributária. No mesmo sentido era o pensamento de Geraldo Ataliba, que acrescenta que também seria um ato declaratório que conferiria liquidez ao crédito.[11]

José Souto Maior Borges preocupou-se em distinguir a norma individual, expedida com o ato de lançamento, do procedimento administrativo que prepara sua expedição. Alberto Xavier, por sua vez, reforça a relevância de tomar-se o lançamento como ato e que seria um equívoco aceitá-lo como procedimento.

De maneira contrária, conforme observa o Professor Paulo de Barros em sua análise conceitual dos referidos autores,[12] Alfredo Augusto Becker[13] e Antônio Roberto Sampaio Dória[14] entendiam que se tratava de um procedimento. Mesmo entendimento era o de Ruy Barbosa Nogueira.[15]

Como salienta Luís Eduardo Schoueri,[16] a polêmica em torno da natureza do lançamento traz consequências práticas. Isso porque a questão da decadência e prescrição possui resultados diversos, a depender do posicionamento adotado sobre o tema, pois para que se possa dar início à contagem do prazo prescricional, por exemplo, é necessário saber, *a priori*, a partir de qual momento passa a existir uma obrigação. Já no que se refere à decadência, esta se opera antes mesmo do surgimento

---

[8] CANTO, Gilberto Ulhôa. *Temas de direito tributário*, Ed. Alba, 1964, v. 1, p. 171.
[9] BALEEIRO, Aliomar. *Direito Tributário Brasileiro*. Rio de Janeiro: Forense, 2001, p. 443.
[10] FALCÃO, Amilcar de Araújo. *Fato gerador da obrigação tributária*. São Paulo: Noeses, 2013, p. 115.
[11] ATALIBA, Geraldo. *Apontamentos de ciência das finanças, direito financeiro e tributário*, Revista dos Tribunais, 1969, p. 277.
[12] CARVALHO, Paulo de Barros. Curso de *Direito Tributário*. São Paulo: Saraiva, 2018, p. 332.
[13] BECKER, Alfredo Augusto. *Teoria geral do direito tributário*. São Paulo: Noeses, 2018, 325.
[14] DÓRIA, Antônio Roberto Sampaio. *Da lei tributária no tempo*. Universidade de São Paulo, 1968, p. 321.
[15] NOGUEIRA, Ruy Barbosa. *Teoria do lançamento tributário*, Resenha Tributária, 1973, p. 32-3.
[16] SCHOUERI, Luiz Eduardo. *Direito Tributário*. São Paulo: Saraiva, 2018, p. 598.

do crédito tributário, o que significa que, quando este já existe, não há como caducar e, portanto, não há que se falar em decadência.

Observa o referido autor que o CTN,[17] contudo, não firmou posicionamento sobre o tema.

Afirma que o CTN se refere a uma "obrigação", nascida com o "fato gerador", e a um "crédito", constituído pelo lançamento. Segundo o autor, com quem concordamos, isso seria a chave para entender o critério adotado pelo Código.

Embora obrigação tributária e crédito tributário sejam um fenômeno único, eles aparecem no CTN em momentos distintos, sendo o crédito um desdobramento da obrigação, nos termos do artigo 139: "Art. 139. O crédito tributário decorre da obrigação principal e tem a mesma natureza desta".

Conforme dispõe o artigo 140 do CTN, segundo Schoueri,[18] o Código deixa evidente que uma eventual anulação do crédito (assim como outras circunstâncias que o modifiquem) não acarreta consequências para a obrigação tributária da qual foi originado. Em outras palavras, significa dizer que o Fisco, ao tomar conhecimento de um fato jurídico tributário, poderá dar por constituído um crédito, de modo a conferir liquidez e certeza à obrigação. Caso, no entanto, o crédito possua uma falha, como um erro de cálculo, dispõe o Fisco da faculdade de anulá-lo e efetuar nova quantificação (novo crédito) com base na mesma obrigação.

Cumpre observar que, caso seja sanável a nulidade, poderá a autoridade tributária refazer o lançamento, contanto que ainda esteja dentro do prazo decadencial. Todavia, nos casos em que a nulidade possuir caráter formal, ou seja, quando for relativa a questões formais do ato administrativo e não culminar em prejuízo à materialidade, será assegurada ao Fisco a reabertura do prazo decadencial com contagem a partir da decretação da nulidade formal, fulcro no artigo 173, II, do CTN, que assim dispõe:

> Art. 173. O direito de a Fazenda Pública constituir o crédito tributário extingue-se após 5 (cinco) anos, contados:
> (...)
> II – da data em que se tornar definitiva a decisão que houver anulado, por vício formal, o lançamento anteriormente efetuado.

---

[17] SCHOUERI, Luiz Eduardo. *Direito Tributário*. São Paulo: Saraiva, 2018, p. 602.
[18] SCHOUERI, Luiz Eduardo. *Direito Tributário*. São Paulo: Saraiva, 2018, p. 602.

Desse modo, fica facultado ao contribuinte alegar a existência de nulidade no lançamento tributário, com o objetivo de afastar a exigência por vício em sua constituição mesmo antes de tratar acerca da materialidade da exigência (sobretudo no que se refere à ocorrência ou não do fato gerador tributário). De outro lado, poderá a administração tributária, por meio de seus órgãos julgadores, pronunciar-se sobre a existência de causas de nulidade e se esta nulidade possui natureza formal ou material.

Como bem se sabe, o artigo 142 do CTN estabelece que:

> Art. 142. Compete privativamente à autoridade administrativa constituir o crédito tributário pelo lançamento, assim entendido o procedimento administrativo tendente a verificar a ocorrência do fato gerador da obrigação correspondente, determinar a matéria tributável, calcular o montante do tributo devido, identificar o sujeito passivo e, sendo caso, propor a aplicação da penalidade cabível.
>
> Parágrafo único. A atividade administrativa de lançamento é vinculada e obrigatória, sob pena de responsabilidade funcional.

Observa Schoueri que quando ocorre o lançamento, ou seja, quando a autoridade administrativa toma conhecimento da obrigação tributária e a quantifica, passa-se a falar em crédito tributário e não mais em obrigação tributária.[19]

Referindo-se ao que dispõe o artigo 142, analisa as diversas informações que podem ser extraídas do dispositivo, as quais abordaremos brevemente a seguir.

O lançamento *"compete privativamente à autoridade administrativa"*. O artigo 3º do CTN reforça essa afirmação, quando estabelece que o tributo será *"cobrado mediante atividade administrativa"*. O parágrafo único do artigo 142 ainda determina se tratar de uma atividade *"vinculada e obrigatória"*. Com efeito, por razões óbvias, o lançamento não poderá ser efetuado por terceiro ou mesmo pelo próprio particular.

A expressão *"constituir o crédito tributário pelo lançamento"* indica que o lançamento declara a existência de uma obrigação tributária e, desse modo, constitui o crédito. Não significa, no entanto, que esta "constituição" deva ser entendida como o surgimento de um direito novo, que não existia, pois obrigação e crédito são um único direito.

"Assim entendido o procedimento administrativo" indica o caráter procedimental do lançamento, pois ele implica uma série de atos

---

[19] SCHOUERI, Luiz Eduardo. *Direito Tributário*. São Paulo: Saraiva, 2018, p. 603.

concatenados que isoladamente não produziriam efeitos. Explica o autor que, nesse sentido, formam um todo jurídico, um ato, e se fossem apenas um procedimento, o lançamento teria um início e um término. Como é um todo, será considerada apenas uma data. Nada obstante, observa-se que essa diferença não é meramente teórica, pois no Direito há prazos para que o lançamento de um tributo possa ser efetuado, então, o fato de haver uma data específica que será considerada a data do lançamento poderá implicar eventual invalidade desse lançamento caso tenha ocorrido o decurso desse prazo para realizá-lo. Observa-se que como não se pode falar em início de lançamento ou lançamento pela metade, pois se trata de um *"todo jurídico"*, ou ocorreram todos os atos previstos em lei, ou o lançamento não ocorreu. Um exemplo disso é que caso não tenha ocorrido a notificação, o lançamento não ocorreu, pois a notificação é um dos atos necessários para que ele ocorra.

"Tendente a verificar a ocorrência do fato gerador da obrigação correspondente, determinar a matéria tributável, calcular o montante do tributo devido, identificar o sujeito passivo" indica, conforme observa o autor, que a atividade de lançamento possui uma finalidade, qual seja: apurar o *an* e o *quantum debeatur*, ou seja, se é devido e quanto é devido.

Tal finalidade é o que possibilita a unidade do lançamento, pois cada uma das atividades exercidas pela Administração deverá fazer sentido no todo. Também será em nome dessa finalidade que o poder de fiscalizar da autoridade surgirá. Com efeito, a prática de atos que não estejam de acordo com essa finalidade será ilegal.

Relativamente a *"E, sendo o caso, propor a aplicação da penalidade cabível"*, conforme o referido autor observa, quando da edição do CTN, a autoridade lançadora não impunha a penalidade, apenas propunha, pois a sua imposição cabia à autoridade julgadora. Hoje, todavia, a autoridade administrativa não mais "propõe" penalidade, mas a aplica.

Ainda segundo o autor, em razão de a "obrigação principal" poder ter por objeto a penalidade pecuniária, nada impede que o lançamento trate de tributo, podendo versar apenas sobre penalidade. Um exemplo disso é o das multas isoladas, que surgem quando deveres instrumentais são descumpridos pelo sujeito passivo. Em tais casos, a penalidade é o único objeto do lançamento.

Nada obstante isso, a expressão *"propor"*, prevista no CTN, pode ser utilizada como fundamento para a defesa no sentido de que, enquanto na imposição do tributo há uma vinculação, no caso de penalidade o legislador abre margem para a discricionariedade do administrador, a este não atribuído apenas um papel passivo, mas sim decisório.

Cumpre ainda salientar, como lembra Paulo Caliendo,[20] que em decorrência do princípio da boa-fé e da proteção da confiança, o Fisco fica impelido a agir de modo a auxiliar o contribuinte no cumprimento do seu dever de pagar tributos. Fica vedado a ele alterar, sem justificativa legítima e de surpresa, o seu procedimento. Essa vedação limita inclusive os casos em que o Fisco tenha se equivocado sobre qual seria a melhor forma de realizar o lançamento.

Da mesma maneira, em decorrência dos referidos princípios, o Fisco fica impedido de modificar os critérios de lançamento do contribuinte, alegando que existe uma nova interpretação que lhe seria mais benéfica. Com efeito, os motivos que foram determinantes para o lançamento não podem ser alterados, sob pena de nulidade.

Após abordarmos brevemente alguns aspectos acerca do lançamento tributário, passa-se, agora, à análise de como o Tribunal de Impostos e Taxas de São Paulo vem se manifestando acerca das nulidades do auto de infração.

2 Falta de liquidez e certeza do crédito tributário no contexto do lançamento tributário

Inicialmente, impõe-se analisar o espectro da liquidez e certeza do crédito tributário emanado pelo lançamento tributário válido. Nesse particular, como visto no item antecedente, o lançamento possui função reparadora e reveladora, declarando, nos termos da lei material válida, se há um crédito tributário em favor da Fazenda Pública, permitindo a liquidação do débito pelo devedor ao se remover os obstáculos da incerteza e iliquidez a favor de uma cobrança administrativa ou, ainda, sua execução forçada pela via judicial.[21]

A Lei Estadual Paulista nº 13.457, de 18 de março de 2009, ao dispor sobre o processo administrativo tributário decorrente de lançamento de ofício, disciplinou a necessária observância da validade dos atos administrativos, respeitando-se os princípios da publicidade, da economia, da motivação e da celeridade, assegurados o contraditório e a ampla defesa, com os meios e recursos a ela inerentes.[22]

---

[20] CALIENDO, Paulo. *Curso de Direito Tributário*. São Paulo: Saraiva, 2019, pp. 344-345.
[21] SCHOUERI, Luís Eduardo. Direito tributário– 9. ed. – São Paulo: Saraiva, 2019, p. 606.
[22] "Artigo 2º – O processo administrativo tributário obedecerá, entre outros requisitos de validade, os princípios da publicidade, da economia, da motivação e da celeridade, assegurados o contraditório e a ampla defesa, com os meios e recursos a ela inerentes."

A validade do procedimento administrativo tributário foi objeto de regulamentação na citada norma e, nesse particular, o artigo 10 da mencionada lei[23] fundamenta a declaração de nulidade de atos atingidos por vício formal ou material, salvo se o ato viciado não prejudicar a parte envolvida, assim como, ao órgão julgador, impõe-se indicar os atos que deverão ser repetidos ou retificados no contexto das nulidades ali identificadas.[24]

A lei paulista do processo administrativo tributário reconhece a necessária declaração de nulidade de atos processuais tangentes à legalidade, conquanto se busque preservar a produção de provas e atos administrativos que não prejudiquem as partes no curso do procedimento fiscal em julgamento. Deveras, não é qualquer ato potencialmente viciado que deverá ser corrigido ou desfeito.[25]

Os erros qualificados, instados pela corte administrativa com potencial forma de correção, não impõem a sua invalidação automática, permitindo-se o ajuste, pelo autor do feito fiscal (a requerimento da representação fiscal ou órgão julgador), e outorgando-se a possibilidade

---

[23] "Artigo 10 – A nulidade de qualquer ato só prejudica os posteriores que dele dependam diretamente. Parágrafo único – Quando a lei prescrever determinada forma, sob pena de nulidade, a decretação desta não pode ser requerida por quem lhe deu causa."

[24] "Artigo 10-A – Ao pronunciar a nulidade, o órgão de julgamento declarará que atos são atingidos e ordenará as providências necessárias a fim de que sejam repetidos ou retificados.
(...)
Artigo 10-B – O erro de forma do processo acarreta unicamente a anulação dos atos que não possam ser aproveitados, devendo ser praticados os que forem necessários a fim de se observarem as prescrições legais. Parágrafo único – Dar-se-á o aproveitamento dos atos praticados desde que não resulte em prejuízo à defesa de qualquer parte.

[25] Artigo 12 – Os erros existentes no auto de infração poderão ser corrigidos pelo autuante, com anuência de seu superior imediato, ou por este, enquanto não apresentada defesa, cientificando-se o autuado e devolvendo-se-lhe o prazo para apresentação da defesa ou pagamento do débito fiscal com o desconto previsto em lei.
Parágrafo único – Apresentada a defesa, as correções possíveis somente poderão ser efetuadas pelo órgão de julgamento ou por determinação deste.
Artigo 13 – Estando o processo em fase de julgamento, os erros de fato e os de capitulação da infração ou da penalidade serão corrigidos pelo órgão de julgamento, de ofício ou em razão de defesa ou recurso, não sendo causa de decretação de nulidade.
(...)
Artigo 14 – O órgão de julgamento mandará suprir as irregularidades existentes no auto de infração, quando não puder efetuar a correção de ofício.
§1º – As irregularidades que tiverem causado prejuízo à defesa, devidamente identificado e justificado, só acarretarão a nulidade dos atos que não puderem ser supridos ou retificados.
§2º – Saneadas as irregularidades pela autoridade competente e tendo havido prejuízo à defesa, será devolvido ao autuado o prazo de 30 (trinta) dias para pagamento do débito fiscal com o desconto previsto à época da lavratura do auto de infração, ou para apresentação da defesa, relativamente aos itens retificados."

de nova apresentação de defesa pelo contribuinte ou pagamento do débito com descontos previstos em lei.

Os potenciais ajustes nos autos de infração se impõem como alvo do princípio da verdade material. Tal princípio deverá ser invocado para fundar o conhecimento de elemento fático ou prova cabal, até mesmo tardiamente, para resolver a demanda resistida entre as partes. Assim, o princípio da busca da verdade material impõe a observância cogente de controle de legalidade do lançamento e mitiga potenciais conflitos entre a Administração Pública e o contribuinte.

Por outro lado, é relevante mencionar que, no âmbito da citada lei estadual de regência do processo administrativo tributário paulista, reconhece-se que o erro de forma, identificado no curso do processo administrativo fiscal, acarretará apenas a anulação dos atos que não puderem ser aproveitados ao processo, porquanto convalidam-se apenas aqueles atos que não resultem em prejuízo à defesa de qualquer parte. Outro fator relevante presente na lei estadual é a possibilidade de os órgãos de julgamento realizarem correções de erros existentes no AIIM ou mandarem suprir as irregularidades, apontadas em julgamento, pela fiscalização tributária,[26] permitindo-se a declaração de nulidades dos atos que não puderem ser supridos ou retificados, de modo a preservar os trabalhos fiscais.

Assim, no contexto da liquidez e certeza do crédito tributário apresentado, parte-se para análise da jurisprudência do TIT-SP e respectivos embates acerca da nulidade das matérias decorrentes de (i) cerceamento do direito de defesa, (ii) erros formais e materiais identificados em julgamentos, (iii) vícios relacionados ao procedimento fiscalizatório e (iv) a aplicação do princípio da consunção à sanção pelo descumprimento de obrigação acessória.

2.1 Nulidade por cerceamento do direito de defesa

Nesse importante subtópico, avalia-se o corolário da natureza vinculada e obrigatória do lançamento (art. 142, parágrafo único, do Código Tributário Nacional) sob a ótica do direito ao contraditório e ampla defesa.

---

[26] Na mesma sorte, as decisões prolatadas que contiverem erro de fato será passível de retificação, devendo o processo ser submetido à apreciação do respectivo órgão de julgamento (art. 15 e parágrafos da Lei 13.457/2009).

Ao tratar das nulidades no processo administrativo fiscal, a Lei nº 13.457/2009 reafirma, em diversos dispositivos, o direito ao contribuinte e ao fisco (representação fiscal) de apresentarem sua manifestação em inovações processuais conducentes à conclusão do julgamento em debate. Assim, caso sobrevenha manifestação do autor do feito ou contribuinte com novas alegações de fato, juntadas de provas ou mesmo elementos circunstanciais que possam direcionar a convicção do julgador administrativo, é outorgado o direito das partes se manifestarem sobre sua pertinência material e temporal ao objeto controvertido nos autos.

Não é apenas a manifestação nos autos que é outorgada ao litigante, mas a busca da verdade material, que permite a produção de provas em outros momentos além da lavratura e impugnação ao AIIM,[27] no entanto, sempre sem prejuízo da oitiva da parte contrária.

Por outro lado, eventuais convergências sobre ajustes nos atos instrumentais afetos ao lançamento tributário, como correção na tipificação do AIIM ou atos declarados nulos no curso do lançamento (art. 12 a 14 da Lei nº 13.457/2009), outorgarão nova oportunidade de defesa ou manifestação ao contribuinte, consolidando os princípios previstos nos incisos LV do artigo 5º da Constituição Federal.

No entanto, não é todo ato que poderá ser objeto de correção no curso do julgamento administrativo fiscal. A descrição e comprovação dos fatos narrados no AIIM que se relacionam com os elementos fundamentais da obrigação tributária são essenciais para validade do AIIM, sem os quais se torna impossível a resistência do contribuinte.

Desse modo, as defesas e recursos, com questões preliminares à matéria meritória, poderão veicular pedidos de declaração de nulidade sobre vícios formais ou materiais na sua constituição, inquinando sua invalidade no mundo jurídico.[28]

---

[27] "Artigo 19 – As provas deverão ser apresentadas juntamente com o auto de infração e com a defesa, salvo por motivo de força maior ou ocorrência de fato superveniente. (NR)
§1º – É lícito às partes, em qualquer tempo, juntar aos autos documentos novos, apenas quando destinados a fazer prova de fatos supervenientes ou para contrapô-los aos que foram produzidos nos autos. (NR)
§2º – Nas situações excepcionadas no "caput" e no §1º deste artigo, que devem ser cabalmente demonstradas, será ouvida a parte contrária. (NR)."

[28] SILVA, Leandro Cabral; CAMARGO, Lia de; DANTAS, Leticia Tourinho; MAIA, Nathalia. Nulidades no lançamento fiscal. Observatório do TIT do Núcleo de Estudos Fiscais da Escola de Direito de São Paulo da FGV. (SANTI, Eurico Marcos Diniz de; SANTIN, Lina; SALUSSE, Eduardo Perez; TOLEDO, Dolina Sol Pedroso de (coord.). Disponível em: https://www.jota.info/opiniao-e-analise/artigos/observatorio-do-tit-nulidades-no-lancamento-fiscal-02052018. Acesso: 06 maio 2021.

2.1.1 Nulidade por falta de correlação entre a descrição da infração e o artigo tido por infringido

As preliminares suscitadas pelos impugnantes e recorrentes sobre as nulidades por cerceamento do direito de defesa decorrentes de erro na descrição da infração por não refletir a realidade dos fatos indicados como infringidos se referem, em sua maioria, a erros na descrição da acusação, que foi formulada tendo como objeto uma premissa na materialidade de fato analisado como incorreta e consequente incorreção na capitulação legal tida como infringida.[29] Essa incorreção é tida como violação ao direito de ampla defesa do contribuinte por não ser possível contrapor fatos não conexos com a realidade aposta no caderno administrativo.

O artigo 11 da Lei nº 13.457/2009[30] destaca que a nulidade por erro de descrição, suficiente ao cancelamento de AIIM, está condicionada à presença de insegurança das partes com relação ao fato. Outro erro qualificado analisado pela Câmara Superior do TIT-SP se refere a vício de caráter absoluto em face de erro de "dualidade acusatória e imprecisão de matéria tributável", nos termos do julgamento em recurso especial do contribuinte no AIIM nº 4042692-0. Segundo a conclusão do julgamento, a "mistura de fatos infracionais" alegada pelo recorrente não prejudicou a análise do mérito do AIIM e, inclusive, foi apta a produzir provas nos autos para contrapor a alegação do autor do feito, como laudo pericial.

---

[29] Cite-se o precedente exarado no julgamento do Recurso Ordinário e Ofício no AIIM nº 3151954-4 – 2ª Câmara Julgadora, sessão de 18/11/2015: "Segundo a posição deste Tribunal, inexiste infração fiscal se o contribuinte aproveitou crédito do ICMS em montante superior a 1/48 ao mês e o estornou antes da fiscalização. O mesmo entendimento de fundo pode ser aplicado no presente caso. Independentemente de haver, ou não, estorno, fato é que naquele determinado período em que se teve a apropriação integral do crédito de ICMS não se recolheu imposto, postergando-o aos meses subsequentes pela falta de créditos a compensar. Logo, aplicando a posição exarada do acórdão transcrito ao caso concreto, tem-se que não há infração pelo por aproveitamento de crédito simplesmente porque o crédito é legítimo. Como afirmei, o que eventualmente pode ser considerado como infração fiscal é a falta de pagamento do ICMS pela apropriação de crédito com inobservância das condições estabelecidas. Dessa forma, tenho que há erro de acusação fiscal no item 4 do AIIM, devendo tal item ser prontamente afastado, por inobservância aos artigos 142 do CTN e 34 da Lei nº 13.457/89". Esse precedente foi reformado pela Câmara Superior, em sessão de 18/10/2017: "O voto vencedor proferiu o juízo de valor dando uma ampliação na definição de "insumos" da Decisão Normativa CAT n.º 01/01 com base na Decisão Normativa CAT n.º 05/05; art. 110, do CTN e normas proferidas pelo Instituto dos Auditores Independentes do Brasil e do Comitê de Pronunciamentos Contábeis. Inocorrência de falta de fundamentação".

[30] "Artigo 11 – As incorreções ou omissões do auto de infração não acarretarão sua nulidade, quando nele constarem elementos suficientes para se determinar com segurança a natureza da infração e a pessoa do infrator".

No entanto, no AIIM nº 4094800-6 da Câmara Superior do TIT-SP referendou o reconhecimento de nulidade do lançamento pela descrição da infração se revele incompleta e incongruente com a matéria tratada no seio das provas dos autos, implicando cerceamento de defesa da autuada, o que acarretaria vício insanável, a ensejar a nulidade do auto de infração. Como se observa, a motivação do lançamento é elemento fundamental para o exercício do direito de defesa do autuado, atendendo à garantia fundamental da ampla defesa e viabilizando a lide na jurisdição administrativa e judicial.[31]

2.1.2 Ausência de comprovação da ocorrência do fato gerador

A ausência de comprovação do fato gerador, no contexto das nulidades do processo administrativo, foi objeto de julgamento no AIIM nº 4025538-4, julgado pela 2ª Câmara Julgadora, em sessão de 20.01.2016, o qual analisou a ausência de demonstração, pelo autor do feito, da relação de notas fiscais supostamente deixadas de serem escrituradas, vício esse que foi solicitada sua correção pela Representação Fiscal.

O voto vencedor do precedente reconheceu a nulidade da diligência por ser determinação privativa do órgão julgador (art. 25 da Lei nº 13.457/09), quando o processo já está na fase de julgamento, assim como reconheceu se tratar de vício insanável, como preceitua o art. 34 da Lei nº 13.457/2009 ao exigir que não se deixe dúvidas acerca da matéria tributável sob lançamento materializado no AIIM. No entanto, o julgamento foi anulado pela Câmara Superior, em 03.04.2019, sustentando ser desnecessária a identificação das notas fiscais faltantes em escrituração, quando apuradas por diferença entre o total dos livros fiscais e as GIAS, e ratificou que foi devidamente fundamentada a decisão:

> O lançamento referente ao item 1 do AIIM tem como base a diferença entre a soma dos valores das notas fiscais emitidas pelo autuado através do sistema de NFE – Nota Fiscal Eletrônica e os valores declarados em sua Guia de Informação e Apuração do ICMS e no seu Livro Fiscal correspondente, em seus respectivos meses, conforme cópias juntadas

---

[31] SILVA, Leandro Cabral; CAMARGO, Lia de; DANTAS, Leticia Tourinho; MAIA, Nathalia. Nulidades no lançamento fiscal. Observatório do TIT do Núcleo de Estudos Fiscais da Escola de Direito de São Paulo da FGV. (SANTI, Eurico Marcos Diniz de; SANTIN, Lina; SALUSSE, Eduardo Perez; TOLEDO, Dolina Sol Pedroso de (coord.). Disponível em: https://www.jota.info/opiniao-e-analise/artigos/observatorio-do- tit-nulidades-no-lancamento-fiscal-02052018. Acesso: 06 maio 2021.

ao AIIM. A diferença é de imediata constatação e não deveria existir. Ao fisco não cabe justificá-la, pois a mesma, por si só, já representa não escrituração das NFs ou escrituração não regular. O contribuinte entendeu claramente a infração, tanto que justificou as referidas diferenças sob o argumento de que as NFs não escrituradas representam descarte de produtos impróprios para comercialização, com destino à Empresa Prolab que opera no ramo de gestão de inservíveis, e que essas operações não atendem ao conceito de mercadorias e por isso não são tributadas. Neste ponto, conheço do Recurso Fazendário e lhe dou provimento. O mesmo se aplica a matéria relativa à possibilidade de a representação fiscal promover diligências, nos termos do artigo 72 da Lei nº Lei nº 13.457/09: (...)
A competência do órgão julgado só é exclusiva quando do momento julgamento.[32]

Ademais, é importante analisar questões relacionadas à não comprovação do fato e respectivo prejuízo à materialidade da certeza e liquidez da obrigação tributária. Em julgamento da 2ª Câmara Julgadora, AIIM nº 3.106.629-0, sessão de 17.12.2015, o auto de infração foi cancelado por falta de certeza e liquidez do crédito tributário por sucessivas manifestações do autor do feito, ora confirmando o crédito fiscal, ora negando sua exigibilidade. O precedente em referência foi reformado em 12.12.2017 na Câmara Superior, sob a seguinte orientação:

Quanto a segunda preliminar, de ausência de vício de fundamentação no acórdão, pois teria se baseado na premissa de que o agente autuante e a Representação Fiscal se manifestaram em favor da autuada, igual destino tem o Recurso Especial, em primeiro porque nenhum dos paradigmas trazidos aos autos se assemelham ao caso concreto, dado inclusive a sua particularidade: tratam de consideração de provas ausentes, fundamentação contraditória, de difícil entendimento, singela e insuficiente. Neste termos, dado a inexistência de dissídio de

---

[32] Em relação à declaração de nulidade dos itens relacionados à descrição da infração, o julgamento da Câmara Superior afastou sua alegação, sustentando a incorreção da premissa utilizada pelo julgador *a quo*: "Em realidade, não estamos diante de uma premissa, mas sim da conclusão do silogismo firmado pelo voto recorrido. Segundo seu raciocínio, a fiscalização apurou não haver escriturado regularmente no livro fiscal próprio – RS (registro de saídas), documentos de sua emissão, NFes (notas fiscais eletrônicas), relacionados no demonstrativo, anexo e relativos a operações tributadas, conforme se comprova pelas cópias dos documentos juntadas. Dentre as provas apresentadas não se encontra a relação das notas não escrituradas, LOGO, o AIIM é nulo por não apresentar a comprovação da infração. Note-se que o raciocínio do julgador não é falacioso, ambas as premissas são verdadeiras, sua conclusão, no entanto, pode dela decorrer, e este me parece o caso. Não estamos diante de utilização de premissa fática, mas sim de conclusão equivocada. E por tal razão a nulidade não se apresenta como solicitada. (..)"

interpretação não conheço do Recurso Especial apresentado, dada a não observância de requisito necessário.

O mesmo racional da 2ª Câmara é aplicado no AIIM nº 4000763-7, julgado pela 8ª Câmara em 10.12.2019, sendo demonstrado que o critério utilizado pelo autor do feito em utilizar-se de levantamento fiscal nas operações simbólicas e não nas físicas, tangenciando a certeza e liquidez em relação ao montante de mercadorias supostamente omitido pelo contribuinte. No entanto, a Câmara Superior, em julgamento de 12.04.2021, reconheceu o fundamento da solidariedade como válido, pois decorrente de determinação legal e relação com o fato gerador, sendo modalidade de presunção legal e norma de extensão pessoal:

(...) Isso posto, passo em revista, da conjugação da fundamentação determinante da r. decisão atacada e dos argumentos recursais, conforme tópicos de nº 4. e nº 5. desse:

8.1. do pleito, preliminar, do reconhecimento da nulidade, em razão do não enfrentamento de argumentos relevantes postos. Entende a d. Fazenda Pública que a r. decisão recorrida não prestou jurisdição suficiente aos argumentos recortados em seu

parecer quando da realização do primeiro julgamento na judicância "a quo" (parecer de fls. 1519/23, apresentado àquela judicância), considerados relevantes para o deslinde da questão.

Assim apreendida a questão, tomo que o parecer a que faz referência a d. Recorrente-Fazenda Pública, encartado às fls. 1519/23, sofreu os efeitos da nulidade da r. decisão recorrida pela judicância dessa C. Câmara Superior, de fls. 2062/72 (como enunciado no tópico de nº 2 do presente), e, da mesma forma, é atualmente um ato nulo, não reintroduzido de maneira competente à judicância desses autos.

Com efeito, entendo que a matéria atrai a incidência da disciplina do artigo 10, "caput", da Lei estadual nº 13.457/2009:

Artigo 10 – A nulidade de qualquer ato só prejudica os posteriores que dele dependam diretamente. (grifos nossos)

O referido artigo, volta-se para determinar a projeção da nulidade de determinado ato e sua repercussão nos demais atos processuais (efeito expansivo da nulidade). De maneira que, ao se anular um ato processual, reputam-se nulos aqueles que dele dependam.

Dessa forma, tomo por inequívoca a relação de dependência entre a pretérita decisão de sede ordinária (fls. 1494/531), declarada nula pela anterior decisão dessa C. Câmara Superior (fls. 2062/72), e o parecer da d. Diretoria da Representação Fiscal (fls. 1519/23), indicado pela recorribilidade especial fazendária, pois esse (parecer) é, como lançado nos autos, parte integrante daquela (primeira decisão de sede ordinária).

Assim, à vista dessa dependência, o ato processual (parecer de fls. 1519/23) é considerado também como ato igualmente nulo (forma de nulidade derivada ou decorrente).

É certo que as razões apontadas no referido parecer são, aparente e potencialmente, de influência sobre os limites do presente lançamento tributário. Contudo, à vista do entendimento de o ser nulo, por derivação da nulidade da primeira decisão de sede ordinária, não pode ser considerado para a formação da livre convicção motivada que sustenta as decisões judicantes. Nesses termos, respeitosamente, em que pese o esforço argumentativo da d. Recorrente-Fazenda Pública, inapreensível a existência de nulidade pelo fato da r. decisão recorrida ao não tomar em consideração seu parecer (fls. 1519/23), pois, a toda evidência, não deveria mesmo fazê-lo, uma vez que se apresenta atingido pela nulidade por derivação, resultante da nulidade que foi decretada da primeira decisão de sede ordinária, pois com ela dependente (foi sua parte integrante). Fato que conduz à inservibilidade das decisões paradigmadas veiculadas para o sustento da presente tese (Processo DRT-14- 241061/2005 (fls. 2191/7); Processo DRT-09-522092/2004 (fls. 2198/204); e Processo DRT-12-80578/2010 (fls. 2205/21)).

Com o que, inocorrente a recortada nulidade, não conheço da presente porção do apelo especial da D. Fazenda Pública.

2.2 Demonstração do prejuízo do recorrente para reconhecimento da nulidade

Considerando a possibilidade de ampla produção de prova para demonstrar os fatos sustentados pelo contribuinte (art. 22 da Lei nº 13.457/2009),[33] é importante citar o precedente veiculado pela Câmara Superior do TIT-SP, no AIIM nº 4006362-8, sessão de 05.11.2015,[34] que reconheceu, em votação unanime, que é ônus do contribuinte, ao sustentar cerceamento de defesa por ausência de fundamentação e análise das provas carreadas aos autos, a demonstração de prejuízo à ampla defesa e quais elementos foram ignorados na instância recorrida.

---

[33] "Artigo 22 – Em se tratando de infrações caracterizadas em documentos recebidos, emitidos ou escriturados pelo sujeito passivo, admitir-se-á como elemento de prova, em substituição aos referidos documentos, demonstrativo no qual as operações, prestações ou eventos estejam individualmente discriminados, sempre que, alternativamente, o referido demonstrativo tenha sido elaborado pelo fisco: (...)
III – esteja acompanhado de originais ou cópias dos respectivos documentos em quantidade suficiente para comprovar, de forma inequívoca, ainda que em relação a um único evento, a ocorrência da infração".

[34] "Não há qualquer nulidade a ser declarada. A Recorrente argui a nulidade do acórdão recorrido, por falta de apreciação de suas alegações, mas não indica quais seriam os argumentos não apreciados. Sem a demonstração do alegado prejuízo, não se pode acolher suposto cerceamento de seu direito à ampla defesa".

2.3 Declaração de inidoneidade e glosa de créditos de ICMS

O TIT-SP, em sessão monotemática TIT, ocorrida em 29.5.2012, debateu sobre as autuações de creditamento indevido com base em documento fiscal inidôneo, por não atender às condições previstas no item 3 do §1º do artigo 59 do RICMS/00. Após amplo debate, concluiu a Câmara Superior, uma vez demonstrada a prova da ocorrência da inidoneidade dos documentos fiscais, que cabe ao contribuinte demonstrar ser adquirente de boa-fé, na forma do entendimento do Superior Tribunal de Justiça (STJ).

Em julgamento da Câmara Superior do TIT-SP, no AIIM nº 4088958-0, analisou-se a admissibilidade de recurso especial decorrente de controvérsia sobre a necessidade de prova do encerramento do trabalho de fiscalização da declaração de inidoneidade do fornecedor inidôneo de mercadorias com crédito de ICMS glosado pela fiscalização. Assim, em razão da ausência de liquidez e certeza sobre a declaração de inidoneidade, restou anulado o lançamento fiscal.

2.4 Lançamento por presunção

Decorrente da necessidade de equilíbrio na relação Fisco-contribuinte em razão do distanciamento da administração no controle da vida econômica do contribuinte na constatação da eventual ocorrência de um fato gerador, a presunção aplicada ao lançamento visa facilitar a prova da ocorrência de fatos geradores pela Administração e dar efetividade à norma de Direito Tributário material. Assim, a legislação paulista, a exemplo do art. 509 do RICMS-SP,[35] reconhece

---

[35] "Artigo 509 – O movimento real tributável realizado pelo estabelecimento em determinado período poderá ser apurado por meio de levantamento fiscal, em que poderão ser considerados, isolados ou conjuntamente, os valores das mercadorias entradas, das mercadorias saídas, dos estoques inicial e final, dos serviços recebidos e dos prestados, das despesas, dos outros encargos e do lucro do estabelecimento, bem como de outros elementos informativos.
§1º – No levantamento fiscal poderá ser utilizado qualquer meio indiciário, bem como aplicado coeficiente médio de lucro bruto, de valor acrescido ou de preço unitário, considerados a atividade econômica, a localização e a categoria do estabelecimento.
(...)
§4º – O imposto devido sobre a diferença apurada em levantamento fiscal deverá ser calculado mediante aplicação da alíquota prevista no inciso I do artigo 52, salvo se o contribuinte tiver praticado qualquer operação ou prestação de serviços sujeita a alíquota maior, no período de levantamento, hipótese em que deverá ser considerada esta alíquota, independentemente do regime de tributação a que estiver sujeita a mercadoria

um fato conhecido e admite a existência de um fato desconhecido que guarda uma relação lógica com aquele fato, a fim de proteger um interesse específico.

No contexto do levantamento físico efetivado pela fiscalização na legislação paulista acima citada, afasta-se a presunção de omissão com a demonstração, pelo contribuinte, de cometimento de erros na escrituração ou mesmo a indicação que as operações averiguadas não se caracterizam como fato fiscalmente relevantes para o ICMS.

Em julgamento na Câmara Superior do TIT-SP, AIIM nº 4098016-9, avaliou-se a alegação de nulidade do procedimento por dissintonia com a realidade dos fatos, o que afastaria a presunção que embasa o lançamento por levantamento fiscal. Embora a questão fática não permitisse o conhecimento da matéria pelo recurso estreito (recurso especial), o julgamento validou o entendimento da Câmara de origem, considerando que a alegada prova da verdade dos fatos foi afastada pelo acórdão recorrido por entender que mero erro de registro no inventário (bens em estoque de terceiro e bens de terceiro em seu estoque), por si só, não afastaria a presunção, necessitando produzir prova suficiente da inexistência das diferenças que levaram à exigência do imposto.

2.5 Nulidade no contexto da prova da responsabilidade tributária

A responsabilidade tributária pressupõe duas normas autônomas: a regra matriz de incidência tributária e a regra matriz de responsabilidade tributária, cada uma com seu pressuposto de fato e seus sujeitos próprios.[36] A referência ao responsável revela uma relação específica de responsabilidade tributária, exigindo-se as provas para demonstração e justificação da atribuição de corresponsabilidade no contexto de dolo, fraude e simulação.

Os lançamentos relativos à indicação incorreta na capitulação legal, ou mesmo a sua ausência para fundamentar a responsabilidade tributária, impõem a anulação do AIIM, mesmo que presentes provas de fraude, dolo ou simulação. Evidencia-se, pois, a correta interpretação do art. 142 do CTN.

Em relação à ausência de provas de ardil (dolo, fraude ou simulação) para fundamentar a responsabilidade tributária, há julgamentos no sentido de afastar a presunção de responsabilidade de sócios ou

---

[36] SCHOUERI, Luís Eduardo. *Direito tributário*. 9. ed. – São Paulo: Saraiva, 2019, p. 559.

terceiros, exigindo-se a comprovação da participação efetiva no ilícito para a imputação de responsabilidade solidária.[37]

2.6 Concomitância de medida judicial e vinculação às decisões dos tribunais superiores

É importante indicar que a Lei nº 13.457/2009 não prevê hipótese de suspensão de julgamento administrativo de AIIM em caso de concomitância com ação judicial, seja individual, seja coletiva, veiculada em favor do contribuinte. Assim, a concomitância é seguida como desistência à defesa administrativa e o julgamento é mantido até culminar na suspensão da cobrança perante a Procuradoria-Geral do Estado de São Paulo, nos casos do art. 151, II, IV e V do CTN.[38]

No entanto, a lavratura de autos de infração com base em dispositivos considerados inconstitucionais por decisão liminar do Supremo Tribunal Federal (STF) impôs a declaração de nulidade do lançamento de ofício, como destacam os AIIM nºs 3.077.739-2 e 3.026.967-2.[39]

3 Vício formal e material no contexto do processo administrativo tributário paulista

A ocorrência de defeito no instrumento do lançamento que configure erro de fato é convalidável e, por isso, anulável por vício formal. É nessa senda que se enquadra a hipótese de retificação de atos durante o curso do processo administrativo fiscal. O defeito que inquina nulidade ao lançamento por afrontar os requisitos formais do lançamento (art. 145 do CTN) não é mero vício formal e, ao interferir na regra-matriz de incidência do tributo, afeta um dos seus elementos fundamentais, invalidando o ato por vício material.

---

[37] SILVA, Leandro Cabral; CAMARGO, Lia de; DANTAS, Leticia Tourinho; MAIA, Nathalia. Nulidades no lançamento fiscal. Observatório do TIT do Núcleo de Estudos Fiscais da Escola de Direito de São Paulo da FGV. (SANTI, Eurico Marcos Diniz de; SANTIN, Lina; SALUSSE, Eduardo Perez; TOLEDO, Dolina Sol Pedroso de (coord.). Disponível em: https://www.jota.info/opiniao-e-analise/artigos/observatorio-do- tit-nulidades-no-lancamento-fiscal-02052018. Acesso: 06 maio 2021.
[38] "Art. 151. Suspendem a exigibilidade do crédito tributário:
(...)
II – o depósito do seu montante integral; (...)
IV – a concessão de medida liminar em mandado de segurança.
V – a concessão de medida liminar ou de tutela antecipada, em outras espécies de ação judicial;"
[39] Idem NR 21.

No caso de erro na indicação do sujeito passivo, a mera irregularidade na sua identificação, caso não prejudique o exercício do contraditório, não gera nulidade do ato de lançamento. No entanto, a Câmara Superior do TIT-SP, em julgamento de recurso especial no AIIM nº 3159139-5, reconheceu que há erro na identificação do sujeito passivo, na hipótese de sucessão (incorporação de empresas), que inquina a validade do lançamento fiscal identificando a empresa sucedida, inclusive escorando-se em jurisprudência do STJ.

4 Vícios relacionados à comprovação da ocorrência do fato gerador

No presente subtópico, avaliam-se a necessária identidade entre as provas coligidas na fiscalização e a respectiva descrição e capitulação legal da infração tida por ocorrida. Sem a convergência entre os elementos fáticos e probatórios, a autuação fiscal está sob pena de nulidade em razão da deficiência na possibilidade de o contribuinte produzir provas suficientes a ilidir aquelas produzidas pelo Fisco. É nesse contexto que a prova se insere como a demonstração da materialização da hipótese de incidência tributária e justifica a produção desse ato administrativo (lançamento fiscal).

Em julgamento do AIIM nº 3.053.823-3 da 5ª Câmara do TIT-SP, reconheceu-se que não há nulidade por falta de provas quando as infrações imputadas ao contribuinte forem comprovadas por documentos fiscais por ele exibidas no curso da fiscalização. Por outro lado, em relação às acusações de falta de entrega de documentos requisitados, o desatendimento do contribuinte é considerado suficiente para comprovação da materialidade das infrações revestidas no AIIM.[40]

5 Aplicação do princípio da consunção à sanção pelo descumprimento de obrigação acessória

O princípio da consunção ou teoria da absorção é aplicado aos julgamentos administrativos na hipótese de uma infração de menor

---

[40] SILVA, Leandro Cabral; CAMARGO, Lia de; DANTAS, Leticia Tourinho; MAIA, Nathalia. Nulidades no lançamento fiscal. Observatório do TIT do Núcleo de Estudos Fiscais da Escola de Direito de São Paulo da FGV. (SANTI, Eurico Marcos Diniz de; SANTIN, Lina; SALUSSE, Eduardo Perez; TOLEDO, Dolina Sol Pedroso de (coord.). Disponível em: https://www.jota.info/opiniao-e-analise/artigos/observatorio-do-tit-nulidades-no-lancamento-fiscal-02052018. Acesso: 06 maio 2021.

gravidade, que serviu de meio para a prática da infração mais gravosa. Nesse caso, a de menor gravidade é absorvida para se evitar dupla penalização do contribuinte.

Na hipótese de aplicação de penas por infrações de deveres instrumentais (obrigações acessórias) decorrentes da mesma conduta avaliada pela fiscalização como infração à legislação tributária e façam referência ao mesmo conjunto probatório, é possível que a acusação fiscal mais grave absorva a de menor relevância.

Nesse sentido, a Câmara Superior do TIT reconhece a possibilidade de não aplicar a pena ao contribuinte duas vezes, permitindo que a penalidade mais branda seja absorvida pela penalidade mais gravosa, como em casos de obrigações acessórias com dados incorretos ou omissões de sua escritura e envio à autoridade fiscal.

Em julgamento de Recurso Especial, AIIM nº 4093492-5, a Câmara Superior do TIT-SP reconheceu que havia identidade entre as descrições dos tipos acusatórios mais graves (creditamento indevido sem base na EFD) com a infração de obrigação acessória (escrituração incorreta de EFD), permitindo que a infração acessória fosse absorvida pela mais grave.

O entendimento em referência foi referendado no julgamento do recurso especial do AIIM nº 4062686-6, com interessante distinção entre a aplicação da teoria da absorção entre consequências distintas de infração mais gravosa, o que afastou seu reconhecimento para dois itens e manteve a improcedência em relação a um item específico. Nesse sentido, o Recurso Especial no AIIM nº 3.155.799-5.

Conclusão

O lançamento constitui um ato administrativo com presunção de legalidade, legitimidade e veracidade, porquanto o curso do processo administrativo fiscal deve resolver qualquer potencial violação à legalidade, motivação e a busca da verdade material.

É relevante mencionar que, no âmbito da citada lei estadual de regência do processo administrativo tributário paulista, reconhece-se que o erro de forma, identificado no curso do processo administrativo fiscal, acarretará apenas a anulação dos atos que não puderem ser aproveitados ao processo, porquanto convalidam-se apenas aqueles atos que não resultem em prejuízo à defesa de qualquer parte.

Embora a preocupação do legislador paulista tenha direcionado especial relevo a hipóteses de preservação de atos processuais com inclinação potencialmente viciada por erro, notadamente aqueles de cunho instrutório, com a imposição de sua subsistência e aperfeiçoamento no curso do procedimento administrativo fiscal, a jurisprudência do TIT-SP reverbera sob o norte da anulação de atos tangentes à legalidade em clara e precisa observância da função reparadora e reveladora do lançamento fiscal, objetivando o atingimento da certeza e liquidez do crédito tributário.

Informação bibliográfica deste texto, conforme a NBR 6023:2018 da Associação Brasileira de Normas Técnicas (ABNT):

TOMKOWSKI, Fábio Goulart; PINTO, Rodrigo Alexandre Lazaro. Nulidades no lançamento tributário e atual jurisprudência do Tribunal de Impostos e Taxas do Estado de São Paulo (TIT/SP). *In*: PINTO, Alexandre Evaristo; TOMKOWSKI, Fábio Goulart; ALLEGRETTI, Ivan; BEVILACQUA, Lucas (coord.). *ICMS no Tribunal de Impostos e Taxas de São Paulo*. Belo Horizonte: Fórum, 2022. p. 165-186. ISBN 978-65-5518-319-1.

A RESPONSABILIZAÇÃO TRIBUTÁRIA DO TOMADOR DE SERVIÇOS

FULVIA HELENA DE GIOIA

Introdução

A sujeição passiva na relação jurídica tributária é tema recorrente nas reflexões de todos os que se dedicam ao Direito Tributário e também dos que atuam em sua operacionalidade, tanto do lado da Administração Tributária quanto do lado das atividades privadas. O emaranhado legislativo composto por incontáveis normas nem sempre harmônicas e compatíveis sistemicamente, a demandar interpretações que culminam em litígios submetidos aos tribunais (administrativos e judiciais) já assoberbados por discussões reiteradas e prolongadas, conduz aos esforços conjuntos em busca da tão almejada segurança jurídica. E, consequentemente, daí emerge o relevante papel da academia e da pesquisa, a quem, sob os fundamentos científicos, cabe apontar as distorções e os caminhos de recondução de rumo.

Nesse sentido, a atuação do Instituto de Direito Público, por meio do grupo de pesquisa "Observatório de Macrolitigância Fiscal", traz sua inominável contribuição, agora concretizada com a publicação da obra para a qual muito honrou o convite para contribuir.

A responsabilização tributária do tomador de serviços somente pode ser aferida a partir do sistema jurídico tributário e à luz da hierarquia e harmonia de todo o conjunto de princípios e regras, cuja base é constitucional.

Assim será aqui enfrentado o tema com o propósito de demonstrar os desvios interpretativos incorridos em alguns dos julgados da Câmara Superior do Tribunal de Impostos e Taxas de São Paulo (TIT), que não se coadunam com o ordenamento jurídico tributário atual, inclusive com o posicionamento do Superior Tribunal de Justiça, órgão competente para dirimir afrontas e controvérsias de interpretação legal.

Isso porque a prevalência de interpretação equivocada pode levar a aplicabilidade incorreta das normas sobre responsabilidade tributária solidária, atingindo também os tomadores de serviços.

Para tanto, é preciso compreender que o sistema jurídico tributário nacional tem como alicerce as normas constitucionais que cumprem duas funções: outorga de competências exclusivas aos entes federados para a instituição de tributos e imposição de limites ao exercício dessas competências por meio do estabelecimento de princípios (diretrizes normativas), suas respectivas amplitudes e exceções, bem como da fixação das imunidades. São, portanto, normas que direcionam tanto a atividade legislativa tributária, quanto as atividades administrativa e judicial.

Sendo assim, as normas tributárias relativas à responsabilidade tributária oriundas de leis (federais, estaduais, do Distrito Federal e municipais) estão necessariamente subordinadas ao estabelecido pelas limitações impostas pelo constituinte.

Por essa razão, parte-se desse conjunto normativo com a finalidade de, a partir das premissas estabelecidas, chegar-se à análise do caminho que vem percorrendo o TIT.

1 A determinação legal da responsabilidade tributária: contornos e limites impostos pelo Código Tributário Nacional

A Constituição Federal de 1988 (CF/88) estabelece o princípio da legalidade tributária e dispõe cumprir à lei complementar "estabelecer normas gerais em matéria de legislação tributária" (art. 146, III, da Constituição Federal).

Nesse contexto, o Código Tributário Nacional (CTN), originariamente aprovado como lei ordinária (Lei nº 5.172/66), ao veicular normas gerais em matéria de legislação tributária, foi recepcionado pela CF/88 com *status* de lei complementar.

As normas gerais veiculadas por meio de lei complementar são normas de contorno, fixadoras de limites dentro dos quais deve se ater o legislador de normas específicas, ou seja, aquele que é competente para instituir tributos.[1]

---

[1] Sobre o tema, dentre outros: BORGES, José Souto Maior. *Lei complementar tributária*. São Paulo: Revista dos Tribunais, 1975.

Isso significa que, ao instituir qualquer tributo, ou seja, ao criar a obrigação tributária principal, o legislador pode eleger quem ocupará o polo passivo da relação jurídica e, como tal, arcará com o dever de pagar o tributo (art. 113, §1º, do CTN), mas somente pode fazê-lo obedecendo ao disposto nos artigos 121, 128, 124, assim como nos artigos 129 a 137, todos do CTN.

Conforme o Código Tributário Nacional, a responsabilidade pelo cumprimento da obrigação tributária, portanto, somente pode ser atribuída, por lei, a quem realize o fato gerador (art. 121, I) revestindo a qualidade de contribuinte, ou a um terceiro que, sem ter realizado diretamente o fato gerador, com ele mantenha alguma vinculação (art. 128), revestindo a qualidade de responsável (art. 121, II). Mas não parou aí o legislador. Estabeleceu diferentes possibilidades para a responsabilização de um terceiro, vinculado ao fato gerador, pelo cumprimento da obrigação tributária, que assim se resumem: a) responsabilidade solidária (art. 124); b) responsabilidade por substituição, ao excluir totalmente o contribuinte (que realizou o fato gerador) fora da relação jurídica tributária, nos termos do art. 128, primeira parte; c) responsabilidade por transferência, ao manter o terceiro e o contribuinte juntos no polo passivo da relação jurídica tributária, nos termos do art. 128, segunda parte, aí abarcadas a responsabilidade por sucessão (arts. 130 a 133, I) e a responsabilidade subsidiária (arts. 133, II e 134); e, finalmente, d) responsabilidade pessoal por infrações (arts. 135 a 137).

Cada uma das formas de atribuição de responsabilidade foi delineada, em condições e efeitos, pelas normas gerais postas no Código Tributário Nacional. Portanto, ao instituir o tributo e determinar o sujeito passivo da respectiva obrigação tributária, não pode o legislador desconsiderar ou ultrapassar os limites por ele estabelecidos. O mesmo deve, é claro, ser observado na aplicação e interpretação das leis instituidoras de tributos.

Postas, em breves linhas, as premissas necessárias, passa-se a analisar os parâmetros para a responsabilização solidária do tomador de serviços (terceiros) pelo tributo devido pelo prestador (contribuinte).

2 Os limites legais para imposição da responsabilidade solidária a terceira pessoa e a posição do Superior Tribunal de Justiça

Nos termos do art. 124 do CTN, são responsáveis solidariamente pelo cumprimento da obrigação tributárias "as pessoas que tenham interesse comum na situação que constitua o fato gerador da obrigação principal" e as pessoas expressamente designadas por lei".

A solidariedade em matéria tributária, portanto, está atrelada indissociavelmente ao fato gerador, quer seja em razão do interesse comum das partes (art. 124, I, do CTN), quer seja por ser esse o pressuposto para a atribuição de responsabilidade pelo cumprimento da obrigação tributária a terceiro (art. 128 do CTN) e que subordina a lei que instituirá o tributo (art. 124, II, do CTN).

Com efeito, se, como vimos, o art. 128 do CTN é a diretriz que limita a responsabilidade e dela se extrai que a condição *sine qua non* para que o terceiro possa ser incluído na relação jurídica tributária como devedor, juntamente (ou não) com o contribuinte, é a vinculação ao fato gerador, não pode a lei eleger qualquer terceiro como responsável. É nesse sentido que devem ser interpretados os incisos do art. 124 que tratam da solidariedade. Ou seja, ou as pessoas são obrigadas a pagar o tributo solidariamente por estarem ligadas ao fato gerador por um interesse comum, como, por exemplo, na hipótese de copropriedade, ou serão responsáveis, solidariamente, por imposição da lei, desde que tenham, todos, alguma vinculação à situação que constitua o fato gerador.

São esses, pois, os limites impostos ao legislador tributário (estadual, distrital ou municipal) na eleição do sujeito passivo dos tributos cuja competência detém para instituir, quais sejam:

a) em todas as formas de atribuição de responsabilidade, a vinculação ao fato gerador, com base do art. 128 do CTN, que é a norma geral sobre responsabilidade veiculada por lei recepcionada pela CF/88 (Art. 146, III) como lei complementar por dispor de normas gerais em matéria tributária;

b) para atribuição da responsabilidade solidária, o interesse comum na situação que constitua o fato gerador da obrigação, ou seja, o terceiro, eleito como responsável, por estar, de alguma forma, vinculado ao fato gerador da obrigação tributária (art. 128). Outro não teria sido o sentido do art. 124, II, tendo em vista que obrigação tributária e, consequentemente, a eleição do sujeito passivo, é sempre *ex lege*.

O requisito legal da presença do interesse comum na situação que constitui o fato gerador da obrigação tributária impõe que sujeitos – contribuinte(s) e responsável(eis) – que ocuparão o mesmo polo (passivo) na relação jurídica tributária devem também ocupar o mesmo polo (de interesses) na relação jurídica que enseja a ocorrência do fato gerador.

A evidência do afirmado é facilmente verificada na hipótese de copropriedade. Nela identifica-se o interesse comum dos coproprietários, que igualmente ocupam a posição de titulares do direito de propriedade, razão pela qual se qualificam como devedores do tributo sobre ela incidente e podem ser enquadrados como solidários, com fundamento nos dispositivos analisados.

Da mesma forma ocorre noutras situações jurídicas, decorrentes de contratos acerca de atividades comerciais e prestação de serviços.

Na prestação de serviços, é evidente que os interesses de tomador e prestador são contrapostos. Enquanto para o tomador o interesse está na fruição do serviço (utilidade), para o prestador o interesse está no valor (econômico) a ser recebido.

A relevância econômica da atividade, aliás, é a razão pela qual a prestação de serviços incluída em lei complementar específica (LC nº 116/03) foi tomada como hipótese de incidência do Imposto sobre Serviços (ISS) de competência dos municípios (art. 156, III, da CF/88), e a prestação de serviços de transporte interestadual ou intermunicipal e de comunicação tomada como hipótese de incidência do Imposto sobre a Circulação de Mercadorias e Serviços (ICMS), de competência dos Estados e Distrito Federal (art. 155, II da CF/ 88).

Nesse sentido vem sendo construído o entendimento do Superior Tribunal de Justiça (STJ) por suas Turmas em inúmeros julgados.[2] E instado a decidir em casos em que houve tentativas de atribuição de solidariedade tributária com base no interesse comum dissociado do fato gerador, inclusive na hipótese de práticas ilícitas, suas decisões na direção da impossibilidade de se atribuir responsabilidade solidária quando não seja possível caracterizar o interesse comum associado ao fato gerador, o que ocorre pelas posições contrapostas ocupadas pelas partes nas atividades que lhes deram origem.

É o que se extrai, por exemplo, da ementa do AgRg no Agravo de Instrumento nº 1.055.860/RS, da relatoria da Ministra Denise Arruda, cuja discussão teve por objeto a tentativa de atribuir solidariedade tributária a pessoa jurídica pertencente a grupo econômico, ao dispor que, para a responsabilidade solidária, nos termos do art. 124, I, do CTN, *verbis*, "não basta o fato de as empresas pertencerem ao mesmo grupo econômico, o que por si só, não tem o condão de provocar a

---

[2] Confira-se, dentre outros, os seguintes julgados: RESPs nºs 884.845/SC, 881.603/SP, 1.035.029/SP, 603.177/RS e 1.433.631/PE.

solidariedade no pagamento de tributo devido por uma das empresas".[3] Na mesma direção, a decisão do AgRg no Agravo em RESP nº 603.166/RS, relatado pelo ministro Benedito Gonçalves, publicada em 27.03.2015.[4]

Mais recentemente, em 27 de maio de 2019, foi julgado o AgInt no Agravo em RESP nº 1035029/SP, corroborando o entendimento aqui perfilhado em relação a indispensabilidade de participação no fato gerador para a configuração da solidariedade tributária entre empresas, ainda que pertencentes ao mesmo grupo econômico.[5]

Quanto à responsabilidade solidária na hipótese de prestação de serviço, o direcionamento é dado pelo decidido no RESP nº 884.845/SC, de relatoria Ministro Luiz Fux,[6] no qual restou expressamente consignado que a expressão interesse comum deve ser aferida por interpretação sistemática e, consequentemente, nos termos do art. 124, I,

---

[3] STJ. AgRg no Agravo de Instrumento nº 1.055.860/RS. Relatora: Ministra Denise Arruda. *DJe* 26.03.2009.

[4] STJ. AgRg no Agravo em RESP nº 603.166/RS. Relator: Ministro Benedito Gonçalves. *DJe.* 27.03.2015.

[5] STJ. AgInt no Agravo em RESP nº 1035029/SP. Relator Ministro Napoleão Nunes Maia Filho. Da Ementa, ressaltam-se os seguintes trechos, *verbis*: "1. A respeito da definição da responsabilidade entre as empresas que formam o mesmo grupo econômico, de modo a uma delas responder pela dívida de outra, a doutrina tributária orienta que esse fato (o grupo econômico) por si só, *não basta para caracterizar a responsabilidade solidária prevista no art. 124 do CTN, exigindo-se, como elemento essencial e indispensável, que haja a induvidosa participação de mais de uma empresa na conformação do fato gerador*, sem o que se estaria implantando a solidariedade automática, imediata e geral; contudo, segundo as lições dos doutrinadores, sempre se requer que estejam atendidos ou satisfeitos os requisitos dos arts. 124 e 128 do CTN. (...) 3. Fundando-se nessas mesmas premissas, o STJ repele a responsabilização de sociedades do mesmo grupo econômico com base apenas no suposto interesse comum previsto no art. 124, I do CTN, *exigindo que a atuação empresarial se efetive na produção do fato gerador que serve de suporte à obrigação*. Nesse sentido, cita-se o REsp. 859.616/RS, Rel. Min. LUIZ FUX, DJ 15.10.2007. 4. Assim, para fins de responsabilidade solidária, não basta o interesse econômico entre as empresas, mas, sim, que todas realizem conjuntamente a situação configuradora do fato gerador. (...)". Grifamos.

[6] STJ. RESP nº 884.845/SC. Relator Ministro Luiz Fux. *DJe* 18.02.2009. Da ementa vale destacar, *verbis*: "(...) 7. Conquanto *a expressão "interesse comum"* - encarte um conceito indeterminado, é mister proceder-se a uma interpretação sistemática das normas tributárias, de modo a alcançar a *ratio essendi* do referido dispositivo legal. Nesse diapasão, tem-se que o interesse comum na situação que constitua o fato gerador da obrigação principal *implica que as pessoas solidariamente obrigadas sejam sujeitos da relação jurídica que deu azo à ocorrência do fato imponível*. Isto porque feriria a lógica jurídico-tributária a integração, no pólo passivo da relação jurídica, de alguém que não tenha tido qualquer participação na ocorrência do fato gerador da obrigação". (...) 9. Destarte, a *situação que evidencia a solidariedade, quanto ao ISS, é a existência de duas ou mais pessoas na condição de prestadoras de apenas um único serviço para o mesmo tomador, integrando, desse modo, o pólo passivo da relação*. Forçoso concluir, portanto, que *o interesse qualificado pela lei não há de ser o interesse econômico no resultado ou no proveito da situação que constitui o fato gerador da obrigação principal, mas o interesse jurídico, vinculado à atuação comum ou conjunta da situação que constitui o fato imponível*". Grifamos.

do CTN, "exige-se que a atuação empresarial, da qual se pretenda exigir o cumprimento do ISS, se efetive na produção do fato gerador que serve de suporte à obrigação".

As decisões examinadas evidenciam a tendência do Superior Tribunal de Justiça à pacificação do entendimento quanto à necessidade de aplicabilidade conjunta dos artigos 124 e 128 do CTN para admitir a solidariedade somente daqueles que detenham interesse comum na situação fática ou jurídica que enseja a ocorrência do fato gerador.

3 A posição do Tribunal de Impostos e Taxas do Estado de São Paulo quanto à responsabilidade solidária do tomador de serviços

Não obstante, em julgado recente, o Tribunal de Impostos e Taxas do Estado de São Paulo foi em direção distinta no que se refere à responsabilidade solidária do tomador de serviços, dando distinta interpretação à expressão interesse comum.

Referimo-nos à decisão proferida pela Câmara Superior, em 10 de outubro de 2019,[7] na qual se reconheceu a responsabilidade solidária do tomador de serviços – no caso, serviço de comunicação –, com base no disposto no art. 9º, inc. XI e parágrafo único da Lei n° 6.374/89,[8] que estabelece a presunção do interesse comum entre prestador e tomador de serviços diante da inexistência de documento fiscal.

Na decisão, a responsabilidade do tomador de serviços foi fundamentada no interesse comum decorrente da economia tributária, originada pela redução do valor do serviço em face da aceitação "de uma nota fiscal estranha ao serviço contratado".

Como se depreende desse breve relato, já há, no dispositivo legal que serviu de base para a lavratura do auto de infração e para o julgamento, uma distorção em relação às normas gerais regentes da responsabilidade (CTN). Isso porque a presunção de interesse comum na prática do ato ilícito (parágrafo único do inc. XI, art. 9º, da Lei n° 6.374/89) não se coaduna com o interesse comum a que se referiu o

---

[7] TIT. AIIM n° 4018291-5/2013. Relator Juiz Paulo Gonçalves da Costa Junior. Câmara Superior. 10.10.2019.
[8] Lei n° 6.374/89. "Art. 9º. São responsáveis pelo imposto devido: (...) XI – solidariamente, as pessoas que tenham interesse comum na situação que constitui o fato gerador. Parágrafo único: Presume-se ter interesse comum, para os efeitos do disposto no inciso XI, o adquirente de mercadoria ou o tomador do serviço em operação ou prestação realizadas sem documentação fiscal (...)".

art. 124, I, do CTN, uma vez que somente ao prestador de serviços pode ser atribuída a prática do fato gerador que enseja o dever de pagar o tributo.

Não obstante, o fundamento no interesse comum de pessoas situadas em polos contrapostos na relação jurídica que constituiu o fato gerador da obrigação tem prevalecido[9] nos julgados do TIT. E caminho semelhante ao tomado na decisão do referido AIIM nº 4018291-5/2013 vem sendo percorrido noutras decisões que tratam de documentação inidônea quando da comercialização. A despeito disso, merece destaque o voto-vista do Juiz Eduardo Soares de Melo no julgamento do AIIM nº 4025263, no qual traz à colação o posicionamento do STJ,[10] muito embora tenha restado vencido.

Da mesma forma, a decisão proferida afronta não somente o disposto pelo legislador tributário de normas gerais, como a posição do Superior Tribunal de Justiça.

Por fim, convém chamar a atenção para uma importante distinção: embora não se sustente a tentativa de impor a solidariedade com base no interesse comum a pessoas não vinculadas ao fato gerador (o que também ocorre na hipótese de interesses contrapostos), a prática de atos ilícitos enseja responsabilidade pessoal (art. 137 do CTN). São, portanto, distintos os respectivos limites de aplicabilidade e extensão e não se confunde com disposto no art. 124, aqui tratado.

Conclusão

Destarte, conclui-se que as normas gerais que instituem responsabilidade tributária são, muitas vezes, contornadas ou desconsideradas tanto pelo legislador quanto pelos órgãos de aplicação e interpretação.

A pretensão legislativa do Estado de São Paulo que, por presunção, impôs ao tomador de serviços a responsabilidade solidária pelo cumprimento da obrigação tributária nascida da ocorrência do fato gerador (prestação de serviços) quando da ausência de nota fiscal, com fundamento em eventual interesse comum e respaldo no art. 124, I, do CTN, não se amolda, como visto, ao sistema normativo vigente.

Consequentemente, na mesma linha do que já vem decidindo o Superior Tribunal de Justiça, seriam esperadas as decisões do Tribunal de Impostos e Taxas do Estado de São Paulo.

---

[9] Confira-se, dentre outras, as decisões proferidas nos AIIMs nºs 3095659 e 4085263.
[10] AIIM nº 4085263. Juiz Relator Inacio Kazuo Yokoyama. Câmara Superior. 27.03.2018

Não obstante, pelas decisões analisadas e, especialmente, a mais recente, verifica-se que não tem sido esse o caminho, o que resultará, certamente, um ônus a mais aos administrados que, em muitos casos, serão compelidos a submeter ao Poder Judiciário a apreciação do conflito.

Informação bibliográfica deste texto, conforme a NBR 6023:2018 da Associação Brasileira de Normas Técnicas (ABNT):

GIOIA, Fulvia Helena de. A responsabilização tributária do tomador de serviços. In: PINTO, Alexandre Evaristo; TOMKOWSKI, Fábio Goulart; ALLEGRETTI, Ivan; BEVILACQUA, Lucas (coord.). *ICMS no Tribunal de Impostos e Taxas de São Paulo*. Belo Horizonte: Fórum, 2022. p. 187-195. ISBN 978-65-5518-319-1.

INCIDÊNCIA DO ICMS NA PUBLICIDADE POR MEIO DA INTERNET

JÚLIO M. DE OLIVEIRA

GABRIEL CALDIRON REZENDE

Introdução

Em histórica tradição constitucional, optou-se por bipartir a competência tributária sobre bens e serviços entre Estados e Municípios (além das competências da União que acabam intersecionando), atribuindo-lhes, respectivamente, o Imposto sobre Operações de Circulação de Mercadorias e Prestação de Serviços de Transporte Interestadual e Intermunicipal e de Comunicação (ICMS) e Imposto sobre Serviços de Qualquer Natura (ISS).

Em que pesem as nobres intenções de distribuir relevantes fontes de arrecadação tributária entre Estados e Municípios, essa opção constitucional acaba por gerar, na prática, diversos conflitos de competência, sendo o tema sob análise mais um destes.

Nesse contexto, o Legislador Constituinte de 1988 houve por conferir aos Estados a competência para tributar os serviços de comunicação. Ato contínuo, no art. 156, III, afastou da competência tributária municipal os serviços sujeitos ao ICMS, o que inclui os serviços de comunicação.

A despeito da partilha de competência tributária, tanto o texto constitucional quanto a lei complementar (que deve dirimir conflitos de competência tributária) acabaram por não prestar maiores esclarecimentos acerca da caracterização dos "serviços de comunicação", surgindo, assim, um amplo campo para conflitos de competência tributária entre Estados e Municípios.

Nesse contexto é que se insere a tributação pelo ICMS ou ISS nos serviços de publicidade na internet, assim entendido como a inserção de material publicitário de terceiros em páginas de internet. A celeuma decorre de divergência de interpretação quanto à natureza dessa atividade: (a) os Estados entendem se tratar de serviço de comunicação, estando sujeitos ao ICMS; e (b) os Municípios entendem não se tratar de serviço de comunicação, podendo se sujeitar ao ISS.

Diante desse cenário, propomo-nos a avaliar a jurisprudência do Tribunal de Impostos e Taxas do Estado de São Paulo (TIT) acerca dos Autos de Infração e Imposição de Multa (AIIM) lavrados pelo Estado de São Paulo para exigir o ICMS sobre os serviços de publicidade na internet.

1 Contextualização do conflito de competência

Como mencionado, a Constituição Federal de 1988 houve por conferir aos Estados a competência para instituição do ICMS sobre serviços de comunicação, expressamente retirando-lhes da competência municipal para instituição do ISS.

A esse respeito, rememoramos que as competências tributárias possuem o atributo da privatividade, segundo o qual a cada ente lhe compete tributar apenas o que a Constituição expressamente lhe delegar, de forma que União, os Estados, os Municípios e o Distrito Federal gozam de faixas tributárias privativas, ou seja, excludente de todas as demais pessoas. É o que leciona Roque Antonio Carrazza:[1]

> Ou a pessoa política que decreta o tributo tem competência para fazê-lo, e ele é válido, ou não a tem, e ele será constitucionalmente ilegítimo. O vício que macula de inconstitucionalidade o tributo é, repetimos, o da invasão de competência.

Assim, onde couber a incidência do ICMS, não caberá a incidência do ISS sobre o mesmo fato e vice-versa.

---

[1] CARRAZZA, Roque Antonio. *Curso de Direito Constitucional Tributário*. 24. ed. São Paulo: Malheiros Editores, 2008, p. 511.

Ocorre que o texto constitucional não oferece qualquer definição quanto à caracterização do serviço de comunicação, para definir os contornos das competências estaduais e municipais, de forma que caberia a lei complementar fazê-lo. Isso porque, à luz do art. 146, I e III, "a", da Constituição Federal, cabe a lei complementar estabelecer normas gerais de Direito Tributário, especialmente sobre (entre outros temas) a "definição de tributos e de suas espécies, bem como, em relação aos impostos discriminados nesta Constituição, a dos respectivos fatos geradores", visando dispor sobre conflitos de competência.

Eis, todavia, o ponto que o legislador complementar acabou se omitindo, deixando de definir os contornos dos serviços de comunicação. De fato, a Lei Complementar nº 116/2003 nada dispõe sobre o tema, e a Lei Complementar nº 87/1996 apenas dispõe que o ICMS incide sobre "prestações onerosas de serviços de comunicação, por qualquer meio, inclusive a geração, a emissão, a recepção, a transmissão, a retransmissão, a repetição e a ampliação de comunicação de qualquer natureza", sem, contudo, trazer maiores esclarecimentos acerca da caracterização dessa espécie de serviço.

Assim, diante dessa lacuna é que Estados e Municípios buscam impor sobre um mesmo fato interpretações que lhe favoreçam a caracterização de um serviço tributável por um ou por outro.

Nesse sentido, por exemplo, o Estado de São Paulo editou (entre inúmeras outras no mesmo sentido) a Resposta à Consulta nº 16.508/2017, cuja ementa assim dispõe:

I. As atividades de *veiculação ou divulgação de publicidade de terceiros na internet*, quando realizadas onerosamente, *são prestações de serviços de comunicação estando inseridas no campo de incidência do ICMS*, conforme preconiza o artigo 155, inciso II, da Constituição Federal/1988 (artigo 1º, inciso III, do RICMS/2000).

Por outro lado, o Município de São Paulo expediu o Parecer Normativo da Secretaria de Finanças nº 01/2016, que assim consignava seu entendimento à época:

Art. 1º Os serviços de *divulgação, disponibilização e inserção de propaganda e publicidade enquadram-se no item 17.06*[2] da lista de serviços prevista

---

[2] "17.06 – Propaganda e publicidade, inclusive promoção de vendas, planejamento de campanhas ou sistemas de publicidade, elaboração de desenhos, textos e demais materiais publicitários."

no art. 1º da Lei Municipal n.º 13.701, de 24 de dezembro de 2003 e alterações posteriores, *sujeitando-se à incidência do Imposto sobre Serviços de Qualquer Natureza – ISS*.

§1º O previsto no caput do presente artigo *aplica-se à divulgação, disponibilização e inserção de propaganda e publicidade em* rádio e televisão, mesmo no caso de recepção livre e gratuita, assim como em *sítios virtuais, páginas ou endereços eletrônicos na internet*, em quadros próprios para afixação de cartaz mural, conhecidos como outdoor e em estruturas próprias iluminadas para veiculação de mensagens, conhecidas como *backlight* e *frontlight*.

Como se nota, sobre um mesmo fato "divulgação de propaganda e publicidade na internet" o Estado e o Município de São Paulo apresentam interpretações antagônicas, buscando caracterizá-lo, respectivamente, como serviço sujeito ao ICMS (comunicação) ou ao ISS (publicidade e propaganda).

Tal conflito se agravou, ainda mais, com a edição da Lei Complementar nº 157/2016, que promoveu diversas alterações na Lei Complementar nº 116/2003, entre as quais a inclusão na lista de serviços sujeitas ao ISS do subitem 17.25, que assim dispõe:

17.25 – Inserção de textos, desenhos e outros materiais de propaganda e publicidade, em qualquer meio (exceto em livros, jornais, periódicos e nas modalidades de serviços de radiodifusão sonora e de sons e imagens de recepção livre e gratuita).

Ora, se antes os Municípios já buscavam uma forma de enquadrar os serviços em questão dentro da lista de serviços sujeitos ao ISS, com a inserção de um item específico para essa atividade, a tendência é que tais conflitos de competência se agravem ainda mais.

Nesse contexto, ressaltamos que, em nosso entendimento, a mera inserção de uma atividade na lista de serviços da Lei Complementar nº 116/2003 é insuficiente para assegurar a incidência do ISS. Ao contrário, é necessário que essa atividade tenha natureza de serviço e, ainda, que não esteja na competência estadual.

Nesse sentido foi o caso da locação de bens móveis que, apesar de constar da lista de serviços sujeitos ao ISS, foi declarado pelo Supremo Tribunal Federal como intributável pelo ISS por não possuir natureza de serviço.

Com efeito, o cerne da questão, que é a definição da atividade de veiculação de publicidade na internet como serviço de comunicação, permanece, pois a sua inserção na lista da Lei Complementar nº 116/2003 não teria o condão de alterar a sua natureza (isto é, se concluída, ser de serviço de comunicação).

Outrossim, vale destacar que a sujeição da veiculação de material publicitário ao ISS é tema conturbado também no âmbito legislativo. Isso porque historicamente constava como sujeito ao ISS na lista de serviços do Decreto-Lei nº 406/1968[3] "Veiculação e divulgação de textos, desenhos e outros materiais de publicidade, por qualquer meio (exceto em jornais, periódicos, rádio, e televisão)".

Posteriormente, quando da produção da Lei Complementar nº 116/2003, buscou-se inserir na lista o subitem 17.07 relativo à "Veiculação e divulgação de textos, desenhos e outros materiais de propaganda e publicidade, por qualquer meio". Contudo, tal disposição não subsistiu em razão de veto presidencial, porquanto poderia caracterizar serviço de comunicação:

> o ISS incidente sobre serviços de comunicação colhe serviços que, em geral, perpassam as fronteiras de um único município. Surge, então, competência tributária da União, a teor da jurisprudência do STF, RE no 90.749-1/BA, Primeira Turma, Rel.: Min. Cunha Peixoto, DJ de 03.07.1979, *ainda aplicável a teor do inciso II do art. 155 da Constituição de 1988*, com a redação da Emenda Constitucional no 3, de 17 de março de 1993.

Na mesma linha de que é necessário investigar a natureza da atividade para concluir se pode se sujeitar ao ICMS ou ao ISS, entendemos também que o veto do subitem 17.07 também não é suficiente para automaticamente se concluir que a atividade em questão deve se sujeitar ao ICMS. Isso porque se a natureza jurídica dessa atividade não se revelar como sendo a de serviço de comunicação, estará fora do campo de incidência do ICMS, independentemente da opção legislativa de sujeitá-lo ou não ao ISS.

Diante desse cenário é que avaliaremos o posicionamento do TIT em face de AIIMs lavrados pelo Estado de São Paulo com base no entendimento de que a veiculação de publicidade em páginas de internet se caracteriza como serviço de comunicação sujeito ao ICMS.

2 Análise da jurisprudência do TIT

Esclarecemos que nossas análises levarão em consideração os principais argumentos utilizados nos votos dos juízes do TIT, tanto a

---

[3] Redação dada pela Lei Complementar nº 56/1987.

favor dos contribuintes, como contrários a eles. Ao final, avaliaremos a aderência dessas correntes interpretativas na jurisprudência do TIT e pontos controvertidos em discussão.

2.1 Argumentos favoráveis aos contribuintes

2.1.1 Não caracterização do serviço de comunicação

Em primeiro lugar, os contribuintes questionam o próprio enquadramento dessas atividades como serviço de comunicação. Para tanto, parte-se da premissa de que a prestação de serviços de comunicação sujeita ao ICMS se caracteriza como a disponibilização de meios para a emissão de uma mensagem, em que um emissor possa transmitir uma mensagem para um receptor determinado e, a depender da corrente interpretativa, deverá ocorrer a interação entre emissor e receptor.

Para tanto, essa corrente interpretativa costuma se valer dos ensinamentos de Roque Antonio Carrazza:[4]

> V – É o caso, agora, de indagarmos, juridicamente, quando há a prestação onerosa do serviço de comunicação, a que alude o art. 155, II, da CF?
>
> Em primeiro lugar, quando há um *emissor* da mensagem, um *receptor* da mensagem e, é claro, uma *mensagem*, quem ambos compreendam, isto é, que tenha um código comum.
>
> Mas não apenas isso: é mister, ainda, estejam presentes: *a)* a *determinação* do emissor e do receptor da mensagem; *b)* a *bilateralidade* da relação entre ambos; e *c)* a *onerosidade* diretamente vinculada a esta relação interativa.

Nessa medida, diante da ausência de determinação dos destinatários da mensagem, sustentam os contribuintes que na veiculação de material publicitário na internet não ocorre a comunicação, mas sim a mera difusão da mensagem, assim delineada por Humberto Ávila:[5]

> O que interessa, pois, para a ocorrência de difusão é a ação de propagação pelo emissor, e não a interação entre o emissor e um determinado receptor. (...)

---

[4] CARRAZZA, Roque Antonio. *ICMS*. 14. ed. São Paulo: Malheiros, 2010, p. 188.
[5] ÁVILA, Humberto. Veiculação de material publicitário em páginas na internet. Exame da competência para instituição do imposto sobre serviços de comunicação. Ausência de prestação de serviço de comunicação. *Revista Dialética de Direito Tributário*, Dialética, n. 173, 2010, p. 156.

2.1.4.8. Ora, se a CF/88 usa, a par do termo "comunicação", também o vocábulo "difusão", e esse tem o conceito de propagação de mensagens a um público indeterminado, então a locução "comunicação" quer significar a interação entre emissor e receptor determinado a respeito de uma mensagem.

Assim, sustenta-se que a comunicação sem um destinatário certo não será comunicação, mas sim difusão, eis que ausente o elemento essencial que é o destinatário certo da mensagem, de forma que o serviço prestado para viabilizar a difusão não se sujeitaria ao ICMS.

Outro argumento quanto à não caracterização do serviço de comunicação é que, no contexto da internet, quem presta o serviço de comunicação são as concessionárias ou permissionárias que exploram a telecomunicação, nos termos da Lei nº 9.472/1997 (Lei Geral de Telecomunicações). Trata-se de entendimento, de certa forma, baseado na Súmula nº 334[6] do Superior Tribunal de Justiça, que afasta da incidência do ICMS os serviços prestados pelos provedores de acesso à internet, porquanto não realizam a comunicação em si, mas viabilizam o acesso a ela, caracterizando-se como um serviço de valor adicionado.

Para tanto, valem-se das definições da Lei Geral de Telecomunicações, segundo a qual: (a) telecomunicação é a transmissão, emissão ou recepção, de símbolos, caracteres, sinais, escritos, imagens, sons ou informações de qualquer natureza; e (b) o serviço de valor adicionado é a atividade que acrescenta, a um serviço de telecomunicações que lhe dá suporte e com o qual não se confunde, novas utilidades relacionadas ao acesso, armazenamento, apresentação, movimentação ou recuperação de informações, não constituindo serviço de telecomunicação.

Assim, sustenta-se que aquele que disponibiliza o *site* para a divulgação da publicidade não realiza serviço de telecomunicação, porquanto, além de não possuir infraestrutura tecnológica para tanto, apenas disponibiliza um meio para que o emissor da mensagem utilize os meios de telecomunicação das concessionárias ou permissionária para realizar a comunicação.

A esse respeito, destaca-se elucidativo trecho da ementa do EREsp nº 456.650/PR,[7] que serviu de fundamento para a Súmula nº 334:

---

[6] "O ICMS não incide no serviço dos provedores de acesso à Internet."
[7] EREsp nº 456.650/PR, Rel. Ministro José Delgado, Rel. p/ Acórdão Ministro Franciulli Netto, 1 Seção, julgado em 11.05.2005, DJ 20.03.2006, p. 181.

A chamada comunicação eletrônica, entre computadores, somente ocorre através das chamadas linhas telefônicas de qualquer natureza, ou seja, a cabo ou via satélite. Sem a via telefônica impossível obter acesso à Internet.

Assim, há quem conclua que, em verdade, o detentor do *site* seria usuário de serviços de comunicação (na modalidade telecomunicação), e não seu prestador. Nesse sentido foi o entendimento da juíza Mauren Gomes Bragança Retto:[8]

> Com razão a recorrente. Esta veicula material publicitário em seu endereço na internet atuando na divulgação de propaganda, material publicitário, informação, ou notícias, sendo por isso retribuída (fls. 128/132). A recorrente por meio de seu portal na internet é usuária da rede de telecomunicação e não prestadora de serviços de comunicação. A inserção de anúncios na internet em sua página virtual mediante remuneração por terceiros não transporta dados, mas limita-se a inserir anúncios em seu próprio endereço eletrônico, o qual é passível de acesso por qualquer internauta que tenha conexão própria para navegar na internet.
> O objeto do contrato não é a prestação de serviço de comunicação, mas a veiculação de material publicitário, ou propaganda no endereço eletrônico da recorrente. É exatamente o caso dos autos, em que a recorrente dispõe de espaço virtual em seu sito eletrônico para a divulgação de produtos e serviços, promovendo a inserção de conteúdo publicitário, informativos e de propaganda em sua página da internet a destinatários indeterminados.

Outrossim, argumenta-se, ainda, que a veiculação de publicidade na internet se resumiria, em verdade, numa cessão de espaço, o que caracterizaria uma obrigação de "dar" e não de "fazer", como seria necessário para caracterizar a prestação de serviços.

A caracterização da prestação de serviços apenas quando houver obrigação de "fazer" decorre de tradicional corrente doutrinária, cuja interpretação chegou a ser adotada pelo Supremo Tribunal Federal, quando decidiu que a locação de bens móveis não seria um serviço sujeito ao ISS, porquanto se consubstancia numa obrigação de "dar", culminando na Súmula Vinculante nº 31.[9]

---

[8] AIIM nº 4.075.168, TIT, 3ª Câmara Julgadora, Rel. Mauren Gomes Bragança Retto, j. 27.04.2017.

[9] "É inconstitucional a incidência do imposto sobre serviços de qualquer natureza – ISS sobre operações de locação de bens móveis."

2.1.2 Veiculação de publicidade e competência municipal

Aqueles que sustentam a não incidência do ICMS sobre as atividades em comento, também apontam que o fato de o subitem 17.07 ter sido vetado da lista de serviços da Lei Complementar nº 116/2003 não seria suficiente para fazer incidir o ICMS. É dizer, não é porque não incide o ISS que automaticamente deva incidir o ICMS.

Isso porque, a competência tributária para tributar serviços de comunicação decorre da Constituição Federal, não sendo definida pela lei complementar. Dessa forma, apesar de o ISS não incidir sobre serviços de comunicação, se a atividade assim não se caracterizar, igualmente não poderá se sujeitar ao ICMS. Nessa medida, faz-se necessário avaliar a natureza da atividade a ser tributada e, para os que defendem não se tratar de serviço de comunicação, chega-se à conclusão de que o imposto estadual é incabível.

Ademais, a veiculação de material publicitário, por qualquer meio (exceto em jornais, periódicos, rádio e televisão), sempre se sujeitou ao ISS, sob a égide do Decreto-Lei nº 406/1968, inclusive após a Constituição de 1988, que conferiu aos Estados a competência para tributar serviços de comunicação. Dessa forma, o veto do subitem 17.07 da lista de serviços da Lei Complementar nº 116/2003, retirando a atividade em questão do campo de incidência do ISS, não seria motivo para justificar a incidência do ICMS.

Nesse sentido, o juiz Maurício Barros[10] pontuou que as razões de veto não permitem concluir que tal atividade seria um serviço de comunicação sujeito ao ICMS:

> Vale lembrar que os serviços objeto do presente AIIM, até o advento da LC 116/03, eram tributados pelo ISS, conforme legislação vigente até então[9], à exceção daqueles que ultrapassassem os limites de um mesmo município, tributáveis pela União Federal até a promulgação da CF/88. Nesse prisma, embora o serviço tenha sido incluído no item 17.07 da lista anexa à lei do ISS[10], esse item foi vetado quando da sanção da aludida lei, tendo restado, portanto, à margem da tributação municipal, o que vem sendo utilizado pelos Estados como uma das razões para a incidência do ICMS. Contudo, o simples fato de ter sido vetado para fins de incidência de ISS não autoriza, automaticamente, que os Estados pretendam tributá-lo via ICMS, até mesmo porque as razões de veto do item 17.07[11] nada apontam quanto à sujeição da veiculação de material publicitário ao ICMS, pois se prendem, equivocadamente,

---
[10] AIIM nº 4.056.589, TIT, 3ª Câmara Julgadora, Rel. Belmar Costa Ferro, j. 22.11.2017.

(1) a uma eventual violação à imunidade constitucional da mídia impressa em caso de incidência de ISS na veiculação de publicidade em jornais e periódicos; e (2) a um antigo entendimento do Supremo Tribunal Federal[12], proferido ainda sob o manto da Constituição anterior, que não se aplica no contexto da CF/88 e que poderia ser facilmente contornável pela eleição do critério do local do estabelecimento para a definição do município competente para tributar o ISS, como, aliás, é a regra de incidência desse imposto.

Segundo esse entendimento, tem-se que o mencionado veto não alteraria a natureza dessa atividade como um serviço de qualquer natureza (sujeito ao ISS) que não de comunicação. A ratificar isso, foi a sua reintrodução na lista de serviços sujeitos ao ISS por meio da Lei Complementar nº 157/2016.

A esse respeito, destaca-se que essa corrente interpretativa esclarece que a Lei Complementar nº 157/2016 veio apenas a solucionar um conflito de competência entre estados e municípios, esclarecendo que a atividade em questão nunca fora um serviço de comunicação.

Assim, não se trata de aplicação retroativa da nova legislação, porquanto essa não alterou a competência constitucional tributária, mas apenas esclareceu o seu campo de abrangência previamente estabelecido em 1988. O único efeito prospectivo da Lei Complementar nº 157/2016 é a incidência do ISS, que passou a ser possível após sua publicação.

Nesse sentido, destacamos o voto de preferência do juiz Edison Aurélio Corazza[11] em acórdão da Câmara Superior referente ao AIIM nº 4.010.254 que, apesar do resultado final do julgamento ter sido pelo não conhecimento do recurso, de forma que não houve julgamento do mérito, bem elucida que não se trata de aplicação retroativa da Lei Complementar nº 157/2016, que apenas viabilizou a incidência do ISS a partir de sua publicação, mas sim de solução de conflito de competência, reconhecendo-se que a atividade nunca se sujeitou ao ICMS. Vejamos:

> A lei complementar tem por função definida pela Constituição Federal, dentre outras dispor sobre conflito de competências entre os entres tributantes e definir os serviços tributados pelo ISS (arts. 146, I e 156, III, respectivamente).

---

[11] AIIM nº 4.010.254, TIT, Câmara Superior, Rel. Edison Aurélio Corazza, j. 04.05.2017.

Com o abarcamento dos serviços de inserção de textos, desenhos e outros materiais de propaganda e publicidade, em qualquer meio, na lista anexa à Lei Complementar 116/2016, os Municípios ficam liberados a instituir o ISS sobre estes negócios jurídicos desde 1º de janeiro de 2017, dado que o serviço passou a ser definido como hipótese de incidência tributável pelo imposto municipal.

Ao mesmo tempo, com a inclusão na lista do serviço de inserção de materiais de propaganda e publicidade, afastada está sua tributação pelo Imposto sobre Serviços de Comunicação – ICMS, de competência dos Estados e do Distrito Federal, inclusive em períodos anteriores à edição da alteração promovida pela Lei Complementar nº 157/2016, posto que o conflito de competência entre Estados e Distrito Federal e Municípios foi solucionado por determinação instrumento legislativo eleito pela Constituição Federal.

De fato, como dito por mim anteriormente, a imputação de determinada competência a uma das pessoas políticas representa a negativa, automática, ao exercício da mesma por qualquer outro ente que não o constitucionalmente autorizado. *Quando a lei complementar soluciona o conflito existente, seus efeitos tem por representação a exclusão da competência de um ente tributante, que nunca foi titular deste direito constitucionalmente outorgado, e a fixação, desde sempre, do direito de instituir o tributo a outro.* Presente aí a norma, procurada pelo voto vista, que dá respaldo a aplicação retroativa da Lei Complementar que tem efeitos ex tunc.

Inexiste ordenamento anterior a esta nova propositura estrutural impositiva que legitimasse a exigência do ICMS. Ao contrário, a lista anexa ao Decreto-Lei 406/68 possibilitada aos Municípios exercer sua competência constitucional de instituir o ISS em seu território. A lista posterior, constante da *Lei Complementar 11/2003 retirou esta possibilidade, sem, no entanto modificar o desenho constitucional da competência dos municípios.* Por fim, a Lei complementar 157/2016 retornou a faculdade dos Municípios exercerem sua competência.

(...)

Neste cenário, os serviços de inserção de textos, desenhos e outros materiais de propaganda e publicidade, em qualquer meio, podem vir a ser tributados pelo ISS a partir de 2017 e sua exigência pelo ICMS não se sustenta desde sempre.

2.1.3 Imunidade tributária do art. 150, III, "d", da Constituição Federal

Além da própria natureza da atividade em questão, discute-se a impossibilidade de tributação (tanto pelo ICMS quanto pelo ISS) quando a veiculação se dá em páginas de notícias, porquanto o art. 150, III, "d", da Constituição Federal, veda cobrar tributos sobre "*livros, jornais, periódicos e o papel destinado a sua impressão*". Assim, argumenta-se que a imunidade constitucional em questão visa assegurar a liberdade de informação, cuja oneração tributária poderia ser um óbice.

Nesse sentido, destacam-se os relevantes ensinamentos de Misabel Abreu Machado Derzi:[12]

> A imunidade tributária, constitucionalmente assegurada aos livros, jornais, periódicos e papel destinado à sua impressão, nada mias é do que forma de viabilização de outros direitos e garantias fundamentais expressos em seu art. 5.º, como a livre manifestação do pensamento, a livre manifestação da atividade intelectual, artística, científica e de comunicação, independente de censura ou licença (...).
> A jurisprudência assentada reconhece a imunidade do livro, jornais e periódicos e do papel destinado à sua impressão em relação ao IPI, ao ICMS e ao ISSQN (em especial relativamente à publicidade paga e aos anúncios).

Evidentemente que, quando da edição da Constituição Federal de 1988, as notícias e informações eram divulgadas por meio impresso, não havendo ainda a tecnologia dos livros e jornais digitais e por essa razão é que a norma imunizante faz alusão à não tributação dos livros e jornais, assim como do papel destinado à sua impressão.

Por outro lado, deve-se ter em mente que a realidade fática mudou desde então, surgindo os jornais digitais, de forma que a intepretação jurídica também deve acompanhar a evolução fática, a fim de manter a efetividade dos preceitos preconizados pela norma constitucional.

Em relação aos jornais e páginas de notícias, tem-se que grande fonte de custeio é a veiculação de material publicitário de terceiros. Inclusive, diversos portais de notícia são de acesso gratuito, remunerando-se com tal publicidade.

Assim, visando fomentar a liberdade de informações na forma digital, interpreta-se o art. 150, III, "d", de forma a estender a imunidade tributária aos serviços de inserção digital de material publicitário de terceiros, desonerando a fonte de receitas que mantém esses veículos informativos.

---

[12] BALEEIRO, Aliomar. *Direito tributário brasileiro*. Atualizado por Misabel Abreu Machado Derzi. 12. ed. Rio de Janeiro: Forense, 2013, p. 171

Nesse sentido, destacamos elucidativo excerto de voto do juiz Leonel Cesarino Pessôa:[13]

Parto da premissa de que os tribunais entendem que a imunidade alcança a inserção de material publicitário em veículo impresso. Como escreve Karem Dias, "O Supremo Tribunal Federal, no RE 87.049/SP, ainda ao julgar a imunidade em face do ISS, já havia asseverado que não admitir a imunidade da inserção de publicidade implicaria certamente uma violação da norma imunizante inserta na Lei Maior" (Dias, K. J. "Possibilidade de Incidência de ICMS na Inserção de Publicidade em Meio Eletrônico". In: Salusse, E; Carvalho. A.A.S.P. Direito Tributário. Estudos em Homenagem aos 80 Anos do TIT. São Paulo: MP Editora, 2015).

Esta decisão do STF também é destacada no julgamento recente do RE 330.817, relatado pelo Ministro Dias Toffoli (fls. 915). Neste acordão, ao descrever a controvérsia no julgamento do RE 87.049/SP, ele escreve: "Inaugurando a divergência, o Ministro Cunha Peixoto compreendeu que os jornais não sobrevivem sem anúncios – o ingresso financeiro decorrente dessa prestação auxilia na manutenção do preço de venda do periódico, de modo que a tributação poderia esvaziar o conteúdo do dispositivo". (fls. 915).

(...)

Penso que, no presente processo, dada a imunidade da inserção de material publicitário no jornal impresso, uma interpretação atenta àquilo que teria querido dizer o legislador não conduz, neste caso, à tributação da inserção de publicidade em jornal digital. É assim que o legislador agiria, a meu ver, se o contexto no qual a norma foi elaborada fosse o contexto presente. Por isso, a inserção de publicidade em ambas as situações (no contexto em que havia apenas o jornal impresso e no contexto presente em que há o impresso e o digital), deve ser tratada exatamente da mesma forma.

(...)

Com relação a qualquer um desses marcos na evolução da história da escrita e dos livros, as alterações se fizeram para adaptar a mesma comunicação escrita às novas tecnologias. Sempre ao tempo em que uma determinada forma de comunicação escrita foi dominante e em nenhum caso se poderia antever as mudanças que a transformariam da forma como ocorreu. Por isso, não faz sentido interpretar o dispositivo que assegura a imunidade de forma a restringir seu alcance apenas ao material impresso.

---

[13] AIIM nº 4.064.293, TIT, 13ª Câmara Julgadora, Rel. Cacilda Peixoto, j. 28.04.2017.

Vale notar que esse mesmo dispositivo constitucional já sofreu interpretação ampla pelo Supremo Tribunal Federal, em cuja Súmula Vinculante nº 57 reconheceu a imunidade de livros eletrônicos e suportes exclusivamente utilizados para suportá-los. É dizer, reconheceu-se que essa norma imunizante não busca a desoneração e o fomento apenas das mídias impressas, mas também das novas mídias digitais que as sucedem na evolução social e tecnológica.

Trata-se de interpretação ampla do alcance de disposição de imunidade, a fim de maximizar a efetividade da sua finalidade, fomentando a liberdade de imprensa na era digital.

2.2 Argumentos favoráveis à Fazenda Estadual

2.2.1 Caracterização do serviço de comunicação

Aqueles defendem a incidência do ICMS, sustentam a caracterização da veiculação da publicidade por internet como sendo um serviço de comunicação. Para tanto, costumam se valer do reiterado posicionamento da Consultoria Tributária da Secretaria de Fazenda do Estado de São Paulo, tal como a seguinte manifestação:[14]

> 5. A atividade publicitária visa tornar públicas informações que pretendem influenciar mercados consumidores, através dos diversos veículos de comunicação, sendo, portanto, uma atividade comunicativa. E, se for veiculada publicidade na forma de serviço, mediante contraprestação de terceiros, ocorre prestação de serviço de comunicação.
> 6. Dessa forma, as atividades de veiculação ou divulgação de publicidade de terceiros na internet, desde que realizadas onerosamente, são prestações de serviços de comunicação e se sujeitam à incidência do ICMS, por força do disposto nos citados artigos 155, II, da CF e do artigo 2º, III, da LC 87/96.
> (...)
> 9. Em síntese, a veiculação ou divulgação de publicidade, por qualquer meio, são prestações de serviço de comunicação e, como tal, estão reservadas à tributação pelo ICMS, competindo aos Municípios tributar a criação da propaganda, a elaboração artística, o planejamento da divulgação, enfim, tudo o que, relativo à propaganda e à publicidade, não diz respeito à veiculação e à divulgação.

---

[14] Resposta à Consulta nº 186/2005.

A divergência em relação à tese defendida pelos contribuintes reside no fato de que aqui a caracterização da prestação de serviço de comunicação não requer um destinatário definido para a mensagem ou, sequer, a sua interação com o emissor, bastando apenas a disponibilização do meio para propagar a mensagem.

Com efeito, sustenta-se que a inserção onerosa do material publicitário de terceiros na página da internet caracterizaria a prestação de serviços de comunicação, porquanto buscar-se-ia propagar a mensagem (material publicitário) para potenciais consumidores (público-alvo). Para tanto, partem de interpretação ampliativa, com base no art. 2º, III, da Lei Complementar nº 87/1996, considerando que a legislação faz menção à prestação dos serviços de comunicação "por qualquer meio" relativo à "comunicação de qualquer natureza", a inserção onerosa pelo proprietário do *site* (prestador do serviço) de material publicitário (a mensagem) do anunciante (emissor) na página eletrônica (o meio) seria serviço de comunicação para transmitir tal conteúdo para os usuários (destinatários), visando tornar as informações públicas e influenciar o mercado consumidor.

Nesse contexto, sustenta-se, também, que a atividade em comento não seria mera cessão de espaço virtual, mas verdadeira disponibilização de meios para que o anunciante possa fazer sua mensagem chegar ao público-alvo.

Com efeito, diferencia-se: (a) mera cessão como um fim em si, por meio do qual se disponibiliza um espaço virtual para armazenagem de dados, como ocorre com diversos serviços de guarda de dados na nuvem; da (b) veiculação de material publicitário em *site*, em que a cessão do espaço no *site* não é o fim, mas o meio para que o anúncio chegue ao público-alvo.

Eis, portanto, um dos principais pontos nos quais essa corrente interpretativa se apega, qual seja, o de que a prestação do serviço de comunicação se caracteriza como a cessão dos meios para a divulgação da mensagem, sendo prescindível a identificação do destinatário ou a sua interação como o emissor da mensagem.

Nesse sentido, destaca-se o seguinte trecho do voto do Juiz Fernando Moraes Sallaberry[15] em julgamento na Câmara Superior:

> É claro que, se essa mensagem for difundida pelo próprio anunciante, não haverá prestação de serviços de comunicação. Se, porém, o anunciante

---
[15] AIIM nº 3.154.111, TIT, Câmara Superior, Rel. Celso Barbosa Julian, j. 15.10.2015.

contratar alguém para promover a divulgação dessa mensagem junto ao público alvo, justamente porque essa pessoa contratada é detentora de meios de comunicação que alcançam um grande público, tenho como claro e óbvio que nisso haverá a prestação de serviço de comunicação. E, para isso e por causa disso, a veiculação dessas mensagens são caríssimas.

A procura de uma empresa de comunicação para veicular a mensagem publicitária tem por escopo único e exclusivo a utilização dos meios de comunicação para atingir o público alvo da mensagem.

(...)

Os anunciantes que procuram os serviços da autuada buscam muito mais do que um espaço para armazenar seus arquivos, eles estão atrás notória e indiscutível capacidade que a autuada tem de estabelecer um vínculo de comunicação entre esse anunciante e um público enorme, dentro do qual se encontram as pessoas que são o público alvo do anunciante.

É por causa de sua capacidade de estabelecer vínculos de comunicação que os anunciantes recorrem à autuada, e não por outra razão qualquer.

Assim, a prestação do serviço de comunicação se caracterizaria como a própria cessão do espaço para a divulgação de material publicitário, porquanto é tal atividade que permite a divulgação de ideias do emissor para o público-alvo.

2.2.2 Não caracterização de serviço de valor adicionado

Em oposição à tese dos contribuintes no sentido de que a veiculação de publicidade na internet se assemelharia ao um Serviço de Valor Adicionado, sustenta-se que tal veiculação não se amolda à definição legal do art. 61, §1º, da Lei Geral de Telecomunicações, porquanto não acrescenta utilidade de acesso, armazenamento, apresentação, movimentação ou recuperação de informações a um serviço de telecomunicação.

Nesse sentido é o quanto sustentado em voto da juíza Maria Cristina Diniz Machado:[16]

> Nesse contexto, destaca-se que o serviço de comunicação ainda resta caracterizado, ainda que o proprietário do *site* se utilize de infraestrutura de comunicação de terceiros. Os serviços em questão não se assemelham

---

[16] AIIM nº 4.010.254, TIT, 11ª Câmara Julgadora, Rel. Maria Cristina Diniz Machado, j. 08.12.2014.

aos de provimento de acesso à internet, que apenas possibilitam o acesso dos usuários e provedores de informações à rede, pois têm por objeto a publicidade de anúncios dos clientes que serão disponibilizados ao público para propiciar o comércio eletrônico e efetivamente transmitem informações.

O fato de usar os meios disponibilizados por outros envolvidos no processo comunicacional também não afasta o fato de que é prestado um serviço de comunicação, de conteúdo patrimonial, que possibilita ao emissor fazer chegar a mensagem ao receptor, proporcionando a comunicação.

Assim, o que importaria para incidência do ICMS seria a disponibilização onerosa dos meios necessários para que a mensagem possa ser transmitida do emissor para o público-alvo, mesmo que esses meios pertençam a terceiros.

Com efeito, essa corrente interpretativa admite que podem ocorrer duas incidências distintas do ICMS na prestação de serviços de comunicação pela veiculação de material publicitário na internet: (a) uma pela veiculação em si, pela cessão do espaço no *site*; e (b) outra pela concessionária ou permissionária de serviços de comunicação, que permite o trânsito da mensagem. Nesse sentido, destacamos o entendimento consignado pelo juiz João Carlos Scillag:[17]

> Também não merece guarida o argumento de que "admitir a tributação da atividade de veiculação de material publicitário em páginas eletrônicas pelo ICMS implicaria em dupla exigência do imposto estadual sobre o mesmo fato", porque as empresas de telecomunicações que efetivamente proporcionam a infraestrutura para acesso do público à Internet já são tributadas pelo ICMS (fls. 5469/5470).
> Verifica-se aqui a existência de dois fatos geradores distintos – a prestação de serviço de telecomunicação e a prestação de serviço de comunicação –, instituindo duas relações jurídico-tributárias distintas, com diferentes bases de cálculo, em cumprimento ao princípio da não-cumulatividade.
> No primeiro caso, a empresa provedora de serviço de telecomunicação fornece a conexão entre o local em que está localizado o computador e o local em que estão localizados os servidores do provedor de acesso à Internet. Esta conexão pode ser discada, fornecida pelas operadoras de telefonia fixa, ou Banda larga oferecida por operadoras de SCM.
> O SCM (Serviço de Comunicação Multimídia) é um serviço fixo de telecomunicações de interesse coletivo, prestado em âmbito nacional e

---

[17] AIIM nº 3.142.864, TIT, 11ª Câmara Julgadora, Rel. Adolpho Bergamini, j. 15.06.2012.

internacional, no regime privado, que possibilita a oferta de capacidade de transmissão, emissão e recepção de informações multimídia (dados, voz e imagem), utilizando quaisquer meios, a assinantes dentro de uma área de prestação de serviço.

(...)

No segundo caso, porém, a prestação de serviço de comunicação não se trata do provimento de acesso à Internet, mas da veiculação pelo "TERRA", de material publicitário produzido e entregue por empresa de publicidade, em suas páginas eletrônicas na Internet.

2.2.3 Veto da Lei Complementar nº 116/3003

A corroborar os argumentos acima, costuma-se sustentar que a veiculação de publicidade tanto é verdadeiro serviço de comunicação, que a sua sujeição ao ISS fora vetada na Lei Complementar nº 116/2003.

Assim, parte-se da premissa de que somente cabe ISS sobre a prestação de serviços que não estejam compreendidos na competência tributária dos Estados. Assim, considerando que a atividade em comento é um serviço, se houve veto de sua tributação pelo ISS, é porque seria um serviço de comunicação contido na competência estadual.

Trata-se de argumento comumente utilizado como um *ad argumentandum tantum*, corroborando explanações no sentido de que essa atividade teria natureza de serviço de comunicação, na forma acima discorrida.

Salientamos, todavia, que esse entendimento foi objeto de críticas por Roque Antonio Carrazza,[18] com as quais nos filiamos:

> Deveras, como se sabe, a repartição de competência tributária foi levada a cabo pelo próprio constituinte, não sendo dado ao legislador, complementar ou ordinário, alterar as fronteiras do campo exacional reservado a cada uma das pessoas políticas.
>
> Não bastasse isso, um serviço de outra natureza (divulgação de propaganda), reservado, pois, à competência municipal, não se transforma *ipso facto*, num serviço de comunicação apenas porque a lei complementar não o listou dentre os passiveis de tributação por meio do ISS.

Evidentemente, o cenário legislativo mudou com a edição da Lei Complementar nº 157/2016, porquanto a veiculação de material publicitário em qualquer meio passou a ser expressamente prevista como sujeita ao ISS.

---

[18] CARRAZZA, Roque Antonio. *ICMS*. 14. ed. São Paulo: Malheiros, 2010, p. 192.

Assim, buscando manter a incidência do ICMS, verificam-se as seguintes correntes argumentativas: (a) a Lei Complementar nº 157/2016 teria sujeitado a atividade ao ISS apenas após a sua publicação, de forma que a ordem jurídica pretérita, que autorizaria a incidência do ICMS, permaneceria vigente; ou (b) a Lei Complementar nº 157/2016 trata de inserção de material publicitário, ao passo que o que se sujeita ao ICMS é a veiculação do material publicitário.

Quanto ao primeiro argumento, manifestamo-nos em sentido contrário. Isso porque, como preambularmente esclarecido, a competência tributária decorre da Constituição Federal, cabendo a lei complementar apenas dirimir conflitos de competência, mas não a alterar. Assim, deve-se averiguar a natureza jurídica da veiculação de publicidade, de forma que: (a) se reconhecida que não é serviço de comunicação, nunca poderia se sujeitar ao ICMS, mesmo que a lei não o sujeitasse ao ISS, de forma que, quando muito, antes da Lei Complementar nº 157/2016, haveria um não exercício pleno da competência tributária municipal; por outro lado, (b) se entendido que é um serviço de comunicação, a Lei Complementar nº 157/2016 teria extrapolado sua competência, irregularmente fazendo com que a competência tributária municipal invadisse a competência tributária estadual.

Portanto, não há que se falar em retroatividade normativa, mas sim reconhecer se a atividade em questão possui (e sempre possuiu) ou não (e nunca possuiu) natureza jurídica de comunicação.

Por fim, quanto à busca da diferenciação entre "inserção" e "veiculação", entendemos se tratar de inócuo exercício semântico, para diferenciar termos que possuem o mesmo significado. Isso porque deve-se avaliar se a inserção/veiculação do material publicitário realiza ou não comunicação para o anunciante, porquanto em qualquer caso haverá um material publicitário de terceiro posto em exposição, não havendo diferença substancial entre "inserção" e "veiculação".

2.2.4 Inaplicabilidade da imunidade tributária do art. 150, III, "d", da Constituição Federal

Em oposição à incidência da regra de imunidade, sustenta-se que o texto constitucional faz alusão à imunidade apenas aos livros e jornais impressos em papel, de forma que não seria aplicável aos *sites* de internet, ainda que veiculassem notícias. Nesse sentido, destacamos o entendimento consignado em voto da juíza Cacilda Peixoto:[19]

---

[19] AIIM nº 4.064.293, TIT, 13ª Câmara Julgadora, Rel. Cacilda Peixoto, j. 28.04.2017.

21. Inicialmente, cumpre esclarecer que com relação ao argumento de que a imunidade abrangeria também a atividade de inserção de publicidade na internet realizada por empresas que exploram a indústria jornalística, este não se sustenta, uma vez que a imunidade prevista no artigo 150, inciso VI, alínea d, da Constituição está restrita apenas ao papel ou aos materiais a ele assemelhados, que se destinem à impressão de livros, jornais e periódicos; em outras palavras, a imunidade conferida pela Constituição Federal é para o jornal, e não para um sítio eletrônico, ainda que de notícias, não podendo tal imunidade ser indiscriminadamente ampliada para casos não abrangidos pela Carta Magna.

Essa não nos aprece ser a devida exegese da norma imunizante, na medida em que o Supremo Tribunal Federal, em diversas ocasiões, interpretou essa espécie de normas de forma ampla, buscando maximizar o seu alcance na proteção do objetivo por ela preconizado. Inclusive, foi o que ocorreu no reconhecimento da imunidade dos livros digitais, mencionado anteriormente.

2.3 A jurisprudência do TIT

Para a avaliação das teses acima descritas, diversos julgados do TIT foram avaliados, sendo possível constatar que não há unanimidade entre os julgadores a respeito desse tema. Por outro lado, nota-se, num primeiro momento, uma tendência de resultados de julgados (seja por maioria ou por voto de qualidade) no sentido de caracterizar a veiculação de publicidade na internet como serviço de comunicação sujeito ao ICMS.

Nesse sentido, destacamos os acórdãos de Câmaras Julgadoras relativos aos seguintes AIIMs, em que prevaleceu o entendimento de que a atividade em comento se caracteriza como serviço de comunicação: AIIM nºs 3.142.864,[20] 4.010.254,[21] 4.054.589,[22] 4.055.941[23] e 4.056.589.[24]

Essa mesma tendência foi notada nos acórdãos da Câmara Superior referentes aos AIIMs nºs 3.154.111[25] e 3.148.649.[26] É de se

---

[20] AIIM nº 3.142.864, TIT, 11ª Câmara Julgadora, Rel. Adolpho Bergamini, j. 15.06.2012.
[21] AIIM nº 4.010.254, TIT, 11ª Câmara Julgadora, Rel. Maria Cristina Diniz Machado, j. 03.12.2014.
[22] AIIM nº 4.054.589, TIT, 11ª Câmara Julgadora, Rel. Valério Pimenta de Morais, j. 20.04.2016.
[23] AIIM nº 4.055.941, TIT, 9ª Câmara Julgadora, Rel. Douglas Kakazu Kushiyama, j. 05.08.2016.
[24] AIIM nº 4.056.589, TIT, 3ª Câmara Julgadora, Rel. Belmar Costa Ferro, j. 22.11.2016.
[25] AIIM nº 3.154.111, TIT, Câmara Superior, Rel. Celso Barbosa Julian, j. 15.10.2015.
[26] AIIM nº 3.148.649, TIT, Câmara Superior, Rel. Luiz Fernando Mussolini Junior, j. 03.11.2015.

notar que esses julgamentos ocorreram anteriormente à edição da Lei Complementar nº 157/2016, de forma que, além de sustentarem a caracterização da atividade em questão como serviço de comunicação, valem-se do veto do subitem 17.07 na Lei Complementar nº 116/2003 como ratificação da tese em favor da Fazenda Estadual.

Por outro lado, após a publicação da Lei Complementar nº 157/2016 em 30.12.2016, notou-se que os argumentos contrários à incidência do ICMS ganharam força, em razão da tese de que a legislação complementar teria solucionado conflito de competência, definindo que a veiculação de material publicitário nunca fora serviço de comunicação.

De fato, com base nessa nova legislação, passou-se a se verificar maior prolação de acórdãos contrários à incidência do ICMS, utilizando a nova lei complementar como importante reforço para a definição da natureza jurídica da atividade como não sendo um serviço de comunicação. Nesse sentido, destacamos os acórdãos referentes aos AIIMs nºs 4.037.765,[27] 4.075.168,[28] 4.078.422,[29] 4.085.544,[30] 4.085.712,[31] 4.095.549,[32] 4.079.546,[33] 4.086.771[34] e 4.100.456.[35]

A despeito disso, como visto, há posicionamentos de juízes no sentido de que a Lei Complementar nº 157/2016 teria efeitos prospectivos ou, ainda, que não trataria de veiculação (sujeita ao ICMS), mas sim da inserção de material publicitário (sujeito ao ISS), como se fossem atividades distintas. Apesar de usualmente restarem vencidos, notamos a prevalência da incidência do ICMS nos acórdãos referentes aos AIIMs nºs 4.064.293,[36] 4.064.280[37] e 4.063.225.[38]

Apesar da inicial tendência de consolidação da jurisprudência do TIT em sentido favorável à incidência do ICMS, é certo que a Lei

---

[27] AIIM nº 4.037.765, TIT, 12ª Câmara Julgadora, Rel. Lílian Zub Ferreira, j. 19.04.2017.
[28] AIIM nº 4.075.168, TIT, 3ª Câmara Julgadora, Rel. Mauren Gomes Bragança Retto, j. 27.04.2017.
[29] AIIM nº 4.078.422, TIT, 12ª Câmara Julgadora, Rel. Lílian Zub Ferreira, j. 15.05.2017.
[30] AIIM nº 4.085.544, TIT, 10ª Câmara Julgadora, Rel. Raphael Zulli Neto, j. 10.08.2017.
[31] AIIM nº 4.085.712, TIT, 4ª Câmara Julgadora, Rel. Mauro Kioshi Takau Brino, j. 05.10.2017.
[32] AIIM nº 4.095.549, TIT, 16ª Câmara Julgadora, Rel. Tiago José Kich Temperani, j. 23.02.2018.
[33] AIIM nº 4.079.546, TIT, 2ª Câmara Julgadora, Rel. Caio Augusto Takano, j. 11.09.2018.
[34] AIIM nº 4.086.771, TIT, 2ª Câmara Julgadora, Rel. Caio Augusto Takano, j. 23.10.2018.
[35] AIIM nº 4.100.456, TIT, 16ª Câmara Julgadora, Rel. Isabel Crsitina Omil Luciano, j. 08.11.2019.
[36] AIIM nº 4.064.293, TIT, 13ª Câmara Julgadora, Rel. Cacilda Peixoto, j. 28.04.2017.
[37] AIIM nº 4.064.280, TIT, 16ª Câmara Julgadora, Rel. Lucas de Araujo Feltrin, j. 12.05.2017.
[38] AIIM nº 4.063.225, TIT, 13ª Câmara Julgadora, Rel. Leonel Cesarino Pessoa, j. 06.09.2017.

Complementar nº 157/2016 trouxe novo cenário para a discussão, reabrindo-a no âmbito das Câmaras Julgadoras.

Dada a pluralidade de decisões com conclusões opostas, espera-se que a matéria volte a ser avaliada pela Câmara Superior, responsável pela uniformização de jurisprudência do TIT.

Ressaltamos que, mais recentemente, em 04.05.2017, esse tema foi objeto de debates na Câmara Superior relativamente ao AIIM nº 4.010.254,[39] havendo manifestações contrárias à incidência do ICMS, corroboradas pela Lei Complementar nº 157/2016, todavia, apesar dos debates de mérito, não houve uma decisão a esse respeito, porquanto o recurso especial não fora conhecido.

Dessa forma, pode-se concluir que, atualmente, a discussão não pode ser considerada encerrada no âmbito do TIT, uma vez que, apesar dos precedentes da Câmara Superior, a Lei Complementar nº 157/2016 trouxe relevante aspecto jurídico ainda não analisado nessa instância final.

Por fim, quanto à aplicabilidade da imunidade tributária do art. 150, III, "d", da Constituição Federal, notamos que, apesar de muito suscitada pelos contribuintes, tende a ser afastada pelos fundamentos fiscais, ou superada pela não caracterização da atividade como serviço de comunicação.

Ressaltamos, entretanto, que no acórdão referente ao AIIM nº 4.080.933,[40] por unanimidade, cancelou-se a autuação fiscal com base na tese da imunidade tributária.

Nesse caso, a publicidade havia sido veiculada numa lista telefônica *on-line*, com efeito, invocaram-se precedentes do Supremo Tribunal Federal, nos quais se reconhece a incidência da imunidade do art. 150, III, "d", sobre as listas telefônicas e serviços referentes à sua editoração. Ademais, também baseado no precedente do Supremo Tribunal Federal acerca dos livros eletrônicos, firmou-se que imunidades tributárias devem ser interpretadas de forma ampla, abrangendo publicações *on-line*.

De qualquer forma, além de ser um argumento pouco prestigiado (apesar de sua relevância jurídica), não identificamos manifestações da Câmara Superior a seu respeito.

---

[39] AIIM nº 4.010.254, TIT, Câmara Superior, Rel. Edison Aurélio Corazza, j. 04.05.2017.
[40] AIIM nº 4.080.933, TIT, 2ª Câmara Julgadora, César Eduardo Temer Zalaf, j. 28.11.2017.

Conclusões

A Constituição Federal distribuiu a competência para tributar bens e serviços de forma excludente entre Estados e Municípios. Nesse contexto, atribuiu aos Estados a competência para instituir o ICMS sobre serviços de comunicação, ficando, por exclusão, esse fato alheio à competência tributária municipal.

A despeito disso, entretanto, o texto constitucional não trouxe maiores esclarecimentos acerca da caracterização do serviço de comunicação, de forma a delimitar o campo de incidência do ICMS e, reflexamente, do ISS. Ademais, a lei complementar, constitucionalmente incumbida de dirimir conflitos de competência, também não prestou os necessários aclaramentos.

Diante desse cenário, surge conflito de competência tributária entre Estados e Municípios para determinar se a veiculação de material publicitário em páginas de internet se caracteriza como um serviço de comunicação sujeito ao ICMS ou um serviço diverso sujeito ao ISS.

Da análise realizada acerca da jurisprudência do TIT, nota-se que, inicialmente, havia uma forte tendência, inclusive com decisão da Câmara Superior, no sentido de manter autuações em que o ICMS era exigido, reconhecendo-se a natureza dessa atividade como a de serviço de comunicação. Tais decisões entendiam que esse posicionamento era ratificado pelo fato de que a veiculação de material publicitário fora vetada da lista de serviços sujeitos ao ISS da Lei Complementar nº 116/2003, permitindo concluir, então, que a atividade era um serviço de comunicação fora da competência tributária municipal.

Contudo, com o advento da Lei Complementar nº 157/2016, a atividade em questão passou a ser legalmente indicada como sujeita ao ISS. Nessa medida, notou-se uma tendência mais recente de decisões que afastam a incidência do ICMS, sob o fundamento de que tal atividade não é um serviço de comunicação, ratificado pela sua expressa inserção no campo de incidência do ISS mediante lei complementar.

Assim, entende-se que a Lei Complementar nº 157/2016 teria dirimido um conflito de competência, de forma que a veiculação de material de publicidade em páginas de internet nunca teria sido um serviço de comunicação, ficando apenas legalmente explicitado.

Apesar disso, entendemos que não se pode concluir que o TIT teria consolidado sua jurisprudência, porquanto a Câmara Superior, responsável pela uniformização de entendimento do Tribunal, deverá novamente avaliar o tema à luz dos reflexos da lei complementar.

Informação bibliográfica deste texto, conforme a NBR 6023:2018 da Associação Brasileira de Normas Técnicas (ABNT):

OLIVEIRA, Júlio M. de; REZENDE, Gabriel Caldiron. Incidência do ICMS na publicidade por meio da internet. *In*: PINTO, Alexandre Evaristo; TOMKOWSKI, Fábio Goulart; ALLEGRETTI, Ivan; BEVILACQUA, Lucas (coord.). *ICMS no Tribunal de Impostos e Taxas de São Paulo*. Belo Horizonte: Fórum, 2022. p. 197-220. ISBN 978-65-5518-319-1.

# A GUERRA FISCAL E A LEI COMPLEMENTAR Nº 160/2017

HUGO FUNARO

Introdução

A concessão e a revogação de isenções, incentivos e benefícios de ICMS dependem de prévia deliberação dos Estados e do Distrito Federal, na forma disciplinada em lei complementar, por força do art. 155, §2º, XII, "g", da Constituição Federal.

A matéria é regulada pela Lei Complementar nº 24/1975, que exige aprovação unânime dos representantes de todas as unidades federadas, no âmbito do Conselho Nacional de Política Fazendária (CONFAZ),[1] para a concessão de benefícios de ICMS; e de 4/5 deles para a sua revogação. Ressalvam-se, apenas, os benefícios concedidos "às indústrias instaladas ou que vierem a instalar-se na Zona Franca de Manaus, sendo vedado às demais Unidades da Federação determinar a exclusão de incentivo fiscal, prêmio ou estimulo concedido pelo Estado do Amazonas" (art. 15).

A despeito da clareza da legislação nacional, generalizou-se a concessão de benefícios de ICMS pelos Estados sem prévia autorização do CONFAZ, notadamente com o objetivo de atrair novas empresas e investimentos para as unidades federadas concedentes. Essa conduta passou a ser denominada como "guerra fiscal" e tem como causas

---

[1] O conjunto dos representantes dos Estados e do Distrito Federal foi denominado como "CONFAZ" pelo Convênio ICMS nº 133/1997, que aprovou o Regimento Interno do Colegiado, em conformidade com o art. 11 da Lei Complementar nº 24/1975.

remotas a falta de uma política nacional de desenvolvimento regional capitaneada pela União e a utilização recorrente do poder de veto, inerente à unanimidade, para impedir a celebração de convênios admitindo a utilização do ICMS como instrumento para a atração de investimentos, inclusive por Estados menos desenvolvidos.

Como, todavia, os fins não justificam os meios, sempre que instado a analisar ações versando sobre a matéria, o Supremo Tribunal Federal proferiu decisões declarando a inconstitucionalidade das legislações estaduais que instituíram benefícios de forma unilateral, a ponto de ter sido proposta a edição de uma Súmula Vinculante (PSV nº 69).[2]

Em paralelo e como forma de "retaliação", muitos Estados para os quais eram destinadas mercadorias em operações interestaduais incentivadas passaram a exigir o estorno dos créditos de ICMS atribuídos aos estabelecimentos receptores, na proporção do benefício concedido unilateralmente na origem, como previsto no art. 8º, I, da Lei Complementar nº 24/1975.[3] A norma federal foi internalizada, no Estado de São Paulo, pelo art. 36, §3º, da Lei nº 6.374/1989,[4] e sua aplicação foi estendida pelo Fisco aos casos de substituição tributária "para frente", em que a apuração do ICMS-ST cabe ao estabelecimento remetente

---

[2] A proposta, apresentada pelo Ministro Gilmar Mendes e publicada em 23.4.2012, tem a seguinte redação: "Qualquer isenção, incentivo, redução de alíquota ou de base de cálculo, crédito presumido, dispensa de pagamento ou outro benefício fiscal relativo ao ICMS, concedido sem prévia aprovação em convênio celebrado no âmbito do CONFAZ, é inconstitucional".

[3] "Art. 8º – A inobservância dos dispositivos desta Lei acarretará, cumulativamente:
I – a nulidade do ato e a ineficácia do crédito fiscal atribuído ao estabelecimento recebedor da mercadoria;
II – a exigibilidade do imposto não pago ou devolvido e a ineficácia da lei ou ato que conceda remissão do débito correspondente.
Parágrafo único – As sanções previstas neste artigo poder-se-ão acrescer a presunção de irregularidade das contas correspondentes ao exercício, a juízo do Tribunal de Contas da União, e a suspensão do pagamento das quotas referentes ao Fundo de Participação, ao Fundo Especial e aos impostos referidos nos itens VIII e IX do art. 21 da Constituição federal."

[4] "Art. 36. O Imposto sobre Operações Relativas à Circulação de Mercadorias e sobre Prestações de Serviços de Transporte Interestadual e Intermunicipal e de Comunicação é não-cumulativo, compensando-se o imposto que seja devido em cada operação ou prestação com o anteriormente cobrado, por este, outro Estado ou pelo Distrito Federal, relativamente à mercadoria entrada ou à prestação de serviço recebida, acompanhada de documento fiscal hábil, emitido por contribuinte em situação regular perante o Fisco.
(...)
§3º Não se considera cobrado, ainda que destacado em documento fiscal, o montante do imposto que corresponder a vantagem econômica decorrente da concessão de qualquer subsídio, redução da base de cálculo, crédito presumido ou outro incentivo ou benefício fiscal em desacordo com o disposto no artigo 155, §2º, inciso XII, alínea "g", da Constituição Federal."

da mercadoria, como se verifica do §1º do art. 426-C, introduzido no RICMS pelo Decreto nº 58.918/2013.[5]

Nesse ambiente de intenso conflito federativo e insegurança jurídica, potencializado pela incerteza quanto à solução que seria dada pelo Supremo Tribunal Federal em relação aos temas envolvidos, os Estados decidiram entabular tratativas políticas, inicialmente no âmbito do CONFAZ[6] e depois no Congresso Nacional, visando uma solução consensual que permitisse a regularização dos atos praticados no passado e a sua manutenção por prazo razoável, até que fossem encontradas alternativas jurídicas e financeiras para o fomento de atividades econômicas pelas unidades que assim desejassem.

Entre diversas outras propostas, foi apresentado o projeto de lei complementar do Senado Federal (PLS-C) nº 130/2014, que previa a convalidação dos benefícios de ICMS concedidos em desacordo com a Constituição Federal, assim como a remissão e anistia dos créditos tributários correspondentes. Durante a tramitação do projeto, porém, concluiu-se que poderia haver problemas de ordem constitucional, caso

---

[5] "Artigo 426-C – Nas operações interestaduais destinadas a contribuinte paulista, beneficiadas ou incentivadas em desacordo com o disposto na alínea "g" do inciso XII do §2º do artigo 155 da Constituição Federal, o imposto correspondente ao valor do benefício ou incentivo deverá ser recolhido ao Estado de São Paulo pelo adquirente da mercadoria, observando-se o seguinte:
I – O imposto correspondente ao valor do benefício ou incentivo deverá ser recolhido até o momento da entrada da mercadoria no território deste Estado, por meio de guia de recolhimentos especiais, conforme disciplina estabelecida pela Secretaria da Fazenda;
II – A Secretaria da Fazenda divulgará os benefícios ou incentivos concedidos por outras Unidades da Federação, para fins de cálculo do valor a ser recolhido;
III – Relativamente aos benefícios ou incentivos divulgados na forma do inciso II, presume-se que estes foram utilizados pelo remetente da mercadoria, acarretando ao adquirente paulista a obrigação do recolhimento de que trata este artigo.
§1º – O disposto neste artigo aplica-se também às operações interestaduais sujeitas ao regime de substituição tributária, hipótese em que o adquirente paulista deverá recolher o imposto correspondente ao valor do benefício ou incentivo utilizado na operação própria do remetente.
§2º – Desde que efetuados antes da entrada da mercadoria neste Estado, admitir-se-á que os recolhimentos de que tratam o "caput" e §1º sejam realizados pelo remetente da mercadoria, a favor deste Estado, por meio de Guia Nacional de Recolhimento de Tributos Estaduais – GNRE, conforme disciplina estabelecida pela Secretaria da Fazenda.
§3º – Uma via do documento de arrecadação a que se referem o inciso I e §§1º e 2º deverá acompanhar a mercadoria durante o seu transporte.
§4º – Os recolhimentos previstos neste artigo poderão ser dispensados nos casos em que o remetente comprovar, antecipadamente, conforme disciplina estabelecida pela Secretaria da Fazenda, que não utilizou os benefícios ou incentivos divulgados na forma do inciso II.
§5º – O crédito integral do imposto destacado no documento fiscal correspondente às operações de que trata o "caput" e §1º fica condicionado ao atendimento do disposto neste artigo, além das demais normas estabelecidas na legislação."
[6] Vide o Convênio ICMS nº 70/2014.

uma lei de natureza federal – ainda que complementar – viesse a dispor sobre créditos tributários de titularidade dos Estados e do Distrito Federal.[7] Por isso, o texto da proposta foi aperfeiçoado no sentido de estabelecer a forma pela qual os entes competentes poderiam conceder a remissão dos créditos tributários decorrentes dos benefícios concedidos unilateralmente (*rectius*: inconstitucionalmente) e promover a sua reinstituição por prazo determinado; além de outras disposições correlatas ao tema, como o expresso afastamento das sanções do art. 8º da Lei Complementar nº 24/1975, em relação aos benefícios que viessem a ser remitidos/reinstituídos com autorização do CONFAZ.[8]

A proposta foi aprovada e transformada na Lei Complementar nº 160/2017, que, enfim, possibilitou a chamada "convalidação" (tecnicamente: remissão e reinstituição) dos benefícios de ICMS concedidos até 08.08.2017, mediante convênio aprovado e ratificado pelo quórum qualificado de 2/3 (dois terços) dos Estados e do Distrito Federal, desde que neles compreendidos 1/3 (um terço) das unidades federadas de cada uma das 5 (cinco) regiões do país.

Na sequência, sobreveio o Convênio ICMS nº 190/2017, que implementou as disposições da lei complementar e pormenorizou os procedimentos a serem adotados pelas unidades federadas para a "convalidação" dos benefícios de ICMS, notadamente o registro e depósito dos respectivos atos normativos e concessivos junto ao CONFAZ, com vistas à publicação no Portal Nacional de Transparência Tributária (PNTT) mantido em seu sítio eletrônico e com acesso reservado às Administrações Tributárias dos Estados e do Distrito Federal (cláusulas segunda e sétima).

---

[7] O art. 151, III, da Constituição Federal veda à União "III – instituir isenções de tributos da competência dos Estados, do Distrito Federal ou dos Municípios".

[8] Confira-se a justificação da Emenda nº 11 – PLN ao PLS nº 130/2014, que criou o dispositivo que veio a se tornar o art. 5º da LC 160/2017:
"O substitutivo aprovado pela CAE resolve parcialmente a questão, ao permitir que o CONFAZ autorize a remissão de débitos e a reinstituição de incentivos e benefícios concedidos unilateralmente. Com a remissão, o ICMS dispensado no passado e que seria exigível, na forma do art. 8º, II, da Lei Complementar nº 24, de 1975, poderá ser exonerado. A partir da reinstituição o incentivo ou benefício terá amparo em convênio e passará a produzir efeitos regulares, não acarretando qualquer sanção.
Permaneceu incólume, contudo, a sanção de ineficácia do crédito fiscal do estabelecimento recebedor de mercadorias em operações incentivadas, que possibilita ao Estado de destino cobrar o mesmo valor do ICMS devido ao Estado de origem, ainda que o ICMS devido pelo respectivo remetente tenha sido objeto de remissão pelo Estado concedente.
Ora, para que seja alcançado o desiderato de convalidar os atos praticados no passado, a remissão do ICMS devido pelo remetente das mercadorias deve ter como reflexo imediato e automático a convalidação do crédito fiscal correspondente, no Estado de destino."

Por fim, há notícias de que os Estados e o Distrito Federal praticaram os atos de sua incumbência para remitir os créditos tributários relativos aos fatos geradores ocorridos no passado e reinstituir os benefícios que entenderam pertinentes,[9] possibilitando a edição das leis estaduais necessárias à conclusão do ciclo normativo de "convalidação" dos benefícios,[10] os quais, a partir de então, devem ser respeitados pelas demais unidades federadas.

Especificamente no âmbito do Estado de São Paulo, a par da publicação de atos visando à "convalidação" de benefícios concedidos anteriormente pela legislação bandeirante,[11] foi publicada a Resolução Conjunta SFP/PGE nº 1/2019, que "disciplina os procedimentos a serem adotados relativamente a créditos de ICMS decorrentes de operações para as quais tenham sido concedidos benefícios em desacordo com o previsto em norma constitucional", em consonância com o art. 5º da Lei Complementar nº 160/2017, segundo o qual "a remissão ou a não constituição de créditos concedidas por lei da unidade federada de origem da mercadoria, do bem ou do serviço afastam as sanções previstas no art. 8º da Lei Complementar nº 24, de 7 de janeiro de 1975, retroativamente à data original de concessão da isenção, do incentivo ou do benefício fiscal ou financeiro-fiscal, vedadas a restituição e a compensação de tributo e a apropriação de crédito extemporâneo por sujeito passivo". A medida adotada pelo Fisco paulista é louvável, pois confere eficácia aos princípios da segurança jurídica, devido processo legal e eficiência administrativa.

De acordo com a resolução conjunta, deverá ser apresentado ao órgão competente, conforme o estágio do processo administrativo ou judicial, "pedido de verificação, reconhecimento de créditos e renúncia a defesa ou recurso administrativo ou judicial", que suspende o prosseguimento dos procedimentos administrativos de julgamento e cobrança de valores decorrentes de operações para as quais tenham sido concedidos benefícios em desacordo com o previsto no artigo 155, §2º, XII, "g", da Constituição Federal, e na Lei Complementar nº 24/75. Na hipótese de acolhimento do pedido, deverá ser cancelado o auto de infração e imposição de multa (AIIM) correspondente, operando-se a renúncia aos respectivos processos; no caso de indeferimento, haverá o

---

[9] Disponível em: https://www.confaz.fazenda.gov.br/legislacao/certificado-registro-depositocv-icms-190-17-1.
[10] Cf. art. 150, §6º, da Constituição Federal. Vide: STF – ADI nº 5.929/DF – Rel. Min. Edson Fachin – DJe: 6.3.2020.
[11] Vide Decretos nºs 63.320/2018 (e alterações) e Decreto nº 64.118/2019.

prosseguimento do processo, no estágio em que se encontrava quando feito o pedido.

Com a edição da resolução conjunta, restaram superadas as dificuldades que os contribuintes vinham enfrentando junto ao Tribunal de Impostos e Taxas de São Paulo (TIT/SP) para a desconstituição dos lançamentos fiscais envolvendo a "guerra fiscal" do ICMS, justamente em virtude da ausência de normas procedimentais que permitissem a análise detalhada da "convalidação" de cada benefício envolvido, no curso dos processos em andamento.[12] Assim, estima-se que um grande número de processos administrativos pendentes deva ser resolvido, com o cancelamento das chamadas "glosas" de créditos do imposto.

Entretanto, subsistem questões pontuais a serem dirimidas, com relação aos créditos passíveis, em tese, de reconhecimento administrativo. Nesse sentido, destacam-se as decisões proferidas pela Diretoria de Atendimento, Gestão e Conformidade (DIGES), que vem indeferindo pedidos de reconhecimento de créditos nos casos em que os atos concessivos dos benefícios aos remetentes das mercadorias não tenham sido publicados no PNTT mantido pelo CONFAZ, ainda que tempestivamente entregues pelo Estado concedente (questão formal); e nos processos envolvendo autos de infração lavrados com exigência de complemento de ICMS-ST em razão da glosa de parte do imposto relativo à operação própria do substituto, correspondente ao benefício fiscal por este usufruído (questão material).

1 Argumentos pró-Fisco

Com relação ao aspecto formal, as decisões da DIGES que indeferem pedidos de reconhecimento do crédito por falta de publicação do ato individual de concessão do benefício no PNTT apoiam-se no inciso II da Cláusula segunda do Convênio ICMS nº 190/2017, que determina o registro e depósito, junto ao CONFAZ, dos atos normativos e concessivos dos benefícios objeto de remissão, anistia e/ou reinstituição.

Quanto ao aspecto material, a DIGES tem negado o reconhecimento dos créditos de ICMS nos casos sujeitos à sistemática de substituição tributária, por entender que "a sanção decorre de falta de

---

[12] OLIVEIRA, Júlio M. de; REZENDE, Gabriel Caldiron. A guerra fiscal e a Lei Complementar 160/2017. In: GRUPO DE PESQUISA SOBRE JURISPRUDÊNCIA DO TIT DO NEF/FGV DIREITO SP. JOTA, 07 fev. 2019. (Observatório do TIT). Disponível em: https://www.jota.info/paywall?redirect_to=//www.jota.info/opiniao-e-analise/artigos/observatorio-tit-lei-complementar-07022019. Acesso em: 7 dez. 2020.

pagamento do ICMS retido por substituição tributária, por dedução indevida de valor do imposto referente à operação própria do substituto, do montante devido por substituição tributária (...). Não se trata, portanto, de hipótese de penalidade decorrente da ineficácia do crédito fiscal atribuído ao estabelecimento recebedor da mercadoria (artigo 8º, inciso I, da LC 24/1975), tampouco da exigência do imposto não pago ou devolvido pelo Estado instituidor do benefício fiscal (artigo 8º, inciso II, da LC 24/1975)".[13]

2 Argumentos pró-contribuinte

Os contribuintes sustentam que, nos termos do art. 5º da Lei Complementar nº 160/2017, o afastamento das sanções do art. 8º da Lei Complementar nº 24/1975 depende da amplitude da lei publicada pelo Estado de origem prevendo a remissão ou a não constituição de créditos tributários relacionados a determinado benefício de ICMS.

Se a lei remissiva tiver caráter geral (como se dá em regra), não há que se perquirir acerca do registro e depósito de atos individuais dos contribuintes interessados, ou de sua publicação no PNTT. Isso porque tais providências devem ser atendidas pelas unidades federadas *antes* da edição da lei de remissão e não depois, conforme se verifica da cláusula segunda do Convênio ICMS nº 190/2017.[14] Vale dizer, o registro, o depósito e a publicação de atos normativos e concessivos são condições para a produção das normas de remissão (e anistia) de débitos e de reinstituição de benefícios, e não para a produção dos seus efeitos jurídicos.

Logo, se alguma condicionante não tiver sido observada pelo Estado que tenha "perdoado", de modo amplo e irrestrito, os créditos tributários relativos aos benefícios fiscais concedidos unilateralmente, trata-se de questão a ser resolvida pelos entes interessados, na esfera apropriada, não obstando a produção dos efeitos da lei estadual remissiva, que se estendem automaticamente aos demais Estados, por força do seu caráter coercitivo e do alcance extraterritorial que lhe confere a Lei Complementar nº 160/2017.

Por outro lado, se a lei remissiva estabelecer limitações à sua aplicação, em função de características individuais do sujeito passivo do tributo, caberá, por certo, averiguar se os remetentes das mercadorias atendem

---

[13] Processo nº 32339-268428/2019 – J: 18.08.2020.
[14] "Cláusula segunda As unidades federadas, para a remissão, para a anistia e para a reinstituição de que trata este convênio, devem atender as seguintes condicionantes: (...)".

às condições nela previstas, para que se considerem extintos os créditos tributários correspondentes, tanto na unidade federada de origem quanto na de destino, aplicando-se, por analogia, o art. 182 do CTN.[15]

De todo modo, parece claro que, em havendo o registro, o depósito ou a publicação (no PNTT) do ato concessivo do benefício objeto da autuação, mesmo após o indeferimento do pedido de reconhecimento do crédito pela DIGES, o pleito poderá ser aditado ou renovado, pois se trata de matéria de ordem pública, não sujeita aos efeitos da preclusão.

No tocante aos casos envolvendo a cobrança de ICMS-ST, as autuações normalmente consideram que parte do ICMS-próprio não poderia ser deduzida do imposto recolhido pelo substituto tributário em favor do Estado de São Paulo,[16] em virtude da concessão, pelo Estado de origem, de benefício fiscal em desacordo com as regras da Lei Complementar nº 24/1975. Em vários casos, os autos de infração fazem expressa menção ao artigo 8º da referida lei complementar, a evidenciar que o Fisco entende devido o complemento de ICMS-ST pelo contribuinte substituto em razão das sanções previstas no referido dispositivo.

Diante do critério jurídico adotado na atividade de lançamento, os contribuintes sustentam que, por coerência, deve ser reconhecido o direito à dedução integral do crédito correspondente ao ICMS-próprio do substituto tributário, para efeito de apuração do ICMS-ST devido a São Paulo, em conformidade com o art. 5º da Lei Complementar nº 160/2017.

Afinal, manter auto de infração que adota como fundamento o art. 8º da Lei Complementar nº 24/1975 e, ao mesmo tempo, negar o reconhecimento do crédito correspondente à parcela do ICMS-próprio do substituto tributário cujo montante tenha sido remitido pela unidade de origem, na forma do art. 5º da Lei Complementar nº 160/2017, configura comportamento contraditório da Administração, vedado pelo ordenamento.[17]

---

[15] "Art. 182. A anistia, quando não concedida em caráter geral, é efetivada, em cada caso, por despacho da autoridade administrativa, em requerimento com a qual o interessado faça prova do preenchimento das condições e do cumprimento dos requisitos previstos em lei para sua concessão."

[16] Nos termos do §5º do art. 8º da Lei Complementar nº 87/1996: "O imposto a ser pago por substituição tributária, na hipótese do inciso II do caput, corresponderá à diferença entre o valor resultante da aplicação da alíquota prevista para as operações ou prestações internas do Estado de destino sobre a respectiva base de cálculo e o valor do imposto devido pela operação ou prestação própria do substituto".

[17] "(…) o titular do direito subjetivo que se desvia do sentido teleológico (finalidade ou função social) da norma que lhe ampara (excedendo aos limites do razoável) e, após ter produzido

Ademais, a legislação paulista indica que deva ser conferida uniformidade de tratamento aos casos de "guerra fiscal", independentemente de as operações interestaduais se sujeitarem ao regime de conta gráfica ou à sistemática de substituição tributária, como evidenciam os §§1º e 5º do art. 426-C do RICMS. O trato isonômico se impõe, na medida em que o regime de substituição tributária apenas desloca para terceiro (substituto) a responsabilidade pelo recolhimento do ICMS devido pelo estabelecimento paulista (contribuinte substituído), não podendo gerar aumento de carga tributária, conforme a orientação do Supremo Tribunal Federal.[18] Por isso, aliás, é assegurado tanto ao adquirente paulista sujeito ao regime de conta gráfica quanto ao substituto tributário localizado em outro Estado o direito de deduzir, como crédito, o valor do ICMS incidente na operação interestadual e devido ao Estado de origem, para efeito de apuração do ICMS devido ao Estado de São Paulo, em razão da posterior saída interna da mercadoria.[19] Assim, se ao estabelecimento paulista foi assegurado o crédito integral do ICMS destacado nas operações interestaduais alcançadas por remissão concedida pela unidade federada de origem, a regra deve valer tanto para o regime de conta gráfica quanto para o de substituição tributária.[20]

Em síntese, sustentam os contribuintes que não há justificativa legal nem tampouco razão lógica para reconhecer-se o crédito da parcela do ICMS remitida pelo Estado de origem na situação em que o ICMS devido a São Paulo é recolhido pelo estabelecimento paulista

---

em outrem uma determinada expectativa, contradiz seu próprio comportamento, incorre em abuso de direito encartado na máxima nemo potest venire contra factum proprium." (STJ – 1ª Seção – REsp 1143216 / RS – Rel. Mion. Luiz Fux – DJe: 09.04.2010).
"'Ofende os princípios básicos da razoabilidade e da justiça o fato do Estado violar o direito de garantia de propriedade e, concomitantemente, exercer a sua prerrogativa de constituir ônus tributário sobre imóvel expropriado por particulares (proibição do venire contra factum proprium)'. (REsp 1.144.982/PR, Rel. Ministro MAURO CAMPBELL MARQUES, SEGUNDA TURMA, julgado em 13.10.2009, DJe 15.10.2009.)" (STJ – 2ª Turma – REsp nº 1766106/PR, Rel. Ministro HERMAN BENJAMIN, DJe 28.11.2018)

[18] "3. O princípio da praticidade *tributária* não prepondera na hipótese de violação de direitos e garantias dos contribuintes, notadamente os princípios da igualdade, capacidade contributiva e vedação ao confisco, bem como a arquitetura de neutralidade fiscal do ICMS." (STF – Pleno – RE nº 593.849/MG – Rel. Min. Edson Fachin – DJe: 05.04.2017)

[19] Vide arts. 59, 61, 268 e 275 do RICMS/SP.

[20] No âmbito de Minas Gerais, por exemplo, o Decreto nº 47.762/2019 trata de forma isonômica os contribuintes sujeitos ao regime normal e à sistemática de substituição tributária, quando "dispõe sobre os procedimentos a serem adotados pelo contribuinte adquirente mineiro ou pelo substituto tributário, inclusive o localizado em outra unidade da Federação, para a remissão de créditos tributários relativos ao ICMS, decorrentes de operações para as quais tenham sido concedidos benefícios em desacordo com o disposto na alínea 'g' do inciso XII do §2º do art. 155 da Constituição Federal, e na Lei Complementar Federal nº 24, de 7 de janeiro de 1975".

pelo regime periódico de apuração, mas não no caso em que o imposto é recolhido pelo substituto tributário, em nome do contribuinte paulista substituído, devendo ser observado o procedimento da Resolução Conjunta SFP/PGE nº 1/2019 em ambos os casos.

3 Jurisprudência do TIT/SP

O TIT/SP vem julgando prejudicados os recursos dos contribuintes quando verificado o acolhimento de pedidos de reconhecimento de créditos pela DIGES, na forma do art. 2º, parágrafo único, da Resolução Conjunta nº 1/2019.[21] Confira-se:

> ICMS – Crédito Indevido – Matéria de fundo Guerra Fiscal – O reconhecimento do crédito, em discussão, pelo Diretor da DIGES – DIRETORIA DE ATENDIMENTO, GESTÃO E CONFORMIDADE, implica na renúncia ao recurso administrativo, nos termos do parágrafo único, do artigo 2º da Resolução Conjunta SFP/PGE – 01/2019 Recurso Especial Não Conhecido (TIT-SP – Câmara Superior – Processos nºs 4015173/2013 e 4015174/2013 – Rel. Juiz Silvio Ryokity Onaga – P: 09/09/2020).[22]

Não foram localizadas na base de jurisprudência do tribunal decisões em processos nos quais a DIGES não tenha reconhecido o crédito pleiteado pelo contribuinte. Conforme orientação daquele órgão, nessas situações, caberá à unidade de julgamento competente decidir a questão, nos termos do art. 6º, §§1º e 3º, da resolução conjunta,[23] de

---

[21] "Art. 2º No pedido, o contribuinte deverá também declarar, expressamente, que renuncia a qualquer defesa ou recurso administrativo ou judicial, bem como que desiste dos já interpostos, se for o caso, relativamente aos créditos de ICMS objetos de Auto de Infração e Imposição de Multa – AIIM, decorrentes das operações referidas no artigo 1º (cláusula oitava do Convênio ICMS 190/17).
Parágrafo único. A renúncia à defesa ou recurso somente efetivar-se-á com o reconhecimento do crédito relativo ao ICMS decorrente das operações referidas no artigo 1º."

[22] No mesmo sentido os acórdãos dos processos: 4050881/2014 (Rel. Juiz Alberto Podgaec – P: 28.10.2020), 4081558/2016 (Rel. Juiz Marco Antonio Veríssimo Teixeira – P:13.11.2020), 4012573/2012 e 4014360/2012 (Rel. Juiz Argos Campos Ribeiro Simões – P:30.11.2020).

[23] "Art. 6º Para a apreciação do pedido de reconhecimento a Diretoria de Atendimento, Gestão e Conformidade poderá realizar os procedimentos necessários para averiguar a efetiva realização das operações objeto do pedido.
§1º Após a verificação do reconhecimento, ou não, dos créditos tributários, o pedido retornará ao órgão que o encaminhou para decisão e notificação ao contribuinte.
§2º O contribuinte será notificado da decisão do Fisco acerca do pedido mediante publicação no Diário Eletrônico, sendo que a referida decisão passará a ser parte integrante do processo contencioso relativo ao AIIM, nas hipóteses dos incisos I e II, ambos do artigo 1º.

sorte que "o próprio TIT, no exercício de sua competência, adotará ou não o entendimento desta Diretoria".[24]

Conclusão

Do exposto, verifica-se que a Lei Complementar nº 160/2017 dispôs no sentido de eliminar discussões jurídicas acerca da validade de benefícios fiscais de ICMS que haviam sido concedidos de forma unilateral no passado, ao permitir a remissão dos créditos tributários correspondentes pelas unidades federadas concedentes e garantir o automático reconhecimento, pelas unidades federadas de destino, dos valores destacados nas operações interestaduais.

Entretanto, subsistem questões atinentes à validade de lançamentos realizados pelo Fisco paulista nos casos em que o órgão administrativo responsável vem indeferindo pedidos de reconhecimento de créditos, o que deverá prolongar o andamento dos processos administrativos correlatos no TIT/SP, até que se decida sobre a adequada interpretação do art. 5º da Lei Complementar nº 160/2017 e a correta aplicação da Resolução Conjunta SFP/PGE nº 1/2019.

Informação bibliográfica deste texto, conforme a NBR 6023:2018 da Associação Brasileira de Normas Técnicas (ABNT):

FUNARO, Hugo. A guerra fiscal e a Lei Complementar nº 160/2017. In: PINTO, Alexandre Evaristo; TOMKOWSKI, Fábio Goulart; ALLEGRETTI, Ivan; BEVILACQUA, Lucas (coord.). ICMS no Tribunal de Impostos e Taxas de São Paulo. Belo Horizonte: Fórum, 2022. p. 221-231. ISBN 978-65-5518-319-1.

---

§3º Na hipótese de retorno do pedido à Delegacia Tributária de Julgamento ou ao Tribunal de Impostos e Taxas, deverá o processo contencioso prosseguir na fase processual em que se encontrar para que o órgão de julgamento, conhecendo do resultado sobre o reconhecimento, profira decisão.

[24] Processo nº 32339-268428/2019 – J: 18.08.2020.

O DIREITO AO CRÉDITO DE ICMS NA SUA ORIGEM E NA JURISPRUDÊNCIA DO TRIBUNAL DE IMPOSTOS E TAXAS DO ESTADO DE SÃO PAULO

ISABELA BONFÁ DE JESUS
LEANDRO GIÃO TOGNOLLI

Introdução

A evolução do sistema tributário nacional permitiu a construção pelo constituinte de 1988 de um imposto incidente em todas as etapas da cadeia mercantil – o ICMS –, com um sistema de compensação entre créditos apurados pelas entradas e débitos computados pelas saídas próprias para evitar a incidência em cascata e a repercussão exagerada no preço final praticado com o consumidor. É a chamada a não cumulatividade, cuja complexidade demanda reiterados estudos para aprimorar e fomentar os debates entre o poder tributante e o sujeito passivo.

Mediante a abordagem sobre a origem da não cumulatividade e do próprio ICMS no sistema tributário brasileiro, o presente artigo pretende abordar o histórico do comando de compensação entre créditos e débitos e o mais importante imposto das unidades federadas para, finalmente, analisar algumas decisões produzidas no âmbito do Tribunal de Impostos e Taxas do Estado de São Paulo (TIT-SP).

1 A não cumulatividade do ICMS – Histórico e fundamentos

1.1 O histórico da não cumulatividade no Direito Tributário brasileiro

Em decorrência da autorização positivada na Constituição de 1946, a União Federal utilizou das suas prerrogativas legiferantes sobre a produção e o consumo[1] e da sua competência tributária para "decretar"[2] o imposto sobre o "consumo de mercadorias". Historicamente, a competência impositiva do imposto sobre consumo federal já existia sob a égide da Constituição de 1937, e o próprio ordenamento jurídico contemplava uma série de diplomas relacionados à regulação desse imposto.

Dos diplomas normativos existentes, merece destaque o antigo Decreto nº 26.149, de 5 de janeiro de 1949, do Poder Executivo Federal, responsável por consolidar a legislação do imposto sobre o consumo.

Para fins de apresentação dos contornos desse imposto que antecedeu o atual IPI, destaca-se o conteúdo dos artigos 2º, 98 e 99 da Consolidação:

> Art. 2º O imposto é devido pelos contribuintes definidos nesta lei, antes da saída dos produtos das fábricas, estabelecimentos comerciais, Alfândegas e Mesas de Renda, devendo o seu valor ser incorporado ao dos produtos e cobrado do consumidor, de acôrdo com as disposições que se seguem.
>
> Art. 98. Nenhum produto sujeito a impôsto de consumo poderá sair das fábricas, das Alfândegas ou Mesas de Rendas, nem ser exposto à venda ou vendido, sem que o impôsto tenha sido prèviamente recolhido, ou sem que esteja devidamente estampilhado, atentos os dispositivos e as exceções desta lei e mais seguintes: (...)
>
> Art. 99. O impôsto, quando ad valorem, figurará obrigatòriamente em parcela separada na "nota fiscal" e será cobrado do primeiro comprador, pelo fabricante, ficando, a partir dêste momento, incorporado ao preço do produto.

O mesmo diploma normativo estabelece a lista de mercadorias passíveis de tributação, de tal modo que podem ser assimiladas como características desse imposto sobre o consumo: (i) ser um imposto

---

[1] Conforme o artigo 5º, inciso XV, alínea "c", da Constituição de 1946.
[2] Conforme o artigo 15, inciso II, da Constituição de 1946.

devido pelos estabelecimentos que promovessem as saídas de mercadorias, especialmente (mas não exclusivamente) direcionadas para os estabelecimentos industriais, (ii) em momento anterior à saída, (iii) devendo o imposto ser integrado ao preço, (iv) destacado em apartado na nota fiscal e (v) cobrado do destinatário, (vi) ainda que exigido o prévio recolhimento antes da saída.

Foi o antigo imposto sobre consumo, portanto, um tributo *de impacto econômico indireto*, dada a *repercussão econômica traduzida na obrigatoriedade de cobrança do preço ao consumidor final*, incidente em todas as etapas da circulação mercantil, de acordo com a eleição dos contribuintes pela legislação.

Por não autorizar qualquer mecanismo de dedução de imposto ("crédito") em função de valores de imposto pagos por fornecedores, ou de insumos adquiridos para a aplicação em processos produtivos, pode-se conceber que a incidência ocorria isoladamente, produzindo um *efeito de tributação concentrada*, se devido por um único contribuinte da cadeia de circulação, ou *em cascata*, se mais de um sujeito passivo praticasse o fato imponível.

Para além da possível abordagem sobre a evolução da legislação em torno do antigo imposto sobre consumo federal, merece destaque uma alteração em particular promovida pela Lei nº 3.520, de 30 de dezembro de 1958:

> Alteração 10ª (...)
>
> 2º Os fabricantes pagarão o impôsto com base nas vendas de mercadorias tributadas, apuradas quinzenalmente, deduzido, no mesmo período o valor do impôsto relativo às matérias primas e outros produtos adquiridos a fabricantes ou importadores ou importados diretamente, para emprêgo na fabricação e acondicionamento de artigos ou produtos tributados;
>
> 3º O impôsto será recolhido pelos fabricantes, importadores e outros responsáveis (inclusive filiais, agências, postos de venda e depósitos), quinzenalmente à repartição arrecadadora local, até o último dia da quinzena subseqüente. O recolhimento espontâneo, fora do prazo a que alude êste item, será feito com as multas previstas no art. 213;
>
> 4º Quando a importância do impôsto a deduzir fôr superior ao devido pelas vendas, o saldo será transferido para as quinzenas subseqüentes;
>
> 5º Não será permitido o pagamento do impôsto referente a uma quinzena, sem que o contribuinte tenha efetuado o pagamento relativo à quinzena anterior de que esteja em débito, ressalvados os casos em que a falta de pagamento resulte de procedimento fiscal instaurado; (...)

7º Os fabricantes que, além de produtos tributados, também produzirem, com a mesma matéria prima, artigos isentos ou não tributados, sòmente poderão efetuar a dedução a que se refere a norma 2ª, se lhes fôr possível provar, por meios hábeis, as quantidades que efetivamente forem empregadas na composição das mercadorias tributadas, não podendo, em caso algum, utilizam impôsto correspondente à matéria prima que fôr objeto de revenda.

As novas prescrições introduzidas pela Lei nº 3.520/1958 autorizaram que os contribuintes do imposto sobre consumo pudessem realizar a dedução do imposto apurado quinzenalmente do "valor do impôsto relativo às matérias primas e outros produtos adquiridos a fabricantes ou importadores ou importados diretamente, para emprêgo na fabricação e acondicionamento de artigos ou produtos tributados". Adicionalmente, determinou que na hipótese da "importância do impôsto a deduzir fôr superior ao devido pelas vendas, o saldo será transferido para as quinzenas subseqüentes".

Essas disposições viabilizaram que o imposto sobre o consumo federal deixasse de ser um imposto cumulativo[3] – incidindo sobre cada etapa da cadeia mercantil – para se transformar em um imposto não cumulativo – cuja incidência em cada etapa autorizaria o aproveitamento do imposto já recolhido em etapa antecedente ou em importação própria.

E mais: foi estabelecida a apuração periódica do imposto (quinzenal) com a possibilidade de transporte de eventuais impostos dedutíveis de período de apuração anterior. *Eis a origem da não cumulatividade tributária no direito brasileiro.*

Consta, ainda, do artigo 7º da alteração 10ª o condicionamento para o aproveitamento dos impostos pagos por ocasião das aquisições

---

[3] Este é justamente o período de discussão no mundo desenvolvido sobre a substituição dos efeitos nefastos da *tributação em cascata* propiciada pela cumulação da carga tributária em cada preço praticado nas diversas etapas da circulação mercantil, ou seja, da introdução do bem por importação ou produção até o consumidor final.
O professor Alcides Jorge Costa, após longa análise das espécies de tributação sobre valor acrescido instituídas em meados do século XX, afirma que o nascedouro da tributação sobre o valor acrescido ocorreu na França, apresentando, inclusive, o pensador que melhor tratou sobre a matéria à época: "Sem embargo da pré-existência de impostos que usavam da técnica do valor acrescido, foi na França, sem dúvida, que este tipo de tributo primeiro encontrou sua mais completa forma de aplicação. Maurice Lauré diz, com razão, que o nascimento do imposto sobre o valor acrescido foi precedido pela doutrina e que, atualmente, toma-se como referência, normalmente, a aparição da "taxe sur la valeur ajoutée" francesa para analisar se um país deve ou não instaurar este tipo de imposto." (COSTA, Alcides Jorge. ICM na Constituição e na lei complementar. São Paulo: Resenha Tributária, 1979, p. 6.)

de matéria-prima à prova de emprego na produção de mercadorias que seriam tributadas, revelando impedimentos para a dedutibilidade autorizada na hipótese de saídas *isentas* ou *não tributadas*. Os reflexos futuros dessas prescrições são conhecidos pelos estudiosos de Direito Tributário da atualidade, de tal sorte que se pode alegar a verdadeira preservação desse regramento na conformação do descendente direto do imposto sobre consumo federal – o atual IPI –, e daquele imposto que assumiu maior complexidade no sistema tributário nacional: o atual ICMS.

Para fins desse estudo exige-se uma abordagem, ainda que perfunctória, da origem do atual ICMS, conforme se realizará no tópico seguinte.

1.2 A origem do ICM/ICMS – Texto e contexto

A tensão política na década de 1960 do Brasil foi resultado de uma complexa relação de fatos ocorridos desde o fim do governo de Getúlio Vargas, marcados pela elevação do debate público em torno das mudanças necessárias nos rumos do país. Entre o poder de intervenção dos militares na política, a renúncia do Presidente Jânio Quadros em agosto de 1961 e a subida ao poder de seu vice, o ex-ministro do trabalho de Getúlio Vargas, João Goulart; as demandas conflitantes de reforma agrária, o aumento de remuneração e direitos trabalhistas, incentivo à indústria nacional, abertura do país para o capital estrangeiro, absorção do conflito entre o mundo polarizado pela Guerra Fria dos Estados Unidos da América e a União Soviética, o Brasil estava um verdadeiro caos.

E o desfecho desse período de abalos e rupturas institucionais foi a instauração de um regime provisório, com a "eleição", após a deposição de João Goulart, de um comandante militar.

O então Chefe do Estado-Maior do Exército, Marechal Humberto de Alencar Castello Branco foi eleito para a realização de um governo provisório, mas que, como é sabido, deu início ao longo período de repressão pela ditadura militar no Brasil.

Castello Branco era considerado um militar da ala mais moderada e um intelectual do exército brasileiro, de modo que as apostas no período em um sujeito que apreciava a leitura e tinha uma carreira impecável de serviços prestados ao país foram elevadas. O militar parecera apto para solucionar a caótica situação econômica e social do país.

Sob o governo de Castello Branco fora proposta a Emenda Constitucional nº 18/1965, que promoveu uma ampla reforma no sistema tributário brasileiro.

Princípios tributários existentes na Constituição de 1946 – violentada em sequência por atos institucionais (1-4), que atribuíram nova configuração ao poder central e proibiram o exercício de liberdades aos cidadãos e políticos do período – foram, de um modo geral, preservados, mas os impostos do sistema foram significativamente alterados, de modo que as competências tributárias foram determinadas em um novo desenho distributivo de poder fiscal.

Na esfera federal surge o IPI – imposto sobre produtos industrializados – concebido e recepcionado como sucedâneo do então imposto sobre consumo federal.[4]

Em verdade, a emenda constitucional apenas consagrou as transformações promovidas no então imposto sobre consumo federal, em especial, os contornos ofertados pela Lei nº 4.502, de 30 de novembro de 1964. O "novo imposto" incidiria primordialmente na aquisição no exterior de produtos e na saída pelo fabricante de produtos industrializados.

A não cumulatividade introduzida no imposto sobre consumo foi preservada e constitui diretriz inseparável do tributo que persiste no ordenamento até os dias atuais. Acresceu-se com clareza o mandamento da seletividade, consistente na determinação ao poder tributante de considerar a essencialidade dos produtos para a determinação da justa carga impositiva do IPI.

Foi marcante a nova determinação do poder de tributar outorgado aos Estados, sendo certo que os entes federados poderiam instituir impostos sobre: (i) a transmissão, a qualquer título, de bens imóveis por natureza ou por cessão física, como definidos em lei, e de direitos reais sobre imóveis, exceto os direitos reais de garantia, e (ii) *o imposto sobre operações relativas à circulação de mercadorias* – o ICM.

A reforma tributária sepultou o antigo imposto sobre vendas e consignações e deu origem ao ICM – imposto sobre a circulação de mercadorias –, conforme o seguinte enunciado:

> Art. 12. Compete aos Estados o impôsto sôbre operações relativas à circulação de mercadorias, realizadas por comerciantes, industriais e produtores.

---

[4] O artigo 11 da Emenda Constitucional nº 18/1965 estabeleceu os contornos do IPI: "Art. 11. Compete à União o impôsto sôbre produtos industrializados.
Parágrafo único. O impôsto é seletivo em função da essencialidade dos produtos, e não-cumulativo, abatendo-se, em cada operação, o montante cobrado nos anteriores."

§1º A alíquota do impôsto é uniforme para tôdas as mercadorias, não excedendo, nas operações que as destinem a outro Estado, o limite fixado em resolução do Senado Federal, nos têrmos do disposto em lei complementar.

§2º O impôsto é não cumulativo, abatendo-se, em cada operação, nos têrmos do disposto em lei complementar, o montante cobrado nas anteriores, pelo mesmo ou por outro Estado, e não incidirá sôbre a venda a varejo, diretamente ao consumidor, de gêneros de primeira necessidade, definidos como tais por ato do Poder Executivo Estadual.

O ICM nasce no plano constitucional por meio do artigo 12 da Emenda Constitucional nº 18/1965. Esse imposto incidiria sobre operações relativas à circulação de mercadorias praticada por industriais, produtores e comerciantes, exceto os varejistas que praticassem vendas de bens de primeira necessidade, e seria não cumulativo, determinando o abatimento em cada operação, nos termos de uma lei complementar, do imposto pago em operações antecedentes com aquele devido nas operações próprias.

O artigo 26 da Emenda Constitucional nº 18/1965 determinou um regime de transição, autorizando a cobrança de todos os impostos previstos na Constituição de 1946, exceto o imposto de exportação, até o dia 31 de dezembro de 1966. Após essa data, os tributos previstos na emenda constitucional seriam aqueles de competência das unidades federativas para a vigência no sistema tributário nacional.

Menos de um ano após o surgimento da emenda constitucional em comento, adveio mais um diploma de relevante impacto no sistema tributário nacional – vigente até os dias atuais – introduzido por meio de uma lei.

A Lei nº 5.172, de 25 de outubro 1966, estabeleceu o Código Tributário Nacional: verdadeiro sistema nacional de enunciados prescritivos sobre os tributos previstos no ordenamento constitucional, normas gerais em relação às hipóteses de incidência possíveis, regras para administração tributária e procedimentos de cobrança do direito público ao crédito tributário, e deveres mútuos relacionados à interpretação e cumprimento da obrigação tributária.

O conjunto dos artigos 52 a 58 do Código Tributário Nacional prescreveu as regras de observância obrigatória pelos Estados na instituição do antigo ICM, cujos traços principais poderiam ser destacados nos seguintes tópicos:

(i) Incidência do imposto sobre (a) as operações com mercadorias praticadas por industriais, produtores e comerciantes no geral, envolvendo todos os agentes de uma cadeia mercantil de circulação de mercadorias, excetuadas as operações dos varejistas com bens de primeira necessidade destinadas ao consumidor final, (b) a importação de mercadorias e (c) o fornecimento de alimentação, bebidas e outras mercadorias por bares, restaurantes, "cafés" e estabelecimentos similares;

(ii) A saída de mercadorias e a entrada de mercadorias como "fatos geradores" do imposto, ainda que tais enunciados devam ser interpretados como os *momentos* de ocorrência dos fatos imponíveis, conforme entendimento amplamente consagrado entre os estudiosos do direito tributário na atualidade;

(iii) A equiparação da saída tributável à mercadoria que for remetida para o destinatário no contexto mercantil, ainda que não tenha transitado pelo estabelecimento do fornecedor;

(iv) A base de cálculo como o valor da operação, ou, na ausência de tal valor, o preço corrente de similar no mercado atacadista da praça do remetente;

(v) A exclusão do IPI da base de cálculo quando a operação constitua fato gerador de ambos os tributos e em relação a produtos sujeitos ao IPI, com base de cálculo relacionada com o preço máximo de venda no varejo marcado pelo fabricante;

(vi) Nas operações interestaduais: (a) a exclusão das despesas com frete e seguro da base de cálculo, e (b) na hipótese de transferência para estabelecimento da mesma empresa ou seu representante, a proibição da prática do mesmo preço que seria praticado por ocasião da venda pelo destinatário;

(vii) O montante do imposto deveria compor o valor do preço destacado em documento fiscal;

(viii) A não-cumulatividade do imposto, cumprindo à lei a tarefa de estatuir que o montante devido fosse a diferença de saldo a maior apurado em determinado período, saldo este apurado entre o imposto referente às mercadorias saídas do estabelecimento e o pago relativamente às mercadorias nele entradas;

(ix) Na hipótese de geração de saldo credor do imposto, o transporte para o período de apuração seguinte;

(x) A possibilidade de a lei (estadual) conferir ao produtor a opção pelo abatimento de uma percentagem fixa, a título do montante do imposto pago relativamente às mercadorias entradas;

(xi) O destaque do imposto nas remessas interestaduais de mercadoria.

Esses são os traços gerais do ICM previsto no Código Tributário Nacional, os quais foram absorvidos em grande parte pela ulterior Constituição de 1967, produzida pela ditadura militar brasileira, e pelo Decreto-Lei nº 406/1968 que surgiria para disciplinar no âmbito nacional o imposto estadual sobre operações internas e interestaduais com mercadorias.

De fato, a Constituição de 1967, no capítulo destinado ao *Sistema Tributário*, pouco inovou em relação às modificações introduzidas pela Emenda Constitucional nº 18/1965 vigentes na ordem constitucional anterior, conforme lecionou Geraldo Ataliba:[5]

> Êste sistema reproduz a maioria dos princípios constitucionais mais importantes da Constituição de 1946. Resultou, na verdade, da conjugação de esquemas e concepções do sistema de 46 e da emenda constitucional nº 18.
>
> Com a sua instauração, revogou-se de pleno direito a emenda constitucional nº 18 e se restauraram alguns dos mais salutares princípios por ela arredados. A referida emenda teve vida efêmera, pois vigeu de dezembro de 1965 a 15 de março de 1967, não tendo chegado a conhecer integral regulamentação, aplicação e atuação prática.

A análise dos dispositivos comprova a perspectiva do saudoso mestre. A Constituição de 1967 representou pouca inovação em relação à ordem anterior com a emenda já citada, ainda que tenha lamentavelmente deixado de estabelecer expressamente os dispositivos passíveis de construção pelo exegeta do *princípio da capacidade contributiva*.

No que concerne à competência dos Estados e do Distrito Federal para a instituição do ICM após a realização de verdadeiras "correções" previstas pelo Ato Complementar nº 40/1968 – supressão da possibilidade de tributação de lubrificantes e combustíveis líquidos, dada a competência da União e a participação do Senado Federal na determinação de limites para alíquotas – o novo texto constitucional estava escrito nos seguintes termos:

> Art. 24 – Compete aos Estados e ao Distrito Federal decretar impostos sobre: (...)
> II – operações relativas à circulação de mercadorias, realizadas por produtores, industriais e comerciantes. (...)

---

[5] ATALIBA, Geraldo. *Sistema constitucional tributário brasileiro*. São Paulo: Revista dos Tribunais, 1968, p. 207.

§4º – A alíquota do imposto a que se refere o nº II será uniforme para todas as mercadorias; o Senado Federal, através de resolução tomada por iniciativa do Presidente da República, fixará as alíquotas máximas para as operações internas, para as operações interestaduais e para as operações de exportação para o estrangeiro.

§5º – O imposto sobre circulação de mercadorias é não-cumulativo, abatendo-se, em cada operação, nos termos do disposto em lei, o montante cobrado nas anteriores, pelo mesmo ou outro Estado, e não incidirá sobre produtos industrializados e outros que a lei determinar, destinados ao exterior.

Vê-se pouca alteração em relação ao conteúdo relacionado nos diplomas analisados anteriormente, merecendo destaque, apenas, a medida de revogação dos dispositivos contidos no Código Tributário Nacional por meio do Decreto-Lei nº 406, de 31 de dezembro de 1968.

O Decreto-Lei nº 406/1968, assinado pelo segundo presidente do regime militar Costa e Silva e o notável economista Antonio Delfin Netto, estabeleceu normas gerais de direito "financeiro" aplicáveis aos impostos sobre operações relativas à circulação de mercadorias e sobre serviços de qualquer natureza.

De essencialmente distintas das prescrições então contidas no Código Tributário Nacional, poucas são as considerações a tecer em relação ao decreto-lei, salvo pela incorporação de medidas de política econômica no campo das isenções do ICM[6] e da ulterior autorização para a controvertida substituição tributária, por meio da futura alteração promovida pela Lei Complementar nº 44/1983. No campo do imposto sobre serviços de qualquer natureza de competência municipal, o decreto-lei foi definitivo para a uniformização das regras gerais.

A não cumulatividade do ICM foi prevista no artigo 3º do Decreto-Lei nº 406/1968:

---

[6] Por exemplo, o quanto disposto no artigo 1º, parágrafo 4º, incisos III e IV, do Decreto-Lei nº 406/68: "§4º São isentas do impôsto: (...)
III – A saída de mercadorias destinadas ao mercado interno e produzidas em estabelecimentos industriais como resultado de concorrência internacional, com participação de indústrias do país contra pagamento com recursos oriundos de divisas conversíveis provenientes de financiamento a longo prazo de instituições financeiras internacionais ou entidades governamentais estrangeiras;
IV – As entradas de mercadorias em estabelecimento do importador, quando importadas do exterior e destinadas à fabricação de peças, máquinas e equipamentos para o mercado interno como resultado de concorrência internacional com participação da indústria do país, contra pagamento com recursos provenientes de divisas conversíveis provenientes de financiamento a longo prazo de instituições financeiras internacionais ou entidades governamentais estrangeiras;"

Art. 3º O impôsto sôbre circulação de mercadorias é não cumulativo, abatendo-se, em cada operação o montante cobrado nas anteriores, pelo mesmo ou outro Estado.

§1º A lei estadual disporá de forma que o montante devido resulte da diferença a maior, em determinado período, entre o impôsto referente às mercadorias saídas do estabelecimento e o pago relativamente às mercadorias nêle entradas. O saldo verificado em determinado período a favor do contribuinte transfere-se para o período ou períodos seguintes.

§2º Os Estados poderão facultar aos produtores a opção pelo abatimento de uma percentagem fixa a título do montante do impôsto pago relativamente às mercadorias entradas no respectivo estabelecimento.

§3º Não se exigirá o estôrno do impôsto relativo às mercadorias entradas para utilização, como matéria-prima ou material secundário, na fabricação e embalagem dos produtos de que tratam o §3º, inciso I e o §4º, e o inciso III, do artigo 1º. O disposto neste parágrafo não se aplica, salvo disposição da legislação estadual em contrário, às matérias-primas de origem animal ou vegetal que representem, individualmente, mais de 50% do valor do produto resultante de sua industrialização.

Constata-se da análise do texto normativo que a não cumulatividade consta como um imperativo para o ICM, determinando o abatimento do imposto *cobrado* em operações antecedentes do valor do imposto devido em decorrência de operações próprias. Outro regime de apuração do imposto somente poderia surgir por lei, em situações excepcionalmente previstas, mas que não fossem contrários à *dinâmica* de cotejo entre *imposto cobrado de terceiro* ou *estimado fixamente* para confronto com os débitos próprios.

A sistemática de apuração dos créditos e débitos do ICM, desde a origem, revela que a autoridade dotada do poder legiferante preocupou-se em aliar o imperativo do cálculo com os elementos econômicos envolvidos na relação jurídico tributária. Em outros termos: as palavras *cobrado* e *pago* podem ser interpretadas como a necessária introdução dos signos linguísticos para a adequação das regras envolvidas na não cumulatividade do imposto para capturar os elementos econômicos da relação comercial concretizada.

Com o passar do tempo e por uma série de fatores ocorridos após a imposição pelos militares da Constituição de 1967, bem como pela trombose cerebral sofrida pelo então presidente militar Costa e Silva, foi estabelecida uma junta militar que acabou por promover uma gigantesca emenda constitucional – Emenda Constitucional nº 1, de 17 de outubro de 1969 – por meio da qual fora editado um novo texto para a Constituição Federal de 1967.

Ante a expressiva alteração do texto da Constituição de 1967 promovida pelos Ministros da Marinha de Guerra, do Exército e da Aeronáutica Militar – a junta então governante – o novo texto foi elevado, por muitos, à condição de uma nova Constituição. Assim, nasceu a "Constituição de 1969".

Poucas inovações no sistema tributário nacional mereceriam registro, posto que as transformações do período não demandaram uma profunda reforma na tributação. Os problemas de ordem política e social superavam as discussões no campo da tributação, ainda que vários estudos de referência tenham sido produzidos, justamente, sob a égide da Constituição de 1969.

Em relação ao ICM, o artigo 23 da Constituição de 1969 estabeleceu que:

> Art. 23. Compete aos Estados e ao Distrito Federal instituir impostos sôbre: (...)
>
> II – operações relativas à circulação de mercadorias, realizadas por produtores, industriais e comerciantes, impostos que não serão cumulativos e dos quais se abaterá nos têrmos do disposto em lei complementar, o montante cobrado nas anteriores pelo mesmo ou por outro Estado. (...)
>
> §4º Lei complementar poderá instituir, além das mencionadas no item II, outras categorias de contribuintes daquele impôsto.
>
> §5º A alíquota do impôsto à que se refere o item II será uniforme para tôdas as mercadorias nas operações internas e interestaduais; o Senado Federal, mediante resolução tomada por iniciativa do Presidente da República, fixará as alíquotas máximas para as operações internas, as interestaduais e as de exportação.
>
> §6º As isenções do impôsto sôbre operações relativas à circulação de mercadorias serão concedidas ou revogadas nos têrmos fixados em convênios, celebrados e ratificados pelos Estados, segundo o disposto em lei complementar.
>
> §7º O impôsto de que trata o item II não incidirá sôbre as operações que destinem ao exterior produtos industrializados e outros que a lei indicar.
>
> §8º Do produto da arrecadação do impôsto mencionado no item II, oitenta por cento constituirão receita dos Estados e vinte por cento, dos municípios. As parcelas pertencentes aos municípios serão creditadas em constas especiais, abertas em estabelecimentos oficiais de crédito, na forma e nos prazos fixados em lei federal.

Na redação dos novos dispositivos concernentes ao ICM, além do reforço da adequação da lei complementar para estabelecer as diretrizes gerais em relação aos contribuintes, o mecanismo de abatimento do montante de imposto pago em operações antecedentes e a competência do Senado Federal na determinação de limites para alíquotas nas operações internas, interestaduais e de exportação, destaca-se a introdução da obrigatoriedade da observância de *convênios* celebrados entre os Estados para legitimar a concessão de isenções do imposto.

Pelo nítido caráter nacional da lei que deveria organizar a estrutura necessária para a celebração desses convênios, fora determinada que uma lei complementar regularia as questões pertinentes ao cumprimento dessa exigência constitucional.

A Lei Complementar nº 24, de 7 de janeiro de 1975, foi publicada para atender ao mandamento constitucional, estabelecendo, para além do estipulado na dicção constitucional, o mecanismo para a concessão de isenções, reduções de base de cálculo, a devolução do tributo ao sujeito passivo, a concessão de créditos presumidos e quaisquer outros incentivos fiscais ou *financeiro-fiscais* com base no ICM.

O diploma também marca a fundação do Conselho Nacional de Política Fazendária – CONFAZ –, como o ambiente de reunião dos representantes de todos os Estados da federação. As deliberações necessariamente contariam com a maioria das unidades federativas e seriam presididas por um representante do Governo Federal. Ainda assim, a aprovação da concessão de benefícios fiscais dependeria do voto unânime dos Estados. A revogação dependeria da aprovação de quatro quintos dos representantes presentes na deliberação.

Após a aprovação e publicação de convênio produzido no âmbito do CONFAZ, os Estados ainda deveriam cumprir com o ato de ratificação dos termos do convênio, sendo o silêncio considerado fato de relevância jurídica de aceitação dos termos acordados pelos Estados. Muitas críticas podem ser tecidas a esse respeito, posto que o ato votado por um *representante do Poder Executivo* – em regra, o Secretário de Fazenda – seria ratificado e *internalizado no ordenamento local (estatual)* – por meio de outro ato produzido pelo próprio Poder Executivo: um decreto.

Tendo em vista que os contribuintes são os *grandes beneficiados*[7] com os favores fiscais previstos em convênios de ICM/ICMS e incorporados por meio de decreto, pouco ou nenhum esforço fora empenhado para combater a falta de revisão entre os poderes das medidas e a necessária observância do histórico princípio da legalidade tributária.

O jurista Sacha Calmon Navarro Côelho criticou com veemência

---

[7] COSTA, Alcides Jorge. ICMS – Natureza Jurídica da Isenção – Natureza Jurídica e Função do Convênio no Âmbito do ICMS. In: *Estudos sobre IPI, ICMS e ISS*. São Paulo: Dialética, 2009, p. 88.

a aprovação da medida no interior da lei complementar e revela ter sido testemunha de tamanha conivência com o rompimento de postulados de controle e fiscalização do poder de tributar:

> (...) o texto original previa que a ratificação dos convênios seria da alçada das Assembleias Legislativas. Sou testemunha pessoal dos fatos porque era Assessor de Secretário de Estado. Foi um Tecnocrata de Brasília – e na época era forte o regime, o poder central, o Ministério da Fazenda – que cometeu a monstruosidade jurídica de, contrariando a Constituição, conferir ao próprio Executivo a missão de se homologar a si próprio. Depois é que vieram os 'juristas' de segunda mão, na inglória tentativa de juridicizar o que é visceralmente injurídico.[8]

Pouco mais de duas décadas desde o surgimento da Constituição de 1967 e uma profunda evolução na sociedade brasileira, os ventos da mudança sopraram sobre o Brasil para afastar a ditadura, reestabelecer a democracia e desenvolver uma nova Constituição adequada à nova realidade e a integração do país ao mundo que vivenciaria a globalização em breve.

1.3 O ICM(S) na Constituição Federal de 1988

O artigo 155, inciso II, da Constituição Federal estabelece a competência tributária dos Estados e do Distrito Federal para a instituição de impostos sobre *operações relativas à circulação de mercadorias e sobre prestações de serviços de transporte interestadual e intermunicipal e de comunicação, ainda que as operações e as prestações se iniciem no exterior*.

Do dispositivo citado seria possível construir três matrizes essenciais das hipóteses de incidência do ICMS:[9] (i) operações relativas à circulação de mercadorias, inclusive aquelas oriundas de importação, (ii) prestações de serviços de transporte interestadual e intermunicipal,

---

[8] COÊLHO, Sacha Calmon Navarro. *ICM*: Competência exonerativa. São Paulo: Revista dos Tribunais, 1982, p. 66.

[9] O jurista Roque Antonio Carrazza abordou em recente atualização de obra clássica sobre o imposto em comento acerca da existência de três impostos incorporados sob a sigla ICMS: "Em rigor, *ICMS* não passa de uma sigla, a hospedar, pelo menos, três impostos diferentes, a saber: (a) o imposto sobre operações relativas à circulação de mercadorias (que compreende o que nasce da entrada de bens ou mercadorias importadas do exterior); (b) o imposto sobre prestações de serviços de transporte interestadual e intermunicipal; e (c) o imposto sobre prestações de serviços de comunicação. Dito de outro modo: há pelo menos três núcleos distintos de incidência do ICMS" (CARRAZZA, Roque Antonio. *ICMS*. 18. ed. São Paulo: Malheiros/Juspodivm, 2020, p. 43).

inclusive o transporte originado no exterior, e (iii) prestações de serviços de comunicação, ainda que este tenha se originado no exterior. As exportações de mercadorias e serviços são *imunes* ao imposto por força da abrangência conferida pela Emenda Constitucional nº 42/2003. O texto original da Constituição Federal prescreveu a incompetência tributária para alcançar pelo ICMS *as operações que destinem ao exterior produtos industrializados, excluídos os semi-elaborados definidos em lei complementar*. A partir da Emenda Constitucional nº 42/2003, a exportação de mercadorias e prestação de serviços de transporte e comunicação ao exterior foram amplamente incluídas na imunidade tributária, sem distinção da natureza do bem ou serviço, sendo autorizado, inclusive, *a manutenção e o aproveitamento do montante do imposto cobrado nas operações e prestações anteriores* (artigo 155, §2º, inciso X, alínea "a", da Constituição Federal).

A "hipótese de incidência por excelência e experiência" do ICMS, também denominado como *ICMS-mercantil*, refere-se ao imposto incidente sobre as operações de circulação de mercadorias, devendo ser entendido, individualmente, como o ato comercial traduzido na linguagem jurídica sob o contrato de compra e venda, do qual decorre a transferência definitiva e onerosa de bens entre dois sujeitos distintos.

A *operação* deve ser promovida no contexto da *atividade econômica regida sob o regime jurídico do direito civil e direito comercial*, cujo estabelecimento importador, industrial, produtor ou comercial promova a circulação – *transferência jurídica definitiva de titularidade, ainda que a saída física não ocorra em concomitância com a celebração do contrato* – de bens submetidos à atividade mercantil. A circulação não implica mero deslocamento físico dos bens, mas no trânsito com propósito de transferência dos direitos de propriedade sobre a mercadoria.

Mercadoria, por conseguinte, será atributo de todo o bem submetido ao negócio de compra e venda de contribuinte *habitual* do imposto, não podendo ser considerado qualquer bem disponível, mas aquele destinado a adimplir com a obrigação do vendedor.

O chamado *ICMS-transportes* incide na prestação de utilidade material consistente no serviço de deslocamento intermunicipal e interestadual, concretizado em favor de terceiros e orientado sob o regime de direito privado. O serviço de transporte prestado dentro dos limites de um mesmo município será alcançado pelo ISS. Afasta-se do campo de incidência do imposto: (i) o serviço prestado para si – posto que inexistente a disponibilização da utilidade para terceiro – e, (ii) aquele ocorrido no contexto de relações regidas pelo direito do trabalho.

O *ICMS-comunicação*, imposto sob ampla discussão atual em função do aprimoramento dos meios tecnológicos de transmissão de dados, incide sobre a prestação onerosa de serviços de comunicação, sendo imprescindível para a sua concretização a utilização de um meio pelo prestador que viabiliza a emissão de mensagem certa entre pessoas distintas.

Disso compreende-se a não abrangência do ICMS-comunicação sobre as prestações das quais se viabilize a transmissão de mensagens com *destinatário incerto*. A configuração da incidência desse imposto somente ocorrerá com a certeza e plena identificação dos sujeitos distintos, cujo emissor conhece do conteúdo e tem a intenção de transmitir por um meio *não gratuito* uma *mensagem certa* para *um terceiro ou terceiros identificado(s) e identificável(is)*.

Percebe-se pela leitura das disposições concernentes ao ICMS previsto no artigo 155, inciso II, da Constituição Federal, alinhado à prescrição contida no artigo 146, que o constituinte determinou a necessidade de lei complementar para estabelecer o regramento de diversas matérias desse imposto estadual e distrital.

O artigo 34, §8º, do Ato das Disposições Constitucionais Transitórias estabeleceu que se no prazo de sessenta dias contados da promulgação da Constituição não fosse editada a lei complementar necessária à disciplina do ICMS, os Estados e o Distrito Federal, mediante convênio celebrado nos termos da Lei Complementar nº 24, de 7 de janeiro de 1975, recepcionada pela ordem de 1988, deveriam fixar normas para regular provisoriamente os contornos infralegais do tributo em ambiente nacional.

O Ministro da Fazenda e os Secretários de Fazenda (ou Finanças) dos Estados e do Distrito Federal reuniram-se na 15ª Reunião extraordinária do Conselho Nacional de Política Fazendária no dia 14 de dezembro de 1988 para cumprir com o disposto no §8º do artigo 34 do Ato das Disposições Constitucionais Transitórias da Constituição Federal, resultando daquele encontro o Convênio ICM nº 66/88.

Foram estabelecidos trinta e cinco artigos que em muito corresponderam às determinações previstas na ordem passada para o sepultado ICM, de modo que diversas controvérsias foram originadas a partir da sua aplicação.

Somente com o advento da Lei Complementar nº 87, de 13 de setembro de 1996 (publicação no *Diário Oficial da União* em 16.09.1996) foram estabelecidas as regras gerais sobre o ICMS. O Convênio ICM nº 66/88 tornou-se sem eficácia a partir da "Lei Kandir". Evidentemente, o exercício das competências impositivas pelos Estados e Distrito Federal deveria ser concretizado a partir da edição local de leis ordinárias.

A lei complementar surge como um mecanismo de atendimento às determinações constitucionais para viabilizar a uniformidade das regras do ICMS e a dinâmica de cotejo entre créditos e débitos decorrentes do imperativo da não cumulatividade, em respeito à essência do imposto e à manutenção do pacto federativo, e estabelecer as demais matérias de impacto nacional do ICMS.

A Lei Complementar nº 87/1996 constitui o diploma uniformizador das regras atinentes ao ICMS, salvo em relação ao conjunto de prescrições concernentes a forma de concessão de benefícios e incentivos fiscais do imposto.

A não cumulatividade do ICMS está prevista no enunciado do artigo 155, §2º, inciso I, da Constituição Federal:

> §2º O imposto previsto no inciso II atenderá ao seguinte:
> I – será não-cumulativo, compensando-se o que for devido em cada operação relativa à circulação de mercadorias ou prestação de serviços com o montante cobrado nas anteriores pelo mesmo ou outro Estado ou pelo Distrito Federal.

O *imperativo/comando*[10] da não cumulatividade[11] determina que o ICMS – sem distinção sobre a "espécie de ICMS" (mercantil, transporte intermunicipal e interestadual ou comunicação) – será não cumulativo, e que deve ser estabelecido um mecanismo de *compensação* entre o imposto calculado sobre as operações e prestações próprias e aquele que fora "cobrado" nas operações anteriores, independentemente do Estado de origem.

É preciso que se esclareça que a *compensação* referida no dispositivo em nada se relaciona com a compensação que extingue o crédito tributário previsto no artigo 156, inciso II, do Código Tributário Nacional. Eventual *crédito indevido* do imposto também não ofertaria

---

[10] Conforme a lição de Roque Antônio Carrazza: "A norma constitucional em exame não encerra mera sugestão, que o legislador ou a Fazenda Pública poderão seguir ou deixar de seguir. Muito pelo contrário, ela veicula um *comando*, que dá ao contribuinte o direito subjetivo de ver observado, em cada caso concreto, o *princípio da não-cumulatividade do ICMS*." (CARRAZZA, Roque Antonio. *ICMS*. 18. ed. São Paulo: Malheiros/Juspodivm, 2020, p. 368).

[11] A não cumulatividade do ICMS está prevista no enunciado do artigo 155, parágrafo 2º, inciso I, da Constituição Federal: "§2º O imposto previsto no inciso II atenderá ao seguinte: I – será não-cumulativo, compensando-se o que for devido em cada operação relativa à circulação de mercadorias ou prestação de serviços com o montante cobrado nas anteriores pelo mesmo ou outro Estado ou pelo Distrito Federal;"

margem para ação de repetição de indébito, posto que o crédito da não cumulatividade nasce do empenho da técnica e sobrevive nos seus estritos limites. Se houver *recolhimento em dinheiro* a maior de ICMS para os cofres públicos, daí seria possível a repetição do indébito.[12]

Também é relevante a demonstração de que a interpretação restritiva do termo *"cobrado"* descrito no disposto está em desacordo com a lógica da própria não cumulatividade, pois não se trata de conferir poderes de fiscalização sobre terceiros ao contribuinte, mas de determinar o abatimento do imposto *incidente* nas operações anteriores. Sobre a notoriedade da incorreção (histórica) da redação do dispositivo e o seu real significado, destaca-se o escólio de Paulo Caliendo:[13]

> A doutrina tem discutido a interpretação da expressão "cobrado nas (operações) anteriores", visto que o aproveitamento do crédito não exige o seu efetivo pagamento integral do tributo na etapa anterior, mas tão somente o seu destaque do imposto na nota fiscal. Este entendimento parece ser o mais adequado, visto que não se pode exigir que o contribuinte de fato, detentor do crédito, fiscalize a situação contábil-fiscal do vendedor (contribuinte de direito), tampouco estenda a pena pelo descumprimento de norma jurídica para além da pessoa do ofensor, sob pena de ofensa aos princípios elementares de direito tributário sancionador.

Os conflitos acerca da interpretação sobre os enunciados concernentes à não cumulatividade do ICMS também prevalecem em relação aos artigos 19, 20, *caput*, e 23, da Lei Complementar nº 87/1996. *In verbis*:

> Art. 19. O imposto é não-cumulativo, compensando-se o que for devido em cada operação relativa à circulação de mercadorias ou prestação de serviços de transporte interestadual e intermunicipal e de comunicação com o montante cobrado nas anteriores pelo mesmo ou por outro Estado.
> Art. 20. Para a compensação a que se refere o artigo anterior, é assegurado ao sujeito passivo o direito de creditar-se do imposto anteriormente cobrado em operações de que tenha resultado a entrada de mercadoria, real ou simbólica, no estabelecimento, inclusive a destinada ao seu uso

---

[12] Sobre a relevância da distinção concluiu Paulo de Barros Carvalho: "O direito ao crédito é moeda escritural. E, se, de um lado, é inexigível enquanto crédito pecuniário na via judicial, por outro, é imprescindível perante o lídimo exercício do direito à não-cumulatividade, que se consuma com o exercício da compensação desse crédito com o 'crédito tributário' (obrigação tributária) do Fisco." (CARVALHO, Paulo de Barros. Isenções tributárias do IPI, em face do princípio da não-cumulatividade. *Revista Dialética de Direito Tributário*, São Paulo, n. 33, jun. 1998, p. 157.)
[13] CALIENDO, Paulo. *Curso de Direito Tributário*. São Paulo: Saraiva, 2017, p. 925.

ou consumo ou ao ativo permanente, ou o recebimento de serviços de transporte interestadual e intermunicipal ou de comunicação. (...)
Art. 23. O direito de crédito, para efeito de compensação com débito do imposto, reconhecido ao estabelecimento que tenha recebido as mercadorias ou para o qual tenham sido prestados os serviços, está condicionado à idoneidade da documentação e, se for o caso, à escrituração nos prazos e condições estabelecidos na legislação.
Parágrafo único. O direito de utilizar o crédito extingue-se depois de decorridos cinco anos contados da data de emissão do documento.[14]

A interpretação desses dispositivos permite conceber que a compensação deverá ocorrer, pois o imposto é não cumulativo, e que o valor compensado será resultante do crédito apurado em decorrência das entradas devidamente escrituradas de mercadorias e serviços tributados em confronto com os débitos de operações e prestações próprias.

Pode-se afirmar que as grandes discussões em matéria de ICMS, tanto perante o Poder Judiciário, quanto perante os Tribunais Administrativos mantidos pelos entes tributantes, estão diretamente relacionadas à não cumulatividade e ao chamado contexto de guerra fiscal.

Será analisado a seguir o posicionamento do Tribunal de Impostos e Taxas do Estado de São Paulo sobre questões relevantes envolvendo o direito ao crédito do ICMS.

2 O direito ao crédito de ICMS gestado sob as discussões entre Fisco e contribuinte acerca da preponderância do *cobrado* e do *pago*

2.1 O papel do Tribunal de Impostos e Taxas de São Paulo (TIT-SP) nos conflitos sobre a não cumulatividade do ICMS

O Decreto nº 7.184, de 5 de junho de 1935, criou o Tribunal de Impostos e Taxas do Estado de São Paulo com a missão de ser o *supremo intérprete das leis tributárias do Estado*. Logo no artigo 2º, o antigo decreto enunciou que as decisões proferidas no âmbito do "TIT-SP" firmariam

---

[14] O artigo 23 estabelece verdadeiro *dever* do contribuinte destinatário de bens e serviços de apurar os créditos correspondentes do imposto, mas condiciona o direito ao crédito à verificação da idoneidade da documentação do fornecedor e à escrituração nos termos da regulamentação interna. Além disso, estabelece um prazo decadencial para o uso dos créditos a contar a partir da data de emissão do documento.

jurisprudência, cuja observância é obrigatória por parte de todos os servidores da Secretaria de Fazenda e repartições subordinadas, *desde que, a juízo do Secretario da Fazenda, não contrarie a jurisprudência do Poder Judiciário*.[15]

Decisões históricas foram produzidas no âmbito do Tribunal administrativo fiscal paulista sobre o ICM/ICMS, de tal modo que o estudo sobre a evolução da compreensão da não cumulatividade – e o direito a crédito do sujeito passivo – não pode prescindir da devida análise da jurisprudência histórica.

Fora marcante o esforço inicial do TIT-SP para concretizar o princípio da não cumulatividade do ICM, cujo histórico de decisões que ultrapassaram a leitura da realidade sob a perspectiva de um formalismo exacerbado foi destacado por José Eduardo Soares de Melo:[16]

> Embora os documentos tenham o condão de retratar (e materializar) os atos jurídicos realizados, não se lhes pode emprestar valor preeminente de modo a direcionar todo o direito (constitucional) de abatimento.
>
> Não aceitara norma restritiva do direito ao crédito por questões atinentes a aspectos meramente formais, relativos a documentos, nos casos de simples omissões e incorreções, tendo em vista a ocorrência de fato tributário.
>
> Na mesma trilha:
>
> CRÉDITO INDEVIDO – Operações sujeitas à emissão de nota de entrada – Obrigação não satisfeita – notas de recebimento preenchidas e escrituradas.
>
> Não caracterização. A simples forma de um documento não pode desnaturar o crédito. (Processo DRT – 1 – 102440/70 – 5ª Câmara – Relator Ylves José de Miranda Guimarães – Decisão de 19.7.72 – Ementa 393 do Ementário de 1974).
>
> CRÉDITO INDEVIDO – Erro formal no Registro de Entrada de Mercadorias não o caracteriza.
>
> A omissão do nome de firma no Registro de Entrada de Mercadorias, mas com registro certo dos demais dados, não caracteriza crédito indevido. (Processo DRT – 5 – 5267/72 – 2ª Câmara – Relator Lafayette Soares de Paula – Decisão de 1.12.72 – Ementa 377 do Ementário de 1974).

---

[15] Redação do trecho adaptada à evolução da ortografia portuguesa.
[16] MELO, José Eduardo Soares de. Não cumulatividade do ICMS – Jurisprudência do TIT – Aspectos gerais. *In*: BERGAMINI, Adolpho, GUIMARÃES, Adriana Esteves, PEIXOTO, Marcelo Magalhães (org.). *O ICMS na história da jurisprudência do Tribunal de Impostos e Taxas do Estado de São Paulo*. São Paulo: MP Editores, 2011, p. 262-263.

Em diversas oportunidades os julgadores adentraram no acervo probatório para verificar, inclusive na hipótese de reconhecido erro praticado pelos contribuintes,[17] se as exigências fiscais poderiam prevalecer sobre a própria sistemática da não cumulatividade.

O advento da Constituição de 1988 e o nascimento do complexo ICMS – tributo merecedor da mais ampla abordagem textual na Carta Magna – não foram suficientes para encerrar questões pretéritas sobre a não cumulatividade. Alguns conflitos foram agravados, em especial, diante da velha contradição aparente entre os termos *cobrado* e *pago*, para fins de realização da compensação entre créditos e débitos.

A Guerra Fiscal do ICMS, ainda que combatida e analisada sob o mandamento de disposições constitucionais, não conseguiu escapar dos problemas decorrentes da interpretação dos termos citados, conforme se verificará a seguir.

2.2 A guerra fiscal do ICMS

2.2.1 O problema

O artigo 155, §2º, inciso XII, alínea "g", da Constituição Federal estabelece a necessidade de uma lei complementar para "regular a forma como, mediante deliberação dos Estados e do Distrito Federal, isenções, incentivos e benefícios fiscais serão concedidos e revogados". Conforme já tratado no presente texto, a Lei Complementar nº 24/1975

---

[17] "MERCADORIAS ISENTAS – Indevido destaque de ICM procedido pelo Contribuinte nas notas fiscais que emitiu – Indevida exigência fiscal do tributo sobre essas operações, embora isentas – Apelo provido – Decisão unânime. RESUMO DO VOTO: A Fiscalização não discute a isenção do ICM nas saídas das mercadorias. O que pretende é cobrar o imposto que a autuada destacou naqueles documentos e que, afinal, teria propiciado um crédito fiscal correspondente, aos compradores. Assim, a questão que se coloca é se a autuada poderia ou não proceder como procedeu, e se desse fato decorre a exigibilidade do tributo, apesar da isenção. Não há como negar que a atitude da firma foi realmente irregular, uma vez que, isentas as saídas das mercadorias era-lhe defeso o destaque do tributo nos respectivos documentos fiscais. Tal irregularidade, não obstante, é simplesmente formal e, por conseguinte, incapaz de transmudar a condição de isenção de que gozam as saídas das mercadorias em questão. É que os compradores estão impedidos de proceder ao crédito fiscal correspondente, dado que essa atitude caracterizaria um crédito indevido por serem igualmente isentas as saídas dessas mercadorias dos respectivos estabelecimentos. Não podendo os destinatários das mercadorias se apropriar do crédito, descabe qualquer exigibilidade baseada no princípio da não cumulatividade tal como pretende o Fisco, com fundamento no Dec.-lei nº 406/68. Provê-se o recurso, ressalvado ao Fisco o direito de intentar procedimento relativo à infração regulamentar" (Processo DRT – 1 – 23851/75 – 2ª Câmara – Relator Alexandre Aparício Scigliano – Decisão de 17.04.80 – Publicado no *Boletim TIT* nº 125, em 26.09.81).

foi recepcionada pela atual ordem vigente e cumpre a tarefa determinada no dispositivo citado.

O Conselho Nacional de Política Fazendária existe com a missão de viabilizar o debate e alcançar o consenso entre as unidades federadas acerca dos benefícios fiscais e financeiros fiscais do ICMS, primordialmente, posto que a dinâmica econômica e a sistemática de apuração de créditos e débitos do ICMS demanda tal medida de integração de interesses entre os Estados, permitindo que a legislação seja eficaz e não seja abalado o pacto federativo.

No entanto, algumas unidades federadas produzem unilateralmente leis que estipulam internamente incentivos do ICMS, sem qualquer amparo em ato produzido no âmbito do CONFAZ – convênio autorizador de benefício fiscal –, de tal modo que são buscados fundamentos na autonomia da gestão de interesses tributários e na defesa da economia local de cada unidade federada para justificar o descumprimento da Carta Magna.

Os embates alcançam frequentemente as portas do Supremo Tribunal Federal[18] e as represálias praticadas entre os Estados que estipulam os benefícios inconstitucionais e os Estados prejudicados conformam capítulos da chamada Guerra Fiscal do ICMS.

---

[18] "AÇÃO DIRETA DE INCONSTITUCIONALIDADE. TRIBUTÁRIO. ISENÇÃO FISCAL. ICMS. LEI COMPLEMENTAR ESTADUAL. EXIGÊNCIA CONSTITUCIONAL DE CONVÊNIO INTERESTADUAL (CF, ART. 155, §2º, XII, 'g'). DESCUMPRIMENTO. RISCO DE DESEQUILÍBRIO DO PACTO FEDERATIVO. GUERRA FISCAL. INCONSTITUCIONALIDADE FORMAL. CONCESSÃO DE ISENÇÃO À OPERAÇÃO DE AQUISIÇÃO DE AUTOMÓVEIS POR OFICIAIS DE JUSTIÇA ESTADUAIS. VIOLAÇÃO AO PRINCÍPIO DA ISONOMIA TRIBUTÁRIA (CF, ART. 150, II). DISTINÇÃO DE TRATAMENTO EM RAZÃO DE FUNÇÃO SEM QUALQUER BASE RAZOÁVEL A JUSTIFICAR O DISCRIMEN. INCONSTITUCIONALIDADE MATERIAL. PROCEDÊNCIA DO PEDIDO. 1. O pacto federativo reclama, para a preservação do equilíbrio horizontal na tributação, a prévia deliberação dos Estados-membros para a concessão de benefícios fiscais relativamente ao ICMS, na forma prevista no art. 155, §2º, XII, 'g', da Constituição e como disciplinado pela Lei Complementar nº 24/75, recepcionada pela atual ordem constitucional. 2. In casu, padece de inconstitucionalidade formal a Lei Complementar nº 358/09 do Estado do Mato Grosso, porquanto concessiva de isenção fiscal, no que concerne ao ICMS, para as operações de aquisição de automóveis por oficiais de justiça estaduais sem o necessário amparo em convênio interestadual, caracterizando hipótese típica de guerra fiscal em desarmonia com a Constituição Federal de 1988. 3. A isonomia tributária (CF, art. 150, II) torna inválidas as distinções entre contribuintes "em razão de ocupação profissional ou função por eles exercida", máxime nas hipóteses nas quais, sem qualquer base axiológica no postulado da razoabilidade, engendra-se tratamento discriminatório em benefício da categoria dos oficiais de justiça estaduais. 4. Ação direta de inconstitucionalidade julgada procedente. (STF – ADI 4276, Relator: LUIZ FUX, Tribunal Pleno, julgado em 20/08/2014, ACÓRDÃO ELETRÔNICO DJe-181 DIVULG 17.09.2014 PUBLIC 18.09.2014).

A principal – e, lamentavelmente, mais eficaz – medida de combate das unidades federadas contra os benefícios sem amparo no CONFAZ concedidos por outros consiste na *glosa* dos créditos de ICMS apurados por destinatários localizados nos seus limites. E a *glosa* importa no juízo e ato de invalidação do crédito apurado pelo contribuinte local sob o amparo de que a carga tributária *real* foi determinada por incentivo inconstitucional, de modo que o destaque do imposto e a "*formalização*" do imposto – que autorizaria o crédito pelo destinatário – no documento fiscal seriam irrelevantes e não correspondentes à realidade.

Veja-se que o imposto efetivamente *pago* pelo fornecedor localizado em Estado incentivado e o imposto destacado no documento fiscal – *juridicamente cobrado* – são diferentes, e a reação fiscal dos Estados que não reconhecem o benefício da outra unidade federada é direcionada ao contribuinte sob sua jurisdição mediante a glosa parcial dos créditos.[19]

Os autos de infração que formalizam o expediente de retaliação são variados e comportam o questionamento de diversos benefícios fiscais de ICMS concedidos por todas as unidades federadas. O Tribunal de Impostos e Taxas[20] foi responsável por diversos julgados[21] sobre a matéria, e o atual entendimento da Câmara Superior é no sentido da legitimidade do Estado de São Paulo para praticar a glosa dos créditos de ICMS. Por exemplo:

---

[19] "TRIBUTÁRIO. ICMS. PRINCÍPIO DA NÃO CUMULATIVIDADE. CONCESSÃO DE CRÉDITO FICTÍCIO PELO ESTADO DE ORIGEM, SEM AUTORIZAÇÃO DO CONFAZ. ESTORNO PROPORCIONAL PELO ESTADO DE DESTINO. CONSTITUCIONALIDADE. O estorno proporcional de crédito de ICMS efetuado pelo Estado de destino, em razão de crédito fiscal presumido concedido pelo Estado de origem sem autorização do Conselho Nacional de Política Fazendária (CONFAZ), não viola o princípio constitucional da não cumulatividade. (Tema 490 da repercussão geral). (STF – RE nº 628075, Relator: EDSON FACHIN, Relator p/ Acórdão: GILMAR MENDES, Tribunal Pleno, julgado em 18.08.2020, PROCESSO ELETRÔNICO REPERCUSSÃO GERAL – MÉRITO DJe-240 DIVULG 30.09.2020. PUBLIC 01.10.2020).

[20] Inclusive, o TIT-SP também adota entendimento no sentido de utilizar do mecanismo da glosa de créditos nas transferências interestaduais que envolverem estabelecimento vinculado ao mesmo titular cuja origem seja unidade federada que conceda benefício fiscal unilateral do ICMS, tendo aprovado uma súmula para consolidar e aplicar o entendimento: Súmula do TIT 11/2017: "Na hipótese de transferência interestadual de mercadorias entre estabelecimentos do mesmo titular, é legítima a glosa da parcela dos créditos de ICMS relativa a benefícios fiscais concedidos irregularmente pelo Estado de origem, sem prévia autorização do CONFAZ, consoante o disposto no artigo 155, §2º, inciso XII, alínea "g", da Constituição Federal, bem como no §3º, do artigo 36, da Lei nº 6.374/89."

[21] Verdadeiros tratados sobre a questão constam dos votos proferidos no âmbito dos processos DRTC-ll-928005/2006 e DRT-15-584479/2006 da 4ª Câmara Temporária do Tribunal de Impostos e Taxas.

ICMS 1 – CRÉDITO INDEVIDO. GUERRA FISCAL. COMPRA E VENDA. LC 24/75 integralmente recepcionada pela Constituição de 1988. Regra da não-cumulatividade não é ilimitada, mas sofre a restrição prevista na própria Constituição Federal, no seu art. 155, §2º, XII, "g", combinado com os arts. 1º e 8º, da LC 24/75. Nos casos como o aqui tratado não se trata de declaração de inconstitucionalidade ou ilegalidade de norma ou ato de outro Estado da Federação, mas de cumprimento de norma cogente dirigida não somente às autoridades fiscais, mas, sobretudo, a todos os contribuintes do ICMS. Não há como admitir a alegação, nem em abstrato nem no caso concreto, de boa-fé da autuada em razão da impossibilidade de conhecimento por sua parte de que seu parceiro comercial usufruía de benefício fiscal irregular. Não é dada ao contribuinte paulista a liberalidade de deixar de cumprir as normas que vedam o crédito nem as normas que exigem que o contribuinte se certifique da existência de benefício fiscal irregular nem lhe é lícito opor desconhecimento de tais ditames legais, bem como dos diplomas que instituem benefícios fiscais irregulares, especialmente no campo de suas relações comerciais habituais. A norma do art. 8º, da LC 24/75, é norma válida, vigente e eficaz, não havendo que se falar também em sua inconstitucionalidade, até por força do que dispõe o art. 28 da Lei 13.457/09. RECURSO ESPECIAL DA FAZENDA PÚBLICA. CONHECIDO. PROVIDO. (Processo DRT – 14 – AIIM nº 4030526-0 – Câmara Superior – Relator João Maluf Junior – Sessão de julgamento em 28.11.2019)

Ainda que o entendimento tenha sido consolidado – e reflita o entendimento preponderante do Supremo Tribunal Federal – é necessário o apontamento do amplo embate ainda existente entre estudiosos sobre o tema, cujos argumentos opostos entre Fisco e contribuinte são cotejados e (in)validados de acordo com as conclusões dos estudos dedicados. Vale o conhecimento da natureza dos argumentos para fins de aprimoramento sobre a matéria.

2.2.2 Os argumentos da fiscalização

Para além dos argumentos construídos com base no imperativo constitucional de desenvolvimento de benefícios fiscais do ICMS com a devida observância de convênio do CONFAZ, a autorização para a glosa de créditos representa um expediente criado no âmbito da legislação interna do Estado de São Paulo.[22]

---

[22] Vide artigo 36, §3º, da Lei nº 6.374/89 (Lei que instituiu o ICMS no Estado de São Paulo): "Artigo 36 – O Imposto sobre Operações Relativas à Circulação de Mercadorias e sobre

Fundamenta-se o dispositivo da legislação paulista em enunciado contido na própria Lei Complementar nº 24/1975 (artigo 8º, incisos I e II):

Art. 8º – A inobservância dos dispositivos desta Lei acarretará, cumulativamente:

I – a nulidade do ato e a ineficácia do crédito fiscal atribuído ao estabelecimento recebedor da mercadoria;

II – a exigibilidade do imposto não pago ou devolvido e a ineficácia da lei ou ato que conceda remissão do débito correspondente.

O Estado destinatário ainda fundamenta a medida de glosa de créditos na defesa de interesses locais em detrimento de medidas unilaterais que comprometam o pacto federativo. A exigência de que o imposto *cobrado* seja aquele efetivamente suportado pelo remetente *(pago)* seria, na exegese fiscal, a adequada via de interpretação do imperativo da não cumulatividade. Contra tais argumentos, a reação dos sujeitos passivos ocorre sob os seguintes fundamentos.

2.2.3 Os argumentos dos contribuintes

Considerando que o direito ao crédito do ICMS somente foi restringido na Constituição Federal nas hipóteses de *não incidência* e *isenção*,[23] a não cumulatividade do imposto não poderia ser relativizada por ato produzido no exercício da competência tributária atribuída aos Estados e Distrito Federal. Em outros termos: com o rígido desenho do imposto e da sistemática de compensação pela não cumulatividade, o direito ao crédito – e o dever correspondente do contribuinte de escrituração e apuração do crédito – não poderia ser comprometido por força de qualquer medida adotada unilateralmente pelos Estados. Portanto, as unidades federadas seriam *incompetentes* para adotar mecanismos de restrição não previstos na Carta Magna.

Prestação de Serviços de Transporte Interestadual e Intermunicipal e de Comunicação é não-cumulativo, compensando-se o imposto que seja devido em cada operação ou prestação com o anteriormente cobrado por este, outro Estado ou pelo Distrito Federal, relativamente a mercadoria entrada ou a prestação de serviço recebida, acompanhada de documento fiscal hábil, emitido por contribuinte em situação regular perante o fisco. (...) §3º – Não se considera cobrado, ainda que destacado em documento fiscal, o montante do imposto que corresponder a vantagem econômica decorrente da concessão de qualquer subsídio, redução da base de cálculo, crédito presumido ou outro incentivo ou benefício fiscal em desacordo com o disposto no artigo 155, §2º, inciso XII, alínea "g", da Constituição Federal."

[23] Vide artigo 155, §2º, inciso II, alíneas "a" e "b", da Constituição Federal.

Ademais, a origem do ato que produz o benefício fiscal de ICMS inconstitucional é atribuível a outro Estado, jamais ao sujeito passivo. Eis que a invalidação do ato deve ser buscada pelo Estado-destino que vislumbrar o prejuízo fiscal perante o próprio Poder Judiciário. Há mecanismos constitucionalmente previstos para o questionamento da constitucionalidade de leis e exigência de julgamento para o restabelecimento do pacto federativo.

A defesa dos contribuintes em relação ao império da não cumulatividade, mediante ampla exposição de doutrina e jurisprudência do passado, sempre está presente nas impugnações e recursos contra os atos de exigência fiscal. Mas há algo que também se deve observar em matéria de determinação das alíquotas do ICMS.

Sabidamente, ao Senado Federal[24] foi conferido poder para a determinação das alíquotas interestaduais do ICMS. Sequer os Estados, no exercício da capacidade legiferante de introduzir a norma que institui o imposto nos seus domínios, podem alterar os percentuais prescritos por resolução do Senado Federal para operações interestaduais.

Pode-se afirmar que não há outorga de poderes ao sujeito ativo ou passivo para alterar a alíquota interestadual do imposto. O próprio destaque de alíquota distinta nos documentos fiscais pelo sujeito passivo representaria uma afronta à determinação da carga impositiva incidente nas transações que ultrapassam as fronteiras das unidades federadas.

Portanto, o fornecedor que estiver localizado em Estado que conceda unilateralmente o incentivo de ICMS – caso detenha regime especial para tanto, ou esteja sob o alcance de norma estadual que determine o tratamento incentivado sobre as suas operações – terá que observar tanto as normas editadas pela unidade federada, quanto pelo Senado Federal. Não há possibilidade, no estrito dever de cumprimento das leis e da resolução do Senado Federal, de o contribuinte deixar de destacar o imposto sob a correta alíquota interestadual prevista para as operações e prestações ocorridas no território nacional.

A *glosa de créditos* parece exigir o esforço econômico adicional daquele que apenas cumpriu com os deveres de escrituração de notas fiscais e apuração dos créditos do imposto, cujos poderes de fiscalização das atividades desenvolvidas por fornecedores, em especial, da incidência de normas locais sobre suas atividades – ou mesmo a existência oculta de regimes especiais que autorizem o tratamento tributário privilegiado –, não teriam guarida sequer na ampla terceirização de poderes instituída no contexto do lançamento por homologação.

---

[24] Conforme o artigo 155, §2º, inciso IV, da Constituição Federal.

Conclusão

O Tribunal de Impostos e Taxas consolidou entendimento no mesmo sentido do Egrégio Supremo Tribunal Federal, provando a sintonia com a compreensão constitucional sobre a matéria. No entanto, o preço de tal harmonização é a manutenção da beligerância entre as unidades federadas, vez que os contribuintes têm sido responsabilizados economicamente pela guerra fiscal e, até o presente momento, mesmo com iniciativas no sentido de reduzir e eliminar[25] os efeitos da concorrência desleal entre entes tributantes,[26] não ocorreu um esforço real pelo pacto federativo e a efetiva observância da não cumulatividade do ICMS.

Informação bibliográfica deste texto, conforme a NBR 6023:2018 da Associação Brasileira de Normas Técnicas (ABNT):

JESUS, Isabela Bonfá de; TOGNOLLI, Leandro Gião. O direito ao crédito de ICMS na sua origem e na jurisprudência do Tribunal de Impostos e Taxas do Estado de São Paulo. In: PINTO, Alexandre Evaristo; TOMKOWSKI, Fábio Goulart; ALLEGRETTI, Ivan; BEVILACQUA, Lucas (coord.). *ICMS no Tribunal de Impostos e Taxas de São Paulo*. Belo Horizonte: Fórum, 2022. p. 233-259. ISBN 978-65-5518-319-1.

---

[25] Vide edição da Lei Complementar nº 160/2017, Convênio ICMS nº 190/2017 e Portaria do Ministro da Economia nº 76/2019.

[26] "IMPOSTO SOBRE A CIRCULAÇÃO DE MERCADORIAS E SERVIÇOS – GUERRA FISCAL – BENEFÍCIOS FISCAIS DECLARADOS INCONSTITUCIONAIS – CONVALIDAÇÃO SUPERVENIENTE MEDIANTE NOVA DESONERAÇÃO – RECURSO EXTRAORDINÁRIO – REPERCUSSÃO GERAL CONFIGURADA. Possui repercussão geral a controvérsia relativa à constitucionalidade da prática mediante a qual os Estados e o Distrito Federal, respaldados em consenso alcançado no âmbito do Conselho Nacional de Política Fazendária – CONFAZ, perdoam dívidas tributárias surgidas em decorrência do gozo de benefícios fiscais assentados inconstitucionais pelo Supremo, porque implementados em meio à chamada guerra fiscal do ICMS. (STF – RE 851421 RG, Relator: MARCO AURÉLIO, Tribunal Pleno, julgado em 21.05.2015, ACÓRDÃO ELETRÔNICO DJe-171 DIVULG 31.08.2015 PUBLIC 01.09.2015).

O BENEFÍCIO FISCAL DA REDUÇÃO DA BASE DE CÁLCULO DO ICMS EM RELAÇÃO À CESTA BÁSICA

IVAN ALLEGRETTI

Introdução

A redução da base de cálculo é uma espécie de benefício fiscal frequentemente utilizada no âmbito do Imposto sobre Circulação de Mercadorias e Serviços (ICMS).

O presente artigo analisará a redução da base de cálculo concedida pela legislação paulista em relação à cesta básica, abordando os seguintes aspectos:

O primeiro consiste em demonstrar a sutil distinção entre o seu mecanismo concreto de funcionamento, tal como previsto na legislação paulista, em comparação com o mecanismo idealizado pelo Supremo Tribunal Federal (STF) para firmar seu entendimento sobre o tema.

Para tanto será antes necessário percorrer, ainda que sinteticamente, o histórico da jurisprudência do Supremo Tribunal Federal a propósito da concessão da redução da base de cálculo no âmbito do ICMS.

O segundo aspecto analisado diz respeito à problemática delimitação do conceito de cesta básica, seja sob a perspectiva do federalismo fiscal, seja das fontes formais utilizadas para a sua implementação.

O terceiro ponto também diz respeito ao alcance do benefício fiscal, mas sob a perspectiva da finalidade, analisando-se a situação específica envolvendo o açúcar.

Nesse percurso sempre se buscará, quando possível, ilustrar a análise fazendo referência a julgados do Tribunal de Impostos e Taxas (TIT).

1 A redução da base de cálculo na jurisprudência do STF

No decorrer de 20 anos, mais precisamente entre 1997 e 2014, houve a inversão do entendimento do Supremo Tribunal Federal quanto ao direito de manutenção do crédito das operações de entrada de mercadorias que correspondessem a operações de saída beneficiadas com redução da base de cálculo.

É preciso lembrar que a Constituição de 1988, delineando as características elementares do ICMS, estabelece que tal imposto "será não-cumulativo, compensando-se o que for devido em cada operação relativa à circulação de mercadorias ou prestação de serviços com o montante cobrado nas anteriores pelo mesmo ou outro Estado ou pelo Distrito Federal" (art. 155, §2º, I).

E também que o mesmo dispositivo constitucional contém a ressalva de que "a isenção ou não-incidência, salvo determinação em contrário da legislação (...) acarretará a anulação do crédito relativo às operações anteriores" (art. 155, §2º, II, "b", CF).

Em julgamento ocorrido em 1997, o Plenário do STF entendeu que a redução da base de cálculo não poderia ser equiparada à isenção ou não incidência, assim não qualificando a referida ressalva, de modo que não acarretaria a anulação do crédito das operações anteriores, conforme se extrai da ementa de tal julgado:

> ICMS – PRINCÍPIO DA NÃO-CUMULATIVIDADE – MERCADORIA USADA – BASE DE INCIDÊNCIA MENOR – PROIBIÇÃO DE CRÉDITO – INCONSTITUCIONALIDADE. Conflita com o princípio da não- cumulatividade norma vedadora da compensação do valor recolhido na operação anterior. O fato de ter-se a diminuição valorativa da base de incidência não autoriza, sob o ângulo constitucional, tal proibição. Os preceitos das alíneas "a" e "b" do inciso II do §2º do artigo 155 da Constituição Federal somente têm pertinência em caso de isenção ou não-incidência, no que voltadas à totalidade do tributo, institutos inconfundíveis com o benefício fiscal em questão. (RE nº 161031, Relator(a): MARCO AURÉLIO, Tribunal Pleno, julgado em 24.03.1997, *DJ* 06.06.1997 PP-24881 EMENT VOL-01872-05 PP-00994)

Seguiu-se no âmbito do TIT, em 2003, a edição da Súmula nº 5, cristalizando o entendimento de que "Na compra de mercadoria proveniente de outra Unidade da Federação, por contribuinte paulista, cuja revenda seja efetuada no Estado de São Paulo, em operação contemplada com redução de base de cálculo, é legítimo o aproveitamento integral do crédito referente à compra".[1]

O mesmo entendimento pela manutenção integral do crédito foi reafirmado pela Corte Suprema nos anos que seguiram, verificando-se precedentes nesse mesmo sentido no âmbito dos órgãos fracionários em 2004, 2005 e até mesmo em 2006,[2] embora ainda em 2005 o Plenário tenha proferido julgamento em sentido diametralmente oposto: pela qualificação da redução da base de cálculo como uma isenção parcial, assim concluindo pela necessidade de anulação proporcional do crédito relativo às operações anteriores, conforme se verifica da ementa desse julgado:

EMENTA: TRIBUTO. Imposto sobre Circulação de Mercadorias. ICMS. Créditos relativos à entrada de insumos usados em industrialização de produtos cujas saídas foram realizadas com redução da base de cálculo. Caso de isenção fiscal parcial. Previsão de estorno proporcional. Art. 41, inc. IV, da Lei estadual nº 6.374/89, e art. 32, inc. II, do Convênio ICMS nº 66/88. Constitucionalidade reconhecida. Segurança denegada. Improvimento ao recurso. Aplicação do art. 155, §2º, inc. II, letra "b", da CF. Voto vencido. São constitucionais o art. 41, inc. IV, da Lei nº 6.374/89, do Estado de São Paulo, e o art. 32, incs. I e II, do Convênio ICMS nº 66/88. (RE nº 174478, Relator(a): MARCO AURÉLIO, Relator(a) p/ Acórdão: CEZAR PELUSO, Tribunal Pleno, julgado em 17.03.2005, *DJ* 30-09-2005 PP-00005 EMENT VOL-02207-02 PP-00243 *RIP* v. 7, n. 33, 2005, p. 264)

Segundo o novo entendimento restava validada a regra então prevista no art. 32, II, do Convênio ICM nº 66/1988, editado pelo Conselho Fazendário (Confaz), segundo o qual:

Art. 32. Salvo determinação em contrário da legislação, acarretará a anulação do crédito:

---

[1] A Súmula nº 5 teve vigência no período entre 05.07.2003 a 05.11.2005, sendo cancelada por ato publicado no DOE de 05.11.2005.

[2] RE nº 201764 AgR, Relator(a): EROS GRAU, Primeira Turma, julgado em 23.11.2004, *DJ* 25.02.2005 PP-00019 EMENT VOL-02181-02 PP-00215 RT v. 94, n. 836, 2005, p. 103-105. No mesmo sentido: RE nº 421152 AgR-ED, Relator(a): EROS GRAU, Primeira Turma, julgado em 18.12.2006 DJ 23.02.2007 PP-00024 EMENT VOL-02265-03 PP-00607; RE nº 239632 AgR-ED, Relator(a): EROS GRAU, Segunda Turma, julgado em 04.04.2006 DJ 05-05-2006 PP-00042 EMENT VOL-02231-03 PP-00445 RE 239632 AgR, Relator(a): EROS GRAU, Segunda Turma, julgado em 25.10.2005 DJ 03-02-2006 PP-00025 EMENT VOL-02219-06 PP-01172 *RT* v. 95, n. 849, 2006, p. 189-191; RE nº 421152 AgR, Relator(a): EROS GRAU, Primeira Turma, julgado em 15-03-2005 DJ 07-04-2006 PP-00032 EMENT VOL-02228-04 PP-00710.

I – a operação ou prestação subseqüente, quando beneficiada por isenção ou não-incidência;
II – a operação ou prestação subseqüente com redução da base de cálculo, hipótese em que o estorno será proporcional à redução;

Esse novo entendimento foi, enfim cristalizado em 2014, em regime de Repercussão Geral (Tema nº 299), recebendo a seguinte ementa:

Recurso Extraordinário. 2. Direito Tributário. ICMS. 3. Não cumulatividade. Interpretação do disposto art. 155, §2º, II, da Constituição Federal. Redução de base de cálculo. Isenção parcial. Anulação proporcional dos créditos relativos às operações anteriores, salvo determinação legal em contrário na legislação estadual. 4. Previsão em convênio (CONFAZ). Natureza autorizativa. Ausência de determinação legal estadual para manutenção integral dos créditos. Anulação proporcional do crédito relativo às operações anteriores. 5. Repercussão geral. 6.Recurso extraordinário não provido. (RE nº 635688, Relator(a): GILMAR MENDES, Tribunal Pleno, julgado em 16.10.2014, PROCESSO ELETRÔNICO REPERCUSSÃO GERAL – MÉRITO DJe-030 DIVULG 12.02.2015 PUBLIC 13.02.2015)

Seguiu-se naquele mesmo ano de 2014 a edição da Súmula nº 12 do TIT: "É vedado o aproveitamento integral do crédito do ICMS referente à entrada de mercadoria cuja saída subsequente é beneficiada com redução da base de cálculo do imposto."

Portanto, no primeiro momento, a Suprema Corte entendeu que o crédito pela entrada deveria ser mantido em sua integralidade, porque a redução de base de cálculo não poderia ser equiparada à isenção e à não incidência para o efeito do art. 155, §2º, II, "b", da Constituição, sendo posteriormente superado tal entendimento, passando a prevalecer a interpretação de que a redução da base de cálculo caracterizaria uma isenção parcial e que por isso deveria haver a anulação proporcional do crédito havido na entrada, segundo a mesma medida da redução concedida à operação de saída.

Essa mesma proporção entre a redução na saída e o estorno dos créditos na entrada, como se pode intuir, inspirou-se na própria racionalidade do regime não cumulativo, buscando-se com isso equalizar a carga tributária entre as operações de entrada e saída.

Assim, o estorno proporcional decorreria da própria não cumulatividade, devendo ser essa a interpretação adotada para os casos em que a lei de concessão do benefício não assegurasse expressamente a manutenção integral do crédito da operação de entrada.

Vale frisar que, conforme decisão do Plenário do STF ainda em 2006, é reconhecida a constitucionalidade da legislação que ressalva o direito de manutenção integral do crédito na entrada, assim concluindo pela compatibilidade de tal ressalva com o texto constitucional, segundo restou decidido no seguinte julgado:

AÇÃO DIRETA DE INCONSTITUCIONALIDADE. LEI N. 11.362, DO ESTADO DE SANTA CATARINA. CONCESSÃO DE REDUÇÃO DA BASE DE CÁLCULO OU DE ISENÇÃO. MANUTENÇÃO INTEGRAL DO CRÉDITO FISCAL RELATIVO À ENTRADA DE PRODUTOS VENDIDOS. ALEGAÇÃO DE VIOLAÇÃO DO DISPOSTO NO ARTIGO 155, §2º, INCISO II, "a" e "b", DA CONSTITUIÇÃO DO BRASIL. INOCORRÊNCIA. 1. A norma impugnada, ao assegurar o direito à manutenção do crédito fiscal em casos em que há redução da base de cálculo ou isenção, não afronta o princípio da não-cumulatividade. Ao contrário, viabiliza sua observância, em coerência com o disposto no artigo 32, II, do Convênio ICMS n. 36/92. 2. O artigo 155, §2º, inciso II, "b" da CB prevê que a isenção ou não-incidência acarretará a anulação do credito relativo às operações anteriores, salvo determinação em contrário. A redução de base de cálculo é, segundo o Plenário desse Tribunal, espécie de isenção parcial, o que implica benefício fiscal e aplicação do preceito constitucional mencionado. Precedentes. 3. A disciplina aplicada à isenção estende-se às hipóteses de redução da base de cálculo. 4. Visando à manutenção do equilíbrio econômico e a evitar a guerra fiscal, benefícios fiscais serão concedidos e revogados mediante deliberação dos Estados-membros e do Distrito Federal. O ato normativo estadual sujeita-se à lei complementar ou a convênio [artigo 155, §2º, inciso XII, "f"]. 5. O Convênio ICMS n. 36/92 autoriza, na hipótese dos autos, a manutenção integral do crédito, ainda quando a saída seja sujeita a redução da base de cálculo ou isenção —- §7º da Cláusula 1ª do Convênio ICMS n. 36/92. 6. Ação Direta de Inconstitucionalidade julgada improcedente. (ADI nº 2320, Relator(a): EROS GRAU, Tribunal Pleno, julgado em 15.02.2006, DJ 16-03-2007 PP-00019 EMENT VOL-02268-01 PP-00129 *RDDT* n. 140, 2007, p. 218-219)

É preciso perceber, contudo, que esse novo entendimento do STF toma como pressuposto que a redução da base de cálculo seria sempre implementada tomando como mecanismo de funcionamento a fixação de um percentual a ser aplicado sobre o valor da base de cálculo da operação de saída.

Ocorre que a legislação pode assumir uma feição diferente, tal como ocorre na redação vigente da legislação paulista que concede a redução da base de cálculo para a cesta básica, conforme se passa a demonstrar.

2 Anulação proporcional ou vedação total do aproveitamento dos créditos da operação de entrada?

O entendimento do STF toma como pressuposto que o benefício fiscal operava por meio da redução percentual da base de cálculo da operação de saída, em razão da qual se deveria em regra anular na mesma proporção o crédito da operação de entrada da mesma mercadoria.

Serve de ilustração a situação concreta enfrentada ainda pelo primeiro precedente acima mencionado, o Recurso Extraordinário nº 161.031, em que a legislação mineira concedia redução de 80% (oitenta por cento) sobre a base de cálculo nas operações de comercialização de máquina, aparelho, veículo, mobiliário, motores e vestuários usados. Ou seja, a incidência do ICMS se dava com a alíquota ordinariamente prevista, mas tomando como base de cálculo apenas 20% do valor da operação de saída.

Nesse primeiro precedente, vale lembrar, o STF ainda entendia pelo direito à manutenção integral do crédito, razão pela qual concluiu pela inconstitucionalidade da legislação local que vedava o aproveitamento do crédito.

Ocorre que, mesmo tendo sido depois superado, o entendimento que se seguiu foi pelo estorno parcial do crédito, na mesma medida da redução concedida para a saída.

É de se perguntar, contudo, se mesmo diante do atual entendimento do STF seria admitida a constitucionalidade da referida legislação, visto que impunha não o estorno proporcional, mas o estorno total: a completa vedação do direito de crédito.

Há também outra situação a se considerar: se, ao invés do estorno proporcional, a legislação impusesse outro limitador para o direito de crédito?

Com efeito, nos julgamentos que se seguiram, os quais sustentam o novo entendimento, não se verifica nenhum caso em que a legislação tenha pretendido a glosa total do direito de crédito ou estipulasse um teto para tal direito.

Ainda há outra complexidade a se considerar: a técnica legislativa sofreu mutação ao longo do tempo, passando a adotar um mecanismo de feição diferente, tal como se verifica na redução da base de cálculo concedida pela legislação paulista para a cesta básica.

O mecanismo originalmente previsto na Lei Estadual nº 6.374/1989-SP (Lei do ICMS/SP) consistia na clássica redução percentual da base de cálculo da operação de saída, com a seguinte redação:

10 – Fica reduzida, nos percentuais adiante mencionados, a base de cálculo do imposto incidente nas operações internas com os seguintes produtos (Convênio ICMS –128/94, cláusula primeira): (Redação dada pelo inciso IV do art. 2º do Decreto 41.498, de 26-12-96 – DOE 27-12-96 –; efeitos a partir de 10-01-97)
I – 41,67% (quarenta e um inteiros e sessenta e sete centésimos por cento) em relação a:
a) ave, coelho ou gado bovino, suíno, caprino ou ovino (...)
b).farinha de trigo, bem como mistura pré-preparada de farinha de trigo Classificada no código 1901.20:9900 da Nomenclatura Brasileira-de Mercadorias – Sistema Harmonizado – NBM/SH, e massas alimentícias não cozidas, nem recheadas ou preparadas de outro modo;
II – 61,11% (sessenta e um inteiros e onze centésimos por cento) em relação aos produtos abaixo, classificados segundo a Nomenclatura Brasileira de Mercadorias – Sistema Harmonizado –NBM/SH:
a) leite esterilizado (longa vida) classificado nos códigos 0401.10.10 e 0401.20.10 e leite em pó;
b) café torrado, em grão, moído e descafeinado, classificado na posição e subposição 0901.2;
c) óleos vegetais comestíveis refinados, semi-refinados, em bruto ou degomados, exceto o de oliva, e a embalagem destinada a seu acondicionamento;
d) açúcar cristal ou refinado classificado nos códigos 1701.11.0100, 1701.99.0100 e 1701.99.900;
(...)
III – 33,33% (trinta e três inteiros e trinta e três centésimos por cento) em relação a:
a) alho
b) leite esterilizado (longa vida) classificado nos códigos 0401.1010 e 0401.20.10.
NOTA 2 – No que se refere as mercadorias mencionadas nesse item 10:
(...)
2 – na aquisição de mercadoria relacionada nesse item 10, com carga tributária superior a 7% (sete por cento), o contribuinte deverá efetuar a anulação do crédito fiscal de forma que a sua parte utilizável não exceda a 7% (sete por cento) do valor da base de cálculo do imposto considerada na aquisição da mercadoria, exceto em relação a entrada de ave, coelho ou gado bovino, suíno, caprino ou ovino em pé.
NOTA 3 – O disposto nesse item 10 terá aplicação até 31 de dezembro de 2000.

Como visto, os incisos previam percentuais determinados de redução a serem aplicados diretamente na base de cálculo, tendo como contrapartida a limitação do direito de crédito em 7% nas operações de entrada.

Ocorre que o referido mecanismo foi substituído pelos atuais §§5º e 6º do art. 5º da Lei Estadual nº 6.374/1989-SP (Lei do ICMS/SP), acrescentados pelas Leis nºs 12.785/2007 e 12.790/2007, os quais, de idêntica redação, preveem que "fica reduzida a base de cálculo do imposto incidente nas operações internas com os produtos a seguir indicados, de forma que a carga tributária final resulte no percentual de 7% (sete por cento)".

Como se percebe, o legislador não estabeleceu um percentual para a redução da base de cálculo na operação de saída, mas estabeleceu uma espécie de conta de chegada, segundo a qual o que importa é que *a carga tributária final resulte no percentual de 7%*.

Tal redação enigmática dá margem a três interpretações: (a) ou que se pretendia limitar o crédito na entrada aos mesmos 7% estabelecidos na legislação anterior, devendo-se anular o crédito no que superasse tal percentual, (b) ou que o crédito na entrada deveria ser reduzido em 7%, (c) ou, ainda, que se deveria simplesmente ignorar qualquer direito de crédito, aplicando-se os 7% sobre a operação de saída sem o direito de aproveitamento de nenhum crédito. A fiscalização adotou essa última.

Ou seja, sob o pretexto retórico da concessão de redução da base de cálculo, a legislação deu margem ao entendimento da fiscalização de que a apuração do ICMS passa pela aplicação pura e simples da alíquota de 7% sobre o valor de venda, ignorando-se obtusamente qualquer que tenha sido o crédito na entrada.

O Plenário do STF enfrentou situação parecida em 2015,[3] relacionada à concessão da redução da base de cálculo para serviços de transporte rodoviário de cargas, ocasião em que concluiu pela constitucionalidade da vedação do aproveitamento de crédito.

A situação é apenas parecida, mas não idêntica, primeiro porque naquele caso a legislação previa com clareza o estorno integral do crédito, e em segundo lugar porque no caso do transporte rodoviário de cargas tal mecanismo consistia em um regime facultativo, ao qual o contribuinte podia optar ou não, de maneira que, para gozar da alíquota reduzida na saída a condição era o estorno integral dos créditos na entrada.

---

[3] RE 584023 AgR-EDv-AgR-segundo, Relator(a): CELSO DE MELLO, Tribunal Pleno, julgado em 25.11.2015, ACÓRDÃO ELETRÔNICO DJe-249 DIVULG 10.12.2015 PUBLIC 11.12.2015. O mesmo entendimento foi depois reafirmado em 2017 no julgamento do RE nº 246454 AgR-segundo-AgR-segundo-AgR-EDv-AgR, Relator(a): DIAS TOFFOLI, Tribunal Pleno, julgado em 25.08.2017, ACÓRDÃO ELETRÔNICO DJe-213 DIVULG 19-09-2017 PUBLIC 20-09-2017.

Ocorre que, no caso da redução concedida pela legislação paulista à cesta básica, não se reconhece ao contribuinte a possibilidade de optar ou não por tal regime, sendo ele de aplicação obrigatória.

Identificada tal distinção, seria preciso saber se viola a não cumulatividade a instituição de regime obrigatório de apuração do ICMS baseado na aplicação de uma alíquota diferenciada diretamente sobre o valor da operação de saída ao mesmo tempo acarretando a vedação de aproveitamento dos créditos na entrada.

O que se verifica, contudo, tanto na jurisprudência do Tribunal de Impostos e Taxas (TIT) como do Tribunal de Justiça de São Paulo (TJSP), é a falta de distinção entre a hipótese da anulação proporcional e a hipótese de glosa integral do crédito. Ambos os Tribunais aplicam indistintamente o entendimento do STF sem se atentar à peculiaridade de que não se está diante de um estorno proporcional, mas do estorno total do crédito por imposição da legislação.

No Auto de Infração nº 4001393-5, julgado pela Câmara Superior do TIT,[4] o contribuinte interpretou a legislação de maneira a manter o crédito na entrada não a 12%, mas pela diferença entre 12% e 7%, ou seja, realizou estorno proporcional do crédito, mantendo apenas o correspondente a 5% da operação de entrada, conforme se confere na descrição constante do lançamento fiscal:

> II – INFRAÇÕES RELATIVAS AO CRÉDITO DO IMPOSTO:
> 7. Creditou-se indevidamente do ICMS na proporção de 5% sobre os valores das operações de compras interestaduais de mercadorias pertencentes à CESTA BÁSICA, no período de janeiro a dezembro de 2007, no montante de R$ 120.475,27 (cento e vinte mil, quatrocentos e setenta e cinco reais e vinte e sete centavos), conforme listado no demonstrativo ANEXO II, referente a mercadorias relacionadas no artigo 3º do Anexo II do RICMS/00, que entraram à alíquota de 12%, mas com saídas subsequentes amparadas com redução da base de cálculo, resultando em uma carga tributária de 7%.

O enfrentamento do tema pela Câmara Superior se deu por meio do seguinte único parágrafo:

> Relativamente à alegação de legitimidade do aproveitamento integral do crédito de ICMS de produtos beneficiados com redução da base de cálculo, aplica-se a Súmula 12 do TIT, que diz: "É vedado o

---

[4] TIT, Câmara Superior, Recurso Especial do Contribuinte/AIIM nº 4001393-5/2002, Relator José Orivaldo Peres Júnior, j. 23.04.2019.

aproveitamento integral do crédito do ICMS referente à entrada de mercadoria cuja saída subsequente é beneficiada com redução da base de cálculo do imposto.

É evidente que no caso concreto não se estava diante de aproveitamento integral, mas de anulação proporcional. O contribuinte não computou o crédito integral (12%), mas proporcional (5%).

A fiscalização, por sua vez, não realizou uma glosa apenas parcial do crédito, mas promoveu sua integral desconsideração, apurando o tributo devido pela aplicação do percentual de 7% diretamente sobre o valor da operação de saída.

Sendo assim, a Súmula nº 12/TIT não se aplicava ao caso, pois o contribuinte não pretendia a manutenção integral do crédito. Na verdade, estava-se diante da pretensão do Fisco de estorno total do crédito, quando segundo o entendimento do STF tal estorno deveria ser apenas proporcional.

Fica clara, enfim, a necessidade de distinguir as duas situações: (a) o mecanismo idealizado, baseado na determinação de percentual fixo aplicável sobre o valor da base de cálculo da operação de saída – hipótese em que se aplicaria o entendimento do Tema nº 299/RG do STF e a Súmula nº 15 do TIT, com a anulação apenas proporcional do crédito – e (b) o mecanismo concreto que toma como referência a *carga tributária total*, em que o valor do tributo na prática consiste na aplicação da alíquota sobre o valor da operação de saída, combinada com a vedação completa de aproveitamento do crédito na operação de entrada.

Ocorre que não se verifica nenhum precedente administrativo ou judicial que tenha reconhecido a peculiaridade dessa última hipótese, para diante dela considerar a legalidade e constitucionalidade dessa vedação obrigatória e total do direito de crédito.

Tal discussão, como visto, encontra-se soterrada na repetição automatizada do entendimento de que a redução da base de cálculo acarreta o estorno parcial do crédito na entrada.

3 O conceito e a delimitação concreta dos itens alcançados pela cesta básica

A concessão de benefícios fiscais no âmbito do ICMS depende da autorização do Confaz com a concordância unânime dos Estados da Federação.

No caso da cesta básica, tal autorização está encartada no Convênio ICMS nº 128/94, segundo o qual:

Ficam os Estados e o Distrito Federal autorizados a estabelecer carga tributária mínima de 7% (sete por cento) do ICMS nas saídas internas de mercadorias que compõem a cesta básica.

§1º Ficam os Estados e o Distrito Federal autorizados a não exigir a anulação proporcional do crédito prevista no inciso II do artigo 32 do Anexo Único do Convênio ICM 66/88, de 14 de dezembro de 1988, nas operações de que trata o caput dessa cláusula.

§2º A fruição do benefício de que trata esse Convênio fica condicionada ao cumprimento, pelos contribuintes, das obrigações instituídas pela legislação de cada unidade federada.

Perceba-se, na largada, que o Convênio não detalha quais itens comporiam a cesta básica, nem existe na legislação brasileira um conceito uniforme e preciso nesse sentido.

No âmbito federal, o Decreto-Lei nº 399/1938, ao regulamentar o salário-mínimo, apresenta uma lista de 13 (treze) espécies de alimentos: carne, leite, feijão, arroz, farinha, batata, legumes, tomate, pão francês, café em pó, frutas, açúcar, óleo e manteiga, os quais devem ser considerados pelo Departamento Intersindical de Estatística e Estudos Socioeconômicos (DIEESE) para a pesquisa da variação de preços.

Sabe-se, de outro lado, que "o convênio, por si só, não assegura a concessão do benefício em questão. É condição necessária, mas não suficiente, porque tem sentido jurídico meramente autorizativo: permite a concessão do benefício fiscal por parte de cada um dos Estados e do Distrito Federal, mas não o cria per se".[5]

Com efeito, o art. 150, §6º, da Constituição[6] exige lei específica para a concessão de benefícios fiscais, a qual deve ser editada por cada Estado da Federação.

Ocorre que no caso da legislação paulista, parte dos alimentos da cesta básica tem amparo no texto da lei e outra parte é descrita diretamente pelo Regulamento!

Na Lei nº 6.374/1989 (Lei do ICMS/SP) são previstos os seguintes itens:

---

[5] RE nº 635688, Relator(a): Min. Gilmar Mendes, Tribunal Pleno, julgado em 16.10.2014, processo eletrônico repercussão geral – mérito ale-030 DIVULG 12.02.2015, PUBLIC 13.02.2015.

[6] "§6º Qualquer subsídio ou isenção, redução de base de cálculo, concessão de crédito presumido, anistia ou remissão, relativos a impostos, taxas ou contribuições, só poderá ser concedido mediante lei específica, federal, estadual ou municipal, que regule exclusivamente as matérias acima enumeradas ou o correspondente tributo ou contribuição, sem prejuízo do disposto no art. 155, §2.º, XII, g."

Artigo 5º – As isenções ou quaisquer outros incentivos ou benefícios fiscais serão concedidos ou revogados nos termos das deliberações dos Estados e do Distrito Federal, na forma prevista na alínea "g" do inciso XII do §2º do artigo 155 da Constituição Federal.

(...)

§5º – Atendido ao disposto no "caput", fica reduzida a base de cálculo do imposto incidente nas operações internas com os produtos a seguir indicados, de forma que a carga tributária final resulte no percentual de 7% (sete por cento): (Parágrafo acrescentado pela Lei 12.785, de 20-12-2007; DOE 21-12-2007)

1 – arroz, farinha de mandioca, feijão, charque, pão francês ou de sal e sal de cozinha;

2 – linguiça, mortadela, salsicha, sardinha enlatada e vinagre (Conv. ICMS-128/94).

§6º – Atendido o disposto no "caput" desse artigo, fica reduzida a base de cálculo do imposto incidente nas operações internas com os produtos a seguir indicados, de forma que a carga tributária final resulte no percentual de 7% (sete por cento): (Parágrafo acrescentado pela Lei 12.790/07, de 27-12-2007; DOE 28-12-2007)

1 – trigo em grão;

2 – farinha de trigo;

3 – mistura pré-preparada de farinha de trigo para panificação, desde que cumulativamente:

a) seja classificada na posição 1901.20 da NBM/SH;

b) a presença de farinha de trigo em sua composição seja de, no mínimo, 95% (noventa e cinco por cento);

4 – massas alimentícias não cozidas, nem recheadas ou preparadas de outro modo, desde que classificadas na posição 1902.11 ou 1902.19 da NBM/SH;

5 – biscoitos e bolachas derivados do trigo, dos tipos "cream cracker", "água e sal", "maisena", "maria" e outros de consumo popular, desde que cumulativamente:

a) sejam classificados na posição 1905.31 da NBM/SH;

b) não sejam adicionados de cacau, recheados, cobertos ou amanteigados, independentemente de sua denominação comercial.

§7º – Nas aquisições interestaduais, fica limitado o crédito fiscal ao correspondente a 7% (sete por cento) do valor da operação com os produtos mencionados no §6º. (Parágrafo acrescentado pela Lei 12.790/07, de 27.12.2007; DOE 28.12.2007)

Ocorre que o Regulamento do ICMS lista outras hipóteses, conforme se confere a seguir:

Artigo 3º – (CESTA BÁSICA) – Fica reduzida a base de cálculo do imposto incidente nas operações internas com os produtos a seguir indicados, de forma que a carga tributária resulte no percentual de 7% (sete por cento) (Convênio ICMS-128/94, cláusula primeira): (Redação dada ao artigo pelo Decreto 50.071 de 30-09-2005; DOE 1º-10-2005)

I – Revogado pelo Decreto 54.643, de 05-08-2009; DOE 06-08-2009; produzindo efeitos para os fatos geradores ocorridos a partir de 01-09-2009.

II – leite em pó; (Redação dada ao item pelo Decreto 56.855, de 18-03-2011; DOE 19-03-2011; Efeitos para os fatos geradores ocorridos a partir de 1º de abril de 2011)

III – café torrado, em grão, moído e o descafeinado, classificado na subposição 0901.2 da Nomenclatura Brasileira de Mercadorias – Sistema Harmonizado – NBM/SH;

IV – óleos vegetais comestíveis refinados, semi-refinados, em bruto ou degomados, exceto o de oliva, e a embalagem destinada a seu acondicionamento;

V – açúcar cristal ou refinado classificado nos códigos 1701.11.00 e 1701.99.00 da Nomenclatura Brasileira de Mercadorias – Sistema Harmonizado – NBM/SH;

VI – alho;

VII – farinha de milho, fubá, inclusive o pré-cozido;

VIII – pescados, exceto crustáceos e moluscos, em estado natural, resfriados, congelados, salgados, secos, eviscerados, filetados, postejados ou defumados para conservação, desde que não enlatados ou cozidos;

IX – manteiga, margarina e creme vegetal; (Redação dada ao inciso pelo Decreto 53.631, de 30-10-2008; DOE 31-10-2008; Efeitos a partir de 01-01-2009)

X – apresuntado;

XI – maçã e pêra;

XII – ovo de codorna seco, cozido, congelado ou conservado de outro modo;

XIII – Revogado pelo inciso Decreto 50.456, de 29-12-2005; DOE de 30-12-2005, produzindo efeitos para os fatos geradores que ocorrerem a partir de 01-01-2006.

XIV – pão de forma, pão de especiarias, sem adição de frutas e chocolate e nem recobertos, e pão tipo bisnaga, classificados, respectivamente, nos códigos 1905.90.10, 1905.20.90 e 1905.90.90 da Nomenclatura Brasileira de Mercadorias – Sistema Harmonizado – NBM/SH;

XV – Revogado pelo Decreto 56.855, de 18-03-2011; DOE 19-03-2011; Efeitos para os fatos geradores ocorridos a partir de 1º de abril de 2011.

XVI – trigo em grão, exceto para semeadura, classificado na posição 1001.00 da Nomenclatura Brasileira de Mercadorias – Sistema Harmonizado – NBM/SH (§6º do artigo 5º da Lei 6.374/89, na redação da

Lei 12.790/07); (Inciso acrescentado pelo Decreto 52.585, de 28-12-2007; DOE 29-12-2007; Efeitos para os fatos geradores que ocorrerem a partir de 28-12-2007)

XVII – farinha de trigo classificada na posição 1101.00 da Nomenclatura Brasileira de Mercadorias – Sistema Harmonizado – NBM/SH (§6º do artigo 5º da Lei 6.374/89, na redação da Lei 12.790/07); (Inciso acrescentado pelo Decreto 52.585, de 28-12-2007; DOE 29-12-2007; Efeitos para os fatos geradores que ocorrerem a partir de 28-12-2007)

XVIII – mistura pré-preparada de farinha de trigo para panificação, que contenha no mínimo 95% de farinha de trigo, classificada no código 1901.20 da Nomenclatura Brasileira de Mercadorias – Sistema Harmonizado – NBM/SH (§6º do artigo 5º da Lei 6.374/89, na redação da Lei 12.790/07); (Inciso acrescentado pelo Decreto 52.585, de 28-12-2007; DOE 29-12-2007; Efeitos para os fatos geradores que ocorrerem a partir de 28-12-2007)

XIX – massas alimentícias não cozidas, nem recheadas ou preparadas de outro modo, desde que classificadas na posição 1902.11 ou 1902.19 da Nomenclatura Brasileira de Mercadorias – Sistema Harmonizado – NBM/SH (§6º do artigo 5º da Lei 6.374/89, na redação da Lei 12.790/07); (Inciso acrescentado pelo Decreto 52.585, de 28-12-2007; DOE 29-12-2007; Efeitos para os fatos geradores que ocorrerem a partir de 28-12-2007)

XX – biscoitos e bolachas derivados do trigo, dos tipos cream cracker, água e sal, maisena, maria e outros de consumo popular, classificados na posição 1905.31 da Nomenclatura Brasileira de Mercadorias – Sistema Harmonizado – NBM/SH, desde que não sejam adicionados de cacau, recheados, cobertos ou amanteigados, independentemente de sua denominação comercial (§6º do artigo 5º da Lei 6.374/89, na redação da Lei 12.790/07); (Inciso acrescentado pelo Decreto 52.585, de 28-12-2007; DOE 29-12-2007; Efeitos para os fatos geradores que ocorrerem a partir de 28-12-2007)

XXI – pão francês ou de sal, assim entendido aquele de consumo popular, obtido pela cocção de massa preparada com farinha de trigo, fermento biológico, água e sal, que não contenham ingrediente que venha a modificar o seu tipo, característica ou classificação e que sejam produzidos com o peso de até 1000 gramas, desde que classificado na posição 1905.90 da Nomenclatura Brasileira de Mercadorias – Sistema Harmonizado – NBM/SH (§5º do artigo 5º da Lei 6.374/89, na redação da Lei 12.785/07); (Inciso acrescentado pelo Decreto 52.585, de 28-12-2007; DOE 29-12-2007; Efeitos para os fatos geradores que ocorrerem a partir de 28-12-2007)

XXII – farinha de mandioca, charque e sal de cozinha (§5º do artigo 5º da Lei 6.374/89, na redação da Lei 12.785/07) (Redação dada ao inciso pelo Decreto 61.589, de 27-10-2015, DOE 28-10-2015; produzindo efeitos a partir de 01-01-2016)

XXIII – linguiça, mortadela, salsicha, sardinha enlatada e vinagre (§5º do artigo 5º da Lei 6.374/89, na redação da Lei 12.785/07). (Inciso acrescentado pelo Decreto 52.743, de 22-02-2008; DOE 23-02-2008)

XXIV – medicamentos com ação terapêutica e respectivos princípios ativos indicados a seguir: (Inciso acrescentado pelo Decreto 60.630, de 03-07-2014, DOE 04-07-2014)

a) Analgésico Antitérmico: Paracetamol;
b) Analgésico Opióide: Tramadol;
c) Antiasmático: Montelucaste de sódio;
d) Antibacteriano: Amoxicilina + Clavulanato;
e) Anticontraceptivo: Levonorgestrel isolado ou em associação;
f) Anticonvulsivantes: Carbamazepina;
g) Anti-inflamatório: Ibuprofeno;
h) Tratamento da Artrose: Sulfato de glicosêneros,amina/condroitina.

XXV – água mineral em embalagens retornáveis de 10 ou 20 litros. (Inciso acrescentado pelo Decreto 61.103, de 02-02-2015, DOE 03-02-2015)

XXVI – arroz, exceto quando se tratar de saída interna com destino a consumidor final, hipótese em que deverá ser observado o disposto no artigo 168 do Anexo I; (Inciso acrescentado pelo Decreto 61.745, de 23-12-2015, DOE 24-12-2015; produzindo efeitos a partir de 01-01-2016)

XXVII – feijão, exceto quando se tratar de saída interna com destino a consumidor final, hipótese em que deverá ser observado o disposto no artigo 169 do Anexo I. (Inciso acrescentado pelo Decreto 61.746, de 23-12-2015, DOE 24-12-2015; produzindo efeitos a partir de 01-01-2016)

O rol do Regulamento, como visto, é mais extenso e mais detalhado que o da Lei, não apenas adicionando novos itens como criando condições em relação a itens contidos na Lei.

Isso para não dizer das exclusões de itens que foram realizadas ao longo do tempo, notadamente a retirada da carne e dos ovos como itens da cesta básica (incisos I e XII).

Afinal: é obrigatório incluir no benefício tributário todos os itens da cesta básica ou pode o Estado escolher apenas alguns deles? A listagem do Decreto-Lei nº 399/1938 deveria ser tomada como um conteúdo mínimo obrigatório?

O fato de o Convênio ter apenas mencionado o termo cesta básica, sem detalhar sua composição, poderia ser um aspecto positivo no sentido de que permitiria a adaptação do conceito à realidade local de cada Estado da Federação.

O que se verifica, contudo, é que a autorização concedida pelo Convênio funciona como um cheque em branco, podendo não apenas abrigar qualquer item que se entenda ser subjetivamente passível de enquadramento como integrante da cesta básica, mas também permitindo a retirada casuística de qualquer item, mesmo que a princípio indissociável da ideia de cesta básica.

Seria por isso desejável que por meio de lei complementar fosse delineado um alcance mínimo para o termo cesta básica, listando os itens que não poderiam ser retirados de tal conjunto, ou quando menos que o próprio Confaz explicitasse esse rol.

Sem esse balizamento, a legislação local continuará atuando de maneira casuística, tal como verificado na legislação paulista, em que a composição dos itens varia ao longo do tempo e a maior parte deles é prevista diretamente no regulamento, sem previsão em lei específica como exigido pelo art. 150, §6º, da Constituição.

4 O caso do açúcar

A redução da base de cálculo em relação ao açúcar consiste justamente numa daquelas hipóteses não amparadas em lei ordinária, baseando-se em previsão constante diretamente no regulamento, nos seguintes termos:

> V – açúcar cristal ou refinado classificado nos códigos 1701.11.00 e 1701.99.00 da Nomenclatura Brasileira de Mercadorias – Sistema Harmonizado – NBM/SH;

A origem do referido dispositivo remonta à edição do próprio decreto, em 2000, época em que a Nomenclatura Brasileira de Mercadorias – Sistema Harmonizado (NMB/SH) possuía a seguinte estrutura:

> Capítulo 17 Açúcares e produtos de confeitaria
> 17.01   AÇÚCARES DE CANA OU DE BETERRABA E SACAROSE QUIMICAMENTE PURA, NO ESTADO SÓLIDO
> 1701.1 – Açúcares em bruto, sem adição de aromatizantes ou de corantes
> 1701.11.00 – De cana
> 1701.12.00 – De beterraba
> 1701.9 – Outros
> 1701.91.00 – Adicionados de aromatizantes ou de corantes
> 1701.99.00 – Outros
> 17.02   OUTROS AÇÚCARES, INCLUÍDAS A LACTOSE, MALTOSE, GLICOSE E FRUTOSE (LEVULOSE), QUIMICAMENTE PURAS, NO ESTADO SÓLIDO; XAROPES DE AÇÚCARES, SEM ADIÇÃO DE AROMATIZANTES OU DE CORANTES; SUCEDÂNEOS DO MEL, MESMO MISTURADOS COM MEL NATURAL; AÇÚCARES E MELAÇOS CARAMELIZADOS

17.03   MELAÇOS RESULTANTES DA EXTRAÇÃO OU REFINAÇÃO DO AÇÚCAR
17.04   PRODUTOS DE CONFEITARIA, SEM CACAU (INCLUÍDO O CHOCOLATE BRANCO)
1704.10.00 – Gomas de mascar, mesmo revestidas de açúcar
1704.90 – Outros

Ocorreu que em 2011, com a publicação do Decreto nº 7.660, houve uma reestruturação desse capítulo, que passou a ter a seguinte redação, ainda hoje vigente:

Capítulo 17 Açúcares e produtos de confeitaria.
17.01   Açúcares de cana ou de beterraba e sacarose quimicamente pura, no estado sólido
1701.1 – Açúcares brutos sem adição de aromatizantes ou de corantes:
1701.12.00 – De beterraba
1701.13.00 – Açúcar de cana mencionado na Nota de subposição 2 do presente Capítulo
1701.14.00 – Outros açúcares de cana
1701.9 – Outros:
1701.91.00 – Adicionados de aromatizantes ou de corantes
1701.99.00 – Outros
17.02   Outros açúcares, incluindo a lactose, maltose, glicose e frutose (levulose), quimicamente puras, no estado sólido; xaropes de açúcares, sem adição de aromatizantes ou de corantes; sucedâneos do mel, mesmo misturados com mel natural; açúcares e melaços caramelizados.
17.03   Melaços resultantes da extração ou refinação do açúcar.
17.04   Produtos de confeitaria sem cacau (incluindo o chocolate branco).
Notas de subposição
(...)
2 – A subposição 1701.13 abrange unicamente o açúcar de cana obtido sem centrifugação, cujo conteúdo de sacarose, em peso, no estado seco, corresponde a uma leitura no polarímetro igual ou superior a 69º, mas inferior a 93º. O produto contém apenas microcristais naturais xenomórficos, não visíveis à vista desarmada, envolvidos em resíduos de melaço e de outros componentes do açúcar de cana.

Perceba-se que foi extinto o código 17.01.11.00 (De cana), passando os açúcares de cana a figurarem ou no código 1701.13.00 (Açúcar de cana mencionado na nota de subposição 2 do presente Capítulo) ou no código 1701.14.00 (Outros açúcares de cana).

Isso acarretou a alteração da classificação fiscal do Açúcar VHP do código 17.01.11.00 para o código 17.01.14.00.

Não bastasse a evidência da extinção do código anterior e de sua sucessão pelos códigos novos, a reclamar a interpretação sistemática da legislação, o Regulamento do ICMS/SP ainda prevê especificamente que:

> CAPÍTULO VIII – DOS CÓDIGOS DA NOMENCLATURA BRASILEIRA DE MERCADORIAS/ SISTEMA HARMONIZADO
>
> Artigo 606 – As reclassificações, agrupamentos e desdobramentos de códigos da Nomenclatura Brasileira de Mercadorias – Sistema Harmonizado – NBM/SH não implicam mudanças no tratamento tributário dispensado pela legislação às mercadorias e bens classificados nos correspondentes códigos (Convênio ICMS-117/96).

Assim, conforme reconhecido pela própria legislação, a reclassificação dos códigos na NMB/SH não deveria implicar mudança no tratamento a ser dado aos açúcares que se classificavam no código que veio a ser extinto, 17.01.11.00.

Foi isso o que reconheceu a 6ª Câmara do TIT em 2018 no julgamento do AIIM nº 4093297-7,[7] entendendo que açúcar VHP se qualificava e recebia a classificação do açúcar cristal, classificado no extinto código 1701.11.00, passando então a ser classificado no código 1701.14.00, sem que tal fato interfira na aplicação da redução da base de cálculo, nisso se referindo expressamente ao art. 606 do RICMS.

Esse mesmo julgamento se prestou de paradigma para a caracterização da divergência com julgado da 5ª Câmara,[8] que entendeu que o açúcar VHP, por ser classificado hoje no código 1701.14.00, não seria alcançado pela redução da base de cálculo na medida em que não se classificaria no código previsto na legislação.

No julgamento do Recurso Especial,[9] contudo, a Câmara Superior se limitou a reiterar o entendimento de que a redução da base de cálculo apenas seria aplicável ao açúcar cristal ou refinado, não contemplando o açúcar VHP, sob a alegação de se tratar de um tipo de açúcar distinto. Ou seja, ignorou o critério da classificação, por entender que seria preciso qualificar-se primeiramente como açúcar cristal ou refinado.

---

[7] TIT, 6ª Câmara, Recurso Ordinário/AIIM nº 4093297-7, Relator Fabrício Costa Resende de Campos, j. 13.09.2018.

[8] TIT, 5ª Câmara, Recurso Ordinário/AIIM nº nº 4100995-2, Relator Silvio Ryokity Onaga, j. 11.09.2018.

[9] TIT, Câmara Superior, Recurso Especial do Contribuinte/AIIM nº 4100995-2, Relator Fábio Henrique Bordini Cruz, j. 02.05.2019.

Não parece, contudo, que o legislador tenha pretendido fazer os termos "cristal e refinado" restringirem o alcance ou prevalecerem em relação ao alcance dos próprios códigos da NCM.

Em reforço à tese, vale também lançar mão do comparativo com a concessão de alíquota zero de PIS/Cofins pela legislação federal. O inciso XXII do art. 1º da Lei 10.925/2004 concede tal benefício ao "açúcar classificado nos códigos 1701.14.00 e 1701.99.00 da Tipi," o que se presta de reforço à ideia de que a legislação estadual e a federal estariam em sintonia, alcançando os mesmos açúcares.

A Câmara Superior, contudo, fugiu indevidamente do enfrentamento do tema, pois ou deveria considerar suficiente a classificação fiscal já apresentada, ou deveria ter ido a fundo na identificação do açúcar VHP como açúcar cristal, se o caso convertendo o julgamento em diligência para confirmar ou ilidir tal qualificação. Mas simplesmente decidiu não decidir.

Considerações finais

O entendimento do Supremo Tribunal Federal de que a redução da base de cálculo caracteriza uma isenção parcial para o efeito do art. 155, §2º, II, "b", CF, implicando em regra a anulação proporcional dos créditos das operações de entrada, o qual se encontra cristalizado como Tema nº 299 da Repercussão Geral e é reiterado pelo TIT na Súmula nº 12, tem como premissa que tal benefício fiscal operasse sempre e exclusivamente pelo estabelecimento de um percentual aplicável à base de cálculo da operação de saída.

Ocorre que, na prática, podem ser adotadas outras técnicas legislativas, seja condicionando a redução na saída à limitação do crédito em determinado patamar diferenciado, seja pela enigmática fixação de uma "carga tributária final".

A técnica adotada pela legislação paulista para a redução da base de cálculo do ICMS sobre a cesta básica consiste justamente nessa última modalidade, prevendo que "fica reduzida a base de cálculo do imposto incidente nas operações internas com os produtos a seguir indicados, de forma que a carga tributária final resulte no percentual de 7% (sete por cento)" (art. 5º, §§5º e 6º, da Lei do ICMS/SP).

A implementação desse benefício fiscal pelos Estados da Federação também está sujeita a variações, visto que a autorização concedida por meio do Convênio nº 128/94, pelo Confaz, apenas utiliza o termo cesta básica, sem listar os itens que a integram.

A única referência que se presta de balizamento para a sua composição é o Decreto-Lei nº 399/1938, que se limita a listar os itens em termos genéricos, assim permitindo uma ampla margem de deliberação para os Estados.

A legislação paulista, por sua vez, esbarra primeiro na falta de Lei Ordinária para amparar a maior parte dos itens destinatários da redução da base de cálculo, os quais são listados diretamente no regulamento, via decreto do governador.

A técnica legislativa também envolve frequentemente a remissão a códigos de classificação da Nomenclatura Comum do Mercosul (NCM), o que de um lado pode proporcionar maior precisão na delimitação do alcance do benefício, mas de outro pode causar dificuldades na sua interpretação, especialmente quando ocorre alterações em tais códigos, como se verificou no caso concreto do açúcar, em que houve a extinção de um dos códigos seguida de seu desdobramento em outros dois códigos de classificação.

As Câmaras do TIT divergem quanto ao alcance da redução da base de cálculo em relação ao açúcar VHP, sem que a Câmara Superior tenha ainda solucionado essa divergência de maneira abrangente, identificando a correta classificação antes e depois da mudança dos códigos e analisando a implicação da classificação anterior na delimitação do alcance do benefício fiscal.

Informação bibliográfica deste texto, conforme a NBR 6023:2018 da Associação Brasileira de Normas Técnicas (ABNT):

ALLEGRETTI, Ivan. O benefício fiscal da redução da base de cálculo do ICMS em relação à cesta básica. In: PINTO, Alexandre Evaristo; TOMKOWSKI, Fábio Goulart; ALLEGRETTI, Ivan; BEVILACQUA, Lucas (coord.). *ICMS no Tribunal de Impostos e Taxas de São Paulo*. Belo Horizonte: Fórum, 2022. p. 261-280. ISBN 978-65-5518-319-1.

ANOTAÇÕES SOBRE A CONSUNÇÃO NA JURISPRUDÊNCIA DO TIT

JOSÉ LUIS RIBEIRO BRAZUNA

SÉRGIO PIN JUNIOR

Introdução

O objetivo deste trabalho é avaliar a aplicação do princípio da consunção nos processos administrativos fiscais julgados pelo Tribunal de Impostos e Taxas do Estado de São Paulo (TIT), em especial pela sua Câmara Superior, que vem evoluindo no correto entendimento sobre a solução de conflitos aparentes entre as normas punitivas previstas na legislação paulista do ICMS.

Dada a quantidade de ilícitos e sanções existentes no artigo 85 da Lei nº 6.374/89, não é incomum que essas discussões aflorem no curso do contencioso administrativo estadual, a partir de lançamentos de ofício onde, por mais das vezes, o mesmo sujeito passivo se vê apenado mais de uma vez em razão de uma ou várias condutas.

Em boa hora, portanto, o TIT se inspira em conceitos essenciais do Direito Penal para bem aplicar a referida legislação sancionadora, construindo uma jurisprudência que evita o *bis in idem* punitivo e prima pelo rigor da subsunção do fato delitivo à pena cabível.

1 O marco sancionador da legislação paulista do ICMS

O artigo 85 da Lei nº 6.374/89 dispõe que o descumprimento das obrigações principal e acessórias, instituídas pela legislação do ICMS, poderá acarretar a aplicação de uma série de sanções, dispostas ao longo dos seus onze incisos, os quais tratam de infrações relativas:
- ao pagamento do imposto, contemplando treze diferentes situações causadoras da ausência do recolhimento, incluindo-se aí a hipótese residual da alínea "l", do inciso I, estipulando multa equivalente a 100% do valor do ICMS;
- ao crédito do ICMS, compreendendo nove condutas relacionadas ao creditamento consideradas ilegais, igualmente abrangendo o delito residual que consta da alínea "j", do inciso II;
- à documentação fiscal emitida e utilizada na entrega, na remessa, no transporte, no recebimento, na estocagem ou no depósito de mercadoria ou, ainda, quando couber, na prestação de serviço, estando aí relacionadas nove multas distintas, distribuídas em sete alíneas do inciso III;
- a documentos fiscais e impressos fiscais, no seu incido IV, abrangendo trinta e quatro diferentes condutas e sanções pecuniárias, prescritas em alíneas de "a" a "z5" e no formato de percentuais incidentes sobre o valor da operação ou prestação documentada, ou, ainda, de multas fixas por número de documentos, impressos ou equipamentos emissores de cupom fiscal (ECF) em situação irregular;
- a livros fiscais, contábeis e registros magnéticos, descritos em dezessete alíneas, que prescrevem, por sua vez, vinte diferentes sanções tipificadas dentro do mesmo inciso V;
- à inscrição no cadastro de contribuintes, à alteração cadastral e a outras informações, conforme as alíneas "a" a "i", do inciso VI, em que podem ser encontradas onze diferentes multas para as situações ali descritas;
- à apresentação de informação econômico-fiscal e à guia de recolhimento do imposto, todas elas listadas nas alíneas do inciso VII, as quais contemplam cinco diferentes sanções pecuniárias;
- ao sistema eletrônico de processamento de dados e ao uso e intervenção em máquina registradora, terminal ponto de venda (PDV), ECF ou qualquer outro equipamento, as quais são definidas nas alíneas "a" a "z4" do inciso VIII, compreendendo trinta e duas multas;

- à intervenção técnica em ECF, para as quais é possível a aplicação de doze tipos diferentes de multas previstas no inciso IX; e
- ao desenvolvimento de *softwares* aplicativos para ECF, considerando as alíneas "a" a "h", do inciso X, que compreende oito multas distintas para as hipóteses ali tipificadas.

O inciso XI do artigo 85 ainda relaciona penalidades aplicáveis para "outras infrações", cada uma delas descrita nas suas alíneas "a" a "h", em que podem ser encontradas onze sanções pecuniárias possíveis, valendo ainda reparar no disposto no §6º do mesmo artigo de lei, estipulando multa no valor equivalente a 100 (cem) UFESPs (Unidade Fiscal do Estado de São Paulo), quando não houver "outra importância expressamente determinada" para penalizar a infração cometida pelo sujeito passivo.

Ao todo, portanto, a Lei nº 6.374/89 prevê mais de cento e sessenta multas tributárias possíveis de serem aplicadas ao sujeito passivo, em razão de inúmeras ações ou omissões tipificadas no seu artigo 85, além dos quatro percentuais de multa moratória impostos no artigo 87, que são aplicadas progressivamente de acordo com o nível de atraso no pagamento do tributo.

No geral, as normas do artigo 85 são repetidas, na sua literalidade, no artigo 527 do Regulamento do ICMS Paulista (RICMS, aprovado pelo Decreto nº 45.490/2000), o qual é frequentemente mencionado nas discussões e razões de decidir consignadas nos acórdãos proferidos pelo TIT.

2 Conflitos resolvidos pelo TIT com base na consunção

Levando em consideração o marco sancionatório acima, é possível colher as seguintes hipóteses de conflitos de normas sancionadoras, resolvidas pelo TIT mediante a invocação do princípio da consunção ou absorção, consideradas aqui as decisões mais relevantes da sua Câmara Superior:[1]

---

[1] A título exemplificativo, podem ser referidas muitas outras decisões das Câmaras Julgadoras do Tribunal, tais como: DRTC-III-4055941-5, 9ª Câmara, Relator Douglas Kakazu Kushiyama, j. em 5.8.2016; DRT 4-4055511-2, 6ª Câmara, Relator Daniel Araújo Ribeiro, j. em 11.9.2015; DRT-12-4059482-8, 10ª Câmara, Relator Raphael Zulli Neto, j. em 1.8.2016; AIIM nº 4.115.253-0, 1ª Câmara, Relatora Sulamita Szpiczkowski Alayon, j. em 10.11.2020; AIIM nº 4.095.847-4, 2ª Câmara, Relator Caio Augusto Takano, j. em 12.4.2018; AIIM nº 4.082.590-5, a Câmara, Relator José Orivaldo Peres Junior, j. em 12.4.2018; AIIM nº 4.120.189-9, 6ª Câmara, Relator Rubens de Oliveira Neves, j. em 15.12.2020; AIIM nº 4.095.964-8,

- **1º Conflito** – Falta de pagamento do ICMS, decorrente de entrega da Guia de Informação e Apuração do imposto (GIA) com indicação do valor do ICMS a recolher em importância inferior ao escriturado no livro de apuração (artigo 85, inc. I, alínea "d", da Lei nº 6.374/89 – multa de 100% sobre o valor do imposto), que absorveu a infração prevista no artigo 85, inc. VII, alínea "b" (multa de 50 UFESPs por guia omitida ou informação incorreta).[2]
- **2º Conflito** – Falta de pagamento do ICMS em hipótese não prevista (artigo 85, inc. I, alínea "l" – multa de 100% do valor do imposto), que prevaleceu sobre as seguintes outras penalidades: **(i)** emissão de nota fiscal com inobservância de requisito regulamentar (artigo 85, inc. IV, alínea "h" – multa de 1% sobre o valor da operação);[3] e **(ii)** transmitir informação em meio digital, com dados falsos quanto à aquisição de energia elétrica em ambiente de contratação livre (artigo 85, inc. V, alínea "r" – multa de 100% do valor das aquisições de energia elétrica no período fiscalizado).[4]
- **3º Conflito** – Creditamento do ICMS decorrente de escrituração não fundada em documento e sem a correspondente entrada da mercadoria no estabelecimento ou sem a aquisição da propriedade da mercadoria (artigo 85, inc. II, alínea "c" – multa de 40% do valor escriturado como o da operação, sem prejuízo do recolhimento da importância creditada), que absorveu as infrações de: **(i)** entrega, remessa, transporte, recebimento, estocagem ou depósito de mercadoria sem nota fiscal, cujo valor seja apurado por meio de levantamento fiscal (artigo 85, inc. III, alínea "a" – multa de 35% do valor da operação para o contribuinte que realizou a operação; 15%, para o transportador; ou 50%, quando o transportador o próprio remetente ou destinatário);[5] e **(ii)** não exibição de

---

9ª Câmara, Relator Rodrigo Helfstein, j. em 29.8.2018; AIIM nº 4.081.807-0, 10ª Câmara, Relator Juliano Dí Pietro, j. em 23.8.2017; AIIM nº 4.062.041-4, 10ª Câmara, Relatora Maria Helen Tavares de Pinho Tinoco Soares, j. em 5.4.2019; AIIM nº 4.121.677-5, 12ª Câmara, Relator Argos magno de Paula Gregório, j. em 19.2.2020; AIIM nº 4.116.961-0, 12ª Câmara, Relator Rodrigo Pansanato Osada, j. em 13..9.2019.

[2] AIIM nº 4.074.303-2, Relator Inácio Kazuo Yokoyama, j. em 26.10.2017.
[3] AIIM nº 4.036.210-3, Relator Klayton Munehiro Furugem, j. em 7.5.2019.
[4] AIIM nº 4.107.057-4, Relatora Maria do Rosário Pereira Esteves, j. em 5.3.2020.
[5] AIIM nº 4.036.481-1, Relator Augusto Toscano, j. em 23.5.2019; AIIM nº 4.033.275-5, Relator Inácio Kazuo Yokoyama, j. em 21.6.2018; AIIM nº 4.033.643-8, Relator Eduardo Soares de

documento fiscal à autoridade fiscalizadora (artigo 85, inc. IV, alínea "j" – multa de 100% o valor do crédito indevidamente escriturado ou não estornado, sem prejuízo do recolhimento da respectiva importância).[6]

- **4º Conflito** – Creditamento do ICMS em hipótese não prevista (artigo 85, inc. II, alínea "j" – multa de 100% do valor do crédito, sem prejuízo do recolhimento da importância creditada), penalidade que foi mantida em prejuízo das sanções por: **(i)** falta de escrituração de nota fiscal relativa à entrada de mercadoria no estabelecimento, quando já escrituradas as operações do período a que se refiram (artigo 85, inc. V, alínea "a" – multa de 10% do valor da operação);[7] **(ii)** não exibição à autoridade fiscalizadora de livro fiscal ou contábil (artigo 85, inc. V, alínea "m" – multa de 1% do valor da operação);[8] e **(iii)** omitir ou indicar incorretamente dado ou informação em GIA (artigo 85, inc. VII, alínea "b" – multa de 50 UFESPs por guia).[9]

- **5º Conflito** – Emissão de nota fiscal com inobservância de requisito regulamentar (artigo 85, inc. IV, alínea "h" – multa de 1% do valor da operação), que absorveu a multa por irregularidade na escrituração, não prevista em outros dispositivos da Lei nº 6.374/89 (artigo 85, inc. V, alínea "p" – sanção de 1% do valor da operação).[10]

3 Concurso de crimes e conflitos de normas

Conforme se extrai da doutrina penalista,[11] o *concurso de crimes* lida com a punição de uma ou mais ações delitivas que se subsomem

---

Melo, j. em 21.8.2018; AIIM nº 4.034.033-8, Relator Edison Aurélio Corazza, j. em 4.9.2018; AIIM nº 4.042.198-3, Relator José Orivaldo Peres Junior, j. em 14.2.2017; e AIIM nº 4.028.301-0, Relator Eduardo Soares de Melo, j. em 10.11.2016.

[6] AIIM nº 4.035.091-5, Relator José Orivaldo Peres Junior, j. em 2.8.2018; e AIIM nº 3.153.634-7, Relator Celso Barbosa Julian, j. em 27.9.2012.

[7] AIIM nº 4.035.785-5, Relator Eduardo Soares de Melo, j. em 12.12.2017.

[8] AIIM nº 4.084.115-7, Relator Valério Pimenta de Morais, j. em 29.10.2020.

[9] AIIM nº 4.093.492-5, Relator Inacio Kazuo Yokoyama, j. em 15.10.2018.

[10] AIIM nº 4.032.452-7, Relator Paulo Gonçalves da Costa Junior, j. em 16.8.2016.

[11] TRAUCZYNSKI, Nicole. *gestão fraudulenta e concurso de normas na lei dos crimes contra o sistema financeiro nacional*. Dissertação de Mestrado. São Paulo: USP, 2014; NORONHA, Edgar Magalhães. *Direito penal*. São Paulo: Saraiva, 1999; HORTA, Frederico Gomes de Almeida. *Do concurso aparente de normas penais*. Rio de Janeiro: Lumen Juris, 2007; e MIRABETE, Julio Fabbrini. *Manual de direito penal*. São Paulo: Atlas, 1990-1994.

a um ou mais tipos penais, enquanto que o conflito de normas cuida de identificar o tipo punitivo adequado a uma pluralidade de ações, que na verdade implica um só delito e a violação a um só valor jurídico protegido pela norma penal. Nesse caso, o conflito é apenas aparente, devendo-se resolver pela aplicação de uma única sanção, haja vista a vedação ao *bis in idem* punitivo.[12]

O Código Penal diferencia:
- o *concurso material* de crimes, tratado no seu artigo 69, segundo o qual ocorre a realização plúrima de tipos penais por meio de diversas ações ou omissões autônomas do agente, devendo ser aplicadas cumulativamente as penas de reclusão e de detenção, executando-se primeiro aquela (*caput*), ou simultaneamente as penas que forem restritivas de direito e que forem compatíveis entre si, e sucessivamente as demais (§2º). O que temos, graficamente, é o seguinte:

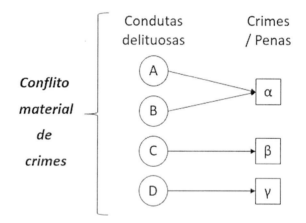

- o *concurso formal* de crimes, objeto do artigo 70, cuida de uma única ação ou omissão que resulta na prática de dois ou mais crimes, cabendo aplicar a mais grave das penas cabíveis ou, se iguais, somente uma delas, aumentada de um sexto até a metade. As penas poderão ser aplicadas cumulativamente, se a ação ou omissão for dolosa e os crimes concorrentes resultarem de desígnios autônomos. Portanto:

---

[12] GOLDSCHMIDT, Fabio Brun. *Teoria da proibição de* bis in idem *no Direito Tributário*. São Paulo: Noeses, 2014, p. 297 e segs.

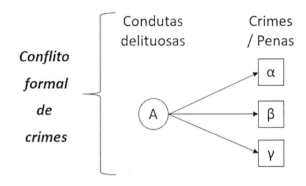

- a hipótese do *crime continuado*, prevista no artigo 71, em que o agente, mediante uma pluralidade de ações ou omissões, pratica dois ou mais crimes da mesma espécie, mas que, pelas condições de tempo, lugar, maneira ou execução e outras semelhantes, devem os crimes subsequentes ser havidos como continuação do primeiro. Nessa hipótese, aplica-se a pena de um só dos crimes, se idênticas, ou a pena mais grave, aumentada de um sexto a dois terços. Graficamente, temos a seguinte situação:

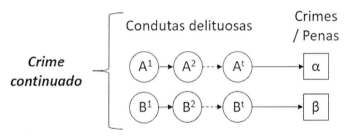

Em todos os casos acima, conforme observa Nicole Trauzynski, "existe violação e concorrência real de várias normas penais, cumulando-se ou exasperando-se as penas", o que se distingue da hipótese em que há unicidade típica das ações do agente, a qual é captada pelo próprio tipo penal em sentido estrito ou amplo, ou a multiplicidade de ações que configura um único delito, caso o desvalor jurídico seja único.[13]

---

[13] Obra citada na nota de rodapé nº 13, p. 55-59.

Haverá *unidade típica de ações em sentido estrito*, quando o próprio tipo penal contemplar, na sua formulação, a completude da atividade delitiva, compreendendo na sua descrição a realização de vários atos (compostos ou cumulativos), a sua permanência, habitualidade, reiteração ou a sua prática por mais de um agente (crimes coletivos). Exemplos disso, segundo aquela autora,[14] podem ser encontrados nos crimes de parto suposto, supressão ou alteração de direito inerente ao estado civil de recém-nascido (artigo 242, do Código Penal), de sequestro e cárcere privado (artigo 148), de gestão fraudulenta (artigo 4º, da Lei nº 7.492/86), de rixa (artigo 137, do Código Penal) e de tortura (artigo 1º, Lei nº 9.455/97). Grosso modo:

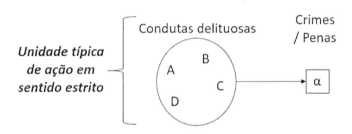

Será o caso de *unidade típica de ações em sentido amplo* se, ainda que existentes várias ações, elas se relacionem sob uma mesma circunstância motivacional, experimentando apenas uma intensificação do conteúdo do injusto. A nosso ver, exemplo disso pode ser encontrado no crime de maus-tratos, tipificado no artigo 136 do Código Penal. Graficamente, teríamos:

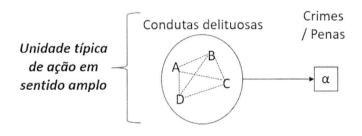

---

[14] *Idem*, p. 58.

Na hipótese de *conflito* ou *concurso aparente de normas*, as várias ações praticadas pelo agente, embora aparentem ser subsumíveis a mais de uma norma punitiva, na verdade se enquadram apenas no tipo descrito em uma delas, em razão de critérios de *especialidade, subsidiariedade, consunção* ou, ainda, *alternatividade*. Ou seja:

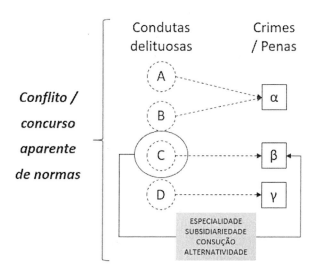

Edgar Magalhães Noronha ensina que a *consunção* ocorrerá "quando o fato previsto por uma norma está compreendido em outra de âmbito maior e, portanto, só esta se aplica". Como exemplo, cita que o delito de lesão corporal é consumido pelo de homicídio, havendo entre eles uma relação de "crime consuntivo" e "crime consumido", de modo que "o crime consuntivo é como que o vértice da montanha que se alcança, passando pela encosta do crime consumido".[15]

Isso não quer dizer que exista uma regra para a aplicação da pena mais grave dentre as previstas para os dois crimes. Esse critério, na verdade, é utilizado para o concurso formal de crimes, conforme artigo 70 do Código Penal, nada tendo que ver com o conflito aparente de normas.

O Superior Tribunal de Justiça, aliás, tratou dessa questão inclusive em matéria de crimes contra a ordem tributária, no julgamento do

---

[15] Obra citada na nota de rodapé nº 13, p. 278-279.

Tema Repetitivo nº 933, quando analisou "a incidência do princípio da consunção quando a falsificação de papéis públicos, crime de maior gravidade, assim considerado pela pena abstratamente cominada, é meio ou fase necessária ao descaminho, crime de menor gravidade", firmando então a tese de que, "quando o falso se exaure no descaminho, sem mais potencialidade lesiva, é por este absorvido, como crime-fim, condição que não se altera por ser menor a pena a este cominada". A mesma linha já foi adotada em precedentes da Suprema Corte.[16]

De maneira mais detalhada, Fabio Brun Goldschmidt[17][18] conclui que a relação entre o crime consuntivo e o crime consumido pode se dar: **(i)** quando um dos crimes configura meio para a realização do outro (crime consumido é infração-meio para o crime consuntivo, infração-fim);[19] **(ii)** quando o crime consumido integra a fase de preparação ou exaurimento, correspondendo a conduta anterior ou posterior do agente, para a realização do delito consuntivo;[20] ou **(iii)** quando há entre os dois uma conexão do tipo imperfeição-perfeição, similar à relação tentativa-consumação, de modo que o crime consumido auxilia a prática da conduta tipificada no crime consuntivo.

Inexistindo alguma dessas relações entre ações cometidas pelo agente, então o caso não será de conflito de normas, mas de concurso de crimes, sendo exemplo disso a hipótese da evasão de divisas, em que o agente também pode ser acusado da prática de sonegação, conforme entendimento do Supremo Tribunal Federal.[21]

---

[16] Habeas Corpus nº 84.453-PA, 1ª Turma, Rel. Min. Sepúlveda Pertence, j. em 17.8.2004; e Inquéritos nºs 3.102-MG e 3.141-MG, Pleno, Rel. Min. Gilmar Mendes, j. em 25.4.2013.

[17] Obra citada na nota de rodapé nº 14, p. 377-378.

[18] Nelson Hungria se refere às seguintes relações entre o crime consuntivo e o consumido: "a) quando o crime anterior serve, necessária ou normalmente, de meio para cometer o crime subsequente (mais grave); b) quando o crime posterior incide na linha de atuação do fim que se propôs o agente ao cometer o primeiro crime; c) quando se trata de fatos compreendidos num só artigo penal, como formas ou modos de um mesmo crime (crime de conteúdo variado); d) quando a lesão ao bem jurídico acarretada pelo crime anterior torna indiferente o fato posterior" (*Comentários ao Código Penal*. Volume I, tomo I. São Paulo: Forense, 1980, p. 147-148).

[19] "A aplicação do princípio da consunção pressupõe a existência de uma relação de subordinação entre o crime meio (caminho) e o crime fim (finalidade)" (Habeas Corpus nº 104.079-MG, 1ª Turma, Rel. Min. Luiz Fux, j. em 26.4.2011).

[20] É nessa linha o entendimento do Superior Tribunal de Justiça a respeito da absorção da multa isolada, prevista no artigo 44, inc. II, da Lei nº 9.430/96, pela multa de ofício imposta no inciso I, do mesmo dispositivo (Recurso Especial nº 1.496.354-PR, 2ª Turma, Rel. Min. Humberto Martins, j. em 17.3.2015, dentre outros), assim como a fundamentação de outros precedentes que deram origem à Súmula nº 17 ("Quando o falso se exaure no estelionato, sem mais potencialidade lesiva, é por este absorvido").

[21] Habeas Corpus nº 87.208-MS, 2ª Turma, Rel. Min. Cezar Peluzo, j. em 23.9.2008.

Explicando as outras duas regras de solução de conflito aparente de normas penais, Noronha esclarece que, com base no princípio da *especialidade*, o homicídio simples é excluído pelo infanticídio porque "os requisitos do tipo geral estão todos contidos no especial, o qual tem um ou mais requisitos (chamados *especializantes*), em virtude dos quais é lógico que o especial tenha prevalência na aplicação". E, segundo o princípio da *subsidiariedade*, o próprio ordenamento identifica uma norma como principal, prestigiando a sua incidência se outra específica não puder ser aplicada, o que ocorre entre os crimes de roubo e furto, por exemplo.

Julio Fabbrini Mirabete[22] acrescenta uma quarta ferramenta para a solução de conflito aparente: a *alternatividade*. Por esse critério, "o agente só será punido por uma das modalidades inscritas nos chamados crimes de ação múltipla, embora possa praticar duas ou mais condutas do mesmo tipo penal". Como exemplo dessa situação, cita a conduta do agente que instiga a vítima ao suicídio e, em seguida, também a auxilia na prática do ato, configurando-se assim um único tipo penal descrito no artigo 122 do Código Penal.

Em sua dissertação sobre o concurso de normas penais relativas aos crimes contra o sistema financeiro nacional, Trauzynski demonstra que essas ferramentas de solução de conflitos serão aplicadas a depender da relação que houver entre as normas conflitantes, de tal modo que: **(i)** quando a relação for heterogênea, a solução será encontrada no princípio da especialidade; **(ii)** quando houver subordinação, o conflito resolver-se-á com base na subsidiariedade de uma norma a outra; e **(iii)** sendo o caso de relação de mera interferência, daí, sim, o princípio da consunção servirá de guia. Desse modo, "a resolução do problema dependerá da exegese que se faça dos diversos preceitos incriminadores envolvidos e das respectivas relações que se estabeleçam entre eles, assim como da análise que se faça sobre o desvalor jurídico-penal das condutas típicas eventualmente praticadas".[23]

Tratando especificamente da consunção, a autora bem define que essa ferramenta "resolverá o concurso aparente de normas quando uma das normas incidentes à determinada situação fática compreender o conteúdo de outra, em razão de o tipo menos extenso constituir meio ou fase de realização do tipo penal que possui maior alcance, de forma a prevalecer apenas a disposição mais larga. *A norma consuntiva*

---

[22] Obra citada na nota de rodapé nº 13, p. 115-116.
[23] *Idem*, p. 60.

compreende o conteúdo do injusto e inclui o desvalor da norma consumida, considerando-a prevalente sobre a segunda, consoante o brocardo *lex consumens derogati legi consumptae*".[24]

Rechaça que a consunção seria uma subespécie de subsidiariedade tacitamente prevista pela lei, concluindo se cuidar de figura autônoma e respaldada no postulado do *non bis in idem*, de tal modo que "o princípio da consunção, diversamente dos princípios da especialidade e da subsidiariedade, não demanda relação entre os bens jurídicos tutelados pelas normas coincidentes".[25] Na verdade, segundo pontua, a consunção "não se constata por meio da comparação abstrata entre os preceitos, mas por intermédio da análise dos fatos concretamente verificados, de sorte que a prevalência de uma norma incriminadora sobre a outra opera-se por meio de razões valorativas".[26]

A partir daí a autora reforça não haver regra determinando que, obrigatoriamente, a consunção levaria à absorção da norma sancionadora mais branda pela norma punitiva mais grave, devendo-se, na verdade, "levar em conta a linha de desdobramento da afetação do bem jurídico no caso concreto para se determinar o delito passível de punição".[27]

Conclui, com clareza digna de nota, que "a solução do conflito entre normas penais não pode ser guiada somente pela constatação de que determinado tipo preconiza pena superior, pelo contrário, é a aferição da intenção do agente, do conteúdo do injusto e do desvalor da ação que devem pautar o dispositivo a ser aplicado no caso concreto. Até mesmo porque, levando-se em consideração a ausência de critério a pautar a fixação das penas pelo legislador, observa-se que maior ou menor pena não significa, necessariamente, maior ou menor gravidade do delito".[28]

4 A consunção e o marco sancionador da legislação paulista do ICMS

Retornando ao marco sancionatório da legislação paulista, é possível encontrar regras para a solução de conflitos de normas nas

---

[24] *Idem*, p. 69.
[25] *Idem*, p. 72-73.
[26] *Idem*, p. 71.
[27] *Idem*, p. 73.
[28] *Idem*, p. 73.

disposições do artigo 85 da Lei nº 6.374/89, além de comandos que cuidam do concurso de ilícitos ali previstos.

O §5º do artigo 15, como regra, estabelece que, "ressalvados os casos expressamente previstos, a imposição de multa para uma infração não exclui a aplicação de penalidade fixada para outra, acaso verificada, nem a adoção de demais medidas fiscais cabíveis".

A possibilidade do concurso de ilícitos está presente em outras disposições do artigo 85, que aceitam a imposição de mais uma penalidade quando o ato infracional configure dois delitos distintos. É o que ocorre, por exemplo:
- na hipótese da sanção por falta de pagamento do imposto, prevista no artigo 85, inc. I, alínea "n", que pode ser imposta "sem prejuízo da aplicação da penalidade pelo uso do equipamento";
- na situação descrita na alínea "z1", inc. VIII, que pune a utilização de programa aplicativo com capacidade de inibir ou sobrepor-se ao controle do *software* básico do equipamento emissor de cupom fiscal, "sem prejuízo... da aplicação de penalidade por falta de emissão de documento fiscal"; e
- na penalidade por falta de inscrição no cadastro de contribuintes do ICMS, prevista no artigo 85, inc. VI, alínea "a", da Lei nº 6.374/89, que submete o sujeito infrator a multa no valor de 70 UFESPs por mês de atividade ou fração, "sem prejuízo da aplicação das demais penalidades previstas".

O tipo delituoso do inc. II, alínea "a", chama a atenção para as infrações continuadas à legislação tributária paulista, o que pode estar sujeito a limites quantitativos para a cumulação das penalidades pecuniárias, tal como vemos na alínea "r" do inciso IV do artigo 85, estipulando "multa equivalente ao valor de 6 (seis) UFESPs, por equipamento e por dia, limitada a 500 (quinhentas) UFESPs por equipamento no ano". Isso se repete nas alíneas "s" e "v" do mesmo inciso IV.

O inc. XI, alínea "c", fala em reincidência do infrator, prevendo que a "omissão, ao público, no estabelecimento, de indicação dos documentos a que está obrigado a emitir" deve ser penalizada com multa equivalente ao valor de 70 UFESPs, sendo que, na primeira reincidência, a multa deve ser 140 UFESPs; na segunda, de 210 UFESPs; e, nas demais, de 500 UFESPs.

O artigo 85, no seu inciso VII, alíneas "a" a "c", "d" e "e", ao prever sanções para infrações relativas à apresentação de informação econômico-fiscal e à guia de recolhimento do imposto, estipula que as penalidades serão aplicadas "por guia não entregue", sem limite para a cumulação das penalidades. Não há barreira máxima, igualmente, para a cumulação das infrações e das multas previstas no inciso VIII, alíneas "c" a "f", "i", "l", "m", "o", "p", "q", "s", "z1", "z3" e "z4", no inciso IX, alíneas "a", "b", "d", "f" a "l" e "n", no inciso X, alíneas "a" a "e", "g" e "h", e, finalmente, no inciso XI, alíneas "d" e "g".

É possível, ainda, encontrar outras regras de concurso de infrações em incisos do artigo 85 que, embora aparentemente prevejam mais de uma infração, na verdade dispõem sobre a cumulação de sanções quando o agente infrator, em razão dos seus atos e da sua qualificação, acaba por realizar mais de um delito. É o que encontramos nos incisos III, alíneas "a" e "b", que preveem o seguinte:

Ações delituosas	1ª Multa	2ª Multa	Se o transportador for o remetente ou destinatário
Alínea "a" – entrega, remessa, transporte, recebimento, estocagem ou depósito de mercadoria desacompanhada da documentação fiscal	35% do valor da operação, aplicável ao contribuinte que realizar a ação delituosa	15% do valor da operação, aplicável ao transportador que realizar a ação delituosa	1ª e 2ª multa se acumulam, resultando em penalidade de 50% do valor da operação
Alínea "b" – remessa ou entrega de mercadoria a destinatário diverso do indicado no documento fiscal	40% do valor da operação, aplicável ao contribuinte que realizar a ação delituosa	20% do valor da operação, aplicável ao transportador que realizar a ação delituosa	1ª e 2ª multa se acumulam, resultando em penalidade de 60% do valor da operação

No §11 do artigo 85, passamos a encontrar regras explícitas de solução de conflitos de normas, aqui – e somente aqui – utilizando o referencial da aplicação da sanção mais grave quando o(s) ato(s) infracional(is) cometido(s) pelo sujeito passivo puder(em) se enquadrar na alínea "z4" do inciso IV do artigo 85, ou em qualquer outro dos tipos infracionais ali previstos. Nesse caso: "a infração prevista na alínea 'z4' do inciso IV deste artigo, somente será aplicada na hipótese da situação infracional não implicar aplicação de penalidade de valor mais gravoso".

Ao que nos parece, a validade do §11 é altamente questionável frente à norma do artigo 112 do Código Tributário Nacional, que consagra o princípio *in dubio pro contribuinte*, sempre que se tratar de lei tributária que defina infrações ou comine penalidades, quando houver dúvida quanto: **(i)** à capitulação legal do fato; **(ii)** à natureza ou às circunstâncias materiais do fato, ou à natureza ou extensão dos seus efeitos; **(iii)** à autoria, imputabilidade ou punibilidade; ou, ainda, **(iv)** à natureza da penalidade aplicável ou à sua graduação.

É importante reparar que, sendo o princípio *in dubio pro contribuinte* inspirado no *in dubio pro reo* do Direito Penal,[29] não há nenhuma incoerência entre a sua aplicação na esfera tributária e a regra da aplicação da sanção mais severa, prevista no já mencionado artigo 70 do Código Penal. Afinal, ali não se está a resolver o conflito de normas sancionadas, mas sim o concurso de crimes, sendo uma escolha válida de o legislador punir o autor de dois ou mais crimes mediante a sanção mais grave, com o acréscimo de um sexto até a metade da pena.

No caso do artigo 85, §11, da Lei nº 6.374/89, busca-se resolver o conflito aparente de normas mediante a aplicação do princípio da *subsidiariedade*, mas é feita a escolha pela sanção mais pesada, no caso de dúvida sobre qual a infração cometida pelo sujeito passivo, o que não encontra guarida no artigo 112 do Código Tributário Nacional.

Do mesmo modo, há de se ter atenção para a norma de solução de conflitos aparentes que consta do §3º do mesmo artigo 85, a fim de se certificar se, como resultado, haverá a afronta ao artigo 112, caso a punição determinada segundo o princípio da *especialidade* acabe sendo mais gravosa do que a sanção genérica. E isso porque, como se pode ver do quadro a seguir, além dos percentuais das multas consideradas, há de se ter em mente que as suas bases são distintas, de modo que, a depender da situação, a multa incidente sobre o valor da operação poderá ser muito mais severa do que aquela calculada com base no valor do imposto não recolhido.[30]

---

[29] AMARO, Luciano. *Direito Tributário brasileiro*. 6. ed. São Paulo: Saraiva, 2001, p. 212.
[30] Imaginando-se uma operação tributada pelo ICMS de 18%, por exemplo, a multa de 100% do valor do imposto será mais branda do que a de 40% sobre o valor da operação.

(continua)

Não deve ser aplicada a penalidade...	... se for o caso de infração prevista no:
Residual, relativa à falta de pagamento do ICMS "*em hipótese não prevista nas alíneas deste inciso*", prevista no *inciso I, alínea "l"*, e equivalente a *100% do valor imposto*	Inciso II, que trata de infrações relativas ao crédito do ICMS, nos seguintes montantes
	alínea "b" – multa de 40% do valor da operação ou prestação
	alínea "c" – multa de 35% do valor da operação ou prestação
	alínea "d" – multa de 30% do valor da operação ou prestação
	alínea "e" – multa de 10% do valor da operação ou prestação
	alínea "g" – multa de 60% do valor do crédito transferido, recebido ou utilizado irregularmente
	Inciso III, que cuida das infrações relativas à documentação fiscal na entrega, remessa, no transporte, recebimento, na estocagem ou no depósito de mercadoria ou, ainda, na prestação de serviço, nos seguintes valores:
	alínea "a" – multa de 15% a 50% do valor da operação
	alínea "b" – multa de 20% a 60% do valor da operação
	alínea "c" – multa de 30% do valor da mercadoria ou do serviço
	alínea "e" – multa de 50% do valor da prestação
	Inciso IV, que trata de infrações relativas a documentos e impressos fiscais, nos seguintes percentuais:
	alíneas "a" – 50% do valor da operação ou prestação
	alínea "b" – multa de 30% do valor da operação ou prestação
	alínea "c" – multa de 100% do valor indicado no documento
	alínea "d" – multa de 100% do valor da operação ou prestação
	alínea "e" – multa de 100% da diferença entre o valor real da operação ou prestação e o declarado ao fisco
	Inciso V, que contempla infrações relativas a livros fiscais, contábeis e registros magnéticos, nas seguintes hipóteses:
	alínea "f" – multa de 100% do valor da operação ou prestação
	alínea "o" – multa de 80% do valor da operação ou prestação
Geral para a falta de emissão de documento fiscal, prevista no *inciso IV, alínea "a"*, com *multa de 50% do valor da operação ou prestação*	Inciso I, que trata da falta de pagamento do ICMS, com:
	alínea "a" – multa de 80% do valor do imposto
	Inciso III, que cuida das infrações relativas à documentação fiscal na entrega, remessa, no transporte, recebimento, na estocagem ou no depósito de mercadoria ou, ainda, na prestação de serviço, nos seguintes valores:
	alínea "a" – multa de 15% a 50% do valor da operação
	alínea "b" – multa de 20% a 60% do valor da operação
	alínea "c" – multa de 30% do valor da mercadoria ou do serviço
	alínea "e" – multa de 50% do valor da prestação

(conclusão)

Não deve ser aplicada a penalidade...	... se for o caso de infração prevista no:
Para a utilização para fins fiscais de máquina registradora, PDV, ECF ou qualquer outro equipamento sem lacre ou com o respectivo lacre violado ou, ainda, com lacre que não seja o legalmente exigido, prevista no incido VIII, alínea "e"	Se for o caso de punição da conduta com base na alínea "f", do mesmo inciso VIII, prevendo multa para a utilização para fins fiscais de máquina registradora, PDV, ECF ou qualquer outro equipamento desprovido de qualquer outro requisito regulamentar.

A Lei nº 6.374/89 volta a recorrer ao princípio da *subsidiariedade* nos tipos sancionadores do inciso I, alínea "l", do inciso II, alínea "j", e do inciso V, alínea "p", por exemplo, que cuidam das infrações de falta de pagamento do ICMS, crédito indevido do imposto e irregularidades em livros fiscais, contábeis e registros magnéticos, respectivamente, prevendo multas de diferentes gradações para as hipóteses não previstas "nas demais alíneas deste inciso".

Subsidiariamente, portanto, se a ação delituosa não se subsumir aos tipos descritos em detalhe nas alíneas anteriores, o comando legal é o de que se aplique a sanção residual.

Nessa mesma linha – e de modo ainda mais abrangente – é possível visualizar a norma do §6º, dispondo que, "não havendo outra importância expressamente determinada, as infrações à legislação do Imposto sobre Operações Relativas à Circulação de Mercadoria e sobre Prestação de Serviços de Transporte Interestadual e Intermunicipal e de Comunicação – ICMS devem ser punidas com multa de valor equivalente a 100 (cem) UFESPs".[31]

---

[31] Não se pode deixar de observar, aqui, certa semelhança com a técnica utilizada em determinados dispositivos do Regulamento Aduaneiro de 1985 (Decreto nº 91.030), considerados inaplicáveis em alguns precedentes do extinto Conselho de Contribuintes, do Ministério da Fazenda, justamente em razão do caráter genérico da norma punitiva e da consequente desconformidade ao princípio legal da tipicidade (acórdãos nºs 302-34.215, 302-34.139 e 302-34.043, Relatora Maria Helena Cotta Cardozo, j. em 1.10.2000, 9.12.1999 e 18.8.1999, respectivamente; acórdão nº 302-32.975, Relator Ricardo Luz de Barros Barreto, j. em 22.3.1995; CSRF/03-03.301, Relator Nilton Luiz Bartoli, j. em 15.11.2002; CSRF/03-03.139, Relator João Holanda Costa, j. em 20.1.2001; CSRF/03-03.747, Relator Paulo Roberto Cucco Antunes, j. em 3.3.2004; CSRF/03-04.130, Relator Carlos Henrique Klaser Filho, j. em 9.3.2005; 301-33.591, Relatora Susy Gomes Hoffmann, j. em 24.1.2007; dentre outros).

Encontramos outras regras para a solução de conflitos de normas, agora com base no princípio da *alternatividade*, no artigo 85, inciso VI, alíneas "c", "d", "e", todas elas descrevendo condições e elementos que tornam mais específica a infração, caracterizando assim delitos puníveis com multas mais brandas ou mais gravosas previstas nos seus textos.[32]

De modo geral, outros conflitos normativos na aplicação do artigo 85 deverão ser resolvidos ou com base no princípio da *especialidade* ou no da *consunção*, sendo primeiro necessário observar, na descrição das condutas tipificadas na Lei nº 6.374/89, quais os *requisitos especializantes* (conforme termo utilizado por Noronha) que permitirão diferenciar a possibilidade de subsunção do fato delitivo a esta ou aquela sanção tributária.

Note-se que, quando comparamos os diferentes incisos do artigo 85, é possível verificar que o núcleo infracional genericamente descrito em cada um deles muda totalmente, de tal sorte que a eventual dúvida entre o enquadramento da infração em alíneas deste ou daquele dispositivo, quando verificada no lançamento de ofício, não se corrige pela simples recapitulação da infração, conforme autoriza o artigo 13, da Lei Estadual nº 13.457/2009.

Nesse tipo de situação, haverá na verdade um *erro de direito* quanto à qualificação jurídica do fato infracional imputado ao sujeito passivo, devendo disso resultar o próprio cancelamento do auto de infração, conforme reiterada jurisprudência do TIT.[33]

No que se refere ao conflito de normas com base na *consunção*, aqueles precedentes indicados no tópico III acima permitem verificar

---

[32] "c) falta de comunicação de encerramento de atividade do estabelecimento – multa equivalente a 5% (cinco por cento) do valor das mercadorias existentes em estoque na data da ocorrência do fato não comunicado, nunca inferior ao valor correspondente a 70 (setenta) UFESPs; *inexistindo estoque* de mercadoria ou em se tratando de *estabelecimento prestador de serviço* – multa equivalente ao valor de 70 (setenta) UFESPs;
d) falta de comunicação de mudança de estabelecimento para outro endereço – multa equivalente a 3% (três por cento) do valor das mercadorias remetidas do antigo para o novo endereço, nunca inferior ao valor correspondente a 70 (setenta) UFESPs; *inexistindo remessa* de mercadoria ou em se tratando de *estabelecimento prestador de serviço* – multa equivalente ao valor de 70 (setenta) UFESPs;
e) falta de informação necessária à alteração do Código de Atividade Econômica do estabelecimento – multa equivalente ao valor de 70 (setenta) UFESPs; *caso dessa omissão resulte falta ou atraso no recolhimento do imposto*, a multa deve ser equivalente ao valor de 140 (cento e quarenta) UFESPs, sem prejuízo de exigência da correção monetária incidente sobre o imposto e dos demais acréscimos legais, inclusive multa;" (g.n.).
[33] DRT C III 4028708-7, AIIM nº 4.028.708, 5ª Câmara, Relator Manoel Marcelo Camargo de Laet, j. em 25.8.2014; DRT 8-4051051-7, AIIM nº 4.051.051, 2ª Câmara, Relator José Eduardo de Paula Saran, j. em 26.4.2016; dentre outras.

que a jurisprudência do TIT, mais recentemente, acerta na sua aplicação, quando deixa de se basear no critério da "sanção mais gravosa absorvendo a mais leve", para então declarar nos seus julgados que:
- "é imperioso que a acusação mais grave, ou seja, aquela cujo valor jurídico tutelado se mostra de maior relevância (e não aquela cuja correspondente penalidade aplicada seja mais gravosa)... absorva a acusação menos grave";[34]
- "o princípio da consunção, dispondo de um vasto rol de recursos aptos a resolver problemas concernentes ao concurso aparente de normas, tem como finalidade permitir a absorção de condutas que, muitas vezes, servem apenas como instrumento para a prática do ilícito principal";[35] e
- "a infração tributária de maior gravidade atrai, via de consequência a infração tributária de menor potencial, donde a absorção, no caso, do delito fim (creditamento indevido) absorve o delito (meio) recebimento e estocagem de mercadorias, pelo princípio da consunção".[36]

É preciso chamar a atenção, no entanto, para o fato de que o princípio da consunção não deve ser invocado e aplicado somente quando, no mesmo auto de infração, o sujeito passivo se vê diante da aplicação concreta de mais de uma sanção pela mesma conduta delituosa.

Em muitas situações, a consunção deverá ser lembrada para, mesmo diante de uma única multa eleita pelo agente autuante, exonerar o sujeito passivo, porque se escolheu a sanção incorreta – e, na maioria desses casos, a mais gravosa – pretendendo-se penalizá-lo com base na infração consumida e não no ilício consuntivo.

Um exemplo bastante simbólico – e recorrente na prática do contencioso administrativo paulista – pode ser encontrado nos autos de infração em que ao sujeito passivo é imputada a conduta de deixar de recolher o ICMS, mas, apesar disso, a sanção que lhe é aplicada é a de falta de emissão de documento fiscal.

Como já referido acima, em muitas dessas situações, a multa por falta de documento fiscal acaba sendo muito mais severa do que a de falta de pagamento do imposto, na medida em que os percentuais da pena costumam incidir sobre o valor da operação ou prestação. Assim,

---
[34] AIIM nº 4.033.643-8 (vide nota de rodapé nº 7). Na mesma linha o acórdão proferido no AIIM nº 4.028.301-0 (idem).
[35] AIIM nº 4.042.198-3 (vide nota de rodapé nº 7).
[36] AIIM nº 4.036.481-1 (*idem*).

tomando por exemplo a multa de 50% prevista no inc. III, alínea "e",[37] da Lei nº 6.374/89, ela será muito mais severa do que a pena de 100% do valor do ICMS, veiculada pelo inc. I, alínea "l".[38]

Essa situação é bastante recorrente em hipóteses nas quais o ICMS é exigido do sujeito passivo que submeteu a sua prestação de serviço à tributação pelo ISS, emitindo a nota fiscal exigida pelo município, nas tantas situações em que a incidência desse ou daquele imposto ainda é objeto de dúvidas na doutrina e na jurisprudência.

Novamente aqui o princípio da consunção deverá ser aplicado, não para excluir uma sanção em detrimento da aplicação da outra, mas simplesmente para a desoneração do crédito tributário, na medida em que aquela regra de solução de conflito de normas evidencia o erro de direito na imposição da sanção ao sujeito passivo.

Conclusões

Caminha bem, portanto, a jurisprudência do TIT no que se refere à solução de conflitos de normas com base no princípio da consunção.

O complexo marco sancionador da legislação paulista sobre o ICMS exige atenção para esse tema, devendo-se verificar se eventuais conflitos normativos também podem ser resolvidos com base nos princípios da especialidade, da subsidiariedade e da alternatividade na subsunção dos fatos delitivos às normas punitivas, sem nunca perder de vista a máxima do *in dubio pro contribuinte*, assegurada no artigo 112 do Código Tributário Nacional.

Informação bibliográfica deste texto, conforme a NBR 6023:2018 da Associação Brasileira de Normas Técnicas (ABNT):

BRAZUNA, José Luis Ribeiro; PIN JUNIOR, Sérgio. Anotações sobre a consunção na jurisprudência do TIT. In: PINTO, Alexandre Evaristo; TOMKOWSKI, Fábio Goulart; ALLEGRETTI, Ivan; BEVILACQUA, Lucas (coord.). *ICMS no Tribunal de Impostos e Taxas de São Paulo*. Belo Horizonte: Fórum, 2022. p. 281-300. ISBN 978-65-5518-319-1.

---

[37] "e) prestação ou recebimento de serviço desacompanhado de documentação fiscal-multa equivalente a 50% (cinqüenta por cento) do valor da prestação, aplicável ao contribuinte que tenha prestado o serviço ou que o tenha recebido;"

[38] "l) falta de pagamento do imposto, em hipótese não prevista nas demais alíneas deste inciso – multa equivalente a 100% (cem por cento) do valor do imposto;"

EXPORTAÇÕES E REMESSAS INTERNACIONAIS DE MERCADORIAS COM FIM DE EXPORTAÇÃO NA JURISPRUDÊNCIA DO TIT/SP

LUCAS BEVILACQUA

VANESSA CECCONELLO

Introdução

No Comércio Internacional, a integração dos países é realizada tanto pelas trocas de bens e serviços, quanto pela atração de investimentos estrangeiros diretos, estando associada a dois fatores centrais: uma política cambial competitiva por meio de controle da conta cambial e um sistema tributário neutro desonerando as exportações em observância fiel ao princípio do país do destino.

No Brasil, embora o sistema constitucional tributário tenha se orientado pelo princípio da neutralidade e pelo princípio do país de destino, verifica-se que há resíduos tributários ao longo da cadeia produtiva exportadora, onerando os produtos destinados ao exterior e, por conseguinte, ocasionando a perda de competitividade.[1]

---

[1] BEVILACQUA, Lucas. *Incentivos Fiscais às Exportações*: desoneração da tributação indireta na cadeia exportadora e concorrência fiscal internacional. Rio de Janeiro: Lumen Juris, 2018, p. 02.

A desoneração da cadeia produtiva exportadora ocorre não somente pela desoneração direta da exportação (método da isenção), mas também com a possibilidade de ressarcimento pelo Contribuinte dos resíduos tributários (método do crédito); o que instrumentalizado por meio de imunidades e isenções para as operações no âmbito da cadeia produtiva exportadora.

Nesse breve estudo, ganha relevo a imunidade de ICMS instituída pela EC nº 42/2003, ao conferir nova redação ao art. 155, §2º, inciso X, alínea "a" da Constituição Federal, bem como a isenção estabelecida no art. 3º, inciso II, da LC nº 87/96, disposições cuja interpretação divergente entre Fisco e contribuintes tem gerado inúmeras controvérsias no âmbito do processo judicial e do processo administrativo fiscal estadual.

A ausência da interpretação da extensão da imunidade e da isenção do ICMS conferida às exportações em conformidade com o princípio do país de destino e da neutralidade do sistema tributário tem fomentado o cenário da macrolitigância fiscal acerca da desoneração da cadeia produtiva exportadora, sendo o enfoque desse texto as decisões proferidas pelo Tribunal de Impostos e Taxas de São Paulo (TIT/SP) em face da jurisprudência dos tribunais superiores.

1 Imunidade do ICMS nas exportações

A desoneração do ICMS nas exportações foi sistematizada por Ricardo Lobo Torres em quatro fases,[2] sendo a da transformação da não incidência para a imunidade a última delas, inaugurada com a publicação da Emenda Constitucional nº 42/2003. É sobre essa fase da imunidade das exportações quanto ao ICMS e as discussões travadas no Tribunal de Impostos e Taxas de São Paulo (TIT/SP) que se concentrará esse breve estudo.

A Constituição Federal (CF) estabelece uma imunidade ao afastar da tributação determinadas pessoas ou situações que, do contrário, seriam passíveis de incidência tributária. Trata-se de uma norma negativa de competência tributária. Para o Imposto sobre Circulação de

---

[2] "[...] Ricardo Lobo Torres, com a didática que lhe é própria, sistematizou a desoneração de ICMS nas exportações em quatro fases: 1ª) não incidência sobre produtos industrializados (EC n. 18/1965, CF 67 e EC n. 1/1969); 2ª) não incidência sobre os produtos industrializados, com ressalva aos semielaborados (CF 88, em seu texto original); 3ª) não incidência sobre todas as exportações (LC 87/1996); e 4ª) a transformação da não incidência em imunidade (EC 42/2003)". BEVILACQUA, Lucas. *Incentivos fiscais às exportações*: desoneração da tributação indireta na cadeia exportadora e concorrência fiscal internacional. Rio de Janeiro: Lumen Juris, 2018, p. 135.

Mercadorias e Serviços (ICMS), cuja competência tributária foi atribuída pelo poder constituinte aos Estados e ao Distrito Federal, a regra de imunidade das operações que destinem mercadorias ao exterior encontra-se no art. 155, §2º, inciso X, "a" da CF.

Na redação original do dispositivo, o texto constitucional estipulava que seriam imunes ao ICMS "as operações que destinem ao exterior produtos industrializados, excluídos os semielaborados definidos em lei complementar". Assim, quando promulgada a CF de 1988, eram imunes ao ICMS tão somente as exportações de mercadorias que fossem produtos industrializados, submetendo-se ao gravame do imposto as exportações de produtos primários e semielaborados. Com a EC nº 42/2003, o alcance da desoneração foi ampliado, passando a alínea "a" do §2º, inciso X do art. 155 da CF a dispor serem imunes ao ICMS "as operações que destinem mercadorias para o exterior", assim como os "serviços prestados a destinatários no exterior", garantindo a manutenção e o aproveitamento dos créditos do imposto das operações e prestações anteriores.[3]

De outro lado, a Lei Complementar nº 87, de 13 de setembro de 1996 (Lei Kandir) instituiu expressamente no art. 3º, inciso II, a isenção sobre "operações e prestações que destinem ao exterior mercadorias, inclusive produtos primários e produtos industrializados semielaborados ou serviços". Além disso, a LC nº 87/96 regula o aproveitamento dos créditos de ICMS acumulados na exportação, reconhecendo-o como um direito do Contribuinte expressamente assegurado pela Constituição Federal.[4]

Com a entrada em vigor da EC nº 42/2003, as exportações de mercadorias, serviços de transporte e serviços de comunicação não poderiam ser objeto de incidência do ICMS, tendo em vista que o objetivo da imunidade tributária é favorecer as exportações de mercadorias e serviços, para que cheguem ao exterior com preços competitivos e desoneradas da carga econômica do ICMS. A concessão de imunidade

---

[3] CARRAZZA, Roque Antonio. *Curso de direito constitucional tributário*. 31. ed., rev., ampl. e atual. até a Emenda Constitucional n. 95/2016. São Paulo: Malheiros, 2017, p. 983-984.

[4] "O aproveitamento do crédito de ICMS acumulado na exportação é um direito do contribuinte assegurado expressamente pela Constituição. A Lei Complementar n. 87/96 regula o exercício de tal direito, prevendo para tanto duas formas de aproveitamento: (i) transferência do crédito acumulado do estabelecimento exportador para outro estabelecimento da mesma pessoa jurídica, localizado no mesmo Estado daquele; (ii) transferência de eventual saldo do crédito acumulado para estabelecimento de outra pessoa jurídica, conquanto localizado no mesmo Estado do estabelecimento titular do crédito e mediante a emissão de documento que o reconheça pela autoridade competente. [...]" (NUNES, Renato. Considerações acerca do crédito de ICMS acumulado na exportação. *RDDT* 162/50, mar. 2009, p. 56)

tributária às operações de exportação caracteriza-se como a efetivação do *princípio do país de destino*, para que seja assegurada a neutralidade nas transações internacionais envolvendo a venda de mercadorias e a prestação de serviços.

A aplicação do princípio do país de destino no ordenamento jurídico nacional dá-se por meio de diferentes categorias de tributação, seja imunidade, não incidência, isenção ou outras, com fundamento constitucional e que, para além da função extrafiscal, buscam a conformação da base de tributação do país exportador, esta limitada aos bens e serviços consumidos em seu território, para manter a neutralidade do fluxo internacional de bens e serviços.[5]

O *princípio do país de destino* está entre os critérios utilizados para balizar a tributação sobre o consumo, evitando-se a tributação do mesmo fato jurídico, por Estados diferentes. Como elucida Rodrigo Maito da Silveira, a tributação de acordo com o princípio do destino irá acontecer efetivamente no consumo dos bens e serviços importados, sendo do país de destino dos produtos ou mercadorias a competência para tributar as suas importações. Assim, no país de origem os exportadores terão direito à restituição ou isenção dos tributos eventualmente incidentes na exportação.[6] Sobre os efeitos da adoção do princípio do destino e a opção adotada pelo Brasil, Maito discorre que:

> Os efeitos da adoção do princípio do destino são: (i) a eliminação da bitributação, e (ii) a igualdade nas condições de concorrência, tendo-se em vista que sujeita o produto importado à mesma carga tributária do produto nacional.
>
> Note-se que se o Estado de destino impõe tributação mais onerosa para o produto importado em relação aos produtos nacionais ou se o Estado de origem confere reembolso superior aos impostos que oneram as mercadorias exportadas, falseiam-se as condições de concorrência entre os produtos importados e nacionais, o que se tem procurado evitar por meio de acordos internacionais, como, por exemplo, aqueles firmados no âmbito da OMC.
>
> O Brasil, pelo que se verifica do seu sistema constitucional tributário, adotou claramente o princípio da tributação no destino, desonerando as exportações e onerando as importações (ICMS: art. 155, §2º, X, "a", CF/88; IPI: art. 153, §3º, III, CF/88; ISS: art. 2º, I, da Lei Complementar nº 116/03; PIS e COFINS: artigo 149, §2º, I).

---

[5] BEVILACQUA, Lucas. *Incentivos fiscais às exportações*: desoneração da tributação indireta na cadeia exportadora e concorrência fiscal internacional. Rio de Janeiro: Lumen Juris, 2018, p. 19.

[6] SILVEIRA, Rodrigo Maito da. *Tributação e concorrência*. São Paulo: Quartier Latin, 2011, p. 322.

Com efeito, enquanto a tributação na origem privilegia a arrecadação sobre o movimento de exportação de bens e serviços, a tributação no destino recai essencialmente sobre os bens e serviços importados, revelando, cada um desses mecanismos, a adoção de uma política fiscal relacionada aos objetivos comerciais do país.[7]

À luz da opção do constituinte pela adoção do princípio do país de destino, da interpretação da EC nº 42/2003 e da LC nº 87/96, infere-se que não haverá a incidência de ICMS sobre a prestação do serviço de transporte para destinatários no exterior ou de mercadorias destinadas ao exterior. Assim, com a imunidade sobre as exportações da EC nº 42/2003 sendo abrangente, além da isenção prevista na LC nº 87/96, o serviço de transporte, seja ele realizado integralmente no território brasileiro ou iniciado no porto brasileiro com destino ao exterior, desde que referentes às mercadorias destinadas à exportação, não deveria estar no campo de incidência do ICMS.

No entanto, como se verá adiante, foram levadas a efeito autuações fiscais no Estado de São Paulo por não recolhimento do ICMS na operação de transporte interno de mercadoria destinada à exportação, com a manutenção da exigência pelo TIT/SP. Não se ignora que, em 4 agosto de 2020, em plenário virtual, o Supremo Tribunal Federal (STF) julgou o Recurso Extraordinário (RE) nº 754.917, fixando tese em sede de repercussão geral de que "a imunidade a que se refere o artigo 155, parágrafo 2º, inciso X, alínea 'a', da Constituição Federal não alcança operações ou prestações anteriores à operação de exportação". No caso, uma empresa de embalagens postulava o reconhecimento do direito ao crédito também sobre as embalagens fornecidas às empresas exportadoras.

Entretanto, o Superior Tribunal de Justiça (STJ) tem entendimento consolidado de que a isenção do ICMS prevista na LC nº 87/96 estende-se às operações de fretes de mercadorias destinadas ao exterior, conforme refletido em julgado proferido em junho de 2019, no Recurso Especial nº 1.292.371. A tese fixada pelo STF em sede de repercussão geral com interpretação restritiva da imunidade prevista na CF foi em direção contrária à posição do STJ para a matéria infraconstitucional, sedimentando o conflito de interpretações já existente entre as duas Cortes sobre a matéria.

---

[7] SILVEIRA, Rodrigo Maito da. *Tributação e concorrência*. São Paulo: Quartier Latin, 2011, p. 322-323.

Nessa esteira, de modo a evidenciar o intuito de desoneração das exportações dos produtos e serviços brasileiros, de modo que possam ter maior competitividade no mercado internacional, interessante tecer algumas considerações, também, sobre a extensão do benefício da imunidade do ICMS também para as exportações indiretas.

2 ICMS nas exportações indiretas

A discussão acerca do alcance da desoneração de ICM na exportação indireta remonta da Constituição de 1967: "se gratificava também os produtores que não promoviam diretamente a exportação, mas que se valiam dos exportadores, seja como meros mandatários, seja nas hipóteses em que estes agissem em nome próprio".[8]

A legislação complementar da época veio a estender a não incidência à saída de mercadorias de estabelecimentos industriais com destino às empresas comerciais exportadoras, corroborando para a fixação do entendimento, no STF, de que a "imunidade do ICMS não era integrada, pois abrangia [...] excepcionalmente, a operação imediatamente anterior, quando realizada entre fabricante e a empresa exclusivamente exportadora".

O melhor discernimento acerca do alcance da imunidade tributária nas exportações indiretas se realiza a partir da compreensão da natureza objetiva da imunidade, que está a indicar que imune não é o contribuinte, "mas sim o bem quando exportado",[9] portanto, irrelevante se promovida exportação direta ou indireta.

Os vendedores-produtores e adquirentes-exportadores têm alguns dilemas perante as administrações tributárias e os tribunais administrativos e judiciais na aplicação da imunidade tributária de ICMS na exportação indireta, tema muito bem sintetizado por Juliana Furtado Costa Araújo e Eduardo Perez Salusse:

> (a) nas operações de remessa para fins específicos de exportação há empresas que não necessariamente são caracterizadas, no momento da remessa, como *tradings* ou comerciais exportadores, (b) nas operações de

---

[8] TORRES, Ricardo Lobo. *Tratado de Direito Constitucional, Financeiro e Tributário*. Rio de Janeiro: Renovar, 2007, v. 4, p. 275.

[9] XAVIER, Alberto. Regime constitucional das isenções e incentivos fiscais à exportações: o caso do ICMS. Do direito à utilização integral de saldo acumulado de créditos de ICMS como corolário da imunidade das exportações. *In*: TÔRRES, Heleno Taveira (coord.). *Tratado de Direito Constitucional e Tributário*: estudos em homenagem a Paulo de Barros Carvalho. São Paulo: Saraiva, 2005, p. 610.

remessa para fins específicos de exportação há empresas que realizam mais de uma etapa na cadeia de comercialização interna, revendendo tais mercadorias ao efetivo exportador direto, e, ainda, (c) nas operações de remessa para fins específicos de exportação não chegam a sair do território nacional.[10]

Oportuno estabelecer, desde já, uma clareza conceitual dos partícipes nas exportações indiretas, sobretudo no que respeita ao adquirente-exportador. Compreendido o propósito da equiparação promovida pelo legislador, necessário esclarecer que, embora exista identidade finalística, há também diferenças entre as empresas comerciais exportadoras e as *trading companies*, que podem, inclusive, vir a macular a correta aplicação da imunidade tributária.

As *tradings* são sociedades empresárias constituídas nos termos da lei,[11] sob a forma de sociedade por ações (S.A.), com capital mínimo e com registro na RFB para operar o Siscomex e o Registro Especial, emitido em conjunto com a Secretaria de Comércio Exterior (Secex)/Departamento de Operações de Comércio Exterior (Decex) do Ministério do Desenvolvimento, Indústria e Comércio Exterior (MDIC).

As empresas comerciais exportadoras, por sua vez, não estão sujeitas a qualquer legislação específica de comércio exterior, devendo possuir tão somente Registro de Exportadores e Importadores da Secex (REI/Siscomex); o que se realiza automaticamente quando da primeira exportação.[12]

O Convênio Confaz nº 113/1996, que vigorou até 28 de julho de 2003, definia como empresa comercial exportadora aquelas classificadas como *trading company*, nos termos do Decreto-Lei nº 1.248/1972, bem como as demais empresas comerciais exportadoras que possuíssem REI/Siscomex.

As operações "com o fim específico de exportação", no âmbito dos estados, são reguladas pelo Convênio ICMS nº 84, de 25 de setembro de 2009, que dispõe que se entende como "empresa comercial

---

[10] ARAÚJO, Juliana Furtado Costa; SALUSSE, Eduardo Perez. O ICMS e as remessas para fins específicos de exportação: responsabilidade tributária e presunções legais. *Revista de Direito Tributário*, n. 122. São Paulo: Malheiros, 2016, p. 48.
[11] BRASIL. Presidência da República. Casa Civil. Subchefia para Assuntos Jurídicos. *Decreto-lei n. 1.248, de 29 de novembro de 1972*. Dispõe sobre o tratamento tributário das operações de compra de mercadorias no mercado interno, para o fim específico da exportação, e dá outras providências. Disponível em: http://www.planalto.gov.br/ccivil_03/decreto-lei/Del1248.htm.
[12] CASTRO, José Augusto de. *Exportação*: aspectos práticos e operacionais. 8. ed. São Paulo: Aduaneiras, 2011, p. 71.

exportadora, as empresas comerciais que realizarem operações mercantis de exportação, inscritas no Cadastro de Exportadores e Importadores da SECEX", portanto, prescinde-se de forma específica, bastando assentamento, em suas atividades sociais, do objetivo social de exportação e REI/Siscomex. Este se realiza automaticamente quando da primeira operação de importação ou exportação em qualquer ponto Siscomex.[13]

Nesse cenário legislativo tem-se que não há incidência de ICMS na operação de circulação de mercadoria entre vendedor-produtor ao adquirente-exportador que tiver assentado em seus registros sociais a atividade de exportação (i) e possua registros RFB e REI/Siscomex (ii), independentemente de tratar-se de uma *trading company*.

Assim como o ordenamento jurídico pátrio admite o exercício do poder de tributar a partir de uma presunção da ocorrência do fato gerador, como na omissão de receita por depósito bancário de origem não comprovada,[14] ante a situação na qual contribuinte não se desincumbiu do ônus que a lei lhe impõe de demonstrar a inocorrência do fato tributável, há também no sistema tributário nacional situação na qual a Administração Tributária é vedada de tributar na medida em que estabelecida presunção a favor do contribuinte, a partir dos dois únicos requisitos indicados, que mostram a inocorrência de fato tributável.

É vedado à Administração Tributária estabelecer, a título de deveres instrumentais, outros requisitos para fruição da imunidade tributária nas exportações indiretas, bem como aos tribunais proceder à inversão do ônus da prova, considerando que incumbe à Administração Tributária demonstrar que o adquirente-exportador não tem, entre suas atividades sociais, a exportação ou não possui registro RFB e REI/Siscomex.

Infelizmente, há situações nas quais nossos tribunais[15] ainda ignoram que a exportação indireta resta caracterizada independentemente de tratar-se de *trading company*. Ignora-se, também, o fluxo do ônus da prova que vigora na medida em que há presunção legal de que aquela

---

[13] BRASIL. Governo Federal. Ministério do Desenvolvimento, Indústria e Comércio Exterior. Secretaria do Comércio Exterior. Portaria SECEX/MDIC nº 23/2011.
[14] Art. 281 do Regulamento de Imposto de Renda (RIR).
[15] "Tribunal de Justiça do Estado de São Paulo. Apelação cível n. 0007684-45.2010.8.26.0286. Desembargador-relator Antônio Celso Faria. Ação Anulatória ICMS Exportação indireta Substituição tributária. Inteligência do Art. 155, §2º da CF e art. 7º, inciso V, §1º, item 1, letra "a" e §2º do RICMS/SP (Decreto nº 45.490/2000). Operações de exportação que não restaram demonstradas nos autos. Recurso da FAZENDA DO ESTADO provido e improvido o recurso da autora."

mercadoria foi destinada à exportação, logo, não sujeita à incidência de ICMS, incumbindo ao Fisco demonstrar que a operação não se realizou com adquirente-exportador ou que a mercadoria não foi exportada.

Vale anotar, ainda, que a tredestinação da mercadoria pelo adquirente-exportador ao conferir destino outro à revelia do produtor-vendedor não pode representar causa suficiente para responsabilização imediata desse, embora previsto no RICMS/SP,[16] na medida em que poderá haver situação na qual resguardado pela boa-fé.[17]

A boa-fé já há algum tempo tem aplicação em matéria tributária[18] reconhecida por nossos tribunais superiores[19] como causa suficiente, inclusive, para isentar de responsabilidade o produtor-vendedor que usufruiu de vantagem fiscal em pressuposta operação realizada, afinal, internamente, ante a tredestinação da mercadoria.[20]

---

[16] "Art. 445. O estabelecimento remetente deste Estado fica obrigado ao recolhimento do imposto devido, com observância do disposto no art. 5º, em relação às saídas previstas no §1º do art. 7º e no art. 440-A, nos casos em que não se efetivar a exportação (Lei n. 6.374/89, arts. 6º e 59 e Convênio ICMS nº 113/1996): I- após decorrido o prazo de: a) 180 (cento e oitenta) dias, contado da data da saída da mercadoria do seu estabelecimento, tratando de saídas previstas no §1º do art. 7º; [...]."

[17] ARAÚJO, Juliana Furtado Costa; SALUSSE, Eduardo Perez. O ICMS e as remessas para fins específicos de exportação: responsabilidade tributária e presunções legais. *Revista de Direito Tributário*, n. 122. São Paulo: Malheiros, 2016, p. 48.

[18] Cf. TÔRRES, Heleno Taveira. *Direito Constitucional Tributário e segurança jurídica*. São Paulo: RT, 2011, p. 212; RUBISNTEIN, Flávio. *Boa-fé objetiva no Direito Financeiro e Tributário*. São Paulo: Quartier Latin, 2010, p. 166-207.

[19] Superior Tribunal de Justiça. Súmula nº 509. "É lícito ao comerciante de boa-fé aproveitar os créditos de ICMS decorrentes de nota fiscal posteriormente declarada inidônea, quando demonstrada a veracidade da compra e venda" (Súmula nº 509, PRIMEIRA SEÇÃO, julgado em 26.03.2014, de 31.03.2014).

[20] "TRIBUTÁRIO. RECURSO ESPECIAL. VENDA DE COMBUSTÍVEL A OUTRO ESTADO DA FEDERAÇÃO. RECOLHIDO O ICMS PELA ALÍQUOTA INTERESTADUAL DE RESPONSABILIDADE TRIBUTÁRIA. ART. 121, I E II, DO CTN. EXIGÊNCIA DE ANTERIOR DEMONSTRAÇÃO DE SOLIDARIEDADE (ART. 124, I E II, DO CTN) OU CONDUTA INFRACIONAL APTA A GERAR VÍNCULO JURÍDICO (ART. 135, CAPUT, DO CTN). AUSÊNCIA DE COMPROVAÇÃO. 1. Analisa-se no presente feito a possibilidade de o Fisco paulista, sem investigar a boa-fé do vendedor, exigir dele o ICMS com base na alíquota interna, pelo fato de o produto vendido (álcool hidratado) não ter chegado regularmente a outra unidade da Federação (Bahia). 2. O principal fundamento utilizado pelo Tribunal de origem para manter a cobrança da alíquota interna consistiu no fato de que "[a] infração se consuma com a mera conduta, que efetivamente causou prejuízo ao erário público". 3. Para explicar a imposição foi invocado o artigo 136 do CTN, como suporte da pretendida responsabilidade tributária. Todavia, o citado diploma legal é esclarecedor no sentido de que a responsabilidade por infrações da legislação tributária independe da intenção do agente ou do responsável dos efeitos do ato. No caso concreto, todavia, o Fisco não conseguiu identificar o "agente ou responsável" da destinação diversa da mercadoria constante da Nota Fiscal. 4. No caso concreto, o Fisco paulista, em verdade, busca a tributação do ICMS, pela alíquota interna, em face de a mercadoria ter sido desviada de seu destino final, com possível venda no próprio estado. No entanto, não conseguiu demonstrar que

A situação ora em exame de tredestinação de mercadoria vendida "com o fim específico de exportação ao exterior" assimila-se ao caso da "tredestinação de operação interestadual", sendo apta para afastar a responsabilidade do produtor-vendedor desde que presente boa-fé, que no caso resta satisfeita com a certificação do cumprimento dos requisitos legais no momento da operação.

Na exportação indireta também é garantido ao produtor-vendedor a manutenção dos créditos referentes às aquisições dos insumos utilizados na produção da mercadoria exportada, do mesmo modo que na exportação direta.[21]

3 Desoneração das exportações e os julgados do STF e STJ

Diante da divergência existente entre contribuintes e Fisco, também os tribunais pátrios foram provocados pelas partes para se manifestarem quanto à extensão da imunidade tributária ao serviço de transporte efetuado no território nacional das mercadorias destinadas à exportação.

O Superior Tribunal de Justiça (STJ), ao analisar a extensão da isenção do art. 3º, inciso II, da LC nº 87/96 ao transporte interestadual de mercadoria destinada ao exterior, concluiu pela não incidência do ICMS "sobre operações e prestações que destinem ao exterior mercadorias, de modo que está acobertado pela isenção tributária o transporte interestadual dessas mercadorias" (STJ, Primeira Seção, EREsp nº 710260/RO, Rel. Min. Eliana Calmon, fev. 2008).[22] Referida conclusão foi mantida em julgado proferido pelo STJ no ano de 2016, no Agravo em Recurso Especial nº 851.938, ao reconhecer o direito aos créditos de ICMS a uma empresa transportadora pela aquisição de insumos essenciais às atividades de exportação, utilizados no transporte de cargas destinadas

---

a recorrente tenha realizado essa operação fraudulenta, circunstância essa indispensável à caracterização do próprio sujeito passivo que praticou o fato econômico empregado na aplicação da alíquota interna. 5. É incontroverso que, na operação comercial, foram cumpridas todas as exigências fiscais, com a emissão das respectivas notas de venda. Nesse contexto, não há como exigir da vendedora outras provas, que a ela não incumbe; não bastando presumir a simulação quanto ao destino das mercadorias. 6. Recurso conhecido e provido para afastar a exigência fiscal de que a recorrente pague a diferença entre as alíquotas de ICMS incidente nas operações internas. (REsp nº 1305856/SP, Rel. Ministro Benedito Gonçalves, 1ª Turma, julgado em 11.06.2013, DJe 26.06.2013).

[21] ASHIKAGA, Carlos Eduardo Garcia. *Análise da tributação na importação e na exportação.* 4. ed. São Paulo: Aduaneiras, 2008, p. 183.

[22] PAULSEN, Leandro. *Constituição e código tributário comentados à luz da doutrina e da jurisprudência.* 18. ed. São Paulo: Saraiva, 2017, p. 377.

ao exterior; o que restou por fim sumulado: "Não incide ICMS sobre o serviço de transporte interestadual de mercadorias destinadas ao exterior" (Súmula nº 649).

Por seu turno, o Supremo Tribunal Federal (STF), no julgamento do Recurso Extraordinário (RE) nº 754.917, em sede de repercussão geral julgada em 2020, fixou a tese de que a imunidade do art. 155, §2º, inciso X, alínea "a" da CF não abrange as operações ou prestações anteriores à exportação.[23] Parece-nos que o entendimento exarado pelo STF e que, no âmbito do TIT/SP já vinha sendo entabulado, não traz um alcance pleno da imunidade que o legislador constituinte pretendeu conferir às exportações. Com isso, outros conflitos interpretativos e alterações nas legislações dos Estados da federação poderão surgir, já que a desoneração das exportações é um dos objetivos buscados pelo país no âmbito do comércio internacional.

4 Jurisprudência TIT/SP

A desoneração das exportações tem por objetivo dar efetividade ao princípio do país de destino, sendo que para isso a imunidade estabelecida no art. 155, §2º, inciso X, alínea "a" da Constituição Federal deveria estender-se a toda cadeia produtiva exportadora. No entanto, esse não é o entendimento que prevalece no âmbito do TIT/SP.

---

[23] Do voto divergente do Ministro Edson Fachin, que restou vencido, extrai-se importante trecho que reflete, no nosso entender, o adequado tratamento à extensão da imunidade do ICMS a toda a cadeia produtiva exportadora: "Ante a hesitante jurisprudência dos Tribunais de Justiça o caso terminou por afetado em repercussão geral, o que, indubitavelmente permite melhor compreensão do alcance da imunidade das exportações. Para melhor compreender o alcance da imunidade do ICMS fundamental analisar o fundamento de tal imunidade que reside justamente no princípio do país do destino. [...]Assim sendo, sob a perspectiva das práticas fiscais internacionais, ao determinar a "não incidência" de contribuições sociais e de intervenção no domínio econômico sobre as receitas decorrentes da exportação, reconhece-se a influência da oneração por essas contribuições na carga tributária da cadeia produtiva repercutindo no preço dos produtos com destino ao exterior. [...] Em tese dedicada ao tema Lucas Bevilacqua leciona que admitir a incidência de ICMS na aquisição de insumos de produtos industrializados destinados ao exterior, ainda que assegurado o direito de crédito, implica na oneração de mercadoria que será exportada com o indevido ônus tributário, negando-se aplicação ao princípio do país de destino em prejuízo à competitividade do Brasil no comércio internacional.[...] Conferir alcance da imunidade do ICMS a toda cadeia produtiva exportadora não demanda, sequer invoca, interpretação extensiva do art.155, §2º, X, a, mas trata-se tão somente de aplicação do princípio do país de destino, pois, do contrário, estar-se-á a promover a oneração de produto destinado ao exterior, em desarmonia ao que prevalece no comércio internacional." (RE nº 754917, Relator(a): DIAS TOFFOLI, Tribunal Pleno, julgado em 05.08.2020, PROCESSO ELETRÔNICO REPERCUSSÃO GERAL - MÉRITO DJe-243 DIVULG 05.10.2020 PUBLIC 06.10.2020)

A Secretaria da Fazenda do Estado de São Paulo, por entender que a imunidade conferida pela EC nº 42/3002 e a isenção estabelecida pela LC nº 87/96 não abrangem toda a cadeia da exportação, no que tange especificamente aos serviços de transporte, seccionou a análise em duas etapas: a primeira delas seria o transporte realizado dentro do território brasileiro, seja interestadual ou intermunicipal, sobre o qual entendem haver a exigência do ICMS, ainda que o transporte seja de mercadorias destinadas à exportação; o segundo momento, consistiria no serviço de transporte que tem início no porto em solo brasileiro destinando mercadorias ao exterior, nesse caso não havendo a incidência do ICMS. Em razão desse quadro, diversos foram os autos de infração lançados sob o fundamento de falta de pagamento de ICMS nos serviços de transporte anteriores à operação de exportação, que ocorrem exclusivamente em território nacional.

Deve ser observado que, no âmbito do Estado de São Paulo, o Decreto nº 56.335, publicado no ano de 2010, estabelece a isenção do ICMS sobre "a prestação de serviço de transporte interestadual ou intermunicipal de mercadoria destinada à exportação, quando esta for transportada desde o estabelecimento de origem, situado no território paulista, até: I – o local de embarque para o exterior; II – o local de destino no exterior; III – o recinto ou armazém alfandegado para posterior remessa ao exterior". Entretanto, conforme apontado em relatório elaborado pelo grupo de pesquisa sobre jurisprudência do TIT, no "Observatório do TIT: Exportações e remessas internacionais com fim de exportação",[24] de 17.04.2018, a Secretaria da Fazenda do Estado de São Paulo entendeu ser devida a isenção apenas a partir da publicação do decreto em 2010, estando as operações anteriores sujeitas ao ICMS, gerando um cenário de macrolitigância fiscal entre Fisco e contribuintes.

Com relação ao entendimento do TIT/SP sobre a aplicação da imunidade à prestação de serviços de transporte, bem como às exportações indiretas, analisaram-se acórdão de recurso ordinário, de ofício e especial. As peculiaridades subjacentes a cada um dos casos não afetam a compreensão da matéria da incidência do ICMS sobre a prestação de serviços de transporte de mercadorias ao exterior.

A posição da Fazenda Estadual para manutenção dos autos de infração e imposição de multas vem apoiada na crença de que as prestações de serviço de transporte no território nacional não se constituiriam

---

[24] Observatório do TIT: Exportações e remessas internacionais com fim de exportação. Disponível em: https://www.jota.info/opiniao-e-analise/artigos/observatorio-tit-exportacoes-remessas-internacionais-exportacao-17042018 Acesso em: 14 fev. 2021.

em um serviço de transporte destinado ao exterior, mas apenas a outro local no próprio território brasileiro, com a transferência da mercadoria do estabelecimento exportador para um local apropriado para exportação (porto ou aeroporto). Portanto, para a Fazenda Estadual, tratando-se de um trecho interno, ainda que o transporte seja de mercadorias destinadas à exportação, não há extensão da imunidade e da isenção do ICMS, ficando as operações sujeitas à incidência do imposto.

O entendimento que prevalece no TIT/SP é favorável à Fazenda Estadual, no sentido de que, em se tratando de prestação de serviço de transporte interno, com início e fim em território nacional, deverá incidir o ICMS sobre a operação de transporte, ainda que a mercadoria seja destinada à exportação.

Como ilustração, no julgamento de recurso especial da Fazenda Pública no AIIM nº 4002410-6 (2012), com decisão publicada em 26.04.2017, a Câmara Superior do TIT/SP acolheu a pretensão do Fisco de reconhecer a incidência do ICMS na prestação de serviço de transporte de mercadoria destinada à exportação, no trecho compreendido dentro do território brasileiro, entre o estabelecimento remetente e o porto de embarque da mercadoria a ser exportada. Restou, ainda, consignado na ementa que o disposto no inciso II do art. 3º da LC nº 87/96 não se aplica ao transporte de mercadoria efetuado em território brasileiro entre o remetente e o porto de embarque, bem como que se trata de matéria discutida por diversas vezes em sede especial, reiterando-se a incidência do imposto na prestação de transporte realizado em território nacional de mercadoria destinada à exportação.

Os contribuintes, por seu turno, ao buscarem o cancelamento dos autos de infração, apoiam-se nos argumentos de que a prestação de serviços de transporte de mercadorias também está abrangida pela imunidade tributária prevista no art. 155, §2º, X, "a", da CF/88. Além disso, aduzem que o ICMS não deve incidir sobre a prestação de serviço de transporte interestadual ou intermunicipal de mercadorias até os locais apropriados para exportação, com início e fim do território brasileiro, para depois ocorrer o transbordo para a exportação propriamente dita, nos termos do art. 3º, II, da LC nº 87/96. Alegam, ainda, que o Convênio ICMS nº 04/04 conferiu isenção ao transporte de mercadorias para exportação, tendo sido ratificado pelo Estado de São Paulo por meio do Decreto nº 48.065/04.

A título de exemplo de julgado favorável aos contribuintes, pode-se citar o acórdão de Recurso ordinário e de ofício, do AIIM nº 4004126-8 (2012), proferido pela Oitava Câmara Julgadora do TIT/SP, de relatoria do Juiz Rodrigo Dalla Pria, que reconhece a isenção de

ICMS aplicável também aos serviços de transporte intermunicipal/interestadual de mercadorias destinadas à exportação.

Na fundamentação do voto, considerou o relator que o enunciado do artigo 3º da LC nº 87/96 fixa regra isentiva que beneficia todas as operações e prestações que estejam relacionadas às saídas de mercadorias com o fim específico de exportação, inclusive quando destinadas a armazém alfandegado ou entreposto aduaneiro, desonerando-as da incidência do ICMS. Acrescentou, ainda, que:

> 13. Não há necessidade, portanto, que a prestação de serviço de transporte inicie-se em território nacional e termine em território estrangeiro, para que a norma isentiva posta no art. 3º, inciso II, parágrafo único, seja aplicada.
> 14. *Vale ressaltar que a isenção heterônoma acima referida consta da indigitada Lei Complementar desde a sua edição, razão pela qual não resta justificado o argumento utilizado pelo Ilmo. Julgador Tributário de 1º grau, segundo o qual a isenção das prestações de serviços objeto da autuação haveria sido introduzida no ordenamento somente por ocasião da edição do Decreto Estadual nº 56.335/2010.*
> 15. Referido Decreto, quando muito, prestou-se a regulamentar a aplicação da regra isentiva prevista, desde 1986, na legislação tributária federal complementar, norma esta que, em verdade, sempre fora autoaplicável.
> 16. *Corroborando o entendimento ora pugnado, há no âmbito da jurisprudência do E. Superior Tribunal de Justiça, inúmeros precedentes, dentre os quais posso referir os exarados nos autos dos REsp. nº 1.022.918/RO; Embargos de Divergência em REsp nº 710.260-RO; e REsp nº 538.149-MT.*
> 17. É certo, ainda, que por se tratar de norma infraconstitucional, o Supremo Tribunal Federal é o primeiro a reconhecer a competência do E. STJ para a apreciação, em última instância, da questão posta a julgamento (AI 397055 AgR/MG), razão pela qual não há que se falar, sequer, em possibilidade de revisão da orientação por parte do E. STF.
> 18. Diante disso, não me parece razoável que este E. Tribunal de Impostos e Taxas vá de encontro à jurisprudência pacífica de nossos Tribunais Superiores.

Embora a tese favorável aos argumentos dos contribuintes não seja a que prevalece no âmbito do TIT/SP, parece-nos que a decisão proferida no AIIM nº 4004126, acima reproduzida em parte, reflete o entendimento mais adequado a dar efetividade à desoneração das exportações.

A imunidade da EC nº 42/2003 e, mais especificamente, a isenção prevista no art. 3º, inciso II, da LC nº 87/96, tem aplicação a toda a cadeia produtiva exportadora, abrangendo a prestação de serviço de transporte em território nacional de mercadorias destinadas à exportação. Com isso, haverá a tributação no país de destino da mercadoria, sem que sejam exportados também resíduos tributários.

Impende observar, ainda, que não se trata apenas de questão de interpretação da legislação tributária de ICMS, mas, sim, de aplicação de precedentes firmados pelos tribunais superiores conforme asseverado pelo relator Rodrigo Dalla Pria: "não me parece razoável que este E. Tribunal de Impostos e Taxas vá de encontro à jurisprudência pacífica de nossos Tribunais Superiores".

De outro lado, para os casos de exportação indireta, o TIT/SP já se pronunciou em ambos os sentidos, tanto pela possibilidade de a operação de exportação realizada por meio de empresa "comercial exportadora" ou "*trading*" ser alcançada pelo benefício da imunidade/isenção (Recurso Ordinário, Processo nº DRT 06-509160/2008, 14ª Câmara Julgadora do TIT/SP); quanto pela manutenção do auto de infração e da multa em razão da falta de comprovação dos requisitos para que a exportação indireta fosse abrangida pelo benefício da isenção do ICMS (Recurso ordinário, Processo nº DRT-11-00513/93, 4ª Câmara Julgadora do TIT).

Considerações finais

Em vista do que foi abordado no presente artigo, pode-se traçar as seguintes conclusões:
- a desoneração da tributação indireta na cadeia produtiva exportadora encontra fundamento na Constituição Federal, que se norteou pelos princípios do país de destino e da neutralidade tributária no comércio internacional de bens e serviços;
- com a edição da EC nº 42/2003, entende-se que foi estabelecida imunidade tributária do ICMS para a integralidade da cadeia produtiva exportadora, buscando a eliminação dos resíduos tributários que prejudicam a competitividade de produtos brasileiros no comércio internacional;
- o princípio do país de destino determina a exoneração da incidência tributária sobre bens e serviços destinados ao exterior, sendo de aplicação exclusiva na tributação indireta;
- no âmbito do TIT/SP prevalece a tese da Fazenda Pública de que em se tratando de prestação de serviço de transporte interno, com início e fim em território nacional, deverá incidir o ICMS sobre a operação de transporte, ainda que a mercadoria

seja destinada à exportação. Segundo o tribunal administrativo, não há possibilidade de extensão do benefício da imunidade/isenção do ICMS às operações anteriores à exportação;
- a posição predominante no TIT/SP coincide com o decidido pelo Supremo Tribunal Federal (STF), no Recurso Extraordinário (RE) nº 754.917, em sede de repercussão geral em 2020, fixando a tese de que a imunidade do art. 155, §2º, inciso X, alínea "a" da CF não abrange as operações ou prestações anteriores à exportação;
- no entanto, o Superior Tribunal de Justiça (STJ), ao analisar a extensão da isenção do art. 3º, inciso II, da LC nº 87/96 ao transporte interestadual de mercadoria destinada ao exterior, concluiu pela não incidência do ICMS "sobre operações e prestações que destinem ao exterior mercadorias, de modo que está acobertado pela isenção tributária o transporte interestadual dessas mercadorias";
- em razão de ser de competência privativa do STJ a análise da legalidade dos dispositivos infraconstitucionais, bem como de a tese fixada em sede de repercussão geral pelo STF espelhar a jurisprudência já existente no âmbito da Suprema Corte, parece-nos que não há razões para uma mudança de entendimento pelo STJ ou pelos tribunais pátrios. Mas haverá certamente um reforço da tese da Fazenda Estadual, em especial no âmbito do TIT/SP em que a mesma é predominante.

Informação bibliográfica deste texto, conforme a NBR 6023:2018 da Associação Brasileira de Normas Técnicas (ABNT):

BEVILACQUA, Lucas; CECCONELLO, Vanessa. Exportações e remessas internacionais de mercadorias com fim de exportação na jurisprudência do TIT/SP. *In*: PINTO, Alexandre Evaristo; TOMKOWSKI, Fábio Goulart; ALLEGRETTI, Ivan; BEVILACQUA, Lucas (coord.). *ICMS no Tribunal de Impostos e Taxas de São Paulo*. Belo Horizonte: Fórum, 2022. p. 301-316. ISBN 978-65-5518-319-1.

ALTERAÇÃO DE CRITÉRIO JURÍDICO E CLASSIFICAÇÃO FISCAL

LUCAS GALVÃO DE BRITTO
MARINA VIEIRA DE FIGUEIREDO

Introdução

O Código Tributário Nacional é claro ao prescrever que uma vez constituída a relação jurídica tributária pelo Fisco,[1] é possível a sua revisão de ofício pela autoridade administrativa. No entanto, para que se altere o lançamento anterior e, portanto, os termos da norma jurídica introduzida no sistema, há que se observar algumas limitações.

Em primeiro lugar, é indispensável que se comprove que está presente, no caso, uma das situações previstas no art. 149 do CTN, ou seja, que se configurou hipótese que, nos termos da lei, justifica a revisão do ato praticado (como, por exemplo, a necessidade de apreciação de fato não conhecido ou não provado por ocasião do lançamento anterior).

---

[1] Muitos são os que defendem que apenas a Administração Pública é competente para constituir relações jurídicas tributárias. José Souto Maior Borges, por exemplo, é categórico ao afirmar que o ato de lançamento, "em qualquer hipótese, é sempre de competência privativa da autoridade administrativa (art. 142, caput)", sendo possível a participação do particular apenas no procedimento que o antecede (*Lançamento tributário*. Rio de Janeiro: Forense, 1999, p. 370). No entanto, há muito se consolidou na jurisprudência (Súmula nº 436 do STJ) a interpretação – com a qual concordamos – segundo a qual, nos chamados lançamentos por homologação, cabe originariamente ao sujeito passivo constituir o crédito tributário, ficando os agentes administrativos responsáveis por fiscalizar essa atividade e, se necessário, promover o lançamento de valores não declarados.

Há, também, que se verificar se transcorreu ou não o prazo decadencial, uma vez que, nos termos do art. 149, parágrafo único, "a revisão do lançamento só pode ser iniciada enquanto não extinto o direito da Fazenda Pública".

Mas não é só. Ao promover a revisão do lançamento, não pode a autoridade administrativa, de modo algum, alterar os critérios jurídicos que orientaram a prática do ato originário, em razão do que prescreve o art. 146 do CTN:

Art. 146. A modificação introduzida de ofício ou em conseqüência de decisão administrativa ou judicial, nos critérios jurídicos adotados pela autoridade administrativa no exercício do lançamento *somente pode ser efetivada, em relação a um mesmo sujeito passivo, quanto a fato gerador ocorrido posteriormente à sua introdução*. (grifamos)

De fato, não há como admitir que a Administração Pública altere os critérios para formalização de créditos tributários e pretenda aplicá-los retroativamente, alterando situações jurídicas plenamente constituídas. Afinal, providência dessa natureza representaria evidente violação ao ato jurídico perfeito e ao direito adquirido (princípio da irretroatividade).

O problema, no entanto, é definir o que configura "modificação de critérios jurídicos" e a questão é bem ilustrada pelas decisões, tanto na esfera judicial quanto na esfera administrativa, que tratam da classificação fiscal de mercadorias e seus impactos na exigência de tributos.

1 Argumentos pró-Fisco

O Superior Tribunal de Justiça (STJ), em diversas oportunidades, foi chamado a manifestar-se sobre as situações que permitiriam ou não a revisão do lançamento, tendo decidido que é possível a revisão nas hipóteses nas quais se verifica erro de fato, mas não quando se trata de erro de direito, uma vez que, neste caso, ocorreria a mudança de critério jurídico.

Ao examinar as decisões que envolvem erro de classificação fiscal e, portanto, no cálculo do tributo, verifica-se que, por vezes, tal equívoco é qualificado como "erro de direito", não admitindo, pois, a revisão pela autoridade administrativa. Vejamos alguns exemplos:

TRIBUTÁRIO – IMPORTAÇÃO – DESEMBARAÇO ADUANEIRO – RECLASSIFICAÇÃO DA MERCADORIA – REVISÃO DE LANÇAMENTO POR ERRO DE DIREITO – IMPOSSIBILIDADE – SÚMULA 227 DO EXTINTO TFR.

1. É permitida a revisão do lançamento tributário, quando houver erro de fato, entendendo-se este como aquele relacionado ao conhecimento da existência de determinada situação. Não se admite a revisão quando configurado erro de direito consistente naquele que decorre do conhecimento e da aplicação incorreta da norma.
2. A jurisprudência do STJ, acompanhando o entendimento do extinto TRF consolidado na Súmula 227, tem entendido que o contribuinte não pode ser surpreendido, após o desembaraço aduaneiro, com uma nova classificação, proveniente de correção de erro de direito.
3. Hipótese em que o contribuinte atribuiu às mercadorias classificação fiscal amparada em laudo técnico oficial confeccionado a pedido da auditoria fiscal, por profissional técnico credenciado junto à autoridade alfandegária e aceita por ocasião do desembaraço aduaneiro. [...][2]

TRIBUTÁRIO. AGRAVO REGIMENTAL NO AGRAVO DE INSTRUMENTO. IMPOSTO DE IMPORTAÇÃO. EQUÍVOCO NA DECLARAÇÃO DE IMPORTAÇÃO. LEGISLAÇÃO APLICÁVEL. ALÍQUOTA. ERRO DE DIREITO. REVISÃO. IMPOSSIBILIDADE.
1. Hipótese em que se discute se a indicação, pelo contribuinte, de legislação errônea na Declaração de Importação devidamente recebida pela autoridade alfandegária consiste em erro de fato e, portanto, pode dar ensejo à posterior revisão, pela Fazenda, do tributo devido; ou se trata-se de mudança de critério jurídico, cuja revisão é vedada pelo CTN.
2. A jurisprudência desta Corte é pacífica no sentido de que o erro de direito (o qual não admite revisão) é aquele que decorre da aplicação incorreta da norma. Precedentes. Por outro lado, o erro de fato é aquele consubstanciado "na inexatidão de dados fáticos, atos ou negócios que dão origem à obrigação tributária" (EDcl no REsp 1174900/RS, Rel. Ministro Mauro Campbell Marques, Segunda Turma, DJe 09/05/2011).
3. Da análise dos autos, verifica-se que *ocorreu a indicação de legislação equivocada no momento da internalização da mercadoria, o que culminou com o pagamento da alíquota em valor reduzido, de sorte que não houve engano a respeito da ocorrência ou não de determinada situação de fato, mas sim em relação à norma incidente na situação, como, aliás, registrou o acórdão recorrido. Assim, não há falar em possibilidade de revisão do lançamento no caso dos autos, mormente porque, ao desembaraçar o bem importado, o fisco tem, ao menos em tese, a oportunidade de conferir as informações prestadas pelo contribuinte em sua declaração.* [...][3]

---

[2] AgRg no REsp nº 1347324/RS, Rel. Ministra ELIANA CALMON, SEGUNDA TURMA, julgado em 06.08.2013, DJe 14.08.2013.
[3] AgRg no Ag 1422444/AL, Rel. Ministro BENEDITO GONÇALVES, PRIMEIRA TURMA, julgado em 04.10.2012, DJe 11.10.2012.

TRIBUTÁRIO. IMPOSTO DE IMPORTAÇÃO. MANDADO DE SEGURANÇA. DESEMBARAÇO ADUANEIRO. CLASSIFICAÇÃO TARIFÁRIA. AUTUAÇÃO POSTERIOR. REVISÃO DE LANÇAMENTO. ERRO DE DIREITO. SÚMULA 227/TRF. PRECEDENTES.
1. "A mudança de critério jurídico adotado pelo fisco não autoriza a revisão do lançamento" (Súmula 227 do TFR).
2. *A revisão de lançamento do imposto, diante de erro de classificação operada pelo Fisco aceitando as declarações do importador, quando do desembaraço aduaneiro, constitui-se em mudança de critério jurídico, vedada pelo CTN.*
3. O lançamento suplementar resta, portanto, incabível quando motivado por erro de direito. (Precedentes: Ag 918.833/DF, Rel. Min. JOSÉ DELGADO, DJ 11.03.2008; AgRg no REsp 478.389/PR, Min. HUMBERTO MARTINS, DJ. 05.10.2007, p. 245; REsp 741.314/MG, Rela. Min. ELIANA CALMON, DJ. 19.05.2005; REsp 202958/RJ, Rel. Ministro FRANCIULLI NETTO, DJ 22.03.2004; REsp 412904/SC, Rel. Min. LUIZ FUX, DJ 27/05/2002, p. 142; Resp nº 171.119/SP, Rela. Min. ELIANA CALMON, DJ em 24.09.2001) [...].[4]

É interessante notar que, nesses casos, a Corte Superior parte da premissa de que a conferência aduaneira corresponde a ato de lançamento e, portanto, qualquer tentativa posterior de modificar os critérios para cobrança do tributo não poderiam ser aceitas, salvo se a modificação se der por erro quanto aos fatos.

Além disso, o erro de direito é qualificado como equívoco na valoração jurídica dos fatos, o que, portanto, implicaria modificação dos critérios jurídicos que orientaram o lançamento. Para melhor compreensão da ideia, vejamos trecho do voto proferido pelo Min. Luiz Fux no julgamento do REsp nº 1.112.702:[5]

Com efeito, consoante se observa houve erro quanto à classificação tarifária da mercadoria desembaraçada cujas características constavam da Declaração de Importação. A mercadoria restou conferida pelo Agente Fiscal, com suas características específicas, que a identificava para fins da classificação tarifária, e aquela autoridade, ratificou a identificação física contida na Declaração de Importação. Concluída, a conferência aduaneira, sem impugnação de qualquer espécie, foi o produto desembaraçado e entregue a importador, após pagos os tributos correspondentes. Consequentemente, *deve se presumir que a*

---

[4] REsp nº 1112702/SP, Rel. Ministro LUIZ FUX, PRIMEIRA TURMA, julgado em 20.10.2009, DJe 06.11.2009.
[5] REsp nº 1112702/SP, Rel. Ministro LUIZ FUX, PRIMEIRA TURMA, julgado em 20.10.2009, DJe 06.11.2009. Destacamos.

classificação tarifária indicada na Declaração de Importação estava consoante o enquadramento da mercadoria na tarifa legal.

In casu, assentou o Tribunal de origem que *"Nenhum fato novo foi alegado para justificar esse ato administrativo, nem tampouco houve divergência quanto à natureza da mercadoria que pudesse ensejar tal comportamento. Não pode a Administração pura e simplesmente rever seus atos sob o fundamento de que outro deveria ser o procedimento fiscal com classificação diversa daquela adotada para as mercadorias importadas; depois de ter sido amplamente verificada essa situação de fato em procedimento anterior, consubstanciado no desembaraço da mercadoria e conseqüente homologação do lançamento. Se em seu entender houve erro de lançamento anterior, somente em importações posteriores poderia tal fato ser argüido"* (fls. 146-147). Assim, contra a inspeção aduaneira realizada não se objetou qualquer irregularidade, bem como contra qualquer informação prestada ao Fisco, que sim errou em classificar, conforme consta do v. acórdão recorrido. (grifamos)

Como se vê, parte-se da premissa de que o erro de direito é um erro na aplicação da norma. Significa dizer: não há erro quanto aos fatos, que são incontroversos. O problema diz respeito à norma aplicável àquele caso: num primeiro momento, a autoridade competente decide pela aplicação de uma e, em momento posterior, defende a aplicação de outra, resultando, assim, em relação jurídica com conteúdo distinto.

No entanto, é necessário observar que o erro de direito, em sentido estrito, corresponde a um desajuste entre o relato da norma individual e concreta e o que prescreve a norma geral e abstrata (RMIT), ou seja, configura-se quando os elementos do fato jurídico tributário, no antecedente, ou os elementos da relação obrigacional, no consequente, estão em desalinho com os enunciados da hipótese ou da consequência da norma geral e abstrata.[6]

Verifica-se, pois, que o erro de direito corresponde àquilo que Alberto Xavier chama de *erro em concreto*, pois "refere-se a uma nova apreciação pela mesma autoridade (ou seu superior hierárquico) de um dado *caso concreto*, apreciação essa em relação à qual se constata ter havido defeituosa interpretação ou aplicação da lei".[7]

---

[6] "O erro do lançamento [...] pode ser de direito. Quer os elementos do fato jurídico tributário, no antecedente, quer os elementos da relação obrigacional, no conseqüente, quer ambos, podem, perfeitamente, estar em desalinho com os enunciados da hipótese ou da conseqüência da regra-matriz do tributo, acrescendo-se, naturalmente, a possibilidade de inadequação com outras normas gerais e abstratas, que não a regra-padrão de incidência." (CARVALHO, Paulo de Barros. *Curso de direito tributário*. 30. ed. São Paulo: Saraiva, 2019, p. 436)

[7] XAVIER, Alberto. *Do lançamento*: teoria geral do ato, do procedimento e do processo tributário. 2 ed. Rio de Janeiro: Forense, 1997, p. 259.

Coisa diversa é a mudança de critério jurídico, a qual, como bem observa referido autor, configura um *erro de abstrato*, ou seja, "tem *caráter genérico*, no sentido de que a 'fonte' da modificação é um ato genérico visando uma *pluralidade indeterminada de casos*, em relação aos quais se entendeu adotar uma 'nova interpretação' da lei".[8]

Sob tal perspectiva, as situações analisadas pela Corte Superior, nas quais a autoridade administrativa mal interpreta a lei, classificando erroneamente os bens importados e, por isso, calculando equivocamente os tributos devidos na operação, não poderiam ser qualificadas como a "mudança de critério jurídico", a que alude o art. 146 do CTN. Como consequência, esse enunciado não poderia ser elencado como fundamento para obstar a revisão do lançamento nessas hipóteses.

Há que se destacar, por fim, que as decisões mais recentes do Superior Tribunal de Justiça têm considerado legítima a modificação da classificação fiscal no procedimento de revisão aduaneira. Confira-se:

> TRIBUTÁRIO E PROCESSUAL CIVIL. VIOLAÇÃO DO ART. 1.022. ALEGAÇÕES GENÉRICAS. SÚMULA 284/STF. DESEMBARAÇO ADUANEIRO. CONFERÊNCIA. CANAIS VERMELHO E AMARELO. CLASSIFICAÇÃO FISCAL. REVISÃO ADUANEIRA. POSSIBILIDADE.
> 1. O Tribunal a quo manteve sentença de procedência de Embargos à Execução Fiscal para cobrança de crédito tributário (II e IPI) constituído em procedimento de revisão aduaneira de Declarações de Importação, sob o entendimento de que, tendo sido a mercadoria submetida à conferência aduaneira, está configurada anuência da autoridade fiscal às informações prestadas pelo importador. [...]
> 3. A conferência aduaneira e o posterior desembaraço (arts. 564 e 571 do Decreto 6.759/2009) não impedem que o Fisco realize o procedimento de revisão aduaneira, respeitado o prazo decadencial de cinco anos (art. 638 do Decreto 6.759/2009) (REsp 1.201.845/RJ, Rel. Ministro Mauro Campbell Marques, Segunda Turma, DJe 24/11/2014).
> 4. Conforme consignado no aludido precedente, a revisão aduaneira permite que o Fisco revisite "todos os atos celeremente praticados no primeiro procedimento [conferência aduaneira] e, acaso verificada a hipótese, efetuará o lançamento de ofício previsto no art. 149, do CTN". [...][9]

> PROCESSUAL CIVIL. ADUANEIRO. TRIBUTÁRIO. AUSÊNCIA DE PREQUESTIONAMENTO. SÚMULA N. 282/STF. IMPOSTO DE

---

[8] Idem.
[9] REsp nº 1656572/RS, Rel. Ministro HERMAN BENJAMIN, SEGUNDA TURMA, julgado em 18.04.2017, *DJe* 02.05.2017.

IMPORTAÇÃO – II. CLASSIFICAÇÃO TARIFÁRIA. LANÇAMENTO. REVISÃO. AUTO DE INFRAÇÃO. MULTA. INTELIGÊNCIA DOS ARTS. 50, 138 E 139 DO DECRETO-LEI 37/66, E DOS ARTS. 149 E 150, §4º DO CTN.
[...]
2. Dentro do procedimento de despacho aduaneiro (entre a entrega da declaração e o desembaraço aduaneiro) é dada uma primeira oportunidade ao Fisco de, em 5 (cinco) dias úteis da conferência aduaneira, formalizar a exigência de crédito tributário e multas referentes à equivocada classificação da mercadoria (art. 447, do Decreto n. 91.030/85 – RA/85; art. 50, do Decreto-Lei n. 37/66).

3. No entanto, essa primeira oportunidade não ilide a segunda oportunidade que surge dentro do procedimento de "revisão aduaneira", que se dá após o desembaraço aduaneiro onde o Fisco irá revisitar todos os atos celeremente praticados no primeiro procedimento e, acaso verificada a hipótese, efetuará o lançamento de ofício previsto no art. 149, do CTN. Este segundo procedimento está sujeito aos prazos decadenciais próprios do crédito tributário e das multas administrativas e fiscais correspondentes, consoante a letra do art. 150, §4º do CTN; arts. 138 e 139, do Decreto-Lei n. 37/66; e arts. 455 e 456, do Decreto n. 91.030/85 – RA/85. [...]¹⁰

Contudo, ao examinar as razões de decidir, nota-se que a mudança de posição se deu por fundamento diverso.

De fato, nesses casos foi autorizada a mudança da classificação fiscal das mercadorias não pela inocorrência de mudança de critério jurídico, mas porque, nessas situações, a constituição do crédito tributário é feita pelo sujeito passivo e o Fisco tem o direito de fiscalizar tal atividade, potestade que não se extingue com a conferência aduaneira.

Essa posição fica clara no seguinte trecho do voto proferido pelo Min. Mauro Campbell Marques no julgamento do REsp nº 1201845:

A "conferência aduaneira" exige celeridade, já que a mercadoria está em zona primária ou secundária em depósito por conta do contribuinte. Quanto mais tempo demorar a conferência, mais tempo demorará o desembaraço aduaneiro, onerando sobremaneira o contribuinte e obstando as atividades do Fisco que precisa ter seu tempo aproveitado para atender aos outros despachos aduaneiros que estão na fila. Por tais motivos é que, *dentro do procedimento de despacho aduaneiro (entre a entrega da declaração e o desembaraço aduaneiro) foi dada uma primeira oportunidade*

---

¹⁰ REsp nº 1201845/RJ, Rel. Ministro MAURO CAMPBELL MARQUES, SEGUNDA TURMA, julgado em 18.11.2014, *DJe* 24.11.2014.

ao Fisco de, em 5 (cinco) dias úteis da conferência aduaneira, formalizar a exigência de crédito tributário e multas. Daí o prazo exíguo, com o intuito de se chegar logo ao desembaraço aduaneiro.

No entanto, essa primeira oportunidade não ilide a segunda oportunidade que surge dentro do procedimento de "revisão aduaneira", que se dá após o desembaraço aduaneiro (portanto após o procedimento de despacho aduaneiro) onde o Fisco irá revisitar todos os atos celeremente praticados no primeiro procedimento e, acaso verificada a hipótese, efetuará o lançamento de ofício previsto no art. 149, do CTN. Este segundo procedimento está sujeito aos prazos decadenciais próprios do crédito tributário e das multas administrativas e fiscais correspondentes, consoante a letra do Decreto-Lei n. 37/66, em sua redação original.

Observa-se, porém, que o núcleo da mudança de entendimento do STJ consistiu na suficiência ou não do ato de conferência aduaneira para caracterizar manifestação da autoridade fiscal sobre a procedência da caracterização jurídica do fato. Em nenhum dos precedentes, porém, legitimar-se-ia o argumento de que seria dado à Administração corrigir *erro de direito* pela via da revisão de lançamento.

2 Argumentos pró-contribuinte

Como mencionado no item precedente, erro de direito, em sentido estrito, não se confunde com alteração de critério jurídico, a qual pressupõe a substituição de uma interpretação da lei pela outra e, portanto, a ideia de que aquela primeira interpretação era defeituosa. Isso, no entanto, não quer dizer que é legítima a revisão do lançamento por erro de direito em sentido estrito (ou *erro em concreto*).

Como já assinalado, a revisão de ofício do lançamento depende da configuração de uma das hipóteses previstas no art. 149 do CTN. Significa dizer: para que se promova a revisão e eventual "correção" do lançamento originário, a autoridade administrativa precisa demonstrar qual daquelas situações se verificou no caso concreto.

Ao examinar esse enunciado, verifica-se, logo de início, que muitos dos seus incisos sequer tratam de hipótese de "revisão do lançamento", contemplando, isso sim, aqueles casos em que a constituição do crédito tributário fica a cargo do sujeito passivo, cabendo ao Fisco tão somente fiscalizar essa atividade e, se entender necessário, efetuar o lançamento para constituir créditos não declarados.

De fato, se considerarmos o que dispõe o art. 142 do CTN, bem como o fato de que no chamado "lançamento por homologação" cabe ao particular aplicar a regra-matriz de incidência do tributo e constituir a relação jurídica tributária, somente é possível falar em "lançamento", no sentido estrito do termo, quando essa atividade é realizada pela Administração Pública. Nesse sentido, aliás, posiciona-se Paulo de Barros Carvalho:[11]

> Quando celebrado pelo Poder Público, mediante iniciativa que a lei prevê, seja de modo originário, seja em caráter substitutivo daquele que o contribuinte não fez em tempo hábil, como também a lei estabeleceu, utilizaremos o nome 'lançamento', empregando 'autolançamento' para as circunstâncias em que a expedição da norma individual e concreta fique por conta do sujeito passivo.

Portanto, ao fiscalizar o ato praticado pelo sujeito passivo, o agente competente não está, propriamente, revisando um lançamento. Por isso concordamos com Alberto Xavier[12] quando afirma que, essencialmente, os motivos para revisão do lançamento são somente aqueles enunciados nos incisos VII, VIII e IX do art. 149, ou seja:
(i) existência de fato não conhecido ou não provado por ocasião do lançamento anterior (*erro de fato*);
(ii) fraude ou falta funcional da autoridade que o praticou (*fraude*); e
(iii) omissão de ato ou formalidade essencial (*vício de forma*).

Ainda, porém, que se entenda de modo diverso, fato é que o dispositivo em momento algum faz referência ao denominado *erro de direito (em sentido estrito)*. Sendo assim, tal hipótese não autorizaria a revisão de ofício do lançamento.[13]

---

[11] *Curso de direito tributário*, p. 396.

[12] "São três os fundamentos da revisão do lançamento: *(i)* a fraude ou falta funcional da autoridade que o praticou; *(ii)* a omissão de ato ou formalidade essencial; *(iii)* a existência de fato não conhecido ou não provado por ocasião do lançamento anterior. Pode, assim, dizer-se que os vícios que suscitam a anulação ou reforma do ato administrativo de lançamento são a *fraude*, o *vício de forma* e o *erro*." (*Do lançamento*: teoria geral do ato, do procedimento e do processo tributário, p. 249).

[13] A esse respeito, afirma Alberto Xavier: "O verdadeiro fundamento da limitação da revisão do lançamento à hipótese de erro de fato resulta do *caráter taxativo* dos motivos da revisão do lançamento enumerados no artigo 149 do Código Tributário Nacional e que, como vimos, são, além da fraude e do vício de forma, dever apreciar-se 'fato não conhecido ou não provado por ocasião de lançamento anterior' (inciso VIII). Significa isto que, se só pode haver revisão pela invocação de novos fatos e novos meios de prova referentes à matéria que foi objeto de lançamento anterior, essa revisão é proibida no que concerne a fatos completamente conhecidos e provados." (*Do lançamento*: teoria geral do ato, do procedimento e do processo tributário, p. 255).

3 Jurisprudência do TIT/SP

O Tribunal de Impostos e Taxas já se manifestou em algumas oportunidades sobre a matéria em exame. Dois casos, em especial, se destacam, uma vez que envolvem, especificamente, a classificação fiscal de mercadorias sujeitas à tributação.

Em julgamento recente, ocorrido em 06 de outubro de 2020,[14] a 2ª Câmara Julgadora desse E. Tribunal examinou caso em que o contribuinte foi acusado de falta de pagamento do imposto por ter utilizado, para o cálculo do ICMS sobre operações com "pão de queijo" e "similares" (NCM 1901.20.00), alíquota de 12% e redução de base de cálculo para que a tributação resultante fosse de 7%.

Como bem observou o D. Relator, Juiz Celso Barbosa Julian, a questão controvertida diz respeito à classificação fiscal das mercadorias, as quais eram inicialmente classificadas nos códigos NCMs 1902.11.00 e 1902.00 e passaram a ser classificadas no código NCM 1901.20.00. Vejamos:

> Sob essa ótica, a premissa fática que embasa a autuação assenta-se na exata classificação fiscal dos produtos autuados.
>
> Com efeito, ao pesquisar sobre o tema aqui difundido, apurei que a Secretaria da Fazenda e do Planejamento editou a Decisão Normativa CAT n. 03/2019, onde firma o seu entendimento acerca da definição dos produtos pão de queijo, com sustentação na Solução de Consulta Cosit 98263, de 27/09/2018.
>
> Confira-se:
> "DECISÃO NORMATIVA CAT- 3, DE 30-5-2019
> (DOE 31-05-2019)
> ICMS – Saídas internas de pão de queijo – Mudança de entendimento da Secretaria da Receita Federal do Brasil em relação à classificação fiscal na NCM – Tratamento tributário.
> [...]
> 1. A Secretaria da Receita Federal do Brasil – RFB, órgão competente para determinar a correta classificação fiscal de mercadorias segundo

---

[14] "ICMS – Falta de pagamento do imposto – Utilização de base de cálculo e alíquota incorretas. A premissa fática que embasa a autuação assenta-se na exata classificação fiscal dos produtos autuados. Com a edição da Decisão Normativa CAT-03/2019, não há como se validar a postura fiscal que veio a reclamar a diferença do imposto albergando operações pretéritas praticadas pela recorrente com "pão de queijo e similares", tomando, por base, nova classificação fiscal definida pela Receita Federal do Brasil, a partir de 03.10.2018. Art. 146, do CTN – Mudança de critério jurídico – Impossibilidade – Recurso ordinário conhecido e provido." (AIIM nº 4114943-9, Recurso ordinário, 2ª Câmara Julgadora, Rel. Celso Barbosa Julian, j. em 06.10.2020.)

a Nomenclatura Comum do Mercosul – NCM, alterou, por meio de Soluções de Consulta, a sua interpretação sobre a classificação do produto "pão de queijo".

2. Em seu entendimento anterior, o pão de queijo era considerado massa alimentícia não cozida, nem recheada ou preparada de outro modo, que contenha ovos, mas, a partir de 2013, soluções de consulta exaradas pelas Superintendências Regionais da Receita Federal do Brasil – SRRF passaram a entender que o referido produto corresponde à descrição "misturas e pastas para a preparação de produtos de padaria, pastelaria e da indústria de bolachas e biscoitos, da posição 19.05" (Solução de Consulta DIANA/SRRF06 2, de 29-01-2013, publicada no DOU em 21-03-2013).

3. Esse entendimento foi consolidado pela Coordenação Geral de Tributação – Cosit (Solução de Consulta Cosit 98263, de 27-09-2018, publicada em 03-10-2018), o que resultou na mudança de classificação do pão de queijo do código 1902.11.00 para o código 1901.20.00 da NCM, o que não configura reclassificação na acepção utilizada pelo artigo 606 do RICMS/2000.

4. De acordo com o artigo 15 da Instrução Normativa RFB 1464, de 08-05-2014, a Solução de Consulta, a partir da data de sua publicação, tem efeito vinculante no âmbito da RFB e respalda os demais contribuintes, independentemente de ser o Consulente.

5. Dessa forma, a partir do momento em que a RFB modificou seu entendimento, o tratamento tributário aplicado, no âmbito do ICMS, às operações com massas alimentícias não cozidas, nem recheadas ou preparadas de outro modo, que contenham ovos, classificadas no código 1902.11.00 da NCM, não mais se aplicam às saídas internas de pão de queijo, que passou a ser classificado no código 1901.20.00 da NCM.

6. Por conseguinte, não se aplicam às saídas internas de pão de queijo:
a) a alíquota de 12%, prevista no inciso III do artigo 54 do RICMS/2000;
b) a redução de base de cálculo, de forma que a carga tributária resulte no percentual de 7%, prevista no artigo 3º
do Anexo II do RICMS/2000;
c) o crédito outorgado equivalente à aplicação do percentual de 7% sobre o valor da saída interna, prevista no artigo 22 do Anexo III do RICMS/2000.

7. Por outro lado, às saídas internas de pão de queijo, aplica-se a redução de base de cálculo, de forma que a carga tributária corresponda ao percentual de 12%, quando promovidas por estabelecimento fabricante ou atacadista, conforme previsto no inciso XII do artigo 39 do Anexo II do RICMS/2000, desde que atendidas as condições previstas no referido artigo".

Vale dizer, após a publicação da Decisão Normativa CAT-03/2019 não existem mais dúvidas, de que, os produtos comercializados pela recorrente, durante o período da autuação (jan.2014 a maio.2018)

amoldam-se a classificação NCM 1902, considerando a expressa mudança de entendimento da RFB, quanto a classificação fiscal do pão de queijo, do código 1902.11, para o código 1901.20 da NCM, tão somente a partir de 03/10/2018(Solução de Consulta Cosit nº 98263, de 27/09/2018)
Tanto é verdade, que o item 5, da já mencionada Decisão Normativa CAT-3, de 30/05/2019, estabelece que:

[...] a partir do momento em que a RFB modificou seu entendimento, o tratamento tributário aplicado, no âmbito do ICMS, às operações com *massas alimentícias não cozidas, nem recheadas ou preparadas de outro modo, que contenham ovos*, classificadas no *código 1902.11.00 da NCM*, não mais se aplicam às saídas internas de pão de queijo, que *passou a ser classificado no código 1901.20.00 da NCM* [...] (destaquei)

Logo, não há como se validar a postura fiscal que veio a reclamar a diferença do imposto (erro na base de cálculo e alíquota) albergando operações pretéritas praticadas pela recorrente com "pão de queijo e similares", tomando, por base, nova classificação fiscal definida pela Receita Federal do Brasil, a partir de 03/10/2018, data da edição da Solução de Consulta Cosit nº 98263, de 27/09/2018.

Passível de invocação, o quanto disposto no art. 146, do Código Tributário Nacional: [...] (grifos no original)

Como é possível perceber, considerou-se que, no caso, houve mudança de critério jurídico porque não se tratou de *erro em concreto* (erro de direito em sentido estrito), mas sim de *erro em abstrato*, ou seja, lançamento baseado em nova interpretação da lei fixada em ato genérico que se dirigia a uma pluralidade de casos. Essa decisão, ademais, arrima-se bem ao disposto no art. 24 da LINDB, segundo o qual o julgamento administrativo "levará em conta as orientações gerais da época, sendo vedado que, com base em mudança posterior de orientação geral, se declarem inválidas situações plenamente constituídas."

Noutra oportunidade, dessa vez em decisão proferida pela 11ª Câmara Julgadora,[15] o sujeito passivo foi acusado de não pagamento

---

[15] "ICMS – CREDITO – INTERPRETAÇÃO E MUDANÇA DE CRITÉRIO JURÍDICO PELA FAZENDA – CUMPRIMENTO PELO CONTRIBUINTE DE RECOLHIMENTO DE IMPOSTO APLICANDO-SE A ALIQUOTA INDICADA PARA DETERMINADO NCM EM AUTO DE INFRAÇÃO RECEBIDO ANTERIORMENTE. AUSENCIA DE DISCUSSÃO NOS AUTOS SOBRE O ENQUADRAMENTO DO PRODUTO NA NCM UTILIZADA PELO CONTRIBUINTE, TAMBEM EM ATENÇÃO A POSICIONAMENTO ANTERIORMENTE EXARADO PELA FISCALIZAÇÃO. ARTIGO 146 DO CTN. CREDITO. INSUMOS. MATERIAIS INTERMEDIARIOS. CONSUMO NA PRODUÇÃO. ARTIGO 40 DA LEI 6.374/89 E 66 DO RICMS/SP. POSSIBILIDADE DE APROVEITAMENTO DO CREDITO RELATIVO A MERCADORIA ENTRADA OU ADQUIRIDA PARA UTILIZAÇÃO E EMPREGO DIRETO NA INTEGRAÇÃO DO PRODUTO OU PARA CONSUMO NO RESPECTIVO PROCESSO DE INDUSTRIALIZAÇÃO OU PRESTAÇÃO DE SERVIÇO.

do ICMS referente a operações tributadas por ter aplicado alíquota de 12% nas saídas internas de mercadorias classificadas no código NCM 8409.9190, quando o correto, no entender da fiscalização, seria a aplicação de alíquota de 18%.

Ocorre que, como bem pontuou o D. Relator, no voto condutor do acórdão, embora não existisse divergência quanto à classificação das mercadorias e sua sujeição à alíquota de 18%, fato é que, anteriormente, o mesmo contribuinte foi autuado dessa vez por creditamento indevido, sob o argumento de que estariam sujeitas à alíquota de 12%. Vejamos:

> Isto porque, tem-se nos autos que não há discussão sobre o enquadramento da mercadoria vendida pela autuada na NCM/SH 8409.9190. A autuação se dera pela utilização da alíquota de 12% para tais mercadorias, uma vez que estas não estariam descritas no Anexo III da Resolução SF nº 04/98, e consequentemente sujeitas a alíquota geral aplicável no Estado, ou seja, 18%.
>
> Ocorre que conforme amplamente demonstrado pelo contribuinte, em autuação anteriormente lavrada em face de empresa hoje sucedida pela autuada (AIIM nº 3.029.408-3), foram glosados créditos destacados a 18% em operações com mercadorias descritas no mesmo item NCM/SH (8409.9190), *afirmando naquela oportunidade o Agente Fiscal de Rendas que estes produtos se enquadram na Resolução SF 04/98, razão pela qual deve se aplicar a alíquota reduzida (12%) nas operações com tais materiais.*
>
> Neste sentido foram transcritos diversos trechos da manifestação formal nos autos daquele AIIM, bem como acostada cópia da integralidade da manifestação aos autos.
>
> Assim sendo, em atenção ao artigo 146 do CTN, entendo que assiste razão à Recorrente ao se utilizar da alíquota de 12% nas suas operações de saída do material descrito na NCM/SH 8409.9190, uma vez que esta fora a orientação por ele recebida da própria Administração tributária, em ato específico e direcionado a ele e à sua atividade, através do auto de infração lavrado anteriormente. O contribuinte não pode se prejudicar por agir em conformidade com orientação obtida de forma direta e clara (por meio de auto de infração mantido por este mesmo tribunal), em total atenção ao entendimento fiscal que lhe fora transmitido, e acima de tudo, dotado de boa-fé, como ocorre nos autos.

APLICAÇÃO ART. 112, III CTN – NOS CASOS DE LEGISLAÇÃO QUE DEFINA PENALIDADES, DEVE SER INTERPRETADA DE MANEIRA MAIS FAVORÁVEL AO ACUSADO QUANDO HOUVER DUVIDA QUANTO A NATUREZA OU CIRCUNSTANCIAS MATERIAIS DO FATO OU A NATUREZA E EXTENSAO DE SEUS EFEITOS. RECURSO PROVIDO EM PARTE." (AIIM nº 4053663-4, Recurso ordinário/Recurso de ofício, 11ª Câmara Julgadora, Rel. Paulo Victor Vieira da Rocha, j. em 14.12.2016).

Neste sentido reconhece a doutrina sobre a aplicação do artigo 146 do Código Tributário Nacional. Se a mudança de critério Jurídico levaria à cobrança de tributo ou à sua majoração, em relação àquele mesmo fato jurídico, novo lançamento não poderá ser efetuado (TROIANELLI, Gabriel Lacerda. Interpretação da Lei Tributária: Lei interpretativa, Observância de Normas Complementares e Mudança de Critério Jurídico. Revista Dialética de Direito Tributário 176/76, p. 80), sendo os critérios jurídicos utilizados para formalização de lançamento pela Administração inalteráveis com relação a um mesmo sujeito passivo, reconhecendo-se ainda, que tal posicionamento se mantém ainda que haja modificação de tal entendimento na jurisprudência administrativa e judicial, enquanto ele não for notificado da referida mudança. Isto é imposição do princípio da proteção da confiança.

Desta forma, a observância pelo contribuinte das normas administrativas tal como orientação recebida diretamente pelo Fisco, exclui a imposição de penalidades e a cobrança posterior do imposto com relação ao mesmo fato gerador, enquanto não se o comunicar da mudança de critério jurídico. (grifos no original)

Como se vê, nesse caso verificou-se típico *erro em concreto*, na medida em que a mesma autoridade, apreciando um dado caso concreto, considerou defeituosa a interpretação anterior (operações sujeitas à alíquota de 12%), aplicando nova interpretação, dessa vez para sujeitar as operações à alíquota de 18%.

Observe-se que, nesse caso, o erro foi qualificado como mudança de critério jurídico em relação a um mesmo sujeito passivo, o que resultaria em impossibilidade de manutenção do lançamento impugnado por ofensa ao art. 146 do CTN.

É necessário observar, no entanto, que não se trata, aqui, propriamente de revisão do lançamento, mas sim de dois lançamentos, relativos a operações diversas, que se basearam em interpretação legislativa distinta.

De todo modo, ainda que não se possa argumentar que não se trata, propriamente, de mudança de critério jurídico (erro em abstrato), fato é que, por força do princípio da segurança jurídica, não há como legitimar as duas autuações. Andou bem a Corte, portanto, ao invalidar o trabalho fiscal.

Conclusão

É incontroverso para a doutrina e jurisprudência que é vedada a alteração de lançamento pela revisão de critério jurídico utilizado pela própria administração.

Nesse particular, especialmente no que se refere à classificação fiscal, a jurisprudência oscila quanto à definição de quais modalidades de atos da administração bastariam para afirmar a utilização de um critério jurídico em lançamento, como demonstrado acima pelas decisões do STJ.

Por outro lado, a experiência do TIT, coincidindo com as melhores orientações legislativas, doutrinárias e jurisprudenciais, reconhece ainda a impossibilidade de que a administração aplique retroativamente as alterações de critérios jurídicos consubstanciados seja em orientações gerais (tais como portarias cat e soluções de consulta), seja em comandos individuais (outras autuações).

Informação bibliográfica deste texto, conforme a NBR 6023:2018 da Associação Brasileira de Normas Técnicas (ABNT):

BRITTO, Lucas Galvão de; FIGUEIREDO, Marina Vieira de. Alteração de critério jurídico e classificação fiscal. In: PINTO, Alexandre Evaristo; TOMKOWSKI, Fábio Goulart; ALLEGRETTI, Ivan; BEVILACQUA, Lucas (coord.). *ICMS no Tribunal de Impostos e Taxas de São Paulo*. Belo Horizonte: Fórum, 2022. p. 317-331. ISBN 978-65-5518-319-1.

O POSICIONAMENTO DO TIT/SP FRENTE ÀS INOVAÇÕES TECNOLÓGICAS NO SETOR DE COMUNICAÇÃO

LUIZ ROBERTO PEROBA

MATTEUS BORELLI

Introdução

O desenvolvimento da tecnologia observado nas últimas décadas se traduziu, inegavelmente, em um grande desafio, tanto para o Fisco como para os contribuintes: o de como adequar os institutos tradicionais do direito tributário às novas dinâmicas sociais e econômicas decorrentes da inovação tecnológica.

Especificamente no que tange ao ICMS, o artigo 155, inciso II, da Constituição Federal (CF/88)[1] determina que o fato gerador do imposto estadual tem como núcleo a *prestação de serviços de comunicação*. Por sua vez, a Lei Complementar nº 87 de 13.09.1996 (LC nº 87/96) prevê que o ICMS incide sobre a *prestação onerosa de serviço de comunicação* feita por qualquer meio, incluindo, mas não se limitando, a geração, a emissão, a recepção, a transmissão, a retransmissão, a repetição e a

---

[1] "Art. 155. Compete aos Estados e ao Distrito Federal instituir impostos sobre: (...)
II – operações relativas à circulação de mercadorias e sobre prestações de serviços de transporte interestadual e intermunicipal e de comunicação, ainda que as operações e as prestações se iniciem no exterior;"

ampliação de comunicação,² replicado de maneira semelhante na Lei Estadual nº 6.374 de 01.03.1989 (Lei nº 6.374/89).³

Verifica-se, portanto, que não há, no texto constitucional ou na lei complementar em matéria tributária, qualquer definição do que se considera *serviço de comunicação* para fins de incidência do ICMS-Comunicação.

Essa ausência de definição prévia sobre o que venha a ser classificado como *serviço de comunicação*, combinada com uma evolução tecnológica cada vez mais intensa nesse setor econômico, faz com que o debate sobre a extensão do conceito de *serviços de comunicação* frente o alcance do ICMS-Comunicação seja controverso entre Fisco e contribuintes há mais de duas décadas.

A despeito das particularidades de cada caso concreto e do tipo de atividade que se discute, é possível identificar alguns fundamentos presentes em diversas autuações que discutem a incidência do ICMS-Comunicação.

Em meio a este cenário, cabe analisar os principais argumentos do Fisco para sustentar essas autuações, os argumentos que os contribuintes utilizam para se defender e como o TIT/SP tem se manifestado quando confrontado por esses casos.

1 Argumentos pró-Fisco

De maneira geral, a Fazenda Estadual tende a adotar um conceito amplo de *serviços de comunicação*, sendo entendido como o conjunto de atividades que, oferecidas de maneira onerosa, possibilita a oferta de comunicação, independentemente do título que lhe seja atribuído. Aliás, esse foi o entendimento endossado na 90ª Reunião do Conselho Nacional de Política Fazendária (CONFAZ), em que foi firmado o Convênio ICMS nº 69, de 29.06.1998 (Convênio ICMS nº 69/98).

---

[2] *"Art. 2º* O imposto incide sobre: (...)
III – prestações onerosas de serviços de comunicação, por qualquer meio, inclusive a geração, a emissão, a recepção, a transmissão, a retransmissão, a repetição e a ampliação de comunicação de qualquer natureza;"

[3] *"Artigo 1º* – O Imposto sobre Operações Relativas a Circulação de Mercadorias e sobre Prestações de Serviços de Transporte Interestadual e Intermunicipal e de Comunicação – ICMS incide sobre:
(...)
III – prestação onerosa de serviços de comunicação, por qualquer meio, inclusive a geração, a emissão, a recepção, a transmissão, a retransmissão, a repetição e a ampliação de comunicação de qualquer natureza;

A cláusula primeira do referido Convênio estabeleceu que "os valores cobrados a título de acesso, adesão, ativação, habilitação, disponibilidade, assinatura e utilização dos serviços, assim como as parcelas relativas a sérvios suplementares e facilidades adicionais que otimizem ou agilizem o processo de comunicação, independentemente da denominação que lhes seja dada", devem ser incluídos na base de cálculo do ICMS-Comunicação.

Pautado no Convênio ICMS nº 69/98, o Fisco entende que tanto as atividades que se utilizam de meios de comunicação para sua efetivação, bem como aquelas que são necessárias para a oferta da comunicação, ou que acrescentem novas funcionalidades à comunicação, devem ser consideradas como serviço de comunicação para fins de incidência do ICMS-Comunicação.

Nesse sentido, é defendido que as atividades tidas como suplementares ao serviço de comunicação são, na realidade, etapas do próprio serviço de comunicação. Isso porque a causa negocial que se estabelece entre as empresas autuadas e seus clientes seria a efetivação da comunicação, o que pode demandar diversas etapas anteriores à oferta de comunicação em si, mas que são necessárias ou complementam esse serviço.

Isso se explica pela abertura conceitual promovida pela LC nº 87/96. Argumenta-se que o inciso III do artigo 2º da referida lei estabelece que a incidência do ICMS-Comunicação não está condicionada necessariamente à geração, emissão, recepção, transmissão, retransmissão, repetição e ampliação de comunicação de qualquer natureza. Isso porque o termo "inclusive" inserido nesse inciso demonstraria que a transmissão de sinais seria apenas uma característica possível da prestação do serviço de comunicação, mas não obrigatória.

Esse posicionamento permite que até mesmo empresas que não sejam licenciadas perante a Agência Nacional de Telecomunicação (Anatel), ou que não detenham a infraestrutura de telecomunicação, possam prestar algumas das etapas do serviço de comunicação, podendo, inclusive, utilizar a infraestrutura de outra empresa para tanto. Dessa forma, a comunicação poder servir apenas como meio para prestação de outro serviço, e, ainda assim, se estaria diante da hipótese de incidência do imposto.

Ademais, há de se destacar que serviço de telecomunicação e serviço de comunicação não são tratados como sinônimos pela Fazenda Estadual. Para as autoridades fiscais, o serviço de telecomunicação é uma espécie de serviço de comunicação, sendo este último mais abrangente.

Nesse cenário, entende-se que a prestação do serviço de telecomunicação se traduz no fornecimento de conexão aos provedores de acesso à internet, enquanto o serviço de comunicação é mais amplo, sendo qualquer atividade que, contratada a título oneroso, possibilite ou complemente o estabelecimento de comunicação entre os usuários de determinada rede.

Além disso, no que diz respeito aos elementos essenciais que devem estar presentes na prestação de serviço de comunicação, o Fisco argumenta serem necessários apenas o emissor, a mensagem e o meio.

Dessa forma, se mostra irrelevante a existência de um destinatário específico ou do elemento volitivo entre os agentes da comunicação, tendo em vista que a própria legislação não condiciona a prestação do serviço de comunicação à existência de um receptor identificável e exclusivo.

Diante das considerações acima obtidas por meio da análise das manifestações fazendárias em diversos casos práticos envolvendo a cobrança do ICMS-Comunicação, é possível concluir que, de acordo com o entendimento do Fisco, o termo *serviço de comunicação* é bastante amplo. Em consequência disso, pretendem tributar tanto atividades que complementam novas utilidades aos serviços de comunicação, como as que se utilizem de meios de comunicação para sua efetivação.

2 Argumentos pró-contribuinte

No sentido oposto, os contribuintes partem de um entendimento mais restritivo com relação ao conceito de serviço de comunicação. Nesse cenário, os contribuintes entendem que o conceito de serviço de comunicação, inclusive para fins tributários, seria aquele previsto no artigo 60 da Lei nº 9.472, de 16.07.1997 (Lei Geral das Telecomunicações – LGT), tal qual definido pelo Superior Tribunal de Justiça (STJ), ao analisar o caso dos provedores de acesso à internet, no EDRESP nº 456.650/PR.

Naquela oportunidade, o STJ editou a Súmula nº 334 para definir que "o ICMS não incide no serviço dos provedores de acesso à Internet", partindo das disposições dos artigos 60[4] e 61[5] da LGT, que estabelecem

---

[4] "*Art. 60.* Serviço de telecomunicações é o conjunto de atividades que possibilita a oferta de telecomunicação.
§1º Telecomunicação é a transmissão, emissão ou recepção, por fio, radioeletricidade, meios ópticos ou qualquer outro processo eletromagnético, de símbolos, caracteres, sinais, escritos, imagens, sons ou informações de qualquer natureza."

[5] "*Art. 61.* Serviço de valor adicionado é a atividade que acrescenta, a um serviço de telecomunicações que lhe dá suporte e com o qual não se confunde, novas utilidades

dois principais grupos de atividades relacionadas à telecomunicação, quais sejam:

(i) **Serviço de Telecomunicação** (artigo 60 da LGT): conjunto de atividades que possibilita a oferta de telecomunicação, assim entendida como a transmissão, emissão ou recepção, por fio, radioeletricidade, meios ópticos ou qualquer outro processo eletromagnético, de símbolos, caracteres, sinais, escritos, imagens, sons ou informações de qualquer natureza; e

(ii) **Serviços de Valor Adicionado** (artigo 61 da LGT): atividade que acrescenta a um serviço de telecomunicação novas utilidades relacionadas ao acesso, armazenamento, apresentação, movimentação ou recuperação de informações, não constituindo ou se confundindo com serviço de telecomunicação.

Partindo desses conceitos, o STJ concluiu que não deve incidir o ICMS-Comunicação sobre outros serviços que não o de telecomunicação, nos termos do que definido no artigo 60 da LGT. Assim, os contribuintes defendem que serviço de comunicação e telecomunicação são sinônimos, de forma que não poderia incidir o ICMS-Comunicação sobre as atividades que apenas acrescentam novas utilidades a um serviço de telecomunicação.

Em decorrência disso, os contribuintes tendem a argumentar que apenas empresas que detêm a infraestrutura de comunicação (rede de telecomunicação), que permite a transmissão, emissão ou recepção de sinais, é que poderiam prestar os serviços de comunicação e, por consequência, serem exigidas com relação ao ICMS-Comunicação.

Nesse mesmo sentido, também se destaca o que foi decidido no REsp nº 402.047/MG, que acabou resultando na edição de outra Súmula pelo STJ.[6] Naquele julgamento, o racional adotado pela Corte foi o de que o campo de incidência do ICMS contempla apenas os serviços de comunicação em sentido estrito, não se estendendo aos serviços meramente acessórios ou preparatórios à comunicação.

Além dos argumentos acima, que excluem do campo de incidência do ICMS-Comunicação as atividades suplementares ou acessórias à comunicação, os contribuintes também entendem que as atividades que

---

relacionadas ao acesso, armazenamento, apresentação, movimentação ou recuperação de informações.
§1º Serviço de valor adicionado não constitui serviço de telecomunicações, classificando-se seu provedor como usuário do serviço de telecomunicações que lhe dá suporte, com os direitos e deveres inerentes a essa condição."

[6] Súmula nº 350: "O ICMS não incide sobre o serviço de habilitação de telefone celular".

se utilizam de meios de comunicação para sua efetivação não poderiam ser tributadas pelo ICMS-Comunicação.

Isso porque a prestação do serviço de telecomunicação exige que a atividade realizada consista na própria oferta de telecomunicação, ou seja, que esta seja a própria finalidade do contrato.

Por fim, no que diz respeito aos elementos essenciais da comunicação, os contribuintes identificam a necessidade de que seja identificável tanto o emissor como o receptor, bem como que estes possam interagir por meio da troca de mensagens por qualquer meio, indicando o elemento volitivo dessa comunicação.

Logo, é possível concluir que os contribuintes costumam ter uma visão estrita sobre o conceito de serviço de comunicação, igualando-o ao serviço de telecomunicação definido na LGT. Dessa forma, excluem-se do campo de incidência do ICMS-Comunicação todas as atividades que, ainda que acessórias, não são responsáveis pela transmissão ou emissão de qualquer sinal ou elemento de comunicação entre um emissor e um receptor da mensagem.

3 Jurisprudência do TIT/SP

Os principais argumentos identificados acima podem ser considerados como um indicativo do entendimento tanto do Fisco como dos contribuintes em diversos casos que tratam da discussão sobre o conceito de comunicação frente à incidência do ICMS-Comunicação.

Um debate recente que vem sendo travado entre Fisco e contribuintes diz respeito à tributação da atividade de veiculação de publicidade na internet, e ilustra muito bem os argumentos já identificados.

De um lado, a Fazenda Estadual argumenta que a atividade publicitária visa tornar públicas informações que pretendem influenciar mercados consumidores, através de diversos veículos de comunicação, sendo, portanto, uma atividade comunicativa que está sujeita à incidência do ICMS-Comunicação.

Por outro lado, os contribuintes argumentam que, para se considerar como serviço de comunicação sujeito à incidência do ICMS, a atividade realizada deve consistir na própria oferta da telecomunicação, como a causa negocial entre as partes, de modo que empresas de tecnologia e entretenimento, que não possuem a infraestrutura de telecomunicações, não poderiam ser exigidas do ICMS-Comunicação.

Em consequência disso, essa discussão também reverbera a forma como o TIT/SP tem se posicionado sobre o conceito de *serviços de comunicação* para fins tributários.

Isso porque, nos últimos anos, tem-se observado a substituição de telecomunicações convencionais, na forma de chamadas de voz em telefonia fixa ou celular, por aplicativos de *softwares* instalados em *smartphones* e *tablets*. Consequentemente, tanto o Judiciário como o Congresso Nacional vêm tentando resolver os conflitos inerentes à inovação tecnológica e o alcance da competência tributária dos entes tributantes.

Nesse cenário, a jurisprudência do TIT/SP vinha se firmando de maneira desfavorável aos contribuintes e alinhadas às pretensões fazendárias. Contudo, com o advento da Lei Complementar nº 157, de 29.12.2019 (LC nº 157/16) e de novas decisões do Judiciário que vêm estabelecendo com mais clareza a extensão do conceito de *serviços de comunicação*, o entendimento do TIT/SP vem gradativamente sendo alterado.

E as autuações referentes à cobrança do ICMS-Comunicação sobre os serviços de veiculação de publicidade *on-line* são um grande indicativo desse panorama.

A LC nº 157/16 inseriu o item 17.25 na Lista de Serviços do Imposto sobre Serviços (ISS) para estabelecer a competência tributária municipal para cobrança do ISS sobre esse serviço.[7]

Nesse cenário, antes da promulgação da LC nº 157/16, o que se encontrava eram diversas decisões desfavoráveis ao contribuinte, inclusive da Câmara Superior, estabelecendo que a veiculação onerosa de publicidade na internet é serviço de comunicação tributável pelo ICMS-Comunicação. Confira-se ementa de um desses acórdãos, a título ilustrativo:

> ICMS Falta de emissão de notas fiscais relativas à prestação de serviços de comunicação, na modalidade de veiculação de publicidade na rede Internet, para clientes localizados no Estado de São Paulo, deixando, assim, de recolher o ICMS-Comunicação.
> Nulidades rejeitadas.
> Em sessão datada de 11.09.2014, restei vencido quanto ao juízo negativo de admissibilidade do presente recurso especial. Conheço do resp, quanto à matéria de fundo.
> No mérito, não procedem às alegações recursais da autuada. A base legal para atribuição da prestação de serviços de comunicação tem suas raízes na Carta Constitucional de 88. (art. 155, Inciso II) O artigo 11, inciso IV, da Lei Complementar n. 87/96, delimila o local da operação

---

[7] "17.25 – Inserção de textos, desenhos e outros materiais de propaganda e publicidade, em qualquer meio (exceto em livros, jornais, periódicos e nas modalidades de serviços de radiodifusão sonora e de sons e imagens de recepção livre e gratuita)."

e o responsável para efeito da cobrança do ICMS-Comunicação, no caso. *A autuada participa efetivamente da configuração do fato gerador do tributo imponível, na medida em que amealha os recursos vindos dos anúncios feitos com os clientes –situados em solo bandeirante e, os contabiliza em seu balanço, fato por ela mesma admitido, a despeito da prestação do serviço de comunicação ter se iniciado no Exterior. Por isso, é considerada contribuinte do ICMS-Comunicação, como manda a lei complementar.* Recurso especial é conhecido e desprovido, ficando mantido o aresto recorrido por seus próprios fundamentos.
(AIIM nº 3.154.111-2, sob relatoria do Juiz Celso B. Julian, da Câmara Superior, publicado em 2.10.2014) (não destacado no original)

Contudo, desde a promulgação da LC nº 157/16, verifica-se que as Câmaras Ordinárias passaram a proferir diversas decisões favoráveis aos contribuintes, ao contrário do que ocorria anteriormente. Confiram-se alguns exemplos:

ICMS. NÃO EMISSÃO DE DOCUMENTOS FISCAIS EM SERVIÇOS DE COMUNICAÇÃO (*VEICULAÇÃO DE PUBLICIDADE NA INTERNET*). FALTA DE INSCRIÇÃO NO CADASTRO DE CONTRIBUINTES DO ICMS. NÃO FORNECIMENTO/TRANSMISSÃO DE ARQUIVO ELETRÔNICO À SEFAZ.
- A questão controvertida nos autos é se a veiculação de publicidade na internet configura ou não serviço de comunicação, sujeito à incidência de ICMS.
- Essa questão é objeto de conflito de competência entre Estados e Municípios, pois o fisco paulista entende pela incidência de ICMS sobre a veiculação de publicidade na internet e o fisco paulistano entende pela incidência de ISS.
- *Nos termos do artigo 146, I, da Constituição Federal, os conflitos de competência entre os entes federados devem ser dirimidos por lei complementar.*
- A novel Lei Complementar nº 157/2016, ao modificar a lista de serviços anexa à Lei Complementar nº 116/2003, solucionou o conflito de competência em favor do fisco municipal, na medida em que prevê que a inserção de propaganda e publicidade em qualquer meio é fato gerador do ISS.
- RECURSO ORDINÁRIO PROVIDO. AIIM IMPROCEDENTE (AIIM nº 4.037.765-9, sob relatoria da Juíza Lílian Zub Ferreira, da Décima Segunda Câmara Julgadora, julgado em 19.4.2017) (não destacado no original)
(...)
I – ICMS – DOCUMENTOS FISCAIS E IMPRESSOS FISCAIS – NÃO EMISSÃO DE NOTAS FISCAIS MODELO 21 – PRESTAÇÃO DE SERVIÇOS ONEROSOS DE COMUNICAÇÃO E PUBLICIDADE EM

OPERAÇÕES INTERNAS – INFORMAÇÕES PRESTADAS PELO PRÓPRIO CONTRIBUINTE EM PLANILHA EXCEL – ARTIGO 175, DO RICMS – PUBLICIDADE EM INTERNET – OBRIGAÇÃO DE DAR – NÃO INCIDÊNCIA DO ICMS-COMUNICAÇÃO (...) (AIIM nº 4.049.521-8, sob relatoria do Juiz José Orivaldo Peres Júnior, da Sexta Câmara Julgadora, publicado em 3.5.2016) (não destacado no original)

Aliás, a Câmara Superior ainda não analisou qualquer caso de ICMS-Comunicação sobre a veiculação de publicidade após a LC nº 157/16, de forma que ainda não há uma definição clara da jurisprudência do TIT/SP. Da mesma forma, as maiores controvérsias com relação ao conceito de serviços de comunicação para fins de incidência do imposto estadual ainda aguardam uma definição da Câmara Superior, que considere as novas resoluções que vêm sendo dadas pelo Judiciário e pelo Legislativo.

Conclusão

O processo administrativo paulista ainda não adota o sistema de precedentes como parâmetro de julgamentos, o que faz com as questões definidas pelas cortes superiores não recebam tratamento diferenciado no TIT/SP. Em decorrência disso, o que se observa é que esse tribunal acaba levando mais tempo para adequar suas decisões ao que é decidido tanto pelo Supremo Tribunal Federal (STF), como pelo STJ.

Isso porque, desde o julgamento do caso de provedores de acesso à internet pelo STJ, os tribunais judiciais vêm reiteradamente adotando o entendimento de que o ICMS-Comunicação apenas pode incidir sobre a prestação de serviços de comunicação em sentido estrito, isto é, apenas aqueles previstos no artigo 60 da LGT.

Veja, por exemplo, recentíssima decisão publicada em 01.12.2020, em que o Ministro Luís Roberto Barroso, monocraticamente negou provimento ao Agravo da Fazenda Estadual no ARE nº 1267484/SP, que buscava defender a incidência do ICMS-Comunicação sobre a inserção de publicidade na internet, tendo em vista que

O Supremo Tribunal Federal, no julgamento do RE 572.020, consolidou entendimento no sentido de que a interpretação conjunta dos arts. 2º, III, e 12, VI, da Lei Complementar 87/96 (Lei Kandir) leva ao entendimento de que o ICMS somente pode incidir sobre os serviços de comunicação propriamente ditos, ou seja, aquele em que um terceiro, mediante prestação negocial onerosa, mantém interlocutores (emissor/receptor) em contato por qualquer meio, inclusive a geração, a emissão, a recepção, a transmissão, a retransmissão, a repetição e a ampliação de comunicação de qualquer natureza. (ARE 1267484/SP, Ministro Luís Roberto Barroso, julgado em 27.11.2020, DJe em 1.12.2020)

Por outro lado, o TIT/SP vinha ratificando o mesmo posicionamento das autoridades fiscais, validando cobranças a título de ICMS-Comunicação sobre diversas atividades que, de acordo com as disposições da LGT e o posicionamento do Judiciário, não se enquadrariam no conceito de serviços de comunicação passíveis de tributação pelo imposto estadual.

Contudo, recentemente esse panorama tem sido modificado já nas Câmaras Ordinárias do tribunal, tendo as discussões no Judiciário e no Legislativo sido consideradas pelos julgadores nas razões de decidir sobre a extensão do conceito de serviço de comunicação previsto no texto constitucional e na LC nº 87/96.

Assim, é possível concluir que a jurisprudência do TIT/SP, no que diz respeito ao conceito de serviço de comunicação, ainda não está definida, especialmente na sua Câmara Superior, última voz do tribunal, mesmo depois da reforma da LC nº 157/16 e julgamentos da Suprema Corte sobre a matéria.

Informação bibliográfica deste texto, conforme a NBR 6023:2018 da Associação Brasileira de Normas Técnicas (ABNT):

PEROBA, Luiz Roberto; BORELLI, Matteus. O posicionamento do TIT/SP frente às inovações tecnológicas no setor de comunicação. In: PINTO, Alexandre Evaristo; TOMKOWSKI, Fábio Goulart; ALLEGRETTI, Ivan; BEVILACQUA, Lucas (coord.). ICMS no Tribunal de Impostos e Taxas de São Paulo. Belo Horizonte: Fórum, 2022. p. 333-342. ISBN 978-65-5518-319-1.

A RESPONSABILIDADE DO ADQUIRENTE EM OPERAÇÕES INIDÔNEAS

MARA EUGÊNIA BUONANNO CARAMICO

Introdução

O presente artigo pretende analisar a responsabilidade tributária dos contribuintes que realizam operações mercantis com fornecedores declarados inidôneos, posteriormente, pela autoridade fiscal. Essa questão, que aparentemente parece pacificada, ainda é bastante polêmica e não se encontra uniformizada no Tribunal de Impostos e Taxas do Estado de São Paulo, especialmente depois da promulgação da Súmula nº 509 do Superior Tribunal de Justiça.

E isso porque, como se verá a seguir, embora tenha ficado decidido que comprovada a boa-fé do contribuinte e a veracidade da operação mercantil realizada com o fornecedor declarado inidôneo, o contribuinte pode fazer jus ao crédito glosado. Tal fato passa a ser uma questão iminentemente de prova, o que acaba por impor critérios subjetivos ao julgamento, tornando a análise da prova da boa-fé e da veracidade das operações, no mais das vezes, casuística e até certo ponto "taylor made", não havendo uma conduta uniforme entre todas as Câmaras Julgadoras que compõe aquele tribunal administrativo, quanto à interpretação do que significa prova da ocorrência da operação mercantil e boa-fé do adquirente.

O que nos propomos neste artigo é trazer a visão do Fisco e a do contribuinte, para tentar estabelecer um critério mais objetivo de julgamento e interpretação da responsabilidade do adquirente nessas situações. Ou seja, quando o crédito de ICMS destacado na nota fiscal de aquisição de mercadorias é glosado e o documento fiscal declarado inábil para suportar o referido creditamento, dado que o seu emitente foi considerado inidôneo, poderá ou não ser aproveitado e não apenas glosado.

1 Evolução do tema no tempo

A responsabilidade do adquirente de mercadoria pelo pagamento do imposto que foi por ele creditado em decorrência de operação mercantil declarada inidônea não é nova.

Isso porque prescreve o artigo 59 do RICMS/00 que, para que haja direito ao crédito do imposto decorrente de operação mercantil, este deve estar suportado em documento hábil, e para tal fim considera-se hábil o documento que "atenda a todas as exigências da legislação pertinente, seja emitido por contribuinte em situação regular perante o fisco e esteja acompanhado, quando exigido, de comprovante do recolhimento do imposto".

Assim, embora o ICMS seja um imposto não cumulativo, conforme prevê a Constituição Federal em seu artigo 155, e para sua apuração sejam levados em consideração créditos e débitos do referido imposto, em um sistema de imposto contra imposto, a legislação prevê que para que haja direito ao creditamento do imposto pago na operação de entrada de mercadorias, o imposto tem que ter sido recolhido e ter como suporte um documento que represente uma real operação mercantil, com um fornecedor idôneo, vale dizer, existente e estabelecido de acordo com o que determina a legislação vigente.

A declaração de inidoneidade fiscal é uma ferramenta utilizada pelos Fiscos para impedir que contribuintes que estejam em situação irregular perante as Fazendas públicas emitam notas fiscais e com isso transfiram créditos de imposto de maneira que a lei considere irregular por algum motivo.

Inicialmente, a regulamentação da declaração de inidoneidade de um contribuinte paulista foi disciplinada pela Portaria CAT nº 10/73, que dava oportunidade ao contribuinte de boa-fé de regularizar o lançamento, providenciando o estorno do crédito tomado indevidamente.

Já a Portaria CAT nº 67/82, que revogou a Portaria CAT nº 10/73, passou a prever a lavratura de auto de infração quando ficasse comprovado que houve o creditamento indevido. Atualmente, o assunto é tratado pela Portaria CAT nº 95/06.

Dessa forma, sendo o fornecedor da mercadoria considerado inidôneo, porque, por qualquer motivo, não tenha como suportar a operação mercantil que está consignada no documento que lhe deu suporte, vale dizer, na nota fiscal por ele emitida, o crédito do imposto pago nessa operação pelo adquirente da mercadoria no preço e destacado na referida nota fiscal não poderá ser tomado pelo seu destinatário como crédito para abatê-lo dos débitos do imposto que são devidos pelas operações de saída procedidas pelo mesmo.

Em relação ao procedimento para a declaração de inidoneidade do fornecedor, a legislação paulista não traz um procedimento específico e claro, e pode ter efeitos retroativos baseados apenas em presunções, o que é de discutível legalidade. Isso porque os fatos que levam à declaração de inidoneidade são, muitas vezes, apurados de maneira precária, baseados em declarações de vizinhos, de pessoas não claramente identificadas, que não possuem plena ciência dos fatos para poder determinar com precisão o início da inidoneidade, ou o início do encerramento irregular das atividades, tornando o procedimento apenas suportado em presunções.

Assim, esses procedimentos são baseados apenas na perspectiva subjetiva do auditor fiscal que realiza a investigação do fornecedor, sem possibilidade de contraditório, dado que muitas vezes o procedimento é todo feito sem a localização do contribuinte que se visa investigar.

Outro grave efeito é a dispensa da publicidade do ato que declara a inidoneidade (para o Fisco, não seria necessária nem a publicação da declaração de inidoneidade fiscal no Diário Oficial, por serem contados do ilícito os efeitos da declaração, e não de sua publicidade – há casos em que as notas fiscais emitidas desde o início das atividades do contribuinte são consideradas inidôneas, como se o estabelecimento nunca tivesse existido).

Quanto à boa-fé, se dependesse somente da redação da legislação do ICMS, bastaria o descumprimento da obrigação principal ou do dever instrumental para declarar a inidoneidade do documento fiscal e assim impedir o direito de creditamento do imposto nela consignado, de acordo com o disposto no parágrafo único do artigo 184 do RICMS/SP.

Outrora, a responsabilidade do adquirente da mercadoria era objetiva, e embasados no artigo 136 do CTN vários autos de infração foram lavrados e mantidos simplesmente porque a prova da boa-fé do adquirente e a comprovação de que a operação mercantil realmente se materializou e ocorreu não eram oponíveis ao Fisco.

A questão foi levada ao Judiciário, que acabou por firmar seu posicionamento, consolidando-o na Súmula nº 509 do Superior Tribunal de Justiça, como acima se mencionou, que expressamente assim consigna: "É lícito ao comerciante de boa-fé aproveitar os créditos de

ICMS decorrentes de nota fiscal posteriormente declarada inidônea, quando demonstrada a veracidade da compra e venda".

Essa súmula tomou como base alguns precedentes, entre eles o recurso especial representativo de controvérsia REsp nº 1.148.444/MG, assim ementado:

> PROCESSO CIVIL. RECURSO ESPECIAL REPRESENTATIVO DE CONTROVÉRSIA. ARTIGO 543-C, DO CPC. TRIBUTÁRIO. CRÉDITOS DE ICMS. APROVEITAMENTO (PRINCÍPIO DA NÃO-CUMULATIVIDADE). NOTAS FISCAIS POSTERIORMENTE DECLARADAS INIDÔNEAS. ADQUIRENTE DE BOA-FÉ.
> 1. O comerciante de boa-fé que adquire mercadoria, cuja nota fiscal (emitida pela empresa vendedora) posteriormente seja declarada inidônea, pode engendrar o aproveitamento do crédito do ICMS pelo princípio da não-cumulatividade, uma vez demonstrada a veracidade da compra e venda efetuada, porquanto o ato declaratório da inidoneidade somente produz efeitos a partir de sua publicação (Precedentes das Turmas de Direito Público: EDcl nos EDcl no REsp 623.335/PR, Rel. Ministra Denise Arruda, Primeira Turma, julgado em 11.03.2008, DJe 10.04.2008; REsp 737.135/MG, Rel. Ministra Eliana Calmon, Segunda Turma, julgado em 14.08.2007, DJ 23.08.2007; REsp 623.335/PR, Rel. Ministra Denise Arruda, Primeira Turma, julgado em 07.08.2007, DJ 10.09.2007; REsp 246.134/MG, Rel. Ministro João Otávio de Noronha, Segunda Turma, julgado em 06.12.2005, DJ 13.03.2006; REsp 556.850/MG, Rel. Ministra Eliana Calmon, Segunda Turma, julgado em 19.04.2005, DJ 23.05.2005; REsp 176.270/MG, Rel. Ministra Eliana Calmon, Segunda Turma, julgado em 27.03.2001, DJ 04.06.2001; REsp 112.313/SP, Rel. Ministro Francisco Peçanha Martins, Segunda Turma, julgado em 16.11.1999, DJ 17.12.1999; REsp 196.581/MG, Rel. Ministro Garcia Vieira, Primeira Turma, julgado em 04.03.1999, DJ 03.05.1999; e REsp 89.706/SP, Rel. Ministro Ari Pargendler, Segunda Turma, julgado em 24.03.1998, DJ 06.04.1998).
> 2. A responsabilidade do adquirente de boa-fé reside na exigência, no momento da celebração do negócio jurídico, da documentação pertinente à assunção da regularidade do alienante, cuja verificação de idoneidade incumbe ao Fisco, razão pela qual não incide, à espécie, o artigo 136, do CTN, segundo o qual "salvo disposição de lei em contrário, a responsabilidade por infrações da legislação tributária independe da intenção do agente ou do responsável e da efetividade, natureza e extensão dos efeitos do ato" (norma aplicável, in casu, ao alienante).
> 3. In casu, o Tribunal de origem consignou que: "[.] os demais atos de declaração de inidoneidade foram publicados após a realização das operações (f. 272/282), sendo que as notas fiscais declaradas inidôneas têm aparência de regularidade, havendo o destaque do ICMS devido, tendo sido escrituradas no livro de registro de entradas (f. 35/162).

No que toca à prova do pagamento, há, nos autos, comprovantes de pagamento às empresas cujas notas fiscais foram declaradas inidôneas (f. 163, 182, 183, 191, 204), sendo a matéria incontroversa, como admite o fisco e entende o Conselho de Contribuintes".

4. A boa-fé do adquirente em relação às notas fiscais declaradas inidôneas após a celebração do negócio jurídico (o qual fora efetivamente realizado), uma vez caracterizada, legitima o aproveitamento dos créditos de ICMS.

5. O óbice da Súmula 7/STJ não incide à espécie, uma vez que a insurgência especial fazendária reside na tese de que o reconhecimento, na seara administrativa, da inidoneidade das notas fiscais opera efeitos ex tunc, o que afastaria a boa-fé do terceiro adquirente, máxime tendo em vista o teor do artigo 136, do CTN.

6. Recurso especial desprovido. Acórdão submetido ao regime do artigo 543-C, do CPC, e da Resolução STJ 08/2008 (REsp 1148444/MG, Rel. Ministro LUIZ FUX, PRIMEIRA SEÇÃO, julgado em 14.4.2010, *DJe* de 27.04.2010).

Esse precedente jurisprudencial que serviu de *leading case* para a criação da súmula tem quatro aspectos muito importantes para estabelecer os critérios de quando o contribuinte terá direito de tomar o crédito do imposto e que dizem respeito diretamente com a comprovação da efetividade da operação e da boa-fé do adquirente.

Inicialmente, estabelece que o ato que de declara a inidoneidade do fornecedor somente gera efeitos após a sua publicação no Diário Oficial, privilegiando o princípio da publicidade, contrariamente ao que pretende o Fisco, de que o ato é meramente declaratório de um ilícito pré-existente e que por esse motivo seus efeitos retroagiriam até a data da emissão do documento fiscal, ou até a data da constituição da empresa, dado que há o entendimento pelo Fisco de que houve simulação da própria existência do estabelecimento, que desde o momento de sua constituição já não existiria, posto que criado apenas para fraudar o Erário.

A segunda consequência é que garante o aproveitamento do crédito do imposto destacado no documento fiscal apesar da inidoneidade do fornecedor, desde que se comprove que o contribuinte que com ele negociou estava de boa-fé e que de fato a operação ocorreu tal qual consignado no documento fiscal declarado inábil.

Em terceiro lugar, estabelece os requisitos para que uma operação sujeita ao ICMS seja considerada efetivamente ocorrida, quais sejam: o destaque do ICMS devido, a escrituração da operação no livro de registro de entradas e o comprovante do seu efetivo pagamento.

E, por fim, considera inaplicável o artigo 136 do CTN em relação ao adquirente, pelo fato de que tal artigo somente se aplicaria ao fornecedor inidôneo. Em outras palavras, cabe ao adquirente, no momento da celebração do negócio, cercar-se de todos os cuidados necessários para verificar se o alienante se encontra em situação regular e se existe de fato, como, por exemplo, consultar o SINTEGRA, munindo-se de provas que afiram essa regularidade, o que não se confunde com a inidoneidade fiscal, vale dizer, substituir o Fisco no seu dever de polícia. E nesse particular vale lembrar que é o Fisco, e não o particular-adquirente, que tem poder de polícia e acesso privilegiado a informações prestadas pelo alienante à Administração.

Nesse ponto, devemos observar quais seriam as condições para se declarar a idoneidade fiscal. Pela leitura do artigo 36, §1º, item 3, da Lei Paulista nº 6.374/89, para que o documento fiscal (nota fiscal) seja considerado hábil para permitir o crédito do imposto nele destacado deve ele: (i) atender "a todas as exigências da legislação pertinente"; (ii) ser emitido por contribuinte em situação regular perante o Fisco; e (iii) estar acompanhado, quando exigido, de comprovante do recolhimento do imposto.

Todavia, embora a legislação fale em atender a todas as exigências estipuladas pela mesma para que o documento seja declarado hábil, o procedimento de declaração da inidoneidade geralmente se dá por portaria, o que já cria situações de dificuldades para o contribuinte de boa-fé.

Dentro do quesito "situação regular perante o Fisco", previsto na Portaria CAT nº 95/2006 de São Paulo, há quatro situações a serem analisadas pelo adquirente a fim de aferir a regularidade fiscal do seu fornecedor. São elas: 1. inscrição no cadastro de contribuintes do ICMS vale dizer, que a situação cadastral (inscrição estadual) deve estar ativa e não em situação de nulidade, suspensão, cassação, inapta ou baixada, quer de ofício ou de forma voluntaria; 2. o emitente deve estar em atividade no local indicado no cadastro; 3. deve existir a possibilidade de se comprovar a autenticidade dos demais dados cadastrais apontados pelo emitente ao Fisco; 4. e o fornecedor não deve ter cometido ilícitos tributários previstos nos artigos 20 e 21 da Lei paulista nº 6.374/89.

Mas como acima visto, a vagueza e generalização dos quesitos acima descritos é tamanha que se abre um leque de repercussões negativas para o contribuinte destinatário.

O que vemos na prática é que para o contribuinte destinatário as consequências da inidoneidade são bastante graves, dado que o impede de exercer seu direito de compensação pela não cumulatividade do ICMS, pois há a glosa dos créditos por ele utilizados em sua escrita fiscal para a apuração do imposto devido, ou a sua autuação para recolher o imposto eventualmente não pago pelo emitente declarado inidôneo, seja na condição de próprio contribuinte, seja na condição de responsável, por solidariedade, além de multa, incidente sobre o valor da operação ou prestação e não sobre o valor do imposto, o que significa uma penalidade de quase 200% do valor do imposto creditado na operação mercantil realizada.

Não bastasse, atualmente, segundo novo entendimento do Superior Tribunal Federal, os sócios da empresa adquirente poderão ser responsabilizados criminalmente pelos atos do emitente declarado inidôneo, e pelo seu não recolhimento do imposto, dado que se firmou jurisprudência no sentido de que há apropriação indébita por parte do contribuinte que não recolhe o ICMS devido, por se tratar esse imposto de receita de terceiro – o Estado. Tudo isso em patente violação da própria lógica tributária do ICMS, onde o real ilícito foi cometido pelo fornecedor das mercadorias e serviços e não pelo seu adquirente, que se encontra de boa-fé.

A jurisprudência administrativa do Tribunal de Impostos e Taxas quanto à responsabilidade do adquirente da mercadoria em casos em que o fornecedor foi declarado inidôneo ainda não se consolidou.

Anteriormente à edição da Súmula nº 509 pelo STJ, aquele Tribunal Administrativo – TIT – aplicava majoritariamente o artigo 136 do CTN, que considerava ser objetiva a responsabilidade do adquirente, não levando em consideração outros elementos, especialmente a boa-fé do contribuinte ou a efetividade da operação questionada e declarada inidônea.

Após a edição da referida súmula, houve uma mudança de comportamento daquele Tribunal, que, depois de uma sessão temática para decidir sobre o assunto e unificar a sua própria jurisprudência, decidiu que as questões atinentes à boa-fé e à efetividade das transações deveriam ser analisadas para então se verificar se havia ou não a possibilidade de manutenção pelo adquirente do crédito inicialmente glosado pela lavratura do auto de infração e imposição de multa.

Como dito, a Súmula nº 509 do STJ é louvável, mas representa apenas o começo de um longo debate. E isso porque sua interpretação pelos órgãos de julgamento administrativos tem sido eminentemente casuística, como se verá a seguir.

2. Fisco *vs.* contribuinte

Segundo o Fisco, para que se cumpra a Súmula nº 509 do STJ, deverão ser avaliadas as situações caso a caso, e deverão ser cumpridos alguns requisitos, pois essa é a interpretação a ser dada à súmula como prova da veracidade das operações e da boa-fé do adquirente.

A primeira análise que o Fisco faz ao se deparar com uma situação de inidoneidade do fornecedor é perquirir o adquirente sobre a operação realizada. Assim, passa a exigir que este comprove que havia uma relação efetiva entre ele e seu fornecedor. Para tanto, entende necessário que haja pedidos de compra, contratos de fornecimento, *e-mails* trocados entre o fornecedor e o adquirente, entre outros documentos que possam atestar essa relação.

Sucede, porém, que o mundo real não funciona dessa forma, e muitas vezes os pedidos e as compras não são formalizados por escrito, pois são feitas ou através de representantes comerciais, ou através de *telemarketing*, sendo que a formalidade não é a regra, mas a exceção nos casos de médias e pequenas empresas.

Tal conduta prévia de formalizar os pedidos de compra, ou as próprias compras através de contratos escritos, revestidos de formalidades mais rígidas é perfil que pode ser exigido de grandes empresas e não de empresas de pequeno porte, que constituem a grande maioria, e que se encontram no mais das vezes no Simples.

Aliás, nas operações com fornecedores que se localizam em cidades distintas da do adquirente, essa situação é ainda mais complicada de ser aferida, pois raramente um comprador de uma pequena empresa pegaria o carro e iria para Ribeirão Preto, por exemplo, somente para verificar se o estabelecimento existe, e se se encontra de fato naquele lugar, dado que não se trata de uma venda, mas de uma compra, e, portanto, sem qualquer risco de crédito para o adquirente, mas apenas para o fornecedor.

Por esse motivo, exigir o Fisco, para caracterizar a existência do negócio jurídico, que este deva ser aceito e estar comprovado apenas quando existam esses elementos de prova é desconhecer a realidade do mercado e, na prática, desconsiderar a aplicação da Sumula nº 509, que não exige para a comprovação da operação esse nível de detalhes e sofisticação que o Fisco pretende impor ao contribuinte.

Além disso, o Fisco exige que o adquirente tenha efetuado consultas no SINTEGRA à época das operações. Aqui vale, mais uma vez, uma crítica, pois em muitas situações não existe o SINTEGRA da época, mas o SINTEGRA de meses posteriores ou até de anos posteriores que demonstram estar regular o fornecedor declarado inidôneo. Qual o sentido então do SINTEGRA? Não é comprovar que o contribuinte estava regular à época das operações? E se continuava regular mesmo depois das operações, isso não vale?

Mas o que mais surpreende é o Fisco não considerar a própria nota fiscal eletrônica como meio de prova de regularidade fiscal do fornecedor, em substituição ao próprio SINTEGRA, que, como se sabe, tem atualização precária muitas vezes.

A nota fiscal eletrônica é o meio mais seguro de se constatar a regularidade do contribuinte, já que se esse estiver faltoso perante a repartição pública simplesmente não conseguirá emiti-la, e, portanto, o negócio jurídico que se pretende realizar estará sendo impedido de se efetivar na sua própria origem.

Outro ponto verificado pelo Fisco é o transporte das mercadorias. No mais das vezes, o Fisco constata que não há transportador identificado na nota fiscal, ou que a mercadoria jamais poderia ter saído de onde seria o endereço do fornecedor, e isso, por si só, impede o reconhecimento da efetividade da operação, impondo a glosa do crédito. Além disso, existem situações em que se verifica que o veículo utilizado no transporte é uma motocicleta, ou uma Kombi, ou um veículo de passeio sem a menor condição de carregar toneladas de mercadorias. Esse quesito, sem dúvida alguma, é o mais difícil de ser combatido pelos contribuintes autuados, pois de fato não há explicação para esse tipo de situação, a não ser que ela diz respeito ao fornecedor e não pode ser imputada ao comprador como sendo sua leniência, ou estar ele em conluio com o fornecedor na prática do ilícito.

Mas a exigência da prova do transporte é muitas vezes uma prova negativa e impossível de ser feita pelo contribuinte adquirente, já que, ao não constar o transportador na nota fiscal e o transporte ser por conta do fornecedor, fica impossível ao adquirente conseguir comprovar quem foi ou como se deu o transporte. Dessa forma, esse tem sido um dos fatores que tem relativizado a exigência dessa prova quando o transporte ficou por conta do emitente e não do destinatário das mercadorias adquiridas.

Por fim, exige-se a prova do pagamento da operação realizada com o fornecedor considerado inidôneo. Aqui merece ser feita uma análise mais detalhada do que deve e pode ser considerado como prova de pagamento. O Fisco entende que o pagamento deve ser comprovado por extratos bancários que demonstrem a saída do numerário a favor do fornecedor, e não de qualquer outro terceiro, ainda que seja um banco (no caso de desconto de duplicatas e títulos de crédito) ou de empresas de *factoring*. Além disso, não bastam comprovantes de TED – Transferências Eletrônicas de Débitos, sem os extratos que comprovem a sua realização e efetivação.

Os chamados comprovantes de SISPAG emitidos pelas instituições bancárias não são aceitos como prova de pagamento, porque entende o Fisco que podem ser preenchidos pelo contribuinte e assim podem conter dados falsos quanto ao beneficiário dos recursos, e com isso vários contribuintes têm tido seus créditos glosados, porque os pagamentos dos boletos foram feitos através desse sistema de pagamento.

Outro fato que desconstitui o pagamento como prova da boa-fé do contribuinte-adquirente é estar ele destinado a terceiro que não o fornecedor declarado inidôneo. Assim, cessões de crédito, ainda que feitas nos moldes do quanto estabelece a legislação civil e ainda que notificado o adquirente da cessão celebrada, essas não são aceitas, e esses pagamentos não servem como prova de boa-fé e de constatação das operações, pois foram feitos a terceiros, e não ao emitente das notas fiscais.

Outra situação que encontramos em alguns lançamentos de ofício é que o contribuinte autuado consegue comprovar parte das operações, e não a sua totalidade. Existem julgados que consideram que comprovada parte das operações, não importa em que percentual, resta comprovada a efetividade das operações, afinal, comprovou-se, ao menos em parte, que o fornecedor de fato vendeu ou transacionou com o destinatário autuado. Todavia, o contrário também é verdadeiro, ou seja, faltando serem comprovadas parte das operações, ainda que comprovado 99% dos pagamentos, não é reconhecida a boa-fé, pois não existiria "meia boa-fé", expressão muitas vezes utilizada pelo Fisco. Portanto, ao Fisco só importa a comprovação de todas as operações para poder considerar que a efetividade das operações foi demonstrada e a boa-fé do contribuinte realmente existe. Nesse particular a jurisprudência não está consolidada, e como se trata de um critério subjetivo e eminentemente de prova, a Câmara Superior do Tribunal de Impostos e Taxas não tem ingressado na discussão, não conhecendo, no mais das vezes, os recursos especiais interpostos seja pela Fazenda Pública, seja pelo contribuinte.

3 A jurisprudência do Tribunal de Impostos e Taxas do Estado de São Paulo

Como já mencionado linhas acima, a jurisprudência do TIT ainda não se consolidou em relação à prova da efetividade das operações e da boa-fé, e quais são os critérios efetivos que devem ser aferidos de maneira uniforme.

Assim, contribuintes, por exemplo, que não têm familiaridade com o contencioso administrativo, já que a defesa dos lançamentos pode ser feita pelo próprio autuado, não sendo necessária a figura do advogado, acabam por não juntar ao processo provas que estão sendo cada vez mais requisitadas para comprovar a boa-fé, como, por exemplo, os extratos bancários que demonstrem a saída do caixa do numerário a favor do fornecedor inidôneo.

Houve, em verdade, uma evolução jurisprudencial nesse sentido, pois se antes se admitia como prova do pagamento apenas o boleto bancário liquidado através da chancela do banco, agora isso não é mais suficiente. Mais e mais se exige para a comprovação do pagamento que sejam apresentados os extratos do contribuinte, justamente para demonstrar que o dinheiro saiu e não retornou para a sua conta corrente.

Da mesma forma, ainda que sejam apresentados comprovantes de TEDs, que, em rigor, seriam suficientes para demonstrar o pagamento, já que, pela sua própria natureza, as TEDs são pagamentos eletrônicos feitos de maneira *on-line*, e que não se efetivam quando existe alguma inconsistência nos dados do destinatário, sendo estornadas imediatamente, não sendo possível se extrair ou emitir qualquer comprovante da transação e da sua efetividade, há a exigência crescente de que também os extratos sejam anexados ao processo para a comprovação de que realmente o pagamento ocorreu.

Por outro lado, existem divergências quanto aos critérios de julgamento, por exemplo, da boa-fé, quando não há comprovação de todas as operações, sendo que existe jurisprudência nos dois sentidos, ou seja, admitindo a boa-fé mesmo que a comprovação seja parcial e o contrário.

Também existe divergência de entendimento quanto aos critérios de julgamento, pois alguns julgados aceitam a prova de pagamento como sendo o único elemento necessário e suficiente para se caracterizar a boa-fé, enquanto outros entendem que há necessidade de se comprovar além do pagamento as tratativas mantidas com o fornecedor e o transporte das mercadorias.

A seguir traremos alguns exemplos de decisões do TIT que bem demonstram que a questão da responsabilidade pela inidoneidade do fornecedor é eminentemente uma questão de prova, e a análise dessa prova é no mais das vezes casuística e subjetiva, o que torna dificultosa a revisão pela Câmara Superior daquele tribunal dos julgados proferidos pelas câmaras julgadoras, para poder uniformizar a jurisprudência e assim criar critérios objetivos que devam ser analisados em todos os casos, e não de maneira aleatória, dependendo do entendimento particular de cada julgador.

Nestes dois acórdãos vemos que a prova é decisiva para a análise da boa-fé e da efetividade das operações:

ICMS – Crédito Indevido do Imposto por escrituração no Livro Registro de Entradas de *notas fiscais que não atendem o disposto no artigo 36/§1º/item 3, da Lei 6.374/89, por ter havido simulação de existência de estabelecimentos. Inscrições estaduais declaradas NULAS. Afastadas as questões de nulidade.* O Contribuinte não logrou descaracterizar as acusações. Não comprovada a boa-fé. Outras matérias: Multa confiscatória Taxa selic Aplicação das regras da lei nº 13.918/2009, juros, correção e retroatividade da norma. VOTO DO RELATOR: CONHECIDO E NAO PROVIDO O RECURSO, PARA MANTER INTACTA A DECISAO RECORRIDA – AIIM nº 40980711-3 julgado em 11/05/2017.

"Ementa: ICMS – Crédito indevido – Recebimento de mercadoria acompanhada de documento não hábil – Alegação de crédito indevido – Mérito – Regularidade da operação comercial comprovada – Idoneidade dos documentos comprovada – Infração não demonstrada – Boa-fé demonstrada – Recurso de Ofício conhecido e Não Provido. (AIIM nº 4.055.858-7 de 18/02/2015)

"A questão do direito aplicável não é o cerne do litígio, mas sim a matéria de fato. No caso em tela não se discute se os documentos eram hábeis ou inábeis, pois ficou provado que são inábeis, *mas se a autuada teria ou não direito ao crédito do ICMS com base nesses documentos, sob o signo da efetividade do negócio comercial e da boa fé.* Os argumentos e documentos trazidos aos autos preenchem, por si só, os requisitos do fato-efeito da Boa-Fé, que é caracterizado pela concomitância dos *quatro requisitos aceitos pelo STJ*, que seriam suficientes para o reconhecimento do direito aos créditos, quais sejam: a) *A comprovada ocorrência de relações comerciais*: compra, venda, entrada da mercadoria, indica circunstância favorável ao entendimento de que a autuada, na sua ótica, estaria agindo dentro da normalidade comercial. Primeiro indicativo parcial para a conclusão de sua Boa-Fé; b) *O relatório de apuração confeccionado em momento posterior aos negócios jurídicos e sua ausência de publicidade até a notificação regular do AIIM feita ao adquirente seriam motivos indicadores,* mas parciais ainda, de sua ausência de culpa na negociação; c) *A verificação constante das informações do SINTEGRA e outros meios indicando a regularidade do contribuinte* suposto emitente na época das operações atestariam a não negligência na atividade fiscal limitada atribuível ao contribuinte adquirente nos termos do art. 22-A da Lei 6.374/89; d) *O pagamento comprovado ao emitente das Notas Fiscais dos valores nelas identificados, através de instituição financeira, completaria o quadro indicativo de boa-fé.* Os quatro requisitos, se satisfeitos simultaneamente, comprovariam a chamada boa-fé, suficiente

à não responsabilização do contribuinte adquirente por uma infração sem cometimento culposo. Nessa situação, o cancelamento do débito fiscal sancionatório deve ser realizado. No caso em tela, observam-se o preenchimento de todos os requisitos preenchidos concomitantemente aceitos pelo STJ e levando em consideração a ótica adotada pelo Tribunal de Impostos e Taxas, presentes estão as evidencias de boa-fé por parte do contribuinte robustamente comprovadas, que consequentemente deve culminar no cancelamento do débito fiscal. Ante ao exposto CONHEÇO DO RECURSO DE OFÍCIO E NEGO PROVIMENTO para manter o cancelamento da acusação fiscal e o AIIM, nos termos do fundamentado.

Nesses outros acórdãos verificamos que existe ainda dissonância sobre a prova da boa-fé. Isso porque *existe divergência entre o que a Súmula nº 509 do STJ estabeleceu como critérios para se aferir a efetividade das operações e o que a Câmara Superior determinou como critérios a serem analisados*.

Portanto, segundo a Sumula nº 509 do STJ, os critérios seriam estes: I – declaração de inidoneidade da empresa emitente das notas fiscais em data posterior ao negócio jurídico realizado; II – comprovação de consulta da situação cadastral (SINTEGRA) da empresa emitente das NFs à época das operações, constando que esta se encontrava em situação regular; III – livro-registro do contribuinte contendo as NFs escrituradas; IV – comprovantes de pagamento da operação de compra e venda; V – notas fiscais de saída das mercadorias (no caso de terem sido posteriormente comercializadas).

Já para a Câmara Superior esses critérios não são suficientes, pois deve-se demonstrar ainda o transporte das mercadorias e as tratativas comerciais mantidas entre fornecedor e destinatário-contribuinte, o que, como se comentou linhas acima, nem sempre é possível e muitas vezes é uma prova impossível, especialmente quando se trata de demonstrar o transporte quando este é feito pelo emitente das notas fiscais declaradas inidôneas. Nesses casos é impossível o destinatário comprovar como foi feito ou de onde a mercadoria saiu.

Outro tema também tratado nos acórdãos ora transcritos é a declaração de inidoneidade, que já foi pacificado pelo TIT o entendimento de que ela tem efeito declaratório, ao contrário do que estabeleceu a Súmula nº 509, para quem a declaração somente produziria efeitos a partir de sua publicação.

Também existe divergência entre os julgados quanto a boa-fé existir quando a totalidade das operações não está demonstrada, havendo apenas prova do pagamento parcial.

A seguir exemplos de julgados que demonstram essas divergências de interpretação e julgamento das provas e das situações fáticas:

Ementa: ICMS – Crédito do Imposto – Documento inidôneo. Simulação da existência do estabelecimento emitente. Não comprovada boa-fé (Item 01). Livros Fiscais, Contábeis e Registros Magnéticos – Escrituração, no Livro Registro de Entradas, de documentos fiscais que não correspondem à efetiva entrada de mercadorias no estabelecimento (Item 02). Documentos e Impressos Fiscais – Emissão de Notas Fiscais Eletrônicas sem a correspondente saída de mercadorias do estabelecimento (Item 03). Recurso Ordinário Conhecido e Não Provido. AIIM Procedente.

17. De qualquer modo, com base na Súmula 509 do STJ e no REsp 1.148.444/MG, a condição de "comerciante de boa-fé" está sujeita ao adimplemento cumulativo, simultâneo, de alguns requisitos, dentre eles: (i) a demonstração da veracidade das operações de compra e venda, inclusive com apresentação das suas tratativas comerciais e da comprovação do transporte das mercadorias; (ii) a comprovação de que o contribuinte, à época das operações, verificara a regularidade fiscal de seu parceiro comercial; e (iii) a existência de provas de pagamentos às empresas cujos documentos fiscais foram declarados inidôneos. 18. Quanto a tratativas comerciais, a Recorrente limitou-se a informar o nome e telefone do contato e pedidos gerados pela própria Recorrente, nenhuma troca de e-mails, nenhum contrato assinado, apesar de compras vultuosas e recorrentes 19. Quanto ao transporte, além de não constar um único Conhecimento de Transporte nos autos, existe comprovação de que as mercadorias jamais transitaram pelas fronteiras do Estado do Pará, conforme certificado pelo Fisco daquela Unidade da Federação (fls. 358). 20. Além disso, em mais da metade dos casos a data de entrada das mercadorias na Recorrente é a mesma da emissão dos documentos fiscais ou o dia seguinte a essa data, o que denota uma impossibilidade física tendo em vista o prazo que levaria um caminhão para percorrer a distância entre o Pará e SP (fls. 6318-6320) 21. Assim, não há demonstração da veracidade das operações nos autos. 22. Quanto à comprovação de que o contribuinte, à época das operações, verificara a regularidade fiscal de seu parceiro comercial, constata-se nos autos 6 consultas SINTEGRA (fls. 333-338) realizadas pela Recorrente. 23. Importante ressaltar, entretanto, que, embora a consulta ao SINTEGRA tenha sido realizada à época dos fatos, cadastros fiscais como o SINTEGRA, CADESP, CNPJ, AIDF, dentre outros, são alimentados pelos próprios interessados e, nessa esteira, não valem como certidão da existência de fato e de direito desses, não são oponíveis à Fazenda e não excluem a responsabilidade tributária decorrente das operações com eles ajustadas. 24. Quanto à comprovação de pagamento, ressalte-se que a escrituração de livros contábeis ou fiscais a partir de documentos inidôneos nada prova a favor do Contribuinte, pois sua escrituração é parte do procedimento infracional. 25. Quanto aos cheques juntados, os versos indicam que foram endossados em branco e compensados

em contas de terceiros, não havendo comprovação de que as quantias teriam sido realmente recebidas pelo suposto fornecedor. Vários desses cheques foram descontados na cidade de Porto Ferreira/SP. Alguns foram devolvidos pelo banco sacado. Não há um único pagamento cabalmente demonstrado, um único cheque que tenha comprovadamente chegado ao caixa da JULI. 26. Assim, a boa-fé objetiva resta não demonstrada no presente caso, confirmando-se, portanto, as infrações referentes aos itens 1 e 2 do AIIM. 27. Quanto ao item 3 do AIIM, os extratos bancários às fls. 339 e 344 citam "TED JULI DISTRI", no entanto não provam qualquer pagamento pela JULI DISTRIBUIDORA, pois essa citação é mero comentário preenchido pelo próprio titular da conta. Assim a transferência pode ter sido proveniente de qualquer outra pessoa. 28. As duplicatas de fls. 340 e 342 também nada provam, pois não é possível identificar o signatário da "instituição financeira" que nelas estaria dando quitação. 29. Aqui também resta prejudicada a alegação de boa-fé, confirmando-se, portanto, as infrações referentes ao item 3 do AIIM. DRT-15 Processo 4128793-9 2019 4128793-9 DÉCIMA SEGUNDA CÂMARA JULGADORA

ICMS – CRÉDITO INDEVIDO – NOTAS FISCAIS INÁBEIS – NOTAS FISCAIS EMITIDAS POR CONTRIBUINTE INIDÔNEO RECURSO ORDINÁRIO CONHECIDO – NEGADO PROVIMENTO – MANTIDA A EXIGÊNCIA FISCAL – INIDONEIDADE PRÉVIA À EMISSÃO DE NOTAS FISCAIS – AUSÊNCIA DE PROVA DE PAGAMENTO – INAPLICÁVEIS REDUÇÃO OU RELEVAÇÃO DA MULTA POR HAVER FALTA DE PAGAMENTO DO IMPOSTO. Julgado em 28/11/2009 – AIIM nº 3101867-1

ICMS. CRÉDITO INDEVIDO DO IMPOSTO REFERENTE A ENTRADA DE MERCADORIAS ACOMPANHADAS DOCUMENTOS INIDÔNEOS. Decisão recorrida baseada no acervo probatório – recurso não conhecido. Não deve ser conhecido o recurso também no que se refere aos efeitos jurídicos da declaração de inidoneidade do fisco, porquanto a matéria já está pacificada nesta sede especial desde há muito tempo, pela tese fazendária de que seus efeitos são meramente declaratórios. RECURSO NÃO CONHECIDO. DECISÃO UNÂNIME Decisão: Especial do Contribuinte: Não conhecido. Decisão unânime julgado em 06/02/2010 – AIIM nº 3082442-4

ICMS. CRÉDITO INDEVIDO. INIDONEIDADE DO FORNECEDOR POR VOLUME DE COMPRAS E VENDAS INCOMPATÍVEIS E SIMULAÇÃO DO QUADRO SOCIETÁRIO. PROVA DA BOA FÉ. COMPROVANTES DE PAGAMENTOS JUNTADOS AOS AUTOS. CONSULTAS SINTEGRA JUNTADAS AOS AUTOS. INFORMAÇÕES SOBRE TRANSPORTE E A RESPEITO DA NEGOCIAÇÃO

COMERCIAL. RECURSO ORDINÁRIO CONHECIDO E PROVIDO. 17/10/2018 AIIM nº 4103698-0

ICMS. Item 1. Crédito Indevido. Documentos inidôneos. Alegação da Recorrente limitada à natureza constitutiva do ato que declara a inidoneidade dos documentos. Jurisprudência atual demanda julgamento com base na Súmula 509 do STJ. Alegação de extravio de documentos. Inexistência de comprovantes de pagamento, dentre outros. Não demonstrada a veracidade das operações. Item mantido (Recurso Ordinário desprovido). Item 2. Recebimento de mercadoria desacompanhada de documentação fiscal. Desclassificação dos documentos com base em Procedimento de Constatação da Nulidade (PCN) elaborado para estabelecimento diverso (outra IE em município diferente). Hipótese de inexistência do endereço estabelecimento. Natureza declaratória dos efeitos do PCN limitada ao endereço diligenciado. Endereço anterior não diligenciado nem mencionado no PCN. Mantida a decisão de primeira instância pela improcedência do item (Recurso de Ofício desprovido). Julgado em 06/09/2019 ORDINARIO / OFICIO – AIIM nº 4114789-3)

ICMS. CRÉDITO INDEVIDO DO ICMS DECORRENTE DA AQUISIÇÃO DE MERCADORIAS DESACOMPANHADAS DE DOCUMENTAÇÃO FISCAL HÁBIL (IDÔNEA). CONJUNTO PROBATÓRIO FAVORECE O FISCO. A declaração de inidoneidade do fornecedor produz efeitos "ex tunc", por configurar um ato com natureza declaratória, por se tratar de nulidade pré-existente. Não há documentos para comprovar a boa-fé do Autuado, nos termos em que definida pelo Superior Tribunal de Justiça e pela Câmara Superior do Colendo Tribunal de Impostos e Taxas, razão pela qual o lançamento foi corretamente efetuado. Alegação de multa confiscatória. Aplicação do artigo 28 da Lei nº 13.457/2009. Limitação dos juros de mora à taxa Selic. Aplicação da Súmula TIT 10. Julgado em 11/02/2019 AIIM nº 4110382-8

E no corpo do acordão:

Com relação à regularidade fiscal do fornecedor, a Contribuinte apresentou consultas ao SINTEGRA datadas de 14, 21, e 27/05/2015 e 01, 09, 11/06/2015(fls. 94 a 105), todas relativas ao período autuado (05 e 06/2015). Quanto aos pagamentos feitos ao fornecedor, a Contribuinte juntou aos autos planilha demonstrativa (fl. 90/93), DANFES, comprovantes de pagamentos ao fornecedor, (TED ou cheque) e extratos (fls 106/194) embora, os valores encartados na planilha apresentada pela contribuinte não conferem com os documentos anexados, sendo que há comprovantes de pagamento que foram utilizados para mais de uma nota fiscal e tal informação não está discriminada na planilha demonstrativa (ex. fls. 110, 113, 114, 120, 126, 127, 128) não se comprova a conferência acerca da integralidade do pagamento do valor total das notas fiscais ao fornecedor.

33. Como visto, a contribuinte não logrou êxito em comprovar junto aos autos provas que demonstrassem a existência de relação comercial com a WSN bem como não evidenciou o pagamento de todas as operações objeto do AIIM.

34. Deste modo, entendo não caracterizado os requisitos da boa-fé nos termos do que o Superior Tribunal de Justiça e pela Câmara Superior decidiram, de modo que o lançamento efetuado está correto, sem reparos.(julgado em 11/02/2019 – Recurso Ordinário – AIIM nº 4110382-8)

"Entende-se que além da efetivação dos pagamentos, deve o contribuinte comprovar a efetividade das operações, como parte do que convencionou-se chamar de "kit boa-fé", sendo certo que, de acordo com o STJ, Súmula 509, deve o contribuinte fazer prova da: I – Declaração de inidoneidade da empresa emitente das Notas Fiscais em data posterior ao negócio jurídico realizado; II – Comprovação de consulta da situação cadastral (SINTEGRA) da empresa emitente das NFs à época das operações, constando que esta se encontrava em situação regular; III – Livros Registro do contribuinte contendo as NFs escrituradas; IV – Comprovantes de pagamento da operação de compra e venda; V – Notas Fiscais de saída das mercadorias (no caso de terem sido posteriormente comercializadas). Ressalta-se que para o TIT o chamado "Kit Boa-Fé" é um pouco distinto, devendo o contribuinte comprovar, para demonstrar a sua boa-fé na operação, a i. negociação comercial; ii. entrega das mercadorias através do conhecimento de transporte; iii., o pagamento efetivo das operações; e iv. regularidade fiscal na época das operações. De uma forma ou de outra, procura-se estabelecer critérios para permitir ao contribuinte comprove a sua boa-fé nas operações, a fim de que possa manter os créditos ainda que decorrentes de operações declaradas inidôneas a posteriori. No caso ora em análise, conforme acima mencionado, demonstraram os pagamentos correspondentes a 98% das operações, bem como restou demonstrada a regularidade da empresa no momento das operações. Além disso, testemunhos colhidos corroboraram as alegações de que no endereço da empresa MARCOMPLASTIC DISTRIBUIDORA DE PLÁSTICOS LTDA efetivamente ocorriam movimentações de mercadorias, o que reforça a prova de boa-fé da empresa autuada, ora recorrente. Desta forma, entendo que, segundo os critérios estabelecidos pelo STJ, conforme a Súmula n. 509, o contribuinte conseguiu fazer prova de sua "boa-fé" em relação às operações ora analisadas. Parece que, de acordo com o ramo de atividade, nem sempre é possível atender aos requisitos exigidos pelo TIT e pelo STJ, simultaneamente, e que as relações comerciais são complexas e muitas vezes não se consegue apresentar a integralidade das provas exigidas. No caso ora em análise questiona-se a existência real da empresa inidônea, no local de sua sede formal, sendo certo que, em havendo frete por conta da autuada a mesma, supostamente, não poderia alegar desconhecimento do fato, mas restou comprovado que na maioria dos casos o frete correu por conta da MARCOMPLASTIC, o que permite afastar esta alegação. Em contrapartida, há testemunhas que declararam à fiscalização que verificavam a entrada e saída de mercadorias do local, sendo difícil identificar o volume e a sua compatibilidade em relação ao espaço físico, conforme mencionou o D. Presidente, Douglas Kakazu Kushiyama, em seu voto vista. O mesmo pode-se dizer em relação a negociação comercial, que neste caso não foram comprovadas em sua integralidade, embora esta condição não conste do rol exigido pelo STJ. Desta forma, acompanho o voto do D. Presidente desta 4ª Câmara, Douglas Kakazu Kushiyama, para provimento parcial do recurso ordinário nos termos do voto do I. Presidente. É como voto e submeto este entendimento aos meus pares. (AIIM nº 4061134-6 – QUARTA CÂMARA JULGADORA)

Conclusão

Portanto, como se comentou, a questão da boa-fé e da comprovação da efetividade das operações não é pacífica no tribunal administrativo paulista.

A análise da prova realizada é casuística e a responsabilidade do contribuinte acaba sendo medida de maneira empírica e subjetiva, e, muitas vezes, a mesma prova é julgada e apreciada de maneira distinta de Câmara para Câmara, como se demonstrou, o que dificulta a fixação de uma jurisprudência homogênea e de critérios objetivos que possam levar a julgamentos mais uniformes.

Por esse motivo, entendemos que a questão será ainda levada ao Judiciário por mais tempo, pois o tribunal administrativo tem critérios distintos daqueles fixados pelo Superior Tribunal de Justiça, que são mais favoráveis aos contribuintes, sendo mais viável ao autuado comprovar a sua boa-fé e a efetividade das operações.

Todavia, esse fato acaba por congestionar ainda mais o Judiciário, e impõe ao Estado e aos contribuintes pesados custos para ambas as partes. Como se sabe, o custo para se ingressar com uma ação é alto. Além disso, impõe-se ao contribuinte, para que consiga a suspensão da exigibilidade de seu débito, que forneça garantias líquidas, cujo custo é, muitas vezes, impeditivo do próprio exercício do direito, especialmente para muitos contribuintes de pequeno porte. Sem contar as próprias custas do processo em si, que são demasiadamente caras. Por fim, sobra ao erário arcar com a sucumbência processual quando demonstrada a boa-fé segundo os critérios da Súmula nº 509 e não do TIT, o que sem dúvida é um prejuízo ao Estado.

Informação bibliográfica deste texto, conforme a NBR 6023:2018 da Associação Brasileira de Normas Técnicas (ABNT):

CARAMICO, Mara Eugênia Buonanno. A responsabilidade do adquirente em operações inidôneas. *In*: PINTO, Alexandre Evaristo; TOMKOWSKI, Fábio Goulart; ALLEGRETTI, Ivan; BEVILACQUA, Lucas (coord.). *ICMS no Tribunal de Impostos e Taxas de São Paulo*. Belo Horizonte: Fórum, 2022. p. 343-361. ISBN 978-65-5518-319-1.

A INSEGURANÇA JURÍDICA NA RESPONSABILIDADE TRIBUTÁRIA SUPLETIVA EM FACE DA EXIGÊNCIA DO ICMS SUBSTITUIÇÃO TRIBUTÁRIA

MARCELO JOSÉ LUZ DE MACEDO

THIAGO DAYAN

Introdução

O presente artigo explora o instituto jurídico da substituição tributária no ICMS, cada vez mais aplicado na prática em razão da simplificação e da praticidade que lhe é inerente. É importante destacar, todavia, que a referida praticidade não pode implicar a afronta de outros institutos, entre os quais o da reponsabilidade tributária. Tomando como exemplo a legislação do Estado de São Paulo, será demonstrado que tem se tornado comum a responsabilização nos casos de ICMS por substituição tributária de sujeitos que sequer poderiam ser considerados sujeitos da relação jurídica tributária. Para mais, é importante destacar que muitas vezes as ditas legislações estaduais confundem as várias espécies de responsabilidade, notadamente a reponsabilidade solidária e a subsidiária, o que precisa ser mais bem analisado. Busca-se, assim, primeiro fazer uma breve incursão a respeito do ICMS, para depois explicar o que seria o regime do ICMS-ST e por fim as ditas hipóteses de responsabilização tributária.

1 ICMS

O Imposto sobre Operações relativas a Circulação de Mercadorias e sobre Prestações de Serviços de Transporte Interestadual e Intermunicipal e de Comunicação (ICMS) é um tributo de competência estadual, previsto pelo artigo 155, II, da Constituição Federal, cuja hipótese de incidência consiste na realização de operações relativas à circulação de mercadorias e sobre prestações de serviços de transporte interestadual e intermunicipal e de comunicação, ainda que as operações e as prestações se iniciem no exterior.

É um tributo denominado multifásico ou plurifásico, tendo em vista incidir sobre fatos geradores subsequentes, configurando, assim, uma cadeia de hipóteses de incidência tributária.

Além de dispor acerca da competência e das hipóteses de incidência do imposto, a Constituição Federal ainda estabelece as principais características do imposto e dispõe que caberá a lei complementar, entre outras coisas, definir os contribuintes e dispor sobre o regime de substituição tributária.

Ademais, trata-se o ICMS de um imposto de caráter nacional cujas características principais devem ser todas elas estabelecidas via lei complementar, visando, assim, garantir a maior uniformidade possível quanto ao seu tratamento, tendo em vista se tratar do principal tributo de competência dos Estados e do Distrito Federal. Atualmente, a norma responsável por estabelecer as principais características do referido imposto é a Lei Complementar (LC) nº 87/1996.

Dentre os critérios materiais delineados pelo texto constitucional, artigo 155, II, da Constituição Federal, sobressai aos fins do presente trabalho aquele relacionado ao ICMS incidente nas operações de circulação de mercadoria.

Segundo Roque Antonio Carrazza,[1] para que um bem móvel seja havido por mercadoria, é mister que ele tenha por finalidade venda ou revenda. Em suma, a qualidade distintiva entre um bem móvel (gênero) e mercadoria (espécie) é extrínseca, consubstanciando-se no propósito de destinação da mercadoria.

Dessa forma, somente as operações as quais impliquem circulação de mercadorias com mudança de titularidade podem ser tributadas por meio do imposto. E qualquer pessoa, seja ela física ou jurídica, pode ser contribuinte do imposto, desde que pratique tais operações com habitualidade.

---

[1] CARRAZZA, Roque Antonio. *ICMS*. 15. ed. São Paulo: Malheiros, 2011, p. 45.

Assim, sempre que realizada a comercialização de mercadoria, esse fato estará subsumido à hipótese de incidência tributária e, por conseguinte, o comerciante alienante da mercadoria deverá recolher o ICMS, remetendo, portanto, à ideia de tributo plurifásico, como mencionado anteriormente.

Conforme o *caput* do artigo 4º da Lei Complementar nº 87/1996, o contribuinte genérico do imposto é qualquer pessoa que realize, com habitualidade ou em volume que caracterize intuito comercial, operações de circulação de mercadoria.

A lei, contudo, poderá atribuir a um terceiro, vinculado à ocorrência do fato gerador, a responsabilidade pelo recolhimento do tributo. Em outras palavras, o contribuinte, mediante determinação legal, é afastado do papel de principal obrigado ao recolhimento de determinado tributo, sendo transmitida essa responsabilidade pelo pagamento do imposto a um terceiro, o qual passa a ser o responsável tributário.

Os artigos 121, II, e 128 do Código Tributário Nacional autorizam a atribuição de modo expresso a terceira pessoa, vinculada ao fato gerador da respectiva obrigação, por lei, como responsável pelo pagamento do tributo, excluindo a responsabilidade do contribuinte ou atribuindo-se a este em caráter supletivo o cumprimento total ou parcial da referida obrigação. Segundo a redação do artigo 128:

> A lei pode atribuir de modo expresso a responsabilidade pelo crédito tributário a terceira pessoa, vinculada ao fato gerador da respectiva obrigação, excluindo a responsabilidade do contribuinte ou atribuindo-a a este em caráter supletivo do cumprimento total ou parcial da referida obrigação.

O responsável tem, portanto, que decorrer de alguma relação com o fato imponível e deve se inserir na materialidade descrita, não podendo, pois, ser configurado apenas por mera ficção legal, uma vez que seu patrimônio só poderia ser atingido em razão de fatos efetivamente realizados.

2 Substituição tributária

A substituição tributária baseia-se na transferência da responsabilidade do crédito tributário a uma terceira pessoa, vinculada ao fato gerador do ICMS/ST, ou seja, ao serem realizadas operações de venda de mercadorias ou prestação de serviços, essa terceira pessoa será responsável por reter e recolher o imposto.

Nos termos do artigo 6º da LC nº 87/1996:

Art. 6º Lei estadual poderá atribuir a contribuinte do imposto ou a depositário a qualquer título a responsabilidade pelo seu pagamento, hipótese em que assumirá a condição de substituto tributário.

§1º A responsabilidade poderá ser atribuída em relação ao imposto incidente sobre uma ou mais operações ou prestações, sejam antecedentes, concomitantes ou subsequentes, inclusive ao valor decorrente da diferença entre alíquotas interna e interestadual nas operações e prestações que destinem bens e serviços a consumidor final localizado em outro Estado, que seja contribuinte do imposto.

Nas lições de Hector Villegas:[2]

O legislador cria o substituto tributário quando resolve substituir *ab initio* o destinatário legal tributário da relação jurídica tributária principal.

Surge, ali, um só *vinculum júris* entre o sujeito ativo (fisco) e o sujeito passivo (substituto).

O substituto – que é totalmente alheio à realização do fato imponível – ocupa o lugar do realizador do fato imponível (o destinatário legal tributário) e desloca para este último a relação jurídica tributária principal.

Por isso, o substituto não fica obrigado junto ao destinatário legal tributário [...], mas fica no lugar do destinatário legal tributário, o que motiva a exclusão deste último da relação jurídica tributária principal.

Ainda sobre o instituto, Luiz César de Queiroz[3] discorre:

O instituto da substituição tributária tem por fundamento o atendimento do interesse da chamada "Administração Tributária". Muitas vezes é difícil para a Administração efetuar a arrecadação e a fiscalização dos tributos. Daí surgir o regime jurídico da substituição tributária que se justifica, basicamente, por três importantes motivos:

a) pela dificuldade em fiscalizar contribuintes extremamente pulverizados;

b) pela necessidade de evitar, mediante a concentração da fiscalização, a evasão fiscal ilícita; e

c) como medida indicada para agilizar a arrecadação e, consequentemente, acelerar a disponibilidade dos recursos.

---

[2] VILLEGAS, Hector. *Curso de direito tributário*. Trad. Roque Antonio Carrazza. São Paulo: Revista dos Tribunais, 1980. p 112-113.

[3] QUEIROZ, Luís César Souza de. *Sujeição passiva tributária*. Rio de Janeiro: Forense, 1998. p. 200.

Com efeito, é mais simples para a Administração Tributária concentrar a sua máquina operacional em contribuintes maiores, atribuindo a estes a condição de substituto tributário pelas obrigações tributárias contraídas pelos contribuintes menores, pois, dessa forma, o universo da fiscalização diminui e o trabalho da Fiscalização é facilitado.

Diversos são os produtos e mercadorias sujeitos à sistemática da substituição tributária. A título explicativo, podemos citar como produtos sujeitos ao ICMS-ST, nos termos do no Convênio ICMS nº 142/2018: autopeças, bebidas alcoólicas (exceto cerveja e chope), cigarros, cimento, combustíveis materiais de construção, materiais de limpeza, medicamentos, papéis, plásticos, produtos alimentícios, rações, sorvetes, veículos e mercadorias vendidas pelo sistema porta a porta, entre outros.

São duas as principais espécie de substituição previstas pelo ordenamento jurídico pátrio atualmente: substituição regressiva ou "para trás" e a substituição progressiva ou "para frente". Em ambas serão encontradas as figuras do substituído, aquele que terá realizado o fato gerador que deu ensejo ao surgimento do tributo, e do substituto, pessoa diversa daquela que praticou o fato jurídico tributado.

3 Substituição regressiva ou para trás

Na denominada substituição tributária regressiva ou "para trás" tem-se um verdadeiro diferimento do pagamento do tributo, quer dizer, ainda que verificada a hipótese de incidência tributária, o pagamento somente será realizado em uma etapa posterior da cadeia pelo substituto.

Segundo Ricardo Lobo Torres:[4]

A substituição 'para trás' ocorre quando o substituto, que é um contribuinte de direito (comerciante ou industrial), adquire mercadoria de outro contribuinte, em geral produtor de pequeno porte ou comerciante individual, responsabilizando-se pelo pagamento do tributo devido pelo substituído e pelo cumprimento das obrigações tributárias.

Nessa modalidade, difere-se apenas o efeito da incidência do tributo, qual seja, o seu próprio pagamento, e não o seu fato gerador, já tendo ocorrido sua hipótese de incidência.

---

[4] TORRES, Ricardo Lobo. *Curso de direito financeiro e tributário*. 7. ed. Rio de Janeiro e São Paulo: Renovar, 2000, p. 214.

O substituto tributário, na substituição tributária para trás, recolhe o imposto relativo ao fato gerador que está praticando assim como recolhe o ICMS referente ao fato gerador praticado anteriormente pela comerciante que deu início à circulação da mercadoria.

4 Substituição progressiva ou para frente

Já a substituição tributária progressiva ou "para frente" tem como fato gerador eventos futuros e tem como obrigação calcular o imposto em seus documentos fiscais, adicionando a cobrança do imposto do destinatário e adicionando esse valor na operação, tornando-se assim responsável pelo recolhimento nas operações subsequentes.

É esta a espécie de maior interesse aos fins do presente trabalho, cuja previsão normativa se encontra no artigo 150, §7º, da Constituição Federal.

Nela, atribui-se a terceira pessoa a responsabilidade por obrigação tributária de fato gerador futuro, ou seja, que ainda não tenha ocorrido. A cobrança do tributo é antecipada, o que significa afirmar que há uma presunção de ocorrência de um fato futuro. Segundo Antônio Paulo Mariano, Raphael Werneck e Sandra Regina Alencar Bezerra:[5]

> [...] consiste em obrigar outrem a pagar, não apenas o imposto atinente à operação por ele praticada, mas também, o relativo à operações posteriores.
>
> Fica explícito, nessa hipótese dois fenômenos de ordem estritamente fictícia: de um lado, considera-se nascida uma obrigação tributária antes mesmo da ocorrência do fato in concreto, que justifica a sua existência e, de outro lado, atribui-se a responsabilidade, relativa a essa obrigação, a uma terceira pessoa que, não participou nem participará, efetivamente, do referido fato imponível, que, como dito, ainda nem mesmo aconteceu.

O instituto da substituição representa sem dúvida alguma um eficaz método de simplificação da tributação por meio da utilização de presunções com vistas à praticabilidade. A política legislativa que fundamenta a instituição da substituição tributária para frente visa, sobretudo, facilitar o trabalho da fiscalização.

---

[5] MARIANO, Antonio Paulo; WERNECK, Raphael; BEZERRA, Sandra Regina Alencar. *Substituição tributária no ICMS*: aspectos jurídicos e práticos. São Paulo: IOB, 2009, p. 58.

Ao tratar do tema, no julgamento da Ação Direta de Inconstitucionalidade nº 1.851/AL, em 08.05.2002, o então Ministro Ilmar Galvão advertiu para o seguinte:

> Na verdade, visa o instituto evitar, como já acentuado, a necessidade de fiscalização, de um sem-número de contribuintes, centralizando a máquina fiscal do Estado num universo consideravelmente menor, e com acentuada redução de custo operacional e consequente diminuição da evasão Fiscal. Em suma, propicia ele maior comodidade, economia, eficiência e celeridade na atividade estatal ligada à imposição tributária.

O ponto de partida da substituição tributária para frente é o evento futuro e incerto, que irá gerar a obrigação sobre a qual incidirá o tributo, como no caso de um fabricante que assume o ônus de recolher o tributo que incidirá na relação varejista/consumidor final.

Ressalte-se que o contribuinte substituído é aquele que realiza o fato gerador futuro do imposto, o qual, todavia, já foi cobrado anteriormente do substituto, razão pela qual pelo menos a princípio a legislação tributária dispensa o substituído de qualquer recolhimento, uma vez que foi atribuída ao substituto da obrigação.

5 Sujeito passivo da substituição tributária

A fenomenologia da substituição tributária comporta discussões na doutrina, podendo-se descrevê-la sob diversas perspectivas.

Maria Rita Ferragut[6] entende que a substituição tributária, como uma das modalidades de responsabilidade tributária, afigura-se como uma norma de conduta que, a partir de um fato não tributário, implica a inclusão do substituto no polo passivo de uma relação jurídica tributária. Para a autora, diferentemente do que ocorre nas modalidades de responsabilidade por solidariedade e de responsabilidade por sucessão, na substituição tributária há apenas uma norma individual e concreta, muito embora existam duas normas gerais e abstratas – a norma geral imponível e norma geral atributiva de responsabilidade.

Andréa Machado Darzé Minatel,[7] por sua vez, enxerga a substituição tributária como uma norma de estrutura. Do encontro entre a

---

[6] FERRAGUT, Maria Rita. *Responsabilidade tributária e o Código Civil de 2002*. São Paulo: Noeses, 2005, p. 36-37.

[7] MINATEL, Andréa Machado Darzé. *Restituição do indébito tributário*: legitimidade ativa nas incidências indiretas. São Paulo: Noeses, 2015, p. 191-192.

regra-matriz tributária e a regra de substituição há uma mutilação no critério pessoal daquela, que resulta na inibição da exigência do tributo da pessoa que realizou o fato tributário e na inclusão de um terceiro como devedor.

Apesar de descreverem o fenômeno sob diferentes perspectivas, ambas concordam que na substituição tributária há apenas um sujeito qualificado como devedor.

Segundo Paulo de Barros Carvalho,[8] enquanto nas outras hipóteses permanece a responsabilidade supletiva do contribuinte, aqui o substituto absorve totalmente o *debitum*, assumindo, na plenitude.

Assim, quer se adote uma perspectiva ou outra, o fato é que, na substituição tributária, um terceiro, que não realizou o fato imponível, é colocado no polo passivo de uma relação obrigacional.

A especialidade da substituição tributária é a existência da figura de um substituto, um terceiro, que irá realizar o recolhimento por possuir alguma vinculação com o fato gerador e com aquele que o praticou, sendo garantido seu ressarcimento posterior da incumbência legal referente à substituição, caso não ocorra o fato presumido.

Ou seja, em tais hipóteses, a responsabilidade de recolher o imposto será de um terceiro, não praticante do fato gerador da obrigação tributária, mas que possui relação jurídica com aquele que o praticou, que atuará apenas na condição de substituto na relação tributária.

Nas lições de Roque Antônio Carrazza,[9] o substituto, embora não tenha realizado o fato imponível, é posto pela lei na posição de verdadeiro sujeito passivo da obrigação tributária, respondendo integralmente não só pelo adimplemento do débito tributário como também pelo cumprimento das obrigações acessórias do contribuinte.

O artigo 6º da LC nº 87/1996, anteriormente referenciado, é expresso ao excluir do substituído a condição de sujeito passivo da relação jurídica tributária. A esse respeito, convém transcrever os ensinamentos de Marco Aurélio Greco,[10] para o qual:

> A norma em questão não faz qualquer ressalva quanto à permanência da responsabilidade do contribuinte originário. Nenhuma linha há nesse sentido. Portanto, a atribuição de responsabilidade contemplada no caput do art. 6º é uma atribuição plena, *com exclusão* da responsabilidade

---

[8] CARVALHO, Paulo de Barros. *Direito tributário*: fundamentos jurídicos da incidência. 6. ed. São Paulo: Saraiva, 2008, p. 177.
[9] CARRAZZA, Roque Antonio. *ICMS*. 15. ed. São Paulo: Malheiros, 2011, p. 354.
[10] GRECO, Marco Aurelio. *Substituição tributária*. 2. ed. São Paulo: Malheiros, 2001, p. 100.

do substituído pelo débito. Se a lei estadual pretender criar uma responsabilidade supletiva do substituído ter-se-á uma regra que foge do modelo consagrado na Lei Complementar 87, de 1996, com ele conflitando.

A Lei Complementa 87, de 1996, assumiu uma posição perante esta duplicidade de possibilidades; posição rigorosa, cientificamente justificável, e atribuindo ao legislador estadual alta responsabilidade ao instituir concretamente a figura, pois, ao fazê-lo, estará abrindo mão da possibilidade de se voltar contra o substituído caso haja algum percalço relativamente ao substituto.

Em que pese o exposto, tem-se tornado comum, a exemplo da legislação do Estado São Paulo, a atribuição ao substituído da responsabilidade solidária pelo pagamento do ICMS, o que acaba por contrariar a própria natureza jurídica da substituição tributária.

6 A legislação de São Paulo

Como informado anteriormente, o artigo 6º da LC nº 87/1996 contempla hipótese de substituição com exclusão da responsabilidade do substituído. Tal disposição, todavia, discrepa de boa parte das legislações estaduais, as quais preveem a responsabilidade supletiva do substituído pela liquidação do débito tributário.

Observe-se, por exemplo, o artigo 66-C da Lei nº 6.374/89, o qual institui o ICMS no Estado de São Paulo, que a sujeição passiva por substituição não exclui a responsabilidade supletiva – também denominada de subsidiária – do contribuinte pela liquidação total do crédito tributário, observado o procedimento estabelecido em regulamento, sem prejuízo da penalidade cabível por falta de pagamento do imposto.

Atualmente, no Estado de São Paulo, o ICMS encontra-se regulamentado por meio do Decreto nº 45.490/2000. Vejamos, então, o que dispõe o seu artigo 267:

> Artigo 267 – Não recolhido o imposto pelo sujeito passivo por substituição (Lei 6.374/89, art. 66-C, na redação da Lei 9.176/95, art. 3º):
> I – em decorrência de decisão judicial, enquanto não retomada a substituição tributária, deverão os contribuintes substituídos cumprir todas as obrigações tributárias, principal e acessórias, pelo sistema de débito e crédito, observadas as normas comuns previstas na legislação;
> II – tratando-se de débito não declarado em guia de informação, o débito fiscal poderá ser exigido do contribuinte substituído:(Redação dada ao inciso pelo Decreto 46.027 de 22/08/2001; DOE 23/08/2001; efeitos a partir de 01/01/2001)

a) em razão de fraude, dolo ou simulação, mediante lavratura de Auto de Infração e Imposição de Multa – AIIM;
b) nos demais casos, mediante notificação, cujo não-atendimento acarretará lavratura de Auto de Infração e Imposição de Multa – AIIM.

Perceba-se que, consoante aduzido anteriormente, o Estado de São Paulo, em que pese instituir hipótese de substituição tributária, não exclui a responsabilidade solidária do substituído pelo pagamento do tributo, notadamente em duas situações específicas (alíneas "a" e "b" do inciso II).

Sobre o tema, Paulo Roberto Coimbra Silva[11] adverte ainda para o seguinte:

> [...] merece críticas a tendência dos legisladores, especialmente estaduais, de atribuir ao substituído, no caso de não-pagamento do tributo pelo substituto, a responsabilidade solidária ou subsidiária por seu recolhimento. Ora, o substituído sofre a repercussão econômica do tributo, não podendo suportá-la duas vezes. Portanto, quando a lei elege um substituto tributário, ela há de eximir o substituído de qualquer responsabilidade. Este não pode ser duplamente onerado e, portanto, penalizado pela omissão, intempestividade ou deliberada sonegação do substituto.
>
> [...] patente é a injustiça da pretensão de alguns legisladores em manter o substituído no polo passivo da obrigação tributária juntamente com o substituto, seja a título de responsável solidário ou subsidiário. Ora, uma vez embutido o tributo no preço de aquisição da mercadoria, nesse ato o substituído já sofre o seu encargo financeiro, não podendo ser cobrado por omissão, intempestividade ou deliberada sonegação do substituto.

Não fosse a impossibilidade de pretender responsabilizar o sujeito o qual sequer integra a relação jurídica tributária em razão da aplicação do instrumento da substituição tributária, o Estado de São Paulo vai além ao exigir automaticamente o ICMS nos casos em que o substituto não recolhe o imposto de forma antecipada.

O entendimento mais recente sobre o tema foi publicado na Resposta à Consulta Tributária nº 22.085/2020, disponibilizada no site da SEFAZ em 11.08.2020, cuja ementa segue transcrita:

> ICMS – Substituição tributária – Responsabilidade pelo recolhimento do imposto devido por substituição tributária.

---

[11] SILVA, Paulo Roberto Coimbra. *A substituição tributária progressiva nos impostos plurifásicos e não-cumulativos.* Belo Horizonte: 2001, p. 29.

I. A falta de pagamento do imposto pelo remetente não exclui a responsabilidade supletiva do contribuinte destinatário pela liquidação total do crédito tributário, sem prejuízo da penalidade cabível (artigo 66-C da Lei 6.374/1989 e artigos 11 e 267 do RICMS/2000).

Em seus fundamentos, a Secretaria da Fazenda do Estado menciona o artigo 11, incisos XI e XII, do RICMS/2000, em caso de não recolhimento do ICMS-ST por parte do remetente, na hipótese em que a operação com a mercadoria esteja sujeita ao regime de substituição tributária, tal recolhimento poderá ser exigido do destinatário paulista, estando este sujeito, inclusive, à imposição de multa.

Sucede que os referidos dispositivos tratam de hipótese de responsabilidade solidária por interesse comum, como visto abaixo:

Artigo 11 – São responsáveis pelo pagamento do imposto devido (Lei 6.374/89, arts. 8º, inciso XXV e §14, e 9º, os dois primeiros na redação da Lei 10.619/00, art. 2º, I, e o último com alteração da Lei 10.619/00, art. 1º, VI):

[...]

XI – solidariamente, as pessoas que tiverem interesse comum na situação que tiver dado origem à obrigação principal;

XII – solidariamente, todo aquele que efetivamente concorrer para a sonegação do imposto;

As duas figuras legais utilizadas como fundamento da interpretação são distintas, pois na responsabilidade solidária os sujeitos passivos se encontram obrigados pelo cumprimento da obrigação fiscal, devendo haver, para tanto, interesse comum na situação que dá origem ao fato gerador do tributo.

Além disso, na responsabilidade solidária se compartilha o ônus, ao passo que na responsabilidade supletiva ou subsidiária admite-se a transferência da responsabilidade apenas quando todas as tentativas de cobrança do sujeito passivo restarem frustradas.

Por isso a afirmação de que a intenção do Fisco institui basicamente uma hipótese de responsabilização "automática" do substituído, posto que solidária. Sucede que o *caput* do artigo 267 do Regulamento do ICMS é instituir a possibilidade de cobrança quando "não recolhido o imposto pelo sujeito passivo por substituição".

Diante do exposto, ainda que a legislação paulista autorize a responsabilização do substituído, notadamente nas hipóteses de débito não declarado em guia de informação, em razão de fraude, dolo ou simulação, ou ainda de não atendimento de notificação, entendemos que deveria ser do tipo subsidiária, ou seja, somente quando restasse infrutífera a cobrança do substituto, o que, como se viu pela resposta de consulta, não consiste no entendimento da Fazenda Pública Estadual.

7 Da impossibilidade de responsabilização solidária "supletiva" do substituído tributário

Ainda sobre a presente discussão, não demanda grande esforço verificar que o substituído tributário não poderia se responsabilizar solidariamente por um equívoco cometido pelo substituto, originalmente responsável pelo pagamento da obrigação.

Tal situação está correlacionada ao fundamento no artigo 113 do CTN, o qual dispõe sobre obrigação tributária principal e acessória, não servindo para fundamentar a alegada solidariedade.

A fundamentação da solidariedade descrita no artigo 124 do CTN, o qual dispõe em seu inciso "I" que são solidariamente obrigadas "as pessoas que tenham interesse comum na situação que constitua o fato gerador da obrigação principal", também é inservível para validar a responsabilização do substituído.

Uma leitura rápida e isolada da expressão "interesse comum" pode levar à interpretação equivocada de que qualquer pessoa que participe de uma relação negocial que resulte na ocorrência do fato gerador de tributo, é solidário pela obrigação tributária que dele decorrer.

Porém, como ensina Paulo de Barros Carvalho,[12] a solidariedade fundada no interesse comum jamais poderia se instalar entre sujeitos passivos que estão em polos distintos de uma relação jurídica. Inclusive defende que, no caso do ICMS, o vendedor e o adquirente da mercadoria não possuem interesse comum:

> Tratando-se, porém, de ocorrências em que o fato se consubstancie pela presença de pessoas em posições contrapostas, com objetivos antagônicos, a solidariedade vai instalar-se entre sujeitos que estiveram no mesmo polo da relação, se e somente se for esse o lado escolhido pela lei para receber o impacto jurídico da exação. É o que se dá no imposto de transmissão de imóveis, quando dois ou mais são os compradores; no ICMS, sempre que dois ou mais forem os comerciantes vendedores; no ISS, toda vez que dois ou mais sujeitos prestarem um único serviço ao mesmo tomador.

---

[12] CARVALHO, Paulo de Barros. *Curso de direito tributário*. 19. ed. revista. São Paulo: Saraiva, 2007, p. 347.

Como define a doutrina, o interesse comum é o interesse que une mais de uma pessoa em um grupo cujos integrantes façam parte de um mesmo polo de uma relação jurídica.

Ademais, Luiz Eduardo Schoueri[13] compartilha do mesmo entendimento acima transcrito ao lecionar que não pode haver solidariedade entre comprador e vendedor em decorrência de interesse comum, vejamos:

> Não constituem "interesse comum", por outro lado, as posições antagônicas em um contrato, mesmo quando em virtude deste surja um fato jurídico tributários. Assim, comprador e vendedor não têm "interesse comum" na compra e venda: se o vendedor é contribuinte do ICMS devido na saída da mercadoria objeto da compra e venda, o comprador não será solidário com tal obrigação. (...). Mesmo que duas partes em um contrato fruam vantagens por conta do não recolhimento de um tributo, isso não será, por si, suficiente para que se aponte um "interesse comum". Eles podem ter "interesse comum" em lesar o Fisco. Pode o comprador, até mesmo, ser conivente com o fato de o vendedor não ter recolhido o imposto que devia. Pode, ainda, ter tido um ganho financeiro por isso, já que a inadimplência do vendedor poderá ter sido refletida no preço. Ainda assim, comprador e vendedor não têm "interesse comum" no fato jurídico tributário.

Na mesma linha, Fabio Pallaretti Calcini[14] destaca que os partícipes do fato jurídico gerador da obrigação tributária, para fins de reconhecimento de solidariedade em matéria tributária, não podem estar em situação oposta no ato, fato ou relação negociável, vejamos:

> [...] a responsabilidade tributaria, em virtude do interesse comum na ocorrência do fato gerador da obrigação principal demanda basicamente um interesse jurídico e não meramente fático, econômico, social, além de necessitar que as pessoas partícipes do fato jurídico tributário não estejam em situação oposta no ato, fato ou relação negociável, ou contrário, que se quedem em situação de comunhão, como por exemplo, no caso de coproprietário e a incidência do IPTU ou na incidência de impostos sobre a renda e sua relação com os cônjuges.

---

[13] SCHOUERI, Luiz Eduardo. *Direito tributário*. 2. ed. São Paulo: Saraiva, 2012, p 503.
[14] CALCINI, Fabio Pallaretti. Responsabilidade tributária e solidariedade... *RDDT* 167/36 ago. 2009.

A jurisprudência de nossos Tribunais não discrepa desse entendimento, como se nota pelo julgado abaixo transcrito do Superior Tribunal de Justiça:[15]

> PROCESSUAL CIVIL. TRIBUTÁRIO. RECURSO ESPECIAL. ISS. EXECUÇÃO FISCAL. LEGITIMIDADE PASSIVA. EMPRESAS DO MESMO GRUPO ECONÔMICO. SOLIDARIEDADE. INEXISTÊNCIA. VIOLAÇÃO DO ART. 535 DO CPC. INOCORRÊNCIA.
> 1. A solidariedade passiva ocorre quando, numa relação jurídico-tributária composta de duas ou mais pessoas caracterizadas como contribuintes, cada uma delas está obrigada pelo pagamento integral da dívida. Ad exemplum, no caso de duas ou mais pessoas serem proprietárias de um mesmo imóvel urbano, haveria uma pluralidade de contribuintes solidários quanto ao adimplemento do IPTU, uma vez que a situação de fato – a co-propriedade – é-lhes comum.
> (...)
> 8. Segundo doutrina abalizada, in verbis: "... o interesse comum dos participantes no acontecimento factual não representa um dado satisfatório para a definição do vínculo da solidariedade. Em nenhuma dessas circunstâncias cogitou o legislador desse elo que aproxima os participantes do fato, o que ratifica a precariedade do método preconizado pelo inc. I do art. 124 do Código. Vale sim, para situações em que não haja bilateralidade no seio do fato tributado, como, por exemplo, na incidência do IPTU, em que duas ou mais pessoas são proprietárias do mesmo imóvel. Tratando-se, porém, de ocorrências em que o fato se consubstancie pela presença de pessoas em posições contrapostas, com objetivos antagônicos, a solidariedade vai instalar-se entre sujeitos que estiveram no mesmo polo da relação, se e somente se for esse o lado escolhido pela lei para receber o impacto jurídico da exação. É o que se dá no imposto de transmissão de imóveis, quando dois ou mais são os compradores; no ICMS, sempre que dois ou mais forem os comerciantes vendedores; no ISS, toda vez que dois ou mais sujeitos prestarem um único serviço ao mesmo tomador." (Paulo de Barros Carvalho, in Curso de Direito Tributário, Ed. Saraiva, 8ª ed., 1996, p. 220)
> 9. Destarte, a situação que evidencia a solidariedade, quanto ao ISS, é a existência de duas ou mais pessoas na condição de prestadoras de apenas um único serviço para o mesmo tomador, integrando, desse modo, o polo passivo da relação. Forçoso concluir, portanto, que o interesse qualificado pela lei não há de ser o interesse econômico no resultado ou no proveito da situação que constitui o fato gerador da obrigação principal, mas o interesse jurídico, vinculado à atuação comum ou conjunta da situação que constitui o fato imponível.

---

[15] REsp nº 884.845/SC, Rel. Ministro LUIZ FUX, PRIMEIRA TURMA, julgado em 05.02.2009, DJe 18.02.2009.

(...)
13. Recurso especial parcialmente provido, para excluir do pólo passivo da execução o Banco Safra S/A.

Como se vê do exposto, é indevido reconhecer solidariedade em matéria tributária, em razão de interesse comum, entre pessoas que estejam em polos diferentes na relação jurídica, ainda que haja interesse econômico entre eles, porquanto o que configura o interesse comum capaz de caracterizar a solidariedade é o interesse jurídico, e não o econômico, daí por que impossível impor responsabilidade supletiva/ solidária entre vendedor e comprador.

Conclusão

O ICMS é um tributo de competência estadual, cuja hipótese de incidência consiste na realização de operações relativas à circulação de mercadorias e sobre prestações de serviços de transporte interestadual e intermunicipal e de comunicação, ainda que as operações e as prestações se iniciem no exterior.

Sempre que realizada a comercialização de mercadoria, esse fato estará subsumido à hipótese de incidência tributária e, por conseguinte, o comerciante alienante da mercadoria deverá recolher o ICMS, remetendo, portanto, à ideia de tributo plurifásico.

Conforme o *caput* do artigo 4º da Lei Complementar nº 87/1996, o contribuinte genérico do imposto é qualquer pessoa que realize, com habitualidade ou em volume que caracterize intuito comercial, operações de circulação de mercadoria.

A lei, contudo, poderá atribuir a um terceiro, vinculado à ocorrência do fato gerador, a responsabilidade pelo recolhimento do tributo. Em outras palavras, o contribuinte, mediante determinação legal, é afastado do papel de principal obrigado ao recolhimento de determinado tributo, sendo transmitida essa responsabilidade pelo pagamento do imposto a um terceiro, o qual passa a ser o responsável tributário.

A substituição tributária baseia-se na transferência da responsabilidade do crédito tributário a uma terceira pessoa, vinculada ao fato gerador do ICMS/ST, ou seja, ao serem realizadas operações de venda de mercadorias ou prestação de serviços, essa terceira pessoa será responsável por reter e recolher o imposto.

São duas as principais espécie de substituição previstas pelo ordenamento jurídico pátrio atualmente: substituição regressiva ou "para trás" e a substituição progressiva ou "para frente". Em ambas serão encontradas as figuras do substituído, aquele que terá realizado o fato gerador que deu ensejo ao surgimento do tributo, e do substituto, pessoa diversa daquela que praticou o fato jurídico tributado.

Na denominada substituição tributária regressiva ou "para trás" tem-se um verdadeiro diferimento do pagamento do tributo, quer dizer, ainda que verificada a hipótese de incidência tributária, o pagamento somente será realizado em uma etapa posterior da cadeia pelo substituto.

Já a substituição tributária progressiva ou "para frente", tem como fato gerador eventos futuros e tem como obrigação calcular o imposto em seus documentos fiscais, adicionando a cobrança do imposto do destinatário e adicionando esse valor na operação, tornando-se assim responsável pelo recolhimento nas operações subsequentes.

Nela, atribui-se a terceira pessoa a responsabilidade por obrigação tributária de fato gerador futuro, ou seja, que ainda não tenha ocorrido. A cobrança do tributo é antecipada, o que significa afirmar que há uma presunção de ocorrência de um fato futuro.

Ressalte-se que o contribuinte substituído é aquele que realiza o fato gerador futuro do imposto, o qual, todavia, já foi cobrado anteriormente do substituto, razão pela qual pelo menos a princípio a legislação tributária dispensa o substituído de qualquer recolhimento, uma vez que foi atribuída ao substituto da obrigação.

Na substituição tributária, um terceiro, que não realizou o fato imponível, é colocado no polo passivo de uma relação obrigacional.

A especialidade da substituição tributária é a existência da figura de um substituto, um terceiro, que irá realizar o recolhimento por possuir alguma vinculação com o fato gerador e com aquele que o praticou, sendo garantido seu ressarcimento posterior da incumbência legal referente à substituição, caso não ocorra o fato presumido.

O substituto, embora não tenha realizado o fato imponível, é posto pela lei na posição de verdadeiro sujeito passivo da obrigação tributária, respondendo integralmente não só pelo adimplemento do débito tributário como também pelo cumprimento das obrigações acessórias do contribuinte.

Segundo dispõe a legislação paulista do ICMS, a sujeição passiva por substituição não exclui a responsabilidade supletiva – também denominada de subsidiária – do contribuinte pela liquidação total do crédito tributário, observado o procedimento estabelecido em regulamento, sem prejuízo da penalidade cabível por falta de pagamento do imposto.

Não fosse a impossibilidade de pretender responsabilizar o sujeito o qual sequer integra a relação jurídica tributária em razão da aplicação do instrumento da substituição tributária, o Estado de São Paulo vai além ao exigir automaticamente o ICMS nos casos em que o substituto não recolhe o imposto de forma antecipada.

O entendimento mais recente sobre o tema foi publicado na resposta à Consulta Tributária nº 22.085/2020, disponibilizada no site da SEFAZ em 11.08.2020. Em seus fundamentos, a Secretaria da Fazenda do Estado menciona o artigo 11, incisos XI e XII, do RICMS/2000, em caso de não recolhimento do ICMS-ST por parte do remetente. Na hipótese em que a operação com a mercadoria esteja sujeita ao regime de substituição tributária, tal recolhimento poderá ser exigido do destinatário paulista, estando este sujeito, inclusive, à imposição de multa. Sucede que os referidos dispositivos tratam de hipótese de responsabilidade solidária por interesse comum.

Além disso, na responsabilidade solidária se compartilha o ônus, ao passo que na responsabilidade supletiva ou subsidiária admite-se a transferência da responsabilidade apenas quando todas as tentativas de cobrança do sujeito passivo restarem frustradas.

Informação bibliográfica deste texto, conforme a NBR 6023:2018 da Associação Brasileira de Normas Técnicas (ABNT):

MACEDO, Marcelo José Luz de; DAYAN, Thiago. A insegurança jurídica na responsabilidade tributária supletiva em face da exigência do ICMS substituição tributária. In: PINTO, Alexandre Evaristo; TOMKOWSKI, Fábio Goulart; ALLEGRETTI, Ivan; BEVILACQUA, Lucas (coord.). *ICMS no Tribunal de Impostos e Taxas de São Paulo*. Belo Horizonte: Fórum, 2022. p. 363-379. ISBN 978-65-5518-319-1.

PRECLUSÃO X DIREITO DE APRESENTAR PROVA EXTEMPORÂNEA

MARIA DO ROSÁRIO ESTEVES

Introdução

Neste trabalho, abordaremos o tema da prova no processo administrativo tributário, à luz da Lei estadual nº 13.457/09, com as alterações feitas pela Lei estadual nº 16.498/17, que trata do processo administrativo tributário no âmbito do Estado de São Paulo.

Assim, focaremos o aspecto temporal, ou seja, o momento processual do direito de apresentar a prova, e em contrapartida, a preclusão do mencionado direito.

O tema é bastante relevante no âmbito do processo administrativo fiscal, pois é a partir das provas que Fisco e contribuinte têm a oportunidade demonstrar o fato jurídico tributário, verificando ou não a sua ocorrência, e cumprindo-se, assim, os princípios constitucionais de ampla defesa e contraditório aplicáveis, também, ao processo administrativo tributário.

Nesse sentido, teceremos algumas reflexões, buscando o alcance do princípio da verdade material no processo administrativo fiscal, bem como os modos de prova admitidos e momento de sua produção, apontando a jurisprudência atual do Tribunal de Impostos e Taxas (TIT/SP).

1 A verdade

1.1 A verdade no direito positivo

O direito, enquanto conjunto de normas jurídicas válidas em um determinado país, constrói a sua própria realidade. Ele próprio, sistema jurídico positivo, estabelece normas que disciplinam, inclusive, como elas próprias, normas jurídicas, devem ser introduzidas no sistema. Desse modo, determina as regras acerca da sua formação e alteração.

Nessa linha de raciocínio, o sistema jurídico é autopoiético, pois fatores externos a ele, só podem nele penetrar pela porta aberta da hipótese, antecedente da norma jurídica, como, por exemplo, o ato de escolha do legislador. Após isso, o sistema é dito fechado, ou seja, o sistema jurídico é semântica e pragmaticamente aberto e sintaticamente fechado. Só se admite os três modais deônticos: obrigatório, proibido e permitido.

A verdade de uma proposição, não está relacionada à coisa em si, mas sim está no plano linguístico, ligada à ideia de sistema. A verdade é construída de acordo com os axiomas e regras impostas pelo próprio sistema, como campo delimitado da realidade. No caso, o sistema jurídico positivo. Nessa linha de raciocínio, não desconsideramos a teoria do consenso sobre a verdade na medida em que aceitamos que ocorre consenso no direito no momento em que o legislador decide pelas regras do sistema jurídico. Também não desconsideramos a teoria da verdade por coerência.

Suzy Gomes Hoffman destaca que "Ao impor a norma jurídica que traz em si um princípio jurídico, há um consenso, uma convenção, acerca da escolha do valor que irá estar revestido naquela norma que traz em si um princípio jurídico. Ao invocar a justiça, igualdade, o bem comum, se está realizando uma convenção necessária, um consenso retórico sobre tal objeto que não é possível descrever ou conceituar".[1]

O aplicador do direito conhecerá um fato ou um mero evento sempre por meio de um relato elaborado em linguagem jurídica (aquela aceita pelo próprio sistema como tal). Esse relato, em linguagem competente, deve ser produzido e documentado tendo em vista as regras admitidas pelo consenso, aquilo que denominamos de prova jurídica.

Desse modo, reconhecemos que, se o direito estabelece o que deve ser provado e como pode ser provado um fato, isto é, de que forma é possível a produção, apresentação e momento das provas, o próprio direito estabelece os limites do que será por ele conhecido.

O fato social ou evento será 'conhecido' pelo aplicador do direito na extensão delimitada pelo conjunto de normas jurídicas válidas no país. Nesse cenário, é o próprio direito que estabelece a verdade do fato jurídico.

---

[1] *Teoria da prova no direito tributário*, p. 54.

Para Eurico de Santi, "Toda verdade no direito é uma ficção jurídica. O direito reconstrói a verdade através de sua forma de conhecimento que é a prova. O Direito não incide sobre os fatos, incide sobre as provas dos fatos, ou dizendo de outra forma: o fato jurídico é o fato juridicamente provado".[2]

No processo, judicial ou administrativo, está presente muito mais um juízo de aparência de verdade, de verossimilhança, que se exaure na obediência à forma e ao rito, sendo, desse modo, a verdade relativa, e não absoluta.

Assim, o direito está situado dentro de um discurso, o discurso jurídico. Somente existe enquanto discurso e comunicação, portanto, linguagem. A verdade no direito será, pois, a constituição do fato jurídico conforme relato na linguagem jurídica. O fato social ou evento provado em linguagem competente será reconhecido pelo ordenamento jurídico, dentro dos limites aceitos pelo próprio sistema.

Portanto, a constituição do fato jurídico encontra limites nas normas jurídicas postas por convenção. Há que ser buscado o consenso baseado em enunciados formulados a partir de regras antecipadamente postas e aceitas pelos membros da sociedade, ou seja, além do mero consenso (social) é necessária uma coerência lógica da linguagem que traduzirá as manifestações do evento de acordo com as regras do sistema.

Frisamos que, no direito não será buscada a identidade total entre o evento (fato social) e seu enunciado elaborado na linguagem das normas jurídicas (fato jurídico), mas, contudo, deverá haver uma identidade mínima entre elas.

1.2 Verdade material *versus* verdade formal

A doutrina jurídica processual costuma tratar o tema da verdade fazendo uma distinção entre *verdade formal e verdade real ou material*.

A verdade formal, admitida no processo civil, é aquela que possui limites artificiais, uma vez que são criados efeitos devido à inércia da parte, tais como omissão de atos (revelia), ficções e presunções. Ela vale no processo como um retrato mais ou menos perfeito da verdade material, esta, pois, correspondente ao que efetivamente ocorre.

Além disso, fala-se em verdade real ou material, admitida no processo penal, quando a realização das provas pode ser determinada

---
[2] *Decadência e prescrição*, p. 42-43.

ex officcio pelo juiz, a fim de ser verificado o que efetivamente ocorreu no mundo fenomênico.

A respeito do tema verdade material e verdade formal, ressaltamos as esclarecedoras lições dos professores Antonio Carlos de Araújo Cintra, Ada Pellegrini Grinover e Cândido Rangel Dinamarco, em sua obra *Teoria geral do processo*, p. 65:

> No processo penal sempre predominou o sistema da livre investigação das provas. Mesmo quando, no processo civil, se confiava exclusivamente no interesse das partes para o descobrimento da verdade, tal critério não poderia ser seguido nos casos em que o interesse público limitasse ou excluísse a autonomia privada. Isto porque, enquanto no processo civil em princípio o juiz pode satisfazer-se com a *verdade formal* (ou seja, aquilo que resulta ser verdadeiro em face das provas carreadas aos autos), no processo penal o juiz deve atender à averiguação e ao descobrimento da *verdade real (ou verdade material),* como fundamentação da sentença.

Porém, a nosso ver, a verdade é única, não se bipartindo em material ou formal, a não ser para efeitos didáticos. Nesse sentido, pronuncia-se Devis Echandía "pero es ilógico e injurídico hablar de verdade forma o real".[3]

É o direito que elege o que será por ele reconhecido. Como consignado anteriormente em nossas premissas, o sistema do direito positivo é autopoiético. Os acontecimentos do mundo social nele penetram pela porta aberta da hipótese. A partir daí, o sistema é dito fechado, reconhecido pelo código-diferença lícito/ilícito. Desse modo, as ocorrências do mundo fenomênico, em concreto, para serem conhecidas juridicamente, devem ser provadas e, por sua vez, realizada a subsunção do fato jurídico à norma. O aplicador do direito realiza a incidência da norma levando em consideração se o fato está juridicamente provado ou não, de acordo com a forma específica exigida pelo ordenamento.

Ainda nessa linha adotada, a verdade para o direito é única, um a vez que é aquela que foi constituída segundo o ordenamento jurídico e conhecida pelos meios por ele estatuídos. A verdade dos fatos será reconhecida pelo sistema somente se demonstrada mediante a prova realizada de acordo com as normas jurídicas postas pelo sistema.

Em conclusão, o direito constrói a sua própria realidade, na medida em que constrói a sua própria verdade por meio das provas dos fatos jurídicos elaborados conforme as estipulações do sistema jurídico.

---

[3] *Teoria General de La Prueba Judicial*, p. 9, Tomo I.

Vale assinalar os ensinamentos de Luiz Sérgio Fernandes de Souza, em sua obra *Contribuição para uma teoria pragmática do abuso do direito no processo judicial*, p. 92, para quem a dificuldade da dogmática processual a respeito da verdade é a confusão que se estabelece entre os quatro planos diferentes de conhecimento:

A *verdade material* (processual) não se confunde com a *verdade ontológica* (filosofia), tampouco com a *verdade lógica* (ciências ideais) ou com a *verdade empírica* (ciências naturais ou históricas). Grande parte dos processualistas modernos, conquanto sensível à primeira e segunda distinções, apartando a prova judicial da verdade metafísica e da verdade racional, não demonstra a mesma facilidade em extremá-la da verdade empírica". E citando PIERO CALAMANDREI, continua: "a prova está voltada à demonstração da semelhança e não da verdade, o que neste ponto também se aplica à verdade histórica.

1.3 A verdade no processo administrativo tributário

A impugnação ao auto de infração lavrado pelo agente fiscal instaura o contencioso administrativo e este dá início ao processo administrativo tributário. O denominado "conflito" da relação jurídica, no caso, tem como especificidade a relação jurídica tributária.

A Carta Magna brasileira de 1988 garantiu no processo administrativo a necessidade do respeito aos princípios da ampla defesa e do contraditório, ambos, pois, decorrência do devido processo legal.

Conforme nos ensina Paulo César Conrado, "falar de *processo tributário* é falar, por isso, da linguagem constitutiva do 'conflito tributário'".[4] Assim, trataremos da linguagem constitutiva do conflito de uma relação jurídica tributária instaurada no âmbito do processo administrativo tributário, dando-se ênfase à linguagem produzida a fim de ser constituída a prova do fato jurídico tributário que, por sua vez, instaura a obrigação de pagar o tributo.

A prova do fato jurídico tributário deve ser apresentada juntamente com o auto de infração, veículo introdutor da norma individual e concreta de lançamento tributário, uma vez que ela fundamenta a expedição do ato-norma, sendo retomada no contencioso administrativo, a fim de ser decidido o "conflito".

O direito à ampla defesa concede ao administrado, no processo administrativo tributário, a oportunidade de apresentar suas razões,

---

[4] Processo Tributário, p. 64.

relatando a sua versão do fato conjuntamente com a apresentação das provas que corroboram o direito defendido, do modo mais extenso possível.

Paulo Bonilha, com suas sempre profundas lições, nos esclarece que: "Como se vê, a garantia da defesa é a coluna-mestra do processo administrativo. A cientificação do processo ao administrado, a oportunidade de contestar e contraditar, a de produzir provas e acompanhar a respectiva instrução e a utilização de recursos cabíveis, constituem requisitos para a regularidade processual".[5]

Já o princípio do contraditório "impõe a conduta dialética do processo". Assim, na dialética processual, a comunicação entre as partes deve ser preservada, dando-se a elas a oportunidade de constituírem atos de fala no processo. É assegurado às partes o direito de contraditar, podendo, ambos os polos, participar, em igualdade de condições, em todos os atos processuais.

José Souto Maior Borges[6] salienta que, em direito, a dialética se instaura no campo normativo (no artigo 5º, LV da CF) e se manifesta no processo. Já é uma determinação constitucional que sem contraditório não há processo, num movimento dialético. Nessa orientação, o processo governa o seu próprio movimento dialético pela audiência das partes (*audiatur et altera pars*), denominada princípio do contraditório ou da bilateralidade da audiência.

A doutrina afirma que o processo administrativo é regido pelo princípio da verdade material.

Alberto Xavier,[7] levantando a questão sobre como se deve proceder à investigação dos fatos tributários, com vistas à prova destes e sua valoração, entende que o 'procedimento' de lançamento tributário está submetido ao princípio inquisitório e à valoração dos fatos, ao princípio da verdade material, assim se expressando:

> A este quesito a resposta do Direito Tributário é bem clara. Dominado todo ele por um princípio da legalidade, tendente à proteção da esfera privada contra os arbítrios do poder, a solução não poderia deixar de consistir em submeter a investigação a um *princípio inquisitório* e a valoração dos fatos a um *princípio da verdade material*.

---

[5] *Da prova no processo administrativo tributário*, p. 61.
[6] *O contraditório no processo judicial*: uma visão dialética, p. 71.
[7] *Do lançamento*, p. 123.

Dessa forma, o mestre português assinala que a Administração não pode estar limitada aos meios de prova facultados pelo contribuinte, como não pode prescindir de diligências probatórias previstas na lei como necessárias ao pleno conhecimento do objeto do procedimento, salvo quando a lei expressamente autorize.

Eduardo Bottallo, citando Luiz Henrique Barros Arruda[8] registra que:

> Contrariamente ao que se dá, em regra, no processo judicial, em que prevalece o princípio da verdade formal, no processo administrativo, não só é facultado ao reclamante, após a fase inaugural, levar aos autos novas provas..., como é dever da autoridade administrativa atentar para todas as provas e fatos de que tenha conhecimento, ou mesmo determinar a produção de provas, trazendo-as aos autos, quando sejam capazes de influenciar na decisão.

Entretanto, apesar do entendimento doutrinário majoritário seja no sentido de que no âmbito do processo administrativo tributário prevalece a busca da verdade material ou real, entendemos que é necessária uma análise mais acurada da legislação específica, que pode graduar o princípio da verdade material, estabelecendo, por exemplo, o momento da produção da prova e sua preclusão; e, excepcionalmente, a possibilidade da apresentação de prova extemporânea.

2 O direito de apresentar provas extemporâneas, no âmbito do contencioso administrativo tributário paulista – Argumentos pró-Fisco e pró-contribuinte

No âmbito do processo administrativo tributário paulista, a Lei nº 16.498/2017 estabeleceu diversas alterações na Lei nº 13.457/09, e incluiu os parágrafos 1º e 2º do artigo 19, no que se refere à produção da prova.

Após a lavratura do auto de infração e imposição de multa pela autoridade fiscal, instruído com as provas necessárias à demonstração da infração imputada, o contribuinte tem prazo para apresentar sua defesa.

Do mesmo modo que a autoridade fiscal necessita comprovar as infrações que lhe forem imputadas, o contribuinte também pode apresentar suas provas, a fim de desconstituir os fatos jurídicos que lhe forem imputados.

---

[8] A prova no processo administrativo tributário federal. *Processo Administrativo Fiscal*, p. 12.

A Lei nº 13.457, de 2009, que disciplina o processo administrativo tributário no âmbito do Estado de São Paulo, *em sua redação original*, na Seção IV, a respeito das provas, estabelecia que:

> SEÇÃO IV
> Das Provas
> *Artigo 18* – Todos os meios legais, bem como os moralmente legítimos obtidos de forma lícita, são hábeis para provar a verdade dos fatos controvertidos.
> *Artigo 19* – As provas deverão ser apresentadas juntamente com o auto de infração e com a defesa, salvo por motivo de força maior ou ocorrência de fato superveniente.
> *Parágrafo único* – Nas situações excepcionadas no "caput" deste artigo, que devem ser cabalmente demonstradas, será ouvida a parte contrária.
> *Artigo 20* – Não dependem de prova os fatos:
> I – afirmados por uma parte e confessados pela parte contrária;
> II – admitidos, no processo, como incontroversos.

Sob a regência da lei acima transcrita, em sua redação original, podemos citar jurisprudência do Tribunal de Impostos e Taxas do Estado de São Paulo, tratando da aplicação do Princípio da Verdade Material – Processo DRT nº 3-650401/08 – AIIM nº 3.096.456-8 – Recurso Especial – Relator Dr. Eduardo Perez Salusse, julgamento de 10.08.2012, assim ementada:

> ICMS – FALTA DE PAGAMENTO – OPERAÇÃO DE REMESSA DE PRODUTOS EM VIRTUDE DE GARANTIA – ESTORNO INDEVIDO DO CRÉDITO – PRESUNÇÃO DE SAÍDAS NÃO TRIBUTADAS – *PRINCÍPIO DA VERDADE MATERIAL* – NULIDADE DO ACÓRDÃO RECORRIDO POR NÃO ANALISAR DOCUMENTOS CONTIDOS NOS AUTOS IMPRESCINDÍVEIS PARA O DESLINDE DA QUESTÃO.
> Recurso parcialmente conhecido e provido exclusivamente para anular a decisão recorrida, a fim de que sejam analisados os documentos juntados em relação a item I.1 do AIIM. Sobrestamento do recurso especial em relação ao item 1.2
>
> VOTO
> A questão preliminar a ser analisada por esse órgão julgador se refere à nulidade do acórdão recorrido, em virtude de não terem sido examinados os documentos acostados aos autos às fls. 3837/3840, os quais, segundo a Recorrente, comprovam que houve o destaque do ICMS nas operações de saída das peças para reposição em garantia. Entendo restar caracterizada a nulidade da decisão tal como argumenta a Recorrente,

uma vez que, ao analisar detidamente o acórdão recorrido não encontrei qualquer alusão à análise dos documentos indicados. Cinge-se a Câmara Julgadora a afirmar que a acusação descrita no item 1.1 é procedente em virtude de o contribuinte ter efetuado indevidamente o estorno do crédito referente à aquisição de peças, as quais foram, posteriormente, empregadas em operações tributadas de reposição em garantia, que o Agente Fiscal presumiu como não tributadas pelo contribuinte.

Ocorre que a Recorrente defende em sede de Recurso Ordinário que as operações de remessa das peças para substituição em garantia foram devidamente tributadas e afirma que a comprovação se dá mediante a análise das notas fiscais acostadas às fls. 3837/3840, cujo exame é vedado nesta seara, de modo que não resta alternativa a este Julgador senão anular o acórdão recorrido, a fim de que a Câmara Julgadora se manifeste exclusivamente quanto aos referidos documentos, de modo a esclarecer o motivo pelo qual houve a manutenção da acusação fiscal, em decisão fundamentada, sob pena de cerceamento ao direito de defesa do contribuinte.

No caso, pode-se verificar que o relator, acompanhado pelos demais integrantes da Câmara Superior, em votação unânime, decidiu pela nulidade da decisão *a quo*, que não teria analisado os documentos acostados aos autos apresentados pela autuada, em decisão fundamentada, ensejando cerceamento de defesa. Privilegiou-se, assim, a verdade da documentação já produzida nos autos, a qual se denominou de Princípio da Verdade Material.

Desse modo, em nome de uma verdade (que pode ser denominada de material), a fim de ser fundamentada a decisão com base na documentação acostada aos autos, a Câmara Superior do Tribunal de Impostos e Taxas de São Paulo decidiu, por unanimidade, pelo retorno dos autos à Câmara a quo.

Em outro caso, Processo DRT nº 2-829300/2008, Recurso Especial da Câmara Superior do TIT/SP, AIIM nº 3.101.627-3, em brilhante Voto do Relator Dr. Eduardo Perez Salusse, que admitiu a juntada de documento novo por motivo de força maior ou ocorrência de fato superveniente, após o julgamento do recurso ordinário, acompanhado pelos demais integrantes da Câmara, julgamento de 17.10.2011, assim ementado, destacamos:

ICMS. REMESSA DE MERCADORIAS A ZONA FRANCA DE MANAUS *INGRESSO NÃO COMPROVADO POR DOCUMENTAÇÃO EXPEDIDA PELA SUFRAMA.*
1. Logrando provar o contribuinte o envio e recebimento de mercadorias por outros meios de prova que não os regularmente exigidos, cabível a

aplicação da alíquota interestadual. Posição firmada na Câmara Superior deste Tribunal.

2. Não cabe à Câmara Superior, uniformizadora de jurisprudência deste Tribunal, analisar provas antigas ou supervenientes.

3. *Admitida a juntada de relevante documento novo por motivo de força maior ou ocorrência de fato superveniente após o julgamento do recurso ordinário, na forma do artigo 19 da Lei na 13.457/09, deve o processo ser remetido à Câmara Julgadora para reapreciação do tema, observando-se o principio do contraditório.* 4. *Aplicação harmônica do princípio do formalismo moderado, da busca pela verdade material e das regras processuais previstas nos artigos 19 e 49 da Lei nº 13.457/09.*

RECURSO ESPECIAL CONHECIDO E PARCIALMENTE PROVIDO. RETORNO À CÂMARA JULGADORA PARA REAPRECIAÇÃO DO TEMA. DECISÃO UNÂNIME.

(...)

A Lei 13.457/09 admite, em seu artigo 19, a produção de provas em momento excepcional, nos casos de motivo de força maior ou ocorrência de fato superveniente, hipótese na qual deve-se sempre ouvir a parte contrária, em evidente prestígio do contraditório:

Artigo 19 – As provas deverão ser apresentadas juntamente com o auto de infração e com a defesa, salvo por motivo de força maior ou ocorrência de fato superveniente. Parágrafo único – Nas situações excepcionadas no 'caput" deste artigo, que devem ser cabalmente demonstradas, será ouvida a parte contrária. Verifica-se força maior, na acepção do parágrafo único do artigo 393 do Código Civil Brasileiro, no fato necessário, cujos efeitos não era possível evitar ou impedir.

O fato superveniente, por sua vez, é o acontecimento juridicamente relevante que sobrevém à propositura da ação (novo, portanto) e que guarda íntima relação com o pedido inicialmente formulado.

De outro lado, quando tais documentos novos ou fatos supervenientes são trazidos em sede de recurso especial à Câmara Superior, função precípua de uniformizar jurisprudência, órgão julgador com tem-se flagrante incompatibilidade com as regras processuais que regem o processo administrativo tributário.

Da mesma forma ocorre junto ao Poder Judiciário, não se admitindo a análise da prova, antiga ou superveniente, no bojo de recurso especial. A este respeito, observe-se o quanto decidido pelo Superior Tribunal de Justiça no julgamento no recurso especial nº 389372/SC:

(...)

Desta feita e atendendo para o primado do formalismo moderado, sem deixar que esta Câmara Superior assuma inadmissível função revisora de provas, esta Câmara tem determinado, em casos da espécie, a remessa dos autos à Câmara *a quo,* para que analise e se manifeste sobre o documento novo trazido apenas em sede de recurso especial. Nesta linha e em vista das particularidades dos casos da espécie, dou parcial provimento ao recurso especial, para o fim de, respeitando-se o contraditório, determinar à I. Câmara Julgadora um novo julgamento exclusivamente em relação às operações relativas às notas fiscais 60550 e 71789, apreciando-se todo o respectivo acervo probatório, em especial os documentos expedidos pela SUFRAMA e juntados apenas em sede de recurso especial, mantendo-se, no restante, intacta a decisão recorrida.

Nesse cenário, por motivo de força maior ou ocorrência de fato superveniente, após o julgamento do recurso ordinário, a Câmara Superior do Tribunal de Impostos e Taxas de São Paulo, em julgamento de 17.10.2011, admitiu a juntada de documento novo em recurso especial, com o retorno dos autos à Câmara Julgadora, para que novo julgamento fosse proferido, relativamente aos documentos juntados posteriormente. No caso, a decisão foi unânime.

3 Análise de jurisprudência do TIT/SP, após o advento da Lei nº 16.498/17 que alterou a redação do artigo 19 da Lei nº 13.457/09

Com o advento da Lei nº 16.498, de 2017, foi alterado o parágrafo único do artigo 19 da Lei nº 13.457/09, acima transcrito, passando a ter a seguinte redação, *verbis*:

Artigo 19 – As provas deverão ser apresentadas juntamente com o auto de infração e com a defesa, salvo por motivo de força maior ou ocorrência de fato superveniente.

§1º – É lícito às partes, em qualquer tempo, juntar aos autos documentos novos, apenas quando destinados a fazer prova de fatos supervenientes ou para contrapô-los aos que foram produzidos nos autos.

§2º – Nas situações excepcionadas no "caput" e no §1º deste artigo, que devem ser cabalmente demonstradas, será ouvida a parte contrária.

Assim, a legislação do processo administrativo tributário paulista adota no artigo 19 que o momento da produção das provas é, em regra, juntamente com o AIIM, para a fiscalização e com a defesa, para o contribuinte.

Esse momento de produção de provas determinado pela legislação, com apresentação de documentos novos, poderá ser estendido (para qualquer tempo) apenas por: motivo de força maior ou fato superveniente. *Nesses casos excepcionais*, os motivos devem ser justificados e demonstrados, respeitado, sempre, o contraditório.

É nesse sentido que a jurisprudência do Tribunal de Impostos e Taxas do Estado de São Paulo tem se pautado.

Decisões reiteradas têm admitido a produção de novas provas *desde que justificado o motivo de força maior e demonstrado o fato superveniente, devendo, nestes casos, ser aberta a possibilidade do contraditório.*

Vejam-se, a seguir, decisões recentes da Câmara Superior do TIT/SP:

No julgamento do Recurso Especial Processo DRTC nº 1-4018190, AIIM nº 4.018.190-0, Relator Klayton Munehiro Furuguem, julgamento de 20.09.2018, decisão por unanimidade, foi assim ementada:

> ICMS. CRÉDITO INDEVIDO DECORRENTE DE ESCRITURAÇÃO DE NOTAS FISCAIS INIDÔNEAS DE REMETENTE COM INSCRIÇÃO ESTADUAL CASSADA (I.1). NULIDADE DA DECISÃO RECORRIDA. FALTA DE ANÁLISE DAS PROVAS. *A busca da verdade material possibilita a flexibilização da regra processual no processo administrativo tributário, mas não significa a total liberalidade na atuação processual. Se o contribuinte tem o interesse na utilização da regra do art. 19, da Lei n.º 13.457/09, ele deve informar e justificar o motivo de forma antecipada para cientificar a Fazenda Estadual e o órgão julgador acerca da juntada extemporânea de provas. Isto evita a insegurança jurídica na apresentação tardia de documentos de forma desordenada e aleatória no decorrer do processo, evitando ainda tumulto processual.*
> (...)
> Recurso Especial do contribuinte parcialmente conhecido e negado provimento.
> (...)
> Por este motivo, não se tratando de fatos supervenientes, entendo como válido a recusa dos documentos pelo voto vencedor na hipótese de descumprimento da regra do art. 19, da Lei n.º 13.457/09, razão pelo qual, conheço, porém, nego provimento ao pedido recursal.

Portanto, no caso em análise, a Câmara Superior entendeu que não foi informado *o interesse na utilização da regra do art. 19 da Lei nº 13.457/09, nem justificado o motivo da juntada extemporânea de provas, a fim de evitar o abuso na sua produção extemporânea.*

Assim, restou consignado na mencionada decisão que a busca da *verdade material*, apesar de possibilitar a flexibilização das regras processuais no âmbito do processo administrativo tributário, não significa ao mesmo tempo a total liberalidade no momento da produção da prova.

Em outro caso, recurso especial datado de 06.02.2018, Processo DRT nº 13-4067079-0, da Câmara Superior, Relator Argos Campos Ribeiro Simões, foi afastada a violação ao Princípio da Verdade Material, sendo acompanhado por unanimidade pelos demais integrantes da Câmara Superior, assim ementado:

ITEM 1 – Deixou de pagar o ICMS, nos exercícios de 2010 e 2011, decorrente de diferenças de saídas em operações tributadas, apuradas por meio de Levantamento Fiscal Específico, ITEM 2 – Recebeu nos exercícios de 2010 e 2011 mercadorias sem documentação fiscal em operações tributadas. NOTIFICAÇÃO DO AIIM: 17/12/2015. Com relação ao RESP do contribuinte, CONHEÇO PARCIALMENTE e, na parte conhecida, NEGO PROVIMENTO ao seu especial apelo. *No que tange ao pleito de nulidade por não apreciação dos documentos inseridos na defesa, não apreciação dos novos documentos apresentados em ordinário, da não realização da diligência pleiteada e na questão da verdade material, NÃO CONHEÇO do especial apelo do contribuinte.*
(...)

DECISÃO

16. Com relação ao RESP do contribuinte, CONHEÇO PARCIALMENTE e, na parte conhecida, NEGO PROVIMENTO ao seu especial apelo.

17. *No que tange ao pleito de nulidade por não apreciação dos documentos inseridos na defesa, não apreciação dos novos documentos apresentados em ordinário e da não realização da diligência pleiteada, NÃO CONHEÇO do especial apelo do contribuinte.*

18. *Como visto no relato acima, o acórdão em ordinário analisou a documentação regularmente instruída, detalhando tanto o procedimento fiscal do levantamento efetivado, como motivando legal e factualmente seu resultado.*

19. *No mesmo sentido do já decidido, não vejo nulidade na não apreciação em ordinário dos novos documentos juntados, pois a justificativa temporal apresentada como exígua pela recorrente não se verifica.*

20. *A recorrente teve quase dois anos para apresentação dos documentos solicitados em notificação e renotificação, restando omissa neste sentido e inerte na solicitação de prorrogação de prazos, não havendo força maior à pretendida análise extemporânea, conforme artigo 19 da Lei 13.457/2009.*
(...)

25. *Quanto ao pedido de nulidade por violação ao princípio da verdade material, destaca-se preliminarmente que a busca da verdade material pauta-se nos limites do devido processo legal, e pelos mesmos fundamentos acima que rechaçaram as nulidades ali pleiteadas, afasto também tal pedido nulificante, pois o acórdão em ordinário buscou sim a verdade material (analisando minuntemente as provas instruídas aos autos) e não admitindo violação ao princípio do devido processo legal, por absoluta não satisfação a requisito essencial do artigo 19 da Lei 13.457/2009, com relação às provas extemporâneas.*
(...)

28. *Nestes autos, os documentos apresentados regularmente foram considerados suficientes ao convencimento judicante e os extemporâneos não atenderam ao requisito legal de admissão, além do que, pela própria recorrente, teriam efeito apenas esclarecedor e não inovador.*

29. *Não há de se tratar a "busca da Verdade Material" de forma factualmente*

genérica, como pretendido pela recorrente na sua justificativa de conhecimento do apelo, mas deve ser analisada em face das circunstâncias particulares a cada processo.

Assim, no caso em questão, entendeu a Câmara que a *recorrente teve tempo suficiente (2 anos) para apresentação dos documentos solicitados em notificação e renotificação, restando omissa nesse sentido e inerte na solicitação de prorrogação de prazos. Ademais, não comprovou força maior à pretendida análise extemporânea, conforme artigo 19 da Lei nº 13.457/2009.*

Veja-se, ainda, o acórdão proferido no Julgamento do Processo DRTC II nº 4040871-1 (AIIM nº 4.040.871-1), em decisão unânime da Câmara Superior, datada de 21.05.2019, Relatora Maria do Rosário Pereira Esteves, no sentido de que não foi admitida a apresentação das provas em sede de Recurso Especial, tendo em vista que o direito de apresentação da prova estava precluso, e a autuada/recorrente não teria apresentado nenhuma justificativa que fundamentasse a apresentação de novos documentos, sendo a prova extemporânea, cuja ementa e excerto da decisão seguem transcritas:

> ICMS ST – FALTA DE PAGAMENTO DO IMPOSTO EXIGIDO POR SUBSTITUIÇÃO TRIBUTÁRIA – VALORES DECORRENTES DE BENEFÍCIO FISCAL CONCEDIDO AO REMETENTE EM DESACORDO COM O DISPOSTO NO ARTIGO 155, §2º, INCISO XII, ALÍNEA "G" DA CONSTITUIÇÃO FEDERAL E NOS ARTIGOS 1º, PARÁGRAFO ÚNICO, INCISOS III E IV E ARTIGO 2º DA LEI COMPLEMENTAR 24/75 – GUERRA FISCAL – A RECORRENTE NÃO APONTOU PARADIGMAIS SERVÍVEIS PARA O CONHECIMENTO DAS NULIDADES APONTADAS – VÍCIOS INEXISTENTES – ARTIGO 19 DA LEI 13457/09 – *MOMENTO DA APRESENTAÇÃO DE PROVAS – FATO SUPERVENIENTE OU FORÇA MAIOR NÃO JUSTIFICADOS* – RECURSO ESPECIAL NÃO CONHECIDO
>
> (...)
>
> *No caso em discussão, entendo que a razão está com a Fazenda Pública, pois, a Autuada não demonstrou a ocorrência de fato superveniente, limitando-se a mencionar que "havia requerido as microfilmagens dos referidos pagamentos perante o Banco a fim de comprovar o recolhimento do ICMS, entretanto, não foi possível obter a documentação em tempo hábil, devido à quantidade de documentos requeridos".*
>
> O momento da apresentação das provas, consoante a previsão do artigo 19 da Lei 13.457/09, com a redação da Lei 16.498/17, é junto com a defesa ao Auto de Infração, SALVO MOTIVO DE FORÇA MAIOR OU OCORRÊNCIA DE FATO SUPERVENIENTE, in verbis:

"Artigo 19 – As provas deverão ser apresentadas juntamente com o auto de infração e com a defesa, salvo por motivo de força maior ou ocorrência de fato superveniente. (Redação dada ao artigo pela Lei 16.498, de 18-07-2017; DOE 19-07-2017) §1º – É lícito às partes, em qualquer tempo, juntar aos autos documentos novos, apenas quando destinados a fazer prova de fatos supervenientes ou para contrapô-los aos que foram produzidos nos autos. §2º – Nas situações excepcionadas no "caput" e no §1º deste artigo, que devem ser cabalmente demonstradas, será ouvida a parte contrária."

Portanto, entendo que agiu com acerto a decisão recorrida que se pautou na falta de provas nos autos que pudessem infirmar o trabalho fiscal. Inadmissível o reexame das provas nesta fase recursal. Veja-se excerto da decisão recorrida: "MÉRITO DA AUTUAÇÃO – DO ITEM I-1 – NÃO-COMPROVAÇÃO DO RECOLHIMENTO DO ICMS-ST POR ANTECIPAÇÃO (ARTIGO 426-A DO RICMS/SP) – O MÉRITO DA AUTUAÇÃO É INCONTROVERSO, TODAVIA, A RECORRENTE NÃO APRESENTOU A PROVA DE PAGAMENTO DO IMPOSTO.

9. – Primeiramente em relação ao item 01 do AIIM, a Recorrente alega que já teria requerido as microfilmagens dos referidos pagamentos perante o Banco, a fim de comprovar o recolhimento do ICMS, entretanto, devido ao montante de comprovantes requerido – de 2010 a 2013 – não foi possível obtê-los até a presente data. Na verdade, a Recorrente solicita que em respeito ao Princípio da Verdade Material a Recorrente protesta pela posterior juntada dos comprovantes de recolhimento do ICMS, os quais comprovariam a improcedência do item 01 do auto de infração em questão. 9.1 – Noto neste ponto, inicialmente que quanto à matéria de direito, a Recorrente recebeu em transferência de sua filial de Goiás diversos produtos sujeitos ao regime da substituição tributária, conforme o artigo 313-K do RICMS/SP. É pacífico que no caso, deveria ter ocorrido o recolhimento na forma do artigo 426-A do RICMS/SP: (g.n.) "Artigo 426-A – Na entrada no território deste Estado de mercadoria indicada no §1º, procedente de outra unidade da Federação, o contribuinte paulista que conste como destinatário no documento fiscal relativo à operação deverá efetuar antecipadamente o recolhimento (Lei 6.374/89, art. 2º, §3º-A): (Redação dada ao artigo pelo Decreto 52.742, de 22-02-2008; DOE 23-02- 2008; Efeitos a partir de 01-02-2008)" (...) 9.2 – Quanto à matéria de direito e de fato no que concerne ao item I-1, o Recurso apresentado não se insurge quanto aos valores que foram apresentados no Demonstrativo Anexo da autuação do item I-1 (fls. 08/841) e além disto, o Auto de Infração traz exatamente o valor do imposto que deveria ser recolhido à título de substituição tributária discriminado por Nota Fiscal, além de trazer acostado a cópia de diversos destes documentos fiscais. (g.n.) 9.3 – Neste ponto, a única forma de afastar a autuação do item I-1, seria a Recorrente apresentar a prova de pagamento do tributo. A legislação do processo tributário aponta que esta prova deveria ter sido trazida até a primeira defesa

administrativa. Neste ponto, o presente julgador tributário entende que de acordo com o Princípio da Verdade Material, (...), que este prazo poderia até mesmo ser alargado para a fase de julgamento em 2ª instância perante esta Câmara do Egrégio Tribunal de Impostos e Taxas. 9.4 – Todavia, tendo sido agendado o julgamento, e não tendo até o momento a Recorrente apresentado a prova irrefutável do pagamento do imposto relativo ao item I-1, mantenho pelos fundamentos já expostos a autuação do item I-1". (Grifei)

Desse modo, incabível o conhecimento do recurso também com relação ao item I.1 e alegação da Recorrente no que diz respeito à comprovação de que foram efetuados os pagamentos ao emitente da documentação fiscal, haja vista que, apenas no momento da interposição do recurso especial é que foi juntada a documentação de fls. 10106 a 10748, relativas às supostas provas de pagamento, sem justificativa plausível de fato superveniente ou força maior, conforme prescrito no art. 19 supostas provas de pagamento, sem justificativa plausível de fato superveniente ou força maior, conforme prescrito no art. 19 da Lei 13.457/09.

Portanto, a jurisprudência do Tribunal de Impostos e Taxas/SP tem caminhado no sentido de acolher o Princípio da Verdade Material no processo administrativo tributário, *desde que observados os limites impostos pela legislação estadual* quanto ao momento da produção das provas e excepcionalmente, a produção extemporânea de novos documentos. Porém, nesse último caso, devem ser cabalmente demonstrados os motivos, pela ocorrência de força maior ou quando destinadas a fazer prova de fatos supervenientes ou contrapô-los.

Ressalte-se que a prova apresentada pela fiscalização deve ocorrer no momento da lavratura do auto de infração, e a produção de novas provas extemporâneas também deve ser justificada, do mesmo modo como ocorre com o direito do contribuinte de apresentar provas extemporâneas.

Conclusão

As mudanças filosóficas modificaram e modificam a concepção da verdade. A cada época histórica e acompanhando a teoria do conhecimento, reformulou-se a concepção da verdade para a realização do saber. A verdade é uma característica das proposições, está no plano linguístico e, sendo uma criação da realidade pela linguagem, não há uma verdade universal e objetiva.

A verdade no direito é a constituição do fato jurídico conforme relatado em linguagem jurídica. O fato social ou evento, provado em linguagem competente, será reconhecido pelo ordenamento jurídico, dentro dos limites aceitos pelo próprio sistema.

No direito, não será buscada a identidade total entre o evento e seu enunciado, elaborado na linguagem das normas jurídicas, mas deverá haver uma mínima identidade entre elas.

Assim, na linha de raciocínio das premissas adotadas neste trabalho, entendemos que não cabe uma rígida distinção entre verdade formal e material ou real, uma vez que a verdade do fato jurídico é aquela que for constituída segundo o ordenamento jurídico e conhecida pelos meios eleitos pelo próprio ordenamento.

A verdade dos fatos será reconhecida pelo direito somente se demonstrada mediante a prova realizada de acordo com as normas jurídicas postas pelo sistema.

A impugnação ao auto de infração lavrado pelo agente fiscal instaura o contencioso administrativo e este dá início ao processo administrativo tributário. O denominado "conflito" da relação jurídica tem como especificidade a relação jurídica tributária.

A Carta Magna brasileira de 1988 garantiu no processo administrativo tributário, a obrigatoriedade de respeito aos princípios do contraditório e da ampla defesa. Ambos são decorrência do devido processo legal.

Entendemos que o direito constrói a sua própria realidade, ou seja, constrói a sua própria verdade, conhecida por meio das provas dos fatos jurídicos e elaborada conforme as estipulações prescritas nas normas jurídicas que versam sobre o processo administrativo fiscal.

A limitação do tempo e as regras que limitam a produção de provas é inerente ao próprio direito, refletindo no processo administrativo tributário.

Assim, a legislação impõe como momento de apresentação das provas: a) para o Fisco, juntamente com o lançamento tributário; b) para o contribuinte, com a defesa.

Após esses momentos, o direito de apresentar provas, seja da fiscalização ou do contribuinte, está precluso. Entretanto, excepcionalmente, posteriormente a esses dois momentos, em qualquer tempo, serão admitidas novas provas apenas por motivo de força maior e para fazer prova de fatos supervenientes ou para contrapô-los aos que foram produzidos nos autos.

A legislação paulista estabelece, ainda, que as situações excepcionais, do §1º do artigo 19 da Lei nº 13.457/09, alterada pela Lei nº 16.498/2017, devem ser cabalmente demonstradas e será ouvida a parte contrária.

É nesse sentido que a jurisprudência do Tribunal de Impostos e Taxas do Estado de São Paulo tem decidido, admitindo o direito de produção de prova extemporânea, apenas nas situações excepcionais, com fundamento justificado e demonstrado, por motivo de força maior ou para fazer prova de fato superveniente, ou contrapô-lo, respeitando sempre o princípio do contraditório.

Informação bibliográfica deste texto, conforme a NBR 6023:2018 da Associação Brasileira de Normas Técnicas (ABNT):

ESTEVES, Maria do Rosário. Preclusão x direito de apresentar prova extemporânea. *In*: PINTO, Alexandre Evaristo; TOMKOWSKI, Fábio Goulart; ALLEGRETTI, Ivan; BEVILACQUA, Lucas (coord.). *ICMS no Tribunal de Impostos e Taxas de São Paulo*. Belo Horizonte: Fórum, 2022. p. 381-398. ISBN 978-65-5518-319-1.

A CONCOMITÂNCIA ENTRE DEMANDAS ADMINISTRATIVAS E JUDICIAIS: ANÁLISE CRÍTICA DA MANUTENÇÃO DAS PENALIDADES

MARTHA LEÃO

Introdução

A discussão acerca dos efeitos da concomitância entre demandas administrativas e judiciais é antiga e intensa. Neste trabalho abordaremos uma das questões decorrentes dessa discussão, que diz respeito à manutenção da cobrança de juros e multa nos autos de infração lavrados para prevenção da decadência quando da existência de decisão liminar favorável ao contribuinte, afastando a exigibilidade do crédito. A discussão prossegue ainda hoje em função da falta de previsão legal específica para esse caso, na medida em que a Lei Estadual nº 13.457/09, ao dispor em seu artigo 30, §3º, sobre a lavratura de auto de infração para prevenção da decadência, faz referência tão somente ao crédito tributário com exigibilidade suspensa nos termos do artigo 151, inciso II, do Código Tributário Nacional (hipótese de suspensão de exigibilidade pela existência de depósito integral). Assim o dispositivo da legislação estadual:

> Artigo 30 – Não impede a lavratura do auto de infração a propositura pelo autuado de ação judicial por qualquer modalidade processual, com o mesmo objeto, ainda que haja ocorrência de depósito ou garantia.
> §1º – A propositura de ação judicial importa renúncia ao direito de litigar no processo administrativo tributário e desistência do litígio

pelo autuado, devendo os autos ser encaminhados diretamente à Procuradoria Geral do Estado, na fase processual em que se encontrarem.

§2º – O curso do processo administrativo tributário, quando houver matéria distinta da constante do processo judicial, terá prosseguimento em relação à matéria diferenciada, conforme dispuser o regulamento.

§3º – *Estando o crédito tributário com a exigibilidade suspensa, nos termos do artigo 151, inciso II, da Lei federal nº 5.172, de 25 de outubro de 1966, a autuação será lavrada para prevenir os efeitos da decadência, porém sem a incidência de penalidades.* (Grifos meus)

Em função dessa prescrição restrita à hipótese de depósito integral, sem menção às demais hipóteses previstas pelo Código Tributário Nacional para a suspensão da exigibilidade do crédito tributário, criam-se situações de divergência entre a Fazenda Estadual e os contribuintes quando da existência de ação judicial anterior à lavratura do auto de infração em que exista decisão liminar favorável ao contribuinte. Nesse tipo de situação, a lavratura do auto de infração para prevenção da decadência do crédito é acompanhada de juros e multa, o que enseja a concomitância das demandas na esfera judicial e administrativa, sendo que nesta última se discute não o mérito da cobrança (em discussão no processo judicial), mas a legalidade da inclusão dos juros e da multa no auto de infração em função da existência de hipótese de suspensão da exigibilidade, ainda que diversa do depósito judicial.

Há evidente divergência entre as partes sobre esse tipo de situação. Por um lado, a Fazenda Estadual entende que a previsão legal afasta a incidência de juros e multa apenas diante da existência de depósito judicial, não garantindo o mesmo tratamento para a existência de decisão liminar. Além disso, argumenta a Fazenda Estadual que o contribuinte, nessa situação, tem pleno conhecimento acerca da precariedade da decisão que lhe seria favorável, sendo que a sua possível reversão demandaria o retorno ao *status quo* anterior.

Por outro lado, os contribuintes entendem que a previsão legal da legislação estadual teria um caráter meramente exemplificativo ao mencionar apenas o inciso II do artigo 151, na medida em que há outras hipóteses de suspensão da exigibilidade do crédito. Não suficiente, os contribuintes argumentam que a existência de penalidades dependeria do descumprimento de uma obrigação tributária, que configuraria a mora, sendo que a referida situação não poderia ser comparada àquela verificada pelo contribuinte inadimplente que não possui uma decisão favorável específica desobrigando-o ao pagamento.

A discussão tinha posicionamento oscilante nas turmas do Tribunal de Impostos e Taxas (TIT), ora favorável à Fazenda Estadual ora favorável aos contribuintes. A situação, no entanto, foi pacificada em 2018, a partir da edição de súmula no Tribunal, com a seguinte redação:

Súmula nº 14/2018: A lavratura de Auto de Infração sem a incidência de penalidades necessariamente depende do prévio depósito judicial do montante integral do crédito tributário, nos termos do §3º, do artigo 30, da Lei n. 13.457/2009.

O Tribunal, portanto, sumulou o entendimento fazendário de que o dispositivo legal se restringiria à hipótese de depósito, permitindo, como consequência, a inclusão de juros e multa nos autos de infrações lavrados para prevenção da decadência em casos com suspensão de exigibilidade. Nesse contexto, o presente artigo tem a intenção de contribuir para esse debate, examinando de forma crítica as razões apresentadas pelo Fisco e pelos contribuintes para fundamentar as suas respectivas posições, como também a jurisprudência do Tribunal de Impostos e Taxas de São Paulo sobre a matéria. É o que se passa a fazer.

1 Argumentos pró-Fisco

São dois os argumentos utilizados pela Fazenda Estadual para justificar a inclusão de multa e juros nas autuações lavradas para prevenção da decadência nas hipóteses em que há propositura de ação judicial anterior com a concessão de medida liminar favorável ao contribuinte para a suspensão da exigibilidade do crédito tributário. Em primeiro lugar, a Fazenda Estadual utiliza o argumento semântico (ou literal) com relação ao disposto no §3º do artigo 30 da Lei Estadual nº 13.457/09. Conforme o argumento semântico, deve-se atribuir sentido a um dispositivo de acordo com o significado comum das palavras nele expressas. Tal significado comum, por sua vez, pode referir-se ao uso ordinário (não técnico) das palavras por uma comunidade ou ao uso técnico das palavras por um determinado grupo de especialistas.[1] Em sentido semelhante, Peczenick aponta que a interpretação literal é uma descrição esclarecedora do conteúdo do estatuto em conformidade com o uso linguístico ordinário, geral ou legal. A interpretação literal não seria corretora, nem mesmo suplementar. Ela apenas estabeleceria o significado da disposição legal à luz da sua redação.[2]

---

[1] CHIASSONI, Pierluigi. *Tecnica dell'interpretazione giuridica*. Bologna: Il Mulino, 2007, p. 82.
[2] PECZENIK, Aleksander. *On Law and Reason*. Lund: Springer, 2008, p. 312.

Assim, a Fazenda Estadual destaca que o dispositivo prescreve que "estando o crédito tributário com a exigibilidade suspensa, *nos termos do artigo 151, inciso II, da Lei federal nº 5.172, de 25 de outubro de 1966*, a autuação será lavrada para prevenir os efeitos da decadência, porém sem a incidência de penalidades". Alega-se, portanto, que o dispositivo foi expresso em afastar a inclusão de penalidades em uma hipótese específica, qual seja, a hipótese de depósito integral do montante em discussão (artigo 151, inciso II). Logo, *a contrario sensu*, o texto não faz menção geral às hipóteses de suspensão da exigibilidade do crédito ou ao artigo 151 como um todo. O texto é enfático ao mencionar uma única hipótese na qual as penalidades seriam afastadas e, nesse sentido, o intérprete não poderia "alargar" o texto para criar uma norma mais ampla do que aquela decorrente do sentido preliminar das palavras escolhidas pelo legislador. Em resumo, a Fazenda Estadual sustenta que a interpretação correta desse dispositivo poderia ser reconstruída de modo hipotético condicional nos seguintes termos: "se A (depósito integral), então Z (lavratura do auto de infração sem penalidades)". Como a hipótese de concessão de liminar não se confunde com a hipótese A (seria a hipótese B), então a consequência prevista pela norma não pode ser estendida a ela sem desrespeitar o argumento semântico.

Em segundo lugar, a Fazenda Estadual sustenta a sua interpretação na utilização do argumento da natureza do provimento recebido pelo contribuinte nesse tipo de situação. A decisão liminar pela suspensão da exigibilidade do crédito é, por sua própria natureza, precária. Para o Fisco, o contribuinte saberia do risco atinente a esse tipo de decisão em virtude da sua precariedade, uma vez que se encontra sujeita à revisão judicial quando da decisão definitiva. Isso significa dizer que o contribuinte assumiria esses riscos de forma consciente e, nesse sentido, não poderia arguir surpresa com relação à inclusão das penalidades na lavratura do auto de infração. Caso tenha interesse em afastar esse risco, o contribuinte deveria optar pelo depósito, única situação na qual a lei afastaria a inclusão dos juros e multa.

Desse modo, com base tanto no argumento semântico (ou literal) quanto da natureza do provimento liminar recebido pelo contribuinte, a Fazenda Estadual sustenta ser devida a inclusão de penalidades na lavratura do auto de infração para cobrança do crédito tributário para fins de prevenção da decadência em todos os casos nos quais não se verifique a existência de depósito integral do montante em discussão no Poder Judiciário.

2 Argumentos pró-contribuinte

Também são dois os argumentos utilizados pelos contribuintes para sustentar a exclusão de multa e juros nas autuações lavradas para prevenção da decadência nas hipóteses em que há propositura de ação judicial anterior com a concessão de medida liminar favorável à suspensão da exigibilidade do crédito tributário. Em primeiro lugar, os contribuintes sustentam que o argumento sistemático afasta a intepretação semântica ou literal do disposto no §3º do artigo 30 da Lei Estadual nº 13.457/09. Conforme o argumento sistemático, deve-se atribuir sentido a um dispositivo de acordo com as demais normas do ordenamento jurídico. Como aponta MacCormick, os "'argumentos sistemáticos' são aqueles que conduzem a um entendimento aceitável de um texto jurídico visto particularmente em seu contexto como parte de um sistema jurídico".[3] Na mesma linha, Guastini sustenta que a interpretação sistemática é utilizada para fazer referência não a uma única técnica interpretativa, mas a um conjunto de técnicas cujos traços semelhantes são, em primeiro lugar, o apelo ao contexto no qual a disposição a ser interpretada se enquadra e, em segundo lugar, o apelo à presunção de coerência do ordenamento jurídico.[4]

Pois bem, considerando que o artigo 151 do Código Tributário Nacional prevê outras hipóteses de suspensão da exigibilidade do crédito tributário, entre elas a concessão de medida liminar, e que os efeitos atribuídos a todas as hipóteses ali listadas são os mesmos, não se poderia conferir ao dispositivo da lei estadual uma interpretação taxativa no sentido de que apenas o depósito integral do montante afastaria as penalidades, pois essa interpretação implicaria incoerência no sistema normativo como um todo, estando em direto desacordo com as normas gerais de Direito Tributário.

Nesse sentido, o dever de coerência sistemática, de acordo com o entendimento dos contribuintes, imporia que a interpretação a ser atribuída aos dispositivos legais não resultasse em normas contraditórias. Isso ocorreria no caso porque, de um lado, a norma geral atribuiria os mesmos efeitos a todas as hipóteses de suspensão da exigibilidade (tanto ao depósito como à liminar) e, de outro lado, a legislação estadual de São Paulo atribuiria efeitos diferentes a essas mesmas hipóteses (estabelecendo que o depósito seria hierarquicamente superior à

---

[3] MACCORMICK, Neil. *Rhetoric and the rule of law*: a theory of legal reasoning. Oxford: Oxford University Press, 2009, p. 127.
[4] GUASTINI, Riccardo. *Le fonti del diritto*. Milano: Dott. A. Giuffrè Editore, 2010, p. 360, nota 9.

hipótese de concessão de liminar para fins de efeitos). Haveria, assim, clara contradição entre a norma geral (decorrente de lei nacional) e a norma específica (decorrente de lei estadual).

Em segundo lugar, e na mesma direção da Fazenda Estadual, os contribuintes apelam ao argumento da natureza das coisas para justificar a necessária exclusão das penalidades nesse caso. O foco, contudo, não é na natureza do provimento judicial (a decisão liminar), e sim na natureza da própria penalidade. A inclusão de encargos punitivos em um auto de infração decorre da ideia de punir aquele que se encontra em mora no cumprimento de suas obrigações, estabelecendo-se um encargo (um custo) do dinheiro no tempo com a finalidade de ressarcir o credor que ficou sem seus recursos durante um determinado período de tempo e, ao mesmo tempo, punir o credor por seu comportamento moroso. Assim, a existência de penalidades dependeria do descumprimento de uma obrigação tributária, que configuraria a mora, sendo que a referida situação não poderia ser comparada àquela verificada pelo contribuinte inadimplente que não possui uma decisão favorável específica desobrigando-o ao pagamento. No caso do contribuinte que possui uma decisão liminar para a suspensão da exigibilidade do crédito, não haveria *mora* porque não haveria *crédito exigível*, o que afastaria a possibilidade de se punir quem age de acordo com decisão judicial válida (ainda que sujeita à revisão).

Logo, com base tanto no argumento sistemático como no argumento da natureza da inclusão de punições ao devedor em mora, os contribuintes sustentam que devem ser excluídos os juros e a multa na lavratura de auto de infração para prevenção da decadência quando há propositura de ação judicial anterior com decisão liminar pela suspensão da exigibilidade do crédito tributário.

3 Jurisprudência do TIT/SP

O Tribunal de Impostos e Taxas de São Paulo, depois de divergências em suas Câmeras Baixas, sumulou em 2018 o entendimento pacificado pela sua Câmera Superior no sentido de que seria lícita a inclusão de juros e multa nos autos de infrações lavrados para prevenção da decadência nos casos em que há suspensão da exigibilidade por razões que não sejam a existência de depósito integral do montante discutido. Em outras palavras, o Tribunal entendeu, de forma favorável à Fazenda Estadual, que o artigo 30, §3º, da Lei nº 13.457/09, deveria ser interpretado de forma literal, como uma prescrição que autorizaria a exclusão de penalidades tão somente na hipótese específica do artigo 151, inciso II, do Código Tributário Nacional (existência de depósito integral). Novamente, a redação da referida súmula:

> Súmula nº 14/2018: A lavratura de Auto de Infração sem a incidência de penalidades necessariamente depende do prévio depósito judicial do montante integral do crédito tributário, nos termos do §3º, do artigo 30, da Lei n. 13.457/2009.

Cinco decisões proferidas pela Câmera Superior do Tribunal de Impostos e Taxas, em sede de recurso especial, fundamentaram a edição da referida súmula. Todas elas, no que importa ao presente artigo, lidavam com situações nas quais (i) havia processo judicial anterior; (ii) havia decisão liminar favorável ao contribuinte para a suspensão exigibilidade do crédito; (iii) foi lavrado auto de infração para prevenção da decadência com a inclusão de juros e multa. Assim, embora o mérito da cobrança tributária não pudesse mais ser objeto de discussão administrativa, mantinha-se a discussão sobre a inclusão dos juros e multa diante da falta de depósito. Nesses casos, pacificou-se o entendimento de que essa situação fática não afastaria, nos termos da lei estadual, a inclusão de juros e multa, conforme se verifica nas seguintes ementas exemplificativas do posicionamento adotado:

> ICMS – IMPORTAÇÃO DE REVERSOR DE AERONAVE – CONCOMITÂNCIA COM PROCESSO JUDICIAL MÉRITO. Em virtude de ter impetrado mandado de segurança para importar reversor de aeronave, sem o recolhimento do imposto no desembaraço aduaneiro, não há mais legítimo interesse para litigar na esfera administrativa no que se refere à incidência do imposto nessa operação. *A exclusão da multa e juros resta impossibilitada, por não haver depósito judicial integral do valor do imposto exigido nesses autos.* (...) (TIT-SP, Câmara Superior, Recurso Especial nº 4002532-9, Relator Conselheiro Gianpaulo Camilo Dringoli, publicado em 16.12.2016) (Grifos meus)
> ICMS – CONCOMITÂNCIA ENTRE AÇÃO JUDICIAL E PROCESSO ADMINISTRATIVO MÉRITO A Fazenda recorre para restabelecer a multa punitiva e os juros, cancelados na decisão recorrida, em virtude de decisão judicial, que suspendeu a exigibilidade do crédito tributário. *Essa Câmara Superior tem entendido que apenas o depósito judicial integral do valor exigido a título de imposto possibilita o cancelamento da multa e dos juros.* RECURSO DA FAZENDA PROVIDO – ENCAMINHAMENTO DOS AUTOS À PROCURADORIA FISCAL. (TIT-SP, Câmara Superior, Recurso Especial nº 4033284-6, Relator Conselheiro Gianpaulo Camilo Dringoli, publicado em 10.10.2016) (Grifos meus)

ICMS. Deixar de pagar. Guia de recolhimento especial. Mercadorias importadas. *Desembaraço aduaneiro sem recolhimento do ICMS em função de mandado de segurança. Concomitância. Inexistência de depósito do montante integral.* Recurso especial conhecido e não provido. (TIT-SP, Câmara Superior, Recurso Especial nº 4040687-8, Relator Conselheiro Carlos Americo Domeneghetti Badia, publicado em 02.09.2016) (Grifos meus)
Dois os Recursos Especiais ICMS-Importação-Mandado de Segurança-Medida Liminar-*Ausência de depósito integral do imposto*-Concomitância. Multa e juros afastados. Apelo fazendário conhecido e provido. *Restabelecida a exigência de multa e juros.* Recurso Especial do contribuinte não conhecido. (TIT-SP, Câmara Superior, Recurso Especial nº 4012016-8, Relator Conselheiro Augusto Toscano, publicado em 09.11.2016) (Grifos meus)

O voto do Conselheiro Relator Augusto Toscano no julgamento do Recurso Especial nº 4012016-8 é exemplificativo da argumentação que prevaleceu no Tribunal. Nesse sentido, destaca-se a seguinte passagem:

A multa tem natureza sancionatória, e uma vez caracterizada a infração, cabe a sua aplicação. Ocorrido o lançamento do crédito tributário a favor do Fisco, cabe a aplicação de juros de mora e multa, sendo que a administrada somente estaria ao abrigo do não pagamento dos juros se, no caso, tivesse efetuado o depósito do montante integral do crédito tributário.

Na situação desses autos, não tendo havido depósito, o fato de existir um processo judicial que a autuada discute a legitimidade ou não do crédito tributário referente à importação, não acode ao contribuinte a inconformidade com a cobrança de juros de mora e multa, cuja afastamento em sede de recurso ordinário, deu-se em desalinho com o entendimento majoritário dessa Câmara Superior.

Por oportuno, registre-se que o Colendo S.T.F. já possui entendimento na direção de que a medida liminar é concedida em caráter meramente precário. Desse modo, o contribuinte ora recorrido tinha conhecimento de que estava assumindo risco ao seguir a ordem judicial. E, se não quisesse assumir esse risco deveria no momento azado ter efetuado o deposito judicial em sua integralidade.

O que se tem, em boa hermenêutica e em exegese ponderada é que "o depósito judicial pode suspender a fluência dos juros e da correção monetária, mas a medida liminar, não inibe a Fazenda Pública Estadual, no caso, de constituir o crédito tributário pelo lançamento para evitar a decadência e assim, torná-lo exigível, quando desaparecerem os motivos da suspensão concedida in limine, o que será feito com os juros de mora se o contribuinte não efetuar o depósito."

(Trecho do voto do Conselheiro Relator Augusto Toscano no Recurso Especial nº 4012016-8, publicado em 09.11.2016) (Grifos meus)

Prevaleceu no Tribunal, portanto, a argumentação no sentido de que o dispositivo legal deveria ter uma interpretação literal, limitando-se a sua aplicação apenas ao caso do depósito judicial. No entendimento do órgão, o contribuinte assumiria um risco ao confiar na manutenção de decisão precária sobre a suspensão da exigibilidade do crédito, sem realizar o depósito do montante integral.

O problema desse entendimento está na sua (in)compatibilidade com o Código Tributário Nacional. O artigo 146, inciso III, alínea "b", da Constituição, prescreve que cabe à lei complementar estabelecer normas gerais em matéria de legislação tributária, especialmente sobre "obrigação, lançamento, crédito, prescrição e decadência tributários". Trata-se, nesse sentido, do que se convencionou chamar de "regra de reserva". Isto é, uma regra que define uma determinada matéria (normas gerais de Direito Tributário) cuja edição é limitada a uma determinada fonte (lei complementar) com a exclusão de todas as outras (leis ordinárias ou até atos infralegais). A função da regra de reserva é exatamente subtrair do âmbito material de competência de outras fontes a matéria reservada.[5] Tal disposição está diretamente vinculada à necessidade de uniformização e harmonia desses preceitos no âmbito da Federação, o que impõe um regramento *federal* uniforme. Como destaca Ávila, a Constituição brasileira instituiu um modelo federativo centralizado que pressupõe normas gerais com eficácia limitadora e especificadora; daí por que a exigência de normas gerais em matéria tributária não se contrapõe ao princípio federativo, antes o concretiza.[6] Na mesma linha, Schoueri enfatiza que o contribuinte atribuiu à lei complementar o papel de "lei nacional", na medida em que, em uma Federação, não seria de esperar que norma editada por uma das pessoas jurídicas de direito público (portanto pertencente a determinada ordem jurídica parcial) fosse cogente para as demais; por outro lado, tampouco seria possível um regime único de arrecadação sem que houvesse harmonização de procedimentos.[7]

No exercício dessa competência constitucionalmente reservada, o Código Tributário Nacional prescreveu, em seu artigo 151, as hipóteses nas quais haveria a suspensão da exigibilidade do crédito tributário, entre elas, o depósito (inciso II), a concessão de medida liminar em mandado de segurança (inciso IV) e a concessão de medida liminar

---

[5] GUASTINI, Riccardo. *Teoria e dogmatica delle fonti*. Milano: Giuffrè, 1998, p. 50.
[6] ÁVILA, Humberto. *Sistema constitucional tributário*. 5. ed. São Paulo: Saraiva, 2012, p. 192-195.
[7] SCHOUERI, Luís Eduardo. *Direito Tributário*. 9. ed. São Paulo: Saraiva, 2019, p. 81.

ou de tutela antecipada, em outras espécies de ação judicial (inciso V, incluído pela Lei Complementar nº 104/2001). Assim o dispositivo:

> Art. 151. Suspendem a exigibilidade do crédito tributário:
> I – moratória;
> II – o depósito do seu montante integral;
> III – as reclamações e os recursos, nos termos das leis reguladoras do processo tributário administrativo;
> IV – a concessão de medida liminar em mandado de segurança.
> V – a concessão de medida liminar ou de tutela antecipada, em outras espécies de ação judicial; (Incluído pela Lcp nº 104, de 2001)
> VI – o parcelamento. (Incluído pela Lcp nº 104, de 2001)
> Parágrafo único. O disposto nesse artigo não dispensa o cumprimento das obrigações assessórios dependentes da obrigação principal cujo crédito seja suspenso, ou dela consequentes.

A leitura desse dispositivo indica que não houve qualquer diferenciação para fins de efeitos com relação às hipóteses de suspensão da exigibilidade do crédito tributário. Em outras palavras, todas essas hipóteses foram tratadas exatamente da mesma forma pela norma geral: *todas* elas têm o condão de suspender a exigibilidade do crédito, garantindo, portanto, os mesmos efeitos. Tanto isso é verdadeiro que se afastou na jurisprudência o entendimento de que a concessão de liminar dependeria de prévio depósito do montante integral, na medida em que se trata de hipóteses distintas, ambas adequadas à produção do mesmo efeito. Nesse sentido, a título meramente exemplificativo, a seguinte decisão do Superior Tribunal de Justiça:

> MANDADO DE SEGURANÇA. CONCESSÃO DE LIMINAR. SUBORDINAÇÃO DA EFICÁCIA DA MEDIDA À PRESTAÇÃO DE CAUÇÃO. INADMISSIBILIDADE. DESDE QUE SATISFEITOS OS PRESSUPOSTOS ESSENCIAIS E UMA VEZ CONCEDIDA, POR ISSO, A LIMINAR, NÃO É LÍCITO SUBORDINAR A EFICÁCIA DA MEDIDA A OUTRAS CONDIÇÕES. (STJ, Recurso Especial nº 47.818/SP, Relator Ministro Hélio Moismann, Segunda Turma, julgado em 21.05.1998, DJ 15.06.1998)

A *ratio decidendi* desse entendimento jurisprudencial está exatamente no fato de que a concessão de liminar e a realização de depósitos são hipóteses autônomas de suspensão da exigibilidade do crédito, cada uma com seus requisitos próprios e sem sobreposição entre elas.

Isso significa dizer que a concessão de quaisquer das hipóteses prescritas no artigo 151 *suspende* a possibilidade de cobrança do crédito tributário, inibindo qualquer ato de exação por parte da Fazenda Pública.

Tal situação, portanto, gera como resultado a impossibilidade de se qualificar a atuação do contribuinte como de *inadimplência*, uma vez que essa depende de uma dívida tributária ativa não quitada. Com o perdão da obviedade dessa afirmação, só é inadimplente aquele sobre o qual paira um crédito exigível (ou seja, não suspenso). Nesse sentido, o próprio Superior Tribunal de Justiça (sem fazer qualquer distinção entre depósito e liminar):

> (...) Entrementes, somente as causas suspensivas da exigibilidade do crédito tributário, taxativamente enumeradas no artigo 151, do CTN (moratória; depósito do montante integral do débito fiscal; reclamações e recursos administrativos; concessão de liminar em mandado de segurança; concessão de liminar ou de antecipação de tutela em outras espécies de ação judicial; e parcelamento), *inibem a prática de atos de cobrança pelo Fisco, afastando a inadimplência do contribuinte, que é considerado em situação de regularidade fiscal*. (STJ, Recurso em Mandado de Segurança nº 27.473/SE, Relator Ministro Luiz Fux, Primeira Turma, julgado em 22.02.2011) (Grifos meus)

Por essa razão, viola o disposto no artigo 151 do Código Tributário Nacional a diferenciação de efeitos entre as hipóteses ali listadas, como se nem todas elas tivessem, de fato, a habilidade de suspender os efeitos do crédito tributário. Veja-se que o fato de a decisão liminar ser precária em nada altera os seus efeitos, enquanto a decisão estiver vigente. Todas as hipóteses ali listadas são temporárias, tanto é que são hipóteses de *suspensão*, e não de *extinção* do crédito tributário. Enquanto elas estiverem presentes, contudo, não há mora do contribuinte pela singela razão de que não há crédito exigível. Nesse sentido, permitir que o contribuinte seja, nessa situação, submetido ao pagamento de penalidades significa, na prática, estabelecer uma hierarquia entre as hipóteses de suspensão da exigibilidade do crédito tributário, criando efeitos distintos por meio de lei estadual ordinária.

Conclusão

Todas as considerações anteriores demonstram que o entendimento prevalecente no Tribunal de Impostos e Taxas de São Paulo com relação a ser legal a inclusão de juros e multa na lavratura de autos de infração para prevenção da decadência, mesmo diante da existência de decisão liminar suspendendo a exigibilidade do crédito tributário, está em desacordo com a Constituição e com o Código Tributário Nacional. A inclusão de penalidades no auto de infração lavrado para prevenção da decadência na hipótese em que há decisão liminar no processo judicial para a suspensão da exigibilidade do crédito tributário é tanto inconstitucional quanto ilegal. Do ponto de vista constitucional, essa interpretação viola o artigo 146, inciso III, alínea "b", da Constituição, por desrespeitar a regra de reserva constitucional que atribuiu à lei complementar a competência para estabelecer as normas gerais relativas ao crédito tributário. Ao permitir que lei ordinária estadual possa alterar o disposto na norma geral viola-se a reserva atribuída constitucionalmente à outra fonte (lei complementar) de natureza diversa (federal, e não restrita a um ente da Federação). Do ponto de vista legal, essa interpretação viola o artigo 151 do Código Tributário Nacional, porque cria uma diferenciação hierárquica entre as hipóteses de suspensão de exigibilidade, como se algumas tivessem efeitos que outras não possuem, quando o Código Tributário Nacional, fonte competente para tratar do tema, não estabelece qualquer diferenciação.

Informação bibliográfica deste texto, conforme a NBR 6023:2018 da Associação Brasileira de Normas Técnicas (ABNT):

LEÃO, Martha. A concomitância entre demandas administrativas e judiciais: análise crítica da manutenção das penalidades. In: PINTO, Alexandre Evaristo; TOMKOWSKI, Fábio Goulart; ALLEGRETTI, Ivan; BEVILACQUA, Lucas (coord.). *ICMS no Tribunal de Impostos e Taxas de São Paulo*. Belo Horizonte: Fórum, 2022. p. 399-410. ISBN 978-65-5518-319-1.

ERRO NA ELEIÇÃO DO SUJEITO PASSIVO DA INFRAÇÃO

MICHELL PRZEPIORKA

ARTHUR LEITE DA CRUZ PITMAN

Introdução

Há quem sustente que a Constituição Federal estabelece a sujeição passiva da obrigação tributária,[1] o que evidencia a importância da matéria. Alinhamo-nos, entretanto, à corrente doutrinária que vê na legislação complementar o *locus* de sua definição e delimitação,[2] uma vez que o próprio art. 146 da CF atribui a lei complementar definir o conceito de contribuinte.

---

[1] Paulo Ayres Barreto sustenta que a Constituição Federal de 1988 limita a sujeição passiva relativamente aos impostos, entre outros, pela demarcação das materialidades constitucionalmente prescritas e nos princípios da capacidade contributiva (CF/1988, art. 145, §1º) e da segurança jurídica (art. 5º, *caput*) (BARRETO, Paulo Ayres. Limites normativos à responsabilidade tributária das operadoras de marketplace. *Revista Direito Tributário Atual*, n. 45. São Paulo, 2º semestre 2020, p. 627). ATALIBA, Geraldo; BARRETO, Aires Fernandino. Substituição e responsabilidade tributária. *Revista de Direito Tributário*, ano 13, n. 49, p. 73, jul./set. 1989). Vide também BECHO, Renato Lopes. *Responsabilidade tributária de terceiros*: CTN, arts. 134 e 135. São Paulo: Saraiva, 2014, p. 16-20.

[2] Em sentido contrário, Maria Rita Ferragut sustenta a inexistência de norma constitucional que indique quem deva ser o sujeito passivo de uma relação jurídica tributária (FERRAGUT, Maria Rita. *Responsabilidade Tributária*. 4. ed. Revista, atualizada e ampliada. São Paulo: Noeses, 2020, p. 10).

Ademais, o §1º do art. 145 da Constituição Federal estabelece que "sempre que possível, os impostos terão caráter pessoal e serão graduados segundo a capacidade econômica do contribuinte", relevando a importância de sua identificação para a incidência tributária. Nesse sentido é que Barreto sustenta que "a capacidade contributiva exige que o sujeito passivo da obrigação tributária exprima riqueza própria na realização do fato gerador, hipótese em que será o contribuinte, ou, pelo menos, tenha condições de acessar a riqueza do terceiro exprimida na operação".[3]

A matéria ganha maior importância no âmbito do imposto sobre operações relativas à circulação de mercadorias e sobre prestações de serviços de transporte interestadual e intermunicipal e de comunicação, ainda que as operações e as prestações se iniciem no exterior (ICMS), pois é necessário para determinar, por exemplo, a quem será atribuída responsabilidade pelo recolhimento do imposto correspondente à diferença entre a alíquota interna e a interestadual, nos termos do art. 155, §2º, VIII, da CF.

O Código Tributário Nacional atribui a condição de sujeito passivo da obrigação ao contribuinte e ao responsável, nos termos de seu art. 121. O contribuinte é de fato a pessoa que realiza a materialidade da hipótese de incidência, ao passo que o responsável é colocado na condição de sujeito passivo por determinação legal.[4] Registra-se desde logo que o próprio Código Tributário Nacional estabelece, em seu art. 128,[5] limites para a atribuição de responsabilidade.[6]

No âmbito do ICMS, a Lei Complementar nº 87/96 (Lei Kandir) define contribuinte especificamente em seu art. 4º como "qualquer pessoa, física ou jurídica, que realize, com habitualidade ou em volume

---

[3] BARRETO, Paulo Ayres. Limites normativos à responsabilidade tributária das operadoras de marketplace. *Revista Direito Tributário Atual*, São Paulo, n. 45, p. 628, 2º semestre 2020.

[4] "Art. 121. Sujeito passivo da obrigação principal é a pessoa obrigada ao pagamento de tributo ou penalidade pecuniária. Parágrafo único. O sujeito passivo da obrigação principal diz-se: I – contribuinte, quando tenha relação pessoal e direta com a situação que constitua o respectivo fato gerador; II – responsável, quando, sem revestir a condição de contribuinte, sua obrigação decorra de disposição expressa de lei."

[5] "Art. 128. Sem prejuízo do disposto neste capítulo, a lei pode atribuir de modo expresso a responsabilidade pelo crédito tributário a terceira pessoa, vinculada ao fato gerador da respectiva obrigação, excluindo a responsabilidade do contribuinte ou atribuindo-a a este em caráter supletivo do cumprimento total ou parcial da referida obrigação."

[6] O legislador tributário não é livre para atribuir responsabilidade a qualquer terceiro, mas somente àqueles que tenham vínculo com o fato gerador da obrigação tributária, compartilhando a definição de Alcides Jorge Costa, para quem "a relação direta com o fato gerador é a de quem tira proveito econômico" (COSTA, Alcides Jorge. *Contribuições ao estudo da obrigação tributária*. São Paulo: IBDT, 2003, p. 60).

que caracterize intuito comercial, operações de circulação de mercadoria ou prestações de serviços de transporte interestadual e intermunicipal e de comunicação, ainda que as operações e as prestações se iniciem no exterior".

Além disso, são considerados contribuintes a pessoa física ou jurídica que, mesmo sem habitualidade ou intuito comercial, (i) importe mercadorias ou bens do exterior, qualquer que seja a sua finalidade; (ii) seja destinatária de serviço prestado no exterior ou cuja prestação se tenha iniciado no exterior; (iii) adquira em licitação mercadorias ou bens apreendidos ou abandonados; ou (iv) adquira lubrificantes e combustíveis líquidos e gasosos derivados de petróleo e energia elétrica oriundos de outro Estado, quando não destinados à comercialização ou à industrialização.

No presente artigo, analisaremos a jurisprudência do Tribunal de Impostos e Taxas de São Paulo (TIT) no que diz respeito ao erro na eleição do sujeito passivo da infração, a partir dos casos concretos identificados, não sendo analisadas outras questões que poderiam ser levantadas.[7]

No sítio eletrônico do Tribunal foram pesquisados os termos "erro sujeito passivo ICMS. Para fins de atualidade, adotou-se como data de corte "01 de janeiro de 2015". Esclarece-se ainda que a última busca foi realizada em 8 de abril de 2021, tendo retornado 31 acórdãos.[8]

Entre esses acórdãos, quatro não trataram diretamente da matéria analisada,[9] tendo sido desconsiderados. Outros três acórdãos diziam respeito a recurso especial do contribuinte que não foi conhecido em razão da ausência ou não coincidência entre a decisão recorrida e o paradigma.[10]

Por fim, registra-se que o autor não teve acesso à íntegra dos acórdãos, tendo realizado sua análise a partir dos fundamentos e fatos transcritos nos acórdãos.

Feitos esses esclarecimentos, passamos à análise dos casos identificados.

---

[7] Por exemplo, se se trata de questão de ordem pública cognoscível a qualquer tempo ou se é necessária alegação pelo contribuinte.
[8] O material foi disponibilizado em: https://drive.google.com/drive/folders/1RsuKXGWrZ UR35743J7QXuNre8kbBJ5hl?usp=sharing.
[9] Processos nºs 4113235, 4104352, 4071720 e 4047489.
[10] Processos nºs 76322, 13444 e 4009509-5.

1 Extinção da pessoa jurídica autuada

Em inúmeros casos, o auto de infração foi lavrado em face de empresa que já se encontrava extinta, seja por incorporação, seja por descontinuidade das atividades, com a baixa do CNPJ.

No Processo nº 4042463-7, da Quarta Câmara Julgadora, no caso, o auto de infração foi lavrado em 05.11.2014, contra a AMBEV, empresa que teria sido incorporada em 02.01.2014.

A recorrente alegou em seu recurso que se aplicaria à matéria a inteligência do art. 132 do Código Tributário Nacional:

> Art. 132. A pessoa jurídica de direito privado que resultar de fusão, transformação ou incorporação de outra ou em outra é responsável pelos tributos devidos até à data do ato pelas pessoas jurídicas de direito privado fusionadas, transformadas ou incorporadas.
>
> Parágrafo único. O disposto neste artigo aplica-se aos casos de extinção de pessoas jurídicas de direito privado, quando a exploração da respectiva atividade seja continuada por qualquer sócio remanescente, ou seu espólio, sob a mesma ou outra razão social, ou sob firma individual.

Nessa linha, o relator entendeu pelo cancelamento do lançamento de ofício, por entender que a Companhia de Bebida das Américas (AMBEV) seria a contribuinte até a data da incorporação, e a AMBEV S.A, seria responsável por sucessão, após a incorporação, nos termos dos artigos 121 e 132 do CTN. O que seria reforçado pelo art. 129 do CTN.[11]

O Juiz Roberto Biava Junior apresentou voto-vista, manifestando discordância. Esclareceu que constava no AIIM como sujeito passivo principal Companhia de Bebidas das Américas (AMBEV), e como solidário AMBEV S.A. Afirma ainda que o recurso da autuada apenas diz que deveria ter sido a mesma autuada como sujeito passivo, e não responsável. Segundo ele:

> 2.1 Como já havia sido observado na primeira decisão administrativa, com relação aos atos societários de incorporação da Companhia de Bebidas das Américas – Ambev pela Ambev S.A. e o comprovante de inscrição e de situação cadastral no CNPJ da incorporada, observa-se que a aprovação da incorporação em assembleia ocorreu em 02/01/2014.

---

[11] "Art. 129. O disposto nesta Seção aplica-se por igual aos créditos tributários definitivamente constituídos ou em curso de constituição à data dos atos nela referidos, e aos constituídos posteriormente aos mesmos atos, desde que relativos a obrigações tributárias surgidas até a referida data."

Não obstante o auto de infração ter sido lavrado em 05/11/2014, este retrata operações ocorridas nos exercícios de 2009 e 2010, período em que a empresa Companhia de Bebidas das Américas – Ambev era sujeito passivo na qualidade de contribuinte em relação às referidas operações. Após a incorporação, a incorporadora passou a ser responsável pelos débitos fiscais da incorporada gerados antes do ato, nos termos do artigo 132 do CTN (Lei nº 5.172/66).

2.2 Neste ponto, o Recurso da autuada apenas diz que deveria ter sido a mesma autuada como sujeito passivo e não responsável. Ora, a leitura do artigo 132 citado pela Recorrente e aplicável ao caso, está inserido no rol do CTN denominado "Responsabilidade dos Sucessores" e a leitura do próprio artigo 132 indica que a Ambev S.A. é responsável tributária em relação 'a empresa incorporada. Neste ponto, não há nada a ser retificado no referido auto de infração, posto que foi lavrado da forma como a Recorrente é tratada no CTN, ou seja, como responsável tributário por sucessão.

Interessante registrar a posição do relator no Processo nº 4116901-3, julgado pela Quarta Câmara Julgadora, que a despeito de a questão não ter sido objeto de escrutínio pela DTJ reconheceu-a em grau recursal por se tratar de violação de norma de caráter de ordem pública (vício material consistente na incorreta indicação do sujeito passivo). Na ocasião, entretanto, prevaleceu o voto-vista em que, fundamentado no art. 144 do CTN, entendeu-se como correto o lançamento em face da empresa, em que pese estar extinta ao tempo do lançamento.

A questão foi objeto de análise do Processo nº 4096832-7, da Nona Câmara Julgadora, em que os julgadores entenderam pela manutenção parcial dos autos de infração, principalmente os lançamentos referentes a fatos geradores ocorridos anteriormente à extinção da pessoa jurídica autuada, fundamentando-se no art. 144 do CTN[12] e no art. 24 da Portaria CAT nº 92/98.[13]

---

[12] "Art. 144. O lançamento reporta-se à data da ocorrência do fato gerador da obrigação e rege-se pela lei então vigente, ainda que posteriormente modificada ou revogada."
[13] "Artigo 24 – A inscrição no Cadastro de Contribuintes do ICMS, sua alteração e extinção (baixa), ocorrerão independentemente da regularidade de obrigações tributárias, previdenciárias ou trabalhistas, principais ou acessórias, do empresário, da sociedade, dos sócios, dos administradores ou de empresas de que participem, sem prejuízo das responsabilidades do empresário, dos titulares, dos sócios ou dos administradores por tais obrigações, apuradas antes ou após o ato de extinção. (Artigo acrescentado pela Portaria CAT-04/15, de 16-01-2015; DOE 17-01-2015; Em vigor em 19-01-2015). §1º – A baixa referida no "caput" não impede que, posteriormente, sejam lançados ou cobrados tributos, contribuições e respectivas penalidades, decorrentes da falta do cumprimento de obrigações ou da prática comprovada e apurada em processo administrativo ou judicial de outras irregularidades praticadas pelos empresários, pelas pessoas jurídicas ou por seus titulares, sócios ou administradores."

Embora o raciocínio faça sentido em relação à possibilidade de cobrança do crédito tributário apurado conforme a legislação de regência, a indicação do sujeito passivo deve respeitar as regras prescritas na legislação complementar, principalmente em referência à responsabilidade tributária.

Nessa linha, ao julgar o Processo nº 4100124-2, em voto de relatoria do julgador Caio Augusto Takano, a Segunda Câmara Julgadora decidiu pelo cancelamento do auto de infração lavrado. Segundo entendimento do relator, o artigo 1.033 do Código Civil prescreve que a existência das pessoas jurídicas de direito privado finda pela sua dissolução,[14] somente sendo possível a lavratura contra a Pessoa Jurídica caso o AFR Autuante demonstrasse por intermédio de conjunto probatório robusto que, não obstante a pessoa jurídica não estivesse regularmente constituída, apresentasse uma unidade econômica ou profissional, nos termos do artigo 126, inc. III, do CTN.[15] Para além dessa possibilidade, apenas a lavratura do auto de infração em face aos sócios, como dispõe o Código Tributário Nacional (artigo 134, VII,[16] e artigo 135, inciso III[17]) e a Lei nº 6.374/89 (artigo 15[18]), bem como a Súmula nº 435 do STJ.

---

[14] "Art. 1.033. Dissolve-se a sociedade quando ocorrer: I – o vencimento do prazo de duração, salvo este e sem oposição de sócio, não entrar a sociedade em liquidação, caso em que se prorrogará por tempo indeterminado; II – o consenso unânime dos sócios; III – a deliberação dos sócios, por maioria absoluta, na sociedade de prazo indeterminado; IV – a falta de pluralidade de sócios, não reconstituída no prazo de cento e oitenta dias; V – a extinção, na forma da lei, de autorização para funcionar. Parágrafo único. Não se aplica o disposto no inciso IV caso o sócio remanescente, inclusive na hipótese de concentração de todas as cotas da sociedade sob sua titularidade, requeira, no Registro Público de Empresas Mercantis, a transformação do registro da sociedade para empresário individual ou para empresa individual de responsabilidade limitada, observado, no que couber, o disposto nos arts. 1.113 a 1.115 deste Código. (Redação dada pela Lei nº 12.441, de 2011) (Vigência)"

[15] "Art. 126. A capacidade tributária passiva independe: I – da capacidade civil das pessoas naturais; II – de achar-se a pessoa natural sujeita a medidas que importem privação ou limitação do exercício de atividades civis, comerciais ou profissionais, ou da administração direta de seus bens ou negócios; III – de estar a pessoa jurídica regularmente constituída, bastando que configure uma unidade econômica ou profissional."

[16] "Art. 134. Nos casos de impossibilidade de exigência do cumprimento da obrigação principal pelo contribuinte, respondem solidariamente com este nos atos em que intervierem ou pelas omissões de que forem responsáveis: (...) VII – os sócios, no caso de liquidação de sociedade de pessoas."

[17] "Art. 135. São pessoalmente responsáveis pelos créditos correspondentes a obrigações tributárias resultantes de atos praticados com excesso de poderes ou infração de lei, contrato social ou estatutos: (...) III – os diretores, gerentes ou representantes de pessoas jurídicas de direito privado."

[18] "*Artigo 15* – É de responsabilidade do respectivo titular a obrigação tributária atribuída pela legislação ao estabelecimento. §1º – Para efeito de cumprimento de obrigação tributária: (Parágrafo Único passou a denominar-se §1º pela Lei 10.619/00, de 19-07-2000;

Nesse sentido, o Processo nº 3159139, julgado pela Segunda Câmara Julgadora, em que os julgadores concordaram pela impossibilidade de uma empresa extinta responder por obrigação constituída após sua extinção, mormente quando há sucessora legitimada a responder.[19]

Por fim, cumpre registrar que ao analisar o Processo nº 3159139 em setembro de 2020, a Câmara Superior do TIT manteve o posicionamento proferido pela Câmara Baixa, registrando sua tendência à impossibilidade de se autuar empresa inexistente, embora tenham sido identificados casos em que prevaleceu posicionamento contrário.[20]

Após análise dos casos levantados em relação à matéria, verificam-se duas linhas de argumentação, a que indica a possibilidade de lavratura do auto de infração contra empresa extinta, haja vista o teor do art. 144 do CTN e do art. 24 da Portaria CAT nº 92/98, e outra linha que sustenta a impossibilidade, haja vista a inexistência de personalidade jurídica.

Em nosso ver, esta última estaria correta. O evento da incorporação extingue a pessoa jurídica incorporada, tendo como consequência a possibilidade de a Administração Tributária realizar os novos lançamentos em nome da empresa incorporadora (art. 121 do CTN) e cobrar dela, na condição de sucessora, os créditos já constituídos (art. 132 do CTN), conforme, inclusive, o recente posicionamento do e. Superior Tribunal de Justiça em sede de acórdão repetitivo.[21]

DOE 20-07-2000) 1 – entende-se autônomo cada estabelecimento do mesmo titular; 2 – são considerados em conjunto todos os estabelecimentos do mesmo titular, relativamente à responsabilidade por débito do imposto, correção monetária, multas e acréscimos de qualquer natureza."

[19] No mesmo sentido o Processo nº 4099040-0, de relatoria do Julgador Jandir José Dalle Lucca, da Primeira Câmara Julgadora.

[20] Nesse sentido o Processo nº 4001660-2, relatoria do Juiz João Carlos Csillag, julgado em junho de 2018.

[21] "PROCESSUAL CIVIL E TRIBUTÁRIO. RECURSO ESPECIAL REPRESENTATIVO DE CONTROVÉRSIA. EXECUÇÃO FISCAL. SUCESSÃO EMPRESARIAL, POR INCORPORAÇÃO. OCORRÊNCIA ANTES DO LANÇAMENTO, SEM PRÉVIA COMUNICAÇÃO AO FISCO. REDIRECIONAMENTO. POSSIBILIDADE. SUBSTITUIÇÃO DA CDA. DESNECESSIDADE. 1. A interpretação conjunta dos arts. 1.118 do Código Civil e 123 do CTN revela que o negócio jurídico que culmina na extinção na pessoa jurídica por incorporação empresarial somente surte seus efeitos na esfera tributária depois de essa operação ser pessoalmente comunicada ao fisco, pois somente a partir de então é que Administração Tributária saberá da modificação do sujeito passivo e poderá realizar os novos lançamentos em nome da empresa incorporadora (art. 121 do CTN) e cobrar dela, na condição de sucessora, os créditos já constituídos (art. 132 do CTN). 2. Se a incorporação não foi oportunamente informada, é de se considerar válido o lançamento realizado em face do contribuinte original que veio a ser incorporada, não havendo a necessidade de modificação desse ato administrativo para fazer constar o nome da empresa incorporadora, sob pena de permitir que esta última se beneficie de sua própria omissão. 3. Por outro lado, se ocorrer

2 Relação filial e matriz

Em inúmeros casos, verificou-se a discussão do equívoco de sujeição passiva em casos em que o auto de infração foi lavrado em face da matriz quando deveria constar a filial.

Nos Processos nºs 4068583-4, 4068584, 4068585, 4068587 e 4068589, todos julgados pela Sétima Câmara Julgadora, nos casos, entendeu-se que o auto de infração não foi lavrado contra duas pessoas jurídicas autônomas, mas, apenas, a que consta no Termo de Retificação e Ratificação. No caso, verificou-se houve erro no CNPJ da autuada (constou o da matriz ao invés o da filial), estando os demais dados identificativos de acordo com o estabelecimento filial, infratora. Neste caso, afastou-se a nulidade suscitada, argumentando-se que a supressão apenas de um elemento qualificativo do auto de infração não é suficiente para causar-lhe a nulidade, pois os demais elementos restantes permitem uma perfeita identificação. Não haveria, portanto, erro na identificação do sujeito passivo, mas apenas de sua qualificação.

No processo nº 4004871, a Décima Quinta Câmara Julgadora julgou improcedente recurso de ofício, reconhecendo o acerto da decisão proferida pela DTJ São Paulo/UJ Santos, a qual determinou a improcedência do AIIM em tela, diante de inconsistências das planilhas fiscais; do erro na eleição do sujeito passivo. Com efeito, o AIIM foi lavrado contra o estabelecimento matriz, e as notas fiscais que foram emitidas e escrituradas no Livro Registro de Saídas noticiados no referido auto aludiam a filial localizada em OSASCO-SP.

---

a comunicação da sucessão empresarial ao fisco antes do surgimento do fato gerador, é de se reconhecer a nulidade do lançamento equivocadamente realizado em nome da empresa extinta (incorporada) e, por conseguinte, a impossibilidade de modificação do sujeito passivo diretamente no âmbito da execução fiscal, sendo vedada a substituição da CDA para esse propósito, consoante posição já sedimentada na Súmula 392 do STJ. 4. Na incorporação empresarial, a sucessora assume todo o passivo tributário da empresa sucedida, respondendo em nome próprio pela quitação dos créditos validamente constituídos contra a então contribuinte (arts. 1.116 do Código Civil e 132 do CTN). 5. Cuidando de imposição legal de automática responsabilidade, que não está relacionada com o surgimento da obrigação, mas com o seu inadimplemento, a empresa sucessora poderá ser acionada independentemente de qualquer outra diligência por parte da Fazenda credora, não havendo necessidade de substituição ou emenda da CDA para que ocorra o imediato redirecionamento da execução fiscal. Precedentes. 6. Para os fins do art. 1.036 do CPC, firma-se a seguinte tese: 'A execução fiscal pode ser redirecionada em desfavor da empresa sucessora para cobrança de crédito tributário relativo a fato gerador ocorrido posteriormente à incorporação empresarial e ainda lançado em nome da sucedida, sem a necessidade de modificação da Certidão de Dívida Ativa, quando verificado que esse negócio jurídico não foi informado oportunamente ao fisco." 7. Recurso especial parcialmente provido" (REsp nº 1848993/SP, Rel. Ministro GURGEL DE FARIA, PRIMEIRA SEÇÃO, julgado em 26/08/2020, DJe 09.09.2020)

Já no processo nº 4030052, o contribuinte alega erro quanto ao sujeito passivo, pois a cobrança deveria incidir ao estabelecimento da filial do Distrito Federal, detentor do benefício fiscal. Esse pedido recursal foi considerado equivocado pelo relator, por considerar que a infração lidava com o crédito indevido do imposto, e não do imposto apurado na operação própria do estabelecimento remetente, situação em que a competência seria do Distrito Federal. No que diz respeito ao crédito do imposto compensado irregularmente, ocorreu em estabelecimento localizado no território paulista, de sorte que a relação jurídica e a obrigação tributária em discussão incluem exclusivamente a Recorrente junto à Administração Tributária Paulista.

Decisão semelhante foi preferida no Processo nº 4027948-0, julgado pela Décima Primeira Câmara, em que, sem maiores aprofundamentos, no voto-vista afastou-se a preliminar suscitada, pois "foi a recorrente quem se apropriou indevidamente dos créditos, sendo dela o dever de comprovar a não utilização dos benefícios, pois, uma vez posto na legislação, a premissa é a de que foi utilizado".

Verificou-se a partir dos casos analisados a possibilidade de reconhecimento do erro na sujeição passiva quando demonstrado que efetivamente a operação a partir de filial, sendo afastada a alegação quando se tratava de mero erro de qualificação. Além disso, afastou-se a alegação para casos de guerra fiscal, por se discutir autos de infração lavrados para a cobrança de valores decorrentes da glosa de créditos indevidamente tomados.

3 Outros casos

Utilizamo-nos deste tópico para analisar outros casos interessantes identificados em nosso levantamento.

O primeiro deles diz respeito ao Processo nº 3151916, analisado pela Câmara Superior. Embora ao fim o recurso especial não tenha sido conhecido em relação ao tema, no caso a empresa incorporadora discutia se a sua responsabilidade deveria ser qualificada como solidária, nos termos do art. 133, I, ou subsidiária, nos termos do art. 133, II, ambos do CTN.[22] A recorrente sustentava o erro no enquadramento legal

---

[22] "Art. 133. A pessoa natural ou jurídica de direito privado que adquirir de outra, por qualquer título, fundo de comércio ou estabelecimento comercial, industrial ou profissional, e continuar a respectiva exploração, sob a mesma ou outra razão social ou sob firma ou nome individual, responde pelos tributos, relativos ao fundo ou estabelecimento adquirido, devidos até à data do ato: I – integralmente, se o alienante cessar a exploração do

(art. 133, I, do CTN), pois a empresa alienante continuaria em atividade, tendo apenas mudado de endereço.

Ocorre que restou demonstrado nos autos que as atividades de comércio de carne do estabelecimento da alienante foram cessadas no final de abril de 2010, restando configurada a hipótese do art. 133, II, do CTN.

Caso que chama atenção pelo seu desfecho, o Processo nº 4067937, julgado pela Décima Quinta Câmara Julgadora, que tratava de lavratura de auto de infração contra empresa representante das empresas do grupo no exterior, por falta de emissão de notas fiscais de serviço de comunicação, por ter efetuado prestação de serviço de comunicação na modalidade de veiculação de publicidade através da rede internet, para clientes localizados no Estado de São Paulo, sem ter levado à tributação do ICMS.

O equívoco da sujeição passiva foi reconhecido pela relatora, por entender que a Lei Complementar nº 87/96 previu duas espécies de sujeição passiva, uma por quem propriamente realiza o serviço e outra pelo destinatário do serviço, quando ele for prestado ou iniciar no exterior. Verificou-se no caso concreto, entretanto, que a recorrente, representante da empresa estrangeira, não se qualifica em nenhuma das hipóteses, argumentando-se ainda que o auto de infração deveria ter sido lavrado contra os tomadores do serviço.

Registra-se ainda que houve a apresentação de voto-vista, que restou vencido, argumentando que a autuada atua como verdadeira representante da sociedade estrangeira no país, não apenas como agente de cobranças, como alegado, possuindo capacidade tributária passiva quanto às operações tributáveis aqui praticadas, nos termos dos artigos 1.137[23] e 1.138[24] do Código Civil.

---

comércio, indústria ou atividade; II – subsidiariamente com o alienante, se este prosseguir na exploração ou iniciar dentro de seis meses a contar da data da alienação, nova atividade no mesmo ou em outro ramo de comércio, indústria ou profissão."

[23] "Art. 1.137. A sociedade estrangeira autorizada a funcionar ficará sujeita às leis e aos tribunais brasileiros, quanto aos atos ou operações praticados no Brasil. Parágrafo único. A sociedade estrangeira funcionará no território nacional com o nome que tiver em seu país de origem, podendo acrescentar as palavras 'do Brasil' ou 'para o Brasil'."

[24] "Art. 1.138. A sociedade estrangeira autorizada a funcionar é obrigada a ter, permanentemente, representante no Brasil, com poderes para resolver quaisquer questões e receber citação judicial pela sociedade. Parágrafo único. O representante somente pode agir perante terceiros depois de arquivado e averbado o instrumento de sua nomeação."

Discorda-se desse posicionamento. A capacidade tributária passiva está prescrita no art. 126 do CTN, não se confundindo com a responsabilidade tributária. Além disso, como se viu, a responsabilidade tributária deve estar amparada em legislação complementar e, sendo o caso, em lei específica, imputando-a a terceiros, nos termos da legislação de regência.

Conclusão

Chegando-se ao fim do artigo, registramos nosso agradecimento pelo honroso convite para participar desta tão importante obra coletiva referente à jurisprudência do Tribunal de Impostos e Taxas de São Paulo. Pedimos ainda escusas por não seguir à risca o modelo indicado no convite, pela diversidade de casos identificados.

A pesquisa realizada mostra interessantes resultados, revelando número baixo de casos em que a questão foi analisada pelo TIT, o que pode indicar o cuidado dos auditores fiscais com a identificação dos sujeitos passivos quando da lavratura dos autos de infração.

Em relação aos casos de lavratura de autos de infração contra empresas extintas, embora não se concorde, verifica-se a existência de argumentos plausíveis, *i.e.*, art. 144 do CTN, a justificar a lavratura de AIIM contra empresas extintas, mormente no que tangencia a fatos geradores ocorridos anteriormente ao evento de extinção.

Particularmente, entretanto, concordamos que a partir do evento de extinção, o auto de infração deve ser lavrado contra a empresa incorporadora (art. 121 do CTN) e cobrar dela, na condição de sucessora, os créditos já constituídos (art. 132 do CTN), conforme posicionamento do e. Superior Tribunal de Justiça em sede de acórdão repetitivo.

Nos casos analisados referentes à relação matriz-filial, foi possível abstrair as seguintes conclusões: (i) o auto de infração deve ser lavrado em face do estabelecimento que efetivamente realizou a operação, conforme registros contábeis e documentação subjacente; (ii) distingue-se entre erro de identificação e de qualificação quando há nos autos elementos suficientes para identificar que a sujeição passiva não decorre a nulidade do auto de infração; (iii) em casos de guerra fiscal, separa-se o sujeito passivo do imposto em relação ao contribuinte que se aproveitou dos créditos decorrentes, não se confundindo a sujeição passiva em um e outro caso.

Em nossa análise, verificamos que há preocupação dos julgadores em verificar, a partir dos fatos descritos e da documentação juntada ao processo, se há uma correta identificação do sujeito passivo em relação ao normativo utilizado na acusação fiscal.

Informação bibliográfica deste texto, conforme a NBR 6023:2018 da Associação Brasileira de Normas Técnicas (ABNT):

PRZEPIORKA, Michell; PITMAN, Arthur Leite da Cruz. Erro na eleição do sujeito passivo da infração. In: PINTO, Alexandre Evaristo; TOMKOWSKI, Fábio Goulart; ALLEGRETTI, Ivan; BEVILACQUA, Lucas (coord.). *ICMS no Tribunal de Impostos e Taxas de São Paulo*. Belo Horizonte: Fórum, 2022. p. 411-422. ISBN 978-65-5518-319-1.

ICMS NA IMPORTAÇÃO DE BEM POR ENTIDADE DE ASSISTÊNCIA SOCIAL

RAFAEL CAMPOS SOARES DA FONSECA

Introdução

A relação entre uma espacialidade adequada para discutirem-se controvérsias sobre tributos e a atividade tributante do Estado possui longa história na tradição constitucional brasileira, como se depreende da previsão de um tribunal denominado "Thesouro Nacional", encarregado da administração, arrecadação e contabilidade das receitas e despesas da Fazenda, nos termos dos arts. 170 a 172 da Constituição Imperial de 1824. Mais recentemente, a despeito de ser claro o modelo uno de jurisdição, o art. 203 da Constituição da República de 1967/1969, introduzido no bojo da Reforma do Judiciário de 1977, facultou ao poder público a criação de contenciosos administrativos de alçada federal ou estadual, sem poder jurisdicional, para a decisão de questões fiscais e previdenciárias. Ao lado disso, exsurge o Tribunal de Impostos e Taxas do Estado de São Paulo (TIT/SP), cuja criação remonta a decreto estadual de 1935.

Sendo assim, mostra-se oportuna a iniciativa dos organizadores em estudar os pronunciamentos iterativos do TIT/SP para fins de compreensão do sistema tributário desse Estado-membro. Cuida-se de empreendimento que se soma a obras coletivas congêneres levadas a efeito pelas atividades de grupo de pesquisa do IDP, denominado Observatório da Macrolitigância Fiscal,[1] com referência a entes estaduais[2]

---

[1] FONSECA, Rafael Campos Soares da. Sistema multiportas no novo código de processo civil e a crise da execução fiscal: uma revisita a partir do observatório da macrolitigância fiscal. *In*: BUISSA, Leonardo. BEVILACQUA, Lucas (org.). *Processo tributário*. 2. ed. Belo Horizonte: Fórum, 2020.

[2] ALLEGRETTI, Ivan; REIS, Lázaro; BEVILACQUA, Lucas; DAYAN, Thiago. *Processo administrativo tributário no estado de Goiás*. Rio de Janeiro: Lumen Juris, 2020.

e federal,[3] vez que uma de suas sublinhas de pesquisa reside na experiência do contencioso administrativo tributário. Com efeito, espera-se no médio prazo traçar um mapa federativo dessa arquitetura institucional e respectivos impactos nos direitos fundamentais dos contribuintes.

Este artigo versa sobre aspecto particular do repertório jurisprudencial do TIT/SP, especificadamente as discussões que tocam à norma imunizante obstativa do ICMS pretendido pelo Estado de São Paulo na hipótese de operações de importação de iniciativa de entidades de assistência social. Por conseguinte, faz-se uso de metodologia de pesquisa jurisprudencial incidente sobre órgão administrativo. Essa forma de proceder possibilita avaliar cientificamente matérias controvertidas submetidas a órgãos decisórios caracterizados pela imparcialidade na resolução de litígios de terceiros, tendo em vista a circunstância de que se almeja a exame crítico da qualidade e da quantidade de argumentos expostos, dinâmica institucional do julgador e aspectos processuais, à luz de fluxo de perquirição da jurisprudência desenvolvido por Palma, Feferbaum e Pinheiro.[4]

Com a finalidade de delimitação do tema, o recorte metodológico baseou-se em critérios de classe processual (processos administrativos, notadamente que discutiram autos de infração da Fazenda paulista), institucional (julgados do TIT/SP) e temático (incidência de ICMS sobre importação de bem por entidade de assistência social). Pesquisou-se unicamente na base de dados do sítio eletrônico institucional do TIT/SP com argumento de pesquisa abrangente ("ICMS + imunidade + assistência social").

De acordo com instruções uniformes aos autores desta obra coletiva, o itinerário argumentativo deste contributo divide-se em três partes, consistentes em (i) argumentos pró-Fisco, (ii) argumentos pró-contribuinte e (iii) jurisprudência do TIT/SP, além desta introdução e de considerações conclusivas. Objetiva-se, a propósito, uma compreensão sistemática da litigância observada no contencioso administrativo estadual, nos confins do recorte metodológico proposto.

Por seu turno, no campo temático eleito para esta pesquisa, é possível sistematizá-lo em, pelo menos, cinco tópicos: (i) o alcance da

---

[3] BEVILACQUA, Lucas; CECCONELLO, Vanessa Marini; PRZERPIORKA, Michell. *Tributação federal:* jurisprudência do CARF em debate. Rio de Janeiro: Lumen Juris, 2020.
[4] PALMA, Juliana Bonacorsi de; FEFERBAUM, Marina; PINHEIRO, Victor Maciel. Meu trabalho precisa de jurisprudência? Como utilizá-la? *In*: FEFERBAUM, Marina; QUEIROZ, Rafael Mafei Rabelo. *Metodologia da pesquisa em direito:* técnicas e abordagens para elaboração de monografias, dissertações e teses. São Paulo: Saraiva, 2019, p. 101 e 103.

imunidade tributária em impostos que incidam para além de patrimônio, renda e serviços; (ii) a incidência de ICMS em contribuinte não habitual, após a promulgação da Emenda Constitucional nº 33/2001, com esteio em leis estaduais paulistas; (iii) reconhecimento de imunidade por falta de CEBAS; (iv) requisito legal de inexistência de similar nacional do bem importado; (v) reconhecimento de imunidade tributária pelo TIT/SP. Logo, cada uma das três partes trará considerações individualizadas sobre cada tópico.

1 Argumentos pró-Fisco

De saída, torna-se necessário considerar as possibilidades interpretativas da imunidade tributária positivada na alínea "c" do inciso VI do art. 150 da Constituição Federal de 1988. De maneira geral, nas alíneas desse dispositivo encontram-se as chamadas imunidades genéricas, que dirigem vedações ao poder de tributar a todos os entes políticos, recaindo unicamente sobre os impostos. Esse continente pode ser dividido em cinco espécies: (a) imunidade recíproca, em que os entes políticos não podem cobrar impostos uns dos outros; (b) exoneração sobre os tempos, à luz da liberdade religiosa; (c) desonerações quanto a pessoas jurídicas de direito privado que prestam atividades de interesse público, notadamente partidos políticos, entidades sindicais de trabalhadores, instituições de educação e de assistência social sem fins lucrativos; (d) imunidade cultural atinente aos livros, jornais, periódicos e o papel destinado à sua impressão; e (e) imunidade musical sobre fonogramas e videofonogramas musicais produzidos no Brasil ou interpretadas por artistas brasileiros. Ocupa-se nesse contributo de parcela do item (c), porquanto o objeto do contributo refere-se às instituições de assistência social sem fins lucrativos, atendidos os requisitos da lei, além da grande heterogeneidade de situações abarcadas pela referida alínea.

No item (i) posto em introito, discute-se se a imunidade tributária em comento abarca o ICMS. Isso porque o §4º do art. 150 do texto constitucional traz que as vedações das alíneas "b" (templos) e "c" (particulares com interesse público) "compreendem somente o patrimônio, a renda e os serviços, relacionados com as finalidades essenciais das entidades nelas mencionadas". Por conseguinte, o Fisco paulista sempre tratou de eventuais benesses fiscais a entidades de assistência social no campo das isenções, dado que o ICMS não tem como base de incidência patrimônio, renda ou serviço, mas sim a circulação de mercadorias e a prestação de restritos serviços de maneira particular, referindo-se ao consumo de forma mais geral.

Quanto ao item (ii) do itinerário argumentativo, o debate travase em torno da constitucionalidade de leis estaduais expedidas pelo Estado de São Paulo, com fundamento na situação inédita que se formou com a Emenda Constitucional nº 33/2001, ao se permitir a incidência de ICMS sobre operações de importação de bens ou mercadorias. Tendo em conta o lapso de tempo que se percebeu entre a Lei estadual nº 11.001/2001 até a entrada em vigor da Lei Complementar federal nº 114/2002, o Fisco paulista compreende válidas todas as exações nesse iter, vez que formuladas em decorrência da autonomia legislativa plena do Estado-membro na hipótese de autorização constitucional e de lacuna da legislação federal.

Em relação ao item (iii) que corresponde ao reconhecimento da CEBAS, a Fazenda constantemente alega que se demonstra imprescindível a apresentação de certificado de lavra do órgão federal competente para emiti-lo, principalmente quando em auto de infração se rechaçam alegações distintas do contribuinte. Com isso, garante-se o exercício da imunidade tributária de acordo com as exigências legais.

No tocante ao item (iv), constata-se articulação do Fisco pela vedação prevista no art. 152 da Constituição Federal. Nesse sentido, seria inviável a Estados, Distrito Federal e Municípios estabelecerem diferença tributária entre bens e serviços, de qualquer natureza, em razão de sua procedência ou destino. Por analogia, caso o Estado de São Paulo deixasse de fazer incidir o ICMS-importação, haveria a concessão de uma vantagem indevida aos produtos estrangeiros em detrimento de bens similares produzidos nacionalmente, visto que os últimos seriam normalmente tributados pelo ICMS interno. Logo, o requisito de inexistência de similar nacional seria indispensável nesses casos, com ônus probatório ao contribuinte.

Sobre o item (v), constata-se estar positivado o art. 93, II, da Lei nº 13.457/2009 do Estado de São Paulo, o qual prevê não ser dado a Delegacias Tributárias de Julgamento e ao TIT/SP conhecerem de pedidos de reconhecimento de imunidade. A dicção legal não deixa margem a conjecturas a respeito da necessidade de reconhecimento prévio pelo órgão do Fisco competente. Quer-se acreditar que os fundamentos residem em algum eco de separação dos poderes e em reserva de jurisdição para decidir acerca de gastos tributários ou de renúncias de receitas.

2 Argumentos pró-contribuinte

Na condição de um dos componentes centrais daquilo que com inspiração francesa o STF denominou "estatuto constitucional dos contribuintes" (*v.g.* RE nº 116.119, de relatoria do Ministro Ilmar Galvão e redator para acórdão o Ministro Celso de Mello, Primeira Turma, j. 10.11.1992), caracteriza-se a imunidade tributária como a impossibilidade jurídica de o Poder Público produzir normas para tributar pessoas, bens e situações albergadas pela desoneração. No seio de um Estado Fiscal, Regina Helena Costa justifica as imunidades na qualidade de instrumento jurídico com aptidão a viabilizar o exercício dos direitos fundamentais, sendo assim, se justifica uma interpretação ampliativa da norma imunizante.[5] Ademais, mesmo em exegese literal, torna-se justificável compreender os sintagmas patrimônio, renda e serviços não como bases de incidência, mas bens jurídicos a serem tutelados, portanto quaisquer impostos culminariam por impactar nas atividades de interesse público das entidades de assistência social, nos termos do art. 150, VI, "c", do texto constitucional.

Por seu turno, as leis estaduais seriam inconstitucionais, ao se adiantarem à lei complementar federal que veicula normas gerais de ICMS, com fundamento exclusivo nas normas contidas na EC nº 33/2001, para fins de pretenderem preencher competência que é privativa à União, em consonância ao item (ii) enunciado por este artigo. Cuidando-se de vício formal de inconstitucionalidade, não há no Direito brasileiro a figura da constitucionalização superveniente.

Em relação ao item (iii), quando não se considera inconstitucional a previsão das certificações de entidades de assistência social, vez que há reserva de lei complementar na matéria, nos termos do art. 146, II, da Constituição Federal, a demora na análise dos pleitos de imunidade tributária não deve militar em contrariedade ao contribuinte, mas a quem lhe dá causa, isto é, o Estado. Por conseguinte, demonstrado em contencioso administrativo a condição de sujeito imune deve ser reconhecida no curso do processo.

Quanto ao requisito presente na legislação paulista consistente em inexistência de similar nacional do bem importado de produtos hospitalares (item iv), não se cuida de instrumento adequado para regular as limitações constitucionais ao poder de tributar. Além disso, argumenta que as isenções são analisadas em momento posterior ao

---

[5] COSTA, Regina Helena. *Imunidades tributárias:* teoria e análise da jurisprudência do STF. 2. ed. São Paulo: Malheiros, 2006, p. 75-84 e 172-184.

da imunidade tributária, portanto, o requisito legal somente se faria oportuno caso se dirigisse a entidade reconhecidamente não imune.

A respeito do item (v), quando não se sustenta a inconstitucionalidade da regra legal de competência negativa aos órgãos administrativos julgadores, fundamenta-se a oportunidade de sua evocação a título de defesa do contribuinte em auto de infração. Sendo assim, não faria sentido o processo administrativo para discutir o lançamento tributário, sendo-lhe vedado alegar e ver apreciado argumento central pela existência de norma imunizante.

3 Jurisprudência do TIT/SP

De saída, torna-se necessário considerar orientação jurisprudencial que gracejou por largo período de tempo relacionada a uma interpretação restritiva da norma desonerativa positivada na alínea "c" do inciso VI do art. 150 da Constituição Federal de 1988. Nas alíneas desse dispositivo, encontram-se as chamadas imunidades genéricas, que dirigem vedações ao poder de tributar a todos os entes políticos, recaindo unicamente sobre os impostos. Esse continente pode ser dividido em cinco espécies: (a) imunidade recíproca, em que os entes políticos não podem cobrar impostos uns dos outros; (b) exoneração sobre os tempos, à luz da liberdade religiosa; (c) desonerações quanto a pessoas jurídicas de direito privado que prestam atividades de interesse público, notadamente partidos políticos, entidades sindicais de trabalhadores, instituições de educação e de assistência social sem fins lucrativos; (d) imunidade cultural atinente aos livros, jornais, periódicos e o papel destinado à sua impressão; e (e) imunidade musical sobre fonogramas e videofonogramas musicais produzidos no Brasil ou interpretados por artistas brasileiros. Ocupa-se este contributo de parcela do item (c), porquanto o objeto do contributo refere-se às instituições de assistência social sem fins lucrativos, atendidos os requisitos da lei, além da grande heterogeneidade de situações abarcadas pela referida alínea.

No item (i) posto em introito, discute-se se a imunidade tributária em comento abarca o ICMS. Isso porque o §4º do art. 150 do texto constitucional traz que as vedações das alíneas "b" (templos) e "c" (particulares com interesse público) "compreendem somente o patrimônio, a renda e os serviços, relacionados com as finalidades essenciais das entidades nelas mencionadas". Por uma interpretação restritiva, é possível encontrar entendimento pelo não alcance da norma ao ICMS inicialmente nos Processos nºs 4011576/2012 (posteriormente reformado em recurso especial julgado em 2017), 4028647/2013 (reformado em recurso especial julgado em 2018) e 4028660/2013 (reformado em recurso especial julgado em 2018). Além das reformas adotadas no sistema recursal do contencioso administrativo tributário, a despeito da ressalva dos posicionamentos pessoais de julgadores pela restrição do alcance da norma, verifica-se o acatamento às diretrizes jurisprudenciais do Supremo Tribunal Federal na hipótese.

A propósito, convém constatar que o STF considera que a enunciação explícita de renda, patrimônio e serviços na parte inicial do dispositivo constitucional não infirma o caráter genérico da norma imunizante, de modo a abarcar o ICMS indevidamente cobrado pela Administração Tributária do Estado de São Paulo. Por isso, não se admitia a tributação dos sujeitos listados no art. 150, VI, "b" e "c", da Constituição Federal, por IPMF ou IOF, como se depreende, respectivamente, do RE-AgR nº 211.790, de relatoria do Ministro Ilmar Galvão, Primeira Turma, j. 12.11.2002, e do AI-AgR nº 508.567, de relatoria da Ministra Ellen Gracie, Segunda Turma, j. 4.8.2009.

Quanto ao ICMS paulista, incorreu em serôdia o TIT/SP, porquanto desde os embargos de divergência no RE nº 210.251, de relatoria da Ministra Ellen Gracie e redator para acórdão o Ministro Gilmar Mendes, Tribunal Pleno, j. 26.02.2003, já era possível inferir desalinhamento das decisões do órgão administrativo estadual com relação aos posicionamentos em definitivo do STF. Importa nesse tema mais a teleologia da norma imunizante e menos a literalidade de comando normativo de estatura constitucional o qual tem por objetivo evitar que se utilize de entidades beneméritas para evadir-se à tributação, por isso se observa o liame entre a desoneração e as finalidades essenciais dos sujeitos imunes.

No tocante ao item (ii), cuida-se de controvérsia mais delicada, isto é, a incidência de ICMS em contribuinte não habitual, após a promulgação da Emenda Constitucional nº 33/2001, com esteio em leis estaduais paulistas, porquanto houve diálogo institucional entre o Congresso Nacional na condição de Poder Constituinte Reformador e a jurisprudência do STF. Em relação à última, o Tribunal não admitia a incidência de ICMS sobre os contribuintes não habituais em operações de importação de bens e mercadorias, à luz do princípio da não cumulatividade presente no art. 155, §2º, I, da Constituição Federal. Após a promulgação da EC nº 33/2002, restou claro que descabe potencializar esse princípio constitucional a ponto de exonerar referidas operações do ICMS-importação. Com efeito, uma vez que se tratou de correção legislativa de posicionamento jurisdicional, o STF amoldou-se à decisão constituinte, conforme se verifica pelo Tema 171 da repercussão geral, cujo paradigma é o RE nº 439.796, de relatoria do Ministro Joaquim Barbosa, Tribunal Pleno, j. 6.11.2013, fixando-se a seguinte tese de julgamento: "Após a Emenda Constitucional 33/2001, é constitucional a incidência de ICMS sobre operações de importação efetuadas por pessoa, física ou jurídica, que não se dedica habitualmente ao comércio e à prestação de serviços". Importa perceber que o enunciado do tema da repercussão geral restou vertido como "incidência de ICMS na importação de equipamento médico por sociedade civil não contribuinte do referido imposto", ou seja, o STF decidiu por amplificar sua decisão a todas as operações de importação sujeitas a ICMS.

Mesmo antes dessa viragem jurisprudencial motivada por reforma constitucional formal, o TIT/SP já compreendera que após a EC nº 33/2001 não cabia a quem importava bem ou mercadoria sujeita ao ICMS-importação evocar sua condição de não contribuinte do imposto para exculpar-se do pagamento da obrigação tributária. É o que se verifica do Processo nº 813766/2005.

Na verdade, ainda nos impostos não afetados pela mencionada emenda constitucional, o STF reviu sua compreensão sobre a não cumulatividade da tributação indireta. Por conta disso, modificou sua jurisprudência em relação ao IPI-importação para assentar a incidência do tributo nas operações de importação de bens para uso próprio, sendo neutro o fato de tratar-se de consumidor final. Afinal, a Corte fixou a seguinte tese de julgamento ao Tema nº 643 da repercussão geral: "incide o imposto de produtos industrializados na importação de veículo automotor por pessoa natural, ainda que não desempenhe atividade empresarial e o faça para uso próprio".

No particular caso do Estado de São Paulo, houve uma peculiaridade legislativa que motivou longeva litigância tributária, ao final resolvida no plano da eficácia da teoria dos atos e fatos jurídicos. Isso porque houve um lapso entre a edição da EC nº 33/2007 e a promulgação da Lei estadual nº 11.001/2001 até a Lei Complementar federal nº 114/2002, que passou a prever a operação de importação por contribuinte não habitual como fato gerador de ICMS-importação. A esse respeito, o TIT/SP reputou hígida a exação fiscal nessas circunstâncias, como se vê no Processo nº 4012571/2012. Recentemente, no âmbito do Tema nº 1.094, cujo paradigma é o RE nº 1.221.330, de relatoria do Ministro Luiz Fux e redator para acórdão o Ministro Alexandre de Moraes, Tribunal Pleno, j. 16.6.2020, corrente majoritária do STF compreendeu que "as leis estaduais editadas após a EC 33/2001 e antes da entrada em vigor da Lei Complementar 114/2002, com o propósito de impor o

ICMS sobre a referida operação [importação efetuada por pessoa que não se dedica habitualmente ao comércio], são válidas, mas produzem efeitos somente a partir da vigência da LC 114/2002".

As discussões que envolvem o item (iii) são extensas, assim procederemos por partes. De início, há controvérsia a respeito da espécie legislativa adequada para trazer os requisitos legais necessariamente perfeitos para que entidade seja considerada apta a valer-se da imunidade tributária em questão, porquanto a alínea "c" do inciso VI do art. 150 do texto constitucional remete à expressão "atendidos os requisitos da lei". Em regra, considera-se que essa remissão genérica a reserva de lei, quer dizer, lei ordinária. Ademais, nota-se a previsão relacionada às contribuições previdenciárias do art. 195, §7º, do texto constitucional, ao que prevê serem "isentas de contribuição para a seguridade social as entidades beneficentes de assistência social que atendam às exigências estabelecidas pela lei". Contudo, o art. 146, II, do texto constitucional, preconiza caber à lei complementar regular as limitações constitucionais ao poder de tributar, vez que as imunidades tributárias são espécies desse gênero.

Houve, a propósito, dúvidas no julgamento conjunto da ADI nº 2.028, de relatoria do Ministro Joaquim Barbosa e redatora para acórdão a Ministra Rosa Weber, j. 2.3.2017, e do Tema nº 32 da repercussão geral, cujo paradigma é o RE nº 566.622, de relatoria do Ministro Marco Aurélio, j. 23.2.2017, pois nesse se fixou entendimento mais restritivo do que na ação direta, isto é, constou como tese de julgamento: "os requisitos para o gozo de imunidade hão de estar previstos em lei complementar". Passou-se a questionar sobre a manutenção da orientação anterior a respeito da dicotomia entre aspectos materiais e procedimentais os quais demandam regulamentação por via legal.[6] Contudo, essas questões foram solvidas por maioria no Plenário a partir de proposta da Ministra Rosa Weber em ambos os feitos:

> Nos exatos termos do voto proferido pelo eminente e saudoso Ministro Teori Zavascki, ao inaugurar a divergência: 1. [...] fica evidenciado que (a) entidade beneficente de assistência social (art. 195, §7º) não é conceito equiparável a entidade de assistência social sem fins lucrativos (art. 150, VI); (b) a Constituição Federal não reúne elementos discursivos para dar concretização segura ao que se possa entender por modo beneficente

---

[6] VELLOSO, Andrei Pitten. Reserva de lei complementar para regulação de imunidades: a indevida limitação da reserva constitucional aos 'limites materiais' das imunidades. *Fórum de Direito Tributário*, Belo Horizonte, v. 71, p. 39-51, 2014.

de prestar assistência social; (c) a definição desta condição modal é indispensável para garantir que a imunidade do art. 195, §7º, da CF cumpra a finalidade que lhe é designada pelo texto constitucional; e (d) esta tarefa foi outorgada ao legislador infraconstitucional, que tem autoridade para defini-la, desde que respeitados os demais termos do texto constitucional.. 2. Aspectos meramente procedimentais referentes à certificação, fiscalização e controle administrativo continuam passíveis de definição em lei ordinária. A lei complementar é forma somente exigível para a definição do modo beneficente de atuação das entidades de assistência social contempladas pelo art. 195, §7º, da CF, especialmente no que se refere à instituição de contrapartidas a serem observadas por elas.

Nesse sentido, considera-se formalmente constitucional a Certificação de Entidades Beneficentes de Assistência Social (CEBAS), à luz da Lei federal nº 12.101/2009, dado que se cuida de aspectos procedimentais das imunidades tributárias da alínea "c" do inciso VI do art. 150 do texto constitucional. Dois pontos de partida são a ausência de finalidade lucrativa e a correlação entre a renda, patrimônio e serviços de titularidade da entidade que se pretende imune de um lado e, de outro, suas finalidades essenciais. De acordo com Heleno Torres, "o destino do patrimônio e das rendas será determinantes para a manutenção do regime benéfico, afastando-se qualquer modalidade de distribuição dos lucros, mesmo que a instituição seja economicamente rentável e apresente expansão patrimonial e econômica".[7] Justamente por isso, editou-se a Súmula nº 730 do STF em relação às entidades fechadas de previdência social complementar, bem como a Súmula Vinculante nº 52 do mesmo órgão.

Superada a discussão formal, fonte de sucessivos julgamentos no TIT/SP é a exigência da CEBAS para fins de reconhecer devida a norma imunizante pelo Fisco paulista em favor de entidades de assistência social. Em geral, trata-se de discussão atrelada ao acervo fático-probatório carreado ao processo administrativo tributário. Pela negativa do reconhecimento, houve os Processos nºs 4012679/2013 e 4028665/2013. Em sentido contrário e no mesmo ano, por restar presente CEBAS válido, cita-se o Processo nº 4028664/2013.

Por seu turno, interessante controvérsia jurídica exsurge do preenchimento do requisito legal de inexistência de similar nacional ao bem importado para que este seja imune, haja vista que se adentra em

---

[7] TÔRRES, Heleno. Art. 150, VI, c). In: CANOTILHO, J. J. Gomes et al. Comentários à Constituição do Brasil. São Paulo: Saraiva/Almedina, 2013, p. 1.657.

temática de intersecção entre o direito tributário e o direito do comércio internacional. De fato, mesmo na ambiência do mercado interno único, benefícios de caráter tributário podem impactar na livre concorrência.[8] Com mais ênfase, em razão dos imperativos do princípio do país do destino no direito tributário internacional na hipótese de tributação indireta, demonstra-se imprescindível que os deveres principais e instrumentais impostos pelas administrações tributárias sejam proporcionais, uniformes e juridicamente razoáveis, porque essas medidas ostentam o potencial de reduzir o fluxo internacional de mercadorias e originar competição fiscal prejudicial (*tax harmful competition*).[9]

Após alguma oscilação de Turma julgadora do TIT/SP – *v.g.* Processo nº 4047280/2014 (reformado em recurso especial julgado em 2019) –, passou-se a compreender que para além da hierarquia constitucional da imunidade tributária em comento o requisito de inexistência de produto similar produzido no país, a ser atestado por órgão federal ou estadual competente, conforme o art. 38 do Anexo I do Regulamento de ICMS do Estado de São Paulo, diz respeito à isenção de ICMS para importação de produtos hospitalares. Tendo em conta que o exame da norma imunizante é contemporâneo ao da competência tributária, logo precede a isenção, a discussão proposta pela Fazenda paulista guarda pertinência apenas aos sujeitos importadores não agraciados pela imunidade tributária da alínea "c" do inciso VI do art. 150 do texto constitucional. Nesse sentido, verifica-se o que decidido nos Processos nºs 4060786/2015 (confirmado em recurso especial julgado em 2019) e 4075785/2016 (confirmado em recurso especial julgado ainda em 2016).

Por fim, resta a discussão sobre a capacidade cognitiva do órgão encarregado pelo contencioso administrativo tributário no território paulista a reconhecer a incidência de norma imunizante em favor de contribuinte litigante. No particular, o art. 93, II, da Lei nº 13.457/2009 do Estado de São Paulo, preconiza ser infenso ao conhecimento das Delegacias Tributárias de Julgamento ou do TIT/SP o pedido de reconhecimento de imunidade.

Nos confins do objeto de estudo deste contributo, verifica-se, por exemplo, no Processo nº 4074634/2016, que o TIT/SP interpreta

---

[8] SCAFF, Fernando Facury. Efeitos da coisa julgada em matéria tributária e livre concorrência. BUISSA, Leonardo; BEVILACQUA, Lucas (coord.). *Processo tributário*. 2. ed. Belo Horizonte: Fórum, 2020, p. 394-397.

[9] BEVILACQUA, Lucas. *Incentivos fiscais às exportações*: desoneração da tributação indireta na cadeira exportadora e concorrência fiscal internacional. Rio de Janeiro: Lumen Juris, 2018, p. 71-77.

restritivamente a proibição do mencionado dispositivo para casos nos quais o pleito de reconhecimento da condição de imunidade é formulado em procedimento administrativo próprio, e não no auto de infração. Fundamenta essa conclusão no argumento de que o segundo tipo de processo entra no debate da legalidade da cobrança do crédito tributário de forma ampla, por isso o órgão julgador pode acolher argumentos no sentido da exclusão da incidência de norma tributária. Contudo, essa orientação não foi observada no Processo nº 4071624/2016, sob o fundamento de que a argumentação do contribuinte veicularia, na verdade, um pedido de reconhecimento de imunidade. Nessa linha, a merecer acompanhamento atento da discussão pelos tributaristas interessados no TIT/SP e urgência na definição da controvérsia, aqui se entende pela viabilidade jurídica de órgão julgador de contencioso administrativo tributário, desde que a situação não tenha sido devidamente apreciada pela autoridade fazendária competente, seja pela diferenciação entre juízo de constitucionalidade, reconstrução da norma inconstitucional e interpretação em consonância à Constituição,[10] seja pela função do processo administrativo em reconhecer tempestivamente o direito do contribuinte.[11]

Considerações finais

O presente contributo disse respeito às normas imunizantes contidas na alínea "c" do inciso VI do art. 150 do texto constitucional, isto é, a incidência do ICMS na importação de bens ou mercadorias por entidade de assistência social, como corolário de discussões jurídicas postas em contencioso administrativo tributário no âmbito do TIT/SP. Para isso, procedeu-se recorte metodológico em tríplice dimensão: classe processual (processos administrativos, notadamente que discutiram autos de infração da Fazenda paulista), institucional (julgados do TIT/SP) e temático (incidência de ICMS sobre importação de bem por entidade de assistência social). A propósito desse objetivo, pesquisou-se unicamente na base de dados do sítio eletrônico institucional do TIT/SP com argumento abrangente, ao que culminou na necessidade de perfectibilizar pesquisa jurisprudencial dentro de obra coletiva voltada

---

[10] MARINONI, Luiz Guilherme. *A zona de penumbra entre o STJ e o STF:* a função das cortes supremas e a delimitação do objeto dos recursos especial e extraordinário. São Paulo: Thompson Reuters Brasil, 2019, p. 41-66.
[11] ROCHA, Sérgio André. *Processo administrativo fiscal:* controle administrativo do lançamento tributário. São Paulo: Almedina, 2018, p. 132-133 e 252-262.

a refletir sobre a qualidade e quantidade dos argumentos enfrentados diuturnamente no contencioso administrativo tributário.

Com efeito, o itinerário argumentativo desse contributo dividiu-se em três partes consistentes em argumentos pró-Fisco, argumentos pró-contribuinte e jurisprudência do TIT/SP. Ademais, em cada campo, abordaram-se cinco tópicos mais representativos decorrentes da fase de coleta de dados da corrente pesquisa, notadamente o alcance da imunidade tributária em impostos que incidam para além de patrimônio, renda e serviços, a incidência de ICMS em contribuinte não habitual, após a promulgação da Emenda Constitucional nº 33/2001, com esteio em leis estaduais paulistas, o reconhecimento de imunidade por falta de CEBAS, o requisito legal de inexistência de similar nacional do bem importado e a possibilidade legal de pleitos de imunidade tributária pelo TIT/SP.

Demonstraram-se em diversos temas controvertidos que se modificaram os posicionamentos iterativos do TIT/SP às orientações jurisprudenciais em forma definitiva do STF. Nos limites dos temas tratados neste capítulo, inferiu-se um aumento do campo protetivo do contribuinte por essa readaptação, sobretudo na interpretação ampla da norma imunizante, bem como a afirmação do CEBAS como requisito indispensável para aferição da entidade imune. Porém, na temática da incidência de ICMS-importação a contribuintes não habituais, verificou-se que se derivou de reação legislativa à jurisprudência protetiva ao contribuinte formulada pelo STF com esteio no princípio da não cumulatividade. Assim, em linha de conformidade ao que já era praticado pelo TIT/SP, o STF procedeu a interpretação nos planos dos fatos jurídicos tributários, o que culminou por salvar a higidez das leis estaduais paulistas, ainda que sem eficácia até o advento da Lei Complementar nº 114/2002.

Com referência específica à legislação tributária desse Estado-membro, há as discussões relativas à desnecessidade de inexistir similar nacional do bem importado e ao conhecimento de pleitos de reconhecimento de imunidade pelas Delegacias Tributárias de Julgamento e do TIT/SP. Nesse campo, observa-se que o órgão administrativo julgador aplicou exame basilar da dogmática tributária no primeiro tema, ao diferenciar isenção das imunidades, conquanto no segundo aspecto não há exame seguro a respeito da própria compreensão do TIT/SP com relação a suas limitações cognitivas referentes à pretensão de reconhecimento de imunidade tributária.

Enfim, da dialética contraposta e adversarial entre argumentos pró-contribuinte e pró-Fisco, com apresentação de seus devidos equacionamentos em sede de fundamentos de decidir do TIT/SP, demonstrou-se a evolução dos posicionamentos dos julgadores do contencioso administrativo tributário. Com efeito, conclui-se pela grande pertinência dessa espacialidade decisória para colaboração entre Fisco e contribuintes, além de desenvolvimento aplicado do Direito Tributário.

Informação bibliográfica deste texto, conforme a NBR 6023:2018 da Associação Brasileira de Normas Técnicas (ABNT):

FONSECA, Rafael Campos Soares da. ICMS na importação de bem por entidade de assistência social. In: PINTO, Alexandre Evaristo; TOMKOWSKI, Fábio Goulart; ALLEGRETTI, Ivan; BEVILACQUA, Lucas (coord.). *ICMS no Tribunal de Impostos e Taxas de São Paulo*. Belo Horizonte: Fórum, 2022. p. 423-436. ISBN 978-65-5518-319-1.

A NÃO INCIDÊNCIA DO ICMS SOBRE OS BENS DO ATIVO: UMA ANÁLISE DA JURISPRUDÊNCIA DO TIT E DO STF

TIAGO CONDE TEIXEIRA

RAYANNE RIBEIRO GOMES

Introdução

O ICMS é um imposto de competência dos Estados e do Distrito Federal, que antes da Constituição Federal de 1988 era nomeado como ICM. Com a Constituição de 1988, o "S", designativo de Serviços, consagra um amplo rol de dispositivos, atribuindo uma diretriz que deve ser seguida pela lei complementar e pela lei ordinária de cada ente.

No presente artigo faremos uma análise da posição do Tribunal de Impostos e Taxas de São Paulo (TIT) acerca da questão da não incidência do ICMS sobre os bens do ativo imobilizado quando estes forem vendidos em prazo inferior a um ano da data da aquisição.

Para tanto, consideraremos o julgamento do RE nº 1.025.986/PE e a conclusão adotada pela incidência do ICMS quando da venda de bens do ativo. No caso em apreço, os bens do ativo imobilizado eram veículos que precisavam ser substituídos em um período inferior a 12 meses. Entretanto, em que pesem as peculiaridades do caso, o Supremo Tribunal Federal (STF) acaba definindo se tratar o caso de alienação de bens do ativo imobilizado.

De pronto, destacamos que o acórdão do STF ignora diversas situações da própria formação do ICMS, bem como a flagrante ilegalidade do Convênio ICMS nº 64 e os julgados do TIT, tribunal altamente especializado em julgamento de demandas da referida exação.

Entretanto, antes de analisar o caso objeto do presente ensaio, falaremos um pouco acerca da criação do imposto sobre operações relativas à circulação de mercadorias e sobre prestações de serviços de transporte interestadual e intermunicipal e de comunicação.

1 O imposto sobre operações relativas à circulação de mercadorias, sobre prestações de serviços de transporte interestadual e intermunicipal e de comunicação

Desde a Emenda nº 18/65 à Constituição de 46, após o movimento militar de 1964, quando se intentou, simultaneamente, a racionalização do sistema tributário (Emenda nº 18) e a codificação do Direito Tributário (CTN), que o ICM, agora ICMS, vem se apresentando como um imposto problemático.

À época do movimento militar de 1964, receptivo às críticas dos juristas e economistas que viam no imposto sobre vendas e consignações dos Estados (IVC) um tributo avelhantado; "em cascata"; propiciador de inflação; verticalizador da atividade econômica; impeditivo do desenvolvimento da Federação e tecnicamente incorreto; resolveu-se substituí-lo por um imposto "não cumulativo", que tivesse como fatos jurígenos não mais "negócios jurídicos", mas a realidade econômica das operações promotoras da circulação de mercadorias e serviços, no país como um todo.

Destarte, surge o ICM, não cumulativo, em lugar do IVC cumulativo. A ideia era tomar como modelo os impostos europeus sobre valores agregados ou acrescidos, incidentes sobre bens e serviços de expressão econômica, os chamados IVAs.

Diante disso, duas aporias se apresentaram. A primeira, a realidade de que tais impostos, nos países europeus, se davam em nações de organização unitária, onde inexistiam Estados-membros, e, quando assim não fosse, a competência para operá-los ficava sempre em mãos do Poder Central. A segunda, a constatação de que no Brasil, Estado federativo, os Estados-membros estavam acostumados a tributar o comércio das mercadorias (IVC); a União, a produção de mercadorias industrializadas (imposto de consumo); e os municípios, os serviços (indústrias e profissões).

Essas duas dificuldades atrapalharam as ideias reformistas e modernizantes. Temeu-se que as pessoas políticas, traumatizadas pela reforma tributária em gestação, demorassem a se adaptar à nova estruturação, pelo despreparo de suas máquinas fiscais e, em consequência, sofressem dramáticas perdas de receita, gerando problemas políticos e sociais de monta.

A solução ficou no meio-termo, quebrantando os intuitos reformistas. Daí advieram, logo de início, algumas perversões:

a) O ICM, por sua própria natureza um imposto global sobre circulação de mercadorias e serviços de expressão econômica, sobrepõe-se ao IPI federal (ex-imposto de consumo, tributando indiretamente os produtos industrializados) e ao ISS municipal (que conservava em sua base tributável parte dos serviços ligados à produção, antes tributados pelo imposto sobre indústrias e profissões). A realidade de um país federativo, com três ordens de governo, impunha-se desafiadora.

b) O ICM, por ser, na genealogia dos IVAs, um imposto nacional que difunde os seus efeitos pelo território inteiro do país, em razão, principalmente, do seu caráter não cumulativo, viu-se – o imposto deveria ser da União – na contingência de ser retalhado em termos de competência impositiva entre os diversos Estados-membros da Federação, o que antecipou sérias dificuldades no manejo do gravame que deveria ter "perfil nacional" uniforme. A consequência foi o controle da competência estadual, já que o imposto teve que se submeter a um regramento unitário pela União, através de leis complementares e resoluções do Senado. E para evitar políticas regionais autônomas e objetivos extrafiscais paraninfados pelos Estados de *"per se"*, foram ideados os convênios de Estados-membros, espécies de convívio forçado em que um só podia fazer o que os demais permitissem ou tolerassem. A competência exonerativa teve que ser contingenciada.

c) Dadas as diversidades nos estágios de desenvolvimento das várias regiões do país e a ânsia generalizada dos Estados de se desenvolverem, o ICMS, já esparramado sobre um mapa de 26 Estados, além do Distrito Federal, e vários municípios, foi logo agarrado pelas unidades federadas como uma ferramenta hábil para partejar o desenvolvimento econômico, se bem que, em parte, contidas pelos convênios. Oriundo, na sua concepção, de países já desenvolvidos, unitários em sua maior parte, o nosso ICM contorceu-se para conviver com as ânsias de crescimento dos Estados e a profunda diversidade econômica dos "países" componentes da Federação. O que aconteceu do entrechoque entre as concepções teóricas e a inarredável realidade? Em primeiro lugar, a *uniformidade das alíquotas*, outra característica do imposto na ideação dos seus fautores, o que, em tese, devia afastar qualquer veleidade extrafiscal ou de seletividade, como muito bem observado pelo professor Rui Barbosa Nogueira, desandou em diversas alíquotas (desuniformes, portanto), para atender aos reclamos de arrecadação entre "Estados industrializados" e "Estados consumidores". Surgiram, então, alíquotas internas, alíquotas de exportação e alíquotas interestaduais e, nestas últimas, alíquotas diferenciadas para operações que destinassem mercadorias para o centro-sul ou para o norte-nordeste.[1]

Em segundo lugar, a "neutralidade" do ICM tornou-se mera peça retórica. Ao tempo da ditadura militar, através de isenções heterônomas, a União Federal utilizou à larga o ICM como instrumento de política econômica.

E, mediante o mecanismo dos "convênios", transformados em "Assembleias Legislativas de Estados federados", sob o guante autoritário da União (o famoso CONFAZ), o imposto tornou-se, largamente, um *tributo extrafiscal*, gerando disfunções com atrozes perdas de receita para os Estados. Depois da Constituição de 88, os Estados-membros fizeram do ICM(S) o principal instrumento para aliciar investimento contra a Constituição e o Código Tributário Nacional, passando a sacrificar os contribuintes *de jure*. O Prof. Ruy Barbosa Nogueira dizia:

> O ICM não pode ser usado como instrumento regulador da economia fomentando ou desencorajando atividades. Não é imposto hábil de atuação extrafiscal, quer em sua natureza quer pela razão de seu sujeito ativo. O princípio da uniformidade da alíquota para todas as mercadorias é a característica fundamental de que o ICM é imposto essencialmente fiscal.[2]

Foi como pregar no deserto; a guerra fiscal, a princípio miúda, controlada pelos militares, instalou-se de vez. O ICM, hoje ICMS, apesar de seu feitio aparentemente neutro, apresentou-se como formidável instrumento de intervenção na economia. A fala do ilustre professor reflete a ideologia dos defensores do Código Tributário Nacional.

---

[1] COÊLHO, Sacha Calmon Navarro. *Comentários à Constituição de 1988*: sistema tributário. 6. edição. Rio de Janeiro: Forense, 1999, p. 222
[2] *Ibidem*, p. 61

Efetivamente, eles pensaram o ICM como "imposto neutro", daí a uniformidade das alíquotas e a repercussão obrigatória no consumidor final.

2 Com a Constituição de 1988, o ICM se agiganta

Em 1987 advém a Assembleia Nacional Constituinte, e nela plantam-se, com extraordinário vigor, os anseios dos Estados de "independência e autonomia financeiras", na esteira da descentralização. Opera-se, então, a construção do maior conglomerado tributário de que se tem notícia na história do país.

Sobre a nossa Constituinte – compromissória aqui e radical acolá – convergiram pressões altíssimas de todas as partes. Dentre os grupos de pressão, há que se destacar o dos Estados-membros em matéria tributária, capitaneada pela tecnoburocracia das secretarias de Fazenda dos Estados. E surge o ICMS, outra vez à revelia das serenas concepções dos juristas nacionais, senhores das experiências europeias e já caldeados pela vivência de 23 anos de existência do ICM.

Suas proposições não foram aceitas. Prevaleceu o querer dos Estados. A ideia era, à moda dos IVAs europeus, fazer o ICM englobar o ISS municipal, ao menos nas incidências ligadas aos serviços industriais e comerciais. O ISS municipal restou mantido. Em compensação, os três impostos únicos federais sobre (a) energia elétrica, (b) combustíveis e lubrificantes líquidos e gasosos e, (c) minerais do país passaram a integrar o fato gerador do ICM, ao argumento de que são tais bens "mercadorias" que "circulam".

De certo são mercadorias, mesmo a energia elétrica equiparada a "coisa móvel" pelo Direito Penal para tipificar o delito de furto. Ocorre que são mercadorias muito especiais, com aspectos específicos que talvez não devessem se submeter à disciplina genérica do ICMS.

Além de englobar os impostos únicos federais da Carta de 1967, o ICM acrescentou-se dos serviços de: (a) transporte e (b) comunicações em geral, ainda que municipais, antes tributados pela União, tornando-se ICM + 2 serviços = ICMS. Em rigor, o ICMS é um conglomerado de seis impostos, se computado o antigo ICM, a que se pretende dar um tratamento fiscal uniforme, a partir do princípio da não cumulatividade, ao suposto de incidências sobre um ciclo completo de negócios (plurifasia impositiva).

O ICMS, além de intenso regramento constitucional, depende: *a)* do Senado (resoluções); *b)* do Congresso Nacional (leis complementares); *c)* das Assembleias Legislativas dos Estados (leis ordinárias);

d) dos convênios de Estados (pré-disciplinação legislativa); *e)* dos regulamentos imensos e proteiformes dos executivos estaduais.

3 O fato gerador do ICMS: circulação jurídica de mercadorias

O ICMS tem como fato gerador a realização de operações relativas à circulação de mercadorias e serviços de comunicações e transportes de natureza não estritamente municipais por produtores, extratores, importadores, indústrias, comerciantes e prestadores. Referido imposto é qualificado por relações jurídicas entre sujeitos econômicos, ainda que pessoas físicas, mormente em caso de importação de mercadorias.

De outro lado, o imposto não incide (não pode ser instituído) sobre operações que destinem produtos ao exterior (imunidade), quaisquer que sejam eles, após a Emenda Constitucional nº 42/2003 (antes a imunidade era apenas dos produtos industrializados e os demais estavam abarcados por isenção heterônoma dada pela Lei Complementar nº 87/96). Aliás, a Emenda Constitucional nº 42/2003 explicitou a regra da imunidade também para os serviços prestados a destinatários no exterior, mantendo os créditos das operações anteriores, como de resto acontecia sob a égide da Lei Complementar nº 87/96.

O ICMS incide, então, sobre operações relativas a: (a) circulação de mercadorias; (b) prestação de serviços de transporte interestadual e intermunicipal (excluídos os municipais sujeitos ao ISS e os internacionais, imunes e isentos); e (c) prestação de serviços de comunicações, conforme disposto no art. 155, inciso II, da CF/88.[3]

A operação que dá ensejo à circulação é, no dizer de Aliomar Baleeiro: "todo negócio jurídico que transfere a mercadoria desde o produtor até o consumidor final",[4] ou, segundo Alcides Jorge Costa: "qualquer negócio jurídico ou ato jurídico material que seja relativo à circulação de mercadorias".[5]

A palavra operação, utilizada no texto constitucional, garante, assim, que a circulação de mercadoria é adjetivação, consequência.

---

[3] "Art. 155. Compete aos Estados e ao Distrito Federal instituir impostos sobre: (...) II – operações relativas à circulação de mercadorias e sobre prestações de serviços de transporte interestadual e intermunicipal e de comunicação, ainda que as operações e as prestações se iniciem no exterior;"
[4] BALEEIRO, Aliomar. Atualizado por Misabel de Abreu Machado Derzi. *Direito Tributário brasileiro*. 10. ed. Rio de Janeiro: Forense, 1991, p. 375.
[5] COSTA, Alcides Jorge. *ICM na Constituição e na Lei Complementar*. São Paulo: Resenha Tributária, 1978, p. 96.

Somente terá relevância jurídica aquela operação mercantil que acarrete a circulação da mercadoria como meio e forma de transferir-lhe a titularidade. Por isso a ênfase constitucional na expressão operações de circulação de mercadorias. O imposto não incide sobre a mera saída ou circulação física que não configure real mudança de titularidade do domínio.

De resto, no aspecto pessoal da hipótese de incidência, há que estar o mercador-vendedor qualificado juridicamente como tal pelas leis tributária e comercial, para que a *intentio juris* (expressa no estatuto social) deva corresponder à *intentio facti* (a intenção leal de praticar a venda e compra de mercadorias).

Acerca da expressão "mercadoria", que significa bem sujeito à mercancia, a doutrina já assentou:

> A natureza mercantil do produto não está, absolutamente, entre os requisitos que lhe são intrínsecos, mas na destinação que se lhe dê. É mercadoria a caneta exposta à venda entre outras adquiridas para esse fim. Não o será aquela que mantenho em meu bolso e se destina a meu uso pessoal. Não se operou a menor modificação na índole do objeto referido. Apenas sua destinação veio a conferir-lhe atributos de mercadorias.[6]

Como se infere, para que ocorra o fato gerador do ICMS abstratamente previsto na Constituição, é imperioso que: (a) haja transferência de titularidade da mercadoria; (b) exista negócio jurídico subjacente que autorize a translação da propriedade; (c) o bem transferido tenha natureza de mercadoria, é dizer, seja destinado à mercancia; e (d) o sujeito passivo seja de direito e de fato um comerciante dedicado à circulação de mercadorias, jamais um locador de bens móveis.

Feitas as premissas gerais do ICMS, passaremos a discutir a questão do Convênio ICMS nº 64, de 07 de julho de 2006, e a sua ilegalidade.

4 Da ilegalidade de exigência do ICMS quando da venda de bens do ativo: o Convênio nº 64/06

Desde o surgimento do Convênio ICMS nº 64/06, diversas legislações estaduais o integraram por meio de decretos e portarias, passaram

---

[6] CARVALHO, Psaulo de Barros. *Regra Matriz do ICM (tese)*. São Paulo: PUC, 1981, p. 207.

a exigir a incidência do ICMS sobre as vendas dos automóveis usados, quando estes forem alienados em menos de 12 (meses), contados de sua aquisição. A justificativa convenial para exigência do imposto funda-se em duas premissas:
  a) a venda habitual de veículos automotores pelas locadoras de automóveis;
  b) a suposta natureza de mercadoria que os automóveis usados (bens do ativo imobilizado das empresas em questão) adquirem quando alienados pelas locadoras.

Consoante prenunciam os próprios fundamentos legais invocados pelo Convênio ICMS nº 64/06 e conforme se demonstrará a seguir, o Convênio em tela é flagrantemente ilegítimo, haja vista que:
  a) não compete ao CONFAZ legislar, estabelecendo base de cálculo e forma de apuração do ICMS devido. Ao fazê-lo, o órgão extrapola sua função constitucional. Outrossim, quando os Estados incorporam as normas conveniais via decreto, há flagrante violação ao princípio da legalidade em matéria tributária, desautorizando a exigência do imposto;
  b) a regra convenial, ao estipular arbitrariamente o prazo de 12 meses – como se fora uma presunção *juris et de jure* de prática de ato mercantil – como limite mínimo para que a locadora de automóveis possa vender veículo por ela adquirido sem sujeitar-se às suas malsinadas disposições, incorre em inconstitucionalidade e ilegalidade, criando ficção jurídica em desfavor das empresas, sem justificativa plausível para tanto. Afinal, que diferença existe entre a venda de um veículo com dez meses ou com quatorze meses de uso? O fato é: se a locadora adquire os bens, utiliza-os em sua atividade-fim (locação de veículos) e posteriormente os vende – para renovar sua frota ou devido a quedas sazonais na demanda de locação (cujos picos ocorrem em janeiro e julho) – não há como sustentar-se a incidência do ICMS, por se tratar de atividade secundária praticada pelo contribuinte apenas com vistas à consecução de sua finalidade precípua: o aluguel de veículos;
  c) o Convênio, ademais, fere:
    c.1) o princípio da anterioridade anual, ao determinar a nova incidência do ICMS sobre as vendas ocorridas a partir de sua publicação (e não a partir de 1º de janeiro do exercício seguinte, como determina a Constituição da República);

c.2) o Código Tributário Nacional, ao criar – à margem de qualquer disposição legal – uma hipótese de transferência da responsabilidade tributária ao adquirente pessoa física, em caso de não pagamento do ICMS (na forma exigida pelo Convênio) pela locadora-alienante;

c.3) as mais comezinhas regras de redação jurídica, sendo obscuro no que tange ao Estado para o qual deve ser pago o ICMS devido nos termos conveniais e com relação à base de cálculo do imposto (mencionado na norma em questão como sendo o preço divulgado pela montadora – porém, sem esclarecer se é o preço na data em que a locadora adquire o veículo ou aquele vigente na data em que a empresa vende o automóvel usado);

c.4) de mais a mais, ainda com relação à base de cálculo, o convênio cria verdadeira pauta fiscal, pois determina a utilização da tabela de veículos novos para cálculo do imposto devido pela venda de automóvel usado – o que é desautorizado pela jurisprudência de nossas Cortes Superiores.

Senão, vejamos.

5 Inconstitucionalidade e ilegalidade formais do Convênio ICMS nº 64/06 e dos decretos estaduais que o incorporarem

Ao pretender fazer incidir o imposto estadual sobre a venda de veículos efetuada por locadoras de automóveis, quando decorridos menos de 12 (doze) meses da aquisição daqueles, o Convênio ICMS nº 64/06 violou o art. 155, §2º, inciso XII, alínea "g", da CF/88. Esse dispositivo atribui à lei complementar a função de regular a forma como, mediante deliberação dos Estados e do Distrito Federal, isenções, incentivos e benefícios fiscais relativos ao ICMS serão concedidos e revogados.

A lei mencionada já existia desde antes da Constituição de 1988: trata-se da Lei Complementar nº 24, de 7 de janeiro de 1975, que atribui aos convênios firmados pelos Estados-membros a função de autorizar a concessão de benefícios fiscais em matéria de ICMS.[7]

---

[7] Confira-se a dicção de seu art. 1º: "Art. 1º. As isenções do imposto sobre operações relativas à circulação de mercadorias serão concedidas ou revogadas nos termos de convênios celebrados e ratificados pelos Estados e pelo Distrito Federal, segundo esta Lei. Parágrafo

Esta lei foi recebida pela Constituição de 1988. Como se dessume de seu texto, a LC nº 24/75 não autoriza o CONFAZ a editar convênio delimitando o âmbito de incidência da lei tributária (como faz o Convênio ICMS nº 64/06, ao dispor sobre fato gerador, base de cálculo e forma de apuração do *quantum debeatur*). As funções desse mecanismo foram claramente postas no art. 155, §2º, XII, "g", da CF/88: aprovar a concessão de benefícios em matéria de ICMS, visando a evitar a guerra fiscal entre os Estados-membros.

A única exceção à regra foi o Convênio ICM nº 66/88. Por força do art. 34, §8º, do ADCT, o aludido convênio foi editado para fazer as vezes de norma geral do ICMS, enquanto a lei complementar que cumpriria essa função não fosse aprovada. Com o advento da LC nº 87/96, o Convênio ICM nº 66/88 deixou de vigorar, cessando a autorização extraordinária.

Assim é que o CONFAZ, ao estipular as regras de tributação em questão (que não cuidam da concessão de isenções, benefícios ou incentivos fiscais, função que lhe é autorizada pela CF/88), extrapolou sua competência constitucional.

Não bastasse a inconstitucionalidade apontada – *de per se* suficiente para macular de forma insanável o convênio em tela, tornando-o imprestável –, o CONFAZ feriu frontalmente o princípio da legalidade tributária ao definir novas situações – não previstas em lei – nas quais o ICMS deveria incidir. De acordo com a CF/88, em seu art. 146, III, "a", é função do legislador complementar definir os fatos geradores e a base de cálculo dos impostos previstos na Constituição.

Ora, se nem mesmo o legislador ordinário pode criar novos fatos geradores do ICMS, menos ainda pode fazê-lo uma comissão de Secretários de Fazenda, integrantes do Poder Executivo.

Em matéria tributária, vige – com tanto rigor como no direito penal – o princípio da especificidade conceitual fechada (corolário da legalidade e impropriamente denominada "tipicidade"),[8] o qual

---

único. O disposto neste artigo também se aplica: I – à redução da base de cálculo; II – à devolução total ou parcial, direta ou indireta, condicionada ou não, do tributo, ao contribuinte, a responsável ou a terceiros; III – à concessão de créditos presumidos; IV – a quaisquer outros incentivos ou favores fiscais ou financeiro-fiscais, concedidos com base no Imposto de Circulação de Mercadorias, dos quais resulte redução ou eliminação, direta ou indireta, do respectivo ônus; V – às prorrogações e às extensões das isenções vigentes nesta data."

[8] "(...) O tipo, na acepção técnica que lhe empresta a Metodologia moderna, como ordem fluida que aceita as transições contínuas e graduais, opõe-se a conceito determinado classificatório e, como tal, atende melhor aos princípios jurídicos de funcionalidade e permeabilidade às mutações sociais, assim como à igualdade material ou Justiça. Em

impede que fatos não subsumíveis à hipótese de incidência prevista em lei possam originar o dever de pagar tributo.

A injuridicidade do Convênio ICMS nº 64/06 se agrava ainda mais quando se constata que suas normas têm sido incorporadas aos ordenamentos jurídicos estaduais por meio de decretos, como é o caso do Decreto mineiro nº 44.389, de 25 de setembro de 2006. Se a previsão em convênio já violava a legalidade estrita em matéria tributária, sua incorporação por decreto do Executivo estadual é a prova cabal de que os governadores e seus secretários de Fazenda se olvidaram por completo da Constituição e da legislação de regência do ICMS em vigor no país.

No Estado Democrático de Direito, compete ao Legislativo veicular normas prescritivas de conduta (editar leis), ao Executivo dar-lhes cumprimento (executar as leis) e ao Judiciário dirimir conflitos jurídicos (aplicar a lei no caso concreto). A partir do momento em que o Poder Executivo se reveste do papel de criador de leis, usurpa a competência do Legislativo, ferindo a tripartição dos Poderes, cláusula pétrea da Constituição e fundamento precípuo do Estado Democrático de Direito (e explícito em matéria tributária, dado o disposto no art. 150, I, da CF/88).[9]

Não obstante, mesmo que as disposições do Convênio ICMS nº 64/06 tivessem sido veiculadas por lei complementar, a mesma seria inconstitucional por desbordar dos limites traçados pela CF/88 para instituição do ICMS. Afinal, a *fattispecie* do imposto em tela é a realização de *operações de circulação jurídica de mercadorias*. Da mesma forma que o legislador não pode desviar-se do sentido dos vocábulos constitucionais (como, aliás, já restou decidido pelo STF nos Recursos Extraordinários nºs 166.172/RS[10] e 116.121/SP),[11] menos ainda o CONFAZ – órgão formado por representantes do Executivo – pode alargar o fato gerador e estabelecer inédita base de cálculo do ICMS sobre operações que não correspondem à efetiva operação de circulação jurídica de mercadorias.

---

contrapartida, a segurança jurídica, a uniformidade e a praticabilidade na aplicação da norma são alcançadas de modo mais satisfatório por meio de conceitos determinados, cujas notas irrenunciáveis fecham-nos rigidamente, em estruturas que almejam a estabilidade das relações jurídicas." (DERZI, Misabel Abreu Machado. *Direito Tributário, Direito Penal e Tipo*. São Paulo: Revista dos Tribunais, 1988, p. 286).

[9] CF/88: "Art. 150. Sem prejuízo de outras garantias asseguradas ao contribuinte, é vedado à União, aos Estados, ao Distrito Federal e aos Municípios: I – exigir ou aumentar tributo sem lei que o estabeleça;"

[10] STF, Pleno, *Recurso Extraordinário nº 166.172/RS*, relator Ministro MARCO AURÉLIO, DJ 16.12.1994, p. 34.896.

[11] STF, Pleno, *Recurso Extraordinário nº 116.121/SP*, relator Ministro OCTÁVIO GALLOTTI, relator para o acórdão Ministro MARCO AURÉLIO, DJ 25.05.2001, p. 17.

6 O julgamento do RE nº 1.025.986/PE e a incidência do ICMS sobre os bens do ativo

A discussão acerca da constitucionalidade dessa exigência foi levada à apreciação do Supremo Tribunal Federal, por ocasião do julgamento do Recurso Extraordinário nº 1.025.986, iniciada em 26 de junho de 2020 e finalizada em 04 de agosto de 2020. Na ocasião do julgamento no Plenário Virtual, o Relator, Min. Marco Aurélio, disponibilizou o seu voto pelo provimento do apelo da empresa:

> para, declarando incidentalmente a inconstitucionalidade do inciso LXVII do artigo 14 do Decreto nº 14.876/1991, com redação conferida pelo de nº 29.831/2006, ambos do Estado de Pernambuco, afastar a majoração do ICMS prevista nas operações de venda de veículos autopropulsador, ocorridas antes de 12 meses da aquisição junto à montadora, quando realizadas por pessoa jurídica que explore a atividade de produtor agropecuário, locação de veículos e arrendamento mercantil.

Sugeriu-se, então, a fixação da seguinte tese: "Surge inconstitucional, por violação do princípio da legalidade, decreto a disciplinar, sem previsão legal, incidência de tributo".

Assim, o Relator entendeu que o Convênio nº 64/2006, regulamentado pelo Estado de Pernambuco por meio do Decreto nº 29.831/2006, veio para condicionar o gozo da redução de base de cálculo à manutenção dos veículos por, no mínimo, 12 meses no patrimônio do adquirente, sob pena de, alienado antes, revelar-se que esse adquirente não estaria adquirindo o bem não para empregá-lo como ativo fixo, mas como mercadoria, na revenda. E, por isso, no caso de alienações anteriores aos 12 (doze) meses, incidiria o imposto e a base de cálculo seria "o preço de venda ao público sugerido pela montadora":

> se não cumprida a permanência no prazo descrito na legislação de regência, afasta-se o regime mais benéfico, no que serão cobrados do alienante os encargos inicialmente afastados, majorada a base de incidência do tributo, fazendo-se incidir a regra geral.

Tratar-se-ia, na visão do Min. Marco Aurélio, de uma condição resolutiva para o gozo do benefício inaugurado pelo Convênio nº 51, cujo evento futuro e incerto seria a alienação de bem integrante do ativo imobilizado. Por essa razão, entendeu que o Convênio nº 64/2006 não estaria criando hipótese de incidência de ICMS sobre a alienação de bens pertencentes ao ativo imobilizado das locadoras, não havendo que se falar, nesse sentido, em ofensa ao art. 155, inciso II, da CF/88.

Não obstante, o Ministro Relator concluiu que o Estado de Pernambuco teria ofendido a legalidade (art. 150, inciso I, da CF/88) ao ratificar o convênio por meio de decreto do Executivo – sem anterior aprovação do Poder Legislativo, fosse por meio de decreto legislativo ou de lei ordinária – o que tornaria mencionado decreto nulo, por ausência de instrumento adequado à introdução de regras tributárias. Por essa razão conheceu do recurso, para declarar a inconstitucionalidade do dispositivo do RICMS/PE que incorporou a previsão do Convênio nº 64. O voto do relator restou vencido.

O Min. Alexandre de Moraes abriu divergência, tendo proferido voto em sentido contrário ao do Min. Marco Aurélio, para manifestar o entendimento de que o Convênio nº 64 teria apenas definido a forma como se dará a isenção fiscal do ICMS, nos casos em que a locadora alienar veículos adquiridos de montadoras, o que estaria plenamente autorizado pelo art. 155, §2º, inciso XII, alínea "g", da CF/88, ao dispor que compete à lei complementar regulamentar a forma como os Estados e o Distrito Federal deliberarão sobre a instituição de isenções, incentivos e benefícios fiscais relativos ao imposto.

Conforme o entendimento do Ministro, não se trata de hipótese de instituição de tributo, mas apenas de internalização de Convênio editado pelo CONFAZ, pelo RICMS do Estado de Pernambuco, por meio do Decreto nº 29.831/2006, razão pela qual concluiu pela inocorrência de ofensa à legalidade.

Com relação à configuração dos veículos adquiridos por locadora como sendo bem do ativo imobilizado, para fins de afastamento da incidência do imposto, ressaltou que, quando da aquisição dos bens, junto às montadoras, não haveria dúvida do enquadramento dos automóveis como bens do ativo fixo – qualidade que só se manteria enquanto estiverem sendo usados na finalidade de locação.

Para o Min. Alexandre de Morais, ao colocar os veículos automotores para revenda, a locadora os estaria sujeitando à mercancia, devolvendo-os ao ciclo econômico, razão pela qual, nesse contexto, tornar-se-iam mercadorias, sujeitas à incidência do ICMS. Nesse contexto, negou provimento ao recurso extraordinário do contribuinte, tendo sugerido a fixação da seguinte tese:

> É constitucional a incidência do ICMS sobre a operação de venda, realizada por locadora de veículos, de automóvel com menos de 12 (doze) meses de aquisição da montadora.

O Voto do Min. Alexandre de Moraes prevaleceu, tendo sido acompanhado por mais 6 (seis) Ministros, quais sejam: Min. Ricardo Lewandowski, Min. Gilmar Mendes, Min. Cármen Lúcia, Min. Rosa Weber, Min. Roberto Barroso e Min. Celso de Mello.

O acórdão do STF consignou que não se poderia, em abstrato, estabelecer que a venda de automóveis por locadoras de veículos sempre configuraria uma alienação do ativo fixo. É ver:

> Nesse panorama, considerando que a classificação contábil de origem não é suficiente para afastar, em termos absolutos, a hipótese de a venda do veículo usado configurar, in concreto, operação mercantil, e sendo certo que a prova dos autos permite vislumbrar, exatamente ao revés, a presença de características mercantis nas alienações em foco, tenho que a impetrante carece de direito líquido e certo à pretendida declaração, em abstrato (isto é, independentemente dos aspectos factuais da operação de venda), de que não incide ICMS na alienação de seus veículos usados.

Nesse sentido, o recurso extraordinário foi apresentado diante da dissonância do estabelecido pelo acórdão recorrido e a jurisprudência STF, que, há décadas, é inequívoca no sentido de que: salvo nos casos de fraude, a classificação contábil de bem como de ativo fixo afasta a incidência do imposto sobre mercadorias.

A Súmula nº 541/STF foi editada nesse sentido e a jurisprudência da Suprema Corte relativamente ao imposto incidente sobre mercadorias foi assim sedimentada – quando do IVC que posteriormente foi reformulado para o ICM[12] e que, por sua vez, antecedeu o ICMS.

Ademais, interessante que a edição da referida súmula foi antecedida pelos julgamentos de recursos extraordinários que examinavam exatamente a mesma matéria dos presentes autos, qual seja, a venda de veículos por empresas que os utilizam como meio para atingir o seu fim social.

No RE nº 62.151/SP, de Relatoria do Ministro Thompson Flores, restou consignado que "a venda de ônibus usado por Emprêsa de Transporte com o objetivo de adquirir carros novos e assim melhorar seu serviço ao público, cumprindo exigências da atividade que lhe está afeta, não é ato sujeito ao imposto de vendas e consignações". Outrossim, no RE nº 64.619/SP, de Relatoria do Ministro Osvaldo Trigueiro,

---

[12] Sobre a equivalência entre ambos o IVC e o ICM, é ver: RE 74499, Relator(a): XAVIER DE ALBUQUERQUE, Tribunal Pleno, julgado em 25.10.1972, DJ 20.11.1972 PP-07670 EMENT VOL-00893-02 PP-00367.

a Corte decidiu que a venda de veículos por empresas de transportes não configura atividade sujeita ao imposto mercantil, vez que o ramo de comércio das sociedades era o de transporte, e não de venda dos referidos bens.

Do mesmo modo, a jurisprudência firmada na década de 60 manteve-se; nesse sentido, foi a decisão da 2ª Turma, no AI nº 177.698/SP, de relatoria do Ministro Marco Aurélio, que rejeitou a incidência do ICMS sobre bens do ativo fixo. Posteriormente, o RE nº 194.300/SP – cuja discussão era equivalente à presente – que também examinava, em sede de mandado de segurança, a não incidência, em abstrato, do ICMS sobre alienação de bem do ativo fixo, decidiu pela inexistência do fato gerador do imposto.

Ademais, o entendimento da Suprema Corte manteve-se inalterado por mais de meio século, conforme se observa pelos recentes julgamentos do RE nº 588.149/SP e da ADI nº 3.631/RJ.

No RE nº 588.149/SP, é distintivo que o fundamento utilizado pelo Ministro Relator tenha sido exatamente a Súmula nº 541/STF, cuja edição foi fruto de julgados que examinavam a venda de veículos por empresas de transporte. Ou seja, na base da definição do Tema nº 216 da Repercussão Geral, utiliza-se o entendimento da Corte de que bens do ativo fixo de empresas de transporte não configuram mercadorias quando vendidos para, desse modo, afastar a incidência do ICMS sobre a alienação de salvados que é feita, importante registrar, com habitualidade e profissionalidade. É ver as considerações do ministro relator, seguidas igualmente pelo voto-vogal do Ministro Cezar Peluso (que transcreveu seu voto-vista proferido no julgamento da ADI nº 1.648/MG):

Ministro Gilmar Mendes	Ministro Cezar Peluso
O que ocorre é que por disposição contratual as seguradoras recebem por ato unilateral a propriedade do bem nas hipóteses em que, em razão de sinistro, tenha perdido mais de 75% do valor segurado. Ressalto que as companhias de seguro são obrigadas a pagar ao segurado 100% do valor do bem. A posterior alienação dos salvados, pelas seguradoras, tem, quando muito, o condão de recuperar parcela da indenização que haja superado o dano ocorrido. Não há, dessa forma, finalidade de obter lucro, não havendo, portanto, intenção comercial. Este é o sentido da jurisprudência do Supremo Tribuna Federal, conforme se depreende do Enunciado n. 541 da Súmula do Tribunal: "O imposto sobre vendas e consignações não incide sobre a venda ocasional de veículos e equipamentos usados, que não se insere na atividade profissional do vendedor, e não é realizada com o fim de lucro, sem caráter, pois, de comercialidade". O objeto das operações das seguradoras é o seguro. A eventual alienação dos salvados não os toma mercadorias, visto que as companhias seguradoras não possuem por objeto social a circulação de mercadorias, constituindo a referida alienação um elemento da própria operação de seguro, consoante exposto acima e de forma clara no voto do Ministro Sydney Sanches, relator da ADI-MC n. 1.332/RJ.	Sendo assim, não me parece lícito cogitar da habitualidade das operações, nem de seu caráter profissional, como elementos capazes de desvirtuar o caráter não-mercantil da venda de salvados. A prática, profissional e habitual, de operações com coisas que não são mercadorias, nem têm a destinação destas, não as transforma, é claro, naquilo que não são por natureza.

Em outubro de 2019, o entendimento estabelecido no Tema nº 216 da Repercussão Geral foi ratificado, à unanimidade, pelo plenário desse c. Tribunal na ADI nº 3.631/RJ.

Portanto, a jurisprudência da Corte era estável, percorrendo mais de meio século, e inequívoca no sentido de que a alienação de bens do ativo fixo – cujo entendimento foi posteriormente ampliado para abarcar venda de bens enquanto atividade meio (*e.g.*, RE nº 588.149/SP e ADI nº 3.631/RJ) – não são objeto de incidência do ICMS.

7 Do correto posicionamento do Tribunal de Impostos e Taxas acerca do tema

Em que pese a equivocada decisão do STF acerca da alienação do ativo, o Tribunal de Impostos e Taxas do Estado de São Paulo (TIT) destacou, em seus julgados, que a venda não habitual, apenas com o objetivo de manter a frota sempre em condições de uso pelos usuários, não pode ser considerada uma prática recorrente, sendo afastada a incidência do ICMS, como se verá a seguir.

Ademais, o Tribunal considerou requisito fundamental a circulação, assim entendida como o seu trajeto entre a produção e o consumo, forçoso concluir que as empresas locadoras de veículos, em relação aos bens que adquirem para integrar o seu ativo imobilizado, localizam-se no ponto final da circulação. Assim, as saídas de veículos integrados em seu ativo imobilizado, a título de simples remanejamento da frota, ainda que ocorram com certa frequência, ou as vendas esporádicas dos veículos após o uso a que se destinaram, por si só, não caracterizam circulação de mercadorias, como elemento necessário para a configuração do fato gerador do ICMS.

Ademais, de forma sempre lucida, o TIT ainda destacou que mesmo que as operações de venda dos veículos usados sejam realizadas de modo habitual ou em volume que caracterize intuito comercial, configurando a existência de um contribuinte do imposto e a realização de operações de circulação de mercadorias, conforme artigo 4º, VI, da Lei nº 6.374/89, reproduzido pelo artigo 7º, XIV, do RICMS/SP, o imposto não incide sobre a saída de bem do ativo permanente.

Em análise cronológica, um julgado de 2009 (Processo nº 102526) entendeu que não há previsão legal para incidência do ICMS na venda de bens do ativo imobilizado em prazo inferior a 12 meses, ainda assim analisou-se a habitualidade da venda para caracterização de desvio de finalidade da atividade de locação.

No mesmo sentido, a análise no AIIM nº 3.154.104-5 (Processos nºs 609646 e 4022510) considerou-se a habitualidade na revenda para caracterização da atividade desenvolvida pela empresa (se locadora ou revendedora), entendendo pela não incidência do tributo no caso concreto.

Em julgado mais recente, de 2020, (Processo nº 4123949), o Tribunal entendeu pela inaplicabilidade da Decisão Normativa CAT nº 02/2006 em razão de superveniência da Norma Técnica NBC TG nº 27, que estabeleceu requisito para a caracterização de ativo imobilizado, diferente do considerado pela norma técnica revogada, no qual referida decisão se baseara. Vejamos:

> ICMS 2. FALTA DE PAGAMENTO. OPERAÇÃO TRIBUTADA COMO NÃO TRIBUTADA. *NÃO ATENDIDOS REQUISITOS PARA ENQUADRAMENTO DE BENS NO ATIVO IMOBILIZADO. VEÍCULOS NEGOCIADOS ANTES DE COMPLETADOS DE DOZE MESES DA SUA INTEGRAÇÃO. Inaplicabilidade da Decisão Normativa CAT 02/2006 ao caso concreto.* RECURSO DE OFÍCIO. CONHECIDO. NEGADO PROVIMENTO. (...) Assim, além de haver um *problema de ordem formal em relação à Decisão Normativa CAT 02/2006, uma vez que fora expressamente revogada a norma técnica segunda a qual se baseara*, não estando mais vigente à época das operações, há também um problema de *ordem material uma vez que a norma técnica sucessora trouxe regramento substancialmente distinto da que lhe antecedera*. De fato, o critério temporal estabelecido pela novel NBC TG 27 foi distinto daquele estabelecido pela norma técnica antecessora, ou seja, que os bens tivessem a expectativa de permanecerem por 12 meses, mas sim, trouxe a nova NBC uma outra regra cujo critério estabelecido era o de "se utilizar por mais de um período" o bem. Veja-se que são regras distintas, que não se confundem: uma é ter "a expectativa de serem utilizados por mais de doze meses", outra é "se utilizar por mais de um período". Não só não se confundem, como também são regras que não se conciliam uma vez que o termo "período" pode significar 12 meses, mas também pode significar 03 meses, 06 meses, 18 meses, 24 meses etc. e tal significado pode ter impacto inclusive do tipo de atividade que realizada pelo contribuinte, no caso dos autos, revenda de veículos. Note-se, ainda, que essa segunda razão para não aplicar a Decisão Normativa CAT 02/06 ao caso dos autos, em verdade, constitui um óbice para aplicação da referida decisão normativa em qualquer caso. Assim, ao que nos interessa no presente caso concreto, vejo como inviável a aplicação aqui da referida decisão normativa. *Nesse sentido, a meu ver, fica cumprida a exigência para enquadrar os bens no ativo imobilizado, ou seja, foram adquiridos e utilizados em atividade relacionada com o ativo imobilizado e havia a expectativa de assim utilizá-los por mais de um período ou por mais de doze meses.* Veja-se que a argumentação apresentada pela d. Representação Fiscal, em seu parecer de Recurso de Ofício, de que a suposta habitualidade de revenda dos bens antes de doze meses implicaria na conclusão de não poderia haver a expectativa de utilizá-los por mais de doze meses, resta inaceitável pelo motivo que segue (...) (Recurso de Ofício no processo nº 4123949, Relator: João Maluf Júnior, Primeira Câmara Julgadora, Data da publicação: 08/07/2020). Grifos nossos

ICMS. NÃO PAGAMENTO POR GUIA ESPECIAL. *VENDA DE VEÍCULOS POR LOCADORA ANTES DO PRAZO DE 12 MESES ESTIPULADO EM CONVÊNIO. SITUAÇÃO DE MÉRITO JÁ JULGADA DE FORMA DEFINITIVA ANTERIORMENTE EM OUTRO PROCESSO, RESOLVENDO-SE PELA NÃO INCIDÊNCIA.* IMPEDIMENTO DE NOVA DISCUSSÃO POR ESTES AUTOS. OPERAÇÃO RELACIONADA A ÚNICO VEÍCULO NÃO ALBERGADA PELO ANTERIOR JULGADO SEGUE MESMA QUALIFICAÇÃ DE NÃO INCIDÊNCIA. PERÍODO EM AMBOS PROCESSOS (JÁ JULGADO E ESTES AUTOS) É O MESMO. RESP DO CONTRIBUINTE. CONHECIDO. PROVIDO. (...) 19. Assim, por todo o exposto e analisado, entendo que tanto o já julgado no processo AIIM nº 3.154.104-5 e o destacado nestes autos, com relação aos mesmos veículos têm o mesmo fato: venda de veículos usados com menos de 12 de sua aquisição. 20. Em relação aos veículos de placas DYE 9894, DMI 5880, DYE 9962, EBM 3790, DVC 9841, DRB 1920, DYE 9973, EBX 7942, EBU 3230, ENK 0909, EBW 4409, EBW 4471, EEK 2493, EEK 2452, EVA 5880 a situação já se resolvera definitivamente no processo AIIM nº 3.154.104-5, *onde no mérito houve o entendimento da não incidência de ICMS,* o que retira a possibilidade de nova autuação, como a destes autos, apesar do novo enunciado infracional: lá de não emissão de NNFF na saída dos veículos (cobrando imposto); aqui de não pagamento por guia especial referente à saída dos mesmos veículos. 21. Sendo o mérito sobre o mesmo fato já decidido anteriormente de forma favorável ao particular, resta obstada nova autuação sobre o mesmo fato base, pois se lá decidiu-se pela não incidência de ICMS nas operações de saída, como cobrar o imposto nos termos destes autos? Houve, sim, "coisa julgada administrativa" impeditiva agora de rediscussão da matéria. Novo enunciado infracional sobre a mesma causa não é motivo de nova apreciação judicante. 22. Assim, para as operações com os veículos supra destacados, CONHEÇO e DOU PROVIMENTO ao RESP do particular para reformar o resolvido a quo, cancelando a respectiva exigência fiscal, *por já ter sido julgado idêntico mérito no processo AIIM nº 3.154.104-5,* entendendo irrelevante o fato destes autos apresentarem diverso enunciado infracional. (Recurso Especial no processo nº 4022510, Relator: Argos Campos Ribeiro, Câmara Superior, Data da publicação: 12/04/2019) Grifos nossos

ICMS – Falta de emissão de notas fiscais em operações de saída de veículos novos e usados. AIIM julgado insubsistente. EM DECISAO DE PRIMEIRA INST ANCIA. RECURSO DE OFÍCIO INTERPOSTO. ACUSAÇÕES DE INFRAÇÕES RELATIVAS A DOCUMENTOS FISCAIS E IMPRESSOS FISCAIS: Deixou de emitir Notas Fiscais, antes de iniciada a saída de veículos novos e usados, pois apesar de regularmente Notificado e Renotificado, não fez prova de ter utilizado os veículos para a prestação de serviços de locação. INFRAÇÕES RELATIVAS À Inscrição NO CADASTRO DE CONTRIBUINTES, A ALTERAÇÃO

CADASTRAL E A OUTRAS INFORMAÇÕES: POIS Exerceu de fato e com habitualidade a atividade comercial de distribuidora de veículos automotores novos, no período de setembro de 2006 a junho de 2011, sem estar devidamente inscrito no Cadastro de Contribuintes do ICMS da repartição fiscal de sua vinculação, burlando o regime jurídico-tributário da sujeição passiva por substituição tributária com retenção antecipada do imposto por meio de simulação da atividade de locadora de veículos, conforme se comprova pela documentação juntada, da qual se destaca: notificação .de 27/10/2010; – renotificação de 11/03/2011 ; *amostragem do tempo de permanência dos veículos no estoque do autuado, obtida da consulta ao Cadastro de Veículos IPVA SEFAZ/DETRAN-SP; – cópias das Notas Fiscais fornecidas pelo infrator, referentes às compras dos veículos.* [sic] (...) *10. Se destinados diretamente à revenda, por certo que há incidência do ICMS nas correspondentes operações, sem maiores considerações quanto à correção de sua contabilização no balanço da empresa. Por outro lado, se observado procedimento por parte das empresas locadoras de veículos que caracterize a existência de habitualidade ou volume que caracterize intuito comercial, na comercialização de veículos originalmente contabilizados no ativo permanente da empresa, antes de transcorrido o prazo de permanência superior a 12 meses, entendemos que as operações de revenda desses bens (que foram mantidos pela empresa por prazo inferior ao exigido para contabilização no ativo permanente) estarão sujeitas li incidência do imposto.* (Recurso de Ofício no processo nº 609646, Relator: Raphael Zulli Neto, 10ª Câmara Julgadora, Data da publicação: 5/01/2013) Grifos nossos

ICMS – FALTA DE PAGAMENTO DO IMPOSTO EM VENDA DE VEÍCULO POR EMPRESA LOCADORA, ANTES DE 12 MESES ENTRE A DATA DA COMPRA E DA VENDA. *1. O imposto não incide sobre a saída de bem do ativo permanente, mormente quando a – alienante é empresa prestadora de serviços de locação de bens. A exigência do imposto na venda de bens do ativo imobilizado em prazo inferior a 12 meses contados da aquisição não tem fundamento legal. 2. É devido o imposto sobre venda de veículos no estabelecimento do contribuinte com 0. t habitualidade, não integrantes de seu ativo imobilizado, ainda que tais veículos estejam em nome de terceiros, sobretudo por inexistir qualquer justificativa comprovada.* Recurso parcialmente provido. (Recurso Ordinário no processo nº 102526/2007, Relator: Eduardo Perez Salusse, 5ª Câmara Efetiva, Data da publicação: 29/08/2009). Grifos nossos

Em resumo, percebe-se a importância do TIT para concretização da justiça tributária brasileira. No caso do ICMS de ativos fez-se um excelente trabalho, sendo inegável que a análise da matéria foi amadurecida e devidamente aprofundada perante o técnico Tribunal de Impostos e Taxas.

O resultado dos acórdãos proferidos pelo TIT foi a justiça fiscal, perfectibilizada pela aplicação de importantes fundamentos de formação e base dogmática do tributo, em linha com a doutrina e com a jurisprudência até então dominante. Infelizmente o STF destoou do tecnicismo do TIT e acabou ignorando importantes questões para fixação da tese acerca da questão.

Considerações finais

Delineados os fatores da hipótese de incidência do referido tributo, bem como a historicidade que norteou o desenvolvimento das intrínsecas características que definem o imposto, percebe-se que o ICM, hoje ICMS, é um tributo envolto de complexidade não somente no que diz respeito ao intenso regramento constitucional – e demais disposições normativas supramencionadas – mas justamente pelas disposições e interpretações, quaisquer que sejam, indevidas sobre o fato gerador e base de cálculo do imposto.

Conforme evidenciou-se acima, o CONFAZ – órgão formado por representantes do Executivo – pode alargar o fato gerador e estabelecer inédita base de cálculo do ICMS sobre operações que não correspondem à efetiva operação de circulação jurídica de mercadorias. No mesmo diapasão, o Judiciário em sua máxima representação, pode incorrer em equívoco, como no caso analisado no presente estudo, ao partir de premissas que destoam das características ensejadoras da incidência do ICMS.

Por fim, depreende-se do presente estudo a importância da competência técnica do Tribunal na construção da jurisprudência no âmbito administrativo e para a efetivação do controle dos lançamentos tributários estaduais.

Informação bibliográfica deste texto, conforme a NBR 6023:2018 da Associação Brasileira de Normas Técnicas (ABNT):

TEIXEIRA, Tiago Conde; GOMES, Rayanne Ribeiro. A não incidência do ICMS sobre os bens do ativo: uma análise da jurisprudência do TIT e do STF. In: PINTO, Alexandre Evaristo; TOMKOWSKI, Fábio Goulart; ALLEGRETTI, Ivan; BEVILACQUA, Lucas (coord.). *ICMS no Tribunal de Impostos e Taxas de São Paulo*. Belo Horizonte: Fórum, 2022. p. 437-457. ISBN 978-65-5518-319-1.

DECADÊNCIA E O PAGAMENTO PARCIAL NO LANÇAMENTO POR HOMOLOGAÇÃO DO ICMS: A TÃO AGUARDADA ESTABILIZAÇÃO DA JURISPRUDÊNCIA

RICARDO A. CASTAGNA

Introdução

O tema da decadência do direito da Fazenda Pública de constituir o crédito tributário por meio do lançamento permanece objeto de contínuas controvérsias, a despeito das disposições do Código Tributário Nacional (CTN) a respeito da matéria, editadas há mais de cinquenta anos, não terem sofrido alterações posteriores. Durante essas mais de cinco décadas, profícuas fontes doutrinárias contribuíram para o amadurecimento do tema, trazendo a lume inúmeras perspectivas para a adequada compreensão desse instituto.

De outra banda, a decadência no direito tributário ainda está sujeita a variados entendimentos por parte da jurisprudência, tanto do Poder Judiciário quanto de tribunais administrativos. O crescimento da complexidade dos fatos jurídico-tributários, como consequência das transformações socioeconômicas das últimas décadas, impõe contínuos desafios aos julgadores, ao mesmo tempo em que exige a revisitação dos fundamentos essenciais da decadência e de suas funções precípuas no sistema tributário brasileiro.

Entre os diversos temas que cercam as celeumas a respeito da decadência se encontra o papel do *pagamento antecipado do crédito tributário* na modalidade de lançamento por homologação, tal como estabelecido pelo artigo 150 do CTN. Pela importância central do mencionado dispositivo para este artigo, transcreve-se o texto da lei:

> Art. 150. O lançamento por homologação, que ocorre quanto aos tributos cuja legislação atribua ao sujeito passivo o dever de antecipar o pagamento sem prévio exame da autoridade administrativa, opera-se pelo ato em que a referida autoridade, tomando conhecimento da atividade assim exercida pelo obrigado, expressamente a homologa.
>
> §1º O pagamento antecipado pelo obrigado nos termos deste artigo extingue o crédito, sob condição resolutória da ulterior homologação ao lançamento.
>
> §2º Não influem sobre a obrigação tributária quaisquer atos anteriores à homologação, praticados pelo sujeito passivo ou por terceiro, visando à extinção total ou parcial do crédito.
>
> §3º Os atos a que se refere o parágrafo anterior serão, porém, considerados na apuração do saldo porventura devido e, sendo o caso, na imposição de penalidade, ou sua graduação.
>
> §4º Se a lei não fixar prazo a homologação, será ele de cinco anos, a contar da ocorrência do fato gerador; expirado esse prazo sem que a Fazenda Pública se tenha pronunciado, considera-se homologado o lançamento e definitivamente extinto o crédito, salvo se comprovada a ocorrência de dolo, fraude ou simulação.

Depois de intensos debates, a jurisprudência do Superior Tribunal de Justiça (STJ) definiu, em sede de recurso repetitivo (Resp nº 973.733/SC, de 12/08/2009), que a homologação a que alude o mencionado artigo 150 do CTN é do *pagamento* efetuado pelo contribuinte. Via de consequência, na ausência de (i) recolhimento antecipado do tributo e (ii) de declaração prévia do débito, a decadência não pode reger-se pela regra do §4º daquele dispositivo (ou seja, prazo quinquenal com termo inicial fixado na data de ocorrência do fato gerador), devendo ser contada de acordo com a regra estabelecida no artigo 173, I, do CTN (qual seja, o prazo quinquenal com termo inicial fixado no primeiro dia do exercício seguinte àquele em que o lançamento poderia ter sido efetuado).[1]

---

[1] A tese firmada no mencionado Resp nº 973.733/SC é a seguinte: "O prazo decadencial quinquenal para o Fisco constituir o crédito tributário (lançamento de ofício) conta-se do primeiro dia do exercício seguinte àquele em que o lançamento poderia ter sido efetuado, nos casos em que a lei não prevê o pagamento antecipado da exação ou quando, a despeito da previsão legal, o mesmo inocorre, sem a constatação de dolo, fraude ou simulação do contribuinte, inexistindo declaração prévia do débito."

Posteriormente, a jurisprudência em tela foi objeto da Súmula nº 555 do STJ, cujo verbete apenas reforça a circunstância de que, não havendo declaração do débito na sistemática de lançamento por homologação, o prazo decadencial quinquenal para o Fisco constituir o crédito tributário conta-se exclusivamente na forma do art. 173, I, do CTN. A súmula parte da premissa de que, não havendo declaração do débito, não ocorreu, por conseguinte, o pagamento antecipado exigido pelo artigo 150 do CTN.[2]

Essa definição jurisprudencial está em conformidade com a orientação da mesma Corte cristalizada no verbete da Súmula nº 436, segundo a qual a entrega de declaração pelo contribuinte reconhecendo o débito tributário constitui o respectivo crédito, dispensada qualquer outra providência por parte da Fazenda Pública. Nessa hipótese, constituído o crédito tributário, não há que se cogitar decadência do direito do Fisco em realizar o lançamento, passando-se a aplicar as regras atinentes à prescrição para a respectiva cobrança.

A *questão central* que se coloca como investigação neste artigo é a de determinar as consequências jurídicas do pagamento antecipado apenas *parcial* do tributo, na sistemática de lançamento por homologação do imposto sobre operações relativas à circulação de mercadorias e sobre prestações de serviços de transporte interestadual e intermunicipal e de comunicação (ICMS), e o tratamento dado à questão pela jurisprudência do Tribunal de Impostos e Taxas do Estado de São Paulo (TIT/SP).

Trata-se de hipótese na qual o contribuinte apura o ICMS na forma da legislação de regência, transmite suas declarações acessórias e efetua o pagamento integral relativo às obrigações informadas, mas que, por qualquer razão, deixa de informar outros fatos jurídico-tributários que dariam azo a outras obrigações e, por conseguinte, a outros débitos para serem informados ao Fisco no mesmo período. Em hipótese como essa, pode-se afirmar que o pagamento foi integral quanto às obrigações declaradas, mas foi *parcial* em relação ao *total* dos fatos jurídico-tributários ocorridos no período. Em tal situação, o pagamento *parcial* efetuado tem o condão de atrair a regra decadencial estabelecida no artigo 150, §4º, do CTN (ao menos em relação aos débitos não informados)? Ou a falta de informação e pagamento do

---

[2] Súmula nº 555 STJ: "Quando não houver declaração do débito, o prazo decadencial quinquenal para o Fisco constituir o crédito tributário conta-se exclusivamente na forma do art. 173, I, do CTN, nos casos em que a legislação atribui ao sujeito passivo o dever de antecipar o pagamento sem prévio exame da autoridade administrativa".

débito integralmente devido no período faz incidir a regra decadencial do artigo 173, I, do CTN?

Ressalte-se que a hipótese acima descrita não se confunde com o pagamento parcial das obrigações efetivamente apuradas e declaradas pelo contribuinte, pois nesse caso, como se viu (Súmula nº 436 do STJ), a diferença inadimplida constitui confissão de dívida, dispensando o Fisco de efetuar o lançamento complementar, caso em que não se cogita em decadência do direito do Fisco para a constituição do crédito.

A partir desse panorama, o propósito do presente artigo é o de, num primeiro plano, examinar os argumentos expendidos pela Fazenda e pelos contribuintes nos debates travados a respeito do papel que o *pagamento antecipado parcial* exerce nas regras de decadência para constituição do crédito tributário relativo ao ICMS, sujeito a lançamento por homologação. Vencida essa etapa, o artigo visa examinar de modo crítico a atual jurisprudência do TIT/SP a respeito do tema, e seu eventual alinhamento com a jurisprudência cristalizada no STJ.

1 Argumentos pró-Fisco

Como se verificou acima, de modo geral, a jurisprudência definida pelo STJ a respeito do pagamento parcial no lançamento por homologação é benéfica aos interesses do Fisco, na medida em que permite a adoção da regra de decadência prevista no artigo 150 do CTN apenas em hipóteses de pagamento antecipado do tributo. Não havendo essa atividade específica do contribuinte, o termo inicial da decadência desloca-se para o primeiro dia do exercício seguinte àquele em que o tributo poderia ter sido lançado (art. 173, I CTN), de forma a estender o prazo franqueado à Fazenda para constituir o crédito tributário.

Mesmo diante dessa realidade, o que se verifica na tarefa argumentativa da Fazenda do Estado de São Paulo (FESP) em litígios administrativos é a tentativa, de um lado, de alargar (ou até reformar) o entendimento jurisprudencial firmado no STJ a seu favor, e, de outro, de buscar exceções àquelas regras firmadas pela orientação da Corte judicial, a partir de hipóteses nelas não expressamente tratadas.

1.1 Eliminação do âmbito de aplicabilidade do artigo 150, §4º, do CTN

Num primeiro plano, o argumento que se poderia aventar em favor do Fisco está na redação da mencionada Súmula nº 555 do STJ, cujo verbete se limita a afirmar que a decadência deve ser contada na forma do art. 173, I, do CTN, nos tributos sujeitos a lançamento por homologação, *"quando não houver declaração do débito"*.

Numa interpretação literal desse verbete, argumenta-se que, havendo discussões sobre a correta delimitação da base de cálculo do ICMS em procedimentos de fiscalização e lançamento revisor de ofício (art. 149 do CTN), *ainda que tenha ocorrido algum pagamento (mesmo que parcial) do imposto pelo contribuinte nos períodos fiscalizados*, a decadência deveria ser contada de acordo com a regra do artigo 173, I, do CTN.

Nessa linha de argumentação, considera-se que, à luz da Súmula nº 555 do STJ, os débitos *adicionais* identificados pela fiscalização para o mesmo período *não foram declarados pelo contribuinte*, e, por conseguinte, em relação a eles, a decadência do direito do Fisco em proceder ao lançamento inicia-se não da ocorrência do fato gerador, mas sim do primeiro dia do exercício seguinte àquele em que o imposto poderia ter sido lançado.

A prevalecer o mencionado argumento em decisões administrativas, a consequência prática seria a negação absoluta da jurisprudência vinculante firmada pelo STJ a respeito do tema, e a reboque, o esvaziamento do âmbito normativo do art. 150, §4º, do CTN.

Primeiro, porque a mencionada jurisprudência é bastante clara ao impor a regra do art. 150, §4º, do CTN para a contagem do prazo decadencial relativo ao ICMS desde que tenha ocorrido *qualquer* pagamento do imposto pelo contribuinte no período, *ainda que parcial*. E esta parcialidade de pagamento se dá necessariamente na perspectiva do Fisco, e não do contribuinte, porque, nessa segunda hipótese, a diferença entre a declaração e o pagamento constitui confissão de dívida e dispensa outros atos de lançamento por parte da Fazenda (cf. nº Súmula 436 STJ).[3]

---

[3] Nesse sentido, menciona-se trecho de acórdão paradigmático do STJ a respeito da matéria: "(...) deve ser aplicado o entendimento consagrado pela Primeira Seção, em recurso especial representativo da controvérsia, para a contagem do prazo decadencial de tributo sujeito a lançamento por homologação. O referido precedente considera apenas a existência, ou não, de pagamento antecipado, pois é esse o ato que está sujeito à homologação pela Fazenda Pública, nos termos do art. 150 e parágrafos do CTN. *Assim, havendo pagamento, ainda que não seja integral, estará ele sujeito à homologação, daí porque deve ser aplicado para o lançamento suplementar o prazo previsto no §4º desse artigo (de cinco anos a contar do fato gerador).* Todavia, não havendo pagamento algum, não há o que homologar, motivo porque deverá ser adotado o prazo previsto no art. 173, I do CTN" (AgRg no REsp nº 1.277.854, j. 18.06.2012).

Em segundo lugar, é preciso interpretar o verbete da Súmula nº 555 do STJ de modo sistemático com todos os demais precedentes que o formaram (19 acórdãos paradigmáticos), segundo os quais, de modo induvidoso, havendo pagamento parcial do imposto, a regra decadencial de constituição do crédito se encontra no art. 150, §4º, do CTN. Essa premissa essencial de julgamento está expressa na decisão exarada no Resp nº 973.733/SC, processado na modalidade de recurso repetitivo, e que antecedeu a Súmula nº 555.

Em último plano, o argumento em questão torna letra morta a disposição do artigo 150, §4º, do CTN, porque simplesmente não restaria qualquer hipótese fática que poderia a ele ser subsumida, exceto o caso de homologação expressa da atividade realizada pelo contribuinte. Tomando-se como verdadeiro o mencionado argumento, estas seriam as consequências de aplicação do artigo 150, §4º, do CTN frente às hipóteses possíveis (partindo-se da premissa de que não há prova de dolo, fraude ou simulação na conduta do contribuinte):

(i) declaração e pagamento integrais: não há interesse jurídico do Fisco em promover qualquer lançamento complementar; portanto, não há que se falar em decadência desse direito;

(ii) declaração e pagamento parcial na perspectiva do contribuinte (mero inadimplemento): a diferença a menor constitui confissão de dívida e dispensa outros atos de lançamento por parte da Fazenda (cf. Súmula nº 436 STJ); portanto, não há que se falar em decadência;

(iii) ausência total de declaração do débito e de pagamento: decadência contada a partir do artigo 173, I, CTN (Cf. Súmula nº 555 do STJ);

(iv) pagamento parcial do débito na perspectiva do Fisco, identificada em lançamento de ofício complementar: decadência contada a partir do artigo 173, I, CTN (interpretação literal e equivocada da Súmula nº 555 do STJ).

Como se verifica, a jurisprudência consolidada nas Cortes judiciais já havia limitado a aplicação do artigo 150, §4º, do CTN à hipótese (iv) acima descrita, a qual fica eliminada a partir da argumentação expendida pelo Fisco estadual, de modo a esvaziar por completo o âmbito de aplicação do mencionado dispositivo.

1.2 Situações excepcionais à regra geral

Como se mencionou anteriormente, uma segunda frente argumentativa do Fisco estadual se concentra na tentativa de atrair a regra decadencial estabelecida no artigo 173, I, do CTN em detrimento daquela estabelecida no art. 150, §4º, do mesmo Código, frente a situações que, na visão da FESP, apresentam notas fáticas excepcionais que autorizam essa medida. A seguir, em razão do espaço disponível neste breve artigo, serão abordadas duas situações dessa natureza.

1.2.1 Infrações relativas ao crédito do imposto

Situação bastante recorrente encontrada em procedimentos de fiscalização está na apropriação de créditos do ICMS pelo estabelecimento, no regime da não cumulatividade, em operações que não autorizam a medida. As hipóteses variam desde vedações legais, como ocorre na aquisição de bens de uso e consumo, até na ausência de comprovação da efetiva ocorrência das operações de entrada, como nos casos de notas fiscais declaradas inidôneas, emitidas por estabelecimentos cuja situação fiscal está irregular perante o Fisco estadual. Via de consequência, o procedimento infracional adotado pelo contribuinte acarreta a redução do imposto a pagar, devido à diminuição do débito do período (saldo positivo apurado após o encontro entre créditos e débitos).

Em hipóteses dessa natureza, argumenta a FESP que, *mesmo que tenha ocorrido o pagamento parcial do imposto* – e não havendo qualquer prova de dolo, fraude ou simulação –, a decadência do direito do Fisco de constituir o crédito tributário deve ser contada de acordo com a regra do artigo 173, I, do CTN.

Esse entendimento está sedimentado na Súmula nº 09 do TIT/SP, referendada pelo Coordenador da Administração Tributária (CAT), pelo Despacho nº 02976/CAT-G, de 04 de setembro de 2017, e possui a seguinte redação: "Nas autuações originadas da escrituração de créditos indevidos de ICMS aplica-se a regra decadencial disposta no artigo 173 inciso I do Código Tributário Nacional".

De acordo com o artigo 52 da Lei nº 13.457/2009, que regulamenta o Processo Administrativo Tributário (PAT) do Estado (a Lei do PAT/SP), as súmulas do TIT/SP possuem caráter vinculante no âmbito dos órgãos de julgamento das Delegacias Tributárias de Julgamento e do próprio Tribunal.

A proposta apresentada de súmula, baseada em cinco decisões proferidas pela Câmara Superior do Tribunal, sugere que a escrituração irregular de créditos de ICMS constitui uma prática infracional "que não importa reconhecimento de qualquer débito pelo sujeito passivo" e, mais, não é suscetível de eventual homologação, ausente, por consequência, a possibilidade de se aplicar a norma do art. 150, §4º, do CTN, atraindo, desse modo, a regra do art. 173, I, da mesma codificação. Trata-se, em essência, de uma aplicação do argumento explorado no item 1.1 acima, ao considerar que o débito gerado a partir da glosa dos créditos não fora declarado pelo contribuinte e, desse modo, não haveria pagamento parcial a ser homologado.

Das decisões paradigmáticas também se extrai outro argumento fazendário, segundo o qual não há fato gerador do ICMS no registro indevido de créditos, por não ter tal medida a natureza de obrigação tributária, de modo que seria inaplicável a adoção da regra decadencial esculpida no art. 150, §4º, do CTN, cujo termo inicial alude à "ocorrência do fato gerador". Em consequência, como visto, *mesmo havendo um pagamento parcial do imposto no período – e inexistente prova de dolo, fraude ou simulação –*, sendo a infração relacionada a crédito indevido, a Súmula nº 09 do TIT/SP preconiza a adoção da decadência tal como definida no art. 173, I, do CTN.

1.2.2 Pagamento antecipado a outro Estado em operações de importação por conta e ordem de terceiros

As operações de importação por conta e ordem de terceiros se caracterizam pela existência de um vínculo contratual, por meio do qual uma pessoa jurídica promove, em seu nome, o despacho aduaneiro de importação de mercadoria adquirida por outra pessoa (o adquirente). O importador atua como prestador de serviços, uma vez que a operação é realizada com recursos do adquirente, que é responsável, inclusive, pelo fechamento do câmbio. Diferencia-se da modalidade de importação por encomenda, na qual empresa encomendante, interessada em certa mercadoria, contrata outra empresa (importadora) para que esta, com seus próprios recursos, providencie a importação da mercadoria exigida e a revenda posteriormente à encomendante.

Nas operações de importação por conta e ordem de terceiros realizadas por *trading* situada em outro Estado em nome de adquirente paulista, que recebe as mercadorias diretamente do local do desembaraço aduaneiro, entende o Estado de São Paulo (com base no art. 155, §2º, inc. IX, "a" da CF/88) que o adquirente paulista é o importador, sendo o contribuinte do ICMS-Importação a ser pago ao Estado de São Paulo, por meio de guia de recolhimentos especiais.[4] Por ocasião da

---

[4] Conforme se verifica na Decisão Normativa CAT-03/2009, no Comunicado CAT-37/2010 e

entrada da mercadoria importada no estabelecimento paulista, deverá ser emitida nota fiscal com destaque do valor do imposto e direito ao crédito, observadas as disposições regulamentares pertinentes.

Com base nesse entendimento, diversos autos de infração são lavrados pelo Fisco estadual de São Paulo, tendo por base duas infrações principais:

a) deixar o contribuinte paulista, adquirente da mercadoria importada por conta e ordem, de pagar o imposto ao Estado de São Paulo, por ter considerado como correto o pagamento do ICMS ao Estado onde ocorreu a importação ou onde está sediada a *trading* (art. 115, inc. I, alínea "a" do RICMS/SP); e

b) apropriação indevida de créditos do ICMS relativos a notas fiscais de entradas emitidas pela *trading* sediada fora do Estado de São Paulo, a título de "remessa de importação por conta e ordem", efetuadas sem o devido pagamento do imposto por guia de recolhimentos especiais no desembaraço aduaneiro (arts. 59, §1º, item 2, e 61, §8º do RICMS/SP).

Nessas hipóteses, a despeito de o contribuinte paulista escriturar as operações de importação por conta e ordem e fornecer as informações pertinentes em suas obrigações acessórias, argumenta a Fazenda que, diante da ausência total de pagamento do imposto devido na importação aos cofres paulistas, a decadência para a constituição do crédito tributário deve se reger pelo artigo 173, I, do CTN, sendo irrelevante que tenha sido recolhido o ICMS ao Estado do local da importação ou da sede da *trading*.

Para tanto, argumenta a FESP que o pagamento a ser homologado, na forma do artigo 150 do CTN e da jurisprudência consolidada do STJ, somente pode ser aquele realizado em favor do sujeito ativo da relação jurídico-tributária, nesse caso, o Fisco paulista. Eventuais recolhimentos promovidos a outra unidade da federação, ainda que pertinentes à operação fiscalizada, não teriam, portanto, qualquer efeito para considerar realizado o lançamento por homologação por parte do contribuinte.

---

na Resposta à Consulta nº 19.070, de 21.02.2019, da Secretaria de Fazenda do Estado de São Paulo (SEFAZ-SP).

2 Argumentos pró-contribuinte

2.1 Homologação da atividade do contribuinte e ausência de débito a pagar

Em termos gerais, o principal argumento dos contribuintes a respeito da questão central aqui examinada está focado na interpretação do art. 150 do CTN, mais especificamente quanto ao *objeto* da atividade *de homologação* a que alude o dispositivo.

Ao contrário da jurisprudência firmada no STJ, argumentam os contribuintes que a homologação do lançamento se dá sobre a *atividade* de apuração do tributo efetuada pelo sujeito passivo, por meio do preenchimento e transmissão de suas obrigações acessórias, e não sobre o pagamento antecipado do débito eventualmente apurado. Via de consequência, ainda que inexistente qualquer pagamento de débito tributário – mesmo porque, da apuração do imposto, pode decorrer a inexistência de valor a pagar, como no caso de saldo credor do ICMS –, a decadência deve reger-se de acordo com a regra definida no art. 150, §4º, do CTN.

Nesse cenário argumentativo, a regra decadencial do art. 173, I, do CTN seria aplicável apenas de modo subsidiário, para a hipótese na qual o contribuinte não efetue a *apuração* do imposto devido no período, mediante o envio das declarações e obrigações acessórias pertinentes.

Contudo, é forçoso considerar que, na redação do art. 150 do CTN, o objeto da homologação é a atividade do contribuinte consubstanciada no dever de "antecipar o pagamento sem prévio exame da autoridade administrativa", o que pressupõe *em conjunto* um dever anterior, relativo à apuração do tributo a pagar e o fornecimento dessas informações ao sujeito ativo, por meio das obrigações acessórias legalmente estabelecidas.

Por essa razão que vozes doutrinárias sustentam que o objeto da homologação é o pagamento, em linha com a jurisprudência firmada pelo STJ.[5] O que é necessário ponderar, no entanto, é a situação na qual o contribuinte promova a apuração do tributo a pagar, mas que por razões diversas – excesso de créditos escriturais em tributos não cumulativos, compensações com créditos de pagamento indevido ou

---

[5] Nesse sentido: COÊLHO, Sacha Calmon Navarra. *Curso de Direito Tributário brasileiro*. 11. ed. Rio de Janeiro: Forense, 2010, p. 684. AMARO, Luciano. *Direito tributário brasileiro*. 15. ed. São Paulo: Saraiva, 2009, p. 364-365. HORVATH. Estevão. *Lançamento tributário e "autolançamento"*. São Paulo: Dialética, 1997, p. 114. SANTI, Eurico Marcos Diniz de. *Decadência e prescrição no direito tributário*. 4. ed. São Paulo: Saraiva, 2011, p. 117.

a maior e outras – não exista débito a ser recolhido. Em tal situação, deve-se manter a regência do prazo decadencial estabelecido no art. 150, §4º, do CTN? Em situações dessa natureza, argumentam os contribuintes que o objeto da homologação fica restrito à atividade de apuração e informação do tributo, com a demonstração da inexistência de valor a pagar, mantendo-se a decadência regida pelo art. 150, §4º, do CTN, exceto se comprovada a ocorrência de dolo, fraude ou simulação.

2.2 Infrações relativas ao crédito do imposto

Como se viu no item 1.2.1, alega a FESP – com suporte na Súmula nº 09 do TIT/SP – que nas autuações originadas da escrituração de créditos indevidos de ICMS aplica-se a regra decadencial disposta no artigo 173 inciso I do CTN, ainda que tenha ocorrido algum pagamento parcial do imposto e não exista prova de dolo, fraude ou simulação.

A refutar os argumentos expendidos pela Fazenda, os contribuintes aduzem que a premissa utilizada para a aprovação da Súmula – ausência de reconhecimento de qualquer débito pelo sujeito passivo – já se encontrava em confronto com a jurisprudência sólida do STJ, anteriormente comentada. Isso porque *essa suposta ausência de débito, alegada pela FESP, se referia especificamente ao débito gerado após a glosa dos créditos indevidamente apropriados*, sem considerar o pagamento parcial realizado pelo contribuinte no mesmo período. Não se tratava, como poderia transparecer à primeira vista, de uma situação na qual o contribuinte teve saldo credor do imposto provocado pelos créditos indevidos – e, portanto, ausência total de débito –, mas sim apenas de uma apuração inferior do imposto devido, que foi parcialmente declarado e pago pelo contribuinte.

Também no tocante à alegação segundo a qual não há fato gerador do imposto na apropriação do crédito indevido, argumenta-se haver clara violação da técnica da não cumulatividade estabelecida no artigo 155, I, "b", e §2º, I, da Constituição Federal (CF/88). Isso porque o débito do ICMS, que corresponde ao aspecto material da regra-matriz de incidência, é necessariamente determinado pela compensação entre os créditos oriundos das entradas com os débitos gerados nas saídas do estabelecimento. Desse modo, é justamente a partir da ocorrência do fato gerador do imposto (em sua acepção de fato jurídico-tributário) que é permitido ao Fisco apurar o montante tributável, na forma dos artigos 142 e 149 do CTN, ainda que o sujeito passivo tenha realizado compensações, pois todas as informações e declarações foram prestadas através dos deveres instrumentais previstos nas normas de regência.

Por decorrência necessária, o crédito indevido implica a falta de pagamento do imposto, em razão da sistemática da não cumulatividade, *sem afetar a ocorrência do fato gerador*. Caso o Fisco discorde dos créditos apropriados pelo contribuinte, mantém-se hígido o fato jurídico-tributário, sendo que apenas o aspecto material da regra-matriz sofre modificações, correspondentes ao imposto a pagar.

Os contribuintes ainda argumentam que os acórdãos paradigmáticos do TIT/SP utilizados para a edição da Súmula nº 09 baseavam-se em jurisprudência reiterada do STJ em sentido semelhante. No entanto, o próprio STJ alterou diametralmente seu entendimento a partir do julgamento adotado no AgRg nos Embargos de Divergência em RESP nº 1.199.262-MG, ocorrido em 26.11.2011 – ou seja, muito antes da edição da Súmula nº 09, ocorrida em 2017. Nesta nova oportunidade, o STJ prestigiou sua jurisprudência anterior, cristalizada no REsp nº 973.733/SC (julgado sob o rito dos recursos repetitivos) e reafirmou que, havendo pagamento parcial do imposto, a regra decadencial deve ser aquela estabelecida no art. 150, §4º, do CTN, *independentemente da razão pela qual tenha ocorrido a insuficiência do pagamento*.

Nesse sentido assentou aquela Corte Superior (destaques não originais):

> 4. Com efeito, a jurisprudência consolidada por esta Corte dirime a questão jurídica apresentada a partir da existência, ou não, de pagamento antecipado por parte do contribuinte. Para essa finalidade, salvo os casos de dolo, fraude ou simulação, *despiciendo se mostra indagar a razão pela qual o contribuinte não realizou o pagamento integral do tributo*.
>
> 5. A dedução aqui considerada (creditamento indevido) nada mais é do que um crédito utilizado pelo contribuinte decorrente da escrituração do tributo apurado em determinado período (princípio da não cumulatividade), que veio a ser recusada (glosada) pela Administração. *Se esse crédito abarcasse todo o débito tributário a ponto de dispensar qualquer pagamento, aí sim, estar-se-ia, como visto, diante de uma situação excludente da aplicação do art. 150, §4º, do CTN.*
>
> 6. Na espécie, o acórdão que julgou o recurso especial foi claro ao consignar que *houve pagamento a menor de débito tributário em decorrência de creditamento indevido. Dessa forma, deve-se observar o disposto no art. 150, §4º, do CTN.*

A nova orientação jurisprudencial do STJ permanece inalterada naquela Corte até os dias atuais,[6] de forma que a Súmula nº 09 do TIT/SP e os argumentos utilizados para sua edição se encontrariam em claro confronto com a legislação e com a jurisprudência vinculante do Poder Judiciário. Para compatibilização do verbete exarado na Súmula nº 09 do TIT/SP com a jurisprudência pacífica do STJ, argumenta-se, seria necessário considerar a aplicabilidade da mencionada súmula apenas às hipóteses de ausência total de pagamento do ICMS pelo contribuinte, causada ou não pelo creditamento indevido do imposto no período examinado.

2.3 Pagamento antecipado a outro sujeito ativo

De acordo com os argumentos fazendários examinados no item 1.2.2, nas operações de importação por conta e ordem de terceiros, sendo o importador um estabelecimento paulista, os autos de infração se baseiam na ausência de pagamento do ICMS ao Fisco de São Paulo, conduzindo a decadência para a regra do art. 173, I, do CTN, a despeito de o imposto ter sido pago a outro Estado da federação.

Em contrapartida aos fundamentos aduzidos pela FESP, argumentam os contribuintes, num primeiro plano, que a pretensão fazendária somente tem sentido na hipótese em que nenhum recolhimento de ICMS, devido a qualquer título, tenha sido efetuado pelo contribuinte paulista no período examinado. Sustentados na posição firme e vinculante do STJ, os contribuintes aduzem que, caso tenha o importador paulista pago algum valor de ICMS ao Estado de São Paulo a qualquer título (e desde que inexistente prova de dolo, fraude ou simulação), não há espaço para arguir a atração da decadência nos moldes do art. 173, I, do CTN, na medida em que há pagamento a ser objeto de homologação ou revisão.

---

[6] Como exemplo, cita-se o AgInt no AREsp nº 1071400/RS, rel. Min. Napoleão Nunes Maia Filho, j. 05.10.2020, DJe 08.10.2020, que assim consigna: "Consoante a orientação consolidada nesta Corte Superior, a obrigação tributária não declarada pelo contribuinte em tempo e modo determinados pela legislação de regência está sujeita ao procedimento de constituição do crédito pelo fisco por meio do lançamento substitutivo, o qual deve se dar no prazo decadencial previsto no art. 173, I do CTN, quando não houver pagamento antecipado, ou no art. 150, §4º do CTN, quando ocorrer o recolhimento de boa-fé, ainda que em valor menor do que aquele que a Administração entende devido, pois, nesse caso, a atividade exercida pelo contribuinte, de apurar, pagar e informar o crédito tributário, está sujeita à verificação pelo ente público, sem a qual ela é tacitamente homologada. *Essa orientação também tem aplicação quando o pagamento parcial do tributo decorre de creditamento tido pelo fisco como indevido*".

Vencida essa premissa, argumenta-se ainda ser preciso considerar que nem o artigo 150 do CTN, nem tampouco a *ratio decidendi* dos julgamentos que resultaram na jurisprudência reiterada do STJ, diferenciam se o pagamento antecipado e parcial do imposto deve ser efetuado à unidade federativa que se considera como sujeito ativo da relação jurídico-tributária, para fins de determinação da regra de contagem do prazo decadencial. Em ambos, considera-se apenas *se algum pagamento foi efetivado*, ainda que, na visão do Fisco paulista, o valor tenha sido recolhido a unidade federativa equivocada.

Por último, em coerência com os demais argumentos pró-contribuinte, aduz-se que, nas operações em testilha, o estabelecimento paulista promove o preenchimento adequado de suas obrigações acessórias, informando ao Fisco de São Paulo a respeito das operações praticadas, de modo que essa atividade já seria suficiente para a homologação ou revisão do Fisco e, por conseguinte, para manter a aplicação do art. 150 do CTN à espécie.

3 Jurisprudência do TIT/SP

Os temas acima tratados na argumentação da Fazenda Estadual e dos contribuintes foram objeto de análise e julgamento por parte do TIT/SP, em quantidade suficiente para permitir o exame de tendências jurisprudenciais.

3.1 Metodologia de pesquisa e resultados preliminares

A metodologia empregada na análise da jurisprudência correspondeu à pesquisa no sistema de "Consulta de Acórdãos do Tribunal de Impostos e Taxas" do TIT/SP na internet.[7] A pesquisa foi realizada com o uso do termo "decadência" na guia "Ementa (trechos ou palavras)", e foi limitada ao período de 24 meses, entre 20.10.2018 e 20.10.2020. Como resultado, foram disponibilizados 234 acórdãos, tanto das câmaras julgadoras quanto da Câmara Superior.

A partir da análise de todos os acórdãos disponibilizados, foram eliminados aqueles que não versavam sobre os temas tratados neste artigo, tais como os acórdãos relativos ao Imposto sobre Transmissão *Causa Mortis* e Doação (ITCMD), recursos não conhecidos por questões

---

[7] Disponível em: https://www.fazenda.sp.gov.br/VDTIT/ConsultarVotos.aspx?instancia=2. Acesso em: 15 nov. 2020.

eminentemente processuais, hipóteses sem relação com o pagamento parcial no lançamento por homologação, lançamentos efetuados apenas para prevenir a decadência (concomitância com ações judiciais) e questões relativas a nulidades procedimentais ocorridas na lavratura do auto de infração. Do total, restaram 186 acórdãos, que, de algum modo, enfrentaram as questões examinadas neste breve artigo. A seguir, apresenta-se de modo crítico um panorama da jurisprudência do TIT/SP dentro do universo acima delimitado.

3.2 Pagamento, ainda que parcial, como objeto de homologação

De modo geral, no tocante ao papel desempenhado pelo pagamento parcial do ICMS no lançamento por homologação, as decisões das Câmaras Julgadoras e da Câmara Superior do TIT/SP alinham-se com a jurisprudência firmada no STJ, em especial com as premissas estabelecidas em sede de recurso repetitivo (Resp nº 973.733/SC, de 12.08.2009) e na Súmula nº 555 daquela Corte Superior. Os julgamentos adotam uma tendência clara de considerar a regra decadencial estabelecida no art. 150, §4º, do CTN quando tenha ocorrido algum pagamento por parte do contribuinte fiscalizado, desde que não exista prova de dolo, fraude ou simulação.

Exemplo dessa corrente está no Processo nº 4009238-0 (DRT 15), correspondente a um pedido de reforma de julgado administrativo apresentado pela FESP, examinado pela Câmara Superior do TIT/SP em 13.11.2018. Tratava-se de infração relativa à emissão de notas fiscais de saída de mercadorias a título de venda, consignando declaração falsa quanto ao estabelecimento de destino, o que havia acarretado o recolhimento do ICMS a menor, devido à diferença de alíquotas entre operações internas e interestaduais.

O Fisco estadual alegou no pedido que, *quanto aos valores cobrados no auto de infração*, não havia qualquer pagamento por parte do contribuinte, o que atraía a regra do art. 173, I, do CTN para a contagem do lapso temporal da decadência. Em face dessa alegação, o julgado assim asseverou (destaques não originais):

> Vê-se que a acusação lançada no libelo é referente à diferença de alíquota entre aquela lançada nas Notas Fiscais com o respectivo destaque do ICMS, tendo como objeto operações interestaduais e, aquela referente à alíquota interna, força de ter sido considerado declaração falsa quanto ao estabelecimento de destino.

> *Isto equivale dizer que há pagamento parcial do tributo.* (...) Ainda que esse entendimento possa vir a ser modificado, no caso concreto pesa, neste caso, o fato de que *a acusação não é singelamente como visto pela FESP de "falta de pagamento" a autorizar o acolhimento de seu apelo ao albergue das decisões do C.STJ ou do TJ/SP, pois há pagamento parcial*, dado que exige-se a diferença do ICMS pela alíquota interestadual aplicada pelo administrado e como tal, lançada nas Notas Fiscais e a alíquota interna exigida pelo Fisco. (...) Ao revés do quanto sustentado pela FESP, as decisões de que se vale, para sustentar este apelo, todas elas são convergentes na direção de que a decisão que se pretende seja reformada não diverge, antes, está em absoluta conformidade com a jurisprudência firmada nos tribunais judiciários (há antecipação de pagamento parcial) pois, exige-se o diferencial de alíquota entre a interestadual (devidamente destacada na documentação fiscal) e a alíquota interna por ter sido considerado a ocorrência de declaração falsa quanto ao destinatário das mercadorias.

Apesar da predominância de precedentes nesta mesma linha argumentativa, ainda é possível identificar julgados nos quais se considera como objeto da homologação, para fins do art. 150 do CTN, não o pagamento antecipado do ICMS devido, mas, sim, a atividade do contribuinte de apurar o imposto devido e informar à Fazenda Estadual, ainda que não exista recolhimento a realizar. Nesse cenário, prevalece a regra decadencial do art. 150, §4º, do CTN, mesmo que não haja qualquer recolhimento do imposto no período.

É o que se verifica no julgamento do recurso especial interposto pela FESP no Processo nº 4103912-9, apreciado pela Câmara Superior do TIT/SP em 19.02.2019. A imputação fiscal foi relativa à falta de destaque e recolhimento do ICMS em transferências de mercadorias entre estabelecimentos do próprio contribuinte, que na visão do Fisco, deveriam ser tributadas.

O voto do relator, que prevaleceu ao final do julgamento, assim afirmou (destaque não original):

> Quanto à decadência, o recurso será conhecido em razão da apresentação de paradigmas servíveis.
> Entendo que a razão está com a recorrente uma vez que para mim se aplica à infração dos presentes autos, que trata de falta de pagamento do imposto por emissão de Notas Fiscais considerando a operação como não tributada, a regra decadencial prevista no art. 150, §4º, do CTN, *pela simples razão de que tal artigo é expresso em dizer que a homologação lá prevista se dá em relação à atividade exercida pelo obrigado, não havendo, portanto, que se falar em homologação de pagamento, conforme, com todo respeito, equivocadamente fundamentou-se a decisão recorrida.*

Assim, entendo que deve ser reformada a decisão recorrida para restabelecer a decisão de 1ª Instância, nos termos em que lá postos, que determinou a decadência parcial com base no referido art. 150, §4º, do CTN.

Trata-se de decisão que se encontra em claro confronto com a jurisprudência do STJ, em benefício do contribuinte, haja vista que a decadência foi contada na forma do art. 150, §4º, do CTN com base nas declarações fiscais, sendo irrelevante para os julgadores investigar a respeito de algum pagamento antecipado do imposto.

O mencionado acórdão foi ainda desafiado por pedido de reforma de julgado administrativo, com base em divergência com a jurisprudência de cortes judiciais, na forma franqueada apenas à FESP pelo artigo 50, II, da Lei do PAT/SP. O acórdão foi mantido por decisão unânime da Câmara Superior realizada em 22.09.2020, que promoveu uma interpretação literal da Súmula nº 555 do STJ (que faz referência apenas à "declaração" do imposto, e não ao pagamento), e manteve a decadência regida pelo art. 150, §4º, do CTN. Confira-se (destaque do autor):

> Ocorre que no próprio Relato da Infração assim consta: "Nestas transferências, utilizava os CFOPs (Código Fiscal de Operações e Prestações) nºs 5.552 e 6.552, correspondentes à 'transferência de bem do ativo imobilizado'. Tais operações foram feitas sem destaque do imposto por entender o contribuinte que não haveria incidência de ICMS na forma do inciso XIV do artigo 7º do RICMS (Dec. 45.490/00)". Ora, no caso dos autos se está diante da circunstância de que nas próprias notas fiscais constava, como se verifica às fls. 34, por exemplo, no campo "dados adicionais", a expressão: "NAO INCIDENCIA DO ICMS NOS TERMOS DO ARTIGO 7º, INCISO XIV DO DECRETO 45490/00 – RICMS/SP".
>
> Portanto, era de conhecimento pleno do Fisco a razão pela qual, no entender da autuada, esta não destacou e pagou o imposto devido nas operações em tela. Portanto, aqui não se poderia aplicar as decisões do Superior Tribunal de Justiça, que não tratam de questão similar, nem mesmo a Sumula 555, pois não há como se afirmar ter inexistido declaração de débito, eis que a própria autuada menciona expressamente nos documentos fiscais a razão da não incidência do imposto, de modo que aqui é evidente a atividade do contribuinte a ser homologada ou não pelo Fisco. Assim, no presente processo, não me parece que está a analisar a existência ou não de pagamento como elemento apto a ensejar a interpretação divergente desta C. Câmara Superior em relação à posição consolidada do Superior Tribunal de Justiça a partir do julgamento do Recurso Especial nº 973.733/SC.

Também se identificam ainda decisões do TIT/SP diametralmente contrárias à jurisprudência do STJ, mas dessa vez em favor do Fisco. São precedentes que promovem uma interpretação literal e isolada da Súmula nº 555 daquela Corte, para considerar a aplicação do at. 173, I, do CTN em todos os casos nos quais o débito adicional identificado pela fiscalização – e que naturalmente não foi declarado pelo contribuinte – tenha sido objeto de lançamento complementar, por meio do auto de infração

Nesse sentido é clara a fundamentação do acórdão constante do Processo nº 4121458-4, exarado pela Décima Câmara Julgadora do TIT/SP em 22.11.2019. Confira-se (destaques do autor):

> (...) não há que se falar em aplicação do artigo 150, §4º, do CTN, no presente caso, *visto se tratar de exigência de imposto em que não houve declaração do débito, nem mesmo parcial*. Esse é o entendimento do Superior Tribunal de Justiça – SUPERIOR TRIBUNAL DE JUSTIÇA, na expressão máxima da sua Súmula 555 (...). A referida Súmula sedimentou o entendimento exarado pelo acórdão prolatado no Recurso Especial n. 973.733/SC, julgado na sistemática de recursos repetitivos (art. 1.036 do CPC). (...)
>
> *Portanto, seguindo o entendimento contido na citada súmula, a declaração do débito constitui o crédito tributário, que pode ser inscrito em dívida ativa independentemente de lançamento por parte do Fisco. Na Súmula 555, a expressão "quando não houver declaração do débito" significa que **se não for o caso de aplicação da súmula 436, ou seja, se o débito (crédito tributário) não foi constituído por declaração do contribuinte, aplica-se a regra decadencial do artigo 173, I, do CTN.** (...)*
>
> Neste sentido, portanto, *ausente a declaração do débito, e o respectivo pagamento, necessária a constituição do crédito tributário pelo lançamento de ofício, seguindo a regra de decadência do artigo 173, I, do CTN.* Veja a natureza jurídica de cada um dos contextos artigo 150 e 173, onde no caso em se tratando de recebimento de mercadorias desacompanhadas de documentação fiscal hábil, não se pode confundir o instituto da decadência com a homologação de atividades por parte do Fisco.
>
> *Isto, porque, a disciplina encontrada no art. 150, §4º do CTN destina-se apenas ao prazo para homologação do quanto informado pelo contribuinte a título de imposto.*

A prevalecer o entendimento exarado no mencionado acórdão, esvazia-se quase integralmente o âmbito de aplicação do art. 150, §4º do CTN, que ficaria restrito apenas à homologação expressa da atividade realizada pelo contribuinte.

3.3 Infrações relativas ao crédito do imposto

É possível identificar uma corrente jurisprudencial sólida no TIT/SP a respeito da aplicação irrestrita da Súmula nº 09 daquele tribunal, segundo a qual, como se examinou acima, nas autuações originadas da escrituração de créditos indevidos de ICMS, aplica-se a regra decadencial disposta no art. 173, I, do CTN, ainda que tenha ocorrido pagamento parcial do imposto no período fiscalizado.[8]

Não obstante, mesmo tendo a mencionada súmula natureza vinculante para os órgãos julgadores do TIT/SP, é possível identificar decisões que não a aplicam por considerá-la superada, em razão da alteração da jurisprudência do STJ a respeito do tema (conforme acima examinado), bem como decisões que não aplicam a súmula de modo retroativo (portanto, atribuindo-lhe efeitos apenas *ex nunc*), com base no artigo 24 do Decreto-Lei nº 4.657/42 – Lei de Introdução às Normas do Direito Brasileiro (LINDB).

As duas linhas argumentativas foram utilizadas pela Décima Câmara Julgadora no Processo nº 4125350-4, com decisão de 04.03.2020. A juíza Relatora assim fundamentou seu voto (destaques do autor):

> A Sumula 09/2017 foi referendada através do expediente 12203-493056/2017, pelo Sr. Coordenador da Administração Tributária em aos 04.12.2017 a partir de quando passou a ter força vinculante, nos exatos termos do artigo 52 da Lei 14.457/2009 acima colacionado. Como bem ressaltado pelo D. Relator, Dr. Argos Gregório a quem rendo minhas homenagens, o artigo 24 da Lei 13.655/2018 disciplina as "orientações gerais" conforme abaixo: "Art. 24. A revisão, nas esferas administrativas, controladora ou judicial, quanto à validade de ato, contrato, ajuste, processo ou norma administrativa cuja produção já se houver completado levará em conta as orientações gerais da época, sendo vedado que, com base em mudança posterior de orientação geral, se declarem inválidas situações plenamente constituídas. Parágrafo único: Consideram-se orientações gerais as interpretações e especificações contidas em atos públicos de caráter geral ou em jurisprudência judicial ou administrativa

---

[8] Nesse sentido: Processo nº 4102630, recurso ordinário, j. 26.04.2019; Processo nº 4069385, recurso especial, j. 16.08.2019; Processo nº 4004484, recurso ordinário, j. 19.09.2019; Processo nº 4071211, recurso ordinário, j. 17.02.2020; Processo nº 772916, recurso especial, j. 11.12.2019; Processo nº 4010941, recurso ordinário, j. 12.02.2020; Processo nº 4078880, recurso ordinário, j. 03.08.2020; Processo nº 4104526, recurso ordinário, j. 21.08.2020; Processo nº 4104762, pedido de retificação, j. 13.05.2019; Processo nº 4113699, recurso ordinário, j. 19.06.2019; Processo nº 4064524, recurso especial, j. 02.08.2019; Processo nº 4038683, recurso especial, j. 09.08.2019; Processo nº 4039221, recurso especial, j. 16.08.2019; Processo nº 4064720, recurso especial, j. 21.08.2019; Processo nº 4118083, recurso ordinário, j. 12.09.2019.

majoritária, e ainda as adotadas por prática administrativa reiterada e de amplo conhecimento público". (g.n.).
Portanto, com vistas no artigo 24 da Lei 13.665/18, não se pode deixar de aplicar a lei válida, vigente e eficaz, e, ainda, considerando o entendimento adotado por este E. Tribunal anteriormente a vigência da Sumula 09/2017, deve ser reconhecida aplicação do artigo 150, parágrafo 4º. do CTN.[9]

O voto-vista exarado por outro juiz da Câmara foi mais longe, ao deixar de aplicar a súmula com base na alteração da jurisprudência do STJ a respeito da matéria:

> Pois bem, realizados estes esclarecimentos, cumpre indagar se a hipótese de glosa de créditos de ICMS indevidamente tomados na escrita fiscal, mas declarados pelo contribuinte via GIA, configura-se uma hipótese de revisão de lançamento (art. 149 do CTN) previamente realizado pelo sujeito passivo (autolançamento/lançamento por homologação) com aplicação do art. 150, §4º do CTN, ou se caracteriza a hipótese do art. 173, inciso I, do mesmo diploma. Neste sentido, vale ressaltar recente entendimento do STJ, que consolida a matéria em questão: (...) (AgInt no REsp 1842061/SP, Rel. Ministra REGINA HELENA COSTA, PRIMEIRA TURMA, julgado em 16/12/2019, DJe 18/12/2019). Portanto, o entendimento acima, mais recente do STJ, parece ir em sentido contrário ao disposto na Sumula 9 TIT, sendo certo que é fato que sobre o período fiscalizado, posterior a junho de 2014, pelo agente fiscal, considerando a lavratura do Auto de Infração em 16/07/2019, efetivamente, transcorreram mais de 05 (cinco) anos, devendo ser reconhecida a extinção de parte do crédito, pelo artigo 150, parágrafo 4º, e art. 156, ambos do CTN.

Como se verifica, o tema ainda encontra dissonância no Tribunal, apesar da predominância relevante de decisões que aplicam a Súmula nº 09, mesmo em confronto com a jurisprudência pacificada no STJ.

3.4 Pagamento antecipado a outro sujeito ativo

Apesar da argumentação comumente expendida pela FESP a respeito da aplicação do art. 173, I, do CTN às hipóteses de pagamento parcial do ICMS a outra unidade federativa, a jurisprudência do TITP/SP – em especial da Câmara Superior – firmou-se no sentido de acolher os argumentos dos contribuintes, acima examinados.

---

[9] O mesmo entendimento foi adotado no Processo nº 4034341.8, Décima Segunda Câmara Julgadora, j. 07.02.2020.

Como exemplo dessa corrente tem-se o acórdão exarado pela Câmara Superior em Recurso Especial interposto pela FESP no Processo nº 4017318-5, julgado em 04 de junho de 2019, com decisão unânime. O acórdão assim consigna (destaque nosso):

> *Esta C. Câmara Superior já sedimentou o entendimento de que, na falta de pagamento do ICMS, nas operações de importação por conta e ordem de terceiros, aplica-se a contagem do prazo decadencial conforme a regra do art. 150, §4º, do CTN.* (...) Diante de interpretação sistemática que faço de tal dispositivo, é de se notar que, no caso dos autos, consoante se verifica às fls. 22 e seguintes, *não há dúvidas de que houve uma série de atividades por parte da autuada, no sentido da formalização das operações de importação, como as declarações de importação, emissão das devidas notas fiscais de entrada destinadas ao estabelecimento paulista e pagamento do imposto, ainda que ao Estado de Santa Catarina, onde localizada a 'trading company'.* Portanto, em meu entender, existente atividade do contribuinte tendente à operacionalização das operações em tela, caberia, dentro do prazo legal, sua aferição por parte do fisco, que, ao quedar-se inerte, ensejou a extinção do crédito em discussão. O que aqui se discute não é o mero inadimplemento do contribuinte, mas a ocorrência de operação realizada de modo que o fisco paulista teve dela pleno conhecimento, com amplas condições de proceder à sua verificação no prazo legal para tanto. Embora o entendimento deste E. Tribunal, como antes referido, seja no sentido de que o recolhimento do imposto, nas importações por conta e ordem, deva ser feito ao Estado de São Paulo, não há como, por isso, desconstituir-se o rol de atos levados a efeito pela autuada e até mesmo o recolhimento efetuado, mesmo porque não há qualquer comprovação de que tenha ocorrido a prática de dolo, fraude ou simulação. Esse raciocínio não é alterado mesmo após a edição da Súmula 555 do Superior Tribunal de Justiça.[10]

Quanto a esse tema, não se identificam decisões dissonantes que permitam afirmar algum dissenso relevante do Tribunal.

Conclusão

A análise da jurisprudência do TIT/SP a respeito de tema tão relevante para o direito tributário, como o da decadência do direito da Fazenda em constituir o crédito tributário na modalidade de lançamento por homologação, revela a ausência de mecanismos eficazes para manter a coerência e uniformidade de julgamentos daquele Tribunal

---

[10] Em igual sentido: DRTC-I-4019291/13, sessão de 21.03.19.

entre seus órgãos, bem como para observar adequadamente as decisões vinculantes exaradas pelo Poder Judiciário.

Num primeiro plano, verifica-se a existência de julgados dissonantes a respeito de premissas elementares, especialmente quanto ao objeto da homologação no lançamento regulado pelo art. 150 do CTN, qual seja, a "atividade do contribuinte". A partir da divergência sobre esse antecedente, abrem-se possibilidades diversas de solução de litígios, cujo resultado, diversas vezes, trata de modo oposto situações fáticas equivalentes.

Em paralelo, os julgados examinados demonstram dificuldade relevante do TIT/SP em observar com maior rigor as decisões proferidas pelo Poder Judiciário com caráter vinculante para os juízes e tribunais, seja em razão da aplicação de precedentes administrativos cujos fundamentos já foram superados pela jurisprudência judiciária, seja por força de uma interpretação literal, isolada e contrária à *ratio decidendi* das decisões e súmulas vinculantes.

Não é irrelevante registrar que a nova ordem processual tem como um de seus objetivos principais a estabilidade da jurisprudência, em nome da tão perseguida segurança jurídica. O artigo 926 do CPC – com aplicação subsidiária e supletiva aos processos administrativos, na forma do artigo 15 do mesmo Código – apoia-se nesse pilar, ao exigir dos tribunais a uniformização, estabilidade, integridade e coerência de sua jurisprudência.

Julgamentos administrativos que não tenham uniformização e, portanto, não conduzam à formação de uma verdadeira jurisprudência desigualam contribuintes em situações equivalentes, criando incerteza e imprevisibilidade ao Estado e aos contribuintes. Nada mais atentatório à segurança jurídica do que submeter o julgamento administrativo à aleatoriedade do pensamento individual de juízes ou órgãos.

O desrespeito a decisões vinculantes exaradas pelo Poder Judiciário, a seu turno, distorce a racionalidade do próprio sistema de resolução de conflitos. Qualquer hipótese na qual o contribuinte tenha chances certas de êxito em litígio tributário judicial deve ser espelhada em decisões administrativas, como garantia elementar de segurança jurídica do Estado e dos contribuintes, e, ainda, em atendimento aos princípios básicos da eficiência e moralidade aplicáveis à Administração Pública, na forma do art. 37 da CF/88.

Estado, contribuintes, sociedade e futuras gerações perdem quando o sistema jurídico, forjado para pacificar conflitos, acentua as desigualdades, perde a confiança dos indivíduos e se transforma em custo de transação. Afinal, como afirmou Rui Barbosa, "não há nada mais relevante para a vida social do que a formação do sentimento da justiça".

Informação bibliográfica deste texto, conforme a NBR 6023:2018 da Associação Brasileira de Normas Técnicas (ABNT):

CASTAGNA, Ricardo A. Decadência e o pagamento parcial no lançamento por homologação do ICMS: a tão aguardada estabilização da jurisprudência. *In*: PINTO, Alexandre Evaristo; TOMKOWSKI, Fábio Goulart; ALLEGRETTI, Ivan; BEVILACQUA, Lucas (coord.). *ICMS no Tribunal de Impostos e Taxas de São Paulo*. Belo Horizonte: Fórum, 2022. p. 459-481. ISBN 978-65-5518-319-1.

VENDA DE MERCADORIA COM INSTALAÇÃO (ICMS), PRESTAÇÃO DE SERVIÇO DE ENGENHARIA (ISS) E FORNECIMENTO DE MERCADORIA COM PRESTAÇÃO DE SERVIÇO DE ENGENHARIA (ICMS E ISS): DOS CRITÉRIOS NA JURISPRUDÊNCIA ADMINISTRATIVA PAULISTA PARA DELIMITAR NO CASO CONCRETO A SOLUÇÃO APROPRIADA

ROBERTO BIAVA JÚNIOR
RODRIGO FROTA DA SILVEIRA

Introdução

O presente artigo é voltado para a análise de questões práticas ainda controversas, como, por exemplo, o caso da tributação da venda com instalação de um equipamento, no qual incidiria apenas o ICMS em toda a operação; a venda de mercadoria atrelada juntamente a um serviço de engenharia (elétrica, civil e mecânica), em que pode existir a incidência de ICMS sobre a mercadoria e ISS sobre os serviços, e por sua vez a situação em que os materiais empregados são considerados parte da prestação de serviços de engenharia com a incidência exclusiva do ISS.

Por exemplo: como tratar a venda e instalação de sistema de ventilação e refrigeração de ar-condicionado? Quais situações fáticas influenciam na tributação dessa operação? Assim, por exemplo,[1] via de

[1] Conforme Resposta à Consulta nº 75/2011 da Secretaria da Fazenda do Estado de São Paulo: "(...) 4. Duas são as possibilidades, a priori. No que se refere à comercialização de equipamentos de ar condicionado, o valor referente à instalação deve compor a base de cálculo do ICMS. No entanto, quando, sob contrato de empreitada, se refere à execução de obra de engenharia civil de sistema central de ar condicionado ou ventilação, que exija projeto técnico de engenharia para instalação, caracterizado como auxiliar ou complementar, entendido como obra de engenharia civil, o serviço estará sujeito ao Imposto sobre Serviços de Qualquer Natureza – ISSQN, disciplinado pela Lei Complementar nº 116, de 31 de julho de 2003, descrito no subitem "7.02" da sua lista de Serviços anexa: "Execução, por administração, empreitada ou subempreitada, de obras de construção civil, hidráulica ou elétrica e de outras obras semelhantes, inclusive sondagem, perfuração de poços, escavação, drenagem e irrigação, terraplanagem, pavimentação, concretagem e a instalação e montagem de produtos, peças e equipamentos (exceto o fornecimento de mercadorias produzidas pelo prestador de serviços fora do local da prestação dos serviços, que fica sujeito ao ICMS)". 5. Observe-se, no entanto, que, na presente consulta, não resta claro se a consulente vende equipamento de ar condicionado e ventilação e efetua a respectiva instalação ou se trabalha exclusivamente na execução de projetos de sistemas de ar condicionado, ventilação e refrigeração (climatização), mediante contrato de empreitada ou subempreitada, submetidas às regras de construção civil.5.1 Dessa forma, é importante repisar que na venda de equipamento de ar condicionado, ventilação, refrigeração ou climatização incide o ICMS devendo o valor referente ao serviço de instalação compor a base de cálculo do imposto (artigo 2º, inciso III, alínea "a", combinado com o artigo 37, inciso III, alínea "a", e §1º, item 5, do RICMS/2000).5.2 Também haverá a incidência do ICMS, na hipótese de serviço sujeito ao imposto municipal (ISSQN), previsto no subitem "7.02" (item 4 desta resposta), quando ocorrer o fornecimento de qualquer produto produzido pela consulente fora do local de instalação, como, por exemplo, quaisquer estruturas montadas, ainda que parcialmente, uma vez que caracterizar-se-iam como industrialização, para fins de incidência do ICMS (artigo 4º, inciso I, do RICMS/2000).6. Com essas ressalvas, passa-se a responder à indagação da Consulente (relatadas no item 2 desta resposta) considerando as duas situações: 6.1 Na hipótese de a instalação de sistema de ar condicionado ou ventilação ser executada mediante contrato de empreitada/subempreitada de construção civil, é necessária a comprovação de que a Consulente exerça realmente essa atividade e que a obra se caracterize como de construção civil. Para isso é imprescindível o preenchimento cumulativo dos seguintes requisitos: a) que o fornecimento de mercadoria decorra de contrato de empreitada ou subempreitada;b) que a execução do contrato de empreitada ou subempreitada, esteja sob a supervisão de profissional habilitado como engenheiro civil pelo mesmo órgão a que compete o registro da obra (CREA);c) que a obra se caracterize como de engenharia civil (sujeitando-se aos respectivos registros, alvarás e autorizações), nos termos do §1º do artigo 1º do Anexo XI do RICMS/2000 ("entendem-se por obras de construção civil, dentre outras, as adiante relacionadas, quando decorrentes de obras de engenharia civil: 1- construção, demolição, reforma ou reparação de prédios ou de outras edificações; 2- construção e reparação de estradas de ferro ou de rodagem, incluindo os trabalhos concernentes às estruturas inferior e superior de estradas e obras de arte; 3- construção e reparação de pontes, viadutos, logradouros públicos e outras obras de urbanismo; 4- construção de sistemas de abastecimento de água e de saneamento; 5- obras de terraplenagem, de pavimentação em geral; 6- obras hidráulicas, marítimas ou fluviais; 7- obras destinadas à geração e transmissão de energia, inclusive gás; 8 – obras de montagem e construção de estruturas em geral.");d) que os bens aplicados nestas instalações passem a fazer parte integrante do imóvel em que se situarem.6.1.1 Nessa hipótese (instalação de sistema de ar condicionado ou ventilação executada mediante contrato de empreitada/subempreitada de construção civil), a Consulente (empresa caracterizada

regra, alguns negócios jurídicos com intuito econômico similar podem ter tratamento tributário distinto a depender de como se dá a operacionalização e peculiaridade do negócio: podendo haver a tributação pelo ISS, se preenchidas todas as condições interpretadas pelo Fisco estadual com base na Lei Complementar nº 116/2003, para a "instalação de sistema de ventilação e refrigeração (climatização)" ser considera uma prestação de serviços de engenharia. Ou, não sendo preenchidos todos os requisitos, a "comercialização (venda) de equipamentos de ar-condicionado com instalação e montagem" passa a ser uma hipótese que está sujeita à incidência do imposto estadual do ICMS. Para complicar ainda mais, haveria a possibilidade de interpretação da exceção prevista no item 7.02 da Lista de Serviços da Lei Complementar nº 116/2003, e haver a incidência do ICMS sobre fornecimento de mercadorias produzidas fora do local da obra, enquanto a parte de prestação de serviços seria tributada pelo ISS.

Justamente, o objetivo do presente artigo é analisar e interpretar os campos de incidência do ISS e do ICMS, com fulcro na Constituição e especialmente no que concerne às duas leis complementares (Lei Complementar nº 87/1996 e Lei Complementar nº 116/2003), em especial também analisando a exceção prevista no item 7.02 da Lista de Serviços da Lei Complementar nº 116/2.003 relativa à execução de obras de construção, em que há incidência do ICMS sobre fornecimento de mercadorias, quando estas são produzidas fora do local da obra.

No cerne do artigo procuraremos traçar como esse tema é interpretado em consultas estaduais (Secretaria da Fazenda do Estado de São Paulo) e principalmente em decisões administrativas (especialmente no âmbito do Tribunal de Impostos e Taxas – TIT-SP), bem como esparsamente serão mencionados alguns pontos da jurisprudência judicial sobre o tema.

---

como de construção civil, nos termos do artigo 1º do Anexo XI do RICMS/2000) emitirá a Nota Fiscal de remessa dos "materiais" para o local da obra, sem a incidência do ICMS, com fulcro no inciso II do artigo 2º do Anexo XI do RICMS/2000 ("artigo 2º – O imposto não incide sobre: [...] II – o fornecimento de material adquirido de terceiro pelo empreiteiro ou subempreiteiro para aplicação na obra [...]"). 6.2 Por sua vez, na hipótese de comercialização (venda) de equipamentos de ar condicionado com instalação e montagem, configurar-se-á uma operação de circulação de mercadoria e, por esta razão, estará a Consulente obrigada a recolher o imposto estadual sobre o valor total cobrado do cliente, relativo ao aparelho instalado e à importância cobrada, entre outros, a título de montagem e instalação (artigo 37, inciso III, alínea "a", e §1º, item 5, do RICMS/2000).6.2.1 Nessa hipótese (comercialização/venda) de equipamentos de ar condicionado com instalação e montagem, a Consulente emitirá a Nota Fiscal referente à venda de mercadorias, ainda que adquiridas de terceiros, com a incidência do ICMS sobre o valor total da operação, englobando o aparelho (equipamento) e os serviços de montagem e instalação. (...)"

A organização do artigo está assim estruturada: i) introdução ii) argumentos pró-Fisco estadual: os requisitos exigidos pelo Fisco estadual em relação ao subitem 7.02 da Lista de serviços anexa à Lei Complementar nº 116/2.003 para que haja a incidência exclusiva do ISS e não do ICMS e; a venda de mercadoria com instalação – sem estar atrelada a serviço de engenharia (com incidência exclusiva do ICMS); iii) argumentos pró-contribuinte: a incidência exclusiva do ISS sobre os materiais utilizados nos serviços de engenharia; iv) análise de casos de jurisprudência no âmbito do Tribunal de Impostos e Taxas (TIT-SP); v) conclusões e comentários sobre o eventual impacto da reforma tributária nesse tema.

1 Argumentos pró-Fisco estadual: requisitos exigidos pelo Fisco estadual em relação ao subitem 7.02 da Lista de Serviços anexa à Lei Complementar nº 116/2.003, para que haja a incidência exclusiva do ISS. A venda de mercadoria com instalação – sem estar atrelada a serviço de engenharia (com incidência exclusiva do ICMS)

Preliminarmente vamos examinar o conjunto de normas tributárias relativas aos impostos municipal (ISS) e estadual (ICMS) que regem a atividade de construção civil para que seja possível determinar, com precisão, se a atividade desenvolvida pode, de fato e de direito, ser considerada como exclusivamente de prestação de serviço de construção civil para fins de aplicação da legislação do ISS,[2] ou se, do contrário, deve ser ela considerada como operação relativa à circulação na condição de mercadoria, sujeitando-se à incidência do ICMS; ou se ainda deve ser parcialmente tributada pelos dois tributos (ICMS e ISS), conforme a exceção do subitem 7.2 da Lista de Serviços da Lei Complementar nº 116/2003.

Neste item, vamos enfatizar as interpretações da lei complementar e argumentos do Fisco estadual.[3] Do ponto de vista constitucional,

---

[2] Raciocínios semelhantes podem ser construídos para a execução de obras hidráulicas, elétricas e semelhantes.
[3] Cf. BIAVA JUNIOR, Roberto. Delimitação dos limites de incidência do ISS e do ICMS nas atividades desenvolvidas pelas empresas de construção civil. *In*: FARIA; Renato Vilela; CASTRO, Leonardo Freitas de Moraes e. (org.). *Operações Imobiliárias*: estruturação e tributação. São Paulo: Saraiva, 2016, v. 1, p. 877-894.

consoante o disposto na alínea "b" do inciso IX do §2º do artigo 155 da Constituição Federal, o ICMS incide "sobre o valor total da operação, quando mercadorias forem fornecidas com serviços não compreendidos na competência tributária dos Municípios".

Por outro lado, conforme previsto no inciso III do artigo 156 da própria Constituição Federal de 1988, compete aos municípios instituir o ISS "sobre serviços de qualquer natureza", assim "definidos em lei complementar", desde que não inseridos no campo de incidência do ICMS.

De acordo com a Lei Complementar nº 116/2003, os serviços relativos ao subitem 7.02 da Lista de Serviços, sujeitos à tributação do ISS, estão assim discriminados:

7.02 – Execução, por administração, empreitada ou subempreitada, de obras de construção civil, hidráulica ou elétrica e de outras obras semelhantes, inclusive sondagem, perfuração de poços, escavação, drenagem e irrigação, terraplanagem, pavimentação, concretagem e a instalação e montagem de produtos, peças e equipamentos (*exceto o fornecimento de mercadorias produzidas pelo prestador de serviços fora do local da prestação dos serviços, que fica sujeito ao ICMS*).

Em consonância com esses preceitos constitucionais e infralegais, o artigo 2º da Lei Complementar nº 87/1996 dispõe que o ICMS incide sobre o "fornecimento de mercadorias com prestação de serviços não compreendidos na competência tributária dos Municípios" e sobre o "fornecimento de mercadorias com prestação de serviços sujeitos ao imposto sobre serviços, de competência dos Municípios, quando a lei complementar aplicável expressamente o sujeitar à incidência do imposto estadual.".

Ainda, segundo o disposto no art. 3º dessa lei complementar, o ICMS não incide sobre "operações relativas a mercadorias que tenham sido ou que se destinem a ser utilizadas na prestação, pelo próprio autor da saída, de serviço de qualquer natureza definido em lei complementar como sujeito ao imposto sobre serviços, de competência dos Municípios, ressalvadas as hipóteses previstas na mesma lei complementar".

Saliente-se ainda que as regras de incidência do ICMS previstas na Lei Complementar nº 87/1996 (Lei Kandir) acima descritas foram reproduzidas nas legislações estaduais, como, por exemplo, na Lei nº 6.374/1989, que instituiu o ICMS no âmbito do Estado de São Paulo, bem como no Regulamento do Imposto (RICMS/SP).

Pelo exame das normas expostas pode-se concluir que *a prestação do serviço de execução de obras de construção civil, hidráulica ou elétrica e de outras obras semelhantes, contratada sob o regime de administração, empreitada ou subempreitada, conforme previsto no subitem 7.02 da Lista de Serviços da Lei Complementar nº 116/2.003, está sujeita à incidência exclusiva do ISS,* exceto pelo "fornecimento de mercadorias produzidas pelo prestador dos serviços fora do local da prestação dos serviços, que fica sujeito ao ICMS".

É necessário esclarecer, entretanto, que na interpretação dos Estados quanto ao subitem 7.02 da Lista de Serviços da Lei Complementar nº 116/2.003, as mercadorias produzidas pelo próprio prestador de serviços de construção dentro do canteiro de obras, para serem aplicadas na sua execução, só poderão ser consideradas como parte integrante do custo total do serviço prestado (exclusivamente tributado pelo ISS), *quando o seu fornecimento for objeto de um contrato de prestação de serviços de construção civil sob o regime de empreitada*[4] *ou subempreitada.*

Disso decorre que a produção de mercadorias a serem utilizadas na execução de obras de construção civil, ainda que executada dentro do canteiro de obras, deve ser considerada como industrialização, nos termos do artigo 4º do RIPI (Regulamento do IPI – Decreto nº 7.212/2010) *quando o fornecimento das respectivas mercadorias produzidas não for objeto de um contrato de prestação de serviços de construção civil sob o regime de empreitada ou subempreitada.* Nesse caso, a respectiva "circulação" de mercadorias, representada pela aplicação dessas mercadorias na execução da obra, estará sujeita à incidência exclusiva do ICMS, e não do ISS, sobre o valor total das mercadorias fornecidas. Como caso prático, podemos citar o exemplo dado na Resposta à Consulta nº 653/2001:[5]

> Estruturas Metálicas
> Quando *empresa é contratada para construir a cobertura de determinada obra* e assume total responsabilidade por isso, caracteriza-se o serviço de engenharia civil; no caso, *incide o ISS*, exceto sobre o material que a empresa produzir fora do canteiro de obra.

---

[4] "Empreitada é um contrato bilateral, sem vinculação empregatícia, em que uma das partes assume a responsabilidade pela execução de obra ou trabalho, com ou sem fornecimento de materiais, mediante pagamento determinado ou proporcional ao trabalho executado (...). Tem ainda, como característica, a direção do serviço pelo executor do mesmo e não pelo dono do serviço. (...) A finalidade desta empreitada é a produção de obra certa a um certo preço. Poderá sempre que a empreitada não for revestida do caráter personalíssimo, ou seja que não contenha a cláusula de 'intuiutu personae', ceder o contrato de empreitada em subempreitada". (Resposta à Consulta nº 653/2001 do Estado de São Paulo).

[5] Conforme Resposta à Consulta nº 653/2001 da Secretaria da Fazenda do Estado de São Paulo.

Se uma *empresa, porém, apenas fornecer a estrutura* para a empresa responsável pela construção, *incidirá o ICMS*. Para distinguir entre as duas situações, convém perguntar se há obra de engenharia civil em execução pela empresa. Se a resposta for positiva, trata-se do campo de competência do ISS; se negativa, incidirá ICMS.

Nessa senda, o fornecimento de materiais para aplicação na obra não estará sujeito à incidência do ICMS somente quando esses materiais forem produzidos pelo próprio prestador de serviços de construção civil dentro do canteiro de obras ou quando tiverem sido adquiridos de terceiros, devendo esse fornecimento decorrer, necessariamente, da execução de um contrato de empreitada ou subempreitada de construção civil, e desde que a obra se caracterize como de engenharia.

Nesse sentido, o entendimento[6] da Consultoria Tributária da Secretaria da Fazenda do Estado de São Paulo para que as empresas de construção civil sejam exclusivamente contribuintes do ISS e não venha a incorrer na exceção de incidência do ICMS (parte final do subitem 7.02 da Lista de Serviços anexa à Lei Complementar nº 116/2003) é de ser necessária a ocorrência cumulativa de cinco requisitos para se caracterizar uma obra de construção e afastar a incidência do ICMS:

a) o fornecimento de mercadoria deve decorrer de contrato de empreitada ou de subempreitada;
b) o serviço executado deve caracterizar-se como de engenharia (sujeito aos respectivos registros nos órgãos competentes e correspondentes licenças);
c) que a mercadoria fornecida tenha sido produzida no canteiro de obras e colocada ou montada diretamente na obra, pelo empreiteiro ou subempreiteiro; e
d) a manutenção, junto a cada um dos serviços, de um profissional devidamente habilitado pelo CREA.
e) de que os bens e materiais aplicados na prestação de serviço sejam empregados diretamente nas construções e instalações, passando a fazer parte integrante do bem imóvel em que se situam.[7]

Ademais, no entendimento do Fisco estadual, o fornecimento de partes e peças produzidas no estabelecimento de indústria ou mesmo

---

[6] Conforme Resposta à Consulta nº 585/2010 da Secretaria da Fazenda do Estado de São Paulo.
[7] Conforme Resposta à Consulta nº 713/2002 da Secretaria da Fazenda do Estado de São Paulo.

de empresa de construção civil, mas produzidas fora do canteiro de obras ou do local da obra, sujeita-se exclusivamente à incidência do ICMS, devendo, para tanto, ser emitido o respectivo documento fiscal, com destaque do valor do ICMS correspondente.

Por exemplo, entende o Fisco estadual[8] que em *operações com "materiais pré-moldados" (por ex. banheiros prontos), os quais são sempre produzidos fora do local da obra de construção civil, ocorrerá a incidência do ICMS (independente de existir ou não um contrato de prestação de serviços de construção civil sob o regime de empreitada ou subempreitada), por essa situação se configurar na exceção prevista no subitem 7.02 da Lista Anexa à Lei Complementar nº 116/2.003* c/c o artigo 2º, inciso V, da Lei Complementar nº 87/1996.

Por fim, vamos analisar o entendimento do Fisco estadual de que a tributação aplicável na venda de mercadoria com instalação – sem estar atrelado a serviço de engenharia – é de apenas do ICMS, não ocorrendo a incidência do ISS.

Como sabemos, podem ocorrer alguns tipos de operação de natureza mista, em que exista a obrigação de o vendedor fornecer determinada mercadoria ou especificamente um equipamento ou máquina, que necessite de serviços de instalação e montagem para ser posto em uso.

Quando no caso concreto de uma operação mista que envolva fornecimento de mercadoria ou equipamento com serviços de instalação e montagem não se consiga demonstrar a aplicação do subitem 7.02 (como serviço de engenharia) ou quaisquer outras prestações de serviços da lista de serviços anexa à Lei Complementar nº 116/2003, o Fisco estadual entende que cabe a aplicação do inciso IV do artigo 2º da Lei Complementar nº 87/1996, que dispõe que o ICMS incide sobre o "fornecimento de mercadorias com prestação de serviços não compreendidos na competência tributária dos Municípios"; de modo que deverá incidir então o ICMS sobre todo o valor da operação, inclusive sobre os valores da instalação e da montagem.

Cabe ainda ressaltar que o subitem[9] 14.6 da Lista Anexa à Lei Complementar nº 116/2.003 é aplicável somente na situação em que o

---

[8] Conforme Resposta à Consulta nº 430/2010 e 146/2011 da Secretaria da Fazenda do Estado de São Paulo.
[9] "14.06 – Instalação e montagem de aparelhos, máquinas e equipamentos, inclusive montagem industrial, prestados ao usuário final, exclusivamente com material por ele fornecido."

usuário final fornece o produto a ser instalado ou montado.[10] Assim, no caso da operação mista que envolva fornecimento de mercadoria ou equipamento conjuntamente com serviços de instalação e montagem, deverá incidir somente o ICMS sobre todo o valor da operação, conforme preconizado na legislação tributária paulista no artigo 24, §1º, item 4, da Lei nº 6.374/89.[11]

2 Argumentos pró-contribuinte: a incidência exclusiva do ISS sobre os materiais utilizados nos serviços de engenharia

Primeiramente, convém apontar que os argumentos doutrinários pró-contribuinte (pela incidência exclusiva do ISS) encontram, no geral, pouca guarida na jurisprudência do TIT-SP, que se concentra mais na análise das provas juntadas nos autos e na aplicação da jurisprudência administrativa e judicial relativa à matéria.

De qualquer forma, há vários doutrinadores que se insurgem contra o posicionamento das Fazendas estaduais, cabendo, por exemplo, mencionar a título ilustrativo que no entendimento do Prof. Roque Antonio Carraza[12] não seria possível a incidência do ICMS no fornecimento de materiais para a obra de construção civil, ainda que produzidas pelo empreiteiro fora do local da obra. Isso porque para o ilustre doutrinador os materiais não são mercadorias, e sim elementos acessórios do contrato de empreitada, sendo que na maioria dos casos esses materiais seriam preparados de acordo com as necessidades individuais de cada obra de construção civil (ou seja, personalizados).

---

[10] Nesta situação, em regra, o usuário final adquire o produto a ser instalado de um fornecedor e contrata a instalação e montagem de outro fornecedor.
[11] "Artigo 24 – Ressalvados os casos expressamente previstos, a base de cálculo do imposto nas hipóteses do artigo 2º é: (Redação dada ao artigo pela Lei 10.619/00, de 19-07-2000; DOE 20-07-2000): (...)
§1º – Incluem-se na base de cálculo:
(...)
4 – a importância cobrada a título de montagem e instalação, nas operações com máquina, aparelho, equipamento, conjunto industrial e outro produto, de qualquer natureza, quando o estabelecimento remetente ou outro do mesmo titular tenha assumido contratualmente a obrigação de entregá-lo montado para uso."
[12] CARRAZA, Roque A. *ICMS*. 8. ed. São Paulo: Malheiros, 2002, p. 117-118.

Também Roberto Siqueira Campos[13] se opõe à incidência do ICMS na empreitada de construção civil com fornecimento de material produzido pelo empreiteiro, fora do local da obra, entendendo que tais materiais seriam bens, mas não mercadorias, e justifica sua posição (pela não incidência do ICMS), entendendo que na remessa desses materiais para a execução da obra não haveria incidência do ICMS, uma vez que os materiais seriam ainda de propriedade da construtora (empreiteiro), conforme o artigo 1238 do antigo Código Civil.[14]

Para Aires Barreto,[15] por exemplo, é necessária a separação dos serviços de instalação e montagens de equipamentos que se agregam ao solo e dos que não se agregam ao solo. Assim, só se configuraria como processo de industrialização os serviços de instalação e montagem que não se agregam ao solo. Por sua vez, se esses serviços se agregarem ao solo, passariam a ser considerados serviços de construção civil sujeitos à tributação do ISS.

Aires Barreto,[16] diferentemente dos Fiscos estaduais, menciona apenas três requisitos para se configurar a prestação de serviço de construção sujeita ao ISS: existência de projeto de engenharia; prestação de serviço fora do ambiente de estabelecimento industrial; e que a edificação, construção ou obra se agregue de forma definitiva em um bem imóvel. Nesse sentido, cabe destaque ao último requisito, reforçado pelo posicionamento de Aires Barreto, de que somente a instalação e montagem de um sistema de equipamento de ar-condicionado e ventilação que se agregue ao solo, e, portanto, ao bem imóvel, é que pode, em tese, estar sujeito ao ISS. Ou seja, tem que ser um projeto de engenharia civil que se agregue a um bem imóvel, e não apenas um

---

[13] SIQUEIRA CAMPOS, Roberto de. Empreitada de construção civil com fornecimento de material produzido pelo empreiteiro fora do local da obra. Inconstitucionalidade e ilegalidade da incidência do ICMS sobre o material. *Revista Dialética de Direito Tributário*, São Paulo, n. 12, p. 91-97, set. 1996.

[14] "Art. 1.238. Quando o empreiteiro fornece os materiais, correm por sua conta os riscos até o momento da entrega da obra, a contento de quem a encomendou, se este não estiver em mora de receber. Estando, correrão os riscos por igual contra as duas partes." Obs.: Corresponde ao atual artigo 611 do NCC.

[15] BARRETO, Aires, F. *ISS na Constituição e na lei*. 2. ed. São Paulo: Dialética, 2005, p. 254-255.

[16] Para o enquadramento da atividade como construção civil, são necessários os seguintes requisitos: a) que sua execução seja precedida de projetos de engenharia (como exige farta legislação administrativa); b) que os serviços sejam efetivados fora do estabelecimento industrial, que produziu os materiais; c) que os serviços consistam na reunião de produtos, peças e partes, de que resultem edificação, construção ou obra, inclusive de complexo industrial, integrando permanentemente ao imóvel ("agregado ao solo")" (Cf. BARRETO, Aires. *ISS na Constituição e na lei*. 3. ed. São Paulo: Dialética, 2009, p. 258).

equipamento de ar-condicionado ou ventilação que possa ser removido sem destruição.

Todavia, cabe destacar quanto ao exemplo dado (instalação e montagem de ar-condicionado) que o Superior Tribunal de Justiça, anteriormente, deu provimento a um recurso especial interposto para assentar que as empresas prestadoras de serviços de instalação e montagem de ar-condicionado estão sob o âmbito de incidência do Imposto sobre Serviços (ISS), consoante previsão do antigo Decreto-Lei nº 406/1968, item 32, afastada a condição de contribuintes do ICMS. De qualquer forma, nesse caso específico, o Superior Tribunal de Justiça (STJ)[17] entendeu pontualmente que as empresas instaladoras e montadoras de ar-condicionado são equiparadas às empresas de construção civil e devem pagar exclusivamente o ISS (e não o ICMS) sobre a montagem e instalação dos equipamentos de ar-condicionado. Todavia, o referido julgado não analisa a fundo a questão, resumindo-se apenas a fazer a equiparação das empresas de ar-condicionado com as empresas de construção civil, sem analisar os limites traçados pela legislação complementar na tributação do ISS e do ICMS, quanto ao subitem 7.02 da Lista Anexa à Lei Complementar nº 116/2.003.

---

[17] STJ (AgRg no REsp nº 804427 / DF; Relator: Ministro LUIZ FUX; Órgão Julgador: T1 – PRIMEIRA TURMA
Data do Julgamento: 10.04.2007; Data da Publicação/Fonte DJ 03.05.2007 p. 222): "TRIBUTÁRIO. ICMS. EMPRESA INSTALADORA E MONTADORA DE AR CONDICIONADO. EQUIPARAÇÃO ÀS EMPRESAS DE CONSTRUÇÃO CIVIL. MERCADORIAS ADQUIRIDAS. OPERAÇÕES INTERESTADUAIS. NÃO INCIDÊNCIA. JURISPRUDÊNCIA CONSAGRADA NO SUPERIOR TRIBUNAL DE JUSTIÇA.
1. A atividade de instalação e montagem de ar condicionado central é equiparada à atividade de construção civil, consoante se colhe do voto condutor do acórdão recorrido, estando incluída no item 32 da lista de serviços anexa ao decreto-lei nº 406/68, razão pela qual não incide o ICMS.
2. "A montagem e a instalação de ar condicionado central é incluída no item 32 da lista de serviços anexa ao decreto-lei nº 406/68" (REsp 122202 / MG ; Rel. Min. GARCIA VIEIRA, DJ de 22.02.1999)
3. É assente na Corte que "as empresas de construção civil não são contribuintes do ICMS, salvo nas situações que produzam bens e com eles pratiquem atos de mercancia diferentes da sua real atividade, como a pura venda desses bens a terceiros; nunca quando adquirem mercadorias e as utilizam como insumos em suas obras. Há de se qualificar a construção civil como atividade de pertinência exclusiva a serviços, pelo que 'as pessoas (naturais ou jurídicas) que promoverem a sua execução sujeitar-se-ão exclusivamente à incidência de ISS, em razão de que quaisquer bens necessários a essa atividade (como máquinas, equipamentos, ativo fixo, materiais, peças, etc.) não devem ser tipificados como mercadorias sujeitas a tributo estadual' (José Eduardo Soares de Melo, in Construção Civil – ISS ou ICMS? in RDT 69, pg. 253, Malheiros)" (ERESP 149946/MS, Rel. Min. José Delgado, DJ 20.03.2000).
4. Agravo Regimental desprovido."

3 Análise de casos de jurisprudência no âmbito do Tribunal de Impostos e Taxas (TIT-SP)

Nesta quarta parte, após analisarmos diversos julgados administrativos da jurisprudência no âmbito do TIT-SP, selecionamos alguns julgados[18] que entendemos ser representativos e que passarão a serem comentados em seguida.

Processo nº 4028746-4/Ano 2013; 2ª Câmara Julgadora TIT-SP e Processo nº 4072566-2/Ano 2016; 11ª Câmara Julgadora TIT-SP: os casos trataram de mercadoria (CBUQ) produzida fora do estabelecimento da Recorrente (construtora), bem como fora do canteiro de obras; sendo produzidas precisamente em um estabelecimento industrial, sob a encomenda direta da Recorrente e posteriormente entregue no local da obra; sendo que o TIT entendeu pela incidência do ICMS em razão da exceção prevista item 7.02 da Lei Complementar nº 116/2003.

Processo nº 4092448-8/Ano 2017; 12ª Câmara Julgadora TIT-SP: o TIT entendeu pela incidência exclusiva do ICMS, pois as provas existentes nos autos indicar um "contrato de fornecimento de equipamentos com prestação de serviços e licença de software", sendo que o contrato de fornecimento de equipamentos menciona também a entrega de materiais, tais como licença de *software*, poste de concreto, torre autoportante modular, entre outros, e a recorrente não conseguiu demonstrar a aplicação do subitem 7.02 (como serviço de engenharia) ou quaisquer outro da lista de serviços anexa à Lei Complementar nº 116/2003.

Processo nº 4029890-5/Ano 2014; 4ª Câmara Julgadora TIT-SP: o TIT entendeu sobre a incidência exclusiva do ICMS, inclusive sobre os serviços de instalação e montagem (atos indissociáveis aos produtos comercializados, com a prevalência da relação de compra e venda ao invés da mera prestação de serviços); sendo que a atividade principal da Recorrente seria comércio atacadista de produtos para sistema de transmissão de dados e energia, e não houve comprovação sobre a elaboração de projetos de engenharia, mas apenas a realização de montagem/instalação dos produtos comercializados pela Recorrente.

Processo nº 4087199-0/Ano 2016; 12ª Câmara Julgadora TIT-SP: de maneira similar ao julgado anterior, o TIT entendeu sobre a incidência exclusiva do ICMS, inclusive sobre os serviços de instalação na venda de equipamentos elétricos; alegando que na época dos fatos

---

[18] Todos os julgados abaixo mencionados, podem ser consultados na íntegra no site do TIT-SP no menu andamento dos processos: https://portal.fazenda.sp.gov.br/servicos/tit/Paginas/Servicos.aspx

o contribuinte não tinha CNAE relativo a serviços de engenharia e que o valor das mercadorias era substancialmente preponderante em relação aos serviços.

Processo nº 4051089-0/Ano 2015; 2ª Câmara Julgadora TIT-SP: no caso, o contribuinte emitiu as notas fiscais de vendas com ICMS que incluíram somente a parte material do negócio jurídico, ou seja, o produto esquadria, excluindo os valores de mão de obra de instalação e administração de projeto, que foram considerados, separadamente, em nota fiscal com incidência de ISS do município de localização de cada obra. Por sua vez, o TIT entendeu que a obrigação contratual da autuada é de entregar as esquadrias devidamente instaladas na obra e que, no preço do produto estão incluídos todos os custos necessários para tal fim. Desse modo, entendeu-se que se a atividade preponderante da Recorrente é a fabricação e fornecimento de esquadrias metálicas e dessa atividade decorrem os serviços prestados, tais serviços, de fato, compõem a base de cálculo do ICMS exclusivamente.

Processo nº 4078424-1/Ano 2017; 14ª Câmara Julgadora TIT-SP: o TIT nesse caso aplicou um precedente judicial (Súmula nº 167 do STJ) no sentido de que "o fornecimento de concreto, por empreitada, para construção civil, preparado no trajeto até a obra em betoneiras acopladas a caminhões, é prestação de serviço, sujeitando-se apenas à incidência do ISS". Ou seja, é um caso mais raro de jurisprudência em que prevaleceu a visão do contribuinte (que pedia a aplicação do ISS), mas a decisão administrativa se embasou em precedente de decisão judicial.

Processo nº 4094764-6/Ano 2017; 7ª Câmara Julgadora TIT-SP: nesse caso, o autuado firmou um contrato de *"fornecimento de materiais referentes à peças de tanques"*, incluindo, entre outras atividades, o projeto de detalhamento para fabricação e montagem, a montagem de campo e a supervisão de montagem; sendo que o TIT entendeu que pelo artigo 24, §1º, item 4, da Lei nº 6.374/89, integra a base de cálculo do imposto a importância cobrada a título de montagem e instalação, nas operações com máquina, aparelho, equipamento, conjunto industrial e outro produto, de qualquer natureza, quando o estabelecimento remetente assume a obrigação de entregá-lo montado para uso. Para fundamentar seu voto, foi citado ainda o Processo DRT3-239238/2005,[19] de autoria

---

[19] "17 – Nesse sentido, a Lista de Serviço é essencial para a definição também de algumas situações de serviços complementares à venda, como a montagem, instalação e colocação. Assim é que temos dois itens fundamentais:
7.06 – Colocação e instalação de tapetes, carpetes, assoalhos, cortinas, revestimentos de parede, vidros, divisórias, placas de gesso e congêneres, com material fornecido pelo tomador do serviço.

do ilustre Professor José Roberto Rosa, fundamentando-se a exclusiva tributação do ICMS para o caso.

Processo nº 4067300-5/Ano 2016; 2ª Câmara Julgadora TIT-SP: o TIT entendeu pela tributação do ICMS no fornecimento do material e dos serviços, por não haver provas nos autos de que foi precedida de projeto de engenharia e, fundamentalmente, o objeto preponderante do contrato da Autuada não seria a obra de engenharia, mas o fornecimento de materiais e sua respectiva montagem ("contrato para fornecimento de estruturas metálicas, prestação de serviços de montagem" cujo escopo seria "fabricação e montagem de estruturas metálicas da nova portaria e da nova planta industrial da CONTRATANTE, incluindo o fornecimento de todo material a ser utilizado").

Processo nº 4091845-2/Ano 2017; 4ª Câmara Julgadora TIT-SP: o caso tratou de pré-moldados produzidos fora do canteiro de obras, onde o TIT entendeu que houve de fato falta do pagamento do ICMS, na remessa das peças de concreto pré-moldado, as quais deveriam estar registradas no livro de registro de saída conforme o item 7.02 da Lei Complementar nº 116/2003, já que foram produzidas fora do local da obra.

Processo nº 4045936-6/Ano 2015; 12ª Câmara Julgadora TIT-SP: o cerne da questão atinente foi se a definição dos serviços prestados pela Recorrente se deu como prestação de serviços com o fornecimento de mercadorias sendo este sujeito à cobrança de ICMS, visão da Fiscalização; ou como prestação de serviços enquadrados no item 7.02 da Lista Anexa da Lei Complementar nº 116/2003, visão do contribuinte recorrente. O Recorrente comprovou cumulativamente tratar-se de contratos de empreitada com decorrente fornecimento de mercadoria para tal escopo, assim como se tratar de obras de engenharia civil, haja vista

---

14.06 Instalação e montagem de *aparelhos, máquinas e equipamentos, inclusive montagem industrial*, prestados ao usuário final, exclusivamente com material por ele fornecido. (gn) Como se vê, se o prestador do serviço prestar o serviço de instalação, colocação ou montagem de máquina, aparelho ou qualquer produto, ficará sujeito ao ISS, desde que o produto a ser instalado, colocado ou montado seja fornecido não pelo prestador, mas sim pelo tomador do serviço, pelo usuário final. Já, quando o vendedor da mercadoria, ele mesmo, também presta tal serviço estaremos fora da Lista de Serviços. Nesse sentido, a legislação do ICMS não compete e nem afronta a Lista de Serviços, mas as duas legislações se harmonizam.
18 – Ao exigir o imposto sobre a parcela da montagem quando o vendedor da mercadoria assume contratualmente a obrigação de entregar o bem montado para uso, o Estado está tributando aquilo que o ordenamento lhe dá competência: a operação de circulação de mercadoria pelo valor total da operação, onde o serviço cobrado como despesa acessória não faz parte da Lista de Serviços. O que lá está, na Lista, é coisa diferente: lá está a prestação de serviço de montagem ou instalação desvinculada da venda da mercadoria."

o registro da Empresa junto ao CREA-SP, bem como ter sido expedido por esse Conselho "Anotação de Responsabilidade Técnica – ART" para realização dos projetos. Dessa forma, o TIT entendeu que os serviços prestados pela empresa se se enquadrariam no ISS, de fato, no item 7.02 da Lista Anexa à Lei Complementar nº 116/2003.

Conclusões e comentários finais

Dessa forma, após as análises dos argumentos pró e contra contribuinte (incidência total ou parcial do ICMS x incidência do ISS); verificou-se que preponderantemente a jurisprudência dominante no Tribunal de Impostos e Taxas (TIT-SP) é conservadora no sentido de acolher mais significantemente os argumentos pró-Fisco estadual, apontando no sentido de que:

i) o entendimento do Fisco estadual (contencioso administrativo do TIT e Respostas de Consulta) para que as empresas de construção civil sejam exclusivamente contribuintes do ISS e não incorram na exceção de incidência do ICMS (parte final do subitem 7.02 da lista de serviços anexa à Lei Complementar nº 116/2.003) é de ser necessária a ocorrência cumulativa de cinco requisitos para se caracterizar uma obra de construção civil e afastar a incidência do ICMS: (a) o fornecimento de mercadoria deve decorrer de contrato de empreitada ou de subempreitada; (b) o serviço executado deve caracterizar-se como de engenharia (sujeito aos respectivos registros nos órgãos competentes e correspondentes licenças); (c) a mercadoria fornecida tenha sido produzida no canteiro de obras e colocada ou montada diretamente na obra, pelo empreiteiro ou subempreiteiro; (d) a manutenção, junto a cada um dos serviços, de um profissional devidamente habilitado pelo CREA; e (e) de que os bens e materiais aplicados na prestação de serviço sejam empregados diretamente nas construções e instalações, passando a fazer parte integrante do bem imóvel em que se situam.

ii) o fornecimento de partes e peças produzidas no estabelecimento de indústria ou mesmo de empresa de construção civil (como é o caso dos pré-moldados, por exemplo), mas produzidas fora do canteiro de obras ou do local da obra, sujeita-se exclusivamente à incidência do ICMS no entendimento do TIT-SP, devendo, para tanto, ser emitido o respectivo documento fiscal, com destaque do valor do ICMS correspondente, conforme aplicação da exceção prevista item 7.02 da Lei Complementar nº 116/2003.

iii) o TIT entende que há a incidência exclusiva do ICMS, inclusive sobre os serviços de instalação e montagem; quando não houver comprovação sobre a prestação de serviço de construção e engenharia ou de quaisquer outros serviços presentes na Lei Complementar nº 116/2003, mas apenas a realização de simples montagem/instalação dos produtos comercializados pela Recorrente. Destaca que pelo artigo 24, §1º, item 4, da Lei nº 6.374/89, integra a base de cálculo do imposto a importância cobrada a título de montagem e instalação, nas operações com máquina, aparelho, equipamento, conjunto industrial e outro produto, de qualquer natureza, quando o estabelecimento remetente assume a obrigação de entregá-lo montado para uso.

Informação bibliográfica deste texto, conforme a NBR 6023:2018 da Associação Brasileira de Normas Técnicas (ABNT):

JÚNIOR, Roberto BIAVA; SILVEIRA, Rodrigo Frota da. Venda de mercadoria com instalação (ICMS), prestação de serviço de engenharia (ISS) e fornecimento de mercadoria com prestação de serviço de engenharia (ICMS e ISS): dos critérios na jurisprudência administrativa paulista para delimitar no caso concreto a solução apropriada. In: PINTO, Alexandre Evaristo; TOMKOWSKI, Fábio Goulart; ALLEGRETTI, Ivan; BEVILACQUA, Lucas (coord.). *ICMS no Tribunal de Impostos e Taxas de São Paulo*. Belo Horizonte: Fórum, 2022. p. 483-498. ISBN 978-65-5518-319-1.

RECAPITULAÇÃO DA PENALIDADE

ROBSON MAIA LINS

Introdução

Ao examinar as decisões proferidas pelo Tribunal de Impostos e Taxas (TIT), verifica-se que, ao identificar erros na aplicação de penalidades, a Corte decide, na maioria dos casos, pela recapitulação e, em poucas ocasiões, pelo cancelamento da autuação como um todo. A questão que se põe é: qual o critério que orienta a adoção de um ou outro posicionamento?

Para responder a essa pergunta é necessário, preliminarmente, tecer algumas considerações sobre a fenomenologia da incidência tributária, com enfoque na incidência da norma primária sancionatória, bem como sobre o processo de positivação das normas jurídicas.

Consoante as lições de Paulo de Barros Carvalho, não há comunicação entre o mundo do ser e o mundo do dever-ser. Por isso, não há como falar em incidência automática e infalível, sendo indispensável o emprego de linguagem competente – linguagem jurídica – que retrate o acontecimento social, vertendo-o em fato jurídico, para que este desencadeie consequências jurídicas.

O acontecimento (evento) "auferir renda", por exemplo, somente pode ser qualificado como "fato jurídico" depois que uma autoridade competente, mediante procedimento específico, produzir uma norma individual e concreta certificando que tal fato ocorreu e a ele atribuindo a consequência correlata (dever de pagar o tributo).

Ao fazermos menção a "fato jurídico", portanto, estaremos tratando da descrição de um evento, devidamente certificado em linguagem jurídica, que se enquadra na previsão da lei e que, portanto, tem o condão de irradiar efeitos jurídicos.[1]

Ademais, não custa relembrar: o legislador, ao produzir normas, seleciona acontecimentos que serão relevantes para o direito (hipótese) e especifica as consequências que deles advirão (consequência). Por sua vez, para que se dê a incidência, é necessário que o evento se subsuma à previsão hipotética, ou seja, ele deve satisfazer as características definitórias da classe para, então, desencadear as consequências (causalidade jurídica).

Para preservar o corte efetuado pelo legislador, o princípio da estrita legalidade estabelece que a lei descreva – ela própria – os elementos do fato e os dados necessários para se estabelecer a relação jurídica. Decorrência desse preceito é a necessidade do exato enquadramento do fato à norma, ou seja, a plena correspondência entre o fato jurídico tributário e a hipótese de incidência.[2]

Com efeito, sob essa nova perspectiva, para a constituição de todo o direito positivo (das normas gerais e abstratas às individuais e concretas), dentro de uma concepção retórica, é imprescindível a presença da linguagem competente, do início ao fim do percurso gerativo de sentido.

Nesse cenário, parte-se de uma norma geral e abstrata – Regra Matriz de Incidência Tributária – e, mediante o relato em linguagem competente do evento que se subsome à hipótese, chega-se à norma individual e concreta, em cujo antecedente figura o fato jurídico tributário e, no consequente, a relação jurídico-tributária.

Cientes de que as normas jurídicas apenas ingressam no ordenamento (e também somente são excluídas dele) por meio de outra norma jurídica, temos que no processo de positivação o aparecimento da norma individual e concreta (norma introduzida) ocorre por meio de outra norma, o lançamento tributário (norma introdutora – geral e concreta).

Assim, é esse ato (lançamento tributário – representado por uma norma geral e concreta, produto de uma série de atos intermediários previstos em normas gerais e abstratas) que tem o condão de constituir o crédito tributário, desencadeando a relação jurídica entre Fisco e contribuinte.

---

[1] CARVALHO, Paulo de Barros. *Direito tributário, linguagem e método*. 6. ed. São Paulo: Noeses, 2015, p. 504.

[2] Pontes de Miranda preleciona: a fenomenologia do "fato gerador" não é originariamente específica do Direito Tributário, mas fenomenologia comum a todo o Direito (hipótese de incidência, suporte factico, "fattispecie", "Tatbestand"), são sinônimos de fato gerador. MIRANDA, Pontes de. *Tratado de direito privado*. Rio de Janeiro, 1954. v. I. Citado por: BECKER, Alfredo Augusto. *Teoria geral do direito tributário*. 5. ed. São Paulo: Noeses, 2010, p. 100.

Assim, o lançamento tributário, conforme elucida Marina Vieira de Figueiredo,[3] nada mais é do que um juízo condicional composto por um antecedente e um consequente, que pode ser assim representado:

- Hipótese: *"dado o fato de um sujeito, no exercício da função administrativa ter realizado um procedimento em determinadas condições de espaço e tempo"*.

- Consequente: *"deve ser a observância de uma norma individual e concreta que prevê um fato jurídico tributário no antecedente e, no consequente, uma relação jurídica tributária"*.

Há mais, a norma jurídica, no que diz respeito a sua completude, é observada sobre duas feições: *norma primária* e *norma secundária*. Ambas possuem a mesma estrutura formal e podem ser estudadas sob o mesmo enfoque lógico supramencionado, alterando-se apenas o aspecto semântico, na medida em que o consequente da *norma primária* prescreve um dever quando ocorrido o fato previsto no antecedente e o consequente da *norma secundária* prescreve uma sanção quando descumprido o dever prescrito pela norma primária, que será aplicada pelo Estado-juiz.

As normas primárias e secundárias formam, então, a norma completa na medida em que não se pode falar em regra jurídica sem a correspondente sanção, podendo ser assim simbolizada: D{(p → q) v [(p → ¬q) → S]}.

Como bem destaca Paulo de Barros Carvalho,[4] as multas previstas na legislação para o caso de descumprimento do dever de pagar o tributo estão previstas em normas primárias, não em normas secundárias.

Portanto, quando o Fisco, no mesmo documento normativo – por exemplo, em um auto de infração e imposição de multa –, constitui o dever de pagar o tributo e o dever de pagar a multa pelo seu não pagamento no prazo assinalado na legislação, aplica duas normas gerais e abstratas distintas, mas ambas primárias.

A primeira norma aplicada é a RMIT – norma primária dispositiva –, cujo antecedente é um lícito (acontecimento que dá ensejo ao dever de pagar o tributo), enquanto a segunda – norma primária

---

[3] FIGUEIREDO, Marina Vieira. *Lançamento tributário*: revisão e seus efeitos. São Paulo: Noeses, 2014, p. 79.

[4] "São normas primárias que se justapõem às outras normas primárias, entrelaçadas, lógica e semanticamente, a específicas normas secundárias, se bem que o legislador, em obséquio à economia do discurso jurídico-positivo, integre os valores cobrados em cada uma das unidades normativas estipulando uma única prestação, a ser exigida coativamente pelo exercício da função jurisdicional do Estado". CARVALHO, Paulo de Barros. *Direito tributário, linguagem e método*. 7. ed. São Paulo: Noeses, 2018, p. 866.

sancionadora – prevê um ilícito em seu antecedente (não pagamento do tributo no prazo assinalado na legislação). Ambas se estruturam segundo um juízo condicional, vejamos:
Norma individual e concreta (primária *dispositiva*):
- *Hipótese*: dado o fato de o contribuinte realizar o fato jurídico discriminado no antecedente da RMIT (ex.: circular mercadoria).
- *Consequente*: deve ser o recolhimento do tributo (ex.: ICMS).

Norma individual e concreta (primária *sancionatória*):
- *Hipótese*: dado o descumprimento do consequente da norma primária dispositiva que determina o recolhimento do tributo.
- *Consequente*: deve ser a aplicação da multa referente ao não recolhimento do tributo.

Nesse estudo, será dado enfoque às normas primárias sancionatórias que estabelecem as multas tributárias e, com base nos elementos teóricos acima expostos, será analisada a (im)possibilidade de recapitulação dessas multas, a qual pode decorrer de duas situações: (i) erro na descrição do fato antijurídico (infração), com consequente erro na capitulação da penalidade; ou (ii) erro na capitulação da penalidade, mesmo estando correta a descrição da infração.

A primeira hipótese é caracterizada pela ocorrência de um erro de fato, situação em que a falta de identidade entre os elementos probatórios e o fato antijurídico constituído acarreta a necessidade de constituição de uma nova norma (novo fato antijurídico) que esteja corroborada pelas provas produzidas. Nesses casos, a recapitulação da infração pode levar à recapitulação da penalidade aplicável, já que aquela nova infração pode estar ligada a outra penalidade.

O segundo cenário, por sua vez, é verificado quando a infração, apesar de descrita corretamente, não corresponde à previsão hipotética prevista na norma geral e abstrata em que foi enquadrada. Sendo assim, é realizado o reenquadramento do fato antijurídico em outra norma jurídica geral e abstrata, que comine a correta penalidade, em virtude do erro de direito inicialmente cometido no lançamento. Nesses casos, a recapitulação da penalidade também decorre da recapitulação da infração.

Diante disso, o objeto de estudo do presente artigo é a recapitulação da penalidade, aqui entendida a alteração do enunciado que fundamenta a autuação (ou seja, da norma geral e abstrata que serve de fundamento para a norma individual e concreta), e, portanto, recapitular significa introduzir uma nova norma individual e concreta com a correta capitulação da penalidade, que, conforme será visto no próximo tópico, poderá decorrer de um erro de fato ou de direito.

Nesse contexto, busca-se responder a alguns questionamentos, tais como: cabe ao Tribunal Administrativo estadual, especificamente o Tribunal de Impostos e Taxas de São Paulo, realizar nova subsunção do fato antijurídico à correta norma jurídica ou, então, realizar a constituição de novo fato antijurídico? Trata-se da construção de nova norma jurídica individual e concreta? Quais são os prós e os contras da recapitulação de penalidade na esfera administrativa? Esses e outros elementos serão tratados nos tópicos a seguir.

1 Argumentos pró-contribuinte

Para que possamos compreender o fenômeno da recapitulação de penalidade é necessário tratar brevemente do lançamento tributário e dos vícios que ele pode conter.

1.1 Lançamento tributário e os vícios formais e materiais

O Código Tributário Nacional em seu Título III "Crédito Tributário", no capítulo referente à "Constituição do Crédito Tributário", define Lançamento Tributário nos termos do art. 142:

> Art. 142. Compete privativamente à autoridade administrativa constituir o crédito tributário pelo lançamento, assim entendido *o procedimento administrativo tendente a verificar a ocorrência do fato gerador da obrigação correspondente, determinar a matéria tributável, calcular o montante do tributo devido, identificar o sujeito passivo* e, sendo caso, propor a aplicação da penalidade cabível.
> Parágrafo único. A atividade administrativa de lançamento é vinculada e obrigatória, sob pena de responsabilidade funcional. (grifo nosso)

Como afirma Paulo de Barros Carvalho "'lançamento' é palavra que padece do problema semântico da ambiguidade, do tipo, 'processo/produto', como tantas outras nos discursos prescritivo e descritivo do direito".[5] O próprio Código Tributário Nacional ora define lançamento como um procedimento administrativo (art. 142), ora se reporta ao lançamento como um ato (art. 150, *caput*[6]).

---

[5] *Curso de Direito Tributário*. São Paulo: Saraiva, 2010, p. 445.
[6] "Art. 150. *O lançamento por homologação*, que ocorre quanto aos tributos cuja legislação atribua ao sujeito passivo o dever de antecipar o pagamento sem prévio exame da autoridade

Trata-se de um problema que cabe aos cientistas do direito solucionar,[7] uma vez que a plurivocidade que atinge a linguagem do direito positivo, não deve ser transferida à linguagem técnica da Ciência do Direito.[8]

Considerando que ato é sempre resultado de um procedimento e que ambos devem estar inseridos em uma norma,[9] qualquer das acepções que o termo "lançamento" for empregado – ato, procedimento ou norma – caberá ao intérprete averiguar o contexto e determinar, em função dele, qual o sentido que se objetivou empregar.

Com base em tais fundamentos Paulo de Barros Carvalho apresenta o seguinte conceito de lançamento tributário:

> Lançamento tributário é o ato jurídico administrativo, da categoria dos simples, constitutivos e vinculados, mediante *o qual se insere na ordem jurídica brasileira uma norma individual e concreta*, que tem como antecedente o fato jurídico tributário e, como consequente, a formalização do vínculo obrigacional, *pela individualização dos sujeitos ativo e passivo, a determinação do objeto da prestação, formado pela base de cálculo e correspondente alíquota, bem como pelo estabelecimento dos termos espaço-temporais em que o crédito há de ser exigido*.[10]

Dito isso, verifica-se que o lançamento tributário (norma geral e concreta) constitui a obrigação tributária, e, ao fazê-lo, a Administração tributária deve seguir rigorosamente os mandamentos legais constantes da norma de competência[11] que fundamenta a sua produção, sob pena

---

administrativa, *opera-se pelo ato* em que a referida autoridade, tomando conhecimento da atividade assim exercida pelo obrigado, expressamente a homologa" (grifo nosso).

[7] Fazer ciência para Luiz Alberto Warat "é transformar um sistema de conceitos lexicográficos em um sistema de conceitos emergentes de um conjunto de estipulações precisas". WARAT, Luiz Alberto. *O direito e sua linguagem*. Porto Alegre: Fabris, 1984, p. 57.

[8] SANTI, Eurico Marcos Diniz de. *Lançamento Tributário*. 3. ed. São Paulo: Saraiva, 2010, p. 108.

[9] CARVALHO, Paulo de Barros. *Curso de Direito Tributário*. São Paulo: Saraiva, 2010, p. 453: "se nos detivermos na concepção de que ato é, sempre, o resultado de um procedimento e que tanto ato quanto procedimento hão de estar, invariavelmente, previstos em normas do direito posto, torna-se intuitivo concluir que *norma, procedimento e ato são momentos significativos de uma e somente uma realidade*".

[10] CARVALHO, Paulo de Barros. *Curso de Direito Tributário*. São Paulo: Saraiva, 2010, p. 458.

[11] A estrutura da norma de competência pode ser assim descrita: "A norma de competência primária prescreve, em sua hipótese, os critérios formais para a criação válida de outra norma. No seu conseqüente, está a relação jurídica entre sujeito competente e demais agentes sociais, tendo como objeto a validade material de um texto jurídico que verse sobre determinado tema". (GAMA, Tácio Lacerda. *Competência tributária*: fundamentos para uma teoria da nulidade. São Paulo: Noeses, 2009, p. 95)

de incorrer em vícios que poderão ensejar a nulidade desse lançamento ou a sua alteração. Esses vícios podem ser classificados em formais e materiais. Para diferenciá-los adotaremos o entendimento de Tácio Lacerda Gama,[12] que afirma tratar-se de *vício formal* a incompatibilidade entre a norma introdutora (lançamento) e o antecedente da norma de competência e de *vício material* a incompatibilidade entre a norma introduzida (individual e concreta) e o consequente da norma de competência.

Vícios formais são então os erros no processo de produção da norma individual e concreta, que Marina Vieira de Figueiredo[13] exemplifica serem aqueles relativos aos erros: no sujeito competente para introduzir a norma no sistema; no procedimento para essa introdução; no tempo; e no local determinado para realização do ato. Por sua vez, os vícios materiais são aqueles relacionados ao conteúdo da norma introduzida, ou seja, incompatibilidade entre a matéria que o agente competente poderia regular e o que efetivamente regulou.

É possível ainda subdividir os vícios materiais em erros de fato e erros de direito, na medida em que a incompatibilidade seja decorrente de um problema de análise probatória ou de um erro de subsunção da norma geral e abstrata (RMIT) e individual e concreta (introduzida pelo lançamento).

Conforme já mencionado na introdução, para que a incidência tributária se perfaça de forma plena são necessários dois elementos: (i) o fato jurídico descrito na hipótese da norma individual e concreta tendente a constituir o crédito deve estar perfeitamente alicerçado em provas e (ii) o referido fato jurídico deve guardar estrita relação com aquele constante da norma geral e abstrata que institui o tributo ou a penalidade.

Por esse motivo, leciona a professora Fabiana Del Padre Tomé:

> E, para que a identificação desses fatos seja efetuada em conformidade com as prescrições do sistema jurídico, deve pautar-se na linguagem

---

[12] "Uma norma de competência, em sentido estrito, fundamenta a validade de duas outras normas jurídicas: o instrumento introdutor e a norma introduzida. Há licitude quando as normas criadas se ajustam ao que prescreve a norma de competência.
Sob esta perspectiva, a de existirem dois tipos de norma introduzidas, é possível a existência de dois tipos de incompatibilidade, sendo uma delas entre o instrumento introdutor com o antecedente da norma de competência, e outra da norma introduzida com o consequente da norma de competência. Para um caso e outro, a doutrina convencionou empregar os termos vício de forma e vício de matéria ou, como preferem alguns invalidade formal e invalidade material". (*Competência tributária: fundamentos para uma teoria das nulidades*, p. 315.)
[13] *Lançamento tributário*: Revisão e seus efeitos. São Paulo: Noeses, 2014, p. 221.

das provas. *É por meio das provas que certifica a ocorrência do fato e seu perfeito enquadramento aos traços tipificadores veiculados pela norma geral e abstrata, permitindo falar em subsunção do fato à norma e em implicação entre antecedente e consequente*, operações lógicas que caracterizam o fenômeno da indecência normativa.[14] (g.n.)

Tendo isso em vista, no primeiro caso (ausência de elementos probatórios aptos a demonstrar a efetiva ocorrência do fato jurídico que deflagra a incidência), estaremos diante de erro de fato e, no segundo caso (incompatibilidade entre a norma individual e concreta e a norma geral e abstrata), estaremos diante de erro de direito.

Destarte, observa-se que tanto o erro de fato como o erro de direito decorrem de problemas de interpretação (um internormativo e outro intranormativo) da legislação tributária que norteia o ato do lançamento. Essa legislação deve ser, em obediência ao princípio da legalidade, observada pela Administração Pública no momento da constituição do crédito tributário e da penalidade.

Diante disso, é possível afirmar que a recapitulação de penalidade decorre de dois possíveis erros: (i) *erro de fato*, sendo necessária a constituição de novo fato antijurídico condizente com os elementos probatórios, situação em que há a recapitulação da infração e consequentemente da penalidade; e (ii) *erro de direito*, uma vez que o fato antijurídico presente no antecedente da norma individual e concreta introduzida pelo lançamento não se subsome à hipótese norma geral e abstrata em que foi enquadrado, sendo necessária a realização de nova subsunção, da qual decorre a recapitulação da infração e da penalidade imposta originalmente.

A questão que se coloca é: verificados esses erros, pode o tribunal administrativo proceder tal recapitulação ou nessas situações impõe-se a nulidade do lançamento?

1.2 Dos vícios que acarretam a nulidade do lançamento tributário

Em qualquer das duas situações descritas acima (erro de fato e erro de direito), entendemos que o ato administrativo de lançamento está eivado de vício que acarreta sua nulidade, de modo que para que o crédito tributário possa ser exigido deveria ser realizado novo lançamento (desde que dentro do prazo decadencial).

---

[14] TOMÉ, Fabiana Del Padre. *A prova no Direito Tributário*. São Paulo: Noeses, 2006, p. 41.

Isso porque o supracitado art. 142 do CTN determina que o lançamento tributário deve conter "a ocorrência do fato gerador da obrigação correspondente, determinar a matéria tributável, calcular o montante do tributo devido, identificar o sujeito passivo e, sendo caso, propor a aplicação da penalidade cabível".

A falta de qualquer desses elementos acarretará vícios (formais ou materiais) no lançamento e a consequência que se impõe, em obediência a norma primária sancionadora de competência ou norma secundária de competência,[15] é a nulidade do lançamento tributário e a desconstituição da relação jurídica tributária anteriormente estabelecida.

Assim, quando um agente competente verifica que a criação de uma norma se deu em desconformidade com os mandamentos legais constantes da norma de competência, impõe-se a produção de uma nova norma que anulará aquela viciada.

Dito isso, constatado o vício, deveria ocorrer a incidência de duas novas normas jurídicas, a primeira produzida pelo tribunal administrativo e a segunda, pela autoridade lançadora: (i) a norma anulatória, que retira a validade da norma individual e concreta a ser recapitulada; e (ii) a norma geral e concreta – novo lançamento –, que irá introduzir outra norma individual e concreta em cujo consequente figurará a nova penalidade. Vejamos suas estruturas:[16]

- **Norma anulatória do lançamento que contém vício:**
  Hipótese:
  Critério material: diz respeito à parte do texto que serve de suporte para a construção do lançamento tributário (suporte físico); nesse caso, trata-se do Auto de Infração e Imposição de Multa;
  Critério espacial: local onde a norma anulatória produzirá efeito, o qual é definido de acordo com o ente que realizou o lançamento (União, Estados, Municípios e Distrito Federal);

---

[15] FIGUEIREDO, Marina Vieira. *Lançamento tributário*: revisão e seus efeitos. São Paulo: Noeses, 2014, p. 236 e 239. "*Norma primária sancionadora de competência*: se for reconhecido pela Administração Pública (ou outro ente competente que não o poder judiciário) que a norma criada é viciada, ou seja, que a norma primária foi descumprida, deve ser a observância da norma anulatória que retira da norma criada ilicitamente a força para disciplinar condutas mediante a determinação de um termo final de vigência.
Norma secundária de competência: se for reconhecido pelo Poder Judiciário que a norma criada é viciada, ou seja, que a norma primária foi descumprida, deve ser a observância da norma anulatória que retira da norma criada ilicitamente a força para disciplinar mediante a determinação de um termo final de vigência."
[16] FIGUEIREDO, Marina Vieira de. *Lançamento tributário*: revisão e seus efeitos. São Paulo: Noeses, 2014, p. 247/248.

Critério temporal: estabelece o efeito pretérito da norma anulatória, que alcança a aplicação do lançamento desde sua edição; e
Consequente:
Critério pessoal: refere-se aos sujeitos que deixaram de ser alcançados pelo lançamento anulado – sujeito passivo e contribuinte.

- **Norma geral e concreta**
Lançamento que obedece a mesma estrutura tratada na introdução deste trabalho, prescrevendo em seu consequente a observância de uma nova norma individual e concreta, que contém a nova penalidade.

É importante registrar que, com a edição dessa norma individual e concreta que estabelece outra penalidade, surge a oportunidade de defesa desse lançamento tributário. Caso contrário, estaria sendo violado o direito à ampla defesa e ao contraditório (art. 5º, LV, da CR), em face da norma individual e concreta posta no sistema pelo novo lançamento tributário.

Sendo assim, diante de uma norma jurídica viciada não haveria outra solução possível a não ser a decretação de nulidade desta pelo agente competente (órgão administrativo ou judiciário).

Dentro dos limites do objeto deste artigo, entendemos que o tribunal administrativo não poderia convalidar um lançamento viciado por erro de capitulação de penalidade, uma vez que, além de tratar-se de um vício insanável, referido tribunal não possui competência para tanto.

O próprio art. 142 do CTN prevê a competência privativa da autoridade administrativa para constituir o crédito tributário pelo lançamento (há ainda a possibilidade de constituição do crédito tributário pelo próprio contribuinte no art. 150 do CTN), não havendo autorização legal para que o tribunal administrativo ou mesmo o Poder Judiciário, substituam a autoridade administrativa lançadora neste papel, que no âmbito estadual pertence ao Agente Fiscal de Rendas (art. 33 da Lei nº 13.457/2009).

Nesse sentido, ensina Mary Elbe Queiroz Maia:[17]

Com a separação e distinção das competências das autoridades administrativas lançadoras e julgadoras (Lei n. 8.748/93), mister se faz que sejam respeitadas as respectivas atribuições, sob pena de usurpação de

---

[17] *Do lançamento tributário*: execução e controle. São Paulo. Dialética. 1999, p 162-163.

competência, no sentido de que os atos emanados por estas autoridades não sejam maculados com vícios de incompetência e tornem nulos os instrumentos por meio dos quais se exteriorizem. (...) Igualmente, é inadmissível que seja alterada a base legal ou a matéria fática objeto do lançamento inicial, inclusive não poderá ser modificada a identificação da infração, pois tais hipóteses implicariam em substituição e, por consequência, em novo lançamento diverso daquele inicialmente objeto do processo fiscal em que se está exercendo o controle, para cuja atividade o órgão julgador é inteiramente carente de competência e que implicaria em flagrante violação dos direitos adquiridos e, especialmente, do direito de petição do contribuinte e da segurança jurídica.

Admitir que o tribunal administrativo possa corrigir um erro de capitulação de penalidade do lançamento tributário é extrapolar a sua competência de órgão revisor, usurpando a competência da autoridade lançadora, *uma vez que a recapitulação da multa nada mais é do que a produção de uma nova norma individual e concreta, dessa vez com o correto enquadramento da penalidade, função esta que, como dissemos, é privativa da autoridade lançadora.*

Não obstante, há previsão na legislação do Estado de São Paulo no sentido de que os erros de capitulação de penalidade poderão ser corrigidos pelos órgãos de julgamento, não caracterizando causa de decretação de nulidade. É o que passaremos a tratar, observando os fundamentos que amparam esse entendimento e permitem a convalidação do erro pelo tribunal administrativo do Estado de São Paulo.

2 Argumentos pró-Fisco

Verificamos no tópico anterior que, havendo vício no lançamento tributário, impõe-se a nulidade desse ato administrativo. No entanto, observa-se na legislação do Estado de São Paulo (Lei nº 13.457/2009), que dispõe sobre o processo administrativo tributário, que há a seguinte determinação:

> Artigo 13. Estando o processo em fase de julgamento, os erros de fato e os de capitulação da infração ou da penalidade serão corrigidos pelo órgão de julgamento, de ofício ou em razão de defesa ou recurso, não sendo causa de decretação de nulidade.
> §1º – Quando da correção resultar penalidade de valor equivalente ou menos gravoso, será ressalvada ao interessado, expressamente, a possibilidade de efetuar o pagamento do débito fiscal no prazo de 30 (trinta) dias, contados da intimação, com desconto igual ao que poderia ter usufruído no decurso do prazo previsto para a apresentação da defesa.

§2º – A redução do débito fiscal exigido por meio de auto de infração, efetuada em decorrência de prova produzida nos autos, não caracteriza erro de fato.

Pensamos que essa legislação objetiva privilegiar a economia e a celeridade processual, com a "preservação" dos atos administrativos viciados, mesmo porque, muitas vezes, a recapitulação da penalidade resulta na manutenção do valor da multa ou na sua diminuição – conforme verificaremos no próximo item ao tratar da jurisprudência do TIT/SP –, não havendo prejuízo ao sujeito passivo.

Outro argumento possível para respaldar tal previsão legal seria a ausência de prejuízo ao direito de defesa, uma vez que, identificando-se que a recapitulação de penalidade decorre de erro de direito (incompatibilidade entre a penalidade indicada na norma individual e concreta e a penalidade prevista na norma geral e abstrata), estando a infração (fato antijurídico) corretamente descrita, teria sido dada ao sujeito passivo a oportunidade para se defender sobre ela.

Nesse sentido, no âmbito federal, há decisões do Conselho Administrativo de Recursos Fiscais, nas quais a Corte Administrativa entende que "a simples ocorrência de erro de enquadramento legal da infração não é o bastante, por si só, para acarretar a nulidade do lançamento quando, pela judiciosa descrição dos fatos nele contida, venha a permitir ao sujeito passivo, na impugnação, o conhecimento do inteiro teor do ilícito que lhe foi imputado, inclusive os valores e cálculos considerados para determinar a matéria tributável".[18]

Nesse sentido também é a jurisprudência do Tribunal de Impostos de Taxas, conforme será visto no próximo tópico, que permite a recapitulação da penalidade pelos próprios julgadores administrativos, sobretudo com fundamento no art. 13 da supracitada Lei nº 13.457/2009.

Nota-se que a possibilidade de recapitulação de penalidade no bojo do processo administrativo é justificada pela economia processual e celeridade, visando ao aproveitamento dos atos até então praticados, quando não houver prejuízo ao direito de defesa do sujeito passivo.

Esse entendimento precisa ser visto com cautela, analisando-se cuidadosamente o caso concreto, pois há, sim, situação em que a recapitulação de penalidade pode causar prejuízos à defesa do sujeito passivo. Sobretudo no caso de erro de fato, que resulta na necessidade

---

[18] Acórdão nº 1401-004.146, 4ª Câmara / 1ª Turma Ordinária do CARF, relator Conselheiro Nelso Kichel, julgado em 22.01.2020.

de construção de novo fato antijurídico (recapitulação da infração), o exercício do direito de defesa restará inexoravelmente prejudicado.

Independentemente desses argumentos, conforme exposto no item anterior, parece-nos que a recapitulação da penalidade busca corrigir erro insanável, o qual pode estar relacionado à constituição do fato antijurídico (erro de fato) ou à subsunção do fato à norma (erro de direito), motivo pelo qual deveria ser realizado novo lançamento tributário, pela autoridade lançadora, apto a ensejar outro processo administrativo fiscal.

Passaremos, então, a tratar do entendimento do Tribunal de Impostos e Taxas de São Paulo sobre o assunto.

3 Jurisprudência do TIT/SP

Tecidos os pontos de reflexão que circundam a alteração da penalidade originariamente indicada no auto de infração, passemos ao exame da maneira com a qual o Tribunal de Impostos e Taxas de São Paulo (TIT) tem se manifestado sobre a temática em apreço.

Em busca efetuada no acervo jurisprudencial do tribunal administrativo, nota-se que a conclusão pela recapitulação, ou não, da multa originariamente imputada não decorre de uma tendência protetiva de um dos sujeitos da relação jurídica tributária, mas, sim, do cotejo entre a norma individual e concreta posta pelo lançamento e a penalidade prevista nas normas gerais e abstratas.

Em termos mais diretos, o TIT tem admitido a recapitulação nas hipóteses em que a penalidade aplicada pela autoridade administrativa não coincide com a penalidade prevista na norma geral e abstrata como consequência da infração cometida pelo contribuinte, ou seja, do fato jurídico estampado no antecedente da norma primária sancionatória constante do auto de infração.

Para ilustrar as referidas ponderações, relacionamos, por amostragem, as decisões de mérito encontradas no repositório de jurisprudência do TIT, a partir do emprego combinado dos termos "recapitulação", "capitulação", "alteração", "reclassificação", "retificação", "multa" e "penalidade", publicadas nos anos de 2018, 2019 e 2020.

ACÓRDÃOS QUE RECAPITULAM A PENALIDADE

(continua)

Órgão julgador	Nº do AIIM	Decisão
1ª Câmara Julgadora	4077196-9	Recapitulação da penalidade da alínea "l" *para* a da alínea "b" do inciso I do art. 85 da Lei nº 6.374/89. Redução da multa de 100% do valor do imposto para 75% do valor do imposto.
4ª Câmara Julgadora	4081797-0 e 4058519-0	Recapitulação da penalidade da alínea "l" *para* a da alínea "c" do inciso I do art. 85 da Lei nº 6.374/89. Redução da multa de 100% do valor do imposto para 50% do valor do imposto.
5ª Câmara Julgadora	4093609-0 (*mantido pela Câmara Superior*)	Recapitulação da penalidade da alínea "a" do inciso IV *para* a da alínea "c" do inciso I, ambos do art. 85 da Lei nº 6.374/89. Redução da multa de 50% do valor da operação para 50% do valor do imposto.
8ª Câmara Julgadora	4113744-9	Recapitulação da *infração* para a da alínea "b" do inciso II do artigo 267 c/c art. 313-C do RICMS. Recapitulação da *penalidade* para a da alínea "a" do inciso I do artigo 85 da Lei nº 6.374/89. Redução da multa de 100% do valor do imposto para 80% do valor do imposto.
9ª Câmara Julgadora	4061956-4	Recapitulação da multa da alínea "c" *para* a da alínea "p", do inciso V, artigo 85, da Lei Estadual nº 6.374/89. Redução da multa de 20% do valor do imposto para 80% do valor do imposto.
10ª Câmara Julgadora	4075567-8	Recapitulação da multa da alínea "b" *para* a da alínea "h" do inciso IV do artigo 85 da Lei nº 6.374/89. Redução da multa de 30% do valor da operação para 1% do valor da operação.
	4056491-5	Recapitulação da multa da alínea "j" *para* a da alínea "d" do inciso II do art. 527 do RICMS/SP. Redução da multa de 100% do valor do crédito indevidamente escriturado para 30% do valor do crédito indevidamente escriturado.

(conclusão)

Órgão julgador	Nº do AIIM	Decisão
11ª Câmara Julgadora	4030945-9	Item II.2 do AIIM: recapitulação da multa do art. 85, inciso III, alínea "a", c/c §§1º, 9º e 10º da Lei nº 6.374/89 *para a* do inciso I, alínea "a" do art. 85, todos da Lei nº 6.374/89. Redução da multa de 50% do valor da operação para 80% do valor do imposto.
		Item IV.4 do AIIM: recapitulação da multa do art. 85, inciso XI, alínea "f", c/c §§9º e 10º da Lei nº 6.374/89 *para* a do art. 527, inciso IV, alínea "j" do RICMS. Redução da multa de 10% do valor da operação para 15 UFESPs por documento.
Câmara Superior	4044494-6, 4044499-5, 4044215-9 (*mantém decisão da 5ª Câmara*), 4045004-1 (*mantém decisão da 10ª Câmara*), 4014664-9 (*mantém decisão da 3ª Câmara*)	Recapitulação da multa da alínea "z4" *para* a alínea "z5" do inciso IV do art. 85 da Lei nº 6.374/89. Redução da multa de 100% do valor da operação para 20 UFESPs por documento fiscal com informações divergentes das contidas no correspondente documento fiscal eletrônico.

Merece destaque um dos julgados encontrados no levantamento em estudo (AIIM nº 4113744-9), que recapitulou a multa em decorrência de erro de fato, o que levou à recapitulação da infração e consequentemente da penalidade. Alterado o fato antijurídico praticado na hipótese, por mera consecução lógica, faz-se necessária a adequação da penalidade ao descumprimento efetivamente cometido.

Em seguida, vejamos, em apertada síntese, os acórdãos que indeferiram o pedido de recapitulação da penalidade por entenderem que a multa inicialmente imputada se encontra em consonância com a infração estampada no auto de infração.

ACÓRDÃOS QUE NÃO RECAPITULAM A PENALIDADE

Órgão julgador	Nº do AIIM	Decisão
7ª Câmara Julgadora	4115370-4	Indefere a recapitulação da multa do art. 85, inciso I, alínea "l", c/c §§1º, 9º e 10º, da Lei nº 6.374/89 para o art. 85, I, "c", da Lei nº 6.374/89, porquanto a penalidade veiculada no dispositivo indicado pelo contribuinte não condiz com a conduta praticada.
7ª Câmara Julgadora	4007957-0	Indefere a recapitulação da multa do art. 85, XI, alínea "f", da Lei nº 6.374/89 para o art. 85, XI, alínea "e", da Lei nº 6.374/89, pois a penalidade veiculada no dispositivo indicado pelo contribuinte não condiz com a conduta praticada.
11ª Câmara Julgadora	4125107-6	Indefere a recapitulação da multa do art. 85, inciso I, alínea "c", c/c §§1º, 9º e 10º da Lei nº 6.374/89 para o artigo 85, inciso VII, alínea "d", da Lei nº 6.374/89, uma vez que a penalidade veiculada no dispositivo indicado pelo contribuinte diz respeito ao descumprimento de dever instrumental, ao passo que a infração praticada se dirige ao não recolhimento do tributo.
Câmara Superior	4042619-1	Indefere a recapitulação da multa da alínea "f" do inciso I do artigo 85 da Lei nº 6.374/89 para a alínea "c" do inciso I do artigo 85 da Lei nº 6.374/89, dado que a penalidade veiculada no dispositivo indicado pelo contribuinte não condiz com a conduta praticada.
Câmara Superior	4074423-1	Indefere a recapitulação da multa da alínea "l" do inciso I do artigo 85 da Lei nº 6.374/89 para a alínea "c" do inciso I do artigo 85 da Lei nº 6.374/89, uma vez que a infração praticada não guarda relação com nenhuma das hipóteses indicadas no artigo 85 da Lei nº 6.374/89, de modo que a penalidade aplicável é aquela genérica da alínea "l" indicada na autuação.
	4019894-7	Indefere a recapitulação da multa da alínea "z4" para a alínea "z5" do inciso IV da Lei nº 6.374/89, conquanto a penalidade veiculada no dispositivo indicado pelo contribuinte não condiz com a conduta praticada.

Cumpre registrar que, com amparo no *caput* do art. 13 da Lei nº 13.457/2009,[19] nenhum dos acórdãos mencionados, que concluem pela recapitulação da penalidade, determinam a nulidade da autuação, havendo a convalidação dos atos praticados no lançamento tributário.

Por esse motivo, ampliamos a pesquisa para abranger os julgados publicados de 2015 a 2020 – através da combinação dos termos "nulidade", "recapitulação", "anulação", "multa" – e notamos que as (poucas) decisões que determinam a nulidade do AIIM e a lavratura de novo lançamento versam tão somente sobre o erro de fato na capitulação da infração.[20]

É o caso do julgamento do AIIM nº 40056272, no qual, por voto de qualidade, foi dado integral provimento ao Recurso Ordinário interposto pelo contribuinte para determinar a nulidade do auto de infração, uma vez que "a descrição do fato caracterizador da infração (transmissão causa mortis de bens) não guarda qualquer relação com a situação fática efetivamente ocorrida", qual seja, a doação.

Naquela ocasião, a 2ª Câmara Julgadora consignou que não compete ao julgador, no âmbito do processo administrativo tributário, promover quaisquer alterações no lançamento (recapitulação), sobretudo em virtude de vícios que decorram de erro no momento da própria lavratura, cuja competência é da autoridade administrativa. Caso contrário estar-se-ia diante de violação ao art. 142 do CTN,[21] bem como dos princípios da legalidade e da segurança jurídica.

Como tivemos a oportunidade de estudar nos itens precedentes, os vícios verificados em qualquer um dos critérios da norma jurídica tributária implicam a nulidade do lançamento fiscal, uma vez que eles retiram a validade da norma individual e concreta constituída.

---

[19] "Artigo 13. Estando o processo em fase de julgamento, os erros de fato e os de capitulação da infração ou da penalidade serão corrigidos pelo órgão de julgamento, de ofício ou em razão de defesa ou recurso, *não sendo causa de decretação de nulidade*.

[20] Por exemplo, o AIIM nº 4005627-2 ementado nos seguintes termos: "ITCMD. Acusação Fiscal de falta de pagamento do imposto estadual, devido pelo recebimento de transferência patrimonial, mencionada em Declaração de Imposto de Renda Pessoa Física. Relato da Infração não guarda relação com a materialidade tributária, uma vez que não se trata de transferência patrimonial decorrente de herança, mas proveniente de doação. Erro quanto à natureza e à capitulação legal da infração. *Impossibilidade de recapitulação da infração, sob pena de usurpação de competência administrativa; violação ao princípio da segurança jurídica e desobediência do artigo 142 do CTN. Nulidade do AIIM lavrado.* Recurso Ordinário conhecido e provido."

[21] "Art. 142. *Compete privativamente à autoridade administrativa* constituir o crédito tributário pelo lançamento, assim entendido o procedimento administrativo tendente a verificar a ocorrência do fato gerador da obrigação correspondente, determinar a matéria tributável, calcular o montante do tributo devido, identificar o sujeito passivo e, sendo caso, propor a aplicação da penalidade cabível."

Assim, ao afastar a nulidade do lançamento tributário diante da verificação de erro na capitulação da infração e da penalidade, os dispositivos da Lei Estadual colidem com a Teoria da Norma, Fenomenologia da Incidência e Teoria do Ordenamento Jurídico que norteiam a relação entre os enunciados pertencentes ao nosso sistema jurídico, bem como as premissas adotadas no presente estudo.

Podemos afirmar que o art. 13 da referida Lei nº 13.457/2009 é inconstitucional, na medida em que o art. 146, III, "b" da Constituição Federal foi expresso em registrar que cabe à lei complementar – e não à lei ordinária estadual – estabelecer normas gerais em matéria tributária, especialmente, em relação ao lançamento.

Nesse particular, o Código Tributário Nacional conferiu efetividade aos citados mandamentos constitucionais ao identificar, em seus artigos 142 e 150, os sujeitos competentes para constituir o crédito tributário e determinar eventual penalidade cabível. São eles: a autoridade administrativa e o particular, não havendo qualquer menção aos julgadores dos tribunais administrativos.

Um último ponto de preocupação em relação aos acórdãos que permitem a recapitulação em observância a Lei nº 13.457/2009 é a possibilidade de majoração da multa, que apesar de não ter sido observada em nenhum dos acórdãos acima analisados, da leitura do art. 13 da lei estadual, nota-se que o dispositivo não proíbe eventual aumento de penalidade, podendo a recapitulação ser, inclusive, realizada de ofício pelo próprio julgador.

Nesse caso, o tribunal administrativo de São Paulo não só incorreria em flagrante usurpação de competência da autoridade lançadora, cerceamento de defesa, ilegalidade e inconstitucionalidade; mas também em *reformatio in pejus*, vedado pelo sistema recursal vigente no Brasil.

Em outras palavras, não poderia a defesa apresentada pelo sujeito passivo desencadear o agravamento da multa inicialmente prevista no auto de infração, haja vista a notória vedação ao aumento da penalidade em sede de juízo recursal, especialmente na seara tributária, que estrutura suas bases sobre princípios pró-contribuinte, tais como o art. 112 do CTN.[22]

---

[22] "Art. 112. A lei tributária que define infrações, ou lhe comina penalidades, interpreta-se da maneira mais favorável ao acusado, em caso de dúvida quanto: I – a capitulação legal do fato; II – à natureza ou às circunstâncias materiais do fato, ou à natureza ou extensão dos seus efeitos; III – à autoria, imputabilidade, ou punibilidade; IV – à natureza da penalidade aplicável, ou à sua graduação."

Conclusão

Diante de todo o exposto, concluímos que o erro na capitulação da penalidade pode caracterizar erro de fato – constituição do fato antijurídico em desacordo com os elementos probatórios – ou erro de direito – erro no enquadramento da norma individual e concreta posta pelo lançamento à norma geral e abstrata. Ambos os vícios presentes no lançamento tributário acarretam sua nulidade, por tratarem de vícios materiais, que não podem ser convalidados.

Nesse sentido, entendemos que esses erros não deveriam ensejar a recapitulação da penalidade, mas sim a incidência de duas novas normas jurídicas, quais sejam: (i) a norma de nulidade, que retira a validade da norma individual e concreta prevista no consequente do lançamento original; e (ii) a nova norma geral e concreta (lançamento) que introduza outra norma individual e concreta com a penalidade correta diante da infração cometida. Com isso, seria aberto outro processo administrativo fiscal, sendo dada oportunidade ao sujeito passivo de se defender da nova norma jurídica editada.

Esse, contudo, não é o entendimento que prevalece no Tribunal de Impostos e Taxas de São Paulo. Da análise dos julgados selecionados, depreende-se que na maioria dos casos o Tribunal Administrativo realiza a recapitulação da penalidade ou, então, entende pela desnecessidade de fazê-lo, mantendo a autuação. Encontramos apenas um julgado em que o TIT declara a nulidade do auto de infração, por entender que houve recapitulação da infração, a qual representaria alteração do lançamento tributário e, portanto, não poderia ser feita pelo órgão julgador administrativo.

Ao proceder a recapitulação das penalidades, o TIT utiliza como fundamento o art. 13 da Lei nº 13.457/2009, que autoriza que o órgão de julgamento administrativo corrija eventual erro na capitulação da penalidade. Apesar de não haver vedação nesse dispositivo, não encontramos decisões que tenham recapitulado a penalidade para aumentar a multa aplicada, mas apenas para diminuí-la.

A favor da possibilidade de recapitulação da penalidade, podemos mencionar a celeridade e economia processual. Além disso, quando a recapitulação da penalidade não decorrer de erro de fato – erro no enquadramento do fato antijurídico por falta de identidade probatória – pode não haver violação ao *direito de defesa*, uma vez que o fato jurídico constituído permanece o mesmo, pois o vício se encontra na subsunção da norma individual e concreta à norma primária sancionatória geral e abstrata.

Não obstante, discordamos parcialmente do entendimento do Tribunal Administrativo de São Paulo. Isso porque, partindo das premissas expostas acerca da fenomenologia da incidência e dos possíveis vícios detectados no lançamento tributário, entendemos que a recapitulação da penalidade decorre, em regra, de vício material, insanável. Por esse motivo, deveria ser declarada a nulidade do auto de infração e, se houver prazo decadencial para tanto, ser realizado novo lançamento tributário.

Informação bibliográfica deste texto, conforme a NBR 6023:2018 da Associação Brasileira de Normas Técnicas (ABNT):

LINS, Robson Maia. Recapitulação da penalidade. *In*: PINTO, Alexandre Evaristo; TOMKOWSKI, Fábio Goulart; ALLEGRETTI, Ivan; BEVILACQUA, Lucas (coord.). *ICMS no Tribunal de Impostos e Taxas de São Paulo*. Belo Horizonte: Fórum, 2022. p. 499-518. ISBN 978-65-5518-319-1.

SOBRE OS AUTORES

Adriana Stamato
Advogada formada em Direito pela USP e administradora de empresas pela FGV.

Alexandre Evaristo Pinto
Doutor em Direito Econômico, Financeiro e Tributário pela Universidade de São Paulo (USP). Doutorando em Controladoria e Contabilidade pela Universidade de São Paulo (USP). Mestre em Direito Comercial pela Universidade de São Paulo (USP). Especialista em Direito Tributário pela Universidade de São Paulo (USP). Conselheiro Titular da 1ª Turma da Câmara Superior de Recursos Fiscais do Conselho Administrativo de Recursos Fiscais (CARF). Presidente da Associação dos Conselheiros Representantes dos Contribuintes no CARF (Aconcarf). Professor no Instituto Brasileiro de Direito Tributário (IBDT), Fundação Instituto de Pesquisas Contábeis, Atuariais e Financeiras (FIPECAFI), Fundação Instituto de Administração (FIA), Insper e Ibmec.

Alexandre Luiz Moraes do Rêgo Monteiro
Doutor em Direito Econômico, Financeiro e Tributário pela Universidade de São Paulo (USP). LL.M (Master of Laws) em International Taxation pela New York University School of Law (NYU). Professor no Instituto Brasileiro de Direito Tributário (IBDT). Ex-juiz do Tribunal de Impostos e Taxas (TIT/SP) e ex-conselheiro do Conselho Municipal de Tributos em São Paulo (CMT/SP). Advogado no Rio de Janeiro e em São Paulo.

Angela Sartori
Advogada nas áreas aduaneira e tributária. Juíza do Tribunal de Impostos do Estado de São Paulo. Especialista em Direito Tributário, pela PUC (COGEAE) de São Paulo. Extensão em Direito Internacional pela FGV – GVLaw. Ex-conselheira do Conselho Administrativo de Recursos Fiscais (CARF). Palestrante. Autora de diversas obras coletivas como: *Temas relevantes de Direito Aduaneiro*, Editora Aduaneiras, 2020 e *Questões atuais de Direito Aduaneiro e Tributário* à luz da jurisprudência dos tribunais, Editora Fórum, 2019.

Arthur Leite da Cruz Pitman
Mestrando em Direito Econômico, Financeiro e Tributário pela Universidade de São Paulo (USP). Pós-graduado em MBA em Gestão Tributária na Fundação Instituto de Pesquisas Contábeis, Atuariais e Financeiras (Fipecafi). Especialista em Direito Tributário pelo Instituto Brasileiro de Direito Tributário (IBDT). Advogado em São Paulo.

Caio Augusto Takano
Professor de Direito Tributário da Universidade Presbiteriana Mackenzie. Coordenador do MBA em Gestão Tributária da Faculdade Fipecafi. Doutor e mestre em Direito Econômico, Financeiro e Tributário pela Universidade de São Paulo (USP). Advogado em São Paulo.

Carlos Otávio Ferreira de Almeida
Professor do mestrado em Direito Tributário Internacional do Instituto Brasileiro de Direito Tributário (IBDT). Professor Coordenador do LL.M em Direito Tributário da Pontifícia Universidade Católica de Campinas (PUCC). Professor do Curso de Especialização em Direito & Economia da Unicamp. Pesquisador Visitante na Vienna University of Economics and Business (Áustria). Doutor em Direito Econômico, Financeiro e Tributário pela USP. Mestre em Direito Público pela UERJ e mestre em Direito Tributário pela University of Florida (EUA). Assessor científico da Fundação de Amparo à Pesquisa do Estado de São Paulo (FAPESP).

Daniel Meir Grajzer
Gerente jurídico em São Paulo. Graduado em Direito pela Universidade de São Paulo. *E-mail*: danielgrajzer@gmail.com.

Fabio Pallaretti Calcini
Doutor e mestre pela PUC-SP. Professor FGV/SP, INSPER. Mestrado IBET. Advogado em São Paulo.

Fábio Goulart Tomkowski
Doutor em Direito Econômico, Financeiro e Tributário pela Faculdade de Direito da USP. Mestre em Direito pela PUCRS. Especialista em Direito Tributário pela PUCRS – Instituto de Estudos Tributários. Especialista em Direito Processual Civil pela UFRGS. Juiz do Tribunal de Impostos e Taxas do Estado de São Paulo (TIT/SP). Conselheiro do Conselho Superior de Direito da Fecomércio/SP. Advogado e Professor no Instituto Brasileiro de Direito Tributário (IBDT).

Fernando Luis Bernardes de Oliveira
Mestre em Direito Econômico, Financeiro e Tributário pela USP. Especialista Em Direito Tributário pelo FGV. Advogado.

Fulvia Helena de Gioia
Doutora em Direito Político e Econômico pela Universidade Presbiteriana Mackenzie. Mestre em Direito Tributário pela PUC-SP e bacharel pela USP/SP. Chefe do Núcleo Tributário. Responsável acadêmica pelo curso de pós-graduação *lato sensu*/EAD "Tributação e Negócios". Professora de Direito Tributário na Faculdade de Direito da Universidade Presbiteriana Mackenzie. É membro do Conselho Científico da Academia Brasileira de Direito Tributário. Advogada em São Paulo.

Gabriel Caldiron Rezende
Bacharel em Direito pela PUC-SP. Especialista em Direito Tributário pela COGEAE – PUC-SP. Advogado.

Gabriel Magalhães Borges Prata
Mestre pela Queen Mary, Universidade de Londres. Mestre pela PUC-SP. Professor IBET. Advogado em São Paulo.

Hugo Funaro
Mestre em Direito Econômico e Financeiro pela Faculdade de Direito da Universidade de São Paulo. Especialista em Direito Tributário pelo IBET/IBDT. Sócio do escritório Dias de Souza Advogados.

Isabela Bonfá de Jesus
Doutora e Mestre em Direito Tributário pela Pontifícia Universidade Católica de São Paulo (PUC-SP). Vice-coordenadora da pós-graduação *stricto sensu* (mestrado/doutorado) do Núcleo de Direito Constitucional e Processual Tributário da PUC-SP. Professora de Direito Tributário e Processo Tributário da graduação e pós-graduação do mestrado da PUC-SP. Economista pela Fundação Armando Álvares Penteado (FAAP). Ex-juíza do Tribunal de Impostos e Taxas de São Paulo (TIT/SP) entre 2010-2015. Advogada em São Paulo. Autora do livro: Manual de direito e processo tributário, 5ª edição, ed. Thomson Reuters-Revista dos Tribunais, 2019.

Ivan Allegretti
Doutorando e mestre em Direito Econômico e Financeiro pela Universidade de São Paulo (USP). Ex-conselheiro do Conselho Administrativo de Recursos Fiscais (CARF). Professor da pós-graduação do Instituto Brasiliense de Direito Público (IDP). Advogado em Brasília.

Jandir J. Dalle Lucca
Advogado tributarista. Especialista em Direito Tributário pelo Centro de Extensão Universitária – Law School. Juiz Titular do Tribunal de Impostos e Taxas do Estado de São Paulo (TIT/SP). Membro do Instituto dos Advogados de São Paulo (IASP). Autor de diversos livros e artigos especializados.

José Luis Ribeiro Brazuna
Advogado tributarista em São Paulo. Mestre em Direito Tributário pela Faculdade de Direito da USP. Juiz do Tribunal de Impostos e Taxas do Estado de São Paulo (TIT) (2008/2015). Conselheiro do Conselho Municipal de Tributos da Prefeitura de São Paulo (2016/2018). Membro do Conselho Editorial da *Revista do Instituto dos Advogados de São Paulo* e da *Revista Fórum de Direito Tributário*. Professor de cursos de pós-graduação na área fiscal. Autor dos livros *Direito Tributário aplicado* (Almedina, 2020), *Defesa da concorrência e tributação à luz do artigo 146-A da Constituição Federal* (IBDT-Quartier Latin, 2008), da coluna bimestral "Tributação na teoria e no papel" (revista *O Papel*) e de artigos em revistas especializadas em Direito Tributário.

Júlio M. de Oliveira
Mestre e doutor pela PUC-SP. Advogado.

Leandro Gião Tognolli
Mestrando em Direito Constitucional e Processual Tributário pela Pontifícia Universidade Católica de São Paulo (PUC-SP). MBA em Análise Econômica pela Fundação Instituto de Pesquisas Econômicas (FIPE). LLM em Direito Empresarial pelo CEU Law School. Especialista em Direito Tributário pela PUC-SP. Bacharel em Direito pela PUC-SP. Advogado em São Paulo.

Lucas Bevilacqua
Doutor e mestre em Direito Tributário (USP). Professor permanente do mestrado em Direito e Políticas Públicas (PPGDP/UFG), da pós-graduação em Direito Tributário e coordenador do Observatório da Macrolitigância Fiscal (IDP/Brasília). Assessor de Ministro do Supremo Tribunal Federal (STF).

Lucas Galvão de Britto
Mestre e doutor em direito pela Pontifícia Universidade Católica de São Paulo (PUC-SP). Professor dos cursos de graduação da Pontifícia Universidade Católica de São Paulo (PUC-SP). Professor do curso de mestrado do Instituto Brasileiro de Estudos Tributários (IBET). Advogado. E-mail: lucas@barroscarvalho.com.br.

Luiz Roberto Peroba
Sócio da área tributária do escritório Pinheiro Neto Advogados. Presidente da Comissão de Contencioso Tributário da Ordem dos Advogados do Brasil em São Paulo (OAB/SP). Coordenador do Comitê Tributário da Associação Brasileira de Direito da Tecnologia da Informação e das Comunicações (ABDTIC).

Mara Eugênia Buonanno Caramico
Advogada Tributarista. Juíza contribuinte do Tribunal de Impostos e Taxas do Estado de São Paulo desde 2003. Pós-graduada em Direito Tributário pela Universidade de São Paulo. LLM em Mercado de Capitais (IBMEC). Mestranda em Direito Tributário pela Fundação Getulio Vargas. Membro do núcleo de Direito Tributário do mestrado profissional da mesma instituição. Sócia do escritório Panella Advogados Associados em São Paulo.

Marcelle Silbiger
Advogada formada em Direito pela Pontifícia Universidade Católica de São Paulo e LL.M. em Direito Tributário pelo Insper, com extensão no mestrado em Direito e Economia da Universidade de St. Gallen, Suíça.

Marcelo José Luz de Macedo
Doutorando em Direito Tributário pela USP. Mestre em Direito Tributário pela PUC-SP. Graduado pela UFRN. Conselheiro do CARF (1ª Seção de Julgamento).

Maria do Rosário Esteves
Doutora e mestre em Direito Tributário pela PUC-SP. Juíza da Câmara Superior do Tribunal de Impostos e Taxas do Estado de São Paulo. Advogada. Palestrante e professora de Direito em cursos de pós-graduação. Membro da Comissão de Contencioso Tributário da OAB/SP.

Marina Vieira de Figueiredo
Mestre e doutora em Direito pela Pontifícia Universidade Católica de São Paulo (PUC-SP). Conselheira julgadora no Conselho Municipal de Tributos da Prefeitura de São Paulo (CMT). Juíza suplente no Tribunal de Impostos e Taxas (TIT/SP). Professora dos Cursos de Especialização do Instituto Brasileiro de Estudos Tributários (IBET) e da Coordenadoria-Geral de Especialização, Aperfeiçoamento e Extensão da PUC-SP (COGEAE). Advogada. E-mail: marina@mvfigueiredo.com.br.

Martha Leão
Professora de Direito Tributário da Universidade Presbiteriana Mackenzie, São Paulo/SP. Doutora e mestre em Direito Tributário pela Universidade de São Paulo (USP). Mestre em Teoria do Direito e Democracia Constitucional pelo Istituto Tarello per la Filosofia del Diritto/Università Degli Studi di Genova.

Matteus Borelli
Auxiliar jurídico da área tributária do escritório Pinheiro Neto Advogados. Graduando na Faculdade de Direito da Universidade de São Paulo. Coordenador do Grupo de Simulação Jurídica da USP (SimJur/USP).

Michell Przepiorka
Mestre e especialista pelo Instituto Brasileiro de Direito Tributário. Julgador do Conselho Municipal de Tributos de São Paulo. Advogado.

Rachel Mira Lagos
Graduada em Direito pela Universidade Presbiteriana Mackenzie. Pós-graduada em Direito Tributário e Financeiro pela Fundação Getulio Vargas de São Paulo.

Rafael Campos Soares da Fonseca
Doutorando em Direito Econômico, Financeiro e Tributário pela Universidade de São Paulo. Mestre em Direito, Estado e Constituição pela Universidade de Brasília. Professor da graduação e da pós-graduação do Instituto Brasiliense de Direito Público, onde coordena o Observatório da Macrolitigância Fiscal. Analista Judiciário do Supremo Tribunal Federal.

Rayanne Ribeiro Gomes
Pós-graduanda em Direito Tributário no Instituto Brasiliense de Direito Público. Advogada. Integrante da Comissão de Assuntos de Direito Tributário da OAB-DF e do Observatório da Macrolitigância Fiscal (OMF-IDP).

Ricardo A. Castagna
Pós-doutorando e doutor em Direito Econômico e Financeiro pela USP. Pesquisador visitante do Max Planck Institute for Tax Law and Public Finance, Alemanha. Mestre pela PUC-SP. Professor de Direito Tributário e de Behavioral Law no CEU Law School. Advogado em São Paulo.

Rinaldo Braga
Mestrando em Direito Econômico, Financeiro e Tributário pela Universidade de São Paulo (USP). Especialista em Direito Tributário pelo Instituto Brasileiro de Direito Tributário (IBDT) (2018). Pós-graduado em Gestão Tributária pela Fundação Instituto de Pesquisas Contábeis, Atuariais e Financeiras (FIPECAFI) (2019). Advogado em São Paulo.

Roberto Biava Júnior
Fiscal de Rendas na Secretaria da Fazenda de São Paulo. Professor Universitário na área Contábil/Jurídico-Tributária em Mackenzie, SENAC, FIPECAFI, FUNDACE, entre outras instituições. Doutor e mestre em Direito Econômico, Financeiro e Tributário pela USP. Mestre em Controladoria/Ciências Contábeis pela Universidade Presbiteriana Mackenzie. Bacharel em Administração de Empresas pela FGV-EAESP e em Direito pela USP.

Robson Maia Lins
Mestre e doutor em Direito Tributário (PUC-SP). Professor da graduação, da pós-graduação, mestrado e doutorado na PUC-SP, de especialização e mestrado no IBET, e de doutorado da UNINOVE. Ex-presidente e conselheiro no Conselho Nacional de Educação. Advogado no escritório Barros Carvalho Advogados Associados.

Rodrigo Alexandre Lazaro Pinto
Advogado. Contabilista e Juiz do Tribunal de Impostos e Taxas do Estado de São Paulo (2020-21). Doutorando em Direito Público pela Universidade do Minho (Portugal). Mestre em Tributação Internacional pelo Instituto Brasileiro de Direito Tributário (IBDT). Vice-Presidente da Comissão de Direito Aduaneiro e membro efetivo da Comissão de Contencioso Tributário da Ordem dos Advogados do Brasil (OAB-SP). Palestrante e Instrutor do Conselho Regional de Contabilidade de São Paulo (CRC-SP). Diretor Regional da Associação Nacional de Executivos de Finanças, Administração e Contabilidade (Anefac). Pesquisador do Instituto Brasiliense de Direito Público (IDP), NEF-FGV e JusGov.

Rodrigo Frota da Silveira
Fiscal de Rendas na Secretaria da Fazenda de São Paulo. Graduado em Administração e Direito. Mestre em Administração pela FEA/USP. Professor e autor da área de tributação.

Sérgio Pin Junior
Advogado tributarista em São Paulo. Especialista em Direito Tributário pela Pontifícia Universidade Católica de São Paulo (PUC-SP) (2006). Juiz do Tribunal de Impostos e Taxas do Estado de São Paulo desde 2018. Autor de artigos em revistas especializadas em Direito Tributário.

Thiago Dayan
Doutorando pela PUCRS. Mestre em Direito Constitucional pelo IDP. Pesquisador do Grupo de pesquisa Macrolitigância Fiscal. Conselheiro do CARF (1ª Seção de Julgamento).

Tiago Conde Teixeira
Doutorando em Direito Tributário. Mestre em Direito Público pela Universidade de Coimbra (Portugal). Bacharel em Direito pelo Centro Universitário de Brasília. Professor de Direito Tributário do Instituto Brasiliense de Direito Público (IDP). Membro efetivo da Câmara de Tributação da Fecomércio. Advogado, consultor e diretor da ABRADT. Integrante do Observatório da Macrolitigância Fiscal (OMF-IDP).

Vanessa Cecconello
Mestranda em Direito Tributário Internacional e Desenvolvimento no Instituto Brasileiro de Direito Tributário (IBDT). Pesquisadora do Observatório da Macrolitigância Fiscal (IDP). Vice-presidente da 3ª Seção e Conselheira da 3ª Turma da Câmara Superior do Conselho Administrativo de Recursos Fiscais (CARF).

Esta obra foi composta em fonte Palatino Linotype, corpo 10
e impressa em papel Offset 75g (miolo) e Supremo 250g (capa)
pela Paulinelli Serviços Gráficos.